Egon Krenz

Herbst '89

Egon Krenz

Herbst '89

Für

Karin u. H. Poetzold

mit vielen guten

Wünschen und

herzlichen Grüßen!

Egon Krenz

20. 9. 99

Neues Leben

ISBN 3-355-01503-2

Schutzumschlag: WOGE-design, Berlin, unter Verwendung eines Fotos von Thomas Billhardt
Fotos: Bundesarchiv (14), ND-Bildarchiv (11), Foto Jürgens (1), Wolfgang Gebhardt (1)
Layout und Satz: Verlag Neues Leben GmbH
Druck und Binden: Wiener Verlag
Ein Unternehmen der Frauenberger Gruppe

Zu diesem Buch

Das ist mein Bericht über den Herbst 1989. Was ich schreibe, habe ich erlebt. Ich sprach mit vielen politisch handelnden Menschen in der DDR und im Ausland - auch mit Präsidenten, Partei- und Regierungschefs verschiedener Länder sowie deren Vertrauten oder ihren Widersachern. Heute sind einige von ihnen tot. Die noch Lebenden reden oder verhalten sich unterschiedlich, beschreiben, wie sie dachten und handelten, versuchen dabei entweder die Geschichte und ihren Anteil daran zu glätten oder sie in ihrer Widersprüchlichkeit ehrlich aufzuarbeiten, je nach ihren Interessen, ihrer Lebenslage, ihrem Charakter.

Damals war ich Geheimnisträger. Auch heute lese ich noch Staatsgeheimnisse, die aber keine mehr sind, seit die DDR nicht mehr existiert. Sie lagern in Archiven der Bundesrepublik Deutschland. Meine eigenen Notizen, Kalendereintragungen, Aufzeichnungen und Briefe habe ich mit den in Archiven vorhandenen Akten verglichen. Einige, die ich 1989 in meinem Panzerschrank im Zentralkomitee der SED hinterlassen habe, konnte ich im Bundesarchiv nicht mehr finden. So etwas kommt bei gesellschaftlichen Umbrüchen vor, besonders dann, wenn es sich - wie in diesem Fall - um Niederschriften geheimer Gespräche handelt, die Erich Honecker oder ich mit Politikern des anderen deutschen Staates führten. International ist es üblich, daß Archive erst nach 30 Jahren, noch später oder überhaupt nicht geöffnet werden. Anders verfährt die Bundesrepublik Deutschland mit den Akten der DDR. Sie sind seit 1990 öffentlich. Dagegen ist an sich nichts einzuwenden. Doch: Die Pendants aus der alten Bundesrepublik, aus den USA und auch aus der Sowjetunion sind noch verschlossen. Nach allem, was ich weiß, werden wir aus den Akten der verschiedenen Bundesregierungen, des Bundesnachrichtendienstes und des Verfassungsschutzes - wenn sie denn jemals öffentlich werden sollten - Aufschlußreiches über die Bonner Republik, ihren

Beitrag zur deutschen Spaltung, ihre Methoden im Kalten Krieg gegen die DDR und ihre Bürger sowie über die Praktiken ihrer Geheimdienste nach innen und nach außen erfahren; vieles, was manche heute noch nicht für möglich halten. Wenn einmal Gleichheit zwischen Ost und West auch beim Aktenzugang bestehen sollte, wird es vielleicht der nächsten Generation möglich sein, weitgehend unvoreingenommen über die deutsche Nachkriegsgeschichte zu sprechen. Und zwar nicht nur über die der DDR, sondern über die beider deutscher Staaten. Die jetzt noch vorherrschende Schwarz-Weiß-Malerei wird einer objektiven Geschichtsbetrachtung weichen müssen. Links die Hölle, rechts der Garten Eden, so war die Wirklichkeit zwischen der DDR und der BRD nicht.

Mein Bericht beginnt schon vor dem Herbst, mit dem 7. Juli 1989. Damals tagte in Bukarest der Politisch-Beratende Ausschuß der Staaten des Warschauer Vertrages. Manches, was sich dort im internationalen Maßstab zeigte, war ein Vorbote späterer Ereignisse auch in der DDR.

Die Zeit vom 8. Oktober 1989 bis zum 6. Dezember 1989 hat die Form eines Tagebuchs - nicht im klassischen Sinn. Dazu fehlte mir 1989 die Zeit. Aber ich habe mir täglich von allen wichtigen Ereignissen und Begegnungen Notizen gemacht. Das ermöglicht mir, das Geschehen so genau wie möglich wiederzugeben. Ich bemühe mich, es nicht aus heutiger Sicht zu betrachten. Ich berichte, wie ich 1989 gedacht habe. Ich will nicht später gewonnene Erkenntnisse als damalige Überzeugung ausgeben. Ich berichte, was geschah, welche Einsichten und Absichten ich in meinen Funktionen hatte, wie ich handelte und reagierte, wie mich die Ereignisse trieben und wie ich ver-suchte, die Ereignisse zu beeinflussen.

Über Personen schreibe ich, wie ich sie im Herbst '89 erlebte. Auch, wenn sich einige von ihnen nachträglich weder politisch noch menschlich aufrichtig erweisen. Es macht mich wütend, wenn frühere Weggefährten nicht zu ihrer Verantwortung stehen, wenn sie sich wegen ein bißchen weniger juristischer Verfolgung oder eines kleinen Postens ahnungslos stellen, sich auf Kosten anderer verteidigen oder sogar ihre Gesinnung aufgeben. Für sie trifft wohl die Erfahrung zu: Die Stärke der Schwachen liegt in ihrer Anpassung.

Ich betreibe keine deutsche Nabelschau. 1989/1990 ist nicht nur die DDR untergegangen. In Europa ist das sowjetisch geprägte Modell des Sozialismus zusammengebrochen. Die sozialistischen Länder unseres Kontinents sind von der politischen Landkarte verschwunden. Das hat historische, weltpolitische, ökonomische, ideologische und subjektive Ursachen, die weit über das Geschehen in der DDR hinausgehen. Die im Herbst 1989 in der DDR eingeleitete Wende war lange herangereift. Sie sollte zu einer reformierten DDR, zu einer Erneuerung des Sozialismus führen. Sie war keine Wende in Richtung auf ein vereintes Deutschland. Manche Vorgänge dieser Zeit sind nur zu verstehen, wenn man ihre historischen Wurzeln kennt. An solchen Stellen des Buches werfe ich einen Blick zurück in die Zeitgeschichte vor 1989, ohne meinen Lebenserinnerungen vorzugreifen.

Vieles, worüber ich schreibe, offenbart Widersprüchliches. Dies liegt weniger an meinem Bericht als an der Zeit, um die es in diesem Buch geht. Die Tage waren bei allen subjektiv ehrlichen und objektiv notwendigen Entscheidungen voller Hast und Schrecksekunden. Da wurde manches nicht gesagt oder mißverstanden, es gab falsche oder halbe Sätze. Für vieles fehlten Erklärungen, Analysen und Konzepte. Die Ereignisse überschlugen sich. Um so wichtiger scheint mir, die Fakten von damals noch einmal in aller Ruhe zu betrachten. Erst aus der exakten zeitlichen Einordnung der Vorgänge im Herbst 1989 läßt sich zum Beispiel erklären, ab wann und durch wen die Losung „Wir sind das Volk" in „Wir sind ein Volk" umfunktioniert wurde, warum und wie aus beabsichtigten Reformen in der DDR letztlich ihr Anschluß an die BRD wurde.

Die Fakten jener Zeit sind in ihrer Beispiellosigkeit und geschichtlichen Konsequenz erregend. Ich betrachte sie als Mensch, der damals höchste Verantwortung für die DDR und die SED trug. Heute sehe ich vieles klarer, genauer; habe Kenntnis von Dingen, die ich seinerzeit nicht wissen konnte oder aber verdrängte.

In den zurückliegenden zehn Jahren habe ich schmerzhafte Erfahrungen machen müssen. Dazu gehört der Ausschluß aus der Partei, die der wichtigste Teil meines Lebens war. Weniger dramatisch - obwohl mir nicht nur meine Ehre, sondern auch meine Freiheit genommen werden soll - empfinde ich die politische und juristische Verfolgung durch die Bundesrepublik Deutschland. In diesem Punkt hatte ich aber nie Illusionen. Dazu trug schon vor über 25 Jahren der Sozialdemokrat Herbert Wehner bei. Als ich am 30. Mai 1973 in Berlin mit ihm sprach, übermittelte er mir aus seinem Leben die Erfahrung: „Wer einmal Kommunist war, den verfolgt die gesittete bürgerliche Gesellschaft bis zu seinem Lebensende."

Berlin, Juli 1999 Egon Krenz

Vor dem Herbst

7. Juli bis 7. Oktober 1989

Der diesjährige Herbst beginnt für mich mitten im Sommer. In den sozialistischen Ländern brechen Konflikte aus, die sich seit Jahren angestaut haben. Die DDR ist keine politische Insel. Was sich hier im Oktober und November 1989 entlädt, hat seine innen- und außenpolitische Vorgeschichte.

Politisch-Beratender Ausschuss – so wie in jedem Jahr?

7. Juli: Die Partei- und Staatschefs der Länder des Warschauer Vertrages treffen sich in Bukarest, der Hauptstadt Rumäniens. Es tagt der Politisch-Beratende Ausschuß, das höchste politische Gremium der sozialistischen Staaten Europas.

Der Warschauer Vertrag wurde im Mai 1955 als Antwort auf die vorangegangene Aufnahme der Bundesrepublik Deutschland in die NATO gegründet.

Auf den ersten Blick ist alles wie seit Jahrzehnten: Der Repräsentant des Gastgeberlandes begrüßt seine Gäste. Heute ist es Nikolae Ceauşescu, Generalsekretär der Kommunistischen Partei Rumäniens und Präsident der Sozialistischen Republik Rumänien. Zur Sache spricht als erster der Generalsekretär des Zentralkomitees der KPdSU. So war es schon bei Nikita Chruschtschow. Auch Michail Gorbatschow hält sich an die Tradition, daß die Sowjetunion das erste Wort führt. Er gibt die politische Linie vor. Es folgen die schriftlich vorbereiteten Reden der Parteichefs der anderen Bündnisstaaten. Ungelöste Probleme in den einzelnen Ländern und Meinungsverschiedenheiten zwischen ihnen gibt es viele, auch strategische. Doch kaum einer der Redner spricht sie offen aus. Stattdessen lobt jeder Parteichef die Politik seines Landes.

Die militärische Situation in der Welt steht als besonderer Punkt auf der Tagesordnung.

Der Oberkommandierende der Vereinten Streitkräfte, der sowjetische Armeegeneral Pjotr Lushew, erstattet in einer geschlossenen Sitzung den Bericht über den Zustand der Streitkräfte und über „Maßnahmen zur Gewährleistung ihrer Gefechtsbereitschaft unter Berücksichtigung des in Europa bestehenden Kräfteverhältnisses". Feindbilder haben beide Seiten, der Westen und der Osten.

Die NATO führt zum Beispiel regelmäßig Manöver in Gebieten durch, die nur wenige Kilometer von den Staatsgrenzen der DDR und der ČSSR entfernt sind. Der Oberkommandierende meldet: „Es wird immer schwerer, einzuschätzen, ob es sich tatsächlich um Übungen oder um konkrete Vorbereitungen auf eine Aggression handelt. Wir müssen auch 1989 von einer militärischen Bedrohung durch die NATO ausgehen."* Einstimmig wird daher beschlossen, die Gefechtsbereitschaft der Vereinten Streitkräfte weiter an den „militärischen Vorbereitungen der aggressiven NATO zu orientieren"**.

Zum Abschluß des Treffens wird die Einheit und Geschlossenheit der sozialistischen Gemeinschaft bekräftigt.

Nach diesem Modell verlaufen die Gipfeltreffen unseres Bündnisses. Seit 1984 bin ich als Mitglied der Delegation der DDR dabei. Jedes Jahr erlebte ich die gleiche Prozedur. Auch dieses Jahr gilt das Ritual - und doch ist manches anders.

Widersprüche im Bündnis

Vor der diesjährigen Beratung des Politisch-Beratenden Ausschusses schieden sich die Geister an der Frage: Ist der Kalte Krieg zu Ende?

Die ungarische Führung sagt: „Ja."

Gorbatschow hält dagegen. Am Vortag, dem 6. Juli, war er Gast des Europarates. Vor der Parlamentarischen Versammlung beklagte er, daß die Einmischung der NATO in die inneren Angelegenheiten der sozialistischen Länder den Kalten Krieg neu belebt. „Die

* Aus dem Bericht des Oberkommandierenden der Vereinten Streitkräfte, Armeegeneral Pjotr Lushew, auf der Tagung des Politisch-Beratenden Ausschusses der Teilnehmerstaaten des Warschauer Vertrages am 8. Juli 1989 in Bukarest.

** Ebenda

Schwierigkeit besteht darin", sagte er, „daß der Westen die Überwindung der Spaltung Europas als Überwindung des Sozialismus versteht."* Er antwortet damit dem amerikanischen Präsidenten. George Bush hatte Ende Mai auf dem NATO-Gipfel in Brüssel gefordert, die Sowjetunion in die „Wertegemeinschaft des Westens" zu holen. Er will ein Europa von „Brest bis Brest"**. Gorbatschow sieht dies als Angriff auf seine Idee vom „Europäischen Haus" in den Nachkriegsgrenzen. Für ihn sind die Beschlüsse der NATO-Ratstagung Ausdruck der Konfrontation.

Auch Polens Staatschef Wojciech Jaruzelski glaubt nicht an das Ende des Kalten Krieges. Ausgangspunkt guter Beziehungen zwischen den Staaten ist für ihn die Achtung der Realitäten, die in Jalta und Potsdam fixiert wurden. Er kritisiert die „großdeutschen Ambitionen der Bundesrepublik Deutschland". Sie müsse ihre Beziehungen zu Polen endlich so entwickeln, wie sie sich aus den Geschichtsfakten der Jahre 1939 bis 1945 ergeben.***

Angesichts der Diskussionen vor diesem Gipfel in Bukarest bin ich gespannt, was uns erwartet. Ich hoffe, daß die sozialistischen Staaten die Kraft finden, gemeinsam die von Gorbatschow in Gang gebrachten Reformen zu verwirklichen und gegenüber der NATO die außenpolitische Initiative zurückzugewinnen.

Als ich mit Honecker und den anderen Mitgliedern der DDR-Delegation den Tagungssaal betrete, sitzen fast alle Teilnehmer schon auf ihren Plätzen. Es ist ein prunkvoller Saal. In der Mitte steht der langgestreckte viereckige Konferenztisch, an dem die Delegationen, alphabetisch geordnet, plaziert sind.

Leise, fast flüsternd, sagt Honecker: „Auch das noch!"

Ich weiß nicht, was ihn stört. Erst als er auf unsere Plätze am Tagungstisch zeigt, verstehe ich: Unsere Delegation sitzt direkt neben der ungarischen. Die räumliche Nähe zum neuen ungarischen Parteichef Reszö Nyers ist Honecker unangenehm. Das hat seinen Grund: Die Zeitung NEUES DEUTSCHLAND**** hat vor einigen Tagen den Bericht des Politbüros an die 8. Tagung des Zentralkomitees der SED veröffentlicht. Darin ist zu lesen, daß die SED über die Entwicklung in Ungarn besorgt sei. Unter der Fahne der Erneuerung seien dort Kräfte am Werk, die die Beseitigung des Sozia-

---

* M. S. Gorbatschow vor dem Europarat am 6. Juli 1989, NEUES DEUTSCHLAND vom 7. Juli 1989

** Brest im Westen ist eine nordwestfranzösische Kreisstadt an der Atlantikküste. Brest im Osten ist eine sowjetische Grenzstadt (Weißrußland) am Bug, dem Grenzfluß zu Polen.

*** Notizen des Autors

**** Damals: Organ des Zentralkomitees der SED. Heute: Überregionale Sozialistische Tageszeitung

lismus anstrebten. So offen hatte die SED seit den Ereignissen in der Tschechoslowakei 1968 ihr öffentliches Mißfallen über ein Bruderland nie geäußert. Die Ungarn fühlen sich durch uns verletzt.

Der langjährige ungarische Parteichef Janos Kadar ist am 5. Juli verstorben. Seine Politik haben Kadars Genossen schon zu Grabe getragen, bevor er starb. Sie suchen jetzt nach einem Weg aus der Verschuldung des Landes. Mit 17 Milliarden Dollar steht Ungarn gegenüber dem Westen in der Kreide. Bis Ende 1989 rechnen die Ungarn mit ihrer Zahlungsunfähigkeit. Das Land ist fest im Griff des Internationalen Währungsfonds*.

Der ungarischen Delegation gehören mit einer Ausnahme nur neue Leute an. Formell leitet sie der Parteivorsitzende Nyers. Die Fäden im Hintergrund zieht Außenminister Gyula Horn**. Es heißt, er hat maßgeblichen Anteil daran, daß Ungarn am 2. Mai 1989 die Grenze zu Österreich öffnete. Horn hat sich davon ökonomische Hilfe des Westens für sein Land versprochen.

Honecker und ich erfuhren damals aus Agenturmeldungen, daß Ungarn die Grenze nach Österreich öffnet. Das war am Morgen des 3. Mai 1989. Wir saßen in einer Sondermaschine der Interflug*** auf dem Weg zu einem Staatsbesuch in die ČSSR. Ich wunderte mich über die Gelassenheit, mit der Honecker diese Nachricht aufnahm.

„Erich", sagte ich, „es wäre gut, wenn wir mit den ungarischen Genossen sprechen. Du könntest Mitte des Monats einen Jagdausflug**** nach Ungarn machen und dann ohne steifes Protokoll mit ihnen über alles reden."

Honecker sah das anders: „Öffnen die Ungarn ihre Grenze oder wir? Außerdem hat Karoly Grosz mir gesagt, Ungarn nimmt nur kosmetische Verbesserungen am Grenzzaun vor, so wie wir in Berlin an der Mauer. An ihrem Verhältnis zur DDR wird sich nichts ändern. Grosz hat mir auch versichert, daß es sich bei dem ungarischen Mehrparteiensystem nicht um bürgerlichen Pluralismus handelt. Es sei eine Zusammenarbeit von Parteien wie wir sie in der DDR mit den Blockparteien haben."

---

* Der Währungsfonds soll die internationale Zusammenarbeit in der Währungspolitik und im Zahlungsverkehr fördern. Da die großen Industriestaaten die Mehrheit haben, wurde auf die sozialistischen Länder, die mit dem Währungsfonds zusammenarbeiteten, politischer und ökonomischer Druck für marktwirtschaftliche Reformen ausgeübt.

** Horn, Gyula, war langjähriger Leiter der außenpolitischen Abteilung des Zentralkomitees der Ungarischen Vereinigten Arbeiterpartei, bevor er 1989 ungarischer Außenminister wurde.

*** Fluggesellschaft der DDR

**** Jagdausflug war die diplomatische Umschreibung für ein inoffizielles Treffen.

Ungeachtet dessen verteidigte ich meinen Vorschlag: „Ungarn ist unser wichtigstes Urlaubsland. Schon jetzt gibt es Spekulationen darüber, daß wir künftig unsere Bürger nicht mehr dorthin reisen lassen."

Honecker will nicht nach Ungarn fliegen. Er will kein Bittsteller sein. Ungarn und die DDR gehören zum selben Bündnis. Das muß reichen. Er pocht auf bestehende Verträge und die Verpflichtungen Ungarns im Warschauer Vertrag.

Jetzt, zwei Monate später, stehen wir hier in Bukarest nur wenige Meter von der ungarischen Delegation entfernt. Honecker geht nicht auf die Ungarn zu. Die Parteichefs der beiden Bruderparteien aus der DDR und Ungarn haben sich außer „Guten Tag" nichts mehr zu sagen. Das ist mir unangenehm. Ich bin noch immer davon überzeugt: Auch wenn Ungarn in vielem andere Positionen vertritt als die DDR, zwischen unseren Staaten darf es keine ernsthafte Frage geben, die nicht durch kameradschaftliche Diskussion zu klären ist. Es schmerzt mich zu erleben, wie Rechthaberei auf beiden Seiten über politische Vernunft siegt. Aber es steht viel mehr, Existentielles dahinter.

Ich entziehe mich dieser peinlichen Situation, indem ich mich an unsere linken Nachbarn, die Polen, wende. Delegationsleiter ist General Jaruzelski. In den letzten Jahren trafen wir uns jährlich mindestens einmal. Wenn er Gast in der DDR war, begleitete ich ihn. Besuchte ich Polen, empfing er mich zu Gesprächen. Die gingen über Höflichkeitsbegegnungen weit hinaus. Jaruzelski ist unter den Parteichefs der sozialistischen Länder einer derjenigen, der kein Selbstdarsteller mit Hang zur Prahlerei ist. Er informiert mich erstaunlich offen über die politische und ökonomische Lage seines Landes. Der Sowjetunion und der DDR ist er eng verbunden. Aber vor allem ist er polnischer Patriot. Seine innere Zerrissenheit blieb mir nie verborgen: Die Ausrufung des Kriegszustands im Dezember 1981 in Polen hatte ihn bei vielen seiner Landsleute und im Westen in den Ruf eines sowjetischen Statthalters gebracht. Tatsächlich aber sicherte er durch sein Handeln seinem Land die Souveränität und Europa den Frieden.

Heute, an diesem 7. Juli, scheint er entmutigt zu sein. Er spricht offen mit mir darüber. Ihn beunruhigt die Lage zu Hause. Die Gespräche am Runden Tisch zwischen Kommunisten und der Opposition haben seine Partei geschwächt. Die oppositionelle Solidarnosc wurde legalisiert. Die Polnische Vereinigte Arbeiterpartei (PVAP) verzichtete auf die Mehrheit im neu zu wählenden Parlament. Sie beschränkte sich auf einen Abgeordnetenanteil von 38 Prozent. Dafür sollen die Vollmachten für den Präsidenten Polens erweitert werden. „Der Runde Tisch war eine Chance, um endlich zu gesellschaftlicher Normalität zu kommen", erklärt mir der General. Inzwischen aber sind die Parlamentswahlen für seine Partei schlecht gelaufen. Die Macht ist geteilt, faktisch liegt sie auf der Straße. Seine Genossen drängen ihn, für das höchste Amt im Staat zu kandidieren. „Ich möchte keine unwürdige Prozedur bei der Wahl des Staatspräsidenten. Deshalb bin ich noch unentschlossen, ob ich kandidiere", sagt er. „Heute hört man unaufhörlich die Worte Pluralismus, Demokratie und Reformen. Ich bin dafür. Wir dürfen aber nicht Arbeit, Disziplin und Verantwortung vergessen. Ich bin gegen jeden Versuch, Anarchie in das gesellschaftliche Leben zu tragen."*

Wir werden in unserem Gespräch durch den Präsidenten Rumäniens, Ceauşescu, unterbrochen. Als Gastgeber begrüßt er alle Teilnehmer des Gipfels per Handschlag. An den Ungarn geht er vorbei. Vielleicht hat er sie schon vorher begrüßt, und es ist mir nur nicht aufgefallen. Bekannt aber ist: Zwischen Rumänien und Ungarn gibt es ernste nationale Konflikte. Beide Staaten beschuldigen sich gegenseitig, die nationalen Minderheiten in ihren Ländern zu unterdrükken.

Mich bedrückt diese Stimmung, die hier herrscht; eine Stimmung, die konkret nicht zu beschreiben, nicht zu fassen ist, deren Ursachen Mangel an gemeinsamen Interessen und auch nationaler Dünkel und Mißtrauen sind. Wir nennen uns Bruderländer und können kaum noch offen, solidarisch miteinander reden, geschweige denn konstruktiv miteinander arbeiten. Für mich aber bleibt trotz aller Widersprüche und Konflikte der Zusammenhalt der sozialistischen Länder die wichtigste Basis, um gegenüber dem Westen bestehen zu können. Wenn dieser Zusammenhalt verlorengeht, steht es schlecht um die DDR.

Es geht ja nicht darum, daß eine angebliche Achse Berlin-Prag-Bukarest Front macht gegen eine Reformachse Moskau-Budapest-Warschau-Sofia. Hier steht kein Zweckbündnis von Dogmatikern gegen Reformer. Es geht nicht um die Frage, wer für Perestroika oder Glasnost ist. Es geht um das grundlegende Verhältnis der sozialistischen Staaten untereinander, um die Fähigkeit, gegenüber den Angriffen der kapitalistischen Welt zu bestehen. Der Gipfel in Bukarest muß sich einigen, wie auf die neue NATO-Strategie gegen die sozialistischen Länder realistisch reagiert wird. In der Antwort auf diese Frage sind sich Moskau und Berlin näher als Moskau und Bu-

* Zitiert nach Aufzeichnungen des Autors

dapest; stehen Gorbatschow und Honecker enger zusammen als Gorbatschow und Horn. Aber das reicht nicht. Alle müssen an einem Strang ziehen.

Gorbatschow ermahnt in seiner Rede alle Delegationen: „Der Warschauer Vertrag ist unser gemeinsames Gut." Er geht auf Probleme ein, die alle sozialistischen Länder belasten: „Der ernste Rückstand der sozialistischen Staaten vor allem auf dem Gebiet der Hochtechnologien, der Verlust an Wachstumstempo, die Anhäufung beträchtlicher Devisenschulden - das alles wurde vom Westen als Beweis für den Niedergang des Sozialismus aufgefaßt."*

Gorbatschow erinnert an den 200. Jahrestag der Französischen Revolution. Er sagt: „Wir müssen den Politikern des Westens widersprechen, die behaupten, 1789 nimmt eine Linie ihren Anfang, die zu den jetzigen prosperierenden demokratischen westeuropäischen Staaten geführt hat, und im Oktober 1917 nimmt eine andere Linie ihren Anfang, die der Menschheit angeblich nur Ungemach gebracht hat."

Wenn Gorbatschow philosophiert, ist er in seinem Element. Als wolle er die Einschätzung bestätigen, daß wir in der Epoche des weltweiten Übergangs zum Sozialismus leben, sagt er: „Der Sozialismus hat der Welt schon viel gegeben. Doch seine Hauptleistungen stehen noch bevor."

Leidenschaftlich kritisiert er jene, die den Weg der Oktoberrevolution als geschichtlichen Irrtum bezeichnen. Einen Weg zurück zum Kapitalismus, meint Gorbatschow, würden die Menschen in der Sowjetunion nicht zulassen.

Das ist ein klares Wort. Gorbatschow geht, auch wenn er es öffentlich anders verkündet, innerhalb der sozialistischen Staatengemeinschaft weiterhin von der führenden Rolle der Sowjetunion aus. Ich habe mit dieser Position kein Problem. Aus meiner Sicht ist die DDR ohne die Zusammenarbeit mit der Sowjetunion und den anderen Staaten des Warschauer Vertrages nicht lebensfähig.

Gorbatschow berührt auch das Verhältnis zwischen der DDR und der BRD. In Westdeutschland, so das sowjetische Staatsoberhaupt, würden immer mehr Menschen erkennen, „daß nicht die Sowjetunion und auch nicht der Warschauer Vertrag die Sicherheit des Landes bedrohen". Die Bedrohung sei die Strategie der NATO - eine Strategie, die Europa Atomwaffen aussetzt. Daraus schlußfolgert

*Aus der Rede M. S. Gorbatschows auf der Beratung des Politisch-Beratenden Ausschusses der Staaten des Warschauer Vertrages am 7. Juli 1989, zitiert nach Aufzeichnungen des Autors

Gorbatschow: „Wir haben keine Illusionen. Viele in der BRD begeistern sich nach wie vor für eine Wiedervereinigung Deutschlands ... Wir streben nicht danach, die ‚deutsche Karte' zu spielen."*

Ich beobachte Honecker, während Gorbatschow das sagt. Dafür habe ich einen aktuellen Grund: Vom 12. bis 15. Juni 1989 besuchte Gorbatschow die Bundesrepublik Deutschland. Westdeutsche Medien berichteten über erhebliche Zugeständnisse der Sowjetunion an die Bundesrepublik auf Kosten der DDR. Honecker nimmt die Interpretation des Westens für bare Münze. Sein Mißtrauen gegenüber Gorbatschow wächst. Gorbatschows Besuch in der Bundesrepublik endet mit einer Gemeinsamen Erklärung der UdSSR und der BRD. Noch am selben Tag informiert Gorbatschow das SED-Politbüro schriftlich über seine Gespräche in Bonn. Er weist darin westliche Spekulationen zurück. Für Gorbatschow ist die Gemeinsame Erklärung die Weiterentwicklung des Moskauer Vertrages von 1970. Die Nachkriegsordnung, einschließlich die Existenz von zwei deutschen Staaten, sind mit seinem Besuch gefestigt worden, unterstreicht der sowjetische Staatsmann. Honecker hat seine Zweifel. Im Bericht des Politbüros an die 8. Tagung des SED-Zentralkomitees am 22. Juni 1989 wird deshalb sinngemäß deutlich gemacht, Gorbatschow habe sich bei seinem Besuch in Bonn nicht klassenmäßig verhalten. Im Klartext heißt das: Er hat unsere Sache verraten. Eine solche Aussage über einen Generalsekretär der KPdSU hat es in der Geschichte der SED bisher nicht gegeben. Im Politbüro war über eine solche Einschätzung auch nicht diskutiert worden. Honecker hatte diese Aussage eigenhändig ins Manuskript des Berichterstatters geschrieben. Er wies danach allerdings auch an, diesen Satz nicht in das „Rote Protokoll"** aufzunehmen. Honecker war sich offensichtlich im klaren, welchen politischen Schaden er angerichtet hätte, wäre dieser Satz an die Öffentlichkeit gelangt.

Heute, hier in Bukarest, verzieht Honecker keine Miene. Konzentriert hört er Gorbatschow zu. Ich weiß nicht, was Honecker in diesem Moment denkt oder fühlt. Es gelingt ihm oft, seine Emotionen nicht zu zeigen, keinen an seinen innersten Gedanken teilhaben zu lassen. Als Gorbatschow sagt: „Seriöse Politiker sind sich darüber im klaren, daß eine Destabilisierung in Osteuropa unvorstell-

---

* Ebenda

** Das Zentralkomitee der SED gab zu bestimmten Gelegenheiten parteiinternes Material heraus. Über jede Tagung des Zentralkomitees wurde ein solches Potokoll veröffentlicht. Die Zustellung an die ZK-Mitglieder erfolgte durch den Kurierdienst der Partei. Der Empfang des numerierten Materials mußte persönlich quittiert werden. Das Protokoll von ZK-Tagungen hatte einen roten Umschlag. Es wurde daher verkürzt „Rotes Protokol" genannt.

bare gefährliche Folgen für den ganzen Kontinent in sich birgt"*, nickt Honecker seinem sowjetischen Kollegen freundlich zu. Es hat den Anschein, als habe Honecker sich innerlich gerade mit dem KPdSU-Generalsekretär ausgesöhnt. Während dieser Szene wirkt mein Chef nahezu jovial. Wenn Honecker sich mit Gorbatschow versteht, denke ich, kann das nur gut für die DDR sein.

Rumäniens Präsident Ceaușescu greift in seiner Rede Gorbatschows Idee vom „Europäischen Haus" an. „Es gilt, ganz realistisch zu sein", sagt er, „der Kalte Krieg ist noch nicht zu Ende." Er bedauert, daß es unter den Delegierten Politiker gibt, die diese Einschätzung nicht teilen. Der Begriff vom „Gemeinsamen Haus Europa" sei dahingehend unklar, „was in Europa geschehen wird, wer dieses Haus verwalten wird, nach welchen Prinzipien wir dieses Haus aufbauen werden. Wir wollen ein geeintes Europa, aber ein Europa von unabhängigen Häusern, in dem ein jeder sein Leben selbst einrichtet und sich so entwickelt, wie er es für am besten hält. Deshalb haben wir unsere These aufgestellt, die in gewisser Weise de Gaulles These von einem geeinten Europa freier und unabhängiger Nationen wieder aufgreift."**

Ceaușescu überzieht seine Redezeit. Er spricht wesentlich länger als Gorbatschow. Daß er damit seinen eigenen Worten das Gewicht nimmt, merkt er nicht. Alle haben Geduld mit ihm. Er ist der Gastgeber. Als es Gorbatschow dann doch zuviel wird, zeigt er demonstrativ auf seine Armbanduhr. So, als wolle er sagen: Uhrenvergleich Nikolae, deine Zeit ist abgelaufen.

Der Sitzungsrhythmus sieht nach zwei Stunden eine halbstündige Pause vor. Die Sitzungszeit wird überzogen, aber die Pause kommt. Bei früheren Tagungen nutzten die Delegationsmitglieder diese Zeit zu Gesprächen mit ihren ausländischen Genossen. Bei Kaffee, Tee und Gebäck wurden Gedanken ausgetauscht. Diesmal steht jede Delegation an ihrem „nationalen Tisch". Die Bruderländer haben untereinander keinen Gesprächsbedarf. Es scheint, als wolle jedes Land lieber seinen Weg allein gehen.

---

* Rede Gorbatschows auf der Tagung des Politisch-Beratenden Ausschusses der Staaten des Warschauer Vertrages am 7. Juli 1989

** Zitiert nach Aufzeichnungen des Autors

100 Jahre und die Mauer

Honecker zieht mich am Ärmel. „Komm", sagt er, „wir gehen zu Gorbatschow." Bevor ich den Dolmetscher rufen kann, stehen wir bei der sowjetischen Delegation. Ich übersetze:

„Michail Sergejewitsch, ich gratuliere dir zu deiner ausgezeichneten Rede", beginnt Honecker die Unterhaltung.

Gorbatschow freut sich. „Danke", sagt er.

Ohne einführendes Geplänkel zieht Honecker Gorbatschow in ein grundsätzliches Gespräch über die sowjetische Deutschlandpolitik. Er lächelt dabei, um seiner brüsken Frage die Schärfe zu nehmen. „Wann entläßt du deinen Mitarbeiter Daschitschew*?" beginnt Honecker die Unterhaltung. Gewöhnlich ist Honecker ein höflicher Mensch. Jetzt geht seine Erregung mit ihm durch. Ich verschlucke mich fast beim Übersetzen. Wenn ich nicht besser Deutsch als Russisch spräche, würde ich Honecker fragen, ob ich richtig verstanden habe. Ich übersetze.

„Daschitschew, wer ist das?" fragt Gorbatschow und schaut verständnislos drein.

„Dein deutschlandpolitischer Mitarbeiter, der in Köln erklärte, daß die DDR, wie auch die anderen sozialistischen Staaten für die Sowjetunion von einer Zone der Sicherheit allmählich zu einer Zone der Gefahr und der Instabilität geworden sind."**

Gorbatschow reagiert: „Ich habe keinen Mitarbeiter, der solchen Unsinn erzählt. Ich habe Kohl vor ein paar Tagen in Bonn klar gesagt, daß jegliches Abenteurertum gegenüber der DDR ein Rückfall in den Kalten Krieg ist."

Honecker bleibt angriffslustig und erklärt Gorbatschow: „Das bist du deiner Ehre auch schuldig. Schließlich hat Kohl dich noch vor knapp drei Jahren mit Goebbels verglichen.*** Du hast damals darauf bestanden, daß die DDR ihre Beziehungen zur BRD auf Eis legt. Wir sind deinen Wünschen nachgekommen."

---

* Daschitschew, Wjatscheslaw Iwanowitsch, Professor am Institut für internationale ökonomische und politische Forschungen der Russischen Akademie der Wissenschaften. Er galt als Deutschlandexperte und wurde in der alten Bundesrepublik oft als „Berater Gorbatschows" bezeichnet, was jedoch nicht zutraf.

** Im Juni 1989 hielt W. I. Daschitschew am Bundesinstitut für ostwissenschaftliche Studien in Köln einen Vortrag. Darin skizzierte er einen möglichen Fahrplan der sowjetischen Politik zur Verbesserung ihrer Beziehungen zu den USA und zur NATO. Dies sei mit schwerwiegenden Folgen für die Souveränität der DDR verbunden, hieß es darin. Der Vortrag war so brisant, daß er damals nicht im Wortlaut veröffentlicht wurde. Honecker erhielt ihn auf Umwegen von einem Teilnehmer aus der alten Bundesrepublik.

***Newsweek vom 27. Oktober 1986

Honecker erinnert sich mit Gram an diese Zeit, weil er damals seine deutschlandpolitischen Aktivitäten gestört sah. Die sowjetische Seite hatte ihm vorgeworfen, eine selbständige, nicht mit Moskau abgestimmte Deutschlandpolitik zu betreiben und die Solidarität mit Gorbatschow zu vernachlässigen. Den Besuch 1987 in Bonn machte er um den Preis ernster Verstimmungen im Verhältnis zwischen Berlin und Moskau. Seitdem, so meine Beobachtung, modifiziert die UdSSR ihre Politik gegenüber der BRD. Sie will offensichtlich nicht der DDR allein das Feld überlassen.

Gorbatschow bleibt im Gespräch sachlich und antwortet kühl: „Beides hat nichts miteinander zu tun. Als Richard von Weizsäcker in Moskau war, habe ich ihm gesagt, daß die DDR und die BRD historische Realität sind, die auf Grund von Vereinbarungen nach dem Zweiten Weltkrieg entstanden und von einer international anerkannten Grenze getrennt sind. Was in hundert Jahren sein wird, entscheidet die Geschichte."

„Und eben das", sagt Honecker, „hat Spekulationen genährt, du hast die deutsche Frage wieder für offen erklärt."

„Nichts habe ich für offen erklärt", antwortet Gorbatschow. „Im übrigen habe ich mich zur Mauer genauso geäußert wie du, Erich.* Auf der Pressekonferenz zum Abschluß meines Besuchs in der BRD habe ich gesagt: ‚Die Mauer kann wieder verschwinden, wenn die Voraussetzungen wegfallen, die sie hervorgebracht haben.'** Niemals wird die Sowjetunion zulassen, daß die Interessen der DDR unbeachtet bleiben."

Gorbatschow versucht, Honecker bei Stimmung zu halten. Er erklärt, Kohl habe ihn in Bonn nach Reformen in der DDR gefragt. Er habe dem Kanzler eindeutig geantwortet: „Die DDR ist unser wichtigster Verbündeter. Was wir jetzt in der UdSSR realisieren, hat die DDR bereits 10 oder 15 Jahre früher in Angriff genommen. Die Bundesrepublik Deutschland ist der wichtigste Verbündete der USA. Sie würde die USA jedoch ebenfalls nicht kopieren."*** Was, so überlege ich, hätte er auch anderes sagen sollen?

Das deutschlandpolitische Pausengespräch zwischen Honecker und Gorbatschow endet, als der Tagungsvorsitzende die Gäste bittet, wieder ihre Plätze einzunehmen.

---

* Auf einer Tagung aus Anlaß des 500. Geburtstages von Thomas Müntzer hatte Erich Honecker am 19. Januar 1989 in Berlin gesagt: „Die Mauer wird solange bleiben, wie die Bedingungen nicht geändert werden, die zu ihrer Errichtung geführt haben. Sie wird in 50 und auch in 100 Jahren noch bestehen bleiben, wenn die dazu vorhandenen Gründe noch nicht beseitigt sind." Neues Deutschland vom 20. Januar 1989

** Neues Deutschland vom 16. Juni 1989

*** Zitiert nach Aufzeichnungen des Autors

Ich bin außerstande, dem weiteren Verlauf der Tagung konzentriert zu folgen. Den Dialog zwischen Honecker und Gorbatschow notiere ich mir. Einerseits bin ich froh, daß Honecker seinem Herzen Luft gemacht hat. Gorbatschow erfährt auf diese Weise von ihm aus erster Hand, was er aus Berichten weiß: Honecker sieht Differenzen in der Politik der DDR und der UdSSR gegenüber der Bundesrepublik Deutschland. Gorbatschow hingegen versucht, diesen Eindruck aus der Welt zu schaffen.

Honecker vermutet, der KPdSU-Generalsekretär spiele ein falsches Spiel hinter dem Rücken der DDR. Mir ist die Übereinstimmung mit der Sowjetunion wichtig. Mir ist unwichtig, wer in der Sowjetunion an der Spitze steht, ob es Gorbatschow oder Ligatschow* ist. Nur ein gemeinsamer Weg ist nützlich. Honeckers Mißtrauen gegenüber Gorbatschow kann für die DDR gefährlich sein.

Ungarn und der Warschauer Vertrag

Am Abend gibt Ceauşescu ein festliches Essen. Protokoll oder Zufall? Ich weiß es nicht. Jedenfalls sitze ich neben Gyula Horn. Ich kenne ihn seit 1976. Damals war er Stellvertreter des Leiters der Abteilung für Internationale Beziehungen der Ungarischen Sozialistischen Arbeiterpartei. Er begleitete seinen Parteichef Kadar, als sich in Berlin im Sommer 1976 die Vertreter von 29 Kommunistischen und Arbeiterparteien zu einer Konferenz trafen. Breshnew und Tito, Berlinguer und Húsák, Marchais und Gierek, Carillio und Shiwkow, anerkannte Persönlichkeiten in der kommunistischen Bewegung Europas. Sie konferierten unter der Schirmherrschaft Honeckers. Es war eine Konferenz von großer Bedeutung, die der SED Anerkennung von allen Teilnehmern einbrachte.

Der Spanier Carillio vertrat den Standpunkt: „Es besteht kein Zweifel, daß wir Kommunisten heute kein Führungszentrum haben, an keine internationale Disziplin gebunden sind."

Der Franzose Marchais gab ein Axiom der marxistischen Revolutionstheorie auf: „Da der Begriff ‚Diktatur des Proletariats' sich mit der Wirklichkeit der politischen Macht in dem sozialistischen

---

* Jegor Ligatschow war Mitglied des Politbüros des ZK der KPdSU. Er galt zeitweilig als Mann hinter Gotbatschow. Im Westen wurde vermutet, er sei der konservative Gegenspieler von Gorbatschow.

Frankreich, für das wir kämpfen, nicht deckt, haben wir auf ihn verzichtet." Horn und ich waren 1976 Anhänger des sozialistischen Internationalismus. Wir sahen uns als Marxisten-Leninisten. Wir vertraten sowjetische Positionen, die nach unserer Meinung auch den Interessen unserer Länder entsprachen. Er kämpfte mit uns und den sowjetischen Freunden, daß die eurokommunistischen Ideen der kommunistischen Parteien des Westens nicht oder nur abgeschwächt in die Erklärung des Treffens kamen.

Nun sitzen wir dreizehn Jahre später auf Einladung Ceauşescus nebeneinander. Sprachprobleme haben wir nicht. Horn studierte wie ich in der Sowjetunion. Unsere Sprache, in der wir uns verständigen, bleibt Russisch. Unsere Ansichten unterscheiden sich.

Noch bevor die Suppe serviert wird, wechselt Horn im Gespräch mit mir vom Thema Wetter auf das Thema Politik: „Also", sagt er, „die DDR ist in großer Sorge um Ungarn."

„Wieso?" frage ich.

„Ihr führt gegen uns einen Pressekrieg. Wißt ihr, wohin öffentliche Polemik führt? Hoffentlich muß Ungarn nicht einmal um die DDR besorgt sein!"

Ich bin bemüht, kein Öl ins Feuer zu gießen, will die Schwierigkeiten zwischen uns nicht größer machen, als sie schon sind. Horn sehe ich als Genossen und Ungarn als Bündnispartner der DDR. Ich widerspreche nicht. Horn redet weiter.

„Die Beerdigung von Janos Kadar findet vier Wochen nach der ehrenhaften Beisetzung von Imre Nagy* statt."

Ich bin überrascht. „Was haben beide Ereignisse miteinander zu tun?" frage ich.

„Wir bewerten unsere Geschichte neu", antwortet Horn.

„Was Imre Nagy betrifft, das ist eure Sache", sage ich.

„Ihr habt uns deshalb kritisiert", beharrt Horn.

Er spielt auf einen Kommentar von Alexander Kondraschow an, den die Zeitung Neues Deutschland nach der Rehabilitierung von Nagy abgedruckt hatte. Der sowjetische Kommentator hatte scharf kritisiert, daß die Beisetzung des früheren ungarischen Ministerpräsidenten einem „symbolischen Begräbnis des Sozialismus" gleichkommt.

Horn redet weiter: Nagy hat 1956 nur getan, was vorher mit den sowjetischen Genossen besprochen worden war. Der Austritt Ungarns aus dem Warschauer Vertrag ist mit führenden sowjetischen

---

* Imre Nagy war ungarischer Ministerpräsident. Er wurde 1958 – nach dem gescheiterten Aufstand 1956 – zum Tode verurteilt und hingerichtet.

Genossen wie Suslow, Mikojan und Andropow* abgesprochen gewesen. Die Tragödie von Nagy sei, daß er den sowjetischen Genossen vertraute. Er kannte die Meinungsverschiedenheiten im Moskauer Politbüro nicht. Seit kurzem weiß man in Ungarn, daß sich Chruschtschow erst nach längeren Auseinandersetzungen im Politbüro durchgesetzt und danach das Eingreifen der Sowjetarmee in Ungarn befohlen hatte. Gerade dies habe Imre Nagy verhindern wollen. Er wollte Ungarn aus dem Warschauer Vertrag führen. Wäre ihm das gelungen, hätte die Sowjetunion keine völkerrechtlichen Möglichkeiten mehr für ihr Eingreifen gehabt. Horn kommt auf dieses Thema immer wieder zurück. Das hat aktuelle Gründe. Die ungarische Delegation hat einige Stunden zuvor sofortige Gespräche mit der Sowjetunion über einen schnellen Abzug der in Ungarn stationierten sowjetischen Truppen gefordert.

So eng liegen Geschichte und Gegenwart beieinander. Indem Nagy rehabilitiert wird, der Ungarn 1956 aus dem Warschauer Vertrag führen wollte, verbreitet Horn hier in Bukarest seine eigentliche Absicht: Die neue ungarische Führung will aus dem Warschauer Vertrag.

Dem Gespräch nach zu urteilen, beschäftigt Horn die Frage: Wissen wir denn, wie das Kräfteverhältnis heute im Moskauer Politbüro ist? Was sind die Versprechungen Gorbatschows wert, wenn man nicht genau weiß, wie sicher er im Sattel sitzt? Wie lange bleiben die sowjetischen Truppen in Ungarn, wenn ein neuer Mann im Kreml regiert?

Ich habe den Eindruck, Horn ist interessiert, daß die SED-Führung diesen Zusammenhang kennt.

Unsere Unterhaltung wird abrupt beendet. Noch bevor der Kaffee gereicht werden kann, steht Ceauşescu auf. Die Parteichefs der anderen Länder schließen sich an. Ungewöhnlich formlos endet dieses Essen. Niemand weiß warum. Horn und ich verabschieden uns freundlich, aber eilig. Jeder will jetzt zu seinem Chef.

Erich Honecker kommt auf mich zu. Er sieht blaß und abgespannt aus. Mir scheint, er hat Schmerzen. Ich will ihm etwas sagen, er winkt ab. Er ist mit sich beschäftigt.

Knapp sagt er: „Komm um 8.00 Uhr zum Frühstück. Wir haben etwas zu besprechen.“

---

* Suslow und Mikojan waren langjährige Mitglieder des Präsidiums bzw. des Politbüros des ZK der KPdSU. Andropow war 1956 Botschafter der UdSSR in der Ungarischen Volksrepublik, später Mitglied des Politbüros und von 1982 bis 1884 Generalsekretär des ZK der KPdSU.

Im Krankenzimmer Honeckers

Der Generalsekretär Erich Honecker ist in einem Bukarester Schloß untergebracht, das dem rumänischem Präsidenten als Gästehaus dient. Die Mitglieder der DDR-Delegation, Willi Stoph, Hermann Axen, Heinz Keßler, Günter Mittag, Oskar Fischer und ich, wohnen in einem Hotel im Zentrum der Stadt.

Ich kann an diesem Abend schlecht einschlafen. Zuvieles bewegt mich. Das Wort, das ich in den heutigen Reden und Gesprächen am häufigsten gehört habe, heißt Reformen. Niemand sagt aber, worum es wirklich geht. Das Wort Reform wird zum Ersatzwort für unbestimmte Vorhaben. Jeder versteht darunter etwas anderes. Mir gehen die Fragen durch den Kopf: Wie bewahren wir bei grundlegenden Reformen unsere sozialistischen Ideale? Welchen Inhalt haben die Reformen? Wie kommen sie den Bürgern in unseren Ländern zugute?

Darauf hat offensichtlich keine Führung der hier vertretenen Länder eine überzeugende und konstruktive Antwort. Gorbatschow spricht von der Perestroika. Doch was hat er damit bisher erreicht? Er will die Betriebsleiter wählen lassen. Gut und schön. Doch wer wird in einem Betrieb, in dem die Arbeitsmoral niedrig ist, gewählt? Wahrscheinlich nicht der Leistungswilligste. Zudem ist jeder Betrieb in ein enges Planungssystem eingebunden.

Honecker spricht auch von Reformen. Er hat die Absichten unserer Gegner in der Bundesrepublik klar analysiert: Bonn fordert Reformen in der DDR. Tatsächlich aber will die BRD einen Systemwechsel in der DDR. „Zu diesem Zweck mischt sich der andere deutsche Staat in die inneren Angelegenheiten der DDR ein, verleumdet ihre Politik und setzt Kampagnen gegen Mauer und Grenzregime in Gang“*, sagt er in seiner Rede. Die Schlußfolgerungen für unsere Innenpolitik bleiben auch wir weiter schuldig. Was in der DDR tatsächlich zu reformieren ist, darauf gibt es im Politbüro keine Antwort. Jedenfalls wurde darüber bisher nicht grundsätzlich diskutiert.

Unruhig macht mich ein Gespräch während einer Tagungspause mit einem früheren Funktionär des sowjetischen Jugendverbands, der jetzt zum Arbeitsstab von Außenminister Eduard Schewardnadse gehört. Er sagt mir: Die Sowjetunion ist in der tiefsten Krise seit ih-

---

* Erich Honecker, Rede auf der Tagung des Politisch-Beratenden Ausschusses der Staaten des Warschauer Vertrages am 7. Juli 1989

rer Gründung. Mit der Perestroika will die sowjetische Führung von oben einer Zuspitzung der gesellschaftlichen Situation wie in Polen zuvorkommen. Die Lebensbedingungen werden aber nicht besser. Es ist selbst das inzwischen für sowjetische Menschen gewohnte Maß an Zumutung überschritten. Die Grundversorgung mit Lebensmitteln kann nicht mehr gesichert werden. Selbst Seife gibt es in normalen Geschäften nicht mehr. Die Bürger lasten dies der Perestroika an. Im Partei- und Staatsapparat herrscht Ratlosigkeit. Auch der Verweis der Führung auf die existentiellen Gefahren der Menschheit wie ein nukleares Inferno und eine ökologische Katastrophe kann nicht mehr, wie früher, von den inneren Problemen des Landes ablenken. Die Perestroika hat das frühere Verständnis der Werte des Sozialismus zerstört, aber ein neues nicht geschaffen. Die Umgestaltung kann kein Dauerzustand sein. Die Menschen brauchen Ruhe, brauchen eine sichtbare Verbesserung ihres Alltagslebens. Die Zeit der Appelle ist vorüber.

Gorbatschow ist heute bei der Beratung außenpolitischer Fragen selbstbewußt aufgetreten. Über die inneren Probleme der Sowjetunion sprach er kaum. Aus Nagorny Karabach, Grusinien, Kasachstan, Usbekistan und den baltischen Sowjetrepubliken gibt es bedrohliche Nachrichten. Immer öfter stoßen Armee und Sicherheitstruppen mit Protestierenden zusammen. Es gibt Tote und Verletzte. Auffällig ist die zurückhaltende Berichterstattung darüber im Westen. Gorbatschow hat sich hier in Bukarest bisher nicht geäußert, wie er zu der praktizierten Anwendung von Gewalt gegen das eigene Volk steht.

All diese Probleme lassen mich schwer zur Ruhe kommen.

Kurz nachdem ich endlich eingeschlafen bin, klingelt das Telefon.

Ich hebe ab: „Ja, bitte?“

Am anderen Ende der Leitung spricht der Chef des Personenschutzes, ein General des Ministeriums für Staatssicherheit. Er meldet: „Genosse Mitglied des Politbüros, soeben wurde der Generalsekretär in das rumänische Regierungskrankenhaus eingeliefert. Er leidet an schweren Schmerzen im Bauch, vermutlich ist es eine Gallenkolik. Ich schlage vor, daß Sie so schnell wie möglich hierher kommen. Ein Fahrzeug steht vor dem Hoteleingang für Sie bereit.“

„Sind Ärzte beim Genossen Honecker?“ frage ich.

Der General bejaht.

„Weiß sonst jemand davon, daß es Genossen Honecker nicht gutgeht?“

„Ich habe nur Sie informiert, Genosse Krenz.“

„Gut, wecken Sie bitte nicht die anderen Delegationsmitglieder. Helfen kann ohnehin niemand. Hektik brauchen wir jetzt nicht.“

Dann lege ich auf, ziehe mich an und gehe vor die Tür des Hotels.

Das Auto rast durch das nächtliche Bukarest. Ich mache mir Sorgen. Seit längerem muß sich Honecker verschiedenen medizinischen Untersuchungen unterziehen. Nach einer Lungenuntersuchung 1988 befürchtete er sogar, er habe Krebs. Was, wenn seine Schmerzen damit zusammenhängen? Was, wenn das Schlimmste eintreten würde? Ich bin erregt und nachdenklich zugleich. Auf eine solche Situation ist niemand vorbereitet. In einem gesellschaftlichen System wie dem unseren bestimmt der Generalsekretär nicht nur die Richtlinien der Politik. Er entscheidet letztlich auch die wichtigen Personalfragen. Eine Schwachstelle unseres politischen Systems: Generalsekretäre sterben entweder im hohem Alter im Amt oder werden mit sowjetischer Hilfe abgesetzt. Seine Nachfolge hat Honecker bisher nicht geregelt. Jedenfalls wurde darüber nie im Politbüro beraten. Im Westen heißt es zwar, ich sei der Kronprinz. Diese Deutung ist von der politischen Realität weit entfernt. Sie entstand wohl, weil ich mit Abstand der Jüngste im Politbüro bin und er mir vertraut. Wie Honecker habe ich fast zehn Jahre die FDJ geleitet. Der Generalsekretär übertrug mir 1984 auch die Leitung der Sitzungen des Politbüros und des Sekretariats, wenn er im Urlaub oder im Ausland war. In dieser Zeit - so wurde es kurz vorher im Politbüro beschlossen - war ich sein Vertreter. Solche Entscheidungen haben nichts mit der Nachfolge zu tun. Zu keiner Zeit gab es einen Stellvertreter des Generalsekretärs. Jede Nachricht in westlichen Medien, die mich in den Rang des „Kronprinzen“ erhob, machte Honecker mißtrauisch. Er will sich von niemandem diktieren lassen, wer einmal an seine Stelle tritt. Zudem hat sich unser Verhältnis seit 1985/86 merklich verschlechtert. Als Ratgeber favorisiert er Günter Mittag, der Ambitionen hat, Honecker politisch zu beerben. Mit diesem Mann an der Spitze ist eine Korrektur unserer Politik unmöglich. Diese Gedanken beschäftigen mich auf der Autofahrt.

Der Wagen hält vor dem rumänischen Regierungskrankenhaus. Genosse Coman, Mitglied des Politbüros der Rumänischen Kommunistischen Partei, steht vor dem Gebäude.

„Unser Präsident erwartet, daß Sie, Genosse Krenz, entscheiden, ob Genosse Honecker operiert wird.“

„Wie, bitte?“ Ich glaube, nicht richtig zu hören. Ich bin Politiker, kein Arzt.

Genosse Coman bemerkt, daß mich seine Worte überraschen. Hastig versucht er zu erklären: „Die Verantwortung für Rumänien ist zu groß. Die deutschen Genossen müssen über die medizinische Behandlung ihres Staatsratsvorsitzenden allein entscheiden.“

Ich beruhige ihn. Niemand will Rumänien eine Last aufbürden. Ich erkläre ihm aber auch: In der DDR entscheiden Ärzte, ob jemand operiert wird oder nicht. Außerdem muß die Familie gefragt werden. Ich kann mich erst äußern, wenn ich mit der Ärztin von Erich Honecker gesprochen habe.

Wenn Honecker reist, ist seine Ärztin dabei. Sie ist fachlich ausgezeichnet und behält auch in kritischen Situationen den Überblick. Nur sie kann entscheiden, ob Honecker nach Berlin ausgeflogen oder in Bukarest operiert wird.

Honeckers Ärztin hat ihren Patienten bereits untersucht. Wir sprechen kurz miteinander. Sie stellt fest: „Der Patient ist transportfähig. Ich übernehme die Verantwortung."

Danach gehe ich zu Erich Honecker ins Krankenzimmer. So nahe war ich meinem Chef noch nie. Hilflos liegt er da, hängt am Tropf. Die rumänischen Ärzte legen in regelmäßigen Abständen Eisbeutel auf seinen Bauch. Zunächst bemerkt er mich nicht. Er bekommt starke Schmerzmittel.

Dann spreche ich ihn an: „Erich, was machst du für Sachen?"

Er dreht mir den Kopf zu, schaut mich einen Moment schweigend an und sagt dann ganz leise: „Na, Egon."

Er tut mir leid. Ich möchte ihn jetzt gern in Ruhe lassen. Aber es müssen einige wichtige Entscheidungen getroffen werden.

Ich spreche langsam: „Erich, die Ärzte geben mir fünf Minuten Zeit, um mit dir einiges zu klären. Ich werde dir vier Fragen stellen. Du brauchst nur kurz zu antworten."

Er nickt.

„Wer soll die Abschlußerklärung des Gipfels unterschreiben?"

„Ich."

„Erich, das geht nicht. Du bist krank. Ich schlage vor, daß Willi Stoph unterschreibt."

„Wenn es sein muß, dann bitte!" antwortet Honecker.

„Wer nimmt an der geplanten Beratung der Generalsekretäre mit Gorbatschow teil?" frage ich weiter.

„Du."

„Auch das geht nicht. Ich fliege mit dir nach Berlin. Ich lasse dich nicht allein." Daß ich so entschieden bin, scheint ihn zu erschrekken. Er läßt sich aber nicht anmerken, ob er das gut oder schlecht findet. Jedenfalls wehrt er sich nicht.

„Wenn du nicht bleibst, dann soll Stoph auch zur Beratung mit Gorbatschow gehen."

„Wir müssen eine kurze Pressemitteilung über deine Erkrankung veröffentlichen."

„Auf keinen Fall!" protestiert Honecker.

„Erich, wenn die Journalisten zur Abschlußsitzung in den Tagungssaal kommen und du nicht anwesend bist, gibt es wilde Spekulationen."

„Und wie groß sind erst die Spekulationen, wenn ich krank bin?" Honecker hat Angst, in der Öffentlichkeit könnte gedacht werden, er sei sterbenskrank.

Ich versuche, ihm diese Angst zu nehmen. „Deine Krankheit hat nichts mit deinem Alter zu tun. Als ich es mit der Galle hatte, war ich noch nicht einmal 50 Jahre alt."

Er antwortet nicht, überlegt. Ich stehe drei, vier Minuten am Krankenbett, ohne daß wir ein Wort wechseln. Vielleicht überlegt Honecker, welche Auswirkungen seine öffentliche Bemerkung 1985 über meinen vermeintlichen Gesundheitszustand hatte. Einem seiner Gäste aus Bonn hatte er damals gesagt: „Krenz ist krank." Seitdem gibt es ständig neue Gerüchte um mich. Mal habe ich Zucker, mal wurde ich in den USA an der Bauchspeicheldrüse operiert. Mal habe ich ein Alkohol- und deshalb ein Leberproblem. Die Gerüchteküche brodelt. Ich bin kerngesund. Vielleicht hat Honecker Angst, daß es ihm auch so ergeht. Ich weiß es nicht.

Ich bekomme seine Zustimmung für eine Pressemitteilung. Er will sie aber sehen, bevor sie verbreitet wird. Ich habe zwar noch nichts vorbereitet, möchte die Sache aber gleich klären. In der Jakkentasche habe ich Gesprächsnotizen vom Vortag. Die hole ich hervor und erkläre Honecker: „Ich habe im Auto eine Presseerklärung vorbereitet. Allerdings wirst du die Schrift nicht lesen können. Ich lese sie dir vor." Inständig hoffe ich, daß er den Zettel nicht doch sehen möchte. Ein Zettel, auf dem viel steht - nur keine Pressemitteilung. Aber er macht keine Anstalten, den Text zu prüfen.

Betont langsam formuliere ich: „Der Generalsekretär des ZK der SED und Vorsitzende des Staatsrates der DDR, Erich Honecker, hat auf Grund einer akuten Gallenblasenerkrankung am Sonnabend früh aus Bukarest die Heimreise angetreten." Knapp vier Zeilen.

Honecker ist einverstanden, fügt aber den Satz hinzu: „Vom Generalsekretär der RKP* und Präsidenten der SRR**, Nikolae Ceauşescu, war er sehr herzlich verabschiedet worden."

Ich notiere diesen Satz und verlasse das Krankenhaus. Die Pressemitteilung wird sofort weitergeleitet.

Wenige Minuten vor der Eröffnung des zweiten Verhandlungsta-

---

* Rumänische Kommunistische Partei

** Sozialistische Republik Rumänien

ges der Repräsentanten der Warschauer Vertragsstaaten weiß die Öffentlichkeit, daß Erich Honecker krank ist. Doch abreisen kann er noch nicht. Daran ist der Satz schuld, den er mir für die Pressemitteilung diktiert hat.

Die Rumänen verzögern den Abflug, weil wir der Öffentlichkeit mitgeteilt haben, daß Ceauşescu sich persönlich von Honecker verabschiedet habe. Das konnte der rumänische Präsident bisher noch nicht. Er befindet sich mit der ungarischen Delegation in Verhandlungen und kann diese nicht verlassen, ohne sein Gesicht zu verlieren. Es gibt nämlich einen weiteren Versuch, sich über die Behandlung der nationalen Minderheit in beiden Ländern zu einigen. Die Verhandlungen scheitern. Keine Seite ist kompromißbereit.

Endlich kommt Ceauşescu. Er umarmt Honecker und wünscht ihm baldige Genesung.

Ich höre, wie er sagt: „Gorbatschow will das europäische Haus bauen. Wir alle sind dabei, unsere eigenen Häuser zu zerstören."

Dann - endlich - können wir abreisen.

Auf dem Flug von Bukarest nach Berlin läßt Honecker mich rufen. Er liegt allein in einer Schlafkabine der Sondermaschine. Ich sitze auf einem Hocker vor seinem Bett. Er will nichts Bestimmtes, möchte nur mit jemandem reden.

„Diese Heuchler", sagt er. „Früher", Honecker spricht trotz der Beruhigungsmittel erregt, „da sind die Westpolitiker dem Ceauşescu in den Hintern gekrochen. Jede Abweichung vom gemeinsamen Kurs haben sie als Ausdruck seiner Absage an Moskau gefeiert. Je mehr er Moskau kritisierte, um so mehr hat der Westen ihn gelobt. Als man uns keine Kredite geben wollte, hat er welche bekommen. Seine Alleingänge waren dem Westen viel Geld wert. Als Rumänien an den Olympischen Spielen in Los Angeles 1984 teilnahm*, feierten die Politiker des Westens Ceauşescu als großen Helden. Nun lassen sie ihn sitzen. Sie haben ja Gorbatschow."

Ich habe von Honecker schon viel zu hören bekommen, aber nun solch bittere Worte über den ersten Mann in Moskau. Ich schreibe es seiner Krankheit zu. Sieht Honecker in Gorbatschow tatsächlich einen Mann des Westens? Ich will es nicht glauben. Ich vertraue der sowjetischen Partei- und Staatsführung, die ja nicht nur aus Gorbatschow besteht.

Ich bin an diesem Julitag jedenfalls froh, als wir in Berlin landen und die Ärzte Erich Honecker in ihre Obhut nehmen.

---

* Alle anderen europäischen sozialistischen Länder haben auf Druck der UdSSR an den Spielen nicht teilgenommen. Hintergrund war der Boykott der Olympischen Spielen 1980 in Moskau durch die USA, die BRD und andere westliche Staaten.

Breshnew, Gorbatschow und ihre Doktrinen

Mein Begleiter und ich schauen der Autokolonne nach, die Honekker ins Krankenhaus bringt. Was ich in den letzten 24 Stunden erlebte, gibt nicht viel Anlaß zu Freude. Zeigen sich doch im unterschiedlichen Verhalten der Vertragsstaaten auf dem Gipfel Zerfallserscheinungen unseres Bündnisses. Sind die gemeinsamen Interessen des Sozialismus nicht mehr das einigende Band zwischen uns?

Krisen in Staaten der Gemeinschaft gab es in regelmäßigen Abständen: DDR 1953, Ungarn 1956, Polen 1956, 1970 und 1980, Tschechoslowakei 1968. Es waren in der Regel Krisen in einem oder in einigen Ländern, nie aber war die Gemeinschaft als Ganzes betroffen. Ich erlebe jetzt zum ersten Mal, daß die sozialistische Staatengemeinschaft nicht mehr funktioniert. Der Sozialismus in Europa mit seinem Kernland Sowjetunion befindet sich in einer Existenzkrise. Darin sehe ich eine große Gefahr nicht nur für unseren Kontinent. Die Bipolarität der Welt ist trotz der Härte des Kalten Krieges so etwas wie ein Regulator der Friedenssicherung. Jede Seite weiß von der anderen, daß sie sich in ein Kriegsabenteuer nur bei Strafe des eigenen Untergangs einlassen kann. Wenn die Staaten des Warschauer Vertrages Auflösungserscheinungen zeigen, kann dieser Regulator nicht mehr funktionieren.

Jetzt ist die Fähigkeit aller Verbündeten gefragt, die Konflikte auf politische Art zu lösen. Ich glaube an diese Möglichkeit. Die gemeinsamen Interessen müssen stärker sein als die Differenzen.

Mich befällt aber auch der Gedanke: Ist Honeckers Krankheit vielleicht mehr als eine Gallenkolik? Ein psychologischer Kollaps als Reaktion auf die latente Krankheit der sozialistischen Gemeinschaft, die er in Bukarest vielleicht ernster als sonst wahrgenommen hat?

Ich schaue auf die Uhr. Es ist kurz nach 11.00. In Bukarest unterschreiben die Delegationschefs wahrscheinlich jetzt die abschließende Erklärung. Das Abschlußdokument ist schon wenige Stunden später Gegenstand wilder Spekulationen. Im Westen wird die Version verbreitet, Gorbatschow hat nun endgültig die „Breshnew-Doktrin"* außer Kraft gesetzt.

---

* Begriff, der nur in westlichen Ländern, nicht im Warschauer Vertrag benutzt wurde. Aus westlicher Sicht bedeutete die nach dem KPdSU-Generalsekretär Breshnew benannte Doktrin die nachträgliche Rechtfertigung des Einmarsches von Truppen des Warschauer Vertrages im August 1968 in die ČSSR. Man nannte sie auch Doktrin der begrenzten Souveränität der sozialistischen Staaten.

Ich habe seit dem Amtsantritt Gorbatschows an allen Beratungen des Politisch-Beratenden Ausschusses teilgenommen und erinnere mich nicht, daß er jemals über diese Doktrin anders als im Sinne einer Verleumdung der Sowjetunion durch den Westen gesprochen hätte. Mir ist auch nicht bekannt, daß Gorbatschow eine „Breshnew-Doktrin" aufgehoben hat.

Gorbatschow sagte bei vielen Gelegenheiten: Jedes sozialistische Land ist für sich selbst verantwortlich. Die Formulierung von Bukarest, daß alle Staaten die Prinzipien der „Unabhängigkeit und Selbständigkeit der nationalen Parteien, der Gleichberechtigung der Beziehungen und der Freiwilligkeit der Zusammenarbeit"* unterstützen, ist nicht neu. Fast wörtlich steht sie so schon in der Erklärung einer Beratung von Vertretern der Kommunistischen und Arbeiterparteien im November 1960.

Breshnew hatte später auf der internationalen Konferenz von 1969 gesagt, daß die Aufgabe darin besteht, „... die Prinzipien der Gleichberechtigung aller Länder des Sozialismus, ihre Souveränität und Unabhängigkeit sowie die Nichteinmischung in ihre inneren Angelegenheiten konsequent zu wahren"**.

Verbal haben das alle KPdSU-Chefs gesagt, von Stalin bis Gorbatschow. Und das ist auch plausibel. Hätten sie etwa sagen sollen: Die anderen sozialistischen Länder sind unsere Satelliten. Wir bestimmen, was dort passiert. Wir waren Bruderländer. Die UdSSR war der große Bruder; und in gewisser Weise das Familienoberhaupt. Das waren die Spielregeln, die bis 1989 in der praktischen Politik nie außer Kraft gesetzt wurden.

Gorbatschow hat nie behauptet, jedes Land kann nach Belieben aus dem Warschauer Vertrag oder dem RGW austreten. Am 13. März 1985, er war gerade zwei Tage Generalsekretär des ZK der KPdSU, lud er seine osteuropäischen Kollegen in den Kreml ein. Seine Hauptsorge galt der Verlängerung des Warschauer Vertrages.*** Seine erste große außenpolitische Aktivität war am 26. April 1985 die Unterzeichnung des Protokolls über die Verlängerung des Warschauer Vertrages für die nächsten 20 Jahre. Ich war in Warschau dabei und habe seine Freude erlebt, daß es ihm trotz des rumänischen Widerstands gelungen war, den Vertrag zu verlängern.

---

* Abschlußerklärung der Teilnehmerstaaten des Warschauer Vertrages vom 8. Juli 1989

** Internationale Beratung der Kommunistischen und Arbeiterparteien; Moskau 1969, Dietz Verlag Berlin

*** Niederschrift „Treffen der Führer der Staaten des Warschauer Vertrages" am 13. März 1985 in Moskau, im Archiv des Autors

Dieses Datum nannte er später „die zweite Geburt“* der Militärkoalition. Auch für Gorbatschow war der sozialistische Internationalismus die Grundlage der Beziehungen zwischen den osteuropäischen Staaten.

Was unsere Länder für immer verbinden sollte, waren eine gemeinsame Ideologie und die gemeinsamen politischen Interessen. Auf einer internen Beratung der Bruderparteien im November 1986 sagte Gorbatschow: „Erfolge sind nicht möglich, wenn sich nicht jede Partei sowohl um das eigene Interesse als auch um das gemeinsame Interesse sorgt.“** Unsere gemeinsame Stärke liege in der „Klassensolidarität“***.

„Breshnew-Doktrin“ war auch nach Ansicht Gorbatschows eine West-Vokabel. Sie wurde 1968, nach dem Einmarsch von Truppen des Warschauer Vertrages in die ČSSR, eingeführt. Der Doktrin zufolge war die Souveränität der einzelnen Ostblockstaaten begrenzt. Dieser Gedanke ist nun aber weder richtig falsch noch völlig richtig. Wie stand es denn mit der Souveränität der westlichen Staaten? Wer sich einem Bündnis anschließt – das ist bei der NATO so und das war im Warschauer Pakt so –, gibt einen Teil seiner Souveränität an das Bündnis ab. Das liegt in der Natur von Bündnissen.

Daß Gorbatschow das Abschlußpapier des Gipfels von Bukarest nicht als Korrektur der Politik der UdSSR gegenüber den Bruderstaaten verstanden hat, verdeutlicht allein folgender Vorgang: Kurz vor dem Gipfel schrieben Dubček und Černik einen Brief an den tschechoslowakischen Parteichef Miloš Jakeš. Inhalt: Die Partei- und Staatschefs der Staaten des Warschauer Vertrages werden aufgefordert, die Ereignisse von 1968 in der CSSR neu zu bewerten.

Während der Beratungen des Politisch-Beratenden Ausschusses informierte Jakeš auch unsere Delegation von diesem Brief. In gleicher Sache sprach er während seines Jahresurlaubs in der Sowjetunion mit Gorbatschow. Der Generalsekretär versicherte Jakeš, daß die KPdSU die Maßnahmen vom August 1968 unter keinen Umständen umbewerten wird. Gorbatschow informierte über diese Position auch die SED-Führung. Erst fünf Monate später, auf der Beratung des Politisch-Beratenden Ausschusses am 4. Dezember 1989 in Moskau nahm Gorbatschow eine andere Haltung ein.

---

* Michail Gorbatschow, Politischer Bericht des Zentralkomitees der KPdSU an den XXVII. Parteitag, 25. Februar 1986, APN-Verlag, Moskau 1986

** Treffen der führenden Repräsentanten der Bruderparteien der sozialistischen Länder am 10. und 11. November 1986 in Moskau, im Archiv des Autors

*** Michail Gorbatschow, Politischer Bericht des Zentralkomitees der KPdSU an den XXVII. Parteitag, 25. Februar 1986, APN-Verlag, Moskau 1986

Valentin Falin wird später behaupten, Gorbatschow habe schon Ende 1988 eine „Gorbatschow-Doktrin"* verkündet. Spätestens damit sei die UdSSR von Überlegungen abgerückt, militärisch in Bruderstaaten einzugreifen. Wenn es diese Doktrin gegeben hat, wurde sie vor dem SED-Politbüro, dem Botschafter der UdSSR in der DDR und den in der DDR stationierten sowjetischen Militärs geheimgehalten. Der politischen und militärischen Führung der DDR ist sie nie mitgeteilt worden. Sowjetische Militärs sind der DDR gegenüber auch noch 1989 von gemeinsamen politischen und militärischen Interessen ausgegangen. Zudem existierte ein Beistandspakt zwischen der UdSSR und der DDR. Er wurde nie gekündigt.

Selbst wenn die UdSSR 1988 bereit war, Bulgarien, die ČSSR, Polen, Ungarn und Rumänien in die volle Souveränität zu entlassen, so ist das bei der DDR anders. Die DDR war für die Sowjetunion immer ein Sonderfall. Jede sowjetische Führung berücksichtigte, daß mehr als 20 Millionen Sowjetbürger Opfer des Überfalls Hitler-Deutschlands auf die Sowjetunion waren und ihr Leben für die Befreiung Deutschlands ließen. Anders als für Gorbatschow war die DDR für die sowjetischen Militärs Teil ihres Lebens, ihr Herzblut. Dieser Sonderrolle der DDR entsprach auch die Geschichte der gegenseitigen Beziehungen. Bis 1955 nahm der Hohe Kommissar der UdSSR** in der DDR an den Sitzungen des SED-Politbüros teil. Jeder Beschluß dieses Gremiums konnte durch sein Veto außer Kraft gesetzt werden. Obwohl die sowjetische Führung im Juni 1952 beschlossen hatte, daß in der DDR mit dem planmäßigen Aufbau der Grundlagen des Sozialismus begonnen werden kann, wurde dieser Beschluß am 3. und 4. Juni 1953, nur drei Monate nach Stalins Tod, in Moskau korrigiert. Der SED wurde bescheinigt, daß „fälschlicherweise der Kurs auf einen beschleunigten Aufbau des Sozialismus in Ostdeutschland genommen worden war ..."*** Das war faktisch die Aufhebung des Beschlusses der II. Parteikonferenz der SED. 1955 wurde der DDR per Vertrag formal die Souveränität verliehen. Dennoch sprach die Sowjetunion in allen wichtigen Fragen der

---

* Valentin Falin, Konflikte im Kreml, Karl Blessing Verlag, 1997

** Die sowjetische Militäradministration war ein von der Regierung der UdSSR eingesetztes militärisches Verwaltungsorgan für die sowjetische Besatzungszone. Mit Gründung der DDR wurde sie 1949 in die Sowjetische Kontrollkommission umgewandelt. Seit 1953 trat an ihre Stelle der Hohe Kommissar der UdSSR. Mit dem Vertrag über die Beziehungen zwischen der UdSSR und der DDR vom 20 September 1955 wurde das Amt des Hohen Kommissars aufgehoben.

*** „Über Maßnahmen zur Gesundung der politischen Lage in der Deutschen Demokratischen Republik", zitiert nach einem Dokumentenband, den Erich Honecker 1989 den Mitgliedern des SED-Politbüros zur Kenntnis gab

Entwicklung der DDR ein entscheidendes Wort mit. Das ergab sich aus ihrer Rolle als Siegermacht im Zweiten Weltkrieg. Für mich entsprach das der bestehenden politischen Realität.

1967 wurde in der DDR eine neue Verfassung ausgearbeitet. Noch bevor sie öffentlich diskutiert und ein Volksentscheid für 1968 geplant wurde, schickte Walter Ulbricht auf Wunsch der sowjetischen Führung den Entwurf der Verfassung zur Stellungnahme an Breshnew. Am 28. November 1967 antwortete der KPdSU-Chef, das Politbüro seiner Partei habe sich „mit dem Entwurf einer neuen Verfassung der Deutschen Demokratischen Republik vertraut gemacht". Dem Brief fügte er drei Seiten bei. Sie enthielten sieben Punkte mit der Bemerkung: Die einzelnen Bestimmungen bedürfen „weiterer Überlegungen und einer gewissen Präzisierung"*. Mir schien auch diese Praxis im Interesse einer international abgestimmten Politik notwendig, war doch die Sowjetunion für viele aus meiner Generation nicht ausländische Macht, sondern Weggefährte in der gemeinsamen Sache.

Auch zu Gorbatschows Zeiten galt dieses Prinzip. Grundlegende Analysen und Beschlüsse des SED-Politbüros über die Politik gegenüber der Bundesrepublik Deutschland bzw. Berlin (West) wurden zur Abstimmung nach Moskau geschickt. Jedes Verhandlungspapier für die Gespräche zwischen Hermann Axen** und Egon Bahr*** über gemeinsame Aktivitäten zwischen der SED und der SPD mußten in Moskau vorgelegt werden. Als die SED und die SPD 1987 ihr gemeinsames Strategiepapier über die gemeinsame Sicherheit und den Streit der Ideologien vorstellten, kam aus Moskau prinzipielle Kritik. Das ZK der KPdSU mahnte die SED, „keine Verwischung der prinzipiellen Widersprüche zwischen Kommunisten und Sozialdemokraten oder friedliche Koexistenz auf ideologischem Gebiet" zuzulassen. Es stellte fest „bei aller Rücksichtnahme auf den Kompromißcharakter möchten wir, wie es zwischen unseren Parteien üblich ist, mit aller Offenheit sagen, daß das Dokument auch Mängel enthält, die nach unserer Meinung hätten vermieden werden können. Wir sind bereit, unseren Standpunkt

---

* Zitate aus dem Brief von Leonid Breshnew an Walter Ulbricht vom 28. November 1967, im Archiv des Autors

** Hermann Axen, Mitglied des Politbüros und Sekretär des ZK der SED. Er war in der zweiten Hälfte der achtziger Jahre Verhandlungsführer der SED bei Verhandlungen mit der SPD, unter anderem über Fragen der Abrüstung.

*** Egon Bahr, SPD-Politiker. Er war Verhandlungsführer der BRD bei der Aushandlung des Grundlagenvertrages zwischen beiden deutschen Staaten. In der zweiten Hälfte der achtziger Jahre war er Verhandlungsführer der SPD bei Verhandlungen mit der SED über Fragen der Abrüstung.

dazu beim bevorstehenden Meinungsaustausch mit den Genossen der DDR darzulegen."*

In den achtziger Jahren war es für die sowjetische Seite natürlich nicht mehr so einfach, Beschlüsse des Politbüros einfach außer Kraft zu setzen wie 30 Jahre zuvor. Sie hatte es auch nicht nötig. Das SED-Politbüro und die Regierung waren in ihrer ideologischen Grundhaltung mit Moskau in voller Übereinstimmung. Daran änderten auch Alleingänge Honeckers nichts. Die sowjetische Führung hatte über ihre Informanten im Politbüro im Prinzip auch Sitz und Stimme sowohl im Politbüro als auch in der Regierung. Bei Meinungsverschiedenheiten wurden in der Regel die sowjetischen Interessen durchgesetzt.

Die UdSSR sagte 1984 ihre Teilnahme an den Olympischen Spielen in Los Angeles ab, weil die USA vier Jahre zuvor die Spiele in Moskau boykottiert hatten. Natürlich erwartete die UdSSR von den Verbündeten, daß sie der Haltung Moskaus folgen. Honecker wehrte sich. Er wollte die DDR-Sportler trotzdem nach Los Angeles schicken. Die DDR hatte erstmalig die Chance, den ersten Platz in der Länderwertung zu belegen. Als die sowjetische Führung von Honeckers Vorhaben erfuhr, setzte sie den ökonomischen Hebel an. Sie stellte in Aussicht, wenn die DDR mit der Sowjetunion Solidarität übt, werde man in Moskau nachdenken, ob die DDR mehr Erdöl erhalten kann. Für die SED-Führung galt es abzuwägen: Bekommen wir aus der Sowjetunion zusätzliche Erdöllieferungen oder lassen wir unsere Sportler zur Olympiade fahren? Die DDR nahm das Erdöl und enttäuschte die Sportler und die Bevölkerung. Honecker tobte und beschwerte sich beim sowjetischen Botschafter. Ändern konnte er nichts mehr.

Der Ton unseres großen Bruders unter Gorbatschow war zwar moderater geworden. Die Mittel, zu denen er griff, um seine Interessen durchzusetzen, waren es keineswegs. Auf Gorbatschows Betreiben wurde der Besuch Honeckers in der Bundesrepublik mehrmals hintertrieben. Honeckers Reise 1986 nach China stieß auf entschiedenen Widerstand Moskaus. Es hieß immer: Die Beziehungen der DDR mit China, die Kontakte der SED mit der Kommunistischen Partei Chinas dürften nicht besser sein als die Beziehungen der UdSSR zu China, als die Kontakte der KPdSU zur KP Chinas. Honecker ging auch hier eigene Wege, die ihm von der sowjetischen Führung nicht verziehen wurden.

---

* Schreiben des ZK der KPdSU vom Oktober 1987 an das ZK der SED, im Archiv des Autors

1988 schlug die rumänische Führung eine Reform des Warschauer Vertrages vor. Dem Bündnis sollte sein militärischer Inhalt genommen, der Politisch-Beratende Ausschuß aus der Militärkoalition ausgegliedert werden. Mit Militärfragen sollte sich ein Ausschuß beschäftigen, dem nur die Verteidigungsminister angehören. Der Vorsitz sollte jährlich rotieren. Der Oberkommandierende der gemeinsamen Streitkräfte sollte nicht mehr - wie bisher - ein sowjetischer Marschall oder ein sowjetischer Armeegeneral sein. Auch hier sollte der Vorsitz jährlich wechseln, jeder Teilnehmerstaat sollte ein Jahr lang die gemeinsamen Streitkräfte kommandieren. Ungarn, Tschechoslowaken und Deutsche hätten auf diese Weise auch die Einheiten der Sowjetarmee befehligt, die auf ihrem Territorium standen. Für die sowjetische Führung war dies ein unzumutbarer Gedanke. Die Rumänen hatten Gorbatschow mitgeteilt: „Die Reformen berücksichtigen die Wandlungen in Europa. Der Warschauer Vertrag kann sich auf diese Weise künftig auf die wirtschaftlichen, politischen und sozialen Fragen konzentrieren."

Außenminister Schewardnadse und KPdSU-Politbüromitglied Medwedjew versuchten Anfang Juli 1988 in Moskau, dem persönlichen Vertreter Ceauşescus diese Vorschläge auszureden. Die Rumänen blieben hart. Gorbatschow informierte darüber in einer geheimen Botschaft die anderen Bündnispartner. Er fürchtete, daß Rumänien diese Vorschläge auf der Tagung des Bündnisses am 15. und 16. Juli 1988 in Warschau präsentieren könnte und witterte einen Eklat. Er war unsicher, ob sich Honecker mit den Rumänen solidarisieren würde. Deshalb erhielt die SED-Führung die Geheimbotschaft erst, als Honecker in den Sommerurlaub ging. Honecker hatte kaum sein Amtszimmer verlassen, meldete sich der sowjetische Botschafter bei mir. Kotschemassow kam und übergab mir das Schreiben aus Moskau.

Er sprach dazu Klartext: Genosse Gorbatschow gehe davon aus, daß die Information bei mir in den richtigen Händen sei. Es muß verhindert werden, daß die rumänischen Vorschläge in Warschau erörtert werden. Der sowjetische Botschafter informierte mich, daß sein rumänischer Kollege in der DDR dringend Genossen Honecker sprechen möchte. Er bat mich jedoch, dafür Sorge zu tragen, daß der Generalsekretär im Urlaub nicht gestört wird.

Ich hatte verstanden. Ich wurde gebraucht, damit Honecker sich mit Ceauşescu nicht verbünden konnte. Ich war überzeugt, daß der Warschauer Vertrag gestärkt und nicht geschwächt werden muß, hielt daher die rumänischen Vorschläge für falsch und unterstützte das Herangehen Gorbatschows. Ausschlaggebend dafür war meine innere Verbundenheit zur Sowjetunion und die Einschätzung der Lage des internationalen Kräfteverhältnisses.

Erst als unsere Delegation zum Gipfel nach Warschau flog, informierte ich Honecker. Er saß in der vorderen Kabine der Sondermaschine und spielte mit Stoph und Mittag Skat. Ich teilte Honecker mit, daß der rumänische Botschafter in der DDR mit ihm noch vor Beginn des Gipfels sprechen will. „Ich hielt es nicht für richtig, dich während des Urlaubs zu stören."

Honecker schwieg.

Ich hatte den Eindruck, er durchschaute, was da gelaufen war.

Auf der Tagung in Warschau äußerte Gorbatschow sich unmißverständlich: „Bei den Freunden tauchen zuweilen Fragen im Zusammenhang damit auf, daß die KPdSU manche außenpolitischen Entscheidungen der Vergangenheit kritischer betrachtet ... Ich will klar sagen, daß der Kurs, der von Lenin formuliert wurde, bleibt."*

Aus meiner Kenntnis gibt es vor Dezember 1989 keine Beweise dafür, daß die UdSSR die DDR zur Disposition gestellt hätte. Die DDR-Führung wußte um ihre eingeschränkte Souveränität. Sie mußte damit leben, weil das Bündnis mit der Sowjetunion die Lebensgarantie der DDR ist.

Wenn die sich dennoch Freiraum schaffen wollte, reagierte Moskau prompt - wie das folgende Beispiel zeigt: Honecker hatte seit 1987 die Veränderung des Abkommens über die Stationierung sowjetischer Streitkräfte auf dem Territorium der DDR gefordert. Ihn störte unter anderem, daß sich das sowjetische Kontingent „Gruppe der sowjetischen Streitkräfte in Deutschland" nannte. Er wollte, daß sie sich in „Gruppe der sowjetischen Streitkräfte in der DDR" umbenennt. Das aber lehnte Moskau zu Recht ab. Die Gruppe war eben für alle Fragen zuständig, die sich aus den alliierten Abkommen für ganz Deutschland ergaben. Mehrere Genossen des Politbüros, darunter auch ich, hatten Honecker davon abgeraten, diese Frage aufzuwerfen. Ich fürchtete, daß in einer Zeit, da in Ungarn und in der ČSSR die Frage diskutiert wird, ob die sowjetischen Truppen abgezogen werden sollen, unser Vorpreschen in Moskau falsch verstanden werden könnte. Honecker aber argumentierte grundsätzlich: Der Vertrag, der sechs Jahre nach Gründung der DDR abgeschlossen worden war, ist nicht mehr zeitgemäß. Er entspricht nicht der neuen sowjetischen Politik. Gorbatschow soll in der Praxis zeigen, wie ernst er

* Rede von M. S. Gorbatschow auf einem Treffen der Generalsekretäre und Ersten Sekretäre der Zentralkomitees der Bruderparteien am 16. Juli 1988 in Warschau, im Archiv des Autors

seine Aussagen über die Souveränität der sozialistischen Länder nimmt.

Ende Juni 1989 - mitten in der Urlaubsvertretung - erhalte ich eine Mitteilung der sowjetischen Führung an Erich Honecker. Ein Exemplar ist in deutsch und eins in russisch. Ohne vorherige Konsultation teilt uns Moskau mit: „Die Gruppe der Sowjetischen Streitkräfte in Deutschland ist in Westgruppe der sowjetischen Streitkräfte umbenannt worden. Der Status dieser Truppen, wie er im Vertrag über die Beziehungen zwischen der UdSSR und der DDR vom 20. September 1955 und in den anderen bilateralen Vereinbarungen bestimmt wird, sowie die Rechte und Verantwortung, die sich aus den in der Kriegs- bzw. Nachkriegszeit erzielten und heute noch gültigen Vereinbarungen und Beschlüssen der UdSSR, der USA, Großbritannien und Frankreich ergeben, bleiben unverändert."*

Diese Nachricht kann eindeutiger nicht sein: Die Sowjetunion denkt nicht daran, ihre Rechte aus der Nachkriegszeit aufzugeben. Die Souveränität der DDR bleibt weiter eingeschränkt. Nach Lage der Dinge ist mir das plausibel. Die Westalliierten geben ihre Rechte auch nicht ab. Die Botschaft über die Westgruppe ist alles andere als eine „Gorbatschow-Doktrin" für die Selbständigkeit der DDR. Der Nachkriegsstatus wird bekräftigt.

Die Spekulationen im Westen um die Erklärung von Bukarest haben nur ein Ziel, weitere Unsicherheit und Zwietracht zwischen den sozialistischen Staaten zu schüren. Es ist wahr: Das Dokument ist weder Fisch noch Fleisch. Jeder kann ihm entnehmen, was in sein eigenes Konzept paßt. Ganz sicher aber ist es keine Kündigung der Bündnistreue der UdSSR gegenüber der DDR. Alle, auch Ungarn und Polen, sollen weiterhin im Warschauer Vertrag bleiben.

Das Politbüro macht Ferien

Sonntag, 9. Juli: Einen Tag nach der Rückkehr vom Gipfel aus Bukarest feiert Willi Stoph seinen 75. Geburtstag. Das Politbüro gratuliert ihm in seiner Wohnung in Wandlitz. Die Mehrheit der Mitglieder und Kandidaten** ist anwesend. Honecker fehlt. Er liegt noch

* Zitiert nach Notizen des Autors
** Das Politbüro hatte zu jener Zeit 21 Mitglieder und 5 Kandidaten. Kandidaten waren bei Beschlußfassung nicht stimmberechtigt.

im Krankenhaus. Ich vertrete ihn. Ich informiere meine Genossen, daß der Generalsekretär am Montag aus dem Krankenhaus entlassen wird und dann seinen Jahresurlaub beginnt. Die meisten machen es nun wie ihr Chef - sie fahren in die Ferien. Ich bleibe als amtierender Generalsekretär in Berlin.

In den nächsten Wochen sind oft weder das Politbüro noch das Sekretariat des ZK der SED beschlußfähig. Auch einige der 1. Sekretäre von Bezirksleitungen der SED sind im Urlaub. Günter Schabowski, 1. Bezirkssekretär von Berlin, und Hans Modrow, 1. Sekretär im Bezirk Dresden, erholen sich in China.

Die Temperaturen in Berlin sind auszuhalten. Politisch allerdings erlebe ich einen heißen Sommer. Wenn ich morgens gegen 7.30 Uhr in mein Büro komme, liegt eine schlechte Nachricht über der anderen. Es brodelt im Land. Viele Menschen wollen die DDR verlassen. Jeden Tag werden es mehr. Damit nicht genug. Auch außenpolitisch laufen die Dinge für uns beängstigend.

In Polen wird am 19. Juli Jaruzelski nur mit knapper Mehrheit zum Präsidenten gewählt. Er ernennt einen Kandidaten aus dem Politbüro der PVAP für das Amt des Regierungschefs. Der PVAP-Kandidat bemüht sich vergeblich um eine „Regierung des Nationalen Vertrauens". Die Opposition versucht, die Polnische Vereinigte Arbeiterpartei unter ihrem neuen Ersten Sekretär Mieczyslaw Rakowski von der Regierungsbildung auszuschließen. Zum neuen Ministerpräsidenten wird Tadeusz Masowiecki* gewählt. Zum ersten Mal wird in einem sozialistischen Land ein oppositioneller Politiker Regierungschef.

Das Oberkommando der Westgruppe der sowjetischen Streitkräfte in Wünsdorf bei Berlin ist darüber beunruhigt. Die sowjetischen Generäle fürchten, daß die in der DDR stationierten sowjetischen Truppen vom „Hinterland" abgeschnitten werden. Unsere Außenhändler sind besorgt, ob künftig der Warenaustausch zwischen der DDR und der UdSSR noch reibungslos funktionieren kann. Es gibt zwar die Fährverbindung Saßnitz-Klaipeda, die vor Jahren aus strategischen Überlegungen geschaffen worden war. Doch daß Polen als sozialistisches Land verlorengehen könnte und daß selbst die baltischen Sowjetrepubliken rebellieren, daran war damals nicht zu denken.

Auch in Ungarn laufen die Dinge gegen die Interessen der DDR-

---

* Tadeusz Masowiecki gehörte zur politischen Opposition. Er war Chefredakteur einer Zeitung, die der Solidarnosc nahestand. Für das Amt des Ministerpräsidenten wurde er von Lech Walesa vorgeschlagen.

Führung. Unser Botschafter informiert mich über den Besuch von US-Präsident George Bush in Budapest. Bush macht deutlich: Es wird keine Kombination von „östlicher Macht“ und „westlicher Technologie“ geben. Auch die Forderung einiger ungarischer Oppositioneller, Ungarn in Form eines neuen Marshallplans* zu helfen, wird nicht erfüllt. Der amerikanische Präsident läßt keinen Zweifel daran, daß die USA Ungarn nur dann wirtschaftlich und finanziell helfen, wenn das politische System des Landes weiter grundlegend verändert wird. Die USA drücken auf eine Entscheidung. Der ungarische Ministerpräsident Nemeth übergibt symbolisch an Bush ein Stück des abgebauten Grenzzauns zu Österreich. Dabei äußert er die Hoffnung, daß einmal alle auf der Welt noch vorhandenen künstlichen, physischen und geistigen Trennmauern einstürzen werden. Mit Bestimmtheit wird er nicht die Grenzbefestigungen zwischen Mexiko und den USA gemeint haben, an denen Jahr für Jahr viele Menschen sterben.

Honecker verbringt seinen Urlaub in Drewitz, einem Ort an der mecklenburgischen Seenplatte. Ich rufe ihn an, informiere ihn über den Bericht unseres Botschafters in Ungarn. Ich schlage vor, „daß ich mich an Ort und Stelle über die weiteren Absichten der ungarischen Führung informiere. Ich kenne den ungarischen Innenminister und weitere Funktionäre aus gemeinsamer Arbeit im Jugendverband. Ich setze darauf, daß vertrauliche Gespräche die Atmosphäre verbessern können. Unmittelbar nach meiner Rückkehr aus Ungarn könnten wir eine Sitzung des Politbüros durchführen, bei der alle anwesend sind; auch jene, die noch Urlaub machen. Ich halte eine Verständigung über die politische Situation in Anwesenheit aller Mitglieder des Politbüros für dringlich. Wenn nötig, kommen wir alle zu dir nach Drewitz.“

Honecker unterbricht mich nicht. Als ich fertig bin, zögert er noch einen Augenblick. Dann entscheidet er: „Das ist Sache von Mielke und Fischer.“ Honecker beauftragt mich, mit beiden zu sprechen, damit sie die Situation in Ungarn analysieren.

Ich sage etwas verärgert: „Das genügt nicht. Die Bevölkerung will wissen, was los ist und wie die Situation von der Führung bewertet wird.“

** Marshallplan, ein vom damaligen US-amerikanischen Außenminister George C. Marshall am 5. Juni 1947 verkündetes Europäisches Wiederaufbauprogramm. Es bestand ein enger Zusammenhang mit der Truman-Doktrin. Sie sah vor, den Sozialismus in Europa einzudämmen. Der Marschallplan trug wesentlich zur Spaltung Europas und Deutschlands bei. Er sah vor, den westeuropäischen Ländern nach dem Zweiten Weltkrieg Warenlieferungen, Aufträge und zum Teil nicht zurückzuzahlende Wiederaufbaukredite zu gewähren.

Honecker läßt nicht mit sich reden: „Wiederhören, Egon." Dann legt er auf.

Daß zwischen diesem Gespräch mit Honecker und dem wenige Minuten später folgenden Anruf von Günter Mittag ein direkter Zusammenhang besteht, kann ich nur vermuten. Jedenfalls meldet sich Mittag aus seinem Urlaubsort an der Ostsee: „Egon, die Leute sind empört über die Ungarn."

„Wie kommst du darauf?" frage ich provozierend.

Wahrscheinlich hat er gerade Pressemeldungen aus dem Westen gelesen. Darin wird Ungarn als Fluchtweg für DDR-Bürger gepriesen. Erregt erzählt er mir: DDR-Bürger würden aufgerufen, ihr Land über Ungarn ungesetzlich zu verlassen. Ich kenne diese Meldungen. Sie sind jeden Tag auch in meiner Pressemappe. Deswegen versuchte ich Honecker davon zu überzeugen, daß wir mit den Ungarn reden müssen. „Günter, ich habe dieselbe Pressemappe wie du. Weshalb erzählst du mir das?"

„Wir müssen unsere Grenzen zur ČSSR schließen", antwortet Mittag.

Ich nehme an, daß er mit Honecker darüber gesprochen hat. Mittag würde einen solchen Vorstoß nicht ohne Rückversicherung wagen.

Ich antworte bestimmt: „Wenn wir uns bei unseren Bürgern und im Ausland unmöglich machen wollen, dann können wir alle Grenzen schließen. Ich bin aber dagegen. Wir können auf keinen Fall unsere Grenzen auch im Osten und Süden dichtmachen. Dazu will uns die BRD ja nur provozieren. Dort wird schon lange das Gerücht verbreitet, wir würden den Urlauberverkehr nach Ungarn beenden. Wir dürfen darauf nicht 'reinfallen. Wir müssen mit den Ungarn reden."

Mittag verabschiedet sich von mir. Mich beunruhigt sein Anruf. Es sind Schulferien. Die Familien haben ihren Urlaub geplant – viele in Ungarn. Wenn wir die Grenzen schließen, dann sind die Menschen zu Recht empört, falls sie es nicht ohnehin schon sind. Mittags Vorschlag darf keine Chance bekommen.

Ich diktiere meiner Sekretärin einen Brief an Honecker. Ohne mein Gespräch mit Mittag zu erwähnen, informiere ich Erich Honekker: „Seit den Veränderungen im Grenzregime der UVR* Anfang Mai haben 242 Bürger die DDR ungesetzlich über die UVR verlassen. Obwohl die Größenordnungen in den Westmedien dramatisiert werden, handelt es sich ... im Verhältnis zu den Gesamtreisenden nach Ungarn im 1. Halbjahr 1989 um eine äußerst geringe Zahl. Wäh-

* Ungarische Volksrepublik

rend von den Gesamtreisenden nach Ungarn im ersten Halbjahr 1989 0,04 Prozent die DDR verlassen haben, sind es im Reiseverkehr mit der BRD und Berlin (West) 0,52 Prozent."*

Meinen Vorschlag formuliere ich ausgewogen: „Es gibt viele Anfragen zum Reiseverkehr nach Ungarn. Es wäre aus meiner Sicht zweckmäßig, daß wir eine kurze Mitteilung veröffentlichen, daß der Reiseverkehr mit der Volksrepublik Ungarn planmäßig und ohne Einschränkungen durchgeführt wird. Entgegenstehende Meldungen sind verleumderische Behauptungen."** Ich schicke meinen Sicherheitsbegleiter mit dem Brief direkt zu Honecker.

Er antwortet umgehend: „Einverstanden! E. H." Ich bin froh, daß Mittag mit seinem Vorschlag nicht durchgekommen ist.

Ein Plädoyer für den sozialistischen Rechtsstaat

In dieser angespannten Zeit führe ich mit Persönlichkeiten aus sehr unterschiedlichen Bereichen fast täglich Gespräche. Ich will mir einen umfassenden Überblick verschaffen, wie die Stimmung ist. Am 27. Juli 1989 bin ich mit Rechtsanwalt Gregor Gysi verabredet. Wir treffen uns in meinem Arbeitszimmer im Haus des Zentralkomitees der SED. Ich weiß, daß er sich als Anwalt und Verteidiger einen Namen gemacht hat. Zu seinen Mandanten gehören auch Bürger, die zur DDR in Opposition stehen. Mich interessiert seine Sicht auf die DDR und die Situation in der Justiz. Ich bitte ihn, sich ohne Vorbehalte zu äußern. Über drei Stunden höre ich ihm interessiert zu. Ich mache mir über zwanzig Seiten Notizen. Seine Darlegungen unterbreche ich nur mit Fragen, um ihn zu noch mehr Details zu ermuntern.

An dieser Stelle muß ich zum besseren Verständnis einen Sprung in das Jahr 1995 machen. Was ich am 27. Juli 1989 nicht wissen kann: Gysi informiert über unsere Begegnung den Justizminister der DDR. Im Justizministerium der DDR wird eine Notiz angefertigt. Eigentlich nichts Unnormales. Doch die Notiz gerät nach der Wende in die Hände eines Münchener Magazins. In großen Lettern wird verkündet: Anwalt Gysi hat einen Kollegen „gegenüber Krenz denun-

* Brief von Egon Krenz an Erich Honecker vom 21. Juli 1989, im Archiv des Autors
** Ebenda

ziert". Gysi klagt gegen das Magazin. So kommt es, daß sechs Jahre nach unserem Gespräch Gysi als Kläger gegen das Magazin und ich als Zeuge vor dem Hamburger Landgericht auftreten. Ein westdeutsches Gericht interpretiert, worüber sich zwei Ostdeutsche, frühere Genossen der SED, in der DDR unterhalten haben. Die Tatsachen sprechen eindeutig für Gysi. Er gewinnt den Prozeß.

Der Hintergrund dieses Gerichtsverfahrens ist folgender:

Im April 1989 hat DDR-Rechtsanwalt H. in der Bundesrepublik ein Essay mit dem Titel: „Der vormundschaftliche Staat - vom Versagen des realexistierenden Sozialismus" veröffentlicht. Das Buch stellt nach Einschätzung der Experten die verfassungsmäßigen Grundlagen der DDR in Frage. Nach dem Recht der DDR wäre es durchaus möglich gewesen, gegen ihn ein Ermittlungsverfahren einzuleiten. Dem Stellvertreter des Ministers für Staatssicherheit, Rudi Mittig, lag ein entsprechender Antrag vor. Er konsultierte mich. Ich war gegen strafrechtliche Maßnahmen: „Darauf", sagte ich „wartet man im Westen nur!" Ich schlug Honecker vor, von einer strafrechtlichen Verfolgung abzusehen. Als Staatsratsvorsitzender konnte er das entscheiden. Laut Verfassung nimmt „der Staatsrat im Auftrage der Volkskammer die ständige Aufsicht über die Verfassungsmäßigkeit und Gesetzlichkeit der Tätigkeit des Obersten Gerichts und des Generalstaatsanwalts wahr"*. Am 10. April 1989 notiere ich: „Wir sollten ihm [dem Buchautor - E. Krenz] nicht seinen Wunsch erfüllen, ihn durch unangemessene Schritte zum Pressehelden der BRD zu machen."** Dies hatte sich bei Juristen herumgesprochen. Es hat aber nicht bei jedem Zustimmung gefunden. Ich frage daher Gysi: „Findest du es richtig, daß gegen Rechtsanwalt H. kein Strafverfahren eingeleitet wurde?"

Er überlegt. „Ja", sagt er. Er fügt hinzu: Im Interesse der Gleichheit aller vor dem Gesetz finde er es aber nicht richtig, daß ein einfacher Arbeiter, der unter Alkoholeinfluß eine dumme Äußerung macht, strafrechtlich zur Verantwortung gezogen wird. Bedenklich sei auch die ungleiche und somit ungerechte Behandlung von Bürgern, die einen Ausreiseantrag stellen. Wer brav seinen Antrag stellt, habe - von Ausnahmen abgesehen - keinen Erfolg. Wer dagegen provokativ auftritt, um das Erstrebte zu erzwingen, erreichte oft das Ziel. Natürlich sei ihm klar, daß wir mit vielem, was den Westen anziehend macht, was die Fassade glitzern läßt, nicht mithalten können. Gerade daraus ergebe sich, daß wir weit stärker die Vorzüge un-

* Verfassung der DDR, Artikel 74
** Siehe Brief von Egon Krenz an Erich Honecker vom 10. April 1989

serer Gesellschaftsordnung im Bewußtsein der Bürger zur Geltung bringen und sie fortentwickeln müssen. Der entscheidende Vorzug neben menschlicher Wärme in sozialer Geborgenheit sei die Möglichkeit des Bürgers zur Mitbestimmung, die Möglichkeit der Einflußnahme zur Veränderung im Betrieb und in der Gesellschaft. Diese Möglichkeit gebe es in der westlichen Welt nicht. Einer, der das Gefühl habe, er könne bei uns nichts bewirken und sei bei uns nicht gefragt, komme leicht, um mit Jurek Becker zu sprechen, zu der Auffassung: „Wenn schon Maul halten, dann auf dem sonnigen Haiti."

Gysi war zu Ohren gekommen, daß ich auf einer Konferenz angeregt hatte, ein neues Strafgesetzbuch der DDR zu erarbeiten.

Der Rechtsanwalt bestärkt mich in dieser Idee. Er schlägt vor, die politischen Kapitel im Strafgesetzbuch zu entkriminalisieren. Für viele Regelungen bestehe keine Notwendigkeit mehr. Sie böten dem Gegner nur willkommene Angriffsmöglichkeiten. Er regt an, die Stellung der Gerichte und der Richter im öffentlichen Ansehen zu heben. Es sei zwar theoretisch klar, daß das Gericht unabhängig sei. Es gebe aber viele Verstöße gegen dieses Prinzip. Das widerspräche rechtsstaatlichen Grundsätzen und müsse geändert werden. Gysi fordert eine größere Transparenz und Öffentlichkeit im Strafvollzug. Es sei unhaltbar, daß der Strafvollzug nicht dem Justizministerium unterstehe.

Als wir uns gegen 19.00 Uhr voneinander verabschieden, sind wir mit dem Ergebnis zufrieden. Gysi, weil er das erste Mal in seinem Leben, wie er sagt, Gelegenheit hatte, einem Mitglied des Politbüros die Situation in der Justiz zu schildern. Ich, weil ich von ihm viel erfahren habe, was ich bisher nicht wußte. Es fließt später in das Aktionsprogramm der SED ein.

Ratlosigkeit und Resignation greifen um sich

Anfang Juni bekomme ich von Erich Mielke eine streng vertrauliche „Information über Meinungen der Bevölkerung in der Wirtschaft, im Handel und in der Versorgung"*. Darin steht: Viele Bür-

* Siehe Stiftung Archiv der Parteien und Massenorganisationen der DDR, Bundesarchiv, IV 2/2. 039/ 268

ger glauben nicht mehr, daß in der DDR positive Veränderungen möglich sind. Immer häufiger ist zu hören, daß der Sozialismus sich als unfähig erweist, seine ökonomischen Probleme aus eigener Kraft zu lösen. Das Leistungsprinzip wird verletzt. Viele Grundmittel sind technisch und moralisch verschlissen. Ökonomische Unzulänglichkeiten werden durch Stoßarbeit an Wochenenden kompensiert. Fehlende Ersatzteile stören den Produktionsablauf. Den Leitungskadern fehlt das notwendige Engagement. Es gibt Anzeichen von Ermüdung und Resignation. Der wissenschaftlich-technische Rückstand der Volkswirtschaft hat sich im Vergleich zu den kapitalistischen Industriestaaten vergrößert. Die DDR muß sich zudem auf wachsende Unberechenbarkeit und Unsicherheit in den wirtschaftlichen Beziehungen mit den RGW-Ländern einstellen. Das Versorgungsniveau der Bevölkerung ist schlechter geworden. Waren, die noch vor Jahren zum normalen Angebot gehörten, sind nur noch über gute Beziehungen oder in Delikatläden erhältlich. Es fehlt an vielen Waren des täglichen Bedarfs. Besonders kritisch ist die Versorgung mit Autos. Die Wartezeiten von bis zu 18 Jahren für den Neukauf eines Pkw Trabant oder Pkw Wartburg sind nicht selten.

Ich rate Mielke, diese Information, die auch die Meinung vieler Parteimitglieder ausdrückt, sofort Erich Honecker zu übergeben. Sie muß schnell auf die Tagesordnung des Politbüros. Ihr Inhalt darf nicht das Wissen einiger Bevorrechteten im Politbüro bleiben. „Was werden die Genossen im Ministerium für Staatssicherheit, die diese Information ausgearbeitet haben, von dir denken, wenn sie keine Reaktion von der Parteiführung erfahren. Ich werde dich im Politbüro unterstützen", sage ich ihm. Mielke unternimmt nichts. Er fürchtet, Honecker könne ihm vorwerfen, das MfS fühle sich „klüger als die Partei". Vor mehr als 30 Jahren waren seine Amtsvorgänger Zaisser und Wollweber unter anderem auch daran gescheitert, daß sie angeblich das Ministerium für Staatssicherheit über die Partei stellen wollten. Das hat Mielke nicht vergessen. Es ist in der Geschichte nicht einmalig, daß der Überbringer schlechter Nachrichten für die Nachricht selbst verantwortlich gemacht wird. So erreicht die Information nur Mittag. Der für Wirtschaftsfragen Zuständige ist nicht daran interessiert, daß diese Wahrheit ungeschminkt ins Politbüro kommt. Es ist nicht das erste Mal, daß die Mitarbeiter des Ministeriums für Staatssicherheit die Parteiführung unverblümt informieren, ihre Informationen bleiben aber auf der Strecke. Sie werden entweder vom Generalsekretär nicht weitergegeben oder nicht ernst genug genommen.

Anfang August treffen Wolfgang Herger* und ich uns mit Prof. Walter Friedrich. Er leitet das Institut für Jugendforschung in Leipzig. Dort werden Langzeituntersuchungen über das Denken und Verhalten Jugendlicher analysiert. Diese Studien lassen auch Rückschlüsse auf die Grundstimmung unter der Bevölkerung zu. Sie widerspiegeln real die politische Stimmung im Land.

Friedrichs Bericht ist nüchtern, bitter realistisch. Er legt ohne Umschweife anhand von wissenschaftlichen Studien dar: Die Glaubhaftigkeit der Werte, Ideale und Ziele des Sozialismus steht auf dem Prüfstand. Ratlosigkeit und Resignation greifen um sich. Es gibt keine klare Perspektive mehr. Große Teile des Volkes trauen der Führung nicht mehr zu, die anstehenden Probleme zu lösen. Zwar steht die Mehrheit der Bevölkerung innerlich noch auf dem Boden des Sozialismus. Es gibt aber viel Skepsis in Bezug auf dessen historische Überlegenheit. Die Vorreiterrolle der Sowjetunion ist dahin. Die Zerfallserscheinungen in der UdSSR, in Polen und Ungarn zeigen, daß der Sozialismus existentiell bedroht ist. Mit China und Rumänien will sich niemand identifizieren. Für einen Sozialismus in den „Farben der DDR" gibt es keine wirkliche Chance. Das Streben nach materiellem Besitz, besonders nach Westgeld, tritt an die Stelle moralischer Werte. Zudem fordern die Menschen mehr Selbstbestimmung, Entfaltung der Individualität, demokratische Mitbestimmung und Toleranz gegenüber anderen. Verbreitet ist die Meinung, das Politbüro kennt die Lage nicht oder unterschätzt sie. Besonders die Informationspolitik wird angegriffen. Die von der Führung betriebene Erfolgspropaganda wird abgelehnt.

Wenn der XII. Parteitag 1999 so verlaufen wird wie die letzten Plenartagungen des Zentralkomitees und der Pädagogische Kongreß, werden sich die Spannungen in der Gesellschaft weiter vergrößern. Nicht wenige Genossen sind besorgt um das Schicksal der DDR.

Wir vereinbaren, daß Walter Friedrich eine konzentrierte Zusammenfassung seiner Untersuchungen erarbeitet, auf deren Grundlage der FDJ-Zentralrat das Politbüro über die Stimmung unter der Jugend informiert.

Auf meinem Schreibtisch landet ein Blitztelegramm von Günter Schabowski aus China an Erich Honecker. Während seines Urlaubs hat-

* Dr. Wolfgang Herger, promovierter Philosoph. Von 1964 bis 1976 Sekretär des FDJ-Zentralrats. Seit 1976 Mitglied des ZK der SED und Leiter der Abteilung Jugend des ZK. Danach Leiter der Abteilung für Sicherheitsfragen. Vom 8. November bis 3. Dezember 1989 Mitglied des Politbüros des ZK der SED.

te der Berliner Parteichef ein Gespräch mit Jiang Zemin*. Schabowski schildert den Inhalt des Gesprächs. Ein Gedanke prägt sich mir fest ein: „Nach Einschätzung der chinesischen Genossen", kabelt Schabowski, „wäre es zu den Ereignissen vom Juni 1989 auf dem Platz des Himmlischen Friedens nicht gekommen, wenn die Parteiführung einig gewesen und eine klare Einschätzung gehabt hätte."**

Wie steht es mit der Einigkeit unserer Parteiführung? Haben wir ein realistisches Bild von der Wirklichkeit in der DDR? Keineswegs.

Herger, weitere in Berlin verbliebene Genossen der Führung und ich kennen zwar die Lage - sind aber derzeit handlungsunfähig, was bindende Beschlüsse betrifft. Die meisten Mitglieder des Politbüros und der Regierung sind im Urlaub. Selbst wenn alle hier wären, von Einigkeit im Politbüro kann schon nicht mehr die Rede sein.

Honecker ist gesundheitlich geschwächt. Er nimmt den Ernst der Lage nicht mehr wahr.

Mittag sucht eine günstige Ausgangsposition, um nach Honekker an die Macht zu gelangen.

Herger und ich bereiten Einschätzungen auf. Wenn Honecker aus dem Urlaub kommt, muß im Politbüro unbedingt die reale Situation erörtert werden. Ich sage dies Erich Honecker am Telefon. Er antwortet: „Mach' keine Panik!"

Ich verzweifle: Was muß eigentlich noch geschehen, damit einige erwachen? Mir wird immer bewußter: Die starke Fixierung allein auf den Generalsekretär ist schon in normalen Zeiten hemmend. Um wieviel stärker ist sie in dieser Zeit zum Hindernis für eine konstruktive Politik geworden. Aus den Bezirken kommen keine konstruktiven Signale.

---

* Jiang Zemin, damals: Generalsekretär des ZK der Kommunistischen Partei Chinas; heute gleichzeitig Präsident der Volksrepublik China und Vorsitzender der Militärkommission

** Blitztelegramm von Schabowski an Erich Honecker vom 14. Juli 1989

Ein unvollendetes Gespräch

Zu meinen Gesprächspartnern gehört auch Markus Wolf*. Wolfgang Herger und ich treffen uns mit ihm am 3. August 1989 in meinem Büro im Haus des Zentralkomitees. Wir waren uns in der Vergangenheit oft begegnet, persönliche Gespräche jedoch hatten wir nur selten.

Bevor er kommt, fallen mir zwei Episoden ein, die mit seiner Arbeit als Chef der Hauptverwaltung Aufklärung im Ministerium für Staatssicherheit zusammenhängen.

Im April 1974 war ich unfreiwillig Zeuge geworden, als seine Karriere auf dem Spiel stand. An dem Tag, als „unser Mann" im Bonner Kanzleramt, Günter Guillaume, in der BRD verhaftet wurde, saß ich zusammen mit dem früheren Vorsitzenden der Jungsozialisten in der SPD, Wolfgang Roth, im Flugzeug von Moskau nach Berlin. Wir kamen vom Kongreß des sowjetischen Jugendverbandes Komsomol.

Schon in aller Frühe des anderen Tages rief mich Honecker an: „Was hat Roth über Guillaume gesagt?" fragt er.

Ich erzählte, wie empört er war. Bundeskanzler Brandt würde über diese Affäre stürzen. Das könnte die gesamte Ostpolitik beschädigen. Die Verantwortung dafür trüge allein die DDR. Einem Mann wie Brandt setze man keinen Agenten ins Vorzimmer. Spätestens als Brandt Kanzler wurde, hätte die DDR ihn zurückziehen müssen, meinte Roth.

Zu meiner Überraschung erwiderte Honecker: „Recht hat er. Ich habe nichts davon gewußt. Mielke und Wolf müßten eigentlich entlassen werden."

Ich staunte über diese Offenheit Honeckers. Später korrigierte er sich. Er habe zwar ernsthaft erwogen, beiden den Laufpaß zu geben, doch dann sei ihm aus bundesdeutschen Quellen mitgeteilt worden, daß Leute der Bonner Regierungskoalition und des Verfassungsschutzes die Agentenaffäre künstlich hinausgezögert haben. Die SPD und die FDP, so Honecker, hätten nur einen Vorwand gesucht, um Brandt als Kanzler loszuwerden.

---

* Generaloberst a. D. Wolf, Markus, von seinen Freunden Mischa genannt, ist Sohn des Schriftstellers und Arztes Dr. med. Friedrich Wolf. Er lebte mit seinen Eltern im Exil in Moskau und besuchte dort die Karl-Liebknecht-Schule. In der DDR war er Journalist, im diplomatischen Dienst tätig, Mitarbeiter im Ministerium für Staatssicherheit und bis 1986 Stellvertreter des Ministers für Staatssicherheit und Leiter der Hauptverwaltung Aufklärung. Danach widmete er sich dem literarischen Erbe seines Vaters und seines Bruders Konrad Wolf. Mischa Wolf betätigt sich nach seinem Ausscheiden aus dem MfS als Schriftsteller.

„Wieso“, fragte Honecker rhetorisch, „sollten wir die Gegner von Brandt noch durch Opferung unserer eigenen Leute belohnen?“

Mielke und Wolf blieben im Amt.

Inzwischen sind 15 Jahre vergangen. Honecker sitzt immer noch tief in den Knochen, daß ihn seinerzeit Breshnew persönlich für den Sturz von Brandt verantwortlich gemacht hatte. Als ich Honekker im Januar 1989 vorschlage, die im Ministerium für Staatssicherheit nur für interne Zwecke herausgegebene Autobiographie von Günter Guillaume in der Zeitung JUNGE WELT zu publizieren, erhalte ich eine barsche Ablehnung. Handschriftlich schreibt Honecker auf meine Hausmitteilung: „Nein. Es war politisch falsch, das Buch herauszugeben.“*

Als ich Wolf empfange, weiß ich natürlich, daß es seit Jahren über ihn viele Gerüchte gibt. Er sei aus dem Dienst ausgeschieden, weil er zu Gorbatschow Sympathien habe und die DDR nicht mehr für reformierbar halte, sagen die einen. Andere meinen, er sei „1986 als Stellvertretender Minister de facto abserviert und aufs Altenteil geschickt worden“**.

Es gehört zur Strategie des Westens, DDR-Politiker gegeneinander auszuspielen: Die einen sind „Hoffnungsträger“, die anderen „Hardliner“, obwohl alle dieselbe Politik vertreten. Mich hat dieses Gerede interessiert, aber nicht betroffen gemacht. So ist eben Politik.

Soweit ich weiß, wurde Wolf zu keinem Zeitpunkt vom Politbüro auf „Eis gelegt“. Sein Ausscheiden aus dem Dienst des Ministeriums für Staatssicherheit hat keine politischen Gründe. Es ist ein Zusammentreffen verschiedener persönlicher und familiärer Umstände.

Die Geschichte begann 1982. Mischas Bruder Konrad, ein herausragender Filmregisseur, Präsident der Akademie der Künste, ein kluger, konsequenter und ausgleichender Mann, starb mit 57 Jahren. Er hatte es nicht mehr geschafft, sein großes Lebensthema*** künstlerisch zu gestalten. Kurz vor seinem Tod bat er seinen Bruder Mischa, sich dieses Themas anzunehmen. Mischa versprach es.

---

* Hausmitteilung von Egon Krenz an Erich Honecker vom 5. Januar 1989, im Archiv des Autors

** Siehe: Hans Modrow, „Die Perestroika. Wie ich sie sehe“, Edition Ost

*** Während seiner Zeit an der Karl-Liebknecht-Schule in Moskau war Konrad Wolf mit zwei Mitschülern eng befreundet. Die „Drei“ – auf russisch eine „Troika“ – gingen später unterschiedliche Wege. Den einen verschlug es nach Hitler-Deutschland, der andere ging nach Amerika und Konrad kam mit der Roten Armee nach Deutschland. Über diese persönlichen Schicksale plante Konrad einen Film. Sein früher Tod hinderte ihn daran. Mischa übernahm das Thema. So entstand das Buch „Die Troika“.

1983 wurde Wolf sechzig Jahre alt. Er begann, sein Ausscheiden aus der Funktion und seine Tätigkeit als Schriftsteller vorzubereiten. Damals war an einen Generalsekretär Gorbatschow noch nicht zu denken. Die Reformierbarkeit der DDR war noch kein Streitthema. Wolf bat damals seinen zuständigen Minister, Mielke, in Rente gehen zu dürfen, um sich ausschließlich dem literarischen Erbe des Vaters und des Bruders zu widmen.

Mielke aber wollte auf seinen besten Mann der Aufklärung nicht verzichten. Wolf blieb im Amt, konnte sich aber schrittweise aus der operativen Arbeit zurückziehen. Er erhielt durch Mielkes Entscheidung ausgezeichnete Arbeitsbedingungen für seine schriftstellerische Tätigkeit. Als Wolf sich von seiner zweiten Frau scheiden ließ, schlug in seinem Umfeld die Stimmung um. Scheidungen waren in dieser Zeit in der DDR schon kein Grund mehr für einen möglichen Funktionsverlust. Für die Scheidung des Aufklärungschefs interessierten sich aber auch ausländische Geheimdienste. Dem wollte Mielke entgegenwirken. Deshalb stimmte er der Verabschiedung von Generaloberst Wolf aus dem aktiven Dienst zu.

Der Minister hatte aber seine Rechnung ohne Erich Honecker gemacht. Dem paßte nicht, daß Wolf „in so jungen Jahren in Rente geht". Für Honecker war das Maß der Pensionierung sein eigenes Alter.

Und die Marke „75" hatte Wolf noch nicht erreicht. Honecker entschied: Wolf bleibt. Mielke aber stand Wolf gegenüber im Wort. Er redete jetzt auf mich ein, Honecker zu beeinflussen, der Entlassung seines Stellvertreters zuzustimmen. Schließlich ließ Honecker im Politbüro entscheiden: „Das Politbüro bestätigt die Entlassung des Genossen Markus Wolf aus dem aktiven Dienst aus gesundheitlichen Gründen und spricht ihm Dank für seine aktive politische Arbeit aus."*

Mir gelang es, bei Honecker die Auszeichnung von Wolf mit dem Karl-Marx-Orden** durchzusetzen. Honecker verlangte von mir den Entwurf einer Pressemitteilung über die Auszeichnung. Zu meiner Überraschung änderte er sie persönlich ab. Er strich aus meinem Entwurf „aus gesundheitlichen Gründen" und fügte handschriftlich ein: „auf eigenen Wunsch". „Gesundheitliche Gründe" haben immer den Beigeschmack einer Ablösung. Honecker wollte den Mitarbeitern des Ministeriums für Staatssicherheit signalisieren, daß Markus Wolf auf eigenen Wunsch geht, aber mit allen Ehren aus dem Dienst ausscheidet.

---

* Siehe Protokoll der Sitzung des Politbüros vom 4. November 1986

** Der Karl-Marx-Orden war der höchste staatliche Orden der DDR.

Am 26. Juni 1989 hatte Wolf als Autor des Buches „Die Troika" einen Brief an Honecker geschrieben. Er bedankte sich darin, daß Honecker sich zu einem Fürsprecher für eine schnelle zweite Auflage des Buches gemacht hatte. Er will „dem vom Westen gehegten Wunsch entgegenwirken", ihn „in eine Ecke zu manövrieren, in die ich nicht hingehöre"*. Wolf bittet Honecker, in Medien der DDR und des Westens Interviews geben zu dürfen. Da Honecker im Urlaub ist, kommt Wolf mit diesem Anliegen zu mir. Er versichert, immer und überall „als Kommunist aufzutreten". Ich zweifle nicht daran und sage zu, Honeckers Zustimmung einzuholen.** Wolf dankt und möchte sich verabschieden.

„Moment", sage ich. „Wenn du schon hier bist, würde ich gern erfahren, wie du die gegenwärtige Situation der DDR siehst?"

„Darauf bin ich eigentlich nicht vorbereitet", antwortet Wolf.

„Mischa, du bist mit deinem Buch auf Lesetour, hast mit vielen Menschen Kontakt. Bitte schildere mir deine Eindrücke. Sie interessieren mich."

Wolf beginnt zu erzählen: „Mir macht die Negativberichterstattung in unseren Medien über die Sowjetunion Sorge. Wir demontieren unser Bild vom Sozialismus selbst. Wir haben die Sympathiewelle für die Sowjetunion, die durch Gorbatschow ausgelöst wurde, für uns nicht genutzt. Ein großes Übel in der kommunistischen Weltbewegung ist der Subjektivismus. Das Zentralkomitee und nicht sein Apparat muß bestimmen. Es ist wichtig, daß Alternativen angeboten werden. Die Rolle der Blockparteien und der Gewerkschaften muß bei uns erhöht werden. In Fragen der Kulturpolitik darf die Partei kein Krisenmanager sein. Die Ausreise aus der DDR muß exakt untersucht werden. Wir müssen genau wissen, warum die Leute uns verlassen."

Seine Einschätzung wird von mir geteilt. Das sage ich ihm auch. Dann verabschiedet er sich. Für Wolfgang Herger und mich ist es ein wertvolles und vertrauensvolles Gespräch.

Erst 1991 erfahre ich, daß Wolf mir entscheidendes verschwiegen hat. In seinem Buch „In eigenem Auftrag" berichtet er über eine Reise nach Moskau. Nur wenige Tage vor unserem Gespräch ist er von ihr zurückgekehrt. Zu mir kein Wort davon. In Moskau, so beschreibt es Wolf nachträglich, habe er seinen sowjetischen Kollegen

---

* Siehe Brief von Markus Wolf an Erich Honecker vom 26. Juni 1989, im Archiv des Autors

** Das gelang problemlos. Honecker stimmte zu.

vom KGB ungeschminkt gesagt, daß von der SED-Führung keine Erneuerung zu erwarten sei. Seine sowjetischen Freunde hätten ihm gut zugehört und am Schluß die Frage gestellt, wie er „die Perspektive der westdeutschen Konzeption einer Wiedervereinigung und des Abbaus der Mauer" sehe. Soweit, so gut. Doch, wo bleibt Glasnost in unserem Gespräch?

Kein Wort über diesen Dialog in Moskau. Es wäre 1989 für mich wichtig gewesen, diese Gedanken zu kennen. Auch 1991 berichtet er in seinem Buch nichts darüber, was er den Deutschlandexperten des KGB geantwortet hat. Einem Mann seines Formats hätte doch auffallen müssen, daß die Frage der KGB-Leute nach der Wiedervereinigung und der Mauer damals zumindest verbal noch der offiziellen Politik Gorbatschows widersprach.

Wolf war in Moskau auf hoher politischer Ebene empfangen worden; für einen Schriftsteller nicht gerade typisch. Falin, Portugalow und Koptelzew hätten mit ihm über die „Einheit der Nation" gesprochen. Hätte Wolf nicht hellhörig werden müssen, daß ihm ausgerechnet sowjetische Deutschlandpolitiker sagen, die SED habe leichtfertig auf die Einheit der Nation verzichtet? Hingegen leuchteten ihm die Gedanken Falins ein, daß sich die DDR-Führung vom in der ersten Verfassung der Republik noch verankerten Ziel der deutschen Einheit losgesagt und so das Einbringen einer sozialistischen Alternative preisgegeben habe. Nach dieser Version habe die SED auch die Chance der Annäherung der beiden größten Arbeiterparteien in Deutschland vergeben.

Da reden Funktionäre des Apparats des ZK der KPdSU und namentlich nicht genannte KGB-Leute hinter dem Rücken Gorbatschows mit Wolf über die Mauer und die deutsche Einheit, statt gemeinsam mit der SED-Führung Wege zu suchen, aus der politischen Krise, die ja auch Moskaus Krise ist, herauszukommen. Ich habe aus politischer Überzeugung die sowjetische Deutschlandpolitik stets verteidigt. Viele Jahre haben wir eine linke Option für die Vereinigung gehabt. Sie stand sogar noch in der 1968 beschlossenen Verfassung der DDR. Sie wurde durch Moskauer Vorgaben verändert.

Nun, da alles den Berg hinunterfließt, koppeln sich ausgerechnet sowjetische Deutschlandexperten ab. Sie stellen die Geschichte auf den Kopf. Was in Moskau erdacht und nicht aufgegangen ist, schieben sie einseitig der SED in die Schuhe.

Noch bevor sich die DDR von ihrer Verfassung aus dem Jahre 1949 verabschieden konnte, wurde der Entwurf ihrer neuen Verfassung 1967 im Politbüro der KPdSU erörtert. Alle Empfehlungen der sowjetischen Verbündeten flossen in die Verfassung ein. Kurz danach, 1969, wurde Brandt Bundeskanzler. Unmittelbar nach dessen Regierungserklärung rief Walter Ulbricht in seinem Gästehaus am Döllensee bei Berlin das Politbüro zusammen. Honecker vertrat den sowjetischen Standpunkt, in Westdeutschland habe es zwar einen Regierungswechsel, jedoch keinen Machtwechsel gegeben. Mit der Wahl Brandts würde sich nichts Grundlegendes ändern. Ulbricht widersprach: Westdeutschland sei zwar weiterhin ein monopolkapitalistischer Staat, meinte er, jedoch mit einer Regierung, in der die SPD die Richtlinien der Politik bestimme. Das sei etwas Neues in der deutschen Nachkriegsgeschichte. Der Stoß der DDR dürfe nicht gegen Brandt geführt werden. Er muß Strauß und Thadden gelten*. Ulbricht ließ keinen Zweifel, daß er die deutsche Frage für eine linke Option offenhalten will. Er strebte „die Überwindung der vom Imperialismus der deutschen Nation aufgezwungenen Spaltung der deutschen Nation, die schrittweise Annäherung der beiden deutschen Staaten bis zu ihrer Vereinigung auf der Grundlage der Demokratie und des Sozialismus"** an.

Es folgten die Treffen zwischen Willy Brandt und Willi Stoph am 19. März 1970 in Erfurt und am 21. Mai 1970 in Kassel. Der sowjetischen Führung waren sie suspekt. Hinter seinem Rücken tadelte Breshnew Ulbrichts Deutschlandpolitik. Er wandte sich mit den Worten an Honecker: „Sagen wir es offen. Aus Erfurt und Kassel kam nichts Günstiges raus. Brandt hat in Bezug auf die DDR andere Ziele als wir."***

Honecker - damals noch nicht Parteichef - ließ nach Absprache mit Breshnew ein Dokument ausarbeiten. Sein Titel: „Die Entwicklung der nationalen Frage in der deutschen Geschichte".

Den Entwurf übergab er noch vor der Absetzung Ulbrichts der sowjetischen Führung. Das Politbüro der KPdSU setzte eine Kommission unter Leitung des früheren Hohen Kommissars der UdSSR in Deutschland, Wladimir S. Semjonow, ein. Diese Kommission diskutierte das Dokument im Februar 1971 mit einer SED-Delegation. Semjonow empfahl im Namen der sowjetischen Führung, „theoretisch zu begründen, daß sich in der DDR die sozialistische deutsche Nation entwickelt" habe. Es müsse der Kampf geführt

---

* Strauß war seit März 1961 Vorsitzender der CSU und wurde 1978 Ministerpräsident von Bayern. Er war im Kabinett von Konrad Adenauer Bundesminister für Sonderaufgaben, für Atomfragen und von 1956 bis 1962 Bundesverteidigungsminister. Von Thadden, westdeutscher Politiker, Vorsitzender der Deutschen Reichspartei, später der NPD.

** Siehe Verfassung der DDR vom 6. April 1968, Artikel 8, Verfassungen deutscher Länder und Staaten von 1816 bis zur Gegenwart, Staatsverlag der DDR Berlin 1989

*** Gespräch zwischen KPdSU-Generalsekretär Breshnew und SED-Politbüromitglied Honecker am 28. Juli 1970 im Regierungskrankenhaus bei Moskau

werden, „gegen den Mythos von einer angeblich nationalen Einheit der Deutschen und ihrer Gemeinsamkeit". Es gelte, den Nachweis zu bringen, daß die nationale Frage ihrem Wesen nach eine Klassenfrage sei. Die deutsche Nation sei durch die Schuld des Imperialismus zerrissen worden. Die vielfachen Bande zwischen den Deutschen seien dadurch zerstört worden*.

So wurde auf Initiative sowjetischer Deutschlandpolitiker die Theorie von den „zwei deutschen Nationen" ausgearbeitet. Das war die Konzeption der Abgrenzung. Sie hat die Politik der DDR gegenüber der Bundesrepublik von 1971 bis 1989 bestimmt. Noch 1987 haben die Deutschlandexperten der KPdSU die Gemeinsame Erklärung „Der Streit der Ideologien und die gemeinsame Sicherheit" zwischen SED und SPD scharf kritisiert. 1989 tun die gleichen sowjetischen Politiker so, als hätten sie uns 40 Jahre nur die deutsche Einheit gelehrt und die Regeln für eine deutsche Konföderation beigebracht.

Was möglicherweise in Moskau noch alles hinter unserem Rükken gesagt wurde, kann ich nicht nachprüfen. Ich will darüber nicht spekulieren. Auch ich glaube, wir haben zu früh die deutsche Frage als abgeschlossen aus der Hand gegeben, anstatt sie für linke Visionen offenzuhalten. Wir hießen Sozialistische Einheitspartei Deutschlands, lasen das NEUE DEUTSCHLAND, sangen aber die Vision, die uns der kommunistische Dichter Johannes R. Becher in unsere Nationalhymne geschrieben hatte – „Deutschland, einig Vaterland" – nicht mehr. Diesen Slogan hefteten sich dann andere an ihre Fahnen. Die Deutschlandpolitiker der UdSSR jedenfalls sind die falschen, die uns daraus einen Vorwurf machen können. Sie standen an der Wiege der Politik der Abgrenzung.

Die Öffentlichkeit drängt auf Erklärung, doch das Politbüro schweigt weiter

Freitag, 11. August: Erich Honecker beendet seinen Jahresurlaub. Er kommt für einige Stunden in das ZK. Am Vortag erfuhr ich von meinem jüngeren Sohn, daß Honecker voraussichtlich nächste

* Siehe Bericht über die Konsultationen mit dem ZK der KPdSU über das Dokument „Die Entwicklung der nationalen Frage in der deutschen Geschichte", Vorlage an das Politbüro des ZK der SED vom 22. Februar 1971, Stiftung Archiv der Parteien und Massenorganisationen der DDR im Bundesarchiv

Woche operiert wird. Mein Sohn wußte das wiederum vom Enkel Honeckers.

Seit fünf Jahren mache ich Ferien, wenn Honecker aus dem Urlaub zurück ist. Jetzt, da ich von der bevorstehenden Operation weiß, schicke ich meine Familie allein an die Ostsee. Ich streiche den Urlaub. Mein Platz ist in Berlin. Ich rechne damit, daß Honekker die Sitzung des Politbüros am Dienstag noch leiten wird. Herger hat mit der Abteilung für Sicherheitsfragen eine Vorlage ausgearbeitet. Sie enthält eine Analyse der Gründe, warum so viele Bürger die DDR verlassen bzw. verlassen wollen. In der Analyse werden Sofortmaßnahmen für die politisch-ideologische Arbeit der Kreis- und Bezirksleitungen der SED vorgeschlagen. Die Sache ist so wichtig, daß sie unbedingt in Anwesenheit des Generalsekretärs behandelt werden soll.

Ich gehe mit der Analyse zu Honecker. Er betrachtet das Titelblatt, liest und fragt: „Was willst du damit erreichen?“

Ich erkläre ihm, daß die Partei auf eine Reaktion des Politbüros wartet. Die Kreis- und Bezirksleitungen brauchen Fakten und Argumente, um politisch und praktisch handeln zu können.

Honecker interessiert sich nicht dafür, was ich sage. Er will nur wissen: „Wer hat euch gestattet, die Zahl der Ausreisenden zusammenzustellen? Was soll das?“

Ich antworte, daß im Westen Zahlen veröffentlicht werden, die fünf- bis zehnmal höher sind als die wirklichen. Das macht die Leute unsicher. Sie müssen von uns die tatsächlichen Zahlen erfahren.

Honecker reagiert gereizt: „Vor dem Mauerbau sind uns viel mehr Menschen weggelaufen. Daran war Nikita Chruschtschow schuld. Sein Gerede von einer Freien Stadt Berlin und von einem Friedensvertrag mit der DDR hat die Leute in Panik versetzt.“

Ich überhöre Honeckers Ausflug in die Geschichte. Mir geht es um hier und heute. Die Verantwortung dafür tragen wir. Ich bitte Honecker, die Vorlage auf die Tagesordnung des Politbüros zu setzen. Er steht auf, greift sich die Vorlage, geht wortlos zu seinem Panzerschrank und schließt sie weg. Dann dreht er sich wieder um und sagt zu mir:

„Du kannst in Urlaub gehen. Ich wünsche dir gute Erholung!“

Ich bin entsetzt. Überall im Land kriselt es. In den bundesdeutschen Botschaften in Berlin, Budapest, Prag und Warschau warten DDR-Bürger auf ihre Ausreise in den Westen. Die Genossen an der Basis erwarten eine Erklärung ihrer Führung. Und ich soll in Urlaub gehen? „Ich kann jetzt keinen Urlaub machen, Erich, zumal du ins Krankenhaus gehst. Ich bleibe in Berlin.“

Honecker scheint überrascht, daß ich von seiner bevorstehenden Operation weiß. Nachdrücklich, als wolle er mich zurechtweisen, sagt er: „Nimm dich nicht so wichtig. Ich war auch im Urlaub. Du bist hier nicht unentbehrlich."

So kann man die beste Absicht in Mißkredit bringen. Niemand ist unentbehrlich. Auch ich nicht. Das weiß ich wohl. Was kann ich da noch antworten, wenn der Mann, der die Richtlinien der Politik bestimmt, nicht bereit ist, den Ernst der Lage wenigstens zur Kenntnis zu nehmen? Wenn er meine Sorge um die politische Situation mit Wichtigtuerei verwechselt? Meine Audienz ist beendet, ich verlasse Honeckers Büro.

Am 15. August nehme ich noch an der Sitzung des Politbüros teil. Ich hoffe auf Honeckers Vernunft. Vielleicht bringt er die Analyse doch noch ein, als seine Vorlage.

Honecker verliert nicht einmal ein Wort über den Tiefpunkt der Stimmung in der Bevölkerung. Er entzieht mir vor dem Politbüro sein Vertrauen. Er verabschiedet mich in den Urlaub und läßt beschließen, daß Günter Mittag ihn vertritt. Damit setzt er außer Kraft, was seit 1984/85 gilt: Wenn er nicht im Amt ist, vertrete ich ihn. Sein Vertrauter ist Günter Mittag.

Ich fahre nach Dierhagen in die Ferien, abschalten kann ich nicht. Warum lasse ich mich in Urlaub schicken? Warum bleibe ich nicht wenigstens in Berlin? Warum habe ich die Analyse nicht im Politbüro zur Diskussion gestellt? Was hätte mir passieren können? Ich hätte keinen Schaden an Körper und Seele genommen. Ich wäre auch nicht aus meinen Funktionen geflogen. Es ist auch nicht Angst, die ich vor jemandem haben könnte. Ich verwechsle einfach Parteidisziplin mit Unterordnung unter den Willen des Generalsekretärs. Ich fühle, daß ich in dieser entscheidenden Situation versagt habe. Darüber ärgere ich mich enorm.

Während des Urlaubs jogge ich jeden Morgen. Vom Gästehaus der Regierung in Neuhaus bis zum Leuchtturm nach Wustrow und zurück. Das sind ca. 13 Kilometer. So baue ich meinen Frust ab. Wenn ich Leuten begegne, habe ich ein mulmiges Gefühl. Mir ist, als würden mir die Menschen hinterher rufen: Was willst du hier? Dein Platz ist in Berlin. Sag dem Politbüro lieber: Wir wollen wissen, wie es weitergehen soll. Doch niemand ruft hinter mir her. Die Menschen schweigen. Das ist weitaus schlimmer.

Wolfgang Herger nimmt an meiner Stelle an den Sitzungen des Politbüros und des Sekretariats teil. Fast täglich informiert er mich über die Lage in Berlin. Ich erfahre von ihm, daß Ungarns Außenminister Horn am 31. August zu Gesprächen mit Günter Mittag nach Berlin kommen wird. Die ungarische Führung will wissen, ob die DDR die Ausreiseanträge der in Ungarn befindlichen DDR-Bürger positiv entscheiden wird. Falls wir das nicht tun, will Ungarn die Vereinbarungen mit der DDR über den Reiseverkehr aussetzen. DDR-Bürger können dann nach Österreich ausreisen. Als Termin wird uns der 11. September genannt. Das klingt nach einem Ultimatum.

Mittag läßt sich in dem Gespräch von Horn nicht unter Druck setzen. Er lehnt ab.

Seine Haltung entspricht unserer Rechtsauffassung. Kein Bürger soll gegenüber dem Gesetz Vorteile für sich erpressen können. Hinzu kommt, daß die DDR inzwischen mit der Bundesregierung vereinbart hat, „daß die Zuflucht in diplomatische Vertretungen der BRD nicht geeignet ist, um die Ausreise aus der DDR zu erreichen. Die BRD werde die betroffenen DDR-Bürger auf die Zuständigkeit der DDR verweisen und ihnen raten, die Vertretungen zu verlassen."* Diese Regelung, so argumentiert Mittag, gelte auch für DDR-Bürger, die in Ungarn in westliche Botschaften flüchten.

Horn ist mit dieser Haltung der DDR nicht zufrieden. Er fordert, daß wir die Schwierigkeiten der DDR nicht auf dem Rücken Ungarns austragen. Kurze Zeit danach informiert mich Alexander Schalck** telefonisch über das Gespräch. Nun rufe ich Günter Mittag an und erkundige mich, wie es denn gelaufen ist.

Ich schlage ihm vor: „Wir und nicht die Ungarn sitzen im Glaskasten. Wäre es nicht besser, der Staatsrat klärt durch Erlaß, daß wir als Ausnahme die von Ungarn geforderte Zusage für die positive Entscheidung der Ausreiseanträge geben?" Ich weiß, mein Vorschlag widerspricht unserer eigenen Rechtsposition. Dennoch rede ich weiter: „Es ist immer noch besser, die DDR entscheidet über die Ausreise ihrer Bürger und nicht Ungarn. Nur zwischen diesen beiden Möglichkeiten können wir noch wählen."

Mittag will sich das überlegen.

Am 1. September fahre ich von meinem Urlaubsort nach Berlin, nehme an der Veranstaltung der DDR zum 50. Jahrestag des Überfalls Nazi-Deutschlands auf Polen teil. Ich treffe auch Mittag. Er teilt mir mit: „Dein Vorschlag ist abgelehnt worden." So ganz nebenbei sagt er noch: „Die Sache ist verfahren. Die Ungarn haben sich längst

* Vermerk über das Gespräch Mittag/Horn vom 31. August 1989, im Archiv des Autors
** Schalck-Golodkowski, Alexander, Staatssekretär im Ministerium für Außenhandel. Bis 1989 war er in der DDR weniger unter seinem Doppelnamen, sondern mehr unter Schalck bekannt.

gegen uns entschieden. Der gestrige Besuch von Horn war nur ein Feigenblatt. Aus zuverlässiger Quelle wissen wir, daß Nemeth und Horn vor einer Woche in Bonn zu geheimen Gesprächen mit Kohl und Genscher waren. Nemeth soll das Gespräch mit den Worten eröffnet haben: ‚Herr Bundeskanzler, Ungarn hat sich entschlossen, den DDR-Bürgern die freie Ausreise zu erlauben.' Kohl hat das honoriert."*

Was mir unwahrscheinlich erscheint, ich traue das den ungarischen Genossen einfach nicht zu, wird aber später in Publikationen bestätigt. Die Bundesregierung soll Ungarn für die Ausreise der DDR-Bürger einen Kredit von über 500 Millionen DM gewährt haben. Zugleich habe der Kanzler versprochen, jene ungarischen Nachteile auszugleichen, die durch eventuelle „Vergeltungsmaßnahmen der DDR" entstehen könnten.

Diese Mitteilung über das Verhalten der Ungarn trifft mich hart. Ich hatte nicht geglaubt, daß sie soweit gehen würden. Dennoch war das für mich nicht das wichtigste. Die Hauptfrage war: Wir brauchen eine gesetzliche Regelung für Reisen von DDR-Bürgern ins Ausland. Solange wir keine gesetzliche Reiseregelung für alle haben, solange spielen wir immer wieder Feuerwehr von einer Botschaft zur anderen.

„Dein Vorschlag wurde abgelehnt", hatte mir Mittag gesagt. Also nehme ich an, daß er sich mit Honecker darüber abgestimmt hat. Doch es geht um noch größere Zusammenhänge. UdSSR-Außenminister Schewardnadse hatte einen Brief an Oskar Fischer geschrieben. Darin geht der sowjetische Politiker von „Exzessen der letzten Zeit" aus, „die durch Versuche einer nicht geringen Zahl von DDR-Bürgern, illegal in die BRD zu gelangen, hervorgerufen wurden". Die UdSSR teile die Einschätzungen der DDR zu diesem Problem. Die Quelle der entstandenen Schwierigkeiten sei der Anspruch der BRD auf das „Obhutsrecht für alle Deutschen". Dieser Anspruch könne zu jedem Zeitpunkt, abhängig von den politischen Interessen der Machthaber, „Spannungen und Konflikte in den zwischenstaatlichen Beziehungen" erzeugen. Die entscheidende Frage sei deshalb die Anerkennung der Staatsbürgerschaft der DDR durch Bonn. „Wie die westdeutschen Vertreter selbst bezeugen, würden sich die Bewohner der DDR in einem solchen Fall in der Lage der üblichen Ausländer befinden, die um politisches Asyl oder Arbeit in der BRD ersuchen, und das würde sofort den Hang zum Orts-

* Geheime Information von einem Vertrauten Honeckers aus Bonn. In einem Interview bestätigt Nemeth später diesen Vorgang.

wechsel bei denjenigen verringern, die darauf bedacht sind, einen hohen Wohlstand nicht durch viel Arbeit, sondern mittels der Ausreise zu erlangen.“ Schewardnadse hebt hervor, daß das Verhalten der BRD „anrüchig ist und der Übereinstimmung mit den allgemein anerkannten Normen des zwischenstaatlichen Verkehrs nicht standhält“.

Der sowjetische Außenminister empfiehlt, das Problem der „Nichtanerkennung der Staatsbürgerschaft der DDR seitens der BRD“ in internationale Foren zu tragen. „Man kann sicher auch darauf verweisen, daß die Beschlüsse der KSZE über Freizügigkeit kaum auf die Beziehungen zwischen der DDR und der BRD anwendbar sind, da wegen der Haltung letzterer zur Staatsbürgerschaft die völkerrechtlichen Voraussetzungen für die Zusammenarbeit beider Länder in dieser Frage fehlen.“ Schewardnadse schlägt vor: „Wenn man ... dem Kanzler vertraulich mitteilen würde, daß im Fall der Fortsetzung der entfachten Anti-DDR-Kampagne und der Aufnahme von Flüchtlingen durch die Botschaften der BRD die Behörden der DDR gezwungen sein würden, die Zahl der Übersiedler in diesem und im nächsten Jahr spürbar zu verringern, würde eine solche Warnung vor den Bundestagswahlen ... Bonn zumindest zum Überlegen zwingen.“*

Ich fahre am Abend dieses 1. September zurück an die Ostsee. Das Politbüro bleibt weiter sprachlos.

Honecker und ich

12. September: Ich bin immer noch in Dierhagen an der Ostsee. Eberhard Aurich, 1. Sekretär des Zentralrats der FDJ, und Gerd Schulz, Leiter der Abteilung Jugend des ZK der SED, besuchen mich. Gestern hat die ungarische Führung ihre Ankündigung wahrgemacht, die Grenze zu Österreich auch für DDR-Bürger zu öffnen. Innerhalb kurzer Zeit verlassen 15 000 DDR-Bürger über Ungarn die DDR.

Das Politbüro sucht „Schuldige“. Daß so viele Jugendliche die Republik verlassen, sei ein Beweis dafür, daß der Jugendverband in

* Zitiate aus dem Brief von E. Schewardnadse an Oskar Fischer vom 1. September 1989, im Archiv des Autors.

seiner politisch-ideologischen Arbeit versagt habe. So jedenfalls hat sich Mittag auf einer Sitzung des Politbüros geäußert. Ich nehme an, Aurich und Schulz wollen sich darüber bei mir beschweren.

Sie kommen aber aus einem anderen Grund. „Gestern hat es einen tiefen Einschnitt in das Leben unseres Landes gegeben. Ich bin empört, wie das Politbüro damit umgeht", beginnt Aurich das Gespräch. Und er fährt erregt fort: „Das Politbüro verdrängt die Tatsachen, handelt in kurzschlußartiger Hektik. Das Wort der Partei wird nicht mehr ernstgenommen. Noch vor einem Jahr hätte man auf die Autorität von Erich Honecker bauen können. Die hat er inzwischen selbst verspielt."

Aurich macht eine Pause, schaut mich an. Dann sagt er: „Egon, komm' zurück nach Berlin! Mit Honecker geht da nichts mehr."

Ich versuche, gelassen zu bleiben. Die Meinung der beiden überrascht mich nicht. Auch ich sehe, daß Honecker mit seiner Kraft am Ende ist. Er ist mit seinen Funktionen überfordert. Mir ist klar: Es muß dringend gehandelt werden. Und dennoch habe ich Skrupel, den kranken Mann so kurz vor dem 40. Jahrestag der DDR zu stürzen. Er stand mit an der Wiege der DDR. Er ist nicht nur dafür verantwortlich, was uns mißlungen ist.

Mein politisches Leben ist seit meiner Kindheit eng mit dem Wirken Honeckers verbunden. 1951 begegnete ich ihm das erste Mal auf einer Konferenz der Jungen Pioniere in Rostock. Honecker sprach als FDJ-Vorsitzender. Ich war 14 Jahre alt. Die Stimmung im Saal begeisterte mich. Als die Veranstaltung zu Ende war, ging ich mit meinem Pionierausweis nach vorn. Ich bat Honecker um ein Autogramm. Er unterschrieb, schaute mich an und fragte: „Wirst du ein guter FDJler?" Ich versprach es, und ich wurde es. Auf dem Weg über verschiedene Funktionen leitete ich von 1974 bis 1983 die FDJ, die er 1946 mitgegründet hatte. Auf dem FDJ-Parlament 1981 schrieb er mir in seine gerade veröffentlichte Autobiographie: „Meinem Freund und Kampfgenossen Egon in fester Verbundenheit. 4.6.1981. Erich Honecker." Mich erfreute diese Geste. Nicht nur, weil er mein Chef war und ich meine Anleitung für die Arbeit im Jugendverband direkt von ihm bekam. Viele seiner politischen und menschlichen Eigenschaften schätze ich. Es wäre billig, zu denken, Honecker wäre mit dem Vorsatz angetreten, ganz auf Risiko zu gehen: Entweder ein blühender Sozialismus eigener Handschrift oder ein Scherbenhaufen des antifaschistischen und linken Erbes, falls der Entwurf mißlingt. Ich bin zutiefst von der Lauterkeit der persönlichen Ambitionen Erich Honeckers bis zu jenem Zeitpunkt überzeugt gewesen, bis er wider besseres Wissen, wider die Warnungen von Mitgliedern des Politbüros, von Parteifunktionären aus den Grundorganisationen, Kreis- und Bezirksleitungen, von Wissenschaftlern und Künstlern, wider die Erfahrungen der Sowjetunion und anderer sozialistischer Staaten an starren Dogmen des politischen, ökonomischen und sozialen Lebens in der DDR festhielt.

Ausgerechnet ich, der viele Jahre durch ihn gefördert wurde, werde nun von verschiedenen Seiten gedrängt, ihn zu stürzen. Und das nicht erst jetzt, im Jahr 1989. Schon vor fünf Jahren. Es war am 12. Juni 1984. Der Hintergrund ist folgender: Honecker sagte im November 1983 an die Adresse der USA und der UdSSR gerichtet: Eure Raketen sind Teufelszeug. Sie müssen weg von deutschem Boden!*

Kein deutscher Politiker hat in dieser Frage so viel Zivilcourage bewiesen wie er. Unsere sowjetischen Bündnispartner waren über diese Haltung besorgt. Sie meinten, Honecker habe die sowjetischen und amerikanischen Raketen auf eine Stufe gestellt. Diese Gleichschaltung verletzt die Blockdisziplin. Honecker war der sowjetischen Führung inzwischen zu selbständig, vielleicht auch zu „deutsch" geworden. Er hatte das Vakuum genutzt, das mit der Krankheit Breshnews und dem in kurzer Zeit aufeinanderfolgenden Tod von drei KPdSU-Generalsekretären in der sowjetischen Führung entstanden war.

Er kämpfte seit 1982 darum, in die Bundesrepublik reisen zu dürfen. Immer wieder war Moskau dagegen und warf Honecker vor, er betreibe eine Doppelstrategie. An dem Tag, an dem er 1983 zu Gesprächen mit Andropow nach Moskau reiste, just zu dieser Zeit schickte er seinen persönlichen Beauftragten, Staatssekretär Schalck, zu Gesprächen mit Strauß nach München. Obwohl Schalck in geheimer Mission unterwegs war, blieb Moskau dies nicht verborgen. Im Ergebnis der Gespräche in der BRD erhielt die DDR noch 1983 einen Milliardenkredit, eingefädelt von Franz Josef Strauß. Ein „Schalk", wer glaubt, daß mit diesem Kredit die Volkswirtschaft der DDR „vor dem Ruin" bewahrt werden sollte. Das Geld wurde auf die hohe Kante gelegt. Der Kredit war eine vertrauensbildende Maßnahme, mehr nicht. Er galt den internationalen Banken als Signal, daß die DDR kreditwürdig ist.

Das Politbüro der KPdSU dagegen befürchtete, daß die Bundesrepublik die DDR wegen ihrer Westverschuldung politisch erpressen könnte. Unsere Verbindlichkeiten bei westlichen Banken lagen knapp unter 30 Milliarden Valutamark**.

Die sowjetischen Militärs waren zudem entsetzt, daß Honecker

* Bericht des Politbüros an die 9. Tagung des ZK der SED, 22./23. November 1983
** Eine Valutamark war eine Verrechnungseinheit, sie entsprach einer Deutschen Mark.

mit Strauß, der zu dieser Zeit in den sozialistischen Ländern als Personifizierung des Kalten Krieges galt, auch über das Grenzregime zwischen den Militärblöcken sprach. Es gab zwar keinen direkten Zusammenhang zwischen dem Kredit und dem Abbau der Minen an der Außengrenze der Warschauer Vertragsstaaten zur Bundesrepublik. Die Sowjetunion glaubte dies aber nicht. Sie widersetzte sich lange dem Vorhaben der DDR, die Staatsgrenze von Minen zu räumen. Es kam zu einer offenen Krise in den Beziehungen zwischen der KPdSU und der SED, wie ich sie bis dahin nicht erlebt hatte.

Im Juni 1984 tagten in Moskau die Spitzen aller RGW-Staaten. Honecker hatte mich in seine Begleitung aufgenommen. In einer Sitzungspause des Gipfels kam Marschall der Sowjetunion Ustinow, Politbüromitglied und Verteidigungsminister, auf mich zu. Er lud mich zu einem Glas Tee ein.

„Also, Genosse Krenz“, beginnt der Marschall das Gespräch, „Sie sind in Ihrem Politbüro der Jüngste. Sie müssen einmal das Erbe übernehmen. Sehen Sie nicht, daß Ihr Chef alles verspielt?“

Ich bin konsterniert. Worauf soll das hinaus? Wenn es eine Prüfung meiner Loyalität zu Honecker sein sollte, war sie unnötig. Ich bin ihm verbunden. Wollen mich die Freunde vielleicht ganz besonders ins Vertrauen ziehen? Ich habe in Moskau studiert, spreche russisch, die Sowjetunion ist meine zweite Heimat. Seit ich Sekretär des Zentralkomitees bin, hat mir Honecker die Routinekontakte mit dem sowjetischen Botschafter in Berlin übertragen. Fast jeden Sonnabend kommt Kotschemassow zu mir in die Wohnung. Ich informiere ihn über jede Sitzung des Politbüros. Die Situation in unserer Parteiführung ist in Moskau bestens bekannt.

Ustinow musterte mich und nippte an seinem Teeglas. Dann fragte er: „Meinen Sie nicht, daß die Zeit Ihres Generalsekretärs abgelaufen ist? Wollen Sie dies nicht in ihrem Politbüro besprechen?“

Mich überrascht diese Direktheit. Diplomatisch antworte ich: „Erich Honeckers Autorität ist groß. Ich kenne niemanden im Politbüro oder im Zentralkomitee, der ihm sein Vertrauen entziehen würde.“ Honecker stand in dieser Zeit im Zenit seiner politischen Laufbahn. Selbst wenn ich es gewollt hätte, Honecker wäre nicht zu stürzen gewesen. Das Politbüro und das Zentralkomitee standen zu ihm.

Einige Wochen nach diesem „Teegespräch“ mit dem sowjetischen Verteidigungsminister veröffentlichte die PRAWDA* zwei Artikel, die sich gegen die Deutschlandpolitik Honeckers richteten. Eine öf-

* PRAWDA war das Zentralorgan des ZK der KPdSU

fentliche Polemik zwischen Moskau und Berlin, das war ein Novum. Auf einer internen Beratung im August 1984 in Moskau gelang es Honecker, die Meinungsverschiedenheiten über die Politik der DDR gegenüber der BRD vorübergehend auszuräumen. Dennoch versuchten bis 1987 verschiedene sowjetische Gesprächspartner auf Mitglieder des Politbüros der SED auf verschiedene Weise einzuwirken, die Reise Honeckers in die Bundesrepublik zu verhindern. Das Mißtrauen, Honecker könnte hinter dem Rücken Moskaus mit Bonn eigene Wege gehen, war groß.

Für eine Auseinandersetzung mit dem Generalsekretär wegen seiner Politik gegenüber der BRD wollte ich mich nicht hergeben. Es gibt keine vernünftige Alternative zu ihr.

Die Jahre vergehen. Und mit ihnen wird Honecker selbstgefälliger. Der Westen poussiert mit ihm. Das trägt wesentlich dazu bei, daß Honecker sich überschätzt und lebensfremd wird. Auch dies bringt mich nicht in Opposition zu ihm. Ich sammle keine Fraktion um mich, beginne aber an vielen seiner Entscheidungen zu zweifeln. Um im Bild zu bleiben: War ich bisher vielleicht der unkritische „Ziehsohn", so befreie ich mich aus dieser Rolle. Irgendwann werden Söhne erwachsen. Honeckers Führungsstil ist wiederholt ein Thema zwischen Siegfried Lorenz und mir. Wir sitzen nicht nur gemeinsam im Politbüro. Wir sind auch seit über 25 Jahren befreundet. Wir sehen mit Sorge, daß Honecker mehr in den Klassenkämpfen der Vergangenheit zu Hause ist, als sich fundiert mit der Gesellschaftsstrategie der DDR zu beschäftigen. Seine Maßstäbe für das Leben sind Vergleiche zwischen dem Erreichten in der DDR und der Kaiserzeit. Die Ideale Arbeit, Brot und Völkerfrieden, die in einem alten Arbeiterlied besungen werden, sind seine Welt. Der Mann, der auf die Achtzig zugeht, lebt immer mehr in der Vergangenheit. Er sieht nicht, was auf uns zukommt. Wissenschaftliche Prognosen für die Politik sind seine Sache nicht. Siegfried Lorenz und ich reden offen über diese Defizite in der Parteiführung.

1986 wollte Lorenz Honecker gewinnen, bei einem Staatsakt zur Verleihung des Universitätsstatus an die Technische Hochschule in Karl-Marx-Stadt eine Rede zum Thema: „Die wissenschaftlich-technische Revolution und die DDR" zu halten. Honecker lehnte ab. Der Auftrag wurde mir übertragen. Ich arbeitete mich in das Thema ein. Meine Festrede entstand in Gemeinschaftsarbeit mit Wissenschaftlern, Hochschullehrern, Studenten, Partei- und Staatsfunktionären. Mit Wissenschaftlern von Weltrang wie Professor Manfred von Ardenne beriet ich mich. Im Mittelpunkt meiner Rede stand der Gedanke von Marx, daß im Zeitalter der großen Industrie die „Schöpfung des wirklichen Reichtums" immer stärker abhängig wird „vom allgemeinen Stand der Wissenschaft und dem Fortschritt der Technologie"*. Ich begründete, wie die DDR sich dieser Aufgabe stellen und wie sie das wissenschaftlich-technische Personal dafür ausbilden muß. Mein Redetext wurde im Politbüro bestätigt. Er soll im NEUEN DEUTSCHLAND im Wortlaut abgedruckt werden.

Als der Staatsakt am 14. November 1986 vorbei ist, teilt ein Mitarbeiter der Nachrichtenagentur ADN Siegfried Lorenz und mir mit, daß in Berlin entschieden worden sei, daß meine Rede nicht veröffentlicht wird und über den Staatsakt nur eine kurze Pressemeldung erscheint. Berliner Entscheidung? Das kann nur heißen, Honecker hat entschieden. Angesichts der vielen internationalen und nationalen Gäste war mir das unangenehm. Jeder, der die politischen Mechanismen in der DDR kennt, muß annehmen, ich habe gegen die Parteilinie geredet. Lorenz und ich gehören wahrlich nicht zu jenen, die dem Generalsekretär seine Richtlinienkompetenz beschneiden wollen. Unsere Loyalität ihm gegenüber steht außer Frage. Wie selbstherrlich er allerdings mit einem Beschluß des Politbüros umgeht, wie er die Medien gängelt, wie er sich über ein wichtiges Ereignis der Wissenschafts- und Wirtschaftspolitik der SED hinwegsetzt, die Teilnehmer eines Staatsaktes durch Nichtachtung kränkt und ohne Grund zwei Mitglieder des Politbüros in der Öffentlichkeit zu Befehlsempfängern eines Mitarbeiters von ADN macht, veranlaßte uns, an diesem Abend zum ersten Mal an uns selbst die Frage zu stellen, ob Honecker nicht bald seinen wohlverdienten Ruhestand genießen sollte.

Es war eine Frage, vom Handeln waren wir noch weit entfernt.

Einen weiteren ernsthaften Versuch, mich zur Absetzung Honeckers zu bewegen, machte im Februar 1989 Gerhard Schürer. Er lud mich in sein Ferienhaus an der Ostsee ein**. Er führte mich in den ausgebauten Keller. Alles ist so angelegt, als wolle er mir ein Geheimnis anvertrauen. Ein Geheimnis, das außer mir niemand erfahren darf. Ohne Prolog sagt er: „Wir müssen Honecker stürzen." Er sieht mir in die Augen, offensichtlich, um meine Reaktion unmittelbar wahrzunehmen.

Ich frage: „Und wie willst du das machen?"

---

* Karl Marx, Grundrisse der Kritik der Politischen Ökonomie, Berlin 1974
** Vgl.: Gerhard Schürer: Gewagt und Verloren, Frankfurter Oder Editionen, 1996

„Wenn du dich an die Spitze stellst, werden sich die Armee, das Ministerium für Staatssicherheit und die Polizei dir gegenüber loyal verhalten. Wenn du Generalsekretär bist, gehe ich in Rente. Damit gebe ich den Alten im Politbüro ein Signal. So kannst du die Überalterung überwinden und dir ein Politbüro deiner Wahl aufbauen", antwortet mein Gesprächspartner.

Seine Offenheit imponiert mir. Eine Veränderung der Führung ist notwendig. In dieser Einschätzung stimmen wir überein. Doch sein Plan riecht mir zu sehr nach Verschwörung. Putschen, nein, das will ich nicht.

Schürer ist erstaunt, als ich ihm sage, auch ich glaube, daß Erich Honecker seinen Funktionen nicht mehr gewachsen ist, weder physisch noch psychisch. Zusätzlich macht mir aber Sorge, sage ich dem Chef der Plankommission, daß unsere Schulden im Westen wachsen. Wir leben auf Kosten unserer Enkel. Daran wird jeder Nachfolger Honeckers scheitern.

Schürer merkt aus meinen Überlegungen, daß ich die ökonomische Lage der DDR gut kenne.

„Kennst du die Details?" fragte er.

„Ja", sagte ich, „Alexander Schalck und Wolfgang Junker haben mich seit 1984 über alles informiert, was ich über die ökonomische und finanzielle Situation der DDR wissen muß."

Schürer bestätigte mir, daß für die Verschuldung der DDR Honecker große persönliche Schuld trägt. Die Entschuldung sei mit Honecker nicht mehr möglich.

„Ein Wechsel an der Spitze ist nicht mit einem Staatsstreich zu machen", sagte ich. „Der Ablösung des Generalsekretärs muß eine gründliche Aussprache im Politbüro und im Zentralkomitee vorausgehen. Dazu bedarf es einer gründlichen Analyse. Solange die Mitglieder des Politbüros die politischen und ökonomischen Fakten unserer innenpolitischen Lage nicht konkret kennen, werden wir keine Mehrheit für die Absetzung Honeckers bekommen. Solange Mittag den Generalsekretär steuert, wird es schwierig, auf Honecker einzuwirken", begründete ich meinen Standpunkt.

Auch außerhalb der DDR würde ein „Staatsstreich" auf Unverständnis stoßen. Zu groß ist die internationale Reputation Honeckers. Nach seinem Staatsbesuch in Bonn sind auch die sowjetischen Genossen der Meinung: „Nach einem so großen Erfolg wie der internationalen Würdigung der DDR durch Bundeskanzler Kohl wechselt man die Pferde nicht aus." Bei der politischen Elite der Bundesrepublik genießt Honecker hohes Ansehen. Die unterschiedlichsten politischen Kräfte sagen ihm immer wieder, daß er für die Kontinuität der deutsch-deutschen Beziehungen steht. Selbst Alfred Dregger hatte Honecker 1987 als „deutschen Kommunisten" begrüßt, mit dem er als „deutscher Demokrat" Gemeinsamkeiten hat*.

Nein, einen Staatsstreich will ich nicht. Das würde die Stabilität der DDR nicht erhöhen. Intrigen sind mir fremd. Zudem ist Honecker mir gegenüber offensichtlich schon längere Zeit mißtrauisch.

Eine Begebenheit auf dem XI. Parteitag 1986 läßt darauf schließen. Ein Foto zeigt Honecker, Gorbatschow, Stoph und mich. Während Honecker am Rednerpult den Rechenschaftsbericht des Zentralkomitees verliest, stecken hinter ihm im Parteitagspräsidium Gorbatschow, Stoph und ich die Köpfe zusammen. Gorbatschow will bestimmte Passagen aus Honeckers Rede näher erklärt haben. Ich übersetze, so gut es geht. Offensichtlich spreche ich ziemlich laut. Das bringt Honecker aus dem Rhythmus. In der Pause sagte er zu mir: „Egon, du solltest nicht immer hinter meinem Rücken reden."

Auf diese doppelsinnige Ermahnung erwiderte ich: „Ich rede nie schlecht hinter deinem Rücken."

Wolfgang Herger und ich sprachen im letzten Jahr häufig über Honecker und seinen Rückzug aus der Politik. Vor einigen Jahren erregte es Aufsehen, daß ich den Philosophen, der nie einen militärischen Rang hatte, für die Funktion des Leiters der Abteilung für Sicherheitsfragen im ZK vorschlug. Er promovierte auf dem Gebiet der Ethik. Herger war mir immer mehr als ein Mitarbeiter, er war und ist ein Freund.

Als wir im Frühjahr 1989 an einer Information für das Politbüro über den Reiseverkehr arbeiteten, sprachen wir auch über Honekker.

Herger äußerte: „Wenn Erich Honecker Altersweisheit hätte, würde er jetzt zurücktreten. Wenn er auf der nächsten ZK-Tagung nichts unternimmt, werde ich ihn dazu auffordern."

Ich bin von seiner Offenheit nicht überrascht, aber von der Absolutheit seiner Forderung. Herger ist frei von Machtambitionen. Gerade deshalb wäre er zu einem solchen Schritt kompetent. Ich will ihn als Berater nicht verlieren. Vielmehr glaube ich, daß er in der Zeit nach Honecker eine wichtige Funktion im Politbüro über-

---

* Vermerk über ein Gespräch zwischen Honecker, Dregger und Waigel am 8. September 1987 im Schloß Gymnich, im Archiv des Autors

nehmen muß. Deshalb rate ich ihm von einem Alleingang ab. Es ist nach wie vor meine Sache nicht, Honecker zu hintergehen. Es muß andere Wege geben.

Erich Honeckers Biographie hat mich stark geprägt. Er war von den Nazis für seine politische Überzeugung zehn Jahre eingekerkert. Wer den Gestapo-Keller in der Berliner Prinz-Albrecht-Straße ohne Verrat und das Zuchthaus Brandenburg überlebt hat, verdient nach meiner Meinung hohe Anerkennung. Mit einem solchen Mann will ich ehrlich und offen umgehen.

Nun sitzen an diesem 12. September Aurich und Schulz vor mir, zwei Weggefährten, die wissen, was junge Leute denken. Und sie fordern mich auf: „Mit Honecker geht es nicht mehr. Er muß weg. Ergreife du die Initiative!"

Mir geht durch den Kopf: Ist unsere Sache wirklich nur noch durch einen Personenwechsel zu retten? Ohne Aussprache mit Honecker geht das nach meiner Meinung nicht.

Von Wolfgang Herger weiß ich, daß in Berlin mehrere Mitglieder des Politbüros auf eine gründliche Aussprache drängen. Mittag vertagt alle dringend anstehenden Diskussionen und Entscheidungen auf die Zeit nach dem 40. Jahrestag der DDR, wenn Erich Honecker seine Amtsgeschäfte wieder aufnehmen wird.

Auch ich verschiebe die berechtigten Erwartungen der FDJ auf diesen Zeitpunkt. Ich weiß, daß dies inkonsequent ist. Ich will aber eine politisch saubere, eine anständige Lösung. Mein Politikverständnis ist schon nicht mehr aus der Zeit der Illegalität oder der Komintern geprägt. Ich will eine offene Auseinandersetzung, in der die Argumente zählen. Wer mir dies als Zögern auslegt, mag recht haben. Niemandem aus dem Zentralkomitee ist es jedoch verwehrt, mutiger zu sein als ich.

Ist es zu große Vorsicht und Rücksichtnahme oder ist es Feigheit, daß ich nicht nach Berlin fahre, um mich Honecker entgegenzustellen?

Viele werden es so sehen. Ich nicht.

Ich bin seit frühester Jugend überzeugter Kommunist. Die Partei ist mein Leben. Meine Parteidisziplin, die ich mir selbst auferlegt habe, verbietet mir jede Art von Fraktionstätigkeit. Ich sehe wohl, daß wir uns durch den auferlegten kategorischen Imperativ „Keine Fehlerdiskussion!" die Waffe der Kritik und Selbstkritik selbst aus der Hand genommen haben, sehe aber auch, wie die herrschenden Kreise in der Bundesrepublik jeden unserer Fehler gnadenlos nutzen, um der DDR zu schaden. Davor will ich die DDR bewahren.

Seit Jahrzehnten ist es leider eine durch das Leben bestätigte Erfahrung: Die Ablösung des ersten Mannes in der Führung eines sozialistischen Staates hat bisher immer zu gesellschaftlichen Erschütterungen geführt.

Für eine reformierte DDR

Im Urlaub bereite ich mich auf die erste Sitzung des Politbüros nach dem 40. Jahrestag der DDR vor. Ich lese soziologische Untersuchungen des Instituts für Jugendforschung, Studien der Akademie für Gesellschaftswissenschaften und des Instituts für sozialistische Wirtschaftsführung, vertrauliche Ausarbeitungen von Schalck zur wirtschaftlichen Situation der DDR, Eingaben und Briefe von Bürgern sowie sowjetische Ausarbeitungen zur modernen Konzeption des Sozialismus.*

Mein Dilemma ist: Ich kenne die Lage der DDR, aber ich weiß einfach auf viele Fragen keine Antwort. Fragen aufzuwerfen, ist notwendig; wichtiger jedoch ist es, sie zu beantworten.

Ich erarbeite mir ein Konzept für mein Auftreten im Politbüro. Drei Entwürfe wandern in den Papierkorb. Am 22. September habe ich endlich eine Ausarbeitung fertig. Ich schreibe „Notizen“** darüber.

Honecker erholt sich in dieser Zeit noch in der Umgebung von Berlin von seiner Krankheit. Ich will einen letzten Versuch machen, ihn zu überzeugen, selbst die Diskussion über die Lage in der DDR im Politbüro zu beginnen. Ich rufe ihn an. Seine Stimme am Telefon ist noch schwächer geworden.

„Erich, ich möchte mich nach China abmelden. Wie im Politbüro beschlossen, fliege ich zum 40. Jahrestag der Volksrepublik nach Peking.“

„Viel Erfolg“, flüstert er und will gleich auflegen.

„Ich habe noch eine Bitte, Erich, ich möchte dir meine Notizen zur aktuellen Lage in der DDR schicken.“

Er antwortet einsilbig: „Gut.“ Dann legt er auf.

Ich hoffe, wir werden über die Notizen sprechen, wenn ich aus

---

* Prawda vom 14. Juli 1989, „Zur modernen Konzeption des Sozialismus“

** Der Sozialforscher Hans-Hermann Hertle schrieb in diesem Zusammenhang an Wolfgang Herger: „Ich fand dieses bemerkenswerte Papier im Parteiarchiv im Bestand von Egon Krenz, der es auch redigiert hat. Frage: Wie ist es einzuordnen, in welchem Kontext stand es? ...“

Peking zurückkomme. Aus meiner Sicht könnten sie eine Grundlage für ein Gespräch zur Vorbereitung der nächsten Sitzung des Politbüros sein.

Knapp vier Wochen später habe ich die Notizen von ihm zurück; am Tag seiner Absetzung. Er hatte weder etwas angemerkt noch hatte er die Notizen mit E. H. abgezeichnet, ein Zeichen, daß er sie vielleicht nicht gelesen hat. Entweder fehlte ihm die physische Kraft oder das Papier war ihm die Aufmerksamkeit nicht mehr wert, weil er sich mit der Realität nicht mehr auseinandersetzen wollte.

Die politische Situation in der DDR, so schreibe ich an Honecker, ist so zugespitzt, wie ich dies in meinem Leben bisher nie empfunden oder erlebt habe. Man trifft bei vielen Bürgern auf Ratlosigkeit und Resignation. Selbst Parteimitglieder leben im Gewissenskonflikt zwischen dem, was sie erkannt haben, was sie bewegen wollen und dem, was sie tatsächlich beeinflussen können. Der Westen kommt mit seinen Argumenten bei der Bevölkerung an, weil es in der DDR keine öffentliche Diskussion zu gesellschaftlichen Alternativen gibt. Man spricht in der BRD von Reformen, will jedoch die DDR beseitigen. Die Partei muß klarmachen, daß das politische und ökonomische System der DDR reformiert werden soll, ohne die sozialistischen Grundlagen anzutasten. Wir müssen uns befragen, wo die Ursachen für Fehlentwicklungen in der DDR liegen. Sie sind nicht erst in den letzten Wochen entstanden. Was früher als Detail galt, wird heute zu einer Systemfrage: Warum kann der Kapitalismus Probleme lösen, die in der DDR über Jahrzehnte nicht gelöst worden sind, wie die Produktion hochwertiger Konsumgüter, die Autoproduktion, der Materialzufluß in die Betriebe sowie die kontinuierliche Versorgung der Bevölkerung mit Obst und Gemüse und anderen Gütern.

Die Menschen lassen sich nicht mehr auf eine ferne Zukunft vertrösten. Sie haben Zweifel an den veröffentlichten volkswirtschaftlichen Statistiken. Sie finden durch die Zahlen ihren Alltag nicht bestätigt. Das Leistungsprinzip wird verletzt. Unumgänglich ist, die Ursachen für die Ausreisewelle zu analysieren. Nach soziologischen Untersuchungen gilt folgende Reihenfolge: illusionäre Vorstellungen über die westliche Lebensweise, Anspruch auf größere persönliche Freiheit, Wunsch nach Reisemöglichkeiten, Verärgerung über bürokratisches Verhalten von Leitern und Mitarbeitern staatlicher Organe sowie Herzlosigkeit im Umgang mit Bürgern, Unzufriedenheit über die Mißachtung ihrer Individualität, ungenügende Einbeziehung in Entscheidungsprozesse, humanitäre Gründe wie Eheschließungen und Erbschaften. Die Gesellschaft ist geteilt in solche, die Westgeld besitzen und solche, die keins haben. Enttäuscht sind viele darüber, daß man nur mit der Westmark durch die Welt kommt und sich mit ihr selbst in der DDR Vorteile erkaufen kann, während unsere Währung an Wert verliert. Als Touristen machen sie diese Erfahrung selbst in den sozialistischen Ländern.

Wir sind damit konfrontiert, daß sich die DDR als Teil eines ehemaligen Ganzen entwickelt hat. Das beeinträchtigt in letzter Zeit stärker das Finden der Identität der Bürger zu ihrem Staat. Wenn Polen oder Ungarn ins Ausland gehen, gehen sie in die Fremde, wer aus der DDR in die BRD geht, wechselt, bei aller Unterschiedlichkeit der Systeme, in einen deutschen Staat, in dem die gleiche Sprache gesprochen wird und teilweise verwandtschaftliche Beziehungen bestehen. Unzufrieden sind die Bürger mit unserer Medienpolitik. Das Verbot des SPUTNIK* hat bei vielen die Frage aufgeworfen, inwieweit die Bürger noch mündig sind. Die Menschen wollen nicht vorgeschrieben bekommen, was sie lesen dürfen, noch dazu, wenn es aus Freundesland kommt.

Aktuell ist, schreibe ich an Honecker, wie mit Andersdenkenden oder mit oppositionellen Gruppen umgegangen wird. Die Kirche hat bei wichtigen Themen wie Ausreise, Medienpolitik und Umweltschutz die Meinungsführerschaft übernehmen können, weil sich die Partei ungenügend darum kümmert. So entsteht der Eindruck, daß die Gruppen unter dem Dach der Kirche die Probleme besser und realer sehen als das Politbüro. Ich gehe in meinen Notizen davon aus, daß nur über einen ernsthaften Dialog mit allen gesellschaftlichen Kräften ein Ausweg aus der Situation gefunden werden kann. Wir müssen uns aufmerksamer und feinfühliger zu den Ideen von unten, auch zu den Andersdenkenden in der Partei verhalten. Das Programm der Partei aus dem Jahre 1976 muß verändert werden. Der für 1990 geplante XII. Parteitag der SED ist durch eine ehrliche Volksaussprache vorzubereiten. Die Aussprache soll alle Themen umfassen: die soziale Sicherheit und Gerechtigkeit, das Leistungsprinzip, die Preispolitik, gesellschaftliche und persönliche Freiheiten, die sozialistische Demokratie, die Kollektivität und Individualität, die Solidarität zwischen den Generationen, die Heimatliebe und den Internationalismus. Gesetze müssen künftig wieder öffentlich diskutiert werden.

Die Notizen spiegeln mein Denken dieser Tage wider. Sie sind keine Empfehlung für einen Systemwechsel in der DDR. Den lehne

* SPUTNIK - sowjetische Zeitschrift

ich ab. Sie sind auch keine Denkschrift für die deutsche Einheit. Die ist für mich nicht aktuell. Die ausgearbeiteten Notizen sind meine Gedanken für Veränderungen in einer souveränen sozialistischen DDR.

Ich weiß, daß viele in der DDR ähnlich denken. Am 21. September zum Beispiel veröffentlicht die Tageszeitung JUNGE WELT Auszüge aus einer Rede von Klaus Höpcke, die er vor Hochschullehrern und Studenten der Kunsthochschule Berlin-Weißensee gehalten hatte. Er fordert zum Nachdenken auf, „welche Umstände des Lebens bei uns in diesem oder jenem überhaupt den Wunsch entstehen lassen, das Land zu verlassen beziehungsweise der Verlockung zu unterliegen, wenn in leuchtenden Farben betörende Lebensmöglichkeiten anderswo ausgemacht werden"*. Soweit ich weiß, ist die JUNGE WELT die erste Zeitung und Klaus Höpcke der erste Autor aus den Reihen der SED, die das Thema Ausreise und ihre Ursachen öffentlich ansprechen. Niemand wird jetzt mehr in der Lage sein, es unter den Teppich zu kehren.

Inzwischen sind neue politische Bewegungen und Gruppierungen entstanden. Sie fordern die in der DDR-Verfassung garantierten Bürgerrechte ein. Sie gehen in ihren Programmen von einem gesellschaftlichen Konsens aus: die DDR und den Sozialismus zu reformieren.

Pfarrer Friedrich Schorlemmer formuliert: Es geht nicht um die „Emeritierung des Sozialismus, sondern um seine Erneuerung". Entweder ist „der Sozialismus von Peking bis Berlin reformfähig, oder er verschwindet erst mal"**.

Im Gründungsaufruf der Bürgerbewegung Demokratie jetzt heißt es: „Der Sozialismus muß nun seine eigentliche, demokratische Gestalt finden, wenn er nicht geschichtlich verlorengehen soll. Er darf nicht verlorengehen, weil die bedrohte Menschheit auf der Suche nach überlebensfähigen Formen menschlichen Zusammenlebens Alternativen zur westlichen Konsumgesellschaft braucht, deren Wohlstand die übrige Welt bezahlen muß."***

Das Neue Forum, das am 11. September 1989 zum „Aufbruch jetzt" rief, will: „... Spielraum für wirtschaftliche Initiative, aber keine Entartung in eine Ellenbogengesellschaft." Es will „das Bewährte erhalten und doch Platz für Erneuerung schaffen ..."****

* JUNGE WELT vom 21. September 1989
** taz vom 9. September 1989
*** Gründungsaufruf „Demokratie jetzt"
**** Aufruf zur Gründung der Initiativgruppe Neues Forum, taz vom 13. September 1989

Pfarrer Edelbert Richter aus Erfurt ist sicher, daß „nicht nur das Wort sozialistisch, sondern auch bestimmte gesellschaftliche Prinzipien des Sozialismus" für uns weiter einen guten Klang haben müssen*.

Am 19. September 1989 faßt die Synode des DDR-Kirchenbundes einen Beschluß, in dem sie diejenigen, die unser Land verlassen wollen, aufruft: „So bitten wir Sie, hier zu leben und einen Beitrag für eine gute gemeinsame Zukunft in unserem Land zu leisten."**

Ob alle von ihnen in ihrem Innersten wirklich einen reformierten Sozialismus wollen? Wer kann schon in alle Herzen und Hirne schauen? Das Politbüro stellt sich nicht einmal diese Frage. Wir sitzen weiter auf dem hohen Roß. Statt mit den kritischen Geistern zu reden, beharren wir auf Dogmen, die das Leben überholt hat. Das SED-Politbüro schweigt weiter.

Aber an der Parteibasis brodelt es. Die Unzufriedenheit in der Bevölkerung nimmt zu. Unruhe und Unsicherheit breiten sich aus. Demonstrationen setzen ein, deren Teilnehmer für Veränderungen in der sozialistischen Gesellschaft eintreten. Ihre Worte „Wir bleiben hier" sind zunächst ihre Antwort auf „Wir wollen raus." Schon kurze Zeit später entsteht eine umfassende Protestbewegung gegen die gegenwärtige Politik der DDR-Führung unter dem Motto „Wir sind das Volk".

Staatsbesuch in China

Die Volksrepublik China feiert ihren 40. Jahrestag – sechs Tage vor dem der DDR. Ich bin beauftragt, die DDR zu vertreten. Eine Reise nach China ist für mich ein besonderes Ereignis. Doch angesichts der Lage in der DDR hält sich meine Begeisterung in Grenzen. Zur Zeit würde ich lieber in Berlin bleiben. Bevor ich abfliege, erhalte ich eine interne Information. Sie stammt aus der Ständigen Vertretung der Bundesrepublik Deutschland in der DDR. Ihr Titel: „Über die innere Lage der DDR nach dem 8. ZK-Plenum"***. Natürlich ist dieses Dokument nicht für die DDR-Führung bestimmt. Es

* Siehe Interview mit Edelbert Richter bei der Bekanntgabe der Gründung der Bürgerbewegung Demokratischer Aufbruch, taz vom 16. September 1989

** Beschluß der Synode des Evangelischen Kirchenbundes in der DDR vom 19. September 1989 in Eisenach

*** Dokument im Archiv des Autors

ist eine Information an die Bundesregierung. Ich habe sie auf Umwegen bekommen. Unsere Leute in Bonn sind aktiv. Jedenfalls heißt es in dem Geheimdienstdokument, das vermeintliche Diplomaten verfaßt haben: „Das Feld der vermutlichen Nachfolger (von Erich Honecker) beherrscht gegenwärtig unumstritten Krenz ... Seine durch nichts gemilderte Verteidigung der Massaker in Peking bei seinem Besuch in Saarbrücken zeigt seine Entschlossenheit, im Ernstfall alle staatlichen Mittel einzusetzen."* Dies ist in jeder Hinsicht eine üble Verleumdung. Wenig später taucht sie als einheitliche Sprachregelung in den Medien der Bundesrepublik auf.

Diese Einschätzung bezieht sich auf eine Erklärung, die ich bei meinem Besuch am 7. und 8. Juni 1989 beim Ministerpräsidenten des Saarlands abgegeben hatte. Ich war in Saarbrücken, um an einem Seminar der SPD und der SED über Sicherheitspolitik teilzunehmen. Von den Journalisten wurde vermerkt, daß ich mich in meiner Rede zu den Ereignissen auf dem Platz vor dem Tor des Himmlischen Friedens in Peking nicht geäußert hatte. Dennoch wurde berichtet, als wäre auf diesem Seminar nur über China gesprochen worden. Ich habe mich gegen diese Entstellung gewehrt. Als mich am Abend des ersten Seminartages ein Reporter des Saarländischen Rundfunks fragt, ob meinerseits nicht „eine Replik" auf Lafontaines Argumentation zu China fehle, habe ich ihm sinngemäß gesagt: Nein. Ich gehe davon aus, daß man sich in die inneren Angelegenheiten eines anderen Staates nicht einmischt. In der DDR haben wir die offiziellen Verlautbarungen aus China veröffentlicht, wie sie gegeben wurden. Es sei jetzt nichts schlimmer, als durch Gerüchte, durch Behauptungen, die nicht bewiesen sind, durch Weglassungen oder Hinzufügen von Fakten, eine gespannte Atmosphäre zu schaffen, die niemandem dient. Wörtlich sagte ich: „Wir brauchen heute vor allem eine solche Atmosphäre, die dazu beiträgt, in der Welt den Frieden zu schaffen." Nur in diesem weltpolitischen, in diesem globalen Sinn habe ich von „Stabilität und Ordnung" in China gesprochen. Alles andere, was die Medien aus meinen Äußerungen machten, habe nicht ich zu verantworten.

Ich teilte und teile allerdings mit vielen Politikern aus Ost und West die Besorgnis, im volkreichsten Land der Welt könne es zu einem Bürgerkrieg kommen. Ein Bürgerkrieg in China hätte katastrophale Auswirkungen für die übrige Welt. Gorbatschow hat sich übrigens im Juni 1989 während seines Staatsbesuchs in Bonn ähnlich geäußert, ohne daß daraus geschlußfolgert worden wäre, er wolle in seinem Land Gewalt einsetzen.

---

* Ebenda

Bundeskanzler Kohl hat später Einheiten der chinesischen Volksarmee besucht, und auch US-Präsidenten haben dem chinesischen Volk Ehre erwiesen, dem ich zum 40. Jahrestag der Gründung der Volksrepublik gratuliert habe. Sie haben China nicht auf die Vorkommnisse vom Juni 1989 reduziert. Sie haben sich den Blick für die Rolle bewahrt, die China schon heute in der Weltpolitik spielt und die mit Gewißheit weiter wächst.

Ich treffe mich mit Studenten, Lehrern und Intellektuellen in Peking, mit Arbeitern, Bauern sowie Partei- und Staatsfunktionären in den Provinzen Sichuan und Zhejiang. Meine Gespräche mit dem Generalsekretär der Kommunistischen Partei Chinas, Jiang Zemin, sowie mit allen wichtigen Politikern des Landes vermitteln mir: Dieses Land verwirklicht erfolgreich die 1979 eingeleitete Reformpolitik. Diese Reformpolitik unterscheidet sich von der Perestroika Gorbatschows vor allem dadurch, daß im Vordergrund die wirtschaftliche Gesundung und die Entwicklung der Ökonomie stehen. Bei der Fahrt durch das Land kann ich mich davon überzeugen, wie die negativen Folgen der Kulturrevolution überwunden werden und das Lebensniveau der Menschen trotz aller noch vorhandener Schwierigkeiten wächst.

Als mich Jiang Zemin zu einem Gespräch empfängt, rezitiert er auch Verse von Goethe in deutsch. Er erinnert an Weimar als Stadt der Klassik, aber auch an die Nachbarschaft zu Buchenwald. Jiang Zemin war während der Ereignisse auf dem Platz vor dem Tor des Himmlischen Friedens Parteichef von Shanghai. Dieser Stadt blieben Ereignisse wie in Peking erspart. Das hängt ursächlich auch mit einem Dialogkonzept der dortigen Führung unter Jiang Zemin zusammen.

Am Abend des 1. Oktober treffe ich Deng Xiaoping. Wahrscheinlich bin ich einer der letzten ausländischen Politiker, der mit ihm gesprochen hat. Er übermittelt mir die eindeutige Botschaft: Wir Chinesen wollen den Frieden. Wir brauchen ihn für unsere Reformen. Wir wollen mit der DDR, mit allen Völkern der Welt in Freundschaft leben. Wir streben ein zivilisiertes Verhältnis zu allen Ländern der Welt, zu denen im Osten wie im Westen an.

Es gibt für mich nur eine Erklärung, warum meine Äußerungen von Saarbrücken immer wieder entstellt wiedergegeben werden: Es solle in der DDR Angst geschürt werden, ich stünde für Gewalt.

Vor dem 40. Jahrestag der DDR

Ich bin auf dem Flug von Peking nach Berlin. Mitarbeiter der Botschaft der DDR in China haben mir eine Presseübersicht zusammengestellt. Darin finde ich einen Kommentar, den ich vorab erhalte. Ich kann kaum glauben, was ich da lese. Die Flüchtlinge „haben durch ihr Verhalten die moralischen Werte mit Füßen getreten und sich selbst aus unserer Gesellschaft ausgegrenzt. Man sollte ihnen keine Träne nachweinen."* Noch weiß ich nicht, was ich wenige Stunden später in Berlin erfahre: Diesen Satz hat Erich Honecker in die Meldung des ADN geschrieben. Ich bin über eine solche Bewertung schmerzlich enttäuscht. Ich habe erlebt, wie Mütter und Väter, Freunde, Verwandte und Arbeitskollegen bittere Tränen vergossen haben. Jede Träne war eine Anklage gegen uns. Was da im Kommentar steht, das ist nicht mehr der politische Anspruch der DDR. Jetzt darf nicht mehr ein Tag vergehen, ohne zu handeln.

Zusammen mit meinen Mitarbeitern entwerfe ich noch im Flugzeug eine Erklärung zur politischen Situation, die diese Formulierung zurücknimmt. Die Erklärung muß dem Politbüro so schnell wie möglich vorgelegt werden. Als ich in Berlin ankomme, ist Wolfgang Herger auf dem Flugplatz. Auch er hat ein Dokument zur politischen Situation vorbereitet. Ich gebe ihm meinen Entwurf. Seine Aufgabe besteht darin, ein einheitliches Papier zu formulieren.

Ich rede mit Willi Stoph, Siegfried Lorenz und Harry Tisch darüber. Sie sind mit den Kernaussagen der Erklärung einverstanden. Von ihnen erfahre ich, daß Erich Honecker während der Pause einer festlichen Veranstaltung in der Deutschen Staatsoper die in Berlin anwesenden Mitglieder des Politbüros zusammengerufen hatte. Er machte ihnen den folgenschweren Vorschlag, „die sich in der Prager BRD-Botschaft aufhaltenden Bürger mit Zügen der Deutschen Reichsbahn über das Territorium der DDR in die Bundesrepublik auszuweisen". Niemand widerspricht diesem absurden Vorhaben. Dabei ging es nicht mehr um die Ausreise selbst, die war aufgrund der unhaltbaren Zustände in den Botschaften längst erzwungen, es ging um den provokativen Weg über das Territorium der DDR. Anfang Oktober wird die Prozedur wiederholt. In verschiedenen Orten der Republik werden Gleise und Bahnhöfe belagert.

Am 4. Oktober 1989 kommt es vor dem Dresdener Hauptbahnhof, wo die Durchfahrt der Züge aus Prag erwartet wird, zu einer

* Neues Deutschland vom 2. Oktober 1989

harten Konfrontation. Daran sind unterschiedliche Gruppen beteiligt: Ausreisewillige und zufällig Herbeigeeilte; auch Randalierer sind dabei, die geradezu die Konfrontation mit der Staatsmacht suchen. Die Volkspolizisten werden in Auseinandersetzungen verwickelt, die die Widersprüche unserer Gesellschaft offenbaren. Sie müssen Konflikte austragen, die durch Fehlentscheidungen der politischen Führung der DDR ausgelöst sind.

Viele erwarten jetzt, daß Erich Honecker am 6. Oktober in der Festansprache zum 40. Jahrestag der DDR ein offenes Wort zur aktuellen Lage in der DDR sagt. Alle werden enttäuscht. Es wird die Rede eines körperlich Kranken und politisch Uneinsichtigen. Mir ist unwohl bei dieser Festveranstaltung. Im Politbüro wurde Honeckers Rede bestätigt. Niemand von uns kann sich damit herausreden, er habe sie nicht gekannt. Wir leben in der Illusion, daß sich gesellschaftliche Konflikte bis nach den Feierlichkeiten zum 40. Jahrestag der DDR verschieben lassen.

Am Vorabend des Jubiläums, am Abend des 6. Oktober, findet in der Straße Unter den Linden der Fackelzug der FDJ statt. Dort, wo am 11. Oktober 1949 der Jugendverband unter Leitung Honeckers die Gründung der Republik und ihren ersten Präsidenten Wilhelm Pieck begrüßt hatte, zogen jetzt über 100 000 FDJ-Mitglieder in ihren Blauhemden vorbei. Ich erinnere mich, wie begeistert ich vor 40 Jahren als 12jähriger im Zug der Mecklenburger an der Tribüne vorbeizog. Für mich war dieser Fackelzug ein eindrucksvolles Grunderlebnis meiner Kindheit. Die DDR war schon in meinem Herzen. Ich hatte das Gefühl, auch die um mich herum begrüßten aufrichtig die Gründung der neuen Republik.

Nun stehe ich 40 Jahre später auf der Tribüne, die mit Ehrengästen aus dem In- und Ausland nahezu überfüllt ist. Gorbatschow grüßt die vorbeiziehenden Jugendlichen von der ersten bis zur letzten Minute. Es ist keine Übertreibung, wenn ich sage: Diese Demonstration gilt auch ihm. Und es gehörten keine hellseherischen Fähigkeiten dazu, dies zu erwarten. Die Rufe „Gorbi, Gorbi ..." wollen nicht enden. Auch wenn Gorbatschow heute seine Meinung dazu geändert hat, damals nahm er den Willen der Jugend der DDR nach sozialistischer Erneuerung in sich auf wie eine Aufforderung, die Version von einem demokratischen Sozialismus auf deutschem Boden zu unterstützen. Wohl deshalb wandte er sich an die Jugend mit den Worten: „Der Jugend wünsche ich, daß sie zuversichtlich die rote Fahne der Revolution trägt, die Stafette der älteren Generation übernimmt und mit weiten Schritten vorangeht."* Gorbatschow sieht in diesem Fackelzug ein Zeichen, daß die UdSSR und die DDR zusammen die Kraft haben, aus der Krise des Sozialismus herauszukommen. Es ist die Hoffnung auf eine deutsche Perestroika, eine veränderte DDR. Das ist die Botschaft, die jeder auf der Tribüne spürt.

Eberhard Aurich, 1. Sekretär des FDJ-Zentralrats, spricht das traditionelle Gelöbnis der Jugend. Der Text unterscheidet sich in vielem von den Gelöbnissen, die ich 1974 und 1979 vorgetragen hatte. Es fehlt das Hohelied auf Erich Honecker. Es ist nicht mehr die Rede von der SED als Partei der Jugend. Es heißt schlicht: „Dies ist unser Land. Hier sind wir zu Hause. Hier haben wir noch viel vor ..."**

Damit ist ausgesprochen, was die Führung der FDJ in vielen Gesprächen mit den Teilnehmern des Fackelzugs diskutiert hatte: Wir wollen den Alten danken. Sie haben viel für uns erstritten und erkämpft. Wir wollen uns aber nicht von den im Alter starr gewordenen sagen lassen, wie unsere Zukunft zu sein hat. Wir wollen unsere eigenen Pläne schmieden und verwirklichen. Als sich Honecker nach dem Fackelzug verabschiedet, bedankt er sich bei der FDJ nicht mehr. Aurich erhält Glückwünsche von Michail Gorbatschow und Raissa Gorbatschowa, von Willi Stoph, von vielen ausländischen Gästen und natürlich auch von mir.

Zwei Tage später macht mir Honecker den Vorwurf: Du hast gemeinsam mit dem Zentralrat die FDJ-Mitglieder im Sinn Gorbatschows manipuliert. Er versteht nicht mehr, daß es dazu keiner Manipulation bedurfte.

Manche mögen den Fackelzug als „Jubelveranstaltung" in Erinnerung behalten. Solche Großveranstaltungen haben immer eine gewisse Regie. Spontan sind sie selten. Für mich bleibt dieser Fakkelzug dennoch in Erinnerung als ein Bekenntnis vieler Jugendlicher zu ihrer DDR. Sie wollen sie anders, das ist wahr. Sie wollen Veränderungen in der Politik und in der Führung. Sie wollen aber die DDR. Und sie hoffen dabei auf die Unterstützung von Gorbatschow.

---

* Junge Welt vom 9. Oktober 1989

** Junge Welt vom 9. Oktober 1989, „Der Zukunft zugewandt"

Sitzung des Politbüros mit Gorbatschow

Im Konferenzgebäude in der Nähe des Schlosses Berlin-Niederschönhausen trifft sich am Nachmittag des 7. Oktober das Politbüro des ZK der SED mit Gorbatschow. Bevor es soweit ist, sitzen die meisten von uns im Vorraum. Gorbatschow und Honecker haben noch ein Gespräch unter vier Augen. Ob es mehr Augen waren, ob auch Mittag dabei war, darüber gibt es unterschiedliche Wahrnehmungen. Ich meine, er war dabei. Jedenfalls sind wir, die draußen versammelt sind, gespannt, was die beiden „Ersten" besprechen. Als sich die großen Türen öffnen und sie beide aus dem Beratungsraum herauskommen, scheinen sie gut gelaunt. Einen richtigen Krach, der Situation entsprechend, hat es offensichtlich nicht gegeben. Niemand von uns weiß, ob es ein offenes Gespräch oder ein diplomatisches Geplänkel war.

Bei der Sitzung des Politbüros jedenfalls geht von Gorbatschow eine freundliche Atmosphäre aus. Er sagt, daß die Gründung der DDR ein Wendepunkt in der Geschichte Europas gewesen sei und die Tatsache ihrer Existenz zur Stabilität auf dem Kontinent beiträgt.

Honecker bedankt sich bei dem KPdSU-Chef, daß er in seiner Festansprache die Souveränität der DDR hervorgehoben hat. Gorbatschow sagt zu Honecker, daß sich der Westen nicht in die inneren Angelegenheiten der DDR einmischen darf. Er spricht von dem widerspruchsvollen Weg der deutschen Arbeiterbewegung. Das 40. Jubiläum der DDR ist für Gorbatschow ein gemeinsamer Feiertag der Menschen in der DDR und der Sowjetunion. „Ich glaube, die KPdSU und die SED sind die stärksten Parteien", sagt er. Sie müssen ihre Taten untermauern auf der „Grundlage der Ideale und Ideen, die vom Oktober* proklamiert wurden". Aus der Entwicklung in Ungarn und Polen zieht Gorbatschow die Schlußfolgerung: „Polen und Ungarn haben uns überzeugt: Wenn die Partei nicht auf das Leben reagiert, ist sie verurteilt. Wir und Sie unternehmen gemeinsam Anstrengungen, die gesunden Kräfte in diesen Ländern zu unterstützten. Aber das ist nicht einfach." Er kritisiert die Aufgabe von Parteipositionen in Polen und Ungarn. Der Westen sei schadenfroh und versuche, „Revanche zu nehmen und den Bereich des Sozialismus einzuengen". Gorbatschow schildert Erfahrungen der Umgestaltung in der UdSSR. Er appelliert an die deutschen Genos-

* Oktober steht hier als Synonym für die Große Sozialistische Oktoberrevolution 1917.

sen: „Letzten Endes sind wir alle Kommunisten. Wir denken nicht nur daran, nicht nur etwas für unser eigenes Leben zu vollbringen, sondern wir denken an die kommenden Generationen."* Der KPdSU-Generalsekretär hofft auf „eine *Wende* in der Entwicklung des Landes" im Zusammenhang mit dem XII. Parteitag der SED 1990.

Er blickt bei seinen Worten aufmerksam in die Runde, so, als wolle er testen, ob wir ihn verstanden haben. Ich entnehme seinen Ausführungen, daß er ein Einschwenken der DDR auf einen Umgestaltungskurs unter nationalen Bedingungen, auf Reformen und mehr Freizügigkeit im Sinn seiner Konzeption vom neuen Denken als Grundlage für die weitere sozialistische Entwicklung der DDR sieht.

Gemessen an dem, was auf dem Spiel steht, geben sich beide Seiten ahnunglos. Weder die SED noch die KPdSU sehen, wie tief ihre Länder schon in der Krise stecken.

Wir verpassen die Möglichkeit, uns gegenseitig offen und ehrlich über die tatsächliche Lage in unseren Ländern zu informieren. Wertvolle Zeit geht verloren.

---

* Niederschrift des Treffens des Politbüros des ZK der SED mit dem Generalsekretär des ZK der KPdSU und Vorsitzenden des Obersten Sowjets, M. S. Gorbatschow, am 7. Oktober 1989, im Archiv des Autors

Tage der Hoffnung und der Entscheidung

8. bis 17. Oktober 1989

8. Oktober

Noch ist es dunkel, als ich an diesem ersten Sonntag des 41. Jahres der DDR in Wandlitz in meinen Dienstwagen steige. Auf der Fahrt nach Berlin denke ich an das Gespräch mit Eberhard Aurich. „War das der letzte Fackelzug?" hatte ich ihn am 6. Oktober gefragt. Ich wollte damit sagen, daß uns viel Arbeit und weniger Aufmärsche bevorstehen, wenn uns eine Umgestaltung gelingen soll.

Aurich hatte mehr in meine Frage gelegt. „Ich glaube nicht", antwortete er, „der Fackelzug war eine schöne Abschlußveranstaltung der FDJ für ihn."

„Für ihn" - das bedeutet, der Fackelzug sollte der Abschied für Erich Honecker sein. Ich schwieg. Noch war Honeckers Sturz keineswegs sicher. Erst gestern bekam er Aufwind. Gorbatschow hatte auf der Sitzung mit dem SED-Politbüro gesagt, die UdSSR sei entschlossen, den Vertrag über Freundschaft, Zusammenarbeit und gegenseitigen Beistand vom 7. Oktober 1975 strikt einzuhalten. Das müsse allen klar sein, die versuchen, die Souveränität der DDR und ihre Unabhängigkeit anzutasten. Im Bestreben, dem Sozialismus eine neue Qualität zu verleihen, gingen KPdSU und SED von gleichen Idealen und Werten aus*. Honecker sieht in dieser Argumentation eine Bestätigung der Politik der DDR.

Ich habe mich - wie schon erwähnt - seit langem mit Genossen beraten, von denen ich weiß, daß sie in der starrsinnigen Haltung Honeckers eine Gefahr für die DDR sehen. Dazu gehören vor al-

* Mitteilung über den Meinungsaustausch zwischen Erich Honecker und Michail Gorbatschow, Junge Welt vom 9. Oktober 1989

lem Siegfried Lorenz und Wolfgang Herger; Willi Stoph, Harry Tisch, Werner Jarowinsky, Gerhard Schürer, Alexander Schalck und Wolfgang Junker. Erich Mielke weiß von unseren Absichten. Günter Schabowski stieß Anfang Oktober dazu. Schalck hatte mich Ende September gefragt: „Kann man Schabowski trauen, kann man mit ihm offen reden?"

Ich war mir unsicher. Er hatte noch auf einer Parteikonferenz in Berlin am 14. September Honeckers Reformgeist gelobt und Mittag Anerkennung gezollt, wie hervorragend dieser den Generalsekretär vertritt. Er ist ein schwieriger Charakter, nach allen Seiten offen.

An diesem Morgen sind die Straßen Berlins noch leer. Ich komme schnell ins ZK.

Gestern hatte es Auseinandersetzungen zwischen der Volkspolizei und Demonstranten gegeben. Schabowski und ich waren während des Staatsempfangs zum 40. Jahrestag aus dem großen Saal im Palast der Republik in den 4. Stock gegangen, um zu sehen, was am gegenüberliegenden Spreeufer passiert. Junge Leute sangen die „Internationale". Immer wieder riefen sie: „Gorbi, Gorbi ..." Daß die Polizei den Raum vor dem Palast der Republik abgesperrt hatte, mag den Versammelten nicht gefallen haben. Es ist aber in allen Ländern üblich, Staatsgäste zu schützen. Immerhin befanden sich im Palast der Republik die Partei- bzw. die Staatschefs aus über hundert Ländern, darunter alle Staatsoberhäupter aus den Staaten des Warschauer Vertrages. Es sah alles sehr friedlich aus. Nichts deutete auf Gewalt hin.

Und doch: Irgend etwas muß passiert sein, was ich in dieser frühen Morgenstunde noch nicht weiß.

Die Berichte, die mir aus dem Innenministerium vorliegen und die ich gerade lese, sprechen von „Zuführungen", eine Umschreibung für eine vorläufige Festnahme. Details enthalten sie nicht. Die Westnachrichten, die ich aus dem Radio empfange, hören sich dramatisch an. Die Wahrheit wird wohl in der Mitte liegen, denke ich. Ich werde die Angelegenheit mit dem Innenminister besprechen. Es darf nicht sein, daß die Ordnungskräfte handeln, weil die Politiker nicht in der Lage sind, über die anstehenden Fragen mit der Bevölkerung zu sprechen.

Seit gestern weiß ich, daß Erich Honecker am 22. September ein Fernschreiben an die 1. Sekretäre der SED-Bezirksleitungen geschickt hat. Darin heißt es: „In letzter Zeit haben auf verschiedenen Ebenen Aktivitäten unserer Feinde stattgefunden, die darauf gerichtet sind, entsprechend der bundesdeutschen Propaganda konterrevolutionäre Gruppen zu organisieren. Diese Fragen haben wir auf der letzten Beratung mit den 1. Sekretären der Bezirksleitungen besprochen. Es bestand Übereinstimmung, daß diese feindlichen Aktionen im Keim erstickt werden müssen. Da in einigen Kreisen nicht rechtzeitig die politisch-organisatorischen Maßnahmen getroffen wurden, ist es erforderlich, die bisher geleistete Arbeit zu überprüfen ..."*

Zweierlei ist für mich an diesem Fernschreiben besorgniserregend. Zunächst das Etikett „konterrevolutionär". Sicher, die DDR hat Feinde. Sie haben ihre Verbindung zu bundesdeutschen Journalisten, die die Atmosphäre anheizen. Das war immer so. Das ist heute so. Es überrascht mich nicht. Doch jetzt treten auf den Straßen DDR-Bürger gegen die gegenwärtige Politik ihrer Führung auf, darunter viele SED-Mitglieder. Sie entziehen uns, der Führung, ihr Vertrauen. Wir dürfen sie nicht zu Feinden abstempeln. Zudem ist es vom Politbüro arrogant, die Parteifunktionäre in den Kreisen und Bezirken für die von der Führung verschuldete Lage verantwortlich zu machen. Der Inhalt des Fernschreibens von Honecker muß schnell korrigiert werden, wenn es nicht zu weiteren Konfrontationen kommen soll, die auch außer Kontrolle geraten könnten.

Das Ministerium für Staatssicherheit hat verläßliche Informationen, daß sich am 7. Oktober in Schwante bei Berlin eine sozialdemokratische Partei der DDR gebildet hat. Nach unvollständigen Übersichten des Innenministeriums gibt es ca. 160 verschiedene oppositionelle Gruppen. Sie versuchen, untereinander Verbindung aufzunehmen. Zudem gibt es auch Ausschreitungen, die die Sicherheit und Ordnung stören und mit politischem Protest überhaupt nichts zu tun haben. Das alles dürfen wir nicht unterschätzten. In der Gesamtheit sind es Gefahren für die DDR. Und trotzdem: Es darf zu keinem neuen 17. Juni** kommen. In dieser explosiven Zeit müssen wir kühlen Kopf bewahren. Gewalt gegen DDR-Bürger ist in jedem Fall ein Anschlag auf die DDR selbst, die beansprucht, der Staat der Werktätigen in Stadt und Land zu sein. Auch nur ein Tropfen Blut würde jeden Gedanken an eine reformierte DDR begraben. Es darf zu keiner weiteren Gewalt kommen.

Mit diesen Überlegungen fahre ich in das Haus des Zentralkomitees. Im Hof wartet Wolfgang Herger auf mich. Wir wollen an einer

---

* Fernschreiben von Erich Honecker an die 1. Sekretäre der SED-Bezirksleitungen vom 22. September 1989, im Archiv des Autors
** Gemeint sind die Vorgänge vom 17. Juni 1953.

Besprechung im Ministerium für Staatssicherheit teilnehmen. Es geht um die störungsfreie Abreise der Staatsgäste und um die Volksfeste zum DDR-Geburtstag, vor allem in Berlin. Deshalb ist auch Schabowski eingeladen. Herger steigt in meinen Dienstwagen. Auf dem Weg zum Ministerium für Staatssicherheit berichtet er mir, daß bis spät in die Nacht Tausende in Berlin, Leipzig, Dresden und Plauen auf den Straßen demonstrierten. Er spricht erregt: „Du mußt Honecker veranlassen, noch heute ein Fernschreiben an die 1. Bezirkssekretäre zu schicken, aus dem hervorgeht, daß unsere Gegenmaßnahmen zu den Demonstrationen nur politischer Art sind. So etwas wie gestern in Berlin oder vor einigen Tagen in Dresden darf nie wieder passieren. Es müssen sofort Beratungen in den Kreisen und Bezirken stattfinden. Alle Partei-, Gewerkschafts-, Staats- und FDJ-Funktionäre müssen vor Ort mit den Menschen sprechen. Auch in den Medien muß offen informiert werden." Herger hatte den Entwurf des Fernschreibens an die Bezirksleitungen schon in aller Frühe zu Hause ausgearbeitet. Er liest ihn mir im Auto vor. Ich habe einige Ergänzungen. Wir vereinbaren, daß er während der Besprechung das Fernschreiben überarbeitet. Sobald die Besprechung vorbei ist, werde ich Honecker anrufen.

Unser Wagen hält vor dem Gebäude des Ministeriums. Generaloberst Mittig, einer der Stellvertreter Mielkes, empfängt uns. Mittig ist einer aus jener Generation, die sich in der Gründerzeit der DDR freiwillig zu den Sicherheitsorganen gemeldet haben. Vom Arbeiter zum General, das ist sein Stolz. Er ist ein einfacher, charakterstarker Mensch geblieben.

„Rudi", frage ich, „was war gestern abend wirklich los? Warum werde ich so schleppend informiert?"

Militärisch knapp antwortet er: „Was da passiert ist, war nicht nötig. Jemandem sind die Nerven durchgegangen." Wen er meint, sagt er nicht. Er spricht aber aus, was auch Herger und ich denken: Die Zusammenstöße wären zu vermeiden gewesen. Das Übel ist, daß die Parteiführung zu den gesellschaftlichen Vorgängen schweigt.

Die Routinesitzung des Ministers für Staatssicherheit mit seinen Kollegen aus dem Ministerium für Verteidigung und dem Ministerium des Innern ist mir angesichts dieser Situation fast unwichtig. Ich lese während dieser Zeit noch einmal den Entwurf der Erklärung für das Politbüro. Es handelt sich um die überarbeitete Fassung des Papiers, das ich auf meinem Rückflug von Peking in der Nacht zum 2. Oktober im Flugzeug mit meinen Mitarbeitern entworfen habe. Ich schiebe es meinem Sitzungsnachbarn Schabowski zu.

Er liest. Als er fertig ist, flüstert er vor sich hin: „Bemerkenswert. Wenn du willst, kann ich daran noch einiges inhaltlich und stilistisch machen." Ich bitte ihn darum.

Als Mielke die Beratung schließen will, unterbreche ich ihn: „Ich habe eine Erklärung ausgearbeitet. Ich werde dem Generalsekretär vorschlagen, daß sie am Dienstag im Politbüro behandelt wird und möchte mich mit euch darüber konsultieren. Wer dabei sein will, kann bleiben."

Alle bleiben. Als ich die sechs Seiten verlesen habe, spenden sie Beifall.

Ich bekräftige die Erklärung mit den Worten: „Mit Gewalt ist nichts zu machen." Die Anwesenden stimmen zu. Das ist für mich ein wichtiger Moment. Ich bin mir mit den leitenden Generälen einig, daß anstehende Konflikte nur politisch gelöst werden. Von diesem Moment an wird es keine gewaltsamen Auseinandersetzungen mehr geben. Rudi Mittig informiert sofort die Chefs der Bezirksverwaltungen des Ministeriums für Staatssicherheit, daß sich die Sicherheitskräfte bei politischen Demonstrationen zurückhalten. Gewalt könne es nur dort geben, wo die Sicherheitskräfte angegriffen werden.

Herger und ich wissen, daß wir unsere Kompetenzen überschritten haben. Wir sind weder befugte Befehlsgeber noch haben wir eine Weisung des Generalsekretärs. Zusammen mit Erich Mielke gehe ich kurz vor 11.00 Uhr in sein Arbeitszimmer. Über WTsch* rufe ich Honecker an. Ich erreiche ihn in seiner Wohnung.

„Erich", sage ich, „ich schlage dir vor, sofort ein Fernschreiben an die Bezirksleitungen zu schicken. Die Partei muß mobilisiert werden."

Honecker fragt: „Was soll da drin stehen?"

Ich lese ihm den von Herger ausgearbeiteten Entwurf vor. Honecker ist einverstanden. Er hat aber einige Abänderungen. Er fügt neben dem Wort „Demonstrationen" das der „Krawalle" hinzu. Meinen Einwand, Krawalle seien etwas anderes als Demonstrationen, läßt er nicht gelten. Ich fürchte, daß nun politische Demonstrationen pauschal als Krawalle eingestuft werden könnten. Honecker will das Gespräch beenden.

Ich sage ihm noch: „Ich habe eine Beschlußvorlage für die Sitzung des Politbüros am Dienstag ausgearbeitet. Da es um Grundfra-

---

* WTsch ist die Abkürzung für ein sowjetisches Telefonsystem. Es ist eine interne Fernsprechanlage für geheime Regierungsverbindungen. Sie ermöglicht auch den direkten und geheimen Kontakt zwischen den Führungen der sozialistischen Länder. In der DDR hat ein enger Kreis von Mitgliedern der Partei- und Staatsführung einen WTsch-Apparat.

gen unserer Politik geht, möchte ich, daß du sie vorher liest und auf die Tagesordnung setzt."

Kurz angebunden erwidert er: „Schick sie mir her."

Ich fahre ins Zentralkomitee. Sonntagsstimmung, nur wenige Abteilungen sind besetzt. Ich bitte meinen Sicherheitsoffizier, sofort nach Wandlitz zu fahren, um dem Generalsekretär den Entwurf der Erklärung zu übergeben. Das dauert ca. 50 Minuten. Mein Sicherheitsoffizier ist noch nicht einmal zurück, da ruft Honecker mich schon an. Grob sagt er: „Deine Erklärung ist Unsinn. Sie ist eine Korrektur unserer bewährten Politik. Du greifst mich auch persönlich an. Von dir hätte ich das am allerwenigsten erwartet. Ich setze das Ding nicht auf die Tagesordnung."

Ich entgegne: „Erich, ich trete nicht gegen dich auf. Es geht mir um unsere Sache."

Er darauf: „Was du vorlegst, ist eine Kapitulationserklärung. Die kommt auf keinen Fall auf die Tagesordnung." Ohne mich noch einmal zu Wort kommen zu lassen, sagt er barsch: „Komm morgen früh zu mir."

Ich lege den Hörer auf. Ich bin desillusioniert, will jedoch nicht kapitulieren. Die so notwendige Aussprache im Politbüro muß stattfinden. Bis vor wenigen Minuten hoffte ich noch, Honecker dafür gewinnen zu können. Jetzt hat er von sich aus den Bruch zwischen uns vollzogen. Mir fällt eine Regel ein, die ich vor Jahren in einer Pädagogikvorlesung gehört hatte: „Was man von einem Menschen wissen will, erfährt man erst dann, wenn man ihm widerspricht." Jetzt sind für mich die Fronten klar. Mein Rückzug wäre zwar noch möglich. Aber zu welchem Preis? Wir haben keine Zeit mehr zu verlieren.

Ich rufe Lorenz in Karl-Marx-Stadt an, berichte ihm, daß Honekker unsere Erklärung ablehnt. Er ermuntert mich, nicht nachzugeben. Ich gehe zu Schabowski, der inzwischen auch in seinem Büro ist. Ich berichte ihm von meinem Telefongespräch mit Honecker. Wir reden das erste Mal wirklich unverblümt miteinander. Schabowski, Herger und ich prüfen dann den Entwurf der Erklärung noch einmal Wort für Wort. Wir können keine Kapitulationsabsichten erkennen. Angesichts der Situation im Land ist die Erklärung eher harmlos und unvollkommen. Wir sind uns einig: Mehr ist nicht erreichbar, wenn wir die Aussprache im Politbüro nicht ganz gefährden wollen. Wir gehen Namen für Namen der Genossen des Politbüros durch. Die Mehrzahl, so denken wir, wird sich der Aussprache über die Erklärung nicht verweigern. Aber wie verhalten sie sich, wenn sie auf den harten Widerstand Honeckers stoßen? Bisher war es noch immer so, daß an ihm niemand vorbeikam.

Ich rufe Stoph und Tisch an und informiere sie über die ablehnende Haltung des Generalsekretärs.

Sie machen mir Mut: „Keinen Rückzieher" ist auch ihre Meinung. Für mich sind die Würfel gefallen.

Ich werde dem Politbüro die Erklärung auch gegen den Willen Honeckers vorlegen. Ich diktiere das Deckblatt der Erklärung: „Ich empfehle, für die geplante Sitzung am Dienstag meinen beiliegenden Vorschlag in Betracht zu ziehen. Egon Krenz."*

Am Nachmittag lese ich die Post, die während meines Chinaaufenthalts liegengeblieben ist. Ich stoße auf einen Brief von Hans Modrow an Erich Honecker. Modrow war vom 25. bis 28. September zu Besuch bei der SPD in Baden-Württemberg. Mich interessiert sein Bericht aus einem bestimmten Grund: Horst Sindermann und ich hatten vor einigen Tagen aus der Zeitung erfahren, daß der von uns beiden vorbereitete Besuch einer Delegation der SPD-Fraktion des Deutschen Bundestages bei der Volkskammer von der DDR abgesagt worden war. Ich will nun aus erster Hand wissen, wie die SPD dies aufgenommen hat. Hans Modrow berichtet dem Generalsekretär: „Zur ersten Zusammenkunft der Delegation hatte sich Herr Eppler eingeladen, um mitzuteilen, daß die SPD mit dem SED-Besuch signalisiere, daß sie am Dialog festhalten wolle. Ich habe erwidert, daß nicht die SED ihre Politik geändert hat. Die Verantwortung für die Besuchabsage lag bei der SPD. Zum Dialog gehört die vereinbarte Kultur, mit der sich ein Wahlkampf auf Kosten der DDR nicht verträgt."**

Ich möchte detaillierter erfahren, was da los war. So rufe ich Modrow in Dresden an. Er erzählt mir, wie sich die Medien in der BRD auf ihn gestürzt und nicht korrekt berichtet hätten. Im Brief an Honecker sei enthalten, was er tatsächlich erlebt und erklärt habe. Mehr sei dazu nicht zu sagen. Ich nutze die Gelegenheit, um Hans Modrow ins Vertrauen zu ziehen. Ich informiere ihn, daß ich vorhabe, dem Politbüro gegen Honeckers Willen eine Erklärung zur politischen Situation in der DDR zuzuleiten. Ich nenne ihm einige Stichpunkte aus der Vorlage: Ausreise, Offenheit in den Medien, sozialistische Demokratie, Dialog mit allen politischen Kräften, Versorgung und Reisen. Modrow ist der einzige 1. Bezirkssekretär außerhalb des Politbüros, dem ich sage, was nach meiner Meinung am Dienstag im Politbüro beraten werden muß. Ich hoffe, er wird seine Mitarbeit anbie-

---

* Deckblatt für den Entwurf der von Egon Krenz eingereichten Erklärung für das Politbüro für die Sitzung des Politbüros am 10. Oktober 1989

** Brief von Hans Modrow an Erich Honecker vom 30. September 1989, in Stiftung Archiv der Parteien und Massenorganisationen der DDR im Bundesarchiv

ten. Wider Erwarten ist er wortkarg und zurückhaltend. Wolfgang Herger, der sich zu dieser Zeit in meinem Arbeitszimmer befindet, und ich sind von dieser Distanz überrascht. Mag sein, daß Modrow andere Vorstellungen hat, jedenfalls teilt er sie mir nicht mit.

Einige Mitglieder des Zentralkomitees aus dem Jugendbereich sind aktiv geworden. Hartmut König* und Jochen Willerding** fordern in einem gemeinsamen Brief vom 6. Oktober an Honecker, innerhalb der nächsten zwei Wochen eine Tagung des Zentralkomitees einzuberufen. Eberhard Aurich, Wilfried Poßner*** und Gerd Schulz übergeben mir die Analyse der FDJ über die Stimmung der Jugend. Wir vereinbaren, daß sie das Dokument morgen an Honecker schicken. Eigentlich spürt jeder, der sich einen Sinn für die Realität erhalten hat, daß sofort gehandelt werden muß. Das verhängnisvolle Schweigen des Politbüros muß gebrochen werden. Viele Mitglieder des Zentralkomitees sind des Wartens auf ein Wort von uns Mitgliedern des Politbüros zur dramatischen Zuspitzung der innenpolitischen Konflikte und der daraus resultierenden bedrükkenden Ausreisewelle ganz einfach überdrüssig. Sie fühlen sich vom Politbüro im Stich gelassen, das seit einiger Zeit nicht mehr agiert und nicht einmal mehr reagiert. Wir stehen wie unter Hypnose. Die Forderung nach einer Tagung des Zentralkomitees und der Entwurf meiner Erklärung für das Politbüro ergänzen sich. Wollen wir die politische Initiative zurückgewinnen, ist im Plenum eine umfassende Aussprache über den weiteren Weg der SED notwendig.

Ich stimme mit Honecker durchaus überein: Wir können Gorbatschows Politik nicht kopieren. Dies um so mehr, da entscheidende Erfolge der Perestroika in der UdSSR ausbleiben. Der Satz „Wir wollen nicht kopieren, was in der Sowjetunion gemacht wird“, darf aber nicht als Keule gegen notwendige Veränderungen in der DDR dienen. Ein Land, das sich objektiv notwendigen Reformen widersetzt, hat keine Perspektive. Honecker hatte beschließen lassen, den XII. Parteitag von 1991 auf 1990 vorzuverlegen. Dahinter steckt nicht nur die Absicht, sich noch einmal für fünf weitere Jahre wählen zu lassen. Nach eigenen Worten will er damit verhindern, „daß wir auf den ganzen Quatsch des nächsten Parteitags der KPdSU Rücksicht nehmen müssen“.

---

* Hartmut König war einer der Mitbegründer der FDJ-Singebewegung, langjähriger Sekretär des FDJ-Zentralrates für internationale Verbindungen bzw. für Kultur. Seit dem XI. Parteitag war er Mitglied des Zentralkomitees. 1988 wurde er Stellvertreter des Ministers für Kultur der DDR.

** Hans-Joachim (Jochen) Willerding war Sekretär des Zentralrats der FDJ für internationale Verbindungen. Seit dem XI. Parteitag war er Kandidat des Zentralkomitees der SED.

*** Wilfried Poßner war seit 1986 Mitglied des ZK der SED, Vorsitzender der Pionierorganisation „Ernst Thälmann“, Abgeordneter der Volkskammer.

Ich habe lange Zeit keine Alternative zu der von Honecker vertretenen Politik gesehen.

Auch die Tatsache, daß wir in der sozialistischen Gemeinschaft das Land mit dem höchsten Lebensstandard sind, hat mir den Blick für Veränderungen vor der eigenen Haustür versperrt.

Unterschätzt habe ich auch die Generationsfrage. Ich war lange der Meinung, im Sozialismus gibt es keinen Generationskonflikt. Jetzt zeigt sich, daß auch in der DDR sowohl in den obersten Etagen wie auf der mittleren und unteren Ebene ein rechtzeitiger Generationswechsel versäumt wurde.

Ich bin 36 Jahre in der SED, habe Höhen und Tiefen in der Partei erlebt. Niemals zuvor jedoch habe ich eine so starke Stimmung von Parteimitgliedern aus den Grundorganisationen bis hin zum Zentralkomitee gegen das Politbüro empfunden wie in diesen Tagen. Wir dürfen nicht an Uneinsichtigkeit und an der Unfähigkeit scheitern, objektiv notwendige Kurskorrekturen vorzunehmen. Mit dieser Überlegung bereite ich mich auf das morgige Gespräch mit Erich Honecker vor.

9. Oktober

Als ich gegen 7.00 Uhr im Haus des Zentralkomitees eintreffe, bin ich in der Etage des Politbüros noch allein. Ich sehe die Tagespresse durch. Die FDJ-Zeitung Junge Welt fällt aus dem Rahmen: Kein Bild von Honecker auf Seite eins. Dafür ein Foto mit nachdenklichen jungen Leuten und der Schlagzeile: „Der Zukunft zugewandt". Das paßt für mein bevorstehendes Gespräch mit Honecker. Und noch mehr: Die Zeitung veröffentlicht einen offenen Brief von Hermann Kant, dem Präsidenten des DDR-Schriftstellerverbandes. Die letzten Zeilen dieses Briefs bringen mich ins Grübeln: „Vor vielen Wochen habt auch Ihr ... eine Umfrage gemacht. In einem Satz sollte man sagen, was man als das Beste an der DDR empfinde. Ich weiß meine Antwort auf Eure Frage nach dem Besten der DDR noch genau, zumal ich sie in einem nicht sehr korrekten, dafür aber kaum verkürzbaren Satz geliefert habe. – ‚Daß es sie gibt', sagte ich. Fragt man mich jetzt nach dem Schlechtesten an ihr, müßte ich wohl sagen: Daß es sie so wie derzeit gibt."*

---

* Hermann Kant, Offener Brief an die Junge Welt, 9. Oktober 1989

Mir geht der Brief unter die Haut. Ich denke daran, daß einige meiner Kollegen im Politbüro Kant als „Nörgler“ betrachten. Sie mögen seinen produktiven Widerspruch nicht. Als ich 1986 vorgeschlagen hatte, ihn in das ZK zu wählen, war Mittag dagegen. Ich konnte meinen Vorschlag nur durchbringen, weil mit Gerhard Holtz-Baumert, Günter Görlich und Helmut Sakowski drei Schriftstellerkollegen dem ZK angehören. Schon aus diesem Grund wäre es ein Affront gegen den Präsidenten Kant gewesen, wenn er nicht auf die Kandidatenliste gesetzt worden wäre. Ich hätte in der Folgezeit eigentlich meinen Vorschlag bereuen müssen, weil von bundesdeutschen Medien und bestimmten Schriftstellerkollegen wegen seiner ZK-Zugehörigkeit verbreitet wurde, Kant vergesse am Tisch der Mächtigen die Interessen seiner Berufszunft. Das Gegenteil ist der Fall und bestätigt meinen damaligen Vorschlag. Kant setzt sich für Schriftsteller ein, auch wenn sie nicht dem Schriftstellerverband angehören. Er macht dies, ohne darüber viel zu reden. Er informiert über seine Interventionen bei Honecker oder Hager oder bei mir eben nicht wie andere zuerst Westmedien. Für die deutsche Literatur hat der Autor der „Aula“ mehr geleistet als die meisten seiner Kritiker. Sein Offener Brief löst bei einigen Genossen des Politbüros Unsicherheit aus. Diejenigen, die mich ansprechen, glauben, ich stünde dahinter, daß der Brief veröffentlicht wurde. Ich lasse sie in dem Glauben, obwohl die FDJ mich vorher nicht konsultiert hatte. Auf diese Weise kann ich dazu beitragen, daß die JUNGE WELT nicht in die Kritik Honeckers gerät.

Das Telefon klingelt. Ich nehme ab. Ruhig, beinahe behutsam fordert mich der Generalsekretär auf: „Egon, wenn du kannst, komm’ doch bitte ’rüber zu mir.“ Das ist ein anderer Ton als gestern am Telefon. Was hatte sich verändert? Hatte sich Honecker besonnen? Als ich in sein Arbeitszimmer eintrete, sitzt er hinter seinem Schreibtisch. Er läßt Kaffee bringen und bietet mir einen Stuhl vor seinem Schreibtisch an.

Er redet auf mich ein, meinen Entwurf für die Erklärung des Politbüros zurückzuziehen.

Ich antworte ihm: „Wenn ich das tue, verliere ich nicht nur meine Selbstachtung. Die Lage im Land erfordert schon lange politisches Handeln. Und dazu ist ein Standpunkt des Politbüros notwendig. Mein Entwurf mag unvollkommen sein, aber er ist ein Diskussionsangebot. Solange es keine besseren Vorschläge gibt, ziehe ich ihn nicht zurück.“

Honecker fühlt, daß ich mich nicht mehr umstimmen lasse.

Er ändert seine Taktik. Er wirft mir vor, die Einheit der Partei aufs Spiel zu setzen. Das werde schlimme Folgen haben.

Ich entgegne: „Nicht ich setze die Einheit der Partei aufs Spiel. Es ist unsere gegenwärtige Politik, die immer mehr Parteimitglieder veranlaßt, sich von uns zu trennen."

Honecker fühlt sich von mir im Stich gelassen. Er wirkt auf mich wie ein Vater, der gerade von seinem Sohn verlassen wurde, und der ihn deshalb enterbt. Meinen Argumenten setzt er entgegen: „Du wirst verstehen, bei diesem Verhalten werde ich dich nicht weiter fördern. Wenn früher oder später Kaderentscheidungen im Zentralkomitee anstehen, werde ich dich nicht mehr für eine verantwortliche Funktion vorschlagen. Außerdem merke dir, Genosse Krenz", sagt mein langjähriger politischer Mentor, „ich habe in der Parteiführung viele komplizierte Zeiten erlebt. Ich hätte mir niemals erlaubt, so gegen Wilhelm Pieck oder Walter Ulbricht aufzutreten, wie du dies gegen mich tust."

Natürlich habe ich vermerkt, daß Honecker von der vertrauten Anrede „Egon" auf das offizielle „Genosse Krenz" übergegangen ist. Es tut mir leid, daß er in dieser für die DDR so entscheidenden Zeit meine Initiative auf unser persönliches Verhältnis reduziert. Ich antworte, nun ebenfalls förmlich: „Genosse Generalsekretär, es geht mir um die DDR. Mein Verhältnis zu dir muß darunter nicht leiden."

„Tu doch, was du nicht lassen kannst. Ich bin gegen die Erklärung und setze sie nicht auf die Tagesordnung." Honecker steht auf und begleitet mich zur Tür seines Arbeitszimmers.

Ich versuche, meine Emotionen zu zügeln. Innerlich bin ich schokkiert. Ich gehe zum Leiter des Büros des Politbüros, Edwin Schwertner. Er ist verantwortlich für die Organisation der Arbeit des Politbüros und des Sekretariats.

„Hier", sage ich, „hast du den Entwurf einer Vorlage für das Politbüro, unterschrieben von mir. Genosse Honecker ist dagegen, daß sie behandelt wird. Ich bitte dich dennoch, die Vorlage allen Mitgliedern und Kandidaten des Politbüros zuzustellen."

Schwertner zeigt Zivilcourage. Obwohl Honecker sein unmittelbarer Vorgesetzter ist, läßt er die Vorlage verteilen. Jetzt muß das Politbüro entscheiden, ob und wie die Erklärung behandelt wird.

Als ich in mein Arbeitszimmer zurückkomme, sitzt Professor Friedrich, Direktor des Jugendforschungsinstituts der DDR, in meinem Vorzimmer. Er, der mir im Sommer vorausgesagt hatte, welch schwere Zeiten uns bevorstehen würden, ist an diesem Morgen direkt aus Leipzig gekommen. Ohne jede Grußformel kommt er mir aufgeregt entgegen und sagt mit zitternder Stimme: „Egon, heute abend darf in Leipzig kein Blut fließen."

Ich schaue ihn überrascht an. Was ist passiert? Mir ist nicht bekannt, daß in Leipzig die Montagsdemonstration mit Gewalt beendet werden soll. Wir hatten uns gestern mit allen Verantwortlichen für die bewaffneten Organe auf Gewaltfreiheit geeinigt.

Friedrich berichtet mir von den Ängsten in der Stadt. Polizei und Kampfgruppen seien in Bereitschaft. Es gebe allgemeine Furcht, heute könnte geschossen werden, um die Montagsdemonstrationen der Leipziger zu beenden.

Ich greife zum Hörer des Telefons der direkten Hausverbindung mit Herger. Ich sage ihm, was Friedrich mir gerade berichtet hat. Herger beruhigt mich. Alles werde so ablaufen, wie gestern besprochen. Die Sicherheitsorgane würden keine Gewalt anwenden, wenn nicht das Leben der Sicherheitskräfte in Gefahr sei. Er stehe ständig mit dem Innenminister in Verbindung und habe rechtzeitig zwei zusätzliche Mitarbeiter seiner Abteilung nach Leipzig geschickt. Sie würden an Ort und Stelle die Lage beobachten und sofort über die aktuellen Ereignisse berichten.

Nach dem Telefongespräch sage ich zu Friedrich: „Walter, sei beruhigt, es wird kein Blut fließen. Von Staats wegen sind alle Vorkehrungen getroffen, daß keine Gewalt angewendet wird. Du kennst mich. Du weißt, daß du dich auf mein Wort verlassen kannst."

Friedrich ist erleichtert. Ohne ein weiteres Wort zu sagen, schiebt er mir ein 18seitiges Schriftstück* zu, das er am Abend des 40. Jahrestages der DDR ausgearbeitet hatte.

Ich beginne in seiner Gegenwart zu lesen: „Ich wende mich aus einem Gefühl tiefer Sorge um Gegenwart und Zukunft unserer sozialistischen Gesellschaft an Dich ... eine realistische, richtige Lageeinschätzung scheint mir gegenwärtig von enormer Bedeutung für das weitere Wohl und Wehe unserer Gesellschaft zu sein. Sie hat (wohl wie noch nie seit 1953) eine wirklich schicksalsbestimmende Funktion erhalten. Wir neigen erfahrungsgemäß leicht dazu, unsere Wirklichkeit von Tribünen und Präsidiumstischen her einzuschätzen ... es ist heute gefährlich, festliche Stimmungen, Feiertagseindrücke als das Alltagsleben der Menschen zu interpretieren ... Die Kluft zwischen solchen festlichen Ereignissen und der Wirklichkeit ist riesengroß ... Die Feierlichkeiten in Berlin haben vermutlich etwa 90 Prozent der DDR-Bevölkerung nicht interessiert. Sie haben sich die Übertragungen im Fernsehen nicht oder nur ganz kurz (vor allem Gorbatschows wegen) angesehen. Die Rede des Genossen Honecker wurde selbst von engagierten Genossen als ‚nichtssagend', ‚enttäuschend', als ‚an den Problemen der Wirklich-

* Original im Archiv des Autors

keit vorbeigehend', als ,Rede eines gealterten Mannes' bezeichnet. Ich bezweifle nicht, daß die letzten Tage die Abneigung sehr vieler Menschen gegenüber unserer Politik und politischen Führern noch erhöht haben ... Wir haben mit unserer Sprachlosigkeit, Bagatellisierung der Probleme und der falschen, weil höchst einseitigen Ursachenerklärungen so elementare und unglaubliche Fehler gemacht, daß ich unsere Berichterstattung und Propaganda nur als ,systemschädigend' klassifizieren kann."*

Friedrich ist kein Panikmacher. Er steht politisch fest auf dem Boden der DDR. Er ist Parteimitglied. Ich nehme jeden seiner Sätze sehr ernst.

Nachdem ich, während er vor mir sitzt, Seite für Seite gelesen habe, sage ich: „Danke, Walter. Deine Ausarbeitung ist bei mir in den richtigen Händen. Ich werde deine Hinweise berücksichtigen."

„Ich will dir noch etwas sagen, was nur für deine Ohren bestimmt ist", antwortet er. Er zögert, schaut auf die Lampen an der Decke. Er fürchtet wohl, wir könnten abgehört werden.

Ich sage: „Mich hört niemand ab. Das ist unmöglich. Du kannst hier ohne Sorge alles sagen, was du auf dem Herzen hast."

Er bleibt mißtrauisch. Er schiebt mir lieber einige Zettel zu, die er bisher zurückgehalten hatte. Darauf steht: „Meiner Meinung nach sollte Genosse Honecker bald zurücktreten. Ich bin fest überzeugt, daß dies nicht nur 50 Prozent sondern etwa 90 Prozent aller Genossen begrüßen würden. Genosse Honecker hat sein früheres Prestige im Volk verloren."

Ich frage zurück: „Und wer soll es deiner Meinung nach machen?"

Er antwortet: „Du."

„Wir werden morgen im Politbüro eine inhaltliche Debatte führen. Ob sich daraus personelle Schlußfolgerungen ergeben, muß abgewartet werden. Das hängt nicht nur von mir ab. Auf jeden Fall kannst du allen in Leipzig sagen: Es wird unsererseits keine Gewalt geben! Wenn die Sicherheitskräfte nicht angegriffen werden, halten sie sich zurück. Das verspreche ich dir nochmals."

Walter Friedrich verläßt mich, in Gedanken vertieft. Er fährt auf schnellstem Weg nach Leipzig zurück.

Ich telefoniere mit Rudi Mittig, sage ihm, was mir der Leipziger Professor gerade berichtet hat. Mittig entgegnet: „Mach dir keine Sorgen. Wir haben in Leipzig einen erfahrenen Chef der Bezirksverwaltung, General Hummitzsch. Er garantiert, daß unsererseits niemand Gewalt anwendet."

---

* Siehe Brief von Prof. Walter Friedrich an Egon Krenz vom 7. Oktober 1989

Herger und ich sitzen in meinem Arbeitszimmer und sprechen über die morgige Sitzung des Politbüros. Honecker empfängt zu dieser Zeit ausländische Staatsgäste. Meinen Sicherheitsoffizier bitte ich, sich in Sichtweite des Konferenzzimmers von Honecker aufzuhalten. Er soll mir sofort mitteilen, wenn die Gäste Honecker verlassen, denn ich muß ihn als erster über die Lage informieren. Honecker ist Generalsekretär der SED und Oberbefehlshaber unserer bewaffneten Kräfte. Niemand soll ihn falsch informieren können. Es muß einheitliches Handeln gewährleistet sein. Alles andere wäre in dieser Situation gefährlich. Zudem soll Honecker gleichzeitig noch einmal von mir erfahren, wie ich mich in Bezug auf die morgige Sitzung des Politbüros entschieden habe. Ich will nicht, daß er vor dem Politbüro sagen kann, ich hätte ihn mit der Einreichung der Vorlage hintergangen. Ich diktiere einen kurzen Brief an Honecker und teile ihm darin mit, daß ich noch einmal alle Argumente überdacht habe und in meinem Entwurf der Erklärung für das Politbüro kein Wort finden kann, das der Linie der Partei widerspricht.

In Leipzig verbreiten zur gleichen Zeit Gewandhauskapellmeister Kurt Masur, der Theologe Dr. Peter Zimmermann, der Kabarettist Bernd-Lutz Lange sowie die Sekretäre der SED-Bezirksleitung Dr. Kurt Meier, Jochen Pommert und Dr. Roland Wötzel folgenden Aufruf an die Teilnehmer der Demonstration: „Unsere gemeinsame Sorge und Verantwortung haben uns heute zusammengeführt. Wir sind von der Entwicklung in unserer Stadt betroffen und suchen nach einer Lösung. Wir alle brauchen freien Meinungsaustausch über die Weiterführung des Sozialismus in unserem Land. Deshalb versprechen die Genannten heute allen Bürgern, ihre ganze Kraft und Autorität einzusetzen, daß dieser Dialog nicht nur im Bezirk Leipzig, sondern auch mit unserer Regierung geführt wird. Wir bitten Sie dringend um Besonnenheit, damit der friedliche Dialog möglich wird."*

Der Aufruf wird ab 16.00 Uhr über den Stadtfunk verbreitet. In Leipzig versammeln sich etwa 70 000 bis 80 000 Menschen. Es finden Friedensgebete statt. In Berlin, Dresden, Halle und anderen Städten gibt es in den Kirchen ähnliche Veranstaltungen wie in Leipzig. Die Organisatoren haben untereinander Verbindung. Alle warten, was in Leipzig geschieht. Ein Funke kann einen Flächenbrand auslösen. Für Herger und mich erneut Anlaß, abwechselnd mit dem Minister des Innern, Dickel, und dem Minister für Staats-

---

* Aufruf im Archiv des Autors

sicherheit, Mielke, sowie mit Streletz, der den Verteidigungsminister vertritt, zu telefonieren. Sie sagen: Die Befehlslage ist eindeutig. Die Sicherheitsorgane greifen nicht ein, es sei denn, sie werden angegriffen. Gegen 21.00 Uhr kommt die Meldung: Die Demonstration löst sich auf, Wasserwerfer oder Schlagstöcke wurden nicht eingesetzt, es gab keine gewaltsamen Ausschreitungen, die Teilnehmer aus anderen Bezirken reisen mit Bussen oder der Bahn nach Hause.

Der 9. Oktober in Leipzig verläuft friedlich. Vieles hat dazu beigetragen: Der Aufruf der „Sechs“ und die Aufforderung der Kirche: „Laßt die Steine liegen!“, die Flugblätter des Neuen Forum und die Friedfertigkeit der Demonstranten. In entscheidendem Maße waren es die Volkspolizisten, die Mitarbeiter des Ministeriums für Staatssicherheit und die Soldaten der Nationalen Volksarmee der DDR. Die Befehle für die Gewaltlosigkeit wurden in Berlin gegeben. Hätte es tatsächlich einen „Schießbefehl“ gegeben, wäre der 9. Oktober anders verlaufen. Glücklicherweise hat die Gewaltlosigkeit viele Akteure: Demonstranten, SED-Mitglieder und Oppositionelle, neue politische Bewegungen und die Staatsmacht DDR.

Herger und ich atmen an diesem Abend tief durch. Die DDR ist vor einer gewaltsamen Auseinandersetzung bewahrt worden. Für den 9. Oktober 1989 bleibt als historischer Fakt festzuhalten: Der Staat hat das Machtmonopol. Er hatte die Macht, Gewaltmittel einzusetzen. Er hat es nicht getan.

Es ist spät geworden. Als ich gegen Mitternacht nach Hause fahre, gehen mir viele Gedanken durch den Kopf. War das heute der Beginn einer Konterrevolution, wie manche meinen? Ich sehe die Ereignisse in einem anderen Licht. Angesichts der massenhaften Unzufriedenheit der Bevölkerung muß zuerst nach den Ursachen gefragt werden. Auch die Tatsache, daß viele SED-Mitglieder aus Enttäuschung über die „alte Garde“ die Partei verlassen, spricht nicht für eine Gegenrevolution. Wo das Volk Veränderungen fordert und dafür auf die Straße geht, verbietet es sich für mich, ausschließlich dem politischen Gegner die Schuld zu geben. Das eigene Volk zum Feind? Das ist nicht meine Sicht auf die Dinge. Hier liegt wohl die eigentliche Differenz, die ich mit Erich Honecker habe. Manipulierbar sei das Volk, hatte er gesagt, als ich ihm Mitte August einen Bericht über die Stimmung der Bevölkerung übergab. Mag sein, die politischen Erfahrungen haben Honecker gelehrt, daß sich Teile des Volkes von Demagogen verführen lassen. Doch in diesem Augenblick ist mir die Frage viel wichtiger, wie es gelingt, die Bürger auf unsere Seite zurückzuholen. Wir sind doch davon überzeugt, das bessere Deutschland zu sein. Ich denke an eine Parallele aus dem Jahr 1953. Damals hatte der Dichter Kuba nach dem 17. Juni auf ein Flugblatt geschrieben, daß das Volk durch sein Verhalten das Vertrauen der Regierung verscherzt habe. Brecht antwortete darauf: „Wäre es da nicht doch einfacher, die Regierung löst das Volk auf und wählt ein anderes?"

Einer meiner Mitarbeiter hat mir heute eine 200 Jahre alte Anekdote erzählt. Der Kammerherr Ludwigs XVI. eilte nach dem Sturm auf die Bastille nach Versailles, um seinem Herrscher von den Ereignissen in Paris zu berichten. Auf die Frage des Königs, ob das nicht eine schreckliche Revolte sei, antwortete der Kammerherr: „Nein Sire, das ist eine Revolution." Offensichtlich sollte mich dieser Hinweis auf die Französische Revolution anregen, die Volksbewegung gegen unsere Politik als Revolution zu definieren.

Als solche vermag ich die Ereignisse nicht zu erkennen. Es stimmt: Wir sind nicht mehr in der Lage, die Macht in der früheren Weise auszuüben, das Volk seinerseits ist nicht mehr bereit, wie früher zu leben. Das ist nach Lenin ein Kriterium einer revolutionären Situation. Doch eine Revolution gegen den Sozialismus in der DDR? Nein, das scheint mir unvorstellbar. Ich fühle wohl, daß hier ein Tanz auf dem Vulkan stattfindet, sehe auch die Notwendigkeit, die DDR an Haupt und Gliedern zu reformieren, aber Reformen, die den Sozialismus demontieren sollen, gehören nicht zu meinen Überlegungen. Ich habe mir die Auffassung Gorbatschows von der Perestroika als „Revolution in der Revolution" zu eigen gemacht. Sie gibt unseren Reformbestrebungen eine sozialistische Perspektive, sie muß mehr Freiheit in die Politik und mehr Effektivität in die Wirtschaft bringen. Was Generationen in Jahrzehnten hart erarbeitet haben, dürfen wir nicht aufs Spiel setzen.

10. und 11. Oktober

Am 10. Oktober um 10.00 Uhr beginnt die erste Sitzung des Politbüros nach dem 40. Jahrestag der DDR. Die Atmosphäre ist erwartungsvoll bis gereizt. Nachdem ich mich gestern entschlossen habe, meine Vorlage auch ohne Zustimmung Honeckers einzureichen, fühle ich mich befreiter.

Dennoch bin ich angespannt. Es geht ja nicht um eine gewöhnliche Erklärung des Politbüros. Es ist die schicksalsschwere Entscheidung zu treffen, ob sich die Parteiführung mit offenen und ehrlichen Einschätzungen an die Partei und das Volk wendet, um die Ursachen der Krise aufzudecken und den Ausweg aufzuzeigen. Es geht um die Frage: Handelt es sich um eine Konterrevolution oder um eine Volksbewegung, die wir auf den Straßen der Republik erleben?

Von der Antwort auf diese Frage hängt viel ab, wie die Partei, die Staatsmacht und ihre bewaffneten Organe reagieren.

Noch ist nicht entschieden, ob mein Vorschlag erörtert oder gar beschlossen wird. Wird die Erklärung angenommen, ist sie ein erstes Signal an die Basis, daß die Parteiführung über Veränderungen nachdenkt. Wird sie abgelehnt, bleiben wir weiterhin „sprachlos". Die Lage wird sich zuspitzen. In Honeckers Augen bin ich dann der „Abweichler", der „Kapitulant, der vor dem Gegner in die Knie geht". Wird ein Kompromiß erzielt, gibt es künftig zwei Linien, jedenfalls so lange Honecker Generalsekretär ist. Dabei ist die Erklärung, gemessen an der Situation, nicht konsequent genug. Dennoch: In ihr werden die unseligen Worte Honeckers von den DDR-Bürgern, denen „keine Träne nachzuweinen" sei, zurückgenommen. Dafür wird festgestellt: „Der Sozialismus braucht jeden. Er hat Platz und Perspektive für alle ... gerade deshalb läßt es uns nicht gleichgültig, wenn sich Menschen, die hier arbeiten und leben, von unserer Deutschen Demokratischen Republik losgesagt haben ... Die Ursachen für ihren Schritt mögen vielfältig sein. Wir müssen und werden sie auch bei uns suchen." Darüber hinaus werden, und man konnte dies nur als Kritik an den bestehenden Zuständen auffassen, die Zielpunkte einer effizienten Politik in der Gesellschaft umrissen: Erhöhung der wirtschaftlichen Leistungsfähigkeit und ihres Nutzens für jeden einzelnen entsprechend seinen Leistungen, demokratisches Miteinander und engagierte Mitarbeit, gute Warenangebote und leistungsgerechte Bezahlung, lebensverbundene Medien, Reisemöglichkeiten und gesunde Umwelt. Über alle Fragen sollte ein breiter politischer Dialog mit allen gesellschaftlichen Kräften geführt werden*. Diese Programmpunkte deuten die Richtung notwendiger Kurskorrekturen an.

Für jede politische Entscheidung braucht es Mehrheiten. Ob ich sie am Ende der Sitzung haben werde, läßt sich nicht voraussagen.

Als Honecker die Sitzung eröffnet, rechne ich damit, daß er zuerst die Leipziger Demonstration zur Sprache bringt. Gestern abend

---

* Siehe Erklärung des Politbüros vom 11. Oktober 1989, Neues Deutschland vom 12. Oktober 1989

hatte ich ihn noch telefonisch über alle Details informiert. Als ich ihm von dem Appell der „Sechs“ berichtete, zu dessen Initiatoren drei SED-Bezirkssekretäre gehören, bemerkte er nur: „Nun sitzen die Kapitulanten schon in der Bezirksleitung.“

Honecker behandelt Leipzig zunächst so, als wäre da nichts gewesen. Er beginnt auch nicht mit der Diskussion der von mir eingereichten Vorlage. Er erklärt zunächst seine Sicht auf die Situation: Es gebe verstärkte Angriffe des Gegners. Dessen Programm sei in der WELT AM SONNTAG vom 8. Oktober abgedruckt. Die Hauptpunkte vertrete auch das Neue Forum. Ungeachtet dessen habe er in seiner Festrede zum 40. Jahrestag die große Initiative zur Vorbereitung des XII. Parteitages der SED gewürdigt. Diese Rede bilde die Plattform für die weitere Arbeit der Partei und des Staates.

„Die Mehrheit der Partei und der Arbeiterklasse steht hinter unserer Politik, die richtig war und richtig ist“, sagt Honecker. Es sei das Verdienst der SED, rechtzeitig eine Gesellschaftskonzeption ausgearbeitet zu haben. Die neue Lage sei ernst. Die Entwicklung in der Sowjetunion, in Polen und Ungarn habe sich bei uns ausgewirkt. Hinzugekommen seien die Aktivitäten der evangelischen Kirche und ihr Übergang zu offenen Aktionen in Dresden, Leipzig und Berlin. „Wie jetzt reagieren?“ fragt Honecker. Er gibt die Antwort: „Die auf Initiative von Egon Krenz eingereichte Erklärung findet nicht meine Unterstützung. Ich habe Egon Krenz von der Einreichung der Vorlage abgeraten. Dennoch hat er sie vorgelegt. Nach dieser Erklärung führt der Gegner den zweiten Stoß gegen uns. Selbstkritik hilft jetzt nicht. Entscheidend ist die Darlegung der Perspektive.“ Honecker bleibt dabei, daß durch das „Europapicknick“* eine regelrechte Psychose geschürt worden sei. „Wir haben uns auf Ungarn verlassen. Vor Verrat ist niemand gefeit. Selbst, wenn man die vorliegende Erklärung von Egon Krenz verbessert, erreichen wir keine Klarheit.“

Honecker schlägt vor, Beratungen mit den 1. Bezirkssekretären und den Vorsitzenden der Blockparteien durchzuführen. Doch worüber? Im November soll die 9. Tagung des ZK stattfinden. Er werde das Referat zur Vorbereitung des XII. Parteitages halten. Er fordert, jeder Bürger müsse einen Reisepaß erhalten und einen Antrag auf ein Visum stellen können.**

---

* Am 19. August 1989 fand an der ungarisch-österreichischen Grenze eine gemeinsame ungarisch-österreichische Veranstaltung unter dem Namen „Pan-Europäisches Frühstück“ statt. Anläßlich dieses Ereignisses öffnete Ungarn die Grenze für den Übertritt von DDR-Bürgern nach Österreich.

** Die Darlegungen Honeckers sind nach Notizen wiedergegeben, die der Autor und Siegfried Lorenz von dieser Tagung des Politbüros angefertigt haben.

Ich bin erschrocken und stelle fest: Honecker lebt weiter in einer anderen Welt. Seine Rede vom 6. Oktober soll die Plattform unserer künftigen Arbeit sein? Die Reisefrage will er durch Pässe regeln, die keine Garantie geben, daß die Bürger auch reisen können. Eine kritische Analyse unserer eigenen Arbeit will er nicht. Er hält an der Devise fest, die seit Jahrzehnten gilt: „Keine Fehlerdiskussion.“ Schuld an unserer Lage seien nur die anderen: Gorbatschow, die Polen, die Ungarn und die BRD. Ein sofortiges ZK-Plenum lehnt er ab. Er will bis November warten. Meine Erklärung stellt er in die Nähe einer Ermunterung für den Feind. Jetzt bleibt niemandem mehr verborgen: die Widersprüche zwischen dem Generalsekretär und denen, die meine Erklärung unterstützen, sind unüberbrückbar.

Die Reaktion auf Honeckers Einleitung ist widersprüchlich.

Aber schon der erste Redner, Kurt Hager, widerspricht der Linie des Generalsekretärs. Sofort müsse eine ZK-Tagung einberufen werden. „Wir müssen die Frage beantworten, warum uns Zehntausende verlassen“, sagt er.

Stoph spricht sich für die Erklärung aus. „Zwischen den Alltagserfahrungen der Menschen und unseren Medien besteht ein großer Widerspruch“, stellt er fest. Die Verschuldung der DDR sei nicht mehr zu ertragen. Dringend sei, so der Ministerpräsident, eine außerordentliche ZK-Tagung einzuberufen, danach eine Zusammenkunft mit der SED-Fraktion der Volkskammer durchzuführen und dann eine offene Diskussion in der Volkskammer zu führen.

Honecker gibt mir das Wort. Ich verteidige die Erklärung als Anfang eines umfassenden Programms. Ich fordere den politischen Dialog von oben bis unten. Nicht der Einsatz der bewaffneten Kräfte, sondern der Einsatz der Partei zur Zurückgewinnung von Vertrauen ist dringend notwendig. Der Großangriff des Gegners aus der BRD darf uns nicht den Blick dafür nehmen, daß viele Probleme bei uns und durch unsere Schuld entstanden sind. Dem Zentralkomitee muß als nächster Schritt ein Positionspapier der Partei vorgelegt und öffentlich diskutiert werden. Die Medien müssen pro und kontra veröffentlichen.

An dieser Stelle unterbricht mich Honecker. So, als würde ich eine feindliche Gruppierung anführen, fordert er mich auf: „Sage offen, was du willst. Mich interessiert, wer steckt hinter der Vorlage der FDJ?“ Honecker geht zum Angriff über.

Der Zentralrat der FDJ hatte ihm gestern eine Einschätzung der politischen Lage unter der Jugend geschickt. Obwohl zu diesem Zeitpunkt niemand im Politbüro außer Honecker und mir die Vorlage des Zentralrats der FDJ kennt, nutzt Honecker die Analyse der FDJ zur Polemik gegen mich. Er zitiert aus der Vorlage: „Es gibt unter der Jugend einen rapiden Vertrauensverlust zur Partei- und Staatsführung, zu ihren Entscheidungen und zu den Massenmedien ..." Die Feiern zum 40. Jahrestag hätten die Zweifel verstärkt, ob die Sorgen der Jugend von der Führung ernst genommen würden. Und dann der Satz: „Es werden Änderungen in der Politik und der sie in Partei und Regierung repräsentierenden Personen erwartet." Weiter wird beklagt, daß Mitglieder der Parteiführung „zu alt und nicht dynamisch genug sind". Die Entscheidungen der Führung seien undurchschaubar. Es gebe „ein geschöntes Bild der Realität"*.

Niemand hatte bisher gewagt, so etwas dem Politbüro vorzulegen.

Honeckers Frage, wer dahinter steckt, ist ein direkter Angriff gegen mich. Ich bin im Politbüro für die Anleitung der FDJ zuständig. Verbittert sagt er: „Es ist das erste Mal in der Geschichte der DDR, daß die FDJ-Führung die Politik der Partei und ihrer Führung angreift."

Günter Mittag ruft dazwischen, das Verhalten der FDJ sei kapitulantenhaft. Ein anderer wirft ein: So ein Kapitulantentum sei ihm nur am 17. Juni 1953 begegnet.

Es scheint Honecker zu gelingen, von meiner Erklärung zur vorsichtigen Kurskorrektur abzulenken. Er richtet sein Feuer auf den Zentralrat der FDJ. Um dies abzuwenden und wieder über die gesellschaftliche Gesamtsituation zu sprechen, ziehe ich die FDJ-Vorlage mit der Begründung zurück, über die Jugendpolitik müsse man extra reden. Damit hat Honecker nicht gerechnet. Er muß wieder zur Aussprache über die Erklärung übergehen.

Er gibt Axen das Wort. Axen, einer der intelligentesten und erfahrensten in der Parteiführung, unterstützt die Linie Honeckers. Er fragt, warum hat die FDJ den Feind nicht besser mit Witz und Schärfe attackiert, statt die Gorbi-, Gorbi-Rufe beim Fackelzug zu dulden. Ich fürchte, die Diskussion nimmt eine ungünstige Wendung. Doch die meisten sprechen für eine Erklärung.

Alfred Neumann nimmt das Wort. Er beginnt: „Wer Fehler macht, muß draufzahlen. Die heutige Diskussion weicht von einer jahrzehntelangen Praxis ab." Er meint damit, daß im Politbüro die tatsächlichen Fragen der Gesellschaft nur ungenügend diskutiert wurden. Zuspitzungen waren in der Geschichte der DDR keine Seltenheit. „Auf die gegenwärtige Situation ist die Partei nicht vorbereitet. Dafür tragen wir alle die Verantwortung. Trotz Siegesmeldungen in den Medien und in den Reden von Mittag", meint Neumann, „liegt

* Siehe Vorlage für das Politbüros „Einschätzung der politischen Lage unter der Jugend ...", im Archiv des Autors

unser Schwachpunkt in der Ökonomie." Neumann wird noch deutlicher: „Genosse Mittag sagt dem Politbüro nicht die Wahrheit. Die Schulden sind hoch, das Produktionsniveau ist niedrig. Ich schlage vor, Günter Mittag von seiner Funktion abzuberufen. Er hat in Abwesenheit von Erich Honecker die Hauptverantwortung für die Führungslosigkeit getragen."

Tisch schildert, daß viele Arbeiter aus der Gewerkschaft austreten. Man könne die kritische Grundstimmung nicht nur den Intellektuellen anlasten, wie Honecker glaubt. Auch unter den Arbeitern gibt es große Unzufriedenheit. Die Erklärung sei überfällig.

Ich blicke bei jedem Diskussionsbeitrag auf Honecker. Er spürt zum ersten Mal scharfen Gegenwind im Politbüro. Als seine physische Kraft erschöpft ist, schlägt er gegen 18.00 Uhr vor, die Sitzung am Mittwoch fortzusetzen. Er ist inzwischen offensichtlich überzeugt, daß die Erklärung nicht zu verhindern ist. Er will sie dennoch abschwächen. Zeit dafür zu gewinnen, ist seine Absicht. Er schlägt vor, eine Redaktionsgruppe zu bilden, die den Entwurf nach seinen Vorstellungen umarbeitet. Mittag, Herrmann und ich sollen dies bis morgen früh machen. Honeckers Absicht ist leicht zu durchschauen: Er will mich einbinden. Seine Vertrauten sollen sich mit mir einigen. Ich schlage vor, auch Schabowski in diese Gruppe aufzunehmen.

Wir machen uns gegen 18.15 Uhr im Dienstzimmer von Joachim Herrmann an die Arbeit.

Mittag zieht ein vorbereitetes Papier aus der Tasche. Es ist die Kurzfassung der Rede Honeckers zum 40. Jahrestag der DDR, die nun zur Erklärung umgearbeitet werden soll. Mittag und Herrmann ahnen wohl, daß wir uns darauf nicht einigen können. Sie kämpfen nicht mehr für Honeckers Rede. Gleichwohl sind sie bemüht, mein Projekt abzuschwächen. Bei einigen Formulierungen gelingt es. Es läuft alles auf einen Kompromiß hinaus. Niemand kann absehen, wie die Sitzung des Politbüros am Mittwoch weitergeht. Was wird Honecker tun, wenn er erfährt, daß seine Vorgaben nicht eingehalten wurden?

Nach der redaktionellen Bearbeitung wird die Erklärung am Mittwoch im Politbüro weiter diskutiert. Als erster spricht Mielke. Die Stimmung im Land sei extrem schlecht, resümiert er, auch in den Betrieben. Besonders unter der wissenschaftlich-technischen Intelligenz gewinne das Neue Forum Einfluß. Der wichtigste Satz des Ministers für Staatssicherheit lautet: „Die Linie, keine Gewalt anzuwenden, ist richtig. Ich unterstütze sie."

Ich bin erleichtert. Dies ist die Position, die wir am 8. Oktober besprochen haben. Siegfried Lorenz macht deutlich, daß Honecker die Lage falsch beurteilt. „Die Ereignisse in der Sowjetunion, in Polen und Ungarn bewegen die Leute zwar; aber noch mehr berührt sie der Alltag in unserem Land. Mit unseren Medien reizen wir dauernd die Volksseele. Der Vorwurf, die Situation der DDR wird zu rosig dargestellt, richtet sich mehr und mehr gegen uns als Führung."

Fast alle, die noch sprechen, sind für die Erklärung.

Mittag erwähnt die Erklärung mit keinem Wort. Er unterstreicht aber: „Es geht um die Macht. Die Einheit der Führung muß gesichert sein. Wir haben in den letzten Wochen als Kollektiv gewirkt." Ihm sei wichtig, daß die Massenabkäufe durch Ausländer in unseren Warenhäusern unterbunden werden. Er meint, die Abwanderung von DDR-Bürgern in den Westen hängt damit zusammen, daß die dortige Konjunkturlage es ermöglicht, zwei bis dreieinhalb Millionen Übersiedler aufnehmen zu können. Er tritt für ein Kampfprogramm in Vorbereitung des Parteitages ein. Wie dies aussehen soll, sagt er nicht.

Auch Herrmann führt die Lage in der DDR auf die Perestroika zurück. Die Absicht der FDJ sei klar. Ihre Vorlage paßt zu den Gorbi-Rufen. Die JUNGE WELT überschreitet die Grenzen unserer Medienpolitik. Der Abdruck des Kant-Artikels zeige dies deutlich.

Schürer bringt unsere ökonomische Lage auf die Formel: „Entweder erreichen wir 1990 einen Überschuß von zwei Milliarden Valutamark oder der Internationale Währungsfonds fällt seine Entscheidungen."

Honecker versucht, am Ende der Diskussion zu kitten, was nicht mehr zu kitten ist. Zu meiner Überraschung stellt er „Übereinstimmung" fest. Nur Alfred Neumann ist mit seiner Forderung, Günter Mittag abzusetzen, über das Ziel hinausgeschossen. „Ich bin für den politischen Kampf, doch für die Konterrevolution gibt es keinen Pardon", sagt er. Die Forderung, mit der Erfolgspropaganda aufzuhören, sei falsch. Er kann sich der Meinung nicht anschließen, oben wisse man nicht, was unten los ist. Er bleibt dabei, die ZK-Tagung findet erst im November statt.

Seit ich dem Politbüro angehöre, habe ich eine so scharfe Auseinandersetzung in diesem Gremium nicht erlebt. Auch ich fühle mich verantwortlich, daß diese Auseinandersetzung erst so spät stattfindet. Wir haben zwei Tage lang diskutiert. Doch, was war das Ergebnis? Ein Kompromißpapier, dem jeder entnehmen kann, was er will. Mittag schlägt vor, als letzten Satz der Erklärung einzufügen: „Unser Arbeitsplatz bleibt unser Kampfplatz für Sozialismus und Frieden."

So richtig dieser Satz ist, in dieser Situation ist er eine leere Worthülse, dazu aufreizend. Solche, die Wirklichkeit abwiegelnde Floskeln, hatten Herger, Schabowski und ich absichtlich vermieden. Nun stehen sie wieder in der Erklärung. So läuft uns die Entwicklung im Land davon. Die entscheidende Frage, wann Honecker abgesetzt wird, ist noch nicht gestellt worden.

Am Abend fahre ich zu Willi Stoph in die Wohnung. Ich stelle ihm die Frage: „Willi, ist es jetzt nicht an der Zeit, den nächsten Schritt zu gehen?“ Stoph fragt nicht einmal, was ich unter dem nächsten Schritt verstehe.

Er antwortet: „Für Erichs Absetzung brauchen wir eine Mehrheit. Wir müssen vorher mit allen sprechen. Sprich du mit den Sekretären des ZK, mit den 1. Sekretären der Bezirksleitungen, die dem Politbüro angehören, mit Harry Tisch und Erich Mückenberger. Ich spreche mit den anderen.“

Mit Lorenz, Schabowski und Herger vereinbare ich danach, wer mit welchem Genossen aus dem Politbüro bzw. aus dem Zentralkomitee spricht.

12. Oktober

Um 11.30 Uhr beginnt im Sitzungsraum des SED-Politbüros eine Beratung des Sekretariats mit den 1. Sekretären der SED-Bezirksleitungen. Was wird Honecker den wichtigsten Parteifunktionären aus den Bezirken sagen? Wie wird er sie über die Aussprache im Politbüro informieren? Wie wird er die Erklärung interpretieren? Was wird er ihnen zum Dialog mit den anderen politischen Kräften raten? Daran, wie er heute auftritt, müssen wir messen, ob er weiter seine eigene oder die Linie des Politbüros vertritt.

Nachdem Honecker zehn Minuten gesprochen hat, schaue ich peinlich berührt nach unten. Was er sagt, geht an dem vorbei, was die 1. Sekretäre erwarten. Er redet, als habe die Sitzung des Politbüros nicht stattgefunden. Was er sagt, entspricht weder dem Ernst der Situation, noch hat es einen inhaltlichen Zusammenhang. Die Erklärung des Politbüros erwähnt er nicht. Das einzige, was er von den beiden Sitzungstagen mitteilt ist, daß die 9. Tagung des Zentralkomitees erst am 15. November stattfinden soll. An dieser Stelle ist er – noch vor einer Woche wäre das undenkbar gewesen – mit erregten Zwischenrufen der Bezirkssekretäre konfrontiert: „Viel zu spät" oder „Plenum sofort einberufen". Er läßt sich jedoch nicht beirren. Er verkündet auch noch die lebensfremde Tagesordnung für das Plenum im November.

Gegen 13.00 Uhr beendet der Generalsekretär seine Ausführungen. Danach gibt es eine kurze Pause. Schabowski, Lorenz und ich tauschen uns kurz aus. Wir sind uns einig: Ein solcher Auftritt Honeckers darf sich nie wiederholen.

In der Pause gehe ich zu Günther Jahn. Wir kennen uns seit knapp 20 Jahren, haben Vertrauen zueinander. Er war von 1967 bis 1974 mein Amtsvorgänger als 1. Sekretär des Zentralrats der FDJ. Jahn, der seine Reden oft mit Witz und Humor würzt, ist ein vielseitig gebildeter und erfahrener Mann.

„Günther", sage ich, „sprich Klartext. So kann es nicht weitergehen."

„Klartext, Egon", antwortet Jahn, „heißt für mich sein ehrenhafter Rücktritt."

„So ist es", sage ich. Und schon sind wir wieder im Sitzungszimmer.

Honecker eröffnet die Aussprache. Als erster meldet sich Hans Modrow. Er sitzt am anderen Ende des großen Tischs, Honecker direkt gegenüber. Alle sind erwartungsvoll gespannt. Seit seiner Reise in die Bundesrepublik im September handeln ihn die westlichen Medien als „Hoffnungsträger". Er beginnt aus einem umfangreichen Manuskript vorzulesen.

Honecker sagt schon nach den ersten Sätzen: „Leg mal dein Manuskript beiseite."

Modrow läßt sich nicht irritieren und kontert: „Was ich hier zu sagen habe, das erfolgt im Auftrag unseres Sekretariats und der 1. Kreissekretäre." Entschlossen fährt er fort. Er attackiert den verfehlten Wirtschaftskurs und die innenpolitische Misere, spricht sich für einen breiten Dialog in der Gesellschaft aus. Er hält sich somit genau an jene Punkte, die in der Erklärung des Politbüros stehen. Da Honecker diese Erklärung völlig übergeht, wagt sich Modrow weit nach vorn, aber eben nicht weit genug. Über Honeckers Verantwortung und Führungsstil sagt er kein Wort.

Nach Modrow spricht Johannes Chemnitzer aus Neubrandenburg. Er war mit mir zusammen in China. Wir beide haben in China und auf dem Flug offen über die Lage in der Parteiführung gesprochen. Er greift die lebensfremde Politik des Politbüros an. Lautstark ruft er: „Genosse Honecker, es ist fünf Minuten vor zwölf!"

Dann spricht Günther Jahn. Ich bin mir sicher, er hält sich nicht zurück. Er erhebt sich von seinem Platz. Dann beginnt er: „Genosse Generalsekretär, ich stehe auf, um dir offen und ehrlich in die Augen zu schauen." Er fordert zuerst die kurzfristige Einberufung einer Tagung des Zentralkomitees. „Was wir jetzt brauchen", sagt er weiter, „ist eine Politik des vernünftigen Dialogs und der ausgestreckten Hand gegenüber den oppositionellen Kräften." Und dann seine entscheidende Aufforderung: „In den letzten Monaten sind die Führungsschwächen an der Spitze offenbar geworden. Deshalb fordere ich dich, Genosse Generalsekretär, auf, daraus auch die persönliche Kaderkonsequenz zu ziehen. Im Fall Walter Ulbrichts hat ja unser Zentralkomitee auch gezeigt, daß man dies in ehrenhafter Weise ohne Gesichtsverlust vollziehen kann."

Es ist still im Saal. Wohl jeder spürt die Tragweite dieses Moments. Wie werden sich jetzt die anderen 1. Sekretäre verhalten? Werden sie sich Jahns Vorschlag anschließen? Ich betrachte Honecker. Äußerlich zeigt er keine Regung. Was wird ihm durch den Kopf gehen? Erst vor drei Tagen die Auseinandersetzung mit mir. Dann die Forderung der FDJ nach inhaltlichen und personellen Änderungen im Politbüro. Später der ungewohnte Gegenwind im Politbüro, besonders auch durch Lorenz. Nun das Auftreten Jahns, der ebenfalls aus der Kaderreserve von Erich Honecker kommt. Ich nehme an, von ihm hat Honecker die Aufforderung zu seinem Rücktritt am allerwenigsten erwartet. Nun steht sie im Raum.

Doch keiner der 1. Sekretäre der Bezirksleitungen schließt sich der Forderung an. Jahn bleibt der einzige.

Als gegen Abend die Beratung abgeschlossen wird, bitte ich Modrow und Lorenz in mein Arbeitszimmer. Lorenz und mir liegt daran, Modrow auch in dieser Situation ins Vertrauen zu ziehen. Lorenz war einige Jahre Stellvertreter von Modrow in der FDJ-Bezirksleitung in Berlin. Ich hoffe, daß das Gespräch in seiner Anwesenheit offener als mit mir allein wird.

„Hans", sage ich, „die heutige Beratung gibt uns die Möglichkeit, am Dienstag die Absetzung Honeckers auf die Tagesordnung des Politbüros zu setzen."

Modrow überlegt. Er gibt zu bedenken, ob es nicht besser sei, mit der Absetzung Honeckers bis zur Sitzung des Zentralkomitees im November zu warten. Dort könne unter Leitung von Alfred Neumann eine Kaderkommission gebildet werden. Sie müsse dem Zentralkomitee Kadervorschläge unterbreiten.

„Zweifellos ein demokratischer Weg", antworte ich, „doch bis zur November-Tagung sind es noch fast fünf Wochen. Soviel Zeit haben wir nicht mehr. Du hast doch heute selbst gehört, daß die meisten 1. Sekretäre eine sofortige ZK-Tagung gefordert haben. Nein, bis November können wir nicht mehr warten", schlußfolgere ich.

Modrow schweigt. Er hat es eilig. Er fährt wieder zurück nach Dresden.

Das Gespräch mit ihm macht Lorenz und mich nachdenklich. Wir haben diese Zurückhaltung nicht erwartet.

Nach diesem Gespräch fahre ich ein zweites Mal zu Willi Stoph. Ich informiere ihn über die Beratung mit den 1. Bezirkssekretären. Wir werden uns einig: Die Absetzung Honeckers muß am 17. Oktober auf die Tagesordnung des Politbüros. Einen Tag später muß die Entscheidung im Zentralkomitee fallen. Ich schlage vor, daß eine Gruppe von Mitgliedern des Politbüros am Dienstag vor der Sitzung zu Honekker geht und ihn zum Rücktritt auffordert. Ich denke an Stoph, Hager, Lorenz, Tisch, Krolikowski, Schabowski und mich. Stoph ist von dieser Idee nicht angetan. Er will darüber nachdenken.

Ich fahre zurück in mein Büro. Dort ruft mich Honecker an. Er habe sich überlegt, daß an seiner morgigen Beratung mit den Vorsitzenden der befreundeten Parteien* nicht nur Günter Mittag und Joachim Herrmann teilnehmen sollen, sondern auch ich. Dies überrascht mich. Ich vermute, er will mich unbedingt einbinden, wenn er die Vorsitzenden der anderen Parteien zur Solidarität mit seiner Politik ermahnt.

Ich sage: „Erich, ich kann nicht teilnehmen. Ich muß unbedingt nach Leipzig fahren. Es müssen klare Entscheidungen getroffen werden, wie wir uns bei der Montagsdemonstration verhalten."

Honecker akzeptiert.

Inzwischen ist es fast 23.00 Uhr geworden. Ich greife zum Hörer des WTsch-Apparats und rufe Günther Jahn in Potsdam an. Er wird sich Gedanken machen, warum ihn seine Kollegen nicht unterstützt haben. Ich sage: „Günther, deinem Auftreten in der heutigen Beratung gehört mein Respekt. Es war eine hochanständige und notwendige Aufforderung an Erich. Jetzt müssen wir in Berlin handeln." Unser Gespräch vermittelt mir den Eindruck, ihm fällt ein Stein vom Herzen.

Er wiederholt: „Ich stehe zu meiner Position, Egon, auch vor dem Zentralkomitee."

---

* Zu den mit der SED befreundeten Parteien gehören die Christlich-Demokratische Union (CDU), die Demokratische Bauernpartei Deutschlands (DBD), die Liberal-Demokratische Partei Deutschlands (LDPD) und die National-Demokratische Partei Deutschlands (LDPD).

13. Oktober

Ich bin früher als sonst in mein Büro gekommen. Vor dem Abflug nach Leipzig will ich mich mit den vorliegenden Informationen vertraut machen. Die Sicherheitsorgane gehen davon aus, daß am Montag, dem 16. Oktober, mehr als 100 000 Demonstranten auf die Straßen der Messestadt gehen werden. Wir müssen sichern, daß es auf keinen Fall zu Zusammenstößen zwischen Demonstranten und der Polizei kommt. Ich erinnere mich des gehässigen Berichts der Ständigen Vertretung der BRD in der DDR*, in dem behauptet wird, ich sei entschlossen, „im Ernstfall alle staatlichen Machtmittel einzusetzen". In den Medien der BRD wird mir unterstellt, die Ereignisse vom Platz des Himmlischen Friedens vor der Tür von Auerbachs Keller wiederholen zu wollen. Solche Niederträchtigkeiten sollten Angst unter der Bevölkerung auslösen. Niemals habe ich eine militärische Lösung unserer Probleme in Betracht gezogen. Vergleiche mit dem Einsatz militärischer Gewalt am 17. Juni 1953 sind historisch unangebracht. Damals hatte die DDR noch nicht ihre staatliche Souveränität. Der 17. Juni ist Geschichte, die ich als Schüler in meiner Heimatstadt Ribnitz-Damgarten erlebt habe. Als Politiker gehöre ich einer neuen Generation von Partei- und Staatsfunktionären an. Mein Bild vom Sozialismus ist durch praktische Mitarbeit und erlebten Humanismus in der DDR geprägt. Gewalt gegen das eigene Volk hat darin keinen Platz.

Mein Dozent für deutsche Literatur am Institut für Lehrerbildung in Putbus/Rügen, Egon Schmidt, ein Kinderbuchautor, hat mir vor über 35 Jahren in eines seiner Bücher den Spruch von Heinrich Mann geschrieben: „Die Humanität ist streitbar von Beruf, was nicht hindert, daß Friedlichkeit ihr Wesen selbst ist." Hätte ich eine Minute Zweifel gehabt, wir könnten diese Friedlichkeit nicht aufrechterhalten, ich hätte meine politischen Ämter niedergelegt.

Während Honecker, Mittag und Herrmann mit den Parteivorsitzenden Götting (CDU), Maleuda (DBD), Gerlach (LDPD), Homann (NDPD) und dem Präsidenten des Nationalrats der Nationalen Front, Kolditz, über die Sicht des Generalsekretärs auf die entstandene Situation beraten, steige ich auf dem Flugplatz Berlin-Schönefeld in eine TU 154, die uns nach Leipzig bringt. Mich begleiten Wolfgang Herger sowie Generaloberst Streletz, Sekretär des Nationalen Verteidigungsrates und Stellvertreter des Ministers für Verteidigung, Gene-

* Im Archiv des Autors

raloberst Mittig, Stellvertreter des Ministers für Staatssicherheit, und Generaloberst Wagner, Stellvertreter des Ministers des Innern und Chef des Stabes der Deutschen Volkspolizei. Wir wollen mit der Einsatzleitung des Bezirks Leipzig, einem nachgeordneten Organ des Nationalen Verteidigungsrates der DDR, über die Sicherung des friedlichen Verlaufs der Montagsdemonstration am 16. Oktober beraten.

Auf dem Leipziger Flugplatz begrüßt uns General Hummitzsch, der Chef der Staatssicherheit des Bezirks. Er informiert, daß die Sicherheitsorgane seit dem 8. Oktober strikte Weisung haben, sich bei politischen Protestveranstaltungen zurückzuhalten. Gegen 13.00 Uhr gibt der amtierende 1. Sekretär der Bezirksleitung, Helmut Hackenberg, einen Bericht zur Lage in Leipzig. Er informiert, daß die Erklärung des Politbüros von vielen Bürgern aufmerksam aufgenommen wurde. Häufig wird auch gesagt, sie komme zu spät. Viele Parteimitglieder fordern eine sofortige Einberufung einer ZK-Tagung. Oft ist die Frage zu hören: Warum müssen erst so viele Menschen auf die Straße gehen, ehe sich das Politbüro rührt? Nach wie vor haben zahlreiche Bürger Angst vor gewalttätigen Auseinandersetzungen auf der Straße. Ein Herzchirurg hat einen Aufruf veröffentlicht: „Wer will Tote verantworten?“ Die Bezirksleitung der SED wird alles unternehmen, daß – falls die Demonstration wie geplant stattfindet – reagiert wird wie am 9. Oktober. Das heißt: keine Gewalt!

Wir bestätigen diesen Entschluß. Wir legen fest, polizeiliche Mittel nur dann einzusetzen, wenn Angriffe auf die Sicherheitskräfte erfolgen. Der Einsatz von Schußwaffen ist grundsätzlich untersagt.

Nachdem die Lagebesprechung vorüber ist, sage ich zu Helmut Hackenberg: „Was es immer noch an anderen Befehlen geben mag, welchen militärischen Rang oder Dienstgrad jemand auch haben mag, der dir einen Befehl geben will, es gilt, was wir besprochen haben.“ Ich wiederhole: „Selbst wenn einer einen anderen Befehl gibt.“

Mit dieser Weisung gehe ich über meine Befugnisse hinaus. Ich weiß es, meine Begleitung weiß es und die Leipziger Einsatzleitung weiß es auch. Notwendig ist ein offizieller Befehl des Vorsitzenden des Nationalen Verteidigungsrates. Mit dieser Überzeugung fliegen wir nach Berlin zurück.

Als wir in der Luft sind, sage ich: „Mit Erich Honecker wird es nicht weitergehen können. Das Politbüro wird darüber am Dienstag entscheiden müssen.“ Nun wissen es auch die Militärs.

Gegen 16.00 Uhr treffen Herger, Streletz und ich im Haus des ZK ein. In meinem Arbeitszimmer diktiert Fritz Streletz meiner Sekretärin den Befehl Nr. 9/89 des Vorsitzenden des Nationalen Verteidigungsrates. Streletz hat Blankobriefbögen des Vorsitzenden des Nationalen Verteidigungsrates dabei. Meine Sekretärin schreibt und schluckt. Sie begreift, was von der Unterzeichnung dieses Papiers abhängt. Als der Befehl vor mir liegt, lese ich noch einmal Wort für Wort. Dann rufe ich Honecker an. Ich bitte ihn, daß Streletz und ich zu ihm kommen können. Gegen 17.00 Uhr sitzen wir ihm gegenüber. Streletz berichtet militärisch exakt über die Lage in Leipzig. Erich Honecker hört ihm aufmerksam zu. Er macht sich Notizen. Der Generaloberst läßt keinen Zweifel, daß es sich nicht in erster Linie um eine militärische, sondern um eine politische Entscheidung handelt.

Erich Honecker schlägt vor, im Zentrum Leipzigs Absperrungen zu errichten. Es soll zu keiner Vereinigung der Teilnehmer der Gottesdienste aus vier Leipziger Kirchen kommen. Dazu sollen Einsatzkräfte und auch technische Mittel bereitgestellt werden. Er bittet, daß Streletz Karten von Leipzig zur Verfügung stellt. Er will sich selbst ein Bild von der taktischen Lage im Zentrum Leipzigs machen. Wozu das? Streletz und ich machen dem Generalsekretär klar, daß es keine Absperrmöglichkeiten geben kann, wenn wir nicht selbst die Konfrontation provozieren wollen. Nach längerer Diskussion unterschreibt Honecker den von uns vorbereiteten Befehl. Darin heißt es:

„Der aktive Einsatz polizeilicher Kräfte und Mittel erfolgt nur bei Gewaltanwendung der Demonstranten gegenüber den eingesetzten Sicherheitskräften bzw. bei Gewaltanwendung gegenüber Objekten auf Befehl des Vorsitzenden der Bezirkseinsatzleitung Leipzig. Der Einsatz der Schußwaffe im Zusammenhang mit möglichen Demonstrationen ist grundsätzlich verboten."*

Unmittelbar nach der Unterzeichnung des Befehls rufe ich gegen 18.00 Uhr über die Fernsprechanlage für geheime Regierungsverbindungen den Botschafter der UdSSR in der DDR, W. I. Kotschemassow, an. Ich hatte ihm gestern abend mitgeteilt, daß ich nach Leipzig fliegen werde, um vor Ort zu klären, daß es zu keiner Gewaltanwendung kommt. Jetzt sage ich ihm, teils auf deutsch, teils auf russisch: „Wjatscheslaw Iwanowitsch, gerade haben wir einen Befehl, unterschrieben von Erich Honecker, gegeben. Bei Demonstrationen ist jede Gewalt untersagt. Die Schußwaffe darf auf keinen

---

* Befehl Nr 9/89 des Vorsitzenden des Nationalen Verteidigungsrates vom 13. Oktober 1989, im Archiv des Autors

Fall angewendet werden. Genosse Streletz wird den Oberkommandierenden der Sowjetischen Streitkräfte der Westgruppe in Wünsdorf bitten, daß die sowjetischen Truppen in ihren Kasernen bleiben. Vor allem in solchen Städten wie Leipzig, Halle, Magdeburg, Berlin, wo in der Umgebung Herbstmanöver vorgesehen sind, könnte ein Verlassen der Kasernen falsch verstanden werden. Ich bitte Sie, unseren Vorschlag an Genossen Snetkow* zu unterstützen."

Der sowjetische Botschafter sagt seine Unterstützung zu.

Danach sage ich: „Am Dienstag wird Willi Stoph im Politbüro vorschlagen, Genossen Honecker von seinen Funktionen abzusetzen und mich zum Generalsekretär zu wählen."

Kotschemassow zeigt sich im Bilde. Stoph hatte ihn bereits informiert.

Ich rege noch an, Genossen Gorbatschow meine Bitte zu übermitteln, am Montag Harry Tisch in Moskau zu empfangen. Tisch fährt planmäßig mit einer Gewerkschaftsdelegation in die Sowjetunion. Er wird Gorbatschow über unsere Absichten informieren, Honecker abzulösen. Kotschemassow sagt zu, die Bitte zu übermitteln und mir die Entscheidung Gorbatschows mitzuteilen.

Dieser 13. Oktober ist von besonderer Bedeutung. Es ist gelungen, einen schriftlichen Befehl für alle Sicherheitsorgane zu erlassen, der Gewalt in den politischen Auseinandersetzungen ausschließt. Wichtig ist die Abstimmung mit den sowjetischen Militärs. Generaloberst Streletz hält ständig den operativen Kontakt zum Oberkommandierenden in Wünsdorf.

14. und 15. Oktober

Am 14. Oktober gegen 9.30 Uhr teilt mir Kotschemassow telefonisch mit, daß Gorbatschow bereit ist, am Montag Harry Tisch in Moskau zu empfangen. Ich bin froh, daß wir die beabsichtigten Veränderungen mit der sowjetischen Führung noch besprechen können. Es ist meine feste Überzeugung, daß uns nur der feste Schulterschluß mit der Sowjetunion ermöglichen wird, die politische Krise der DDR zu überwinden.

---

*Armeegeneral Snetkow, Oberkommandierender der Westgruppe der Sowjetischen Streitkräfte in Deutschland. Das Oberkommando befindet sich in Wünsdorf bei Berlin.

Noch im Frühjahr hatte Honecker allen Mitgliedern und Kandidaten des Politbüros einen in braunes Leder gebundenen Band mit geheimen Dokumenten aus der Zeit ab 1953 übergeben. Jeder war aufgefordert, diese Dokumente zu lesen und danach zurückzugeben. Sie sollten dann vernichtet werden. In diesem Band befindet sich auch ein Brief vom 21. Januar 1971 an Leonid Iljitsch Breshnew. Von den damals zwanzig Genossen des SED-Politbüros hatten dreizehn unterschrieben: Axen, Grüneberg, Hager, Honecker, Mittag, Sindermann, Stoph, Verner, Mückenberger, Warnke, Jarowinsky, Lamberz und Kleiber. In dem Schreiben baten sie den KPdSU-Chef, daß er „in den nächsten Tagen mit Genossen Walter Ulbricht ein Gespräch führt, in dessen Ergebnis Genosse Walter Ulbricht von sich aus das Zentralkomitee ... ersucht, ihn ... von der Funktion des Ersten Sekretärs ... zu entbinden."*

Einen solchen Weg will ich im Fall Honecker nicht gehen. Wir haben offen mit ihm im Politbüro die inhaltliche Auseinandersetzung geführt. Erst als er uneinsichtig blieb, haben sich Genossen zusammengefunden, die die Initiative zu seiner Absetzung ergreifen. Gorbatschow soll nicht für uns die Arbeit machen. Aber Bescheid wissen muß er.

Nachdem ich mit Kotschemassow telefoniert habe, treffe ich mich mit Harry Tisch in meiner Wohnung. Wir besprechen, was wir Gorbatschow mitteilen wollen. Ich diktiere in sein Arbeitsbuch:

„Wie Sie, lieber Michail Sergejewitsch, sich bei Ihrem Besuch in Berlin überzeugen konnten, befindet sich die DDR in einer tiefen politischen und moralischen Krise. Der Versuch der Mehrheit des Politbüros, Genossen Honecker in der Sitzung des Politbüros am 10. und 11. Oktober zur Kurskorrektur im Sinn der Erneuerung des Sozialismus zu gewinnen, ist gescheitert. Obwohl die Ihnen bekannte Erklärung des Politbüros noch halbherzig ist und der entstandenen Situation noch nicht voll Rechnung trägt, ist Genosse Honecker auf der Beratung mit den 1. Sekretären nicht bereit gewesen, die im Politbüro beschlossene Linie zu vertreten. Er setzt weiter nur auf Kontinuität statt auf Veränderung und Kontinuität. Wenn es nicht gelingt, schnell inhaltliche und personelle Änderungen vorzunehmen, besteht die Gefahr einer gewaltsamen Konfrontation mit Teilen der Bevölkerung. Der Flüchtlingsstrom in die Bundesrepublik

* Geheime Verschlußsache. An das Politbüro des Zentralkomitees der Kommunistischen Partei der Sowjetunion – An den Genossen Leonid Iljitsch Breshnew, Berlin, den 21. Januar 1971

wird in diesem Fall weiter zunehmen. In Übereinstimmung mit weiteren Genossen des Politbüros informiert Genosse Krenz Sie darüber, daß vorgesehen ist, daß Genosse W. Stoph auf der Sitzung des Politbüros am Dienstag, dem 17. Oktober, die Absetzung Erich Honeckers beantragen wird. Gleichzeitig wird er Genossen Krenz für die Funktion des Generalsekretärs vorschlagen. Wenn das Politbüro einverstanden ist, wird für Mittwoch, den 18. Oktober, eine Tagung des SED-Zentralkomitees einberufen. Es ist die Überzeugung des Genossen Krenz, daß eine so grundlegende Entscheidung nicht ohne Abstimmung mit dem ZK der KPdSU erfolgen kann. Er bittet Sie, lieber Michail Sergejewitsch, mein Hiersein nicht nur als Informationsübermittlung zu verstehen. Es geht vor allem darum, die Meinung der sowjetischen Führung zu erfahren. Sollte das SED-Zentralkomitee einen neuen Generalsekretär wählen, dann ist zunächst das wichtigste, den Schulterschluß zwischen der KPdSU und der SED, zwischen der UdSSR und der DDR zu erneuern, um die Politik der sozialistischen Umgestaltung, die wir als eine politische Wende bezeichnen wollen, konsequent durchzuführen."*

Am Abend treffen Harry Tisch, Günter Schabowski und ich uns in der Wohnung von Tisch. Wir besprechen den Ablauf der Sitzung des Politbüros am Dienstag. Willi Stoph hat mir inzwischen mitgeteilt, daß er gegen meinen Vorschlag ist, eine Gruppe, bestehend aus sieben Genossen des Politbüros, vor der Sitzung zu Honecker zu schicken, um ihn zum Rücktritt aufzufordern.

Stoph wendet ein: Wenn sieben aus dem Politbüro zu Honecker kommen und ihn zum Rücktritt auffordern, dann fragt er mit Sicherheit: „Wer hat euch dazu beauftragt?" Er hätte damit einen Vorwand, uns der Fraktionstätigkeit zu bezichtigen. Das, so Stoph, könne seine Absetzung erschweren. Es sei daher besser, wenn wir gleich zu Beginn der Sitzung des Politbüros den Antrag stellen, ihn von seiner Funktion abzuberufen. Stoph und ich vereinbaren, daß er sich am Dienstag als erster zu Wort meldet und vorschlägt, Honeckers Absetzung auf die Tagesordnung zu setzen.

Noch während Tisch, Schabowski und ich über die Vorbereitung der Sitzung des Politbüros diskutieren, ruft Mielke an. Er will mich sprechen. Frau Tisch sagt, ich sei nicht da. Ich habe vergessen, ihr vorher mitzuteilen, daß ich Mielke informiert hatte, daß ich in der Wohnung der Familie Tisch erreichbar bin. Mielke sagt mir, daß

---

* Mündliche Botschaft von E. Krenz an M. S. Gorbatschow, übermittelt von Harry Tisch am 16. Oktober 1989 in Moskau, zitiert nach Notizen des Autors

Honecker mich sucht. Er will mich sprechen. Er hat bei Mielke nachgefragt, wo ich bin. Mielke rät mir, nach Hause zu gehen, damit ich am Telefon bin, wenn Honecker anruft. Er soll keinen Verdacht schöpfen. Nun riecht es leider doch nach Konspiration.

Kaum zu Hause angekommen, ruft Honecker an und bittet mich zu sich.

Vor ihm liegen die Karten von Leipzig. Seine Fragen beunruhigen mich. Er interessiert sich erneut für Absperrungen in der Messestadt. Ich bin zwar überzeugt, daß auch er keine Gewalt will, aber er nimmt außerdem an, die Demonstrationen seien durch administrative Entscheidungen zu verhindern. In dieser Fehleinschätzung liegt die große Gefahr einer ungewollten, aber möglichen Eskalation. Ich rate ihm ab, neue Überlegungen über Leipzig anzustellen. Es gibt nur die Möglichkeit, Veränderungen im Land auf politischem Weg herbeizuführen. Der Befehl zur Gewaltlosigkeit darf nicht unterminiert werden.

Als ich wieder zu Hause bin, überfällt mich eine unglaubliche Unruhe. Noch ist Honecker Generalsekretär. Was wird, wenn er ohne Absprache Befehle gibt, die dazu führen, die polizeiliche und militärische Präsenz in Leipzig zu verstärken und das Stadtzentrum abzuriegeln? Ich rufe deshalb Generaloberst Streletz an. Wir vereinbaren, daß er mich sofort informiert, falls Honecker ihm Weisungen gibt, die dem Befehl vom 13. Oktober widersprechen.

Ich setze mich im häuslichen Arbeitszimmer an meinen Schreibtisch und schreibe einen Brief an Honecker.* Ich bitte ihn, keine Schritte zu unternehmen, die „unsererseits Konfrontationen provozieren, die dann nicht beherrschbar sind". Ich schreibe: „Das hätte verhängnisvolle Folgen für die Republik, da der Ausgang in Leipzig als Signal für andere wirkt." Ich teile ihm noch mit, daß ich mich am Montag, 16.00 Uhr, mit den Ministern Mielke und Dickel treffen will. Wir wollen gemeinsam dafür sorgen, daß niemand vom Befehl über die Gewaltlosigkeit abweichen kann.

Wieder sind zwei Tage vergangen, ohne daß ich dazu kam, mein Referat vorzubereiten, das ich vor dem Zentralkomitee halten muß, wenn ich gewählt werden sollte. Meine Mitarbeiter arbeiten intensiv an einem Entwurf. Ich kann mich auf sie verlassen.

---

* Handschriftlicher Brief von Egon Krenz an Erich Honecker, Wandlitz, den 14. Oktober 1989. Die Staatsanwaltschaft der DDR beschlagnahmte Anfang 1990 den Aktenbestand von Honecker. Mit Datum vom 14. Oktober 1989 hatte Honecker den Brief mit seinem Kürzel E. H. abgelegt. Bei meiner ersten Vernehmung gab mir die Staatsanwaltschaft eine Ablichtung dieses Briefs, die sich in meinem Archiv befindet.

Schalck bietet Fakten für den ökonomischen Teil an. Er schickt mir zugleich Vorschläge, wie die Versorgung der Bevölkerung schnell verbessert werden kann. Er bittet um meine Zustimmung, unmittelbar nach meiner Wahl zum Generalsekretär Kontakt mit dem Chef des Bundeskanzleramtes in Bonn aufzunehmen. Er will prüfen, inwieweit die BRD bereit ist, sich an der Finanzierung einer grundlegenden Verbesserung von Reisemöglichkeiten von Bürgern der DDR in die BRD und Berlin (West) zu beteiligen. Wir vereinbaren, daß er diesbezügliche Schritte vorbereitet.

Auch Herger hat an diesem Wochenende Überlegungen zu ersten politischen Schritten angestellt, die ich als neuer Generalsekretär gehen sollte. Er macht mich zudem auf einen Artikel der Rechtswissenschaflerin Rosemarie Will in der DEUTSCHEN ZEITSCHRIFT FÜR PHILOSOPHIE aufmerksam. Sie verwendet ein Zitat von Immanuel Kant:

„Eine Regierung", heißt es bei dem Philosophen, „die auf dem Prinzip des Wohlwollens gegen das Volk als eines Vaters gegen seine Kinder errichtet wäre, d. i. eine väterliche Regierung, wo also die Untertanen als unmündige Kinder, die nicht unterscheiden können, was ihnen wahrhaftig nützlich oder schädlich ist, sich bloß passiv zu verhalten genötigt sind, um, wie sie glücklich sein sollen, bloß von dem Urteile des Staatsoberhaupts, und, daß dieser es auch wolle, bloß von seiner Gütigkeit zu erwarten, ist der größte denkbare Despotismus."

Was immer Herger mit diesem Hinweis bezweckt, auch für mich ist wichtig, daß die Zeit der Erklärung von Ergebenheit und Dankbarkeit gegenüber dem Generalsekretär für immer vorbei sein muß. Herger schickt mir per Kurier seine Vorschläge für meine Rede vor dem ZK. Ich habe einen Stapel voller Ideen, aber leider keine Zeit mehr, daraus ein geschlossenes Konzept zu entwickeln. Bis gegen 4.00 Uhr morgens lese ich die mir übermittelten Materialien.

Die Besonderheit der Situation, die ich so im Sommer noch nicht voraussehen konnte, macht es unumgänglich, am 18. Oktober nur die Richtung der Wende aufzuzeigen. Erst zwei bis drei Wochen später können wir eine Tagung des Zentralkomitees durchführen, die inhaltlich in die Tiefe geht.

16. Oktober

Zu 9.00 Uhr habe ich Herger sowie die Minister des Innern, für Staatssicherheit, der Justiz, für Äußere Angelegenheiten, den Chef der Plankommission und den Generalstaatsanwalt zu einer Besprechung eingeladen. Eine so stattliche Runde hatte ich als Mitglied des Politbüros bisher noch nicht an meinem Tisch. Sie ist auch außergewöhnlich, denn ich bin weder Staats- noch Parteichef. Die Versammelten wissen offensichtlich, was am Dienstag und Mittwoch geplant ist. Einziger heutiger Beratungspunkt: Vorbereitung einer Vorlage für das Politbüro zur Reise- und Ausreisefrage. Daß wir dieses Problem bisher nicht gelöst haben, stößt auf immer mehr Unverständnis der Bevölkerung. Unsere Erklärungen, daß daran auch der Westen schuld sei, werden nicht mehr hingenommen. Die wenigsten denken daran, daß die Bundesrepublik die DDR-Staatsbürgerschaft nicht respektiert. Sie wissen auch nicht, daß uns zum Beispiel von der Bundesbahn jeder Kilometer, den ein DDR-Bürger auf westdeutschem Boden fährt, in DM in Rechnung gestellt wird. Volle Reisefreiheit ist nicht nur ein politisches, sondern auch ein schwieriges finanzielles Problem.

Ein neues Reisegesetz ist für mich dennoch aus vielen Gründen der dringendste Punkt, wenn unsere Absichten zur Erneuerung überhaupt noch realisiert werden können. Das Gesetz soll der Bevölkerung zur Diskussion vorgelegt und bis spätestens Weihnachten von der Volkskammer verabschiedet werden. Deshalb dränge ich zur Eile. Schon in einer Woche muß eine Vorlage ins Politbüro. Alle sind sich einig: Es geht um die volle Reisefreiheit. Doch, wie kommen wir dahin? Ich habe noch in Erinnerung, wie der amtierende 1. Sekretär der SED-Bezirksleitung Leipzig auf der Beratung am 12. Oktober drei- und vierstellige Zahlen von fehlenden Arbeitskräften nannte: Bäcker, Fleischer, Straßenbahnfahrer, Verkäuferinnen, Ärzte, Krankenschwestern, Lehrer und ... Wenn diese Tendenz nicht gestoppt wird, wird die Infrastruktur unseres Landes großen Schaden nehmen. Wir sind uns im klaren, daß eine bestimmte Anzahl DDR-Bürger auch die neuen Reisemöglichkeiten nutzen würde, um im Westen zu bleiben. Das ließe sich erst ändern, wenn die Volkswirtschaft der DDR und die gesellschaftliche Situation in der DDR stabiler wären.

Ungeklärt bleibt die Frage: Wie können wir die stark anwachsenden Reisen finanzieren?

In unserer Gesprächsrunde sieht sich niemand in der Lage, zusätzlich Devisen zu mobilisieren. Ohne Möglichkeiten eines minimalen Geldumtausches ist eine Entscheidung für freies Reisen erschwert. Es ist für mich bedrückend, daß wir die Reisenden aus der DDR, sobald sie das Staatsgebiet der DDR verlassen haben, quasi in die ökonomische Abhängigkeit ihrer Verwandten, Bekannten oder des Staates Bundesrepublik Deutschland schicken. Alles hängt damit zusammen, daß die DDR nicht nur der kleinere, sondern auch der ärmere der beiden deutschen Staaten ist und nicht über eine konvertierbare Währung verfügt. Nach der Besprechung bitte ich Schalck, das Thema Reisedevisen an die erste Stelle seiner Tagesordnung für Gespräche in Bonn zu setzen.

Wieder wird heute eine Demonstration in Leipzig erwartet. Der Befehl vom 13. Oktober steht auf dem Prüfstand. Es sind zwei Faktoren, die wir beachten müssen:

Sind die Demonstranten in der Lage, mögliche Provokateure daran zu hindern, die Sicherheitsorgane anzugreifen? Und gleichzeitig: Sind die Sicherheitsorgane so vorbereitet, daß sie sich nicht provozieren lassen? Niemand weiß dies vom anderen. Um sicherzugehen, daß bei unvorhergesehenen Ereignissen nur abgestimmt gehandelt werden kann, versammeln sich Mielke, Dickel, Streletz und ich im Arbeitszimmer des Innenministers. Wir verfügen über eine Fernsehleitung aus Leipzig. So können wir die Demonstration direkt verfolgen.

Gegen 14.55 Uhr kommt auch Erich Honecker zu uns. Er hatte es mir kurz zuvor telefonisch angekündigt. Er wirkt abgespannt und nervös. Seine Krankheit hat Spuren hinterlassen. Streletz und Dickel wirken beruhigend auf ihn ein. Honeckers Aktivitäten beschränken sich auf einige Telefongespräche mit Helmut Hackenberg in Leipzig. Er hält sich an die Absprache, keine eigenmächtigen Entscheidungen zu treffen.

Am späten Nachmittag ruft mich Tisch aus Moskau an. Er war gerade aus dem Kreml gekommen, wo er mit Gorbatschow gesprochen hatte. Er übermittelt mir, ohne zu wissen, daß auch Erich Honecker im Zimmer ist, herzliche Grüße von Gorbatschow. Er wünsche uns viel Erfolg bei unserem Vorhaben, hatte er zu Tisch gesagt. Glücklicherweise bekommt Honecker den Inhalt des Gesprächs nicht mit.

Die Demonstrationen in Leipzig und anderen Städten verlaufen friedlich, auch ein Ergebnis unserer besonnenen Politik. Viel stärker als bisher wird von den Demonstranten gefordert, das Neue Forum zuzulassen. Die Initiatoren des Neuen Forum unterstreichen: Wir sind eine Bürgerinitiative, die den Sozialismus befürwortet, ihn aber in seinem gegenwärtigen Zustand verändern will. Auf beiden Seiten gibt es dennoch verständliches Mißtrauen. Wenn wir es mit dem Dialog ernst meinen, werden wir nicht umhin kommen, auch mit dem Neuen Forum zu reden. Unser Angebot liegt noch nicht auf dem Tisch.

Ich werde aus meinen Überlegungen gerissen, als sich Honecker verabschieden will.

Bevor ich gehe, spreche ich mit Fritz Streletz. „Du weißt", sage ich, „daß morgen im Politbüro über die Absetzung Erich Honekkers entschieden wird. Ich bitte dich, daß du als Sekretär des Nationalen Verteidigungsrates ab sofort nur Weisungen von mir entgegennimmst."

Streletz reagiert: „Ich bin auf die DDR vereidigt. Ich weiß, was ich jetzt zu tun habe."

Der Tag geht zu Ende, ohne daß ich an meiner Rede arbeiten konnte. Von ihrem Inhalt wird aber viel für die nächste Zeit abhängen.

17. Oktober

10.00 Uhr. 24 der 26 Mitglieder und Kandidaten des Politbüros sind im Sitzungssaal versammelt. Heinz Keßler leitet eine Militärdelegation, die Kuba und Nikaragua besucht. Auch Erich Honecker fehlt noch. Er kommt zu spät. Das ist ungewöhnlich für ihn. Er ist sonst die Pünktlichkeit in Person. Gegen 10.10 Uhr betritt er den Sitzungssaal. Er ist gut gelaunt. „Entschuldigt, Genossen", sagt er, „Hans Modrow hat gerade angerufen. Er will auf mich zukommen. Wir wollen miteinander reden."

Ich denke sofort an das Gespräch von Lorenz und mir mit Modrow am Donnerstagabend. Hans Modrow ist einer der wenigen außerhalb des Politbüros, der eingeweiht ist, was heute passieren soll. Daß er sich ausgerechnet in dieser Stunde bei Honecker in Erinnerung bringt, irritiert mich. Ich habe keine Zeit, weiter darüber nachzudenken. Meine Aufmerksamkeit muß ich auf das richten, was in diesem Augenblick passieren wird.

Honecker scheint nicht zu ahnen, was Stoph in wenigen Minuten vorschlagen wird. Er eröffnet die Sitzung des Politbüros, als sei die Lage in der DDR völlig normal, als sei seit einer Woche nichts weiter passiert. Nicht einmal die Beratung mit den 1. Sekretären der SED-Bezirksleitungen vom 12. Oktober will er auswerten. „Gibt es noch Vorschläge zur Tagesordnung?“ fragt er. Er schaut wie immer auf alle Sitzungsteilnehmer.

Stoph meldet sich. „Ja“, sagt er, ohne seine Stimme zu senken oder zu heben: „Ich schlage vor: Erster Punkt der Tagesordnung ‚Entbindung des Genossen Erich Honecker von seiner Funktion als Generalsekretär und Wahl von Egon Krenz zum Generalsekretär‘.“

Äußerlich ist der Generalsekretär gefaßt. Ich sehe nach vorn. Was mag durch seinen Kopf gehen? Seit frühester Jugend ist er Kommunist, seit 1945 hat er leitende Funktionen in der Partei, seit über 18 Jahren ist er der erste Mann der SED. Er schaut regungslos in den Sitzungssaal. Er sitzt vor uns, seine Augen werden durch die starken Brillengläser vergrößert. Er zeigt Fassung. Fast gleichgültig sagt er: „Gut, dann eröffne ich die Aussprache.“

Alle Mitglieder und Kandidaten sprechen sich für seine Ablösung aus. Sie unterstützen auch meine Wahl zum Generalsekretär. Fast jeder bekräftigt, daß es um das Schicksal der DDR geht. Honecker hat viel geleistet, aber in den letzten Jahren hat er sein Ansehen im Volk verspielt. Er trägt eine große Verantwortung dafür, daß sich die DDR in einer politischen Krise befindet. Er hat mit seiner Einstellung zur Politik der KPdSU und zu Gorbatschow den brüderlichen Beziehungen zur Sowjetunion die Grundlagen entzogen.

Alfred Neumann, seit 1929 Mitglied der Kommunistischen Partei, bringt es auf den Punkt: Die Lage in der SED ist noch nie so schlecht gewesen wie jetzt. Als Honecker an die Spitze kam, so Neumann, waren die Staatsfinanzen in Ordnung, es gab eine handlungsfähige Regierung und eine intakte Partei, die zu kämpfen bereit war. Jetzt ist die Lage anders. Egon Krenz ist nicht zu beneiden.

Lorenz spricht davon, daß die Ablösung Erich Honeckers ein tiefer Einschnitt in die Geschichte der SED ist. Jetzt rächt sich die Ignoranz von Honecker gegenüber herangereiften Problemen. Die Partei erwartet vom Generalsekretär ein klares Programm. Die Erfahrungen der letzten Tage unterstreichen, daß eine Änderung der Politik mit Erich Honecker nicht mehr möglich ist.

Die dem Politbüro angehörenden 1. Sekretäre von Bezirksleitungen wie Böhme, Eberlein, Walde und Müller machen darauf aufmerksam, daß Honecker auf der Beratung der Bezirkssekretäre den Eindruck vermittelt hat, mit der Erklärung des Politbüros nicht einverstanden zu sein.

Achim Böhme aus Halle sagt: „Für die Beratung von Erich Honecker mit uns Bezirkssekretären habe ich mich geschämt."

Mielke hält einen stark emotionalen Beitrag. Die Lage der DDR ist außerordentlich ernst. Er bedauert, daß er zu lange geschwiegen habe.

Schabowski geht schon auf die Zukunft ein. Die Linie von Egon Krenz müsse sein: Erneuerung und Kontinuität. Honecker soll auch von seinen Funktionen als Staatsratsvorsitzender und Vorsitzender des Nationalen Verteidigungsrates abberufen werden.

Die Wortmeldung Günter Mittags muß für Honecker der schwerste Schlag gewesen sein. Mittag hatte abgewartet wie die Diskussion läuft. Schon nach den Reden von Hager, Tisch, Krolikowski und Lorenz merkt er, wohin der Wind weht. Er dreht sich mit ihm. Er unterstützt den Vorschlag Stophs. Dann fügt er hinzu: „Eine solche Entscheidung war schon lange fällig. Erich Honecker hat das Vertrauen der Partei verloren."

Und das sagt ausgerechnet ein Mann, der Honecker von seiner einstmals realistischen Betrachtungsweise abgebracht hat, ein Mann, der sich als Freund und Berater Honeckers fühlt, der den Generalsekretär oft zu fehlerhaften Entscheidungen gedrängt hat. Das ist eine miese Haltung. Und prompt kommt auch die Reaktion. Mehrere rufen dazwischen. Nach dem Beitrag von Mittag wird spontan auch seine und die Ablösung von Joachim Herrmann gefordert.

Mir gibt Honecker erst kurz vor Schluß das Wort. Ich erinnere daran, daß es seit 1985 viele kritische Signale gab, die der Generalsekretär immer vom Tisch gewischt habe. Der XI. Parteitag 1986 ist Schönfärberei gewesen. Spätestens seit 1986 hat sich unsere Partei vor den Entwicklungen in der Sowjetunion abgeschottet. Nach dem Januarplenum der KPdSU 1987 hat Honecker von mir eine Analyse der Politik von Gorbatschow verlangt. Statt sie dem Politbüro vorzulegen und darüber zu diskutieren, hat er sie im Panzerschrank verschlossen. Die negative Haltung gegenüber der UdSSR konnte zu nichts Gutem führen.

Ohne die Sowjetunion gibt es keine DDR. Wenn wir nicht sofort eine Wende in der Partei einleiten, kann es zu bürgerkriegsähnlichen Ausbrüchen kommen.

Ich bin bereit, trotz der komplizierten Lage die Verantwortung als Generalsekretär auf mich zu nehmen.

Honecker spricht als letzter. Er ist tief betroffen, daß von Stoph die Forderung nach seiner Absetzung gestellt worden ist. Ich versuche mitzuschreiben: „Ich muß davor warnen", sagt Honecker, „daß mit meiner Absetzung die inneren Probleme gelöst werden können. Der Feind wird weiter heftig arbeiten. Nichts wird sich beruhigen." Die Teilnahme von Gorbatschow und der vielen Gäste zum 40. Jahrestag ist eine Sympathieerklärung für die DDR gewesen. In Ungarn und Polen hat der Sozialismus schon verloren. Die Errungenschaften der DDR dürfen nicht angetastet werden. „Mein Auswechseln zeigt", so Honecker, „daß wir erpressbar sind. Der Gegner wird dies ausnutzen. Mit der Auswechslung der Kader bin ich nicht einverstanden. In Ungarn hat Kadars Absetzung auch nichts geholfen." In der Diskussion haben Genossen gesprochen, von denen er dies nie erwartet hat. Er sagt dies nicht als geschlagener Mann, sondern als Genosse bei bester Gesundheit. Da offensichtlich alle für seine Absetzung sind, will er sich nicht in den Weg stellen.

Manches von dem, was er sagt, stimmt. Der politische Gegner wird uns nicht eine Sekunde Ruhe gewähren. Doch Honecker verkennt die Situation in der Bevölkerung der DDR. Sein Einschätzungsvermögen über die innere Lage ist gestört. Ich unterschätze nicht die Einwirkungen aus der BRD. Das Vertrauen der Bevölkerung der DDR hat die Parteiführung in den letzten Jahren selbst verspielt.

Er läßt abstimmen.*

Das Politbüro faßt einen einstimmigen Beschluß, das heißt, auch mit Honeckers Stimme. Dem Zentralkomitee wird vorgeschlagen, Honecker von der Funktion des Generalsekretärs zu entbinden. Die 9. Tagung des Zentralkomitees wird morgen, am 18. Oktober 1989, stattfinden. Ihr wird empfohlen, mich zum neuen Generalsekretär zu wählen. Ebenfalls einstimmig wird entschieden, dem ZK vorzuschlagen, Joachim Herrmann und Günter Mittag von ihren Funktionen zu entbinden.**

13.50 Uhr ist die Sitzung zu Ende. Kurze Zeit später gehen Blitztelegramme an die Mitglieder und Kandidaten des ZK. Ihr Text lautet:

„Werte Genossen, die 9. Tagung des Zentralkomitees der SED ist auf Beschluß des Politbüros für Mittwoch, den 18. Oktober 1989, 14 Uhr, im Hause des ZK einberufen. Tagesordnung: Zur politischen Lage.
Mit sozialistischem Gruß
E. Honecker."

* Geschildert nach Notizen des Autors
** Siehe Protokoll Nr. 43 der Sitzung des Politbüros vom 17. Oktober 1989

Das mußte vor allem die 1. Bezirkssekretäre und die Vorsitzenden der befreundeten Parteien aufhorchen lassen. Honecker hatte ihnen noch am 12. bzw. 13. Oktober gesagt, die nächste Sitzung des ZK werde erst vom 15. bis 17. November stattfinden. Auf der Tagesordnung wird die Vorbereitung des XII. Parteitages und die Gesellschaftsstrategie der SED für die neunziger Jahre stehen. Durch die neue Einladung wird es zum offenen Geheimnis, daß die Absetzung Honeckers bevorsteht.

Nach der Sitzung des Politbüros bittet mich Honecker in sein Arbeitszimmer. „Du wirst verstehen", sagt er, „daß mich dies alles bewegt. Kannst du mir eine kurze Erklärung vorbereiten, die ich auf dem ZK-Plenum abgeben kann?"

Ich sage zu, ihm in einer Stunde einen Vorschlag zu unterbreiten. Schabowski hatte bereits eine Erklärung vorbereitet. Als ich sie Honecker übergebe, liest er und sagt: „Einverstanden. Ich mache noch einige kleine Ergänzungen."

„Es wäre aber notwendig, daß du sie morgen früh dem Politbüro vorlegst", antworte ich.

„Ja, ja ..."

In seiner Erklärung ist die Rede davon, daß er aus gesundheitlichen Gründen zurücktritt. Ich überlege: Hat Stoph nicht eindeutig vorgeschlagen, ihn von seinen Funktionen zu entbinden? Natürlich. So steht es auch im Protokoll. Ich akzeptiere dennoch seine Erklärung „aus gesundheitlichen Gründen". Es ist nicht die Unwahrheit. Honecker kann tatsächlich physisch nicht mehr. Doch das allein ist nicht der Grund seiner Ablösung. Er wird abgesetzt, weil er schwere politische Fehler zu verantworten hat, die die DDR in diese Krise gebracht haben.

Als ich von Honecker komme, verbleiben mir nur noch einige Stunden, um meine Rede fertigzustellen, die ich morgen vor dem Zentralkomitee halten werde.

Jemand hatte mir vor einigen Tagen geschrieben: „Egon, du mußt das Machtmonopol der SED brechen!"

Das ist nicht meine Sicht. Auch ich weiß, daß die Partei selbst in der Krise steckt. Sie ist in vielen Bereichen von einer politischen Avantgarde zu einem Administrator geworden. Das Zentralkomitee und die ihm nachgeordneten Leitungen sind immer mehr in bürokratischen Strukturen erstarrt. Die Führungsrolle der SED erscheint vielen nur noch als purer Dirigismus. Die SED hat aber noch mehr als zwei Millionen Mitglieder. Ich bin überzeugt, daß sie zu einer

Wiederbelebung der sozialistischen Ideale und der sozialistischen Praxis fähig sind. Es gibt Millionen innerhalb und außerhalb der Partei, die sich selbstlos für unser Land einsetzen. Auf sie baue ich.

Meine persönlichen Mitarbeiter haben einen Redeentwurf vorbereitet. Zusammen mit ihnen sitzen Herger, Schabowski und ich über dem Text. Wir streiten, verwerfen, formulieren neu. Um das Wort „Wende" wird heftig gerungen. Es geht um die Fragen: Was wollen wir? Wie wollen wir unser Programm der Nach-Honecker-Zeit benennen? Übernehmen wir die russischen Worte „Perestroika" und „Glasnost"? Obwohl sie jeder ohne Übersetzung versteht, will ich sie nicht abschreiben. Ich muß einen deutschen Begriff finden, der sowohl eine Hinwendung auf das Bewährte aus 40 Jahren DDR zuläßt als auch deutlich macht, daß wir uns abwenden von allem, was unser Land in die gegenwärtige Situation gebracht hat. Ich entscheide mich für die Formulierung: „Mit der heutigen Tagung werden wir eine Wende einleiten."* Weit nach Mitternacht haben wir die Rede fertig, die ich früh dem Politbüro zur Bestätigung vorlegen muß. Sie ist mit der heißen Nadel genäht. Sie enthält noch viele verschwommene Formulierungen. Sie berücksichtigt nur teilweise die Erwartungen jener, die für Reformen in der DDR demonstrieren. Das Politbüro, das meine Rede bestätigen soll, ist noch das gleiche Gremium, das Wochen zuvor zu den Vorgängen in der DDR geschwiegen hat. Erst die nächste Tagung des ZK kann ein notwendiges Aktionsprogramm der SED beschließen. In dieser schwierigen Situation, die von Zeitnot bedrängt ist, lassen sich Konzepte nicht aus dem Boden stampfen.

Als ich allein in meinem Zimmer sitze, um die Post durchzusehen, kommen mir Zweifel: Bin ich überhaupt der richtige Generalsekretär? Meinen Freunden gegenüber habe ich schon des öfteren gesagt, daß ich wahrscheinlich nur ein Generalsekretär des Übergangs sein werde. Aber auch ein Übergang muß gemeistert werden. Für Lösungen außerhalb des Sozialismus stehe ich nicht zur Verfügung. In westlichen Medien werden als politische Erben Honeckers außer mir auch Lorenz, Modrow, Schabowski und Wolf genannt. Jeder von uns hat seine eigene Geschichte und seine charakterlichen Besonderheiten. Zweifelsohne bin ich im Nachteil, weil ich durch meine Tätigkeit im Politbüro oft in die Negativschlagzeilen der westlichen Medien gelangt bin. Wenn sich bestimmte Bilder einmal in den Köp-

---

* Rede von Egon Krenz auf der 9. Tagung des ZK der SED am 18. Oktober 1989, NEUES DEUTSCHLAND vom 19. Oktober 1989

fen festgesetzt haben, schwappen sie auch vom Westen in die DDR über. Mit diesem Image, das wesentlich auch durch Gerüchte gewachsen ist, werde ich leben müssen.

Für mich ist die Taktik in den BRD-Medien durchschaubar. Indem sie die einen Hoffnungsträger und die anderen Hardliner nennen, wollen sie Unsicherheit und Zwietracht unter Weggefährten schüren.

Der Protest auf der Straße richtet sich natürlich auch gegen Personen. Vielmehr jedoch gegen die praktizierte Politik. Um Vertrauen muß daher jeder von uns kämpfen. Wir haben diese Politik über Jahre gemeinsam gestaltet, jeder in seiner Funktion und an seinem Platz. Bei allen charakterlichen Unterschieden: Wir sind Kommunisten. Jedenfalls hat sich jeder von uns bisher dazu bekannt. Wir wollen Veränderungen in der DDR, nicht aber einen Systemwechsel, den die westdeutschen Medien inzwischen unverhüllt fordern.

Als ich nach Hause komme, ist es schon kurz nach 3.00 Uhr. Meine Frau wartet auf mich, ungeachtet dessen, daß auch sie früh zur Arbeit muß. Ich freue mich darüber, wie feinfühlig sie mich in dieser, auch für unsere Familie so wichtigen und unruhigen Zeit begleitet.

Tage des Aufbruchs und des Zweifelns

18. bis 31. Oktober 1989

18. Oktober

Frühnebel liegt noch über Berlin, als ich gegen 6.30 Uhr im Großen Haus ankomme. Großes Haus, so nennt der Volksmund das Gebäude des Zentralkomitees. Genaugenommen ist hier nicht der Sitz des Zentralkomitees. Hier arbeitet sein Apparat. Es sind annähernd 2000 politische und technische Mitarbeiter. Sie sind dazu berufen und angestellt, die vom ZK beschlossene Politik praktisch zu verwirklichen. Mit den Jahren wurde der hauptamtliche Stab leider wichtiger als das gewählte Zentralkomitee. Das Politbüro degradierte das vom Parteitag gewählte Zentralkomitee zu einem Zustimmungsgremium. Auch das Politbüro ist seit Jahren kein wirkliches Forum für kollektive Meinungsbildung mehr. Von Parteitag zu Parteitag wurde es zahlenmäßig vergrößert. Als es 1949 gebildet wurde, gehörten ihm sieben Mitglieder und zwei Kandidaten an. Nach dem XI. Parteitag wählte das Zentralkomitee 22 Mitglieder und fünf Kandidaten. Zu groß, um kontroverse Diskussionen auszutragen. Es fehlt das Denken in sachlichen Alternativen. Nicht im Hinblick auf Mechanismen zur kapitalistischen Gesellschaft, sondern im Sinne der besten Lösungen für den Sozialismus. Die gewachsene Dominanz des Generalsekretärs behindert die Kollektivität. Als Honekker 1971 Ulbricht ablöste, wollte er „Gleicher unter Gleichen" sein. Er hielt diesem Anspruch nicht lange stand.

Ich bin mir klar darüber, daß ich künftig wiederholt gefragt werde, warum ich dagegen zu wenig getan habe. Da wird es mir wenig helfen, auf meine fast religiöse Beziehung zur Einheit und Reinheit der Partei zu verweisen. Oder auch darauf, daß ich auf frühere Verdienste der Alten im Politbüro falsche Rücksicht genommen habe. Die Kompetenz, einen sozialistischen Staat zu führen, ergibt sich ja nicht in erster Linie aus den Leistungen in der Vergangenheit. Woran in jedem kapitalistischen Staat nur unmittelbar vor Wahlen gedacht wird, darf die führende Partei in einem sozialistischen Staat zu keinem Zeitpunkt vergessen: Vertrauen muß täglich neu erobert werden. Wir haben darauf gerichtete Warnungen von Rosa Luxemburg, deren Werke in der DDR in hohen Auflagen veröffentlicht sind, unbeachtet gelassen. Es ist nicht hinzunehmen, hatte sie geschrieben, daß einige Dutzend Parteiführer die revolutionäre Bewegung dirigieren. Es ist zu verurteilen, so Rosa Luxemburg, daß die Arbeiterschaft von Zeit zu Zeit zu Versammlungen aufgeboten wird, um den Reden der Führer Beifall zu klatschen. Sie nannte dies eine „Cliquenwirtschaft", eine „Diktatur einer Handvoll Politiker", nicht aber die Diktatur des Proletariats. Mit dieser rigorosen Bewertung sozialistischer Parteiführer durch die Mitbegründerin der KPD hat sich die Parteiführung der SED nie ernsthaft auseinandergesetzt. Die Erneuerung unserer Politik muß daher untrennbar damit verbunden sein, daß wir zu den ursprünglichen sozialistischen Idealen zurückfinden.

In meinem Büro setze ich mich an den Schreibtisch, um den Gedanken der Rolle des gewählten Zentralkomitees noch in meine Rede für den Nachmittag aufzunehmen. Ich werde künftig auch daran gemessen werden, wie es mir gelingt, Demokratie in der Gesellschaft und im Parteileben zu fördern. In zwei Grundfragen aber will ich keine Kompromisse machen. Erstens: Alles, worüber wir uns streiten, muß eindeutig in seinem Ziel sein, den Sozialismus in der DDR weiter auszugestalten. Zweitens: Die DDR ist und bleibt ein souveränes Land.

Gegen 13.20 Uhr gehe ich in den Plenarsaal des Zentralkomitees. Gewöhnlich benötige ich von meinem Arbeitszimmer dafür etwa fünf bis zehn Minuten. Heute kommt mir dieser Weg wie eine Marathonstrecke vor. Meine Gedanken kreisen um die Tagung des ZK. 1971 wurde ich zum Kandidaten des Zentralkomitees gewählt. Ich weiß nicht genau, wieviel Plenartagungen ich seitdem erlebt habe. Das ZK tagte mindestens zweimal jährlich. An der Vorderfront des Plenarsaals stehen zwei Präsidiumstische, am vorderen sitzen die Mitglieder, am hinteren die Kandidaten des Politbüros. Im Plenarsaal gibt es dreizehn Sesselreihen. In den ersten acht Reihen haben nach dem Alphabet geordnet die Mitglieder des ZK und ab Reihe neun nach gleichem Muster die Kandidaten ihren Platz.

Als ich heute den Raum betrete, sitzen die meisten Mitglieder und Kandidaten des ZK schon auf ihren Plätzen. Ich werfe vorher noch kurz einen Blick in die Anwesenheitsliste. Von den 165 auf dem XI. Parteitag gewählten ZK-Mitgliedern sind 159, und von den 57 gewählten Kandidaten sind 47 anwesend. Das ZK ist damit beschlußfähig.

Im Saal ist eine Atmosphäre äußerster Konzentration und Spannung. Mit fast allen Genossen ist vor der Sitzung gesprochen worden. Sie wissen, worüber wir in wenigen Minuten entscheiden werden. Ich habe nicht das Gefühl, daß sie an eine „Palastrevolution" oder einen „Staatsstreich" denken. Die Entscheidung, Honecker abzulösen, ist lange herangereift. Vielleicht hätte sie schon auf dem XI. Parteitag 1986 erfolgen müssen.

Als Erich Honecker den Plenarsaal betritt, verstummen alle Gespräche. Jeder ist in Gedanken versunken. Mit Stoph habe ich gestern noch einmal besprochen, daß er die Tagung eröffnet. Erst danach soll Honecker das Wort bekommen. Doch Honecker will sich das Zepter nicht aus der Hand nehmen lassen. Noch ist er Generalsekretär. Noch bestimmt er den Verlauf der Tagung. Obwohl sie erst um 14.00 Uhr beginnen soll, steht Erich Honecker um 13.55 Uhr von seinem Platz auf und verliest seine Erklärung:

„Liebe Genossinnen und Genossen!
Nach reiflichen Überlegungen und im Ergebnis der gestrigen Beratung im Politbüro bin ich zu folgendem Entschluß gekommen: Infolge meiner Erkrankung und nach überstandener Operation erlaubt mir mein Gesundheitszustand nicht mehr den Einsatz an Kraft und Energie, den die Geschicke unserer Partei und des Volkes heute und künftig verlangen. Deshalb bitte ich das Zentralkomitee, mich von der Funktion des Generalsekretärs des ZK der SED, vom Amt des Vorsitzenden des Staatsrates der DDR und von der Funktion des Vorsitzenden des Nationalen Verteidigungsrates zu entbinden. Dem Zentralkomitee und der Volkskammer sollte Genosse Egon Krenz vorgeschlagen werden, der fähig und entschlossen ist, der Verantwortung und dem Ausmaß der Arbeit so zu entsprechen, wie es die Lage, die Interessen der Partei und des Volkes und die alle Bereiche der Gesellschaft umfassenden Vorbereitungen des XII. Parteitages erfordern.

Liebe Genossen! Mein ganzes bewußtes Leben habe ich in unverrückbarer Treue zur revolutionären Sache der Arbeiterklasse und zu unserer marxistisch-leninistischen Weltanschauung der Errichtung des Sozialismus auf deutschem Boden gewidmet. Die Gründung und die erfolgreiche Entwicklung der sozialistischen Deutschen Demokratischen Republik, deren Bilanz wir am 40. Jahrestag gemeinsam gezogen haben, betrachte ich als die Krönung des Kampfes unserer Partei und meines eigenen Wirkens als Kommunist.

Dem Politbüro, dem Zentralkomitee, meinen Kampfgefährten in der schweren Zeit des antifaschistischen Widerstandes, den Mitgliedern der Partei und allen Bürgern unseres Landes danke ich für jahrzehntelanges gemeinsames und fruchtbares Handeln zum Wohle des Volkes.

Meiner Partei werde ich auch in Zukunft mit meinen Erfahrungen und mit meinem Rat zur Verfügung stehen.

Ich wünsche unserer Partei und ihrer Führung auch weiterhin die Festigung ihrer Einheit und Geschlossenheit und dem Zentralkomitee weiteren Erfolg."*

Während Honecker seine Erklärung vorträgt, denke ich noch einmal an den schweren Weg, der zu dieser Tagung führte. Es ist nicht der eigene Wille Honeckers, zurückzutreten. Er hat zwar im Politbüro für seine Absetzung gestimmt, aber erst, nachdem er zwingend zum Rücktritt aufgefordert wurde. In einem entscheidenden Punkt hat er selbständig den von Schabowski ausgearbeiteten Text der Erklärung verändert.

In der ursprünglichen Fassung stand:

„Dem Zentralkomitee und der Volkskammer sollte ein Genosse vorgeschlagen werden, der fähig und entschlossen ist, der Verantwortung und dem Ausmaß der Arbeit so zu entsprechen, wie es die Lage, die Interessen der Partei und des Volkes und die alle Bereiche der Gesellschaft umfassenden Vorbereitungen des XII. Parteitages erfordern."**

Honecker hat jedoch meinen Namen eingesetzt. Damit erweckt er den Eindruck, er selbst habe mich als seinen Nachfolger vorgeschlagen.

Tatsächlich aber war es das Politbüro***. Honecker erweist mir mit seiner Eigenmächtigkeit keinen guten Dienst. So entsteht die Legende, der Kronprinz habe nahtlos die Macht übernommen. Noch am gleichen Abend bringt mich ein Kommentar im Westfernsehen in den Ruf, der „jüngere Erich" zu sein.

Nachdem Honecker sich setzt, übernimmt Stoph die Tagungsleitung. Er dankt Honecker für seine Erklärung. Er fragt, wer mit dem

---

* Protokoll der 9. Tagung des SED-Zentralkomitees vom 18. Oktober 1989

** Zitiert nach Unterlagen des Autors

*** Siehe Protokoll der Sitzung des Politbüros des ZK der SED vom 17. Oktober 1989

Vorschlag einverstanden ist, Honecker von seiner Funktion zu entbinden? Es ist absolute Ruhe im Saal. Fast alle heben die Hand.

Es gibt eine Gegenstimme. Hanna Wolf, die langjährige Mitarbeiterin Honeckers, hält auch in dieser Minute zu ihrem Chef.

Nach 18jähriger Tätigkeit als Generalsekretär ist Honecker abgewählt worden. Ich kann darüber keine Genugtuung empfinden, eher Enttäuschung, daß es erst soweit kommen mußte. Ich bin unzufrieden, weil wir nicht früher eine Lösung für den Wechsel an der Spitze gefunden haben, der verhindert hätte, daß die DDR in diese Krise geraten wäre.

Stoph gibt bekannt, daß Honecker um Verständnis bittet, wegen seines angegriffenen Gesundheitszustands die Tagung verlassen zu können. Jeder im Saal ist damit einverstanden. Auch Mitleid schwingt mit. Stoph dankt Honecker, ohne Gefühlsregungen zu zeigen, „für sein politisches Lebenswerk". Alle Mitglieder und Kandidaten des Zentralkomitees erheben sich von ihren Plätzen. Als Honecker aufsteht, kann er die Tränen in seinen Augen nicht verbergen. Sind es Tränen der Rührung über die Verabschiedung? Wahrscheinlich auch. Aber mehr noch werden es Tränen der Enttäuschung, der Bitterkeit, des Unverständnisses und der Ohnmacht sein, sich gegen diesen Abgang nicht mehr wehren zu können. Wir alle verabschieden ihn auf seinem Weg aus diesem Raum mit starkem Beifall.

Als Honecker den Saal verlassen hat, sagt Stoph: „Es gibt den einstimmigen Vorschlag des Politbüros, Genossen Egon Krenz, zum Generalsekretär des Zentralkomitees zu wählen."* Er läßt abstimmen. Ich werde einstimmig gewählt.

Während des Beifalls arbeitet es in meinem Kopf: Honecker ist aus der Politik ausgeschieden. Wohin geht jetzt unser Weg? Jedem hier im Saal ist klar, so wie es bisher war, kann es nicht weitergehen. Wohin schlägt das Pendel aus? Zur Erneuerung oder zur Kontinuität? Wird der Geist der Erneuerung ausreichen, um das verlorengegangene Vertrauen bei den Parteimitgliedern und im Volk zurückzugewinnen? Ich will keine Versprechungen machen. Sie würden durch die Ökonomie auch nicht gedeckt sein. Kühnheit wird von mir verlangt. Kühn will ich sein, doch nicht tollkühn. Nichts Wertvolles der Vergangenheit darf nach meiner Überzeugung verlorengehen. Es ist ein schmaler Grat, auf den ich mich als neuer Generalsekretär begebe.

Meine Gedanken werden unterbrochen, als ich höre, wie Stoph sagt: „Das Zentralkomitee unterbreitet der Volkskammer den Vor-

---

* Ebenda

schlag, Genossen Egon Krenz, Generalsekretär des ZK der SED, zum Vorsitzenden des Staatsrates und des Nationalen Verteidigungsrates zu wählen."*

Um diese Frage hatte es hinter den Kulissen der politischen Szene einiges Gerangel gegeben. Der sowjetische Botschafter hatte mich informiert, daß er davon wisse, daß sich Werner Krolikowski Hoffnung auf die Funktion des Ministerpräsidenten mache. Er will Stoph für den Posten des Staatsratsvorsitzenden vorschlagen. Kotschemassow riet mir, dieses unwürdige Gerangel um Posten zu verhindern. Mit Stoph habe er darüber bereits gesprochen. Stoph teile seine Meinung.

Ich übernehme daher bewußt alle drei Funktionen, die auch Honecker bekleidete. Das ZK stimmt dem einstimmig zu. Ob alle ZK-Mitglieder darüber auch so denken wie ich, läßt sich nicht beurteilen. Auf der Tagung hat sich niemand gegen diesen Vorschlag ausgesprochen. Ich bin mir klar, daß die eben erfolgte Wahl weniger eine Entscheidung gegen Honecker und für Krenz ist. Vielmehr steckt darin die Hoffnung vieler, es könne noch gelingen, aus der erstarrten Politik herauszukommen.

Günter Mittag und Joachim Herrmann werden von ihren Funktionen als Mitglieder des Politbüros und Sekretäre des ZK fast „routinemäßig" abgewählt, wenn, ja wenn da nicht ein Zwischenruf von Moritz Mebel** gekommen wäre. „Zur Geschäftsordnung", ruft er. „Ich möchte wissen, warum das Politbüro den Genossen Herrmann und den Genossen Mittag aus dem Politbüro abberuft. Ich möchte eine Erklärung des Politbüros haben."***

Stoph antwortet: „Weil sie ihren Aufgaben nicht gerecht wurden ... Genügt das?" Noch wird diese allgemeine Antwort im ZK akzeptiert.

Nun bin ich an der Reihe. Ich trage meine Rede vor, die unter äußerst komplizierten Bedingungen ausgearbeitet wurde. Ich mußte mich in den vergangenen Tagen mehr den Gesprächen mit den Mitgliedern des Politbüros über die Absetzung Honeckers widmen, als daß ich mich um den Inhalt meiner Rede kümmern konnte.

---

* Ebenda

** Moritz Mebel, besuchte als Kind politischer Emigranten in der Sowjetunion die Karl-Liebknecht-Schule in Moskau, kam als Offizier der Roten Armee 1945 nach Deutschland zurück, war in der Sowjetischen Militäradministration tätig, studierte später in der Sowjetunion Medizin, wurde nach seiner Rückkehr in die DDR zu einem weltbekannten Urologen, war Kandidat bzw. Mitglied des ZK der SED seit 1971.

*** Siehe Protokoll der Sitzung des ZK der SED vom 18. Oktober 1989, im Archiv des Autors

„Mit der heutigen Tagung", sage ich, „werden wir eine Wende einleiten."

Ich erkläre, daß die Tür für einen innenpolitischen Dialog weit geöffnet ist. Unser Gesicht muß sich wieder dem Volk zuwenden. Ich spreche meine Überzeugung aus: „Alle Probleme in unserer Gesellschaft sind politisch lösbar ... Mehr als hunderttausend, darunter nicht wenig junge Leute, sind aus unserem Land weggegangen. Ihren Weggang empfinden wir als großen Aderlaß. Jeder von uns kann die Tränen vieler Mütter und Väter nachempfinden." Wir haben die Pflicht, „darüber nachzudenken, warum uns so viele Menschen den Rücken gekehrt haben".

An die Vertreter der Kirchen gewandt, an die Bürger mit religiöser Weltanschauung sage ich: „Die sozialistische Gesellschaft braucht und will Ihre Mitarbeit. Uns verbindet mehr, als uns trennt."

Ich bekräftige den Grundsatz: „Unsere sozialistische deutsche Republik ist und bleibt ein souveränes Land. Wir lösen unsere Probleme selbst", spreche mich aber für eine gedeihliche Zusammenarbeit mit der Bundesrepublik Deutschland aus: „Wir sind bereit, Wege und Möglichkeiten zu prüfen, um langfristig die Beziehungen zwischen der DDR und der BRD enger und vertraglich geregelt zu gestalten sowie kooperative und ständige Formen der wirtschaftlichen, ökonomischen, politischen, kulturellen, humanitären und touristischen Zusammenarbeit zu entwickeln." Dies steht in der Tradition des Grundlagenvertrages.

Besonders liegt mir ein klares Wort der Freundschaft zur Sowjetunion am Herzen. Hier muß eine auf das Konto Erich Honeckers gehende politische Torheit öffentlich korrigiert werden. Deshalb betone ich: Wir betrachten „die Umgestaltung in der UdSSR als einen unumgänglichen Vorgang, den die KPdSU mit ihrem Generalsekretär Michail Sergejewitsch Gorbatschow kühn in Gang gesetzt hat". Ich unterstreiche: „Vom Erfolg der Umgestaltung in der Sowjetunion hängt die Zukunft des Sozialismus ab."

Ich kündige grundlegende Reformen in der DDR an und teile mit, daß umgehend „ein Gesetzentwurf über Reisen ins Ausland" vorbereitet wird. Auch die ausgesprochenen Reisebeschränkungen nach Ungarn und in die ČSSR sollen aufgehoben werden. Die Journalisten ermutige ich zu „stärkeren öffentlichen Auseinandersetzungen mit Erscheinungen, die dem Wesen des Sozialismus und unserer Politik widersprechen"*.

---

* Egon Krenz, Rede auf der 9. Tagung des ZK der SED am 18. Oktober 1989, NEUES DEUTSCHLAND, 19. Oktober 1989

Meine Rede dauert 45 Minuten. Sie wird mit Beifall aufgenommen. Als Stoph über sie ohne Diskussion abstimmen lassen will, meldet sich erneut Moritz Mebel. Er springt von seinem Platz auf und sagt: „Ich bin sechsundvierzigeinhalb Jahre Mitglied dieser Partei, ich bin zwanzig Jahre Kandidat oder Mitglied des Zentralkomitees, und ich muß sagen, ... ich trage die volle Verantwortung für das, was in diesem Land Positives, aber auch Negatives geschehen ist ... ich frage mich aber auch: ... warum habe ich geschwiegen und habe nicht den Mut gehabt, hier vorzutreten und zu sagen: Genossen, das und das ist nicht so. Ich habe vor dem Feind ... Mut gezeigt. Ich war an der Front ... Ich bin Mitstreiter in der Sowjetarmee gewesen. Aber hier habe ich diesen Mut nicht gezeigt. Ich habe in den Korridoren diskutiert, aber hier an dieser Tribüne ... war der Moritz Mebel mit Kritik und positiver Kritik nicht zu hören ..."*

Ich bin von dieser kurzen Ansprache sehr beeindruckt, daß ich beinahe seine Worte überhöre: „Egon, das, was du hier gesagt hast, das ist das, was die Partei erwartet, und ich hoffe nur, daß ohne Abstriche das, was du gesagt hast, veröffentlicht wird."**

Mich bewegt dieses eindringliche Aufrütteln durch einen erfahrenen Kommunisten. Ich schaue in die Gesichter der vor mir sitzenden Genossen. Auch sie sind bewegt. Die Frage: Warum habe ich geschwiegen? quält wohl alle, wühlt offensichtlich die meisten in diesem Saal auf. Das Fehlen einer demokratischen Kontrolle des Politbüros durch das Zentralkomitee brachte immer mehr Subjektivismus, Unfähigkeit zur Selbstkorrektur und zu notwendigen inneren Reformen hervor. Problemverdrängung war an der Tagesordnung. Dieses Klima setzte selbst im ZK der Kreativität und der Individualität der Genossen Grenzen, führte zu Opportunismus, Passivität und Resignation.

Es wäre gut, wir würden heute eine Grundsatzaussprache im Plenum führen. Einige Genossen, darunter Manfred Ewald*** und Hans Modrow, fordern sie. Ich sehe mich dazu außerstande. Es fehlt die inhaltliche Vorbereitung. Das ZK muß wissen: Wie steht es um die tatsächliche wirtschaftliche Situation? Wie um die Staatsfinanzen? Welche ökonomischen Reformen sind machbar? Wie sollen die angekündigten Reiseregelungen aussehen und bezahlt werden?

---

* Moritz Mebel, Diskussionsbeitrag auf der 9. Tagung des ZK der SED am 18. Oktober 1989, im Archiv des Autors

** Ebenda

*** Manfred Ewald, bis 1988 Präsident des Deutschen Turn- und Sportbundes (DTSB) der DDR, seit 1963 Mitglied des ZK der SED

Was haben wir von unseren Verbündeten zu erwarten? Wie sollen sich die Beziehungen zur Bundesrepublik gestalten? Wir brauchen ein reales und glaubwürdiges Aktionsprogramm. Dazu ist auch eine Konsultation mit Gorbatschow notwendig. Das alles ist bis heute nicht zu schaffen gewesen. Eine Diskussion nur aus der aktuellen Situation heraus könnte mehr schaden als helfen.

Ich unterstütze daher die Genossen, die dafür eintreten, daß die Bevölkerung sofort erfährt, was auf unserer Beratung gesagt wurde. Ich schlage vor, die nächste Tagung des ZK zum schnellstmöglichen Zeitpunkt einzuberufen.

Die kurze und zum Teil sehr emotional geführte Aussprache mündet in der Forderung von Hans-Joachim Hoffmann: „Egon muß vor die Fernsehkamera ... Es geht doch gar nicht um dich, Egon, sondern es geht darum: Jetzt muß die Partei das Wort ergreifen, heute abend noch ... Uns steht das Wasser bis hierher. Wir stehen vor neuen, gewaltigen Demonstrationen ... Wir haben keine Zeit, uns in Detaildiskussionen zu erschöpfen ... Wenn wir jetzt, wenn auch verspätet, uns nicht zu Wort melden, dann sind wir in der Gefahr, daß wir das Wort nicht mehr bekommen."*

Das ZK beauftragt mich, meine eben gehaltene Rede im Fernsehen vorzutragen.** Es ist meine Absicht, daß wir mit der bisherigen Praxis brechen: Eine Wahrheit für das Zentralkomitee und eine gefilterte für das Volk. Jeder soll heute abend wissen, worüber das ZK beraten hat.

Die ZK-Tagung ist gegen 15.50 beendet. Schon kurz nach 14.00 Uhr, die Nachrichtenagenturen hatten meine Wahl noch nicht einmal gemeldet, trifft ein Glückwunschtelegramm von Gorbatschow ein.

Er betont, „wie wichtig das Zusammenwirken zwischen der Sowjetunion und der DDR für die Stabilität der Lage in Europa, für die Sache des Sozialismus und des Friedens ist"***.

Nachdem ich wieder in meinem Büro bin, kommt Botschafter Kotschemassow. Feierlich verliest er eine Botschaft des Generalsekretärs des ZK der KPdSU: „In Moskau ist man aufrichtig erfreut darüber, daß in der komplizierten Lage eine würdige Lösung gefunden wurde. Wir sind überzeugt, daß damit ein wichtiger Schritt zur Festigung des Sozialismus in der DDR getan wurde. Unser gegenseitiges Verständnis, die gegenseitige Offenheit und die Vertiefung der

* Siehe Parteiinternes Material „Protokoll der 9. Tagung des Zentralkomitees der SED", Teil II
** Ebenda
*** Neues Deutschland vom 19. Oktober 1989

Zusammenarbeit auf allen Gebieten werden jetzt zweifellos eine neue Dimension erhalten.“

Ich hoffe es sehr.

Der Botschafter übermittelt mir eine Einladung des ZK der KPdSU, „Moskau in allernächster Zeit einen Arbeitsbesuch abzustatten“*.

Ich erfahre, daß Gorbatschow nach meiner Wahl persönliche Botschaften an die Staats- bzw. Regierungschefs der Großmächte, an Bundeskanzler Kohl sowie an die Bruderparteien der KPdSU zur Unterstützung der „neuen Führung der DDR“ geschickt hat. Die Weisung Gorbatschows an den Botschafter der UdSSR in der Bundesrepublik hat folgenden Wortlaut:

„Besuchen Sie umgehend Bundeskanzler Helmut Kohl und übermitteln Sie ihm im Auftrag Michail Gorbatschows folgende mündliche Botschaft:

‚Wie der Kanzler wahrscheinlich bereits aus den Medien erfahren hat, ist in Berlin ein Plenum des ZK der SED zu Ende gegangen. Anstelle von Erich Honecker wurde Egon Krenz zum neuen Generalsekretär des ZK der SED gewählt. Es wurden weitere Kaderveränderungen vorgenommen.

Es liegt uns fern, mit Ihnen innere Angelegenheiten eines anderen Staates, der mit uns befreundeten und verbündeten Deutschen Demokratischen Republik, sowie einer anderen Partei, der Sozialistischen Einheitspartei Deutschlands, zu erörtern, mit der uns eine langjährige Solidarität und Beziehungen zwischen Genossen verbinden. Die vollzogenen Veränderungen betrachten wir als eine Tatsache. Die Bedingungen dafür waren in der SED selbst herangereift, die auch die Stimmungen in der Gesellschaft in sich aufnimmt.

Wir sind davon überzeugt, daß der Kurs der neuen Führung der DDR auf die Vervollkommnung und Erneuerung der Gesellschaft gerichtet sein wird, wobei die Errungenschaften gewahrt werden, die tatsächlich vorhanden sind. Zweifellos kann eine allmähliche und schrittweise Bewegung hin zu Reformen erwartet werden.

Wir teilen diese Gedanken vertraulich mit, weil wir davon ausgehen, daß die BRD, wie Kanzler Kohl in unserem Telefongespräch am 11. Oktober versicherte, in keiner Weise an einer Destabilisierung der DDR interessiert ist und ihr nichts Schlechtes wünscht. Michail Gorbatschow erwartet, daß entsprechend diesen Versicherungen und der breiten Verständigung, die bei den Gipfeltreffen in Moskau und Bonn erreicht wurde, der Kanzler und die BRD insgesamt zu den

* Die vom Russischen ins Deutsche übersetzte Mitteilung befindet sich im Archiv des Autors.

Vorgängen in der DDR eine Position einnehmen, die den Interessen der Berechenbarkeit der Handlungen aller und der Forderungen der Stabilität in Europa entspricht."'*

Noch bevor ich nach Berlin-Adlershof zum Fernsehfunk der DDR fahre, telefoniere ich mit Postminister Rudolph Schulze. Er gehört der CDU an. 1988 wurde er zum Sündenbock gemacht. Erich Honecker hatte öffentlich mitteilen lassen, daß auf Weisung des Postministers in der DDR die sowjetische Monatszeitschrift SPUTNIK nicht mehr vertrieben wird. Rudolph Schulze erfuhr es aus der Zeitung. Ich bitte ihn nun um Entschuldigung und empfehle ihm, zu veröffentlichen, daß der SPUTNIK ab sofort wieder in den Zeitungsvertrieb der DDR aufgenommen wird.

Danach fahre ich in das Fernsehstudio. Meine Absicht, die Bevölkerung umgehend über die ZK-Tagung zu informieren, wird zum Selbsttor. Die Leute wollen keine langen Reden mehr hören, die an Parteitagsberichte erinnern. Sie wollen wissen: Wer trägt die Verantwortung, daß das Land am Abgrund steht? Wo liegen die Ursachen? Wie soll es weitergehen?

Statt mich diesen Fragen in einem Interview mit Journalisten zu stellen, lese ich im DDR-Fernsehen vor, was ich zuvor den ZK-Mitgliedern vorgetragen habe. Ich leite dies mit den Worten ein: „Liebe Bürgerinnen und Bürger der DDR! Auf der heutigen Tagung des Zentralkomitees der SED habe ich zur aktuellen Lage der DDR gesprochen. Ich möchte Sie über den Inhalt informieren, indem ich jetzt den vollen Text vortrage: ..."

Entweder wurde dieser Vorspann nicht gesendet oder nicht mehr zur Kenntnis genommen. Die Berichte aus den Bezirken, die mir nach der Fernsehsendung übermittelt werden, sind noch relativ ausgewogen. Ich spüre aber: Die Rede hat nicht die Wirkung erreicht, die ich mir versprochen hatte. Auch die Wiederholung der Anrede „Liebe Genossinnen und Genossen" wird scharf kritisiert. Es entsteht der Eindruck, ich wende mich nur an die Parteimitglieder. Die Bevölkerung fühlt sich von der SED vereinnahmt. Sie will nicht mehr bevormundet werden.

---

* Weisung Gorbatschows an den Botschafter der UdSSR in Bonn, im Archiv des Autors

19. Oktober

Am Morgen besuche ich ein führendes Unternehmen des Maschinenbaus, das volkseigene Kombinat „7. Oktober" in Berlin.

Vor Ort will ich erfahren, wie die Arbeiter über unsere Politik denken, wie sie meine gestrige Rede aufgenommen haben und was sie von mir erwarten, und damit ausdrücken, wie wichtig mir die Anliegen der Arbeiter in den Betrieben sind.

Mein Besuch war vorher nicht angemeldet worden. Dennoch hat es sich herumgesprochen. Journalisten sind anwesend, auch Vertreter der Kreis- und der Berliner SED-Bezirksleitung. Sie überlassen mir, in welche Betriebshallen ich gehe und mit wem ich mich unterhalte. Das alte Ritual, daß alles vorgegeben und organisiert ist und den Besuchern Potemkinsche Dörfer gezeigt werden, soll der Vergangenheit angehören.

Die Arbeiter der Frühschicht nehmen kein Blatt vor den Mund. Nichts wird ausgespart: Meine Rede im Fernsehen reiche nicht aus. Der Weggang vieler Kollegen in den Westen schmerzt nicht nur; er bringt auch Störungen der Produktion mit sich. Ein Reisegesetz ist überfällig. Die Verletzung des Leistungsprinzips muß behoben werden. Die Partei- und Staatsführung soll zu den Bürgern mehr Vertrauen haben. Die Gewerkschaften dürfen von den Partei- und staatlichen Leitungen nicht gegängelt, Effektivität und Leistungsfähigkeit der Produktion müssen gesteigert und vor allem muß der ständige Materialmangel beseitigt werden. Die Versorgung mit hochwertigen Konsumgütern muß besser werden. Das betrifft Pkw, Farbfernseher, Unterhaltungselektronik und Computer. Niemand, so sagt es ein Meister, der zugleich eine Parteigruppe der SED leitet, darf das Bild einer heilen Welt malen. Die Realitäten sind anders als in den Zeitungen beschrieben und in der Aktuellen Kamera berichtet wird.

Ein NC-Bohrwerksdreher sagt: „Klar, wir brauchen Devisen, aber müssen wir unsere besten Sachen exportieren? Wird nicht manches in der Bundesrepublik regelrecht verschleudert, was wir in der DDR produzieren?" Es sei ungerecht, daß wir in der DDR unsere besten Waren nur in Intershops gegen DM oder teuer in Delikat- und Exquisitläden kaufen können.

Ein Technologe, Mitglied der NDPD, spricht die führende Rolle der SED an. Er sagt: „Wenn sich die SED als führende Kraft versteht, muß sie Angebote zu allen bewegenden Fragen des Lebens machen. Ihr müßt diese Angebote klarer formulieren."

Eine Ingenieurin, die schon 20 Jahre in der SED ist, meint: „Heute möchte ich euch Genossen vom Politbüro sagen, daß ihr mit keinem Vorschuß an Vertrauen an die Arbeit gehen könnt. Ihr müßt es euch erobern!“

Dazu bin ich bereit. Mir ist klar, wie schwer es sein wird. Ich spüre auch, daß hier das Verständnis von der führenden Rolle der SED ein ganz anderes ist, als es durch uns praktiziert wird. Wir haben seit Jahren die führende Rolle der SED in der Verfassung verankert. Das hat zu der irrigen Annahme geführt, die Rolle der SED in der Gesellschaft ist für immer gegeben. Wir haben die Antwort vergessen, die Brecht schon vor Jahren auf die Fragen gab: „Wer aber ist die Partei? Sitzt sie in einem Haus mit Telefonen? Sind ihre Gedanken geheim, ihre Entschlüsse unbekannt? Wer ist sie?“

Der Dichter antwortet: „Wir sind sie. Du und ich und ihr - wir alle. In deinem Anzug steckt sie, Genosse, und denkt in deinem Kopf. Wo ich wohne, ist ihr Haus, und wo du angegriffen wirst, da kämpft sie ...“

Brecht hatte klare Worte gefunden. Die Partei und die DDR haben Brecht gehuldigt, leider nicht immer seine Ideen verstanden.

Wir haben die führende Rolle der SED gleichgesetzt mit der führenden Rolle des Politbüros und dort wiederum einiger dominanter Genossen. Das rächt sich jetzt. Mir bereiten die Austritte aus der Partei große Sorgen. Unser Bund von Gleichgesinnten, wie wir die Partei nennen, fällt wie ein Kartenhaus in sich zusammen.

Der Besuch an der Basis bestärkt mich darin, die Erneuerung der Partei als eine Voraussetzung für die Erneuerung in der Gesellschaft auf die Tagesordnung des Politbüros zu setzen. Ich lege fest, daß alle Fragen, die im Betrieb diskutiert wurden, während der nächsten Sitzung des Politbüros ausgewertet werden. Ich möchte, daß die Diskussion um die Rolle der SED in einer veränderten DDR konstruktiv in Gang kommt.

Direkt vom Betrieb fahre ich zum Schloß Hubertusstock. Dort treffe ich mich mit Vertretern der Konferenz der Evangelischen Kirchenleitungen. Von der Haltung der Kirche hängt für den Verlauf der Wende viel ab. Auf dem Weg dorthin gehe ich noch einmal alle Punkte durch, die ich besprechen will.

Mit einem Bischof traf ich bisher nur einmal zusammen. Es war 1987 am Rande eines Staatsaktes in Berlin. Er hatte sich gewundert, daß ich in der DDR konfirmiert worden bin. Es paßte nicht in sein Weltbild, daß ich mich trotz Konfirmation in der DDR ungehindert entwickeln und sogar ins Politbüro und den Staatsrat aufsteigen konnte.

Mit einem der heutigen Gesprächspartner, Konsistorialpräsident Dr. Manfred Stolpe, hatte ich in den letzten Jahren einige wichtige Aufgaben gelöst. 1985 sprach er mich während eines Empfangs in der Botschaft Jugoslawiens in Berlin an. Er informierte mich über die Probleme von Wehrdienstverweigerern in der DDR. Er bat, mich dafür einzusetzen, daß die strafrechtliche Verfolgung dieser Personen eingestellt wird. Ich sprach darüber mit Honecker. Meines Wissens hat es seitdem in der DDR keine Inhaftierungen junger Leute wegen Wehrdienstverweigerung mehr gegeben. Ein Zeichen, daß sich in vertrauensvollen persönlichen Gesprächen auch schwierige Fragen klären lassen. Am 30. Juni 1988 bat Bischof Forck in einem Brief an Honecker, daß Bärbel Bohley und Werner Fischer, die sich zu dieser Zeit in England aufhielten, wieder in die DDR einreisen dürfen. Es gelang mir, Honecker zu überzeugen, dem Anliegen zu entsprechen. Stolpe und ich haben daran gemeinsam mitgewirkt.*

Nun treffe ich mich zum ersten Mal mit den wichtigsten Männern der Evangelischen Kirche der DDR: mit Landesbischof Dr. Werner Leich, Bischof Dr. Christoph Demke, Oberkirchenrat Martin Ziegler sowie Konsistorialpräsident Dr. Manfred Stolpe. Hier am Werbellinsee hatten in den vergangenen Jahren die aufsehenerregenden Begegnungen Honeckers mit Bundeskanzler Schmidt, mit dem bayerischen Ministerpräsidenten Strauß, mit dem SPD-Vorsitzenden Vogel und mit Industriellen aus der BRD stattgefunden. Ich hoffe, daß dieser historische Ort auch ein gutes Omen für das Gespräch mit den Kirchenvertretern sein wird. Ich will deutlich machen: Mein Anliegen ist, politische Probleme ohne jede Gewalt zu lösen. Ich bitte Dr. Leich, als erster das Wort zu nehmen.

Er sagt, seine Seite begreife das Treffen als Einstieg in den Gesprächsprozeß, der auf der Synodaltagung am 19. September 1989 angemahnt worden sei. Er wolle sein Anliegen mit einem Spruch Salomons verdeutlichen: Wer dem Nächsten schmeichle, spinnt ihm ein Netz über den Weg. Von seiner Seite kommt man weder als Schmeichler noch als Besserwisser. Sehr aufmerksam hat er meine Fernsehrede verfolgt und darin „manches entdeckt, was sich mit dem berührt, was wir sagen wollen“. Gemeinsam ist man besorgt über den inneren Frieden im Gemeinwesen. Er spricht die Gewalt am 7. Oktober in Berlin, die Ausreisewelle, die Wahlfälschung bei den Kommunalwahlen, die Eigenständigkeit der Regierung, die Rechtsstaatlichkeit, das Bildungswesen, den Wehrersatzdienst, die

* Siehe Hausmitteilung von Egon Krenz an Erich Honecker vom 1. Juli 1988 zu einem Brief von Bischof Forck an Erich Honecker vom 30. Juni 1988, im Archiv des Autors

Gewaltanwendung in China, ökonomische Reformen und ökologische Notwendigkeiten an.

Er bemerkt, daß dies wie ein Katalog der Besserwisserei aussehe. Die Kirche will aber ein „offener und aufrichtiger Gesprächspartner" sein. Man weiß auch, daß jeder, der ein Amt antritt, die Chance haben muß, sich zu bewähren. Es sei nichts Formales, wenn in den Kirchen Sonntag für Sonntag für diejenigen gebetet werde, die im Staat in Verantwortung stehen. Sich namentlich an mich wendend, sagt er: „Sie werden in deutlicher Erinnerungsanwesenheit sein, und wir hoffen, daß unsere Gebete in Erfüllung gehen werden."

Meinem Dank füge ich hinzu: „Die Schutz- und Sicherheitsorgane, die garantieren, daß die Demonstrationen in Leipzig und anderswo friedlich verlaufen, haben es ebenfalls verdient, in die Gebete eingeschlossen zu werden." Ich versichere, den Generalstaatsanwalt der DDR zu beauftragen, die gewaltsamen Auseinandersetzungen zwischen Polizei und Demonstranten am Abend des 7. Oktober in Berlin vorurteilsfrei zu untersuchen und die Schuldigen zur Verantwortung zu ziehen. Anliegen der Partei- und Staatsführung sei es, daß es nicht zur Konfrontation, nicht zur unkontrollierbaren Entwicklung kommt. Politische Probleme werden nur politisch gelöst. „Uns vereint mehr als uns trennt. Auch wir wollen, daß der mündige Bürger die Zukunft gestaltet."

Als ehemaligem Vorsitzenden der Zentralen Wahlkommission lasten mir viele Bürger die Mitverantwortung für Wahlfälschung an. Ich habe dafür auch die politische Verantwortung übernommen, versichere aber, niemanden zur Wahlfälschung angestiftet oder selbst Wahlergebnisse gefälscht zu haben. Ich schlage einen Neuanfang vor: „Künftige Wahlen werden nach einem neuen Wahlgesetz durchgeführt."

Schnellstens soll ein neues Reisegesetz auf den Weg gebracht werden. Auch die zeitweiligen Beschränkungen bei Reisen in sozialistische Länder werden aufgehoben. Entschieden soll auch werden, daß diejenigen Bürger, die unser Land verlassen haben und zurückkehren wollen, dies ohne Diskriminierung tun können. Schwieriger sei, wie wir den Reiseverkehr bezahlen.

„Meine Sorge", sage ich, „ besteht darin, daß Druck Gegendruck erzeugt. Im Interesse von Ruhe und Ordnung liegt es, die Beendigung der Demonstrationen zu erreichen. Wir brauchen Zeit, um über die Lösung der vielen Probleme nachzudenken. Ich bin bereit, nach Leipzig zu fahren, um darüber mit den Demonstranten zu sprechen. Es geht um ein Miteinander und nicht um ein Gegeneinander.“ Ich sage auch, daß die Berichterstattung über die DDR in den BRD-Medien an Kriegsberichterstattung erinnert.

Dr. Leich wirft ein: „Es sind mit die schlimmsten der Welt!“

Ich erinnere daran, daß wir eine Kultur des Streitens erlernen müssen, bei der niemand diskreditiert wird. In diesem Kontext sage ich auch ein Wort als Vater meines noch schulpflichtigen Sohnes. In einer Berliner Kirche war er im Zusammenhang mit Vorgängen an der Ossietzky-Oberschule als „Spitzel“ bezeichnet worden. Es geht nicht an, ist meine Meinung, daß der Sohn geprügelt wird, wenn der Vater gemeint ist.

Bischof Leich bezeichnet Offenheit als Grundlage für Vertrauen. Dann kann man miteinander leben. Jeder auf beiden Seiten sei schon einmal dem Feuer der westlichen Propaganda ausgesetzt gewesen. Bei einem geradlinigen Weg wird diese Propaganda verstummen.

Er resümiert: „Es wird Zeit gebraucht. Wir treten dafür ein, daß Sie Zeit haben.“*

Beim Pressegespräch hebt der Landesbischof hervor, es habe für ihn Signalwirkung, daß der Generalsekretär innerhalb von nicht einmal 24 Stunden nach seiner Wahl zu diesem Gespräch eingeladen hat. Der Dialog sei offen und rückhaltlos geführt worden.**

In der gemeinsamen Erklärung steht der Satz, daß es gelte, die Deutsche Demokratische Republik, deren Geschichte auch ein Stück Geschichte der evangelischen Kirchen unseres Landes und des gesellschaftlichen Mittuns christlicher Bürger sei, zu bewahren.***

Als ich mich von meinen Gesprächspartnern verabschiede, habe ich das Gefühl, zwischen uns könnte Vertrauen entstehen.

Als ich gegen Mitternacht zu Hause die Post des Tages durchsehe, einige Zeitungen überfliege und den Tagesbericht über die Stimmung im Land lese, werde ich auf den Boden der Tatsachen zurückgeholt: Meine Situation ist mehr als schwierig. Einige Genossen protestieren gegen die Ablösung Honeckers. Dies sei, so schreiben sie, ein „Kniefall vor dem Feind“. Andere wiederum betonen, daß es höchste Zeit, vielleicht sogar zu spät gewesen sei. Für die Schuldigen an der Sprachlosigkeit im Politbüro werden Parteiausschlüsse gefordert.

---

* Niederschrift über das Gespräch des Generalsekretärs des ZK der SED, Egon Krenz, mit dem Vorsitzenden der Konferenz der Evangelischen Kirchenleitungen der DDR, Landesbischof Dr. Werner Leich, am 19. Oktober 1989 in Hubertusstock, im Archiv des Autors

** Neues Deutschland vom 20. Oktober 1989

*** Neues Deutschland vom 20. Oktober 1989

Aus vielen Briefen spricht die Hoffnung von Parteimitgliedern und Parteilosen, daß ich es schaffe, verlorengegangenes Vertrauen wiederzuerlangen. Genossen, die früher geschwiegen haben, schikken mir Ausarbeitungen mit Reformvorschlägen. Es ist mir unmöglich, sie alle zu lesen.

Ein Freund aus FDJ-Zeiten, jetzt Oberbürgermeister von Dresden, Wolfgang Berghofer, schreibt mir in einem persönlichen Brief: „Deine Rede war für mich und viele treue, standhafte, verantwortungsbewußte Kommunisten an meiner Seite, für Freunde, Verbündete, für viele Bürger Dresdens, die ihre Stadt und ihr Land lieben, Ermutigung. Du hast ausgesprochen, was die Mehrheit bewegt, was mit zu verantworten, mit zu gestalten, viele bereit sind....“* Natürlich freue ich mich darüber. Ich frage mich aber auch, warum dieses übertrieben anmutende Lob? Die Stimmung ist doch viel differenzierter.

Im Land gärt es weiter. Neue Demonstrationen finden statt. Die Ausreisen nehmen nicht ab. Und dennoch: Die Begegnungen mit den Arbeitern und mit den leitenden Vertretern der evangelischen Kirchen geben mir Hoffnung und Auftrieb. Ich will sie nutzen und wünsche, es könnte gelingen, Reformen in der DDR auf den Weg zu bringen. Die Forderungen der Demonstranten gehen aber längst weiter als unsere eigenen Vorstellungen.

20. Oktober

Meine Sekretärinnen ersticken fast in der Post. Täglich treffen Hunderte Briefe und Telegramme ein. Die wichtigsten Schreiben liegen bereits auf meinem Schreibtisch, als ich gegen 7.00 Uhr in mein Büro komme. Manfred von Ardenne** schreibt u. a.: „Sie wissen, es gibt mehrere Gründe aus der Vergangenheit dafür, daß ich besonders Freude über Ihre Berufung in dieses hohe Amt empfinde.“***

Wir hatten seit Jahren einen regen Briefwechsel. Er unterbreite mir, wie er vor längerer Zeit schrieb – „für Ihre Zukunft“ wirtschaftliche

* Wolfgang Berghofer an Egon Krenz, Brief vom 18. Oktober 1989, im Archiv des Autors
** Manfred von Ardenne, Naturwissenschaftler mit eigenem Forschungsinstitut in Dresden. Von 1945 bis 1955 war er als Atomphysiker in der UdSSR tätig. Er hat Anteil an der Brechung des Atombombenmonopols der USA, danach wissenschaftlich in der DDR tätig, Mitglied des Forschungsrates der DDR. Er war für den Kulturbund der DDR Abgeordneter in der Volkskammer der DDR.
*** Brief von Manfred von Ardenne an Egon Krenz vom 19. Oktober 1989

Reformvorstellungen. Darüber haben wir uns brieflich und auch bei persönlichen Begegnungen ausgetauscht. Es entstand ein vertrauensvolles Verhältnis zwischen uns. Daran knüpft er in seinem Glückwunschschreiben an. Zusätzlich schickt er mir die Kopie eines Briefs an Willi Stoph*. Der renommierte Wissenschaftler bringt darin Hans Modrow als Nachfolger für Günter Mittag ins Spiel.

Das deckt sich mit meinen Vorstellungen. In der Partei wird immer lauter gefordert, Genossen in die Führung zu holen, die nicht durch ihre Tätigkeit im alten Politbüro belastet sind. Wirtschaftspolitik war schon immer ein besonderes Interessengebiet von Hans Modrow.

Ich rufe ihn an. „Hans, es gibt den Vorschlag, daß du deine Arbeit in Berlin aufnimmst." Er reagiert abwartend. Ich werde konkreter: „Ich schlage dir vor, die Funktion des Sekretärs für Wirtschaftspolitik zu übernehmen."

Er sagt: „Nein."

Ich bin enttäuscht, möchte, daß er jetzt nach Berlin kommt und an der Vorbereitung der nächsten ZK-Tagung teilnimmt. Gut, denke ich, vielleicht liegt ihm die Funktion des Sekretärs für Agitation und Propaganda näher. Schließlich hat er auch viele Jahre auf diesem Gebiet gearbeitet. Er war Abteilungsleiter für Agitation im Zentralkomitee. Nachfolger von Herrmann, nein, das wolle er auch nicht werden. Landwirtschaftssekretär, ja, diese Funktion würde er übernehmen, sagt er. Ich antworte, daß sie durch Werner Krolikowski besetzt ist. Ich brauche keinen neuen Landwirtschaftssekretär, sondern dringend, wenn möglich sofort, einen qualifizierten Sekretär für Wirtschaftspolitik und für Agitation und Propaganda.

Modrows Antwort: Krolikowski sei ja schon einmal Wirtschaftssekretär gewesen. Er könne diese Funktion wieder übernehmen. Dann wäre die Funktion des Landwirtschaftssekretärs für ihn frei. Darüber bin ich irritiert; es gibt mir zu denken. Ich mache aber keine Motivforschung, sondern überlege mir Alternativen für die Funktionen. Als Wirtschaftssekretär ziehe ich Wolfgang Junker, den Bauminister, oder Alexander Schalck, den Staatssekretär für Kommerzielle Koordinierung im Außenhandelsministerium, in Betracht. Sie haben die notwendige Kompetenz. Ich verwerfe diesen Gedanken aber wieder. Beide sind wichtige Stützen der Regierung, die wir stärken müssen und nicht schwächen dürfen. Sollte Stoph einmal sein Amt aufgeben, so gehören sie zu den Kandidaten, die ich für die Funktion des Ministerpräsidenten in die engere Wahl ziehen werde.

---

* Brief von Manfred von Ardenne an Ministerpräsident Willi Stoph

Schalck wartet inzwischen in meinem Vorzimmer. Wir haben uns verabredet. Er unterstand bisher Mittag. Er wird es schwer haben, seinen Genossen glaubhaft zu machen, daß seine Ansichten keinesfalls die von Mittag sind. Wir kennen uns seit 1983. In diesen Jahren hat er mir viel geholfen, einen realen Blick für die wirtschaftliche Lage der DDR zu gewinnen. Auf der nächsten Politbürositzung will ich vorschlagen, daß er künftig doppelt unterstellt ist: dem Generalsekretär des ZK der SED und dem Ministerpräsidenten.

Schalck hat seit Beginn der achtziger Jahre wichtige interne Gespräche mit der BRD geführt und war wesentlich beteiligt, den Staatsbesuch Honeckers in der Bundesrepublik vorzubereiten.

Mir liegt daran, diesen Mann an meiner Seite zu haben. Ich frage ihn, ob er mein persönlicher Beauftragter für die bevorstehenden Verhandlungen mit Bonn sein will. Nachdem er einwilligt, sprechen wir über die Vorbereitung eines Gesprächs mit dem Chef des Bundeskanzleramtes, Rudolf Seiters, und mit dessen Vorgänger Wolfgang Schäuble. Ich will noch vor meinem Treffen mit Gorbatschow testen, wie ernst der Bundeskanzler sein Versprechen an den KPdSU-Generalsekretär nimmt, kein Interesse daran zu haben, die DDR zu destabilisieren. Meine Erfahrungen sind andere.

Schalck soll in Bonn deutlich machen: Es ist der feste Wille der DDR-Führung, innenpolitisch weitgehende Erneuerungen und Reformen durchzusetzen. Es geht um Reformen des politischen Systems, genauso wie um eine grundlegende Wirtschaftsreform. Kampagnen gegen die DDR aber lassen sich mit der Versicherung Kohls, er wolle nichts Schlechtes für die DDR, nicht vereinbaren. Einmischung in unsere inneren Angelegenheiten weisen wir zurück. Die DDR arbeitet intensiv an dem Entwurf eines Reisegesetzes. Von Experten habe ich eine Studie erhalten. Aus ihr geht hervor: Bedenkt man, daß 1988 7,2 Millionen Besuche von DDR-Bürgern in der BRD stattgefunden haben, und stellt in Rechnung, jeder Besucher bleibt im Durchschnitt nur eine Woche und benötigt dafür 500 DM, wären das rund 3,5 Milliarden Mark an Devisen.

Woher dieses Geld nehmen?

Schalck soll bei seinen Gesprächspartnern keinen Zweifel lassen, daß mit dem unbegrenzten Reiseverkehr für die DDR bedeutende zusätzliche finanzielle Belastungen entstehen. Allein die anfallenden Zahlungen der DDR an die Deutsche Bundesbahn werden sich von ca. 160 Millionen auf ca. 500 Millionen DM erhöhen. Will Bonn ernsthaft helfen, das Reiseproblem aus der Welt zu schaffen, muß sich die BRD an den zusätzlichen ökonomischen Belastungen beteiligen.

Als Schalck sich von mir verabschiedet, gibt er mir einige Ausarbeitungen über politische Reformen. „Vielleicht hast du Zeit, sie dir anzusehen", sagt er. Sie sind für ihn offensichtlich so brisant, daß er mir nicht sagt, wer sie ausgearbeitet hat.

Ich lese: „Die Volkskammer wählt für den Zeitraum von fünf Jahren den Staatspräsidenten und vier Vizepräsidenten. Als Staatspräsident sollte die SED-Fraktion der Volkskammer Genossen Egon Krenz vorschlagen ... Damit wäre der Rücktritt von der Funktion des SED-Generalsekretärs verbunden ..."* Andere Schriften beschäftigen sich mit dem Rücktritt der Regierung, der Zusammensetzung einer neuen Regierung, der verfassungsmäßigen Kontrolle der Arbeit der Sicherheitsorgane, der Rolle der verbündeten Parteien CDU, LDPD, DBD und NDPD und mit Grundgedanken der Zusammenarbeit mit der Regierung der BRD und dem Senat von Berlin (West).

Ich arbeite die Konzepte durch, besonders jedoch das über den Staatspräsidenten. Herger hat einen ähnlichen Gedanken.

Wie soll ich damit umgehen?

In vier Tagen wird die Volkskammer zusammentreten. Ihr ist vom Zentralkomitee vorgeschlagen worden, mich zum Vorsitzenden des Staatsrates zu wählen. Die Wahl eines Präsidenten würde eine Verfassungsänderung notwendig machen. Ich will sie aus vielen Gründen nicht. Ich will deshalb vorschlagen, eine Verfassungskommission zu bilden, die unsere Verfassung auf notwendige Änderungen prüft. Das braucht Zeit.

Der Rücktritt von der Funktion des Generalsekretärs wäre für mich eine Flucht. Ich glaube, kein Recht zu haben, mich erst in die höchste Parteifunktion wählen zu lassen und sie schon nach einer Woche aufzugeben. Der Partei will ich nicht den Rücken kehren. Mag sein, daß dies ein konservativer Standpunkt ist. Schließlich hat sich auch Jaruzelski in Polen zum Staatspräsidenten wählen lassen. Ich entscheide mich dennoch dafür, die DDR-Verfassung einzuhalten und für das Amt des Vorsitzenden des Staatsrates zu kandidieren.

Ich arbeite an meiner Erklärung für die Volkskammer. Den Entwurf schicke ich parallel den Mitgliedern des Politbüros und den Parteivorsitzenden der CDU, DBD, LDPD und NDPD. Ich will den Vorsitzenden der befreundeten Parteien signalisieren, daß sie künftig von Anfang an mitarbeiten und nicht nur zur Abstimmung von Beschlüssen verpflichtet sind.

---

* Ausarbeitung im Archiv des Autors

Schon wenige Stunden später ruft mich Manfred Gerlach* an. Er sei erfreut, sagt er, daß seine Partei und er in die Vorbereitung von Entscheidungen einbezogen werden. Das sei ermutigend. Er schlägt mir vor, auf der Volkskammertagung nicht eine übertriebene Würdigung von Erich Honecker vorzunehmen. Er werde mir weitere Hinweise für meine Rede schriftlich geben.

In den Parteien wie auch bei der Bevölkerung gibt es Vorbehalte, daß ich wie Erich Honecker die höchsten Funktionen in der DDR wahrnehmen soll: Generalsekretär der SED, Staatsratsvorsitzender und Vorsitzender des Nationalen Verteidigungsrates der DDR. Viele fürchten, daß diese Machtkonzentration bedeutet: Es bleibt alles beim alten.

Ich kann diese Meinung verstehen, teile sie aber nicht. Die Vorbereitung des Befehls vom 13. Oktober über die Gewaltlosigkeit im Zusammenhang mit Leipzig hat mich bestärkt, daß eine Ämterteilung vor allem in komplizierten Sicherheitssituationen viele Gefahren in sich birgt. Da sind schnelle und koordinierte Entscheidungen notwendig. Jeder politische Entschluß hat Folgerungen für die Sicherheitspolitik, und jede Entscheidung über Sicherheitsfragen hat mehr denn je politische Auswirkungen. Diese Pragmatik, nicht Machtbesessenheit, ist es, warum ich mich trotz der Bedenken aus meiner eigenen Partei und der Bevölkerung in der Volkskammer zur Wahl stelle.

21. und 22. Oktober

Es ist Sonnabend. Um 4.00 Uhr bin ich aufgestanden, habe eine Runde von fast fünf Kilometer gejoggt und einen Durchgang in der Sauna hinter mir. Seit vier Stunden arbeite ich Akten durch und lese Briefe. Unter ihnen ist ein persönliches Schreiben des Botschafters der DDR in Griechenland, Horst Brie. Er teilt mir mit: „Es wäre gefährlich, sich darauf zu verlassen, daß führende Kreise der USA, Großbritanniens, Frankreichs und zum Teil der BRD keine Destabilisierung wollen. Wenn uns selbst die Stabilisierung nicht gelingt, werden sich Tendenzen verselbständigen, und es besteht sogar die Gefahr, die Unterstützung der SU** zu verlieren.“*** In letzter Zeit

---

* Manfred Gerlach, Vorsitzender der LDPD und Stellvertreter des Vorsitzenden des Staatsrates der DDR

** Sowjetunion

*** Persönlicher Brief von Botschafter Horst Brie an Egon Krenz vom 20.. Oktober 1989

mehren sich Warnungen, daß die DDR Spielball zwischen den Großmächten USA und UdSSR werden könnte. Die USA wollen ihre Hegemonie in Europa durchsetzen. Dem steht Gorbatschows Konzept von einem „Europäischen Haus" entgegen. Die UdSSR und die USA wollen den Kalten Krieg beenden. Die USA zu ihren Bedingungen. Das bedeutet, die osteuropäischen Länder in der Wertegemeinschaft des Westens aufgehen zu lassen. Gorbatschow will die Bürde des Kalten Krieges durch Zugeständnisse im Bereich der Abrüstung loswerden. In dieser globalen Auseinandersetzung kann die DDR leicht zerrieben werden, wenn sie ein Unsicherheitsfaktor zwischen den Fronten bleibt. Leider sehen viele in der DDR diese internationalen Zusammenhänge nicht.

Was jetzt in der DDR passiert, ist keineswegs nur unsere innere Angelegenheit. Manche tun allerdings noch so, als ginge es nur um neue Gesichter in der Führung, um mehr Konsequenz bei der Abrechnung mit dem alten Politbüro und um den Kampf gegen die Korruption. So notwendig das ist, müssen wir bei allem daran denken, daß die DDR eine große Verantwortung dafür trägt, daß die Nachkriegsordnung in Europa nicht ins Wanken gerät.

Seinem Brief legt Botschafter Brie Thesen seines jüngsten Sohnes Michael zur gegenwärtigen Lage der DDR bei. Der Wissenschaftler an der Humboldt Universität hatte seine Ausarbeitungen schon im Sommer seinem Parteisekretär an der Universität übergeben. In seiner Analyse schreibt er: „Die Fortsetzung der jetzigen Politik der SED führt aber zwangsläufig dazu, daß beschleunigt jene politischen und massenpsychologischen Voraussetzungen entstehen, die es den imperialistischen Kreisen in der BRD ermöglichen, massenhafte Unzufriedenheit, Veränderungswillen, Formen des zivilen Widerstands zu manipulieren und einer politischen Krise konterrevolutionäre Ausrichtung zu verleihen. Wir stehen unmittelbar vor einer offenen politischen Krise."*

Mich überrascht diese Einschätzung nicht. Ich denke ähnlich. Mich ärgert aber die Ignoranz mancher Parteileitungen, die wichtige Ausarbeitungen irgendwo in den Schubladen schmoren lassen. Es spricht für die Schwächen der Informationswege in der Partei, daß ich erst durch den Vater des Verfassers von einer so grundlegenden Analyse erfahre.

Ich nutze das Wochenende, um mich auf die 10. Tagung des Zentralkomitees vorzubereiten. Für dieses Plenum müssen mindestens

* Aus den Thesen von Michael Brie „Zur gegenwärtigen Lage der DDR und Konsequenzen für die Gestaltung der Politik der SED"

drei Tage eingeplant werden. Alle anstehenden Fragen sollen ohne Tabus diskutiert werden. Es muß gelingen, eine öffentliche, realistische und selbstkritische Bestandsaufnahme des Erreichten vorzunehmen, nüchtern die notwendigen Schritte zu bedenken und zu Entscheidungen zu kommen.

Gegen 9.30 Uhr klingelt mein WTsch-Apparat.

Die Zentrale teilt mit: „Genosse Generalsekretär, ein Gespräch aus Moskau für Sie."

Ich warte einen Moment. Dann höre ich die Stimme Gorbatschows: „Ich umarme dich symbolisch. Von Herzen gratuliere ich dir jetzt persönlich zu deiner hohen Verantwortung. Ich beneide dich nicht. Wer außer dir hätte diese Last übernehmen können. Ich freue mich, daß du Mut gezeigt hast. Ich begrüße dich als meinen neuen Kollegen, mit dem ich gern zusammenarbeiten will."

„Danke, Michail Sergejewitsch." Ich suche nach den russischen Vokabeln: „Die größte Last liegt auf deinen Schultern. Vom Erfolg der Perestroika hängt das Schicksal des Sozialismus ab. Ich wünsche dir Kraft. Wie die Leute bei uns zu dir stehen, hast du am 6. Oktober Unter den Linden gehört und gesehen. Und was mich betrifft, hast du mir mit deinen Botschaften an Kohl und viele Staatsmänner der Welt den Rücken gestärkt. Ich danke dir."

„Das bin ich der Freundschaft unserer Völker schuldig. In schwierigen Zeiten erkennt man seine Freunde. Ich möchte dich gern sehen. Wann kannst du nach Moskau kommen?" fragt er.

„Wann immer du die Zeit hast", antworte ich.

„Ende Oktober, Anfang November wäre ein guter Termin. Dann kannst du gleich mit uns das Fest des Oktobers* feiern", schlägt Gorbatschow vor.

„Zum Feiern ist mir jetzt nicht zumute. Ich muß mit dir über vieles reden. Auch über die BRD. Mein Bevollmächtigter fliegt Anfang der Woche nach Bonn. Er soll testen, wie Kohl die Veränderungen bei uns aufgenommen hat", antworte ich.

„Laß dich von Kohl nicht erpressen. Er hat auf das Pferd des Nationalismus gesetzt. Das ist gefährlich. Er will Reformen nach Bonner Vorstellungen. Die sind für uns nicht akzeptabel. In seine Abhängigkeit darfst du dich auf keinen Fall begeben", entgegnet Gorbatschow mit fester Stimme.

„Du hast recht. Er will die DDR wegreformieren. Er will uns in die Knie zwingen. Mir geht es in dem Gespräch mit dir vor allem

---

* Gemeint ist der Jahrestag der Großen Sozialistischen Oktoberrevolution. Der 7. und 8. November waren in der Sowjetunion gesetzliche Feiertage.

um unsere gemeinsame Politik. Ich möchte über die Vorbereitung unseres nächsten ZK-Plenums mit dir sprechen. Jeder in Europa, vor allem die Regierung der Bundesrepublik, muß spüren, daß die UdSSR und die DDR zusammengehören. Es muß wieder Gleichklang zwischen uns geben. Wir brauchen Schulterschluß", sage ich.

„Damit bin ich voll einverstanden. Was den Termin betrifft, will ich noch einmal in meinen Kalender sehen. Unsere Diplomaten können ihn abstimmen."

Bevor wir unser Gespräch beenden, folgt noch ein persönliches Wort: „Herzliche Glückwünsche auch von Raissa Maximowna*. Wie geht es Erika**? Grüße sie herzlich von mir."

„Danke" sage ich, „grüße bitte auch du deine Frau. Ich bitte dich, im Namen unseres Politbüros brüderliche Grüße an deine Genossen auszurichten. Auf Wiedersehen in Moskau."

Mir gehen die Jahre seit 1985 durch den Kopf. Immer wieder wird gesagt, Gorbatschow und Honecker hätten sich wegen der Perestroika zerstritten. Die eigentlichen Meinungsverschiedenheiten zwischen der KPdSU und der SED begannen jedoch viel früher. Es waren in erster Linie strategische Fragen der Welt- und Deutschlandpolitik und das Verhältnis der DDR zur Volksrepublik China. Der Sowjetunion ging die Abgrenzungspolitik der DDR gegenüber Bonn nicht weit genug. Ihr mißfiel, daß Honecker auf eine Annäherung mit der Bundesrepublik setzte. Hinzu kam, daß die DDR ihre Beziehungen zur Volksrepublik China ohne Zustimmung Moskaus normalisierte. Die Meinungsverschiedenheiten über die Perestroika kamen erst später dazu.

Meine Hoffnung liegt in Moskau. Gorbatschows Vision vom Sozialismus, der sich von Entstellungen der Vergangenheit befreit, der in der Tradition von Marx und Lenin steht, ist in der DDR populär. Eine soziologische Umfrage unter jungen Leuten brachte ihm ausgezeichnete Noten ein. Mutig, ehrlich, realistisch, ideenreich, objektiv, geradlinig, zukunftsweisend, problemoffen, energisch, kritisch, glaubwürdig, geistreich - dies sind die häufigsten Attribute, die sie mit Gorbatschows Namen verbinden. Viele glauben, daß es Gorbatschow gelingen würde, Politik und Moral miteinander in Einklang zu bringen. Einer schrieb auf den Fragebogen der soziologischen Untersuchung: „Gott schenke ihm ein langes Leben und in der DDR einen Bruder." Einen Bruder hat er in der DDR nicht.

---

* Ehefrau von M. S. Gorbatschow

** Erika Krenz, Ehefrau von Egon Krenz. Sie hatte 1986 Frau Gorbatschowa während ihres Aufenthalts in der DDR begleitet.

Trotz der Gorbi-Euphorie sind die Meinungen über ihn sehr differenziert. Die sowjetische Umgestaltung spricht die Jugend intellektuell an und berührt sie auch emotional. Erfahrene Menschen, die gesellschaftliche Umbrüche schon erlebt haben, sind eher skeptisch bis ablehnend. Gegenüber unseren politischen Gegnern im Westen sei Gorbatschow ein Messias, der vergebens versucht, sie vom neuen Denken zu überzeugen. In der SED und im Politbüro reicht das Spektrum von begeisterter Zustimmung bis zu totaler Ablehnung, ohne daß dies zur Bildung von Fraktionen geführt hätte.

Die ersten Reden Gorbatschows wurden in der DDR ausnahmslos veröffentlicht und mit Begeisterung gelesen, von vielen geradezu verschlungen. Die Reden signalisierten das Ende der Stagnation im Freundesland. Später, etwa ab Januar 1987, als sich Gorbatschows Reden wie eine Zusammenstellung westlicher Vorwürfe gegen die Sowjetunion lasen, meinten die dafür zuständigen Genossen im Politbüro, sie der Bevölkerung nicht mehr zumuten zu können. Das in Jahrzehnten entstandene Bild über die Sowjetunion sollte nicht von der Sowjetunion selbst zerstört werden, war die Meinung. Tiefgehende Analysen der Umgestaltung, zu denen unsere Gesellschaftswissenschaftler durchaus fähig und bereit waren, wurden von der Parteiführung nicht gewünscht. In den DDR-Medien erschienen dagegen plötzlich fast nur noch Meldungen über Erdbeben, Katastrophen, nationale Streitigkeiten und die kritische Versorgungslage in der Sowjetunion. Die inhaltlichen Informationen über die Entwicklung in der Sowjetunion wurden den bundesdeutschen Medien überlassen.

Als Gorbatschow mit Perestroika und Glasnost im eigenen Land auf Widerstand stieß, wurde er auch in der DDR wieder publiziert, diesmal allerdings unter rein pragmatischen Gesichtspunkten. Honecker meinte, Gorbatschow entlarve sich mit seinen beharrlichen Wiederholungen selbst. Das Gegenteil trat ein. Bei vielen Menschen verstärkte sich der Wunsch, Gorbatschow möge durchhalten, damit der Reformgeist auch in der SED die Oberhand gewinne.

Mir waren manche Einwände Honeckers gegen die Politik Gorbatschows plausibel. Ich sah ihre sachliche Berechtigung dort, wo Gorbatschow zwar die Fehler in der Sowjetunion wortreich beschrieb, aber keine konstruktiven Vorschläge machte, sie zu korrigieren. Die Menschen in der Sowjetunion, von all ihren Führungen immer wieder auf eine blühende Zukunft vertröstet, waren ungeduldig geworden. Sie wollten jetzt besser leben. Honecker stellte immer wieder die rhetorische Frage: Wollt ihr Perestroika oder volle Regale? Natürlich wollte niemand leere Regale. Die eigentlichen Herausforderungen, die 1985 mit der Politik Gorbatschows auch auf die DDR und die anderen sozialistischen Staaten zukamen, wurden von uns nicht erkannt.

Die SED-Führung entgegnete Gorbatschow: „Die Lage in der DDR ist anders als in der Sowjetunion. Wir wollen nicht kopieren." Die Antwort war die blutarme Formel vom „Sozialismus in den Farben der DDR". In unserer Selbstüberschätzung hatten wir die Lehre der Geschichte vergessen, daß ein Land, das sich notwendigen Reformen verschließt, seinen eigenen Untergang organisiert.

Die Unruhe vieler Bürger regte sich bei dem Gedanken an die Zukunft. Aus den existierenden gesellschaftlichen Strukturen und dem Mangel an erneuerter Führungsqualität war für sie kein Ausweg zu erkennen. Ob jemand Gorbatschow mochte oder nicht, ist für mich zweitrangig. Wichtig ist mir, eine gemeinsame politische Linie mit Moskau zu verfolgen. Ohne die Sowjetunion ist die DDR mit oder ohne Perestroika verloren. Wer kann schon mit Gewißheit sagen, was aus der Perestroika geworden wäre, wenn 1985 alle Bruderländer Gorbatschow unterstützt hätten?

Auch an diesem Wochenende erhalte ich mehrmals am Tag Stimmungsberichte. Viele Menschen nehmen unsere Aufforderung zum Dialog ernst. In Berlin stellt sich Schabowski der Diskussion auf der Straße. Eine völlig neue Erfahrung für die Partei. Einige seiner Kollegen tun es ihm nach. Manche haben aber auch Scheu davor. Im Leipziger Gewandhaus findet ein großes Bürgerforum statt. Ein Teilnehmer äußert: „In dem Maße, wie der Dialog in Gang kommt, werden die Demonstrationen überflüssig." Ich hoffe sehr, er hätte recht.

Die Diskussionen polarisieren. Während es einigen inhaltlich nicht weit und organisatorisch nicht schnell genug geht, sehen viele Bürger die Gefahr, daß das Kind mit dem Bade ausgeschüttet wird. Manche sprechen schon von einem „Prager Frühling im deutschen Herbst". Sie fordern den Rücktritt der Regierung, die Beseitigung der führenden Rolle der SED, freie Wahlen 1990, Reisefreiheit nicht als Gnadenakt des Staates, sondern als Bürgerrecht. Sie wollen Mechanismen, die die Wende unumkehrbar machen.

Ich habe große Befürchtungen, daß die Polarisierung zu ungewollten Zusammenstößen führt. Ich lese daher noch einmal den Entwurf meiner Rede für die Volkskammer und füge neu ein: „Wir sollten alles tun, um jede Zuspitzung oder gar Konfrontation zu vermeiden. Dies würde die Gefahr heraufbeschwören, vieles, was in Bewegung gekommen ist, in Frage zu stellen."*

---

* Neues Deutschland vom 25. Oktober 1989

23. Oktober

Gestern hat mich der Oberkommandierende der Westgruppe der sowjetischen Streitkräfte, Armeegeneral Snetkow, angerufen. Unser Verhältnis ist freundschaftlich. Ich mag seine unkomplizierte Art. Er kommt schnell auf den Punkt und mag kein diplomatisches Hin und Her. Er müsse mich unbedingt sprechen, sagte er am Telefon. Ob er zu mir nach Hause kommen will oder ob es bis Montag Zeit hat, fragte ich ihn. Montag würde reichen. Er werde seinen Stellvertreter für politische Angelegenheiten mitbringen. Wir vereinbarten uns für 16.00 Uhr in meinem Arbeitszimmer im Zentralkomitee.

Botschafter Kotschemassow hat heute früh erfahren, daß Snetkow mich besuchen wird. Er ruft mich schon vor 9.00 Uhr an. Etwas erregt, sonst nicht seine Art, fragt er mich: „Meinen Sie nicht, Genosse Krenz, daß das Treffen mit unseren Generälen am Vortag Ihrer Wahl zum Staatsratsvorsitzenden ein falsches politisches Signal ist?"

Mir ist seit längerem aufgefallen, daß nicht mehr alle sowjetischen Dienststellen die gleiche Meinung vertreten. Aus dem ZK der KPdSU kommen oft andere Empfehlungen als aus dem Außenministerium.

Das Verteidigungsministerium der UdSSR hat seine Linie, und auch zwischen den sowjetischen Militärs und Diplomaten in der DDR läuft schon lange vieles nicht mehr synchron. Ich verstehe den Hintergrund der Frage des Botschafters. Dennoch will ich nicht die internen Kompetenzen der Botschaft und des Oberkommandos der Westgruppe berühren. Die einen erhalten ihre Weisungen aus dem Außen- und die anderen aus dem Verteidigungsministerium. Daher sage ich:

„Mir ist Armeegeneral Snetkow immer willkommen. Sollte es allerdings aus Ihrer Sicht ernsthafte Gründe geben, daß das Treffen nicht zweckmäßig ist, muß dies zwischen Ihnen und Genossen Snetkow geklärt werden. Ich will kein Schiedsrichter sein."

Die Militärs lassen sich von den Diplomaten nicht umstimmen. Das Treffen findet statt. Kotschemassow bittet mich, daß keine Mitteilung darüber veröffentlicht wird. Während mir das egal ist, legt Snetkow besonderen Wert auf eine Pressemeldung. Vor allem will er den Satz veröffentlichen: „Armeegeneral Snetkow versicherte, daß die Waffenbrüderschaft zwischen den Angehörigen der Westgruppe und der Nationalen Volksarmee vertieft und der Bruderbund zwischen beiden Armeen weiter gefestigt werden." Diese Mitteilung wird erst vier Tage nach unserer Begegnung, am 26. Oktober publiziert.*

Als Snetkow und ich uns am 23. Oktober in meinem Arbeitszimmer freundschaftlich verabschieden, sagt der Armeegeneral: „Genosse Krenz, wir sind immer bereit, der DDR jede Hilfe zu geben. Benachrichtigen Sie mich, wann immer Sie wollen."

Ich frage mich: Warum eigentlich haben sich die Diplomaten gegen das Treffen gewandt? Sie fürchten offensichtlich, daß die Militärs eine militärische Lösung anbieten könnten. Dieses Mißtrauen wäre noch vor Monaten undenkbar gewesen. Die vielbeschworene Einheit und Geschlossenheit der KPdSU scheint nicht mehr zu bestehen.

Die sowjetischen Militärs sehen klarer als ihre politische Führung in Moskau, daß die DDR Vorposten für die europäischen sozialistischen Länder ist. Fällt dieser Vorposten, besteht eine ernsthafte Gefahr für die Sowjetunion. Aus dieser Weltsicht heraus macht Snetkow klar: Sollte es Provokationen geben, ist die Westgruppe bereit, ihre Verpflichtungen gegenüber der DDR zu erfüllen. Die Westgruppe ist in der Lage, unter x-beliebigen Bedingungen alle gestellten Aufgaben zu erfüllen.

Das Politbüro hat eine schwere Hypothek vom 7. und 8. Oktober übernommen: die Polizeieinsätze in Berlin. Jeden Tag kommen neue Fakten an die Öffentlichkeit. Es ist bis jetzt nicht gelungen, genau zu erfahren, was sich an jenem Abend tatsächlich ereignet hat und wer konkret die Verantwortung dafür trägt. Ich erhalte die Information, daß junge Leute mit Unterstützung kirchlicher Gruppen eine Dokumentation erarbeiten, die morgen der Öffentlichkeit übergeben werden soll. Wolfgang Herger sagt mir, daß er in dieser Angelegenheit auch einen Brief von Manfred Weckwerth, Intendant des Berliner Ensembles und Präsident der Akademie der Künste, erhalten habe. Er sei über den Inhalt erschüttert. Weckwerth schreibt: „Die Sicherheitskräfte in Uniform und Zivil schlugen wahllos auf alle ein, die sich auf der Straße befanden. Dabei knüppelten sie auch auf völlig unbeteiligte Passanten ein ..."

Mich macht wütend, daß es auch Stimmen gibt, die sagen: „So etwas passiert in Westdeutschland bei jeder großen Demonstration." Das ist wohl richtig, doch kein Maßstab für uns. Es darf in derDDR keinen politischen Grund geben, daß die Polizei des Volkes

* Siehe „Armeegeneral Snetkow im Zentralkomitee empfangen", NEUES DEUTSCHLAND vom 26. Oktober 1989

auf das Volk schlägt. Herger und ich einigen uns, daß die Angelegenheit gründlich und schneller als bisher untersucht wird. Für meine Rede in der Volkskammer nehme ich noch folgende Passage auf: „Wer ungerecht oder unwürdig behandelt worden ist, kann jeden Rechtsschutz und alle Rechtsmittel in Anspruch nehmen. Die verantwortlichen Staatsorgane werden Anzeigen gewissenhaft prüfen und, wo Beweise vorliegen, schuldhaftes Verhalten ahnden. Der Staatsrat wird dazu einen ausführlichen Bericht der Generalstaatsanwaltschaft der DDR entgegennehmen, über dessen Inhalt die Öffentlichkeit informiert wird. Die Achtung der Würde und die Freiheit der Persönlichkeit sind Verfassungsgebot für die Arbeit aller Staatsorgane."*

Im Politbüro einigen wir uns, daß wir dem Begriff „Opposition" seinen Makel nehmen. Er soll künftig nicht mehr ein Synonym für „Feind" sein. Unter den Oppositionellen sind nicht wenige, die für die DDR sind, aber für eine andere, als sie jetzt existiert.

Es muß zwischen jenen unterschieden werden, die die DDR im sozialistischen Sinne verändern wollen, und denjenigen, die beabsichtigen, die DDR zu beseitigen. Es geht nicht um neue Begriffe, sondern darum, ideologische Barrieren zu beseitigen, die uns noch hindern, auf jene Bürger zuzugehen, die zwar gegen die alte Politik, aber für eine erneuerte DDR sind.

Die Demonstrationen im Land gehen weiter. Es werden Forderungen gestellt, daß die Volkskammer morgen meine Machtbefugnisse begrenzt. In Leipzig sind es heute ca. 150 000 Menschen, die demonstrieren. Ich verfolge die Demonstrationen mit größerer innerer Ruhe als noch am 16. Oktober. Die Gewaltlosigkeit ist vom Staat durch höchsten Befehl abgesichert. Alles hängt jetzt aber davon ab, daß die Sicherheitskräfte nicht angegriffen werden.

24. Oktober

Heute soll ich zum Staatsratsvorsitzenden und zugleich zum Vorsitzenden des Nationalen Verteidigungsrates der DDR gewählt werden. Ich wäre damit das bisher jüngste Staatsoberhaupt der DDR. Ich habe die Kriegszeit nur in der Endphase bewußt erlebt. Schon als

---

* Erklärung von Egon Krenz vor der Volkskammer der DDR am 24. Oktober 1989, siehe Neues Deutschland vom 25. Oktober 1989

Kind war die DDR meine Heimat. Hier bin ich zur Schule gegangen, hier habe ich studiert, meinen freiwilligen Armeedienst geleistet, war kurze Zeit als Dorfschullehrer tätig, bevor ich in Moskau ein Hochschulstudium absolviert habe. Vorsitzender eines Pionierrates war meine erste politische Funktion. Vorsitzender des Staatsrates wird die höchste sein, wenn ich gewählt werden sollte. Die bevorstehende Entscheidung ist umstritten. Nicht nur bei der LDPD, die gern Manfred Gerlach als Staatsoberhaupt gesehen hätte. Auch aus der SED haben mir Genossen geschrieben, daß sie die Konzentration der Macht in einer Hand nicht richtig finden.

10.30 Uhr. Der Präsident der Volkskammer, Horst Sindermann*, eröffnet die Sitzung. Er sagt: In jedem Land der Welt sei die Wahl des Staatsoberhauptes ein würdiger Akt. Deshalb werde die Sitzung ohne weitere Tagesordnungspunkte durchgeführt. Damit provoziert er ungewollt einen Streit mit der FDJ-Fraktion.** Sie hatte gefordert, auf dieser Tagung eine gründliche Aussprache zur Lage in der DDR durchzuführen. Sie ist über die Absage durch Sindermann verärgert. Die von der FDJ geforderte Aussprache wäre dringend notwendig gewesen. Während der Präsident der Volkskammer spricht, bekomme ich einen Zettel gereicht.

Die sowjetische Botschaft schlägt mir in letzter Minute vor, in meiner Erklärung vor der Volkskammer Bundeskanzler Kohl zu kritisieren. Der Kanzler sei auf einer Großveranstaltung des „Bundes der Vertriebenen“ gewesen. In seiner Anwesenheit sei in der Bonner Beethoven-Halle gefordert worden, daß der Gebietsstand des Deutschen Reiches in den Grenzen von 1937 nicht amputiert werden dürfe. Der Präsident des Bundes der Vertriebenen habe im Beisein von Kohl aufgerufen, die 108 000 Quadratkilometer der DDR „nicht preiszugeben, nicht ohne Ausgleich abzuhaken und zu verhökern“.

Das sowjetische Außenministerium ist daran interessiert, daß ich dazu feststelle: „Unter den Bedingungen der Anheizung des Revanchismus wird das Erreichte in den deutsch-deutschen Gesprächen in Frage gestellt.“ Das ist auch meine Meinung. Was hat den Kanzler nur getrieben, in dieser außergewöhnlich komplizierten Zeit an

* Horst Sindermann war von den Nazis in der Zeit von 1934 bis 1945 im Zuchthaus Waldheim sowie in den Konzentrationslagern Sachsenhausen und Mauthausen eingekerkert. Seit 1963 war er Kandidat bzw. Mitglied des Politbüros, seit 1976 Präsident der Volkskammer der DDR.

** In der Volkskammer der DDR gab es folgende Fraktionen: SED, DBD, CDU, LDPD, NDPD, FDGB (Freier Deutscher Gewerkschaftsbund), DFD (Demokratischer Frauenbund Deutschlands), FDJ (Freie Deutsche Jugend), Kulturbund der DDR, VdgB (Vereinigung der gegenseitigen Bauernhilfe).

dieser Veranstaltung teilzunehmen? Ich bin dadurch in eine politische Zwickmühle geraten. Zu dieser Stunde verhandelt Schalck im Bonner Kanzleramt. Die Bundesregierung soll gewonnen werden, die beim Reiseverkehr entstehenden zusätzlichen Kosten mit uns gemeinsam zu tragen. Eine verbale Attacke heute von mir gegen Kohl könnte das Vorhaben stören. Ich nehme deshalb den vorbereiteten Text, der zwar richtig ist und einem Protest gleichkommt, nicht in meine Rede auf.

Inzwischen begründet Sindermann meine Wahl und läßt abstimmen. 26 Abgeordnete stimmen gegen den Vorschlag der SED-Fraktion; 26 Abgeordnete enthalten sich der Stimme. Bei der Wahl zum Vorsitzenden des Nationalen Verteidigungsrates votieren acht Parlamentarier gegen mich und 17 enthalten sich der Stimme. Ich bin von dem Ergebnis nicht überrascht. In meiner Rede werte ich es „als neues Selbstbewußtsein des Hohen Hauses"*. Zugleich verspreche ich, daß ich meine Pflicht dem Amt gegenüber als Verantwortung vor allen Bürgerinnen und Bürgern der DDR sehe.

Ich betone in meiner Erklärung die Frage nach dem Sinn unseres Handelns. „Wir sollten alles tun, um jede Zuspitzung oder gar Konfrontation zu vermeiden. Dies würde die Gefahr heraufbeschwören, vieles, was in Bewegung geraten ist, in Frage zu stellen ... So wichtig Dialog und Debatte sind - und ich bekenne mich dazu hier und zu jeder Zeit", sage ich, „aber das Brot des Volkes ist nur in gewissenhafter ... gemeinsamer Arbeit zu schaffen." Die Zeit erfordert Mut zur Wahrheit. Unsere Gesellschaft durchlebt einen großen Lernprozeß. Ihm soll sich niemand entziehen, auch jene nicht, die glauben, der Weg zur Wahrheit läßt sich allein mit Emotionen finden. „Wir lernen, mit unseren Erfolgen realistisch und mit unseren Widersprüchen offen umzugehen. Was wir erleben, ist eine große Aufbruchstimmung des Volkes. Wir sind für die Erneuerung der DDR." In meiner Rede führe ich weiter aus:

Die Erneuerung braucht ein festes Fundament. Es sind die Leistungen von Millionen Bürgern in der vierzigjährigen Geschichte unseres Landes. Es müssen die Solidität und die Identität sein, die im geschichtlichen wurzeln. Wir übersehen dabei weder die gemachten Fehler noch die Deformationen unserer Gesellschaft. Uns geht es um die Interessen und Bedürfnisse der Bürger. Es ist wichtig, die Willensbildung als erlebbaren Akt der Souveränität des Volkes zu gestalten und überall sichtbar zu machen. Ich spreche über meine Befürch-

* Siehe: Erklärung von Egon Krenz vor der Volkskammer der DDR am 24. Oktober 1989, NEUES DEUTSCHLAND vom 25. Oktober 1989

tung: Demonstrationen, so friedlich sie auch gedacht sind, tragen in dieser komplizierten Zeit immer die Gefahr in sich, anders zu enden als sie begonnen haben. Entscheidend ist der politische Dialog mit allen, ohne Unterschied der Weltanschauung. Ich fordere erneut Gewaltlosigkeit und äußere mein Bedauern, daß es am 7. und 8. Oktober zu Polizeiaktionen gegen Demonstranten gekommen ist. Ich bemühe mich um Ausgleich: „Junge Menschen auf beiden Seiten hatten in dieser Form erstmals und unverhofft ausgebrochene Widersprüche in unserer Gesellschaft zu bewältigen. Niemand soll sich von dem Streben nach Vergeltung leiten lassen. Wir sollen den festen Vorsatz haben, durch alle Formen des Dialogs auszuschließen, daß es erneut zu solchen Vorgängen kommt. Es bleibt unser erklärter Wille" betone ich, „politische Probleme nur mit politischen Mitteln zu lösen."

Ich erinnere an das Wort: Wir brauchen die Demokratie wie die Luft zum Atmen und beziehe mich dabei bewußt nicht auf Gorbatschow. Die Demokratie hat in der deutschen Arbeiterbewegung tiefere Wurzeln als in der Sowjetunion. Schon Wilhelm Liebknecht hatte vor 120 Jahren formuliert: „Sozialismus und Demokratie sind nicht dasselbe, aber sie sind nur ein verschiedener Ausdruck desselben Grundgedankens; sie gehören zueinander, ergänzen einander, können nie miteinander im Widerspruch stehen. Der Sozialismus ohne Demokratie ist Aftersozialismus, wie die Demokratie ohne Sozialismus Afterdemokratie. Der demokratische Staat ist die einzig mögliche Form der sozialistisch organisierten Gesellschaft."* Diese Dialektik haben wir in den vergangenen Jahren nicht genügend bedacht. Mir kommt es darauf an, Demokratie als sozialistische Volksherrschaft auszugestalten. Daher fordere ich auch, die Bedeutung der Volkskammer als oberstes staatliches Machtorgan zu erhöhen. Die Regierung ist nur ihr gegenüber verantwortlich. Das ist eine deutliche Abgrenzung von der bisherigen Praxis, in der das Politbüro und seine Wirtschaftskommission die Befugnisse der Regierung eingeschränkt hatten. Die Regierung soll wieder die Bedeutung erhalten, die die Verfassung vorsieht. Ich unterstreiche, daß alle Bürger vor dem Gesetz gleich sind. Deshalb ist auch beabsichtigt, die gerichtliche Nachprüfbarkeit von Verwaltungsentscheidungen auf weitere Bereiche der staatlichen Tätigkeit auszudehnen. Dadurch wird der Rechtsschutz der Bürger erhöht. Das dringendste Gesetz, das auf die Tagesordnung gehört, ist das Reisegesetz. Ich appelliere an die Mitbürger, die sich möglicherweise weiterhin mit dem Gedanken tragen, unser

---

* Wilhelm Liebknecht, DEMOKRATISCHES WOCHENBLATT, Nr. 27 vom 3. Juli 1869

Land zu verlassen: Jeder, der uns verläßt, ist einer zuviel. In der DDR hat jeder seine Perspektive.

Zu dem viel diskutierten Thema Wahlen sage ich: „Alle Erfahrungen aus vorangegangenen Wahlen sowie Hinweise und Eingaben zu ihnen sind gründlich auszuwerten und für die Wahlgesetzgebung zu berücksichtigen." Ich verstehe dies auch als Hinweis an die kirchlichen Gruppen, die sich nach den Kommunalwahlen mit Eingaben an staatliche Organe gewandt hatten. Es ist notwendig, ein neues Wahlgesetz vorzubereiten. Auf dieser Grundlage soll 1991 die Wahl zur Volkskammer stattfinden.

Nach der Sitzung der Volkskammer tritt der Staatsrat zusammen. Wie in der Volkskammer angekündigt, gibt Wolfgang Herger als Vorsitzender des Ausschusses für Nationale Verteidigung eine Erklärung zu den polizeilichen Einsätzen am 7. und 8. Oktober in Dresden, Berlin und Leipzig. Er informiert, daß die Schutz- und Sicherheitsorgane den Befehl haben, äußerste Zurückhaltung zu üben. Der Einsatz polizeilicher Mittel wird nur bei Gewalt gegen die Sicherheitskräfte erfolgen. Die Anwendung der Schußwaffe ist verboten. Er bekräftigt, daß jegliche Gesetzesverletzung, gleich von wem sie begangen wird, auf der Grundlage unserer Verfassung und der Gesetze der DDR geahndet werde. Er teilt ferner mit, daß es auch zu Ausschreitungen kam, die das friedliche Leben von Bürgern in Gefahr brachten. Bei den Angehörigen der Schutz- und Sicherheitsorgane gab es 106 Verletzte, bei den Demonstranten 46. Es habe auch Schmährufe gegeben wie „Bullenschweine", „Stasi-Schweine", „Schlagt sie tot", „Hängt sie auf", „Wir wollen eine grüne Leiche sehen", „Schlitzt ihnen die Bäuche auf". In Berlin begann eine Demonstration mit dem Ruf: „Auf zum Brandenburger Tor". Aus den Aufklärungsergebnissen der Sicherheitsorgane sei bekannt, daß das als Aufforderung zu einem gewaltsamen Grenzdurchbruch aufgefaßt werden mußte. Nicht auszudenken, was passieren kann, wenn es zu solchen Zwischenfällen kommt! Die Friedfertigkeit hätte leicht in eine gewaltsame Konfrontation umschlagen können. Herger beendet seinen Bericht mit der Feststellung: Leider sind durch die Polizeieinsätze auch Unbeteiligte zu Schaden gekommen. Gegenüber Verhafteten hat es Befugnisüberschreitungen gegeben. Es kam zu nicht rechtmäßigen Handlungen durch Angehörige der Schutz- und Sicherheitsorgane. Der Staatsrat beschließt, den Generalstaatsanwalt zu beauftragen, über die Ergebnisse seiner Überprüfungen sowie über die eingeleiteten Maßnahmen öffentlich zu berichten.*

* NEUES DEUTSCHLAND vom 25. Oktober 1989

Am Nachmittag tagt das Politbüro. Die 10. Tagung des ZK wird für die Zeit vom 8. bis 10. November einberufen. Um der Bevölkerung Sicherheit zu geben, welche Grundsätze das Reisegesetz enthalten soll, teilen wir öffentlich mit: „Es ist vorgesehen, daß jeder Bürger das Recht hat, einen Reisepaß zu erwerben und mit einem Visum, ohne Vorliegen verwandtschaftlicher Verhältnisse und bisher geforderter Reisegründe, nach allen Staaten und Berlin (West) zu reisen."*

Immer öfter wird gefordert: Neue Köpfe braucht das Land! Mit dem amtierenden Politbüro können die anstehenden Aufgaben nicht mehr gelöst werden. Ich bin seit 1976 dabei. Damals wurde ich Kandidat. Ich blieb 12 Jahre der Jüngste. Inzwischen bin auch ich schon 52 Jahre. Das Durchschnittsalter der 21 Mitglieder und 5 Kandidaten des Politbüros beträgt knapp 67 Jahre. Aber so ein Durchschnitt, so hoch er schon ist, täuscht über die wahre Kräfterelation hinweg. Der Ministerpräsident, der Volkskammerpräsident, der Vorsitzende der Zentralen Parteikontrollkommission sind weit über 70, der Minister für Staatssicherheit ist schon 82 Jahre alt.

Einige gehören dem Politbüro seit 1950 an. Eine so lange Zeit in führender, öffentlich nie kritisierter, unbestrittener, von den Fährnissen des Alltags abgeschirmter Funktion führt zu einem Verlust an Führungsdynamik und Kreativität, zum Mißtrauen gegen Neues und gegen neue Gesichter. Die oft besungene Altersweisheit wird zum Hindernis einer Entwicklung.

Ich sage daher während der Sitzung, jeder möge zunächst selbst nachdenken, ob er seinen Rücktritt erklärt. Auf der nächsten Tagung des Zentralkomitees müsse entschieden werden. Wir bilden eine Kommission, die mit allen Mitgliedern des Politbüros über ihr weiteres Verbleiben im Politbüro sprechen soll.

Als ich nach der Sitzung in mein Büro komme, liegt der Bericht von Schalck über seine Gespräche in Bonn auf meinem Schreibtisch. Der Bundeskanzler, so die Botschaft an mich, geht davon aus, daß Wege gefunden werden, um die Beziehungen der beiden deutschen Staaten weiterzuentwickeln. Er sei, wenn ich dies wünsche, zu einem Gespräch mit mir bereit. Aus Bonner Sicht stellt sich besonders die Frage nach der Effektivität der Wirtschaft der DDR. Man muß neue Formen der Zusammenarbeit finden. Gedacht ist an die Bildung gemischter Gesellschaften, an Kapitalbeteiligung und Kapital-

---

* Siehe NEUES DEUTSCHLAND vom 25. Oktober 1989, „Politbüro der SED tagte"

transfers. Gleichzeitig ist es erforderlich, für gemeinsame Projekte zusätzliche Kreditquellen zu erschließen. Das klingt vernünftig. Es liegt in unserer Konzeption. Doch dann kommt der Pferdefuß: In der Reisefrage läßt Bonn uns hängen, wissend, daß wir bei der Bevölkerung im Wort stehen. Bonn ist zwar bereit, nachzudenken, in welcher Form ein Ausgleich der für die DDR entstehenden zusätzlichen ökonomischen Belastungen erfolgen kann, Konkretes läßt sich jedoch noch nicht sagen. Es wird lediglich „laut nachgedacht", ob bei Reisen in die BRD die Kosten für die Rückfahrt übernommen werden können. Ein Entgegenkommen in der Frage der Respektierung der DDR-Staatsbürgerschaft ist für die BRD ausgeschlossen.

In der Reisefrage stehen wir weiter mit leeren Händen da. Wir haben aber bei der Bevölkerung die Hoffnung auf freies Reisen geweckt, ja versprochen. Bundespolitiker haben seit Jahren darauf verwiesen, welchen Rang freies Reisen für sie hat. Jetzt, da es konkret wird und die DDR in der Reisefrage bereit ist, soweit zu gehen wie nie zuvor, läßt sich Bonn viel Zeit, über einen „Lastenausgleich" nachzudenken. Es geht ihnen gar nicht um die „Brüder und Schwestern". Sie interessiert nicht, ob die Bevölkerung reisen kann. Sie wollen das Ganze, sie wollen die DDR.

Ich schaue aus dem Fenster meines Arbeitszimmers. Ein kleiner Teil, vielleicht acht bis zehn jener Demonstranten, die vor dem Staatsratsgebäude gegen meine Wahl zum Staatsratsvorsitzenden protestiert haben, halten aus. Ihre Losungen sind: „Egon Krenz – keine Lizenz – wir sind die Konkurrenz", „Macht die Volkskammer zum Krenz-Kontrollpunkt". Ich gehe zu ihnen. Als sie mich sehen, sind sie überrascht. Daß ich zu ihnen komme, damit hatten sie nicht gerechnet. Ich diskutiere mit ihnen. Sie lassen ihre Transparente fallen. Als ich mich von ihnen verabschiede, ruft mir einer nach: „Egon, mach etwas draus!"

25. Oktober

LDPD-Vorsitzender Gerlach hat den Vorsitzenden der Fraktion der FDP im Deutschen Bundestag, Wolfgang Mischnick, zu Gast. Gerlach bittet mich, mit Mischnick im Amtssitz des Staatsrates zu sprechen. Es ist der erste Westbesuch, den ich als Staatsoberhaupt der

DDR empfange. Mischnick ist ein erfahrener Mann auf dem deutsch-deutschen Parkett. Als 1973 wegen der Klage Bayerns vor dem Bundesverfassungsgericht der Grundlagenvertrag zwischen beiden deutschen Staaten in Gefahr geriet, begleitete er Herbert Wehner zu dessen Treffen mit Honecker. Mischnick hat direkten Zugang zum Bundeskanzler. Was ich ihm heute sage, ist morgen auf dessen Schreibtisch. Mein erstes Thema bleibt die Finanzierung des Reiseverkehrs. Noch am gestrigen abend hatte ich Schalck gebeten, mir unser Modell für die Finanzierung des Reiseverkehrs in die BRD auszuarbeiten. Er schickte es mir heute in aller Frühe in die Wohnung.

Mischnick ist ein anregender Gesprächspartner. Seine Partei, so betont er, habe seit 1956 Kontakte zur DDR. Er gehöre nicht zu denen, die sich in innere Angelegenheiten der DDR einmischen. Seine Absicht sei, auszuloten, wie sich die Beziehungen beider deutscher Staaten nach meinem Amtsantritt entwickeln können. Er habe darüber den Bundeskanzler informiert, so wie es in einer Koalition Sitte ist. Ein Thema ist der Reiseverkehr. Ihn interessiert, welche Entscheidungen die DDR treffen werde. Ich sage: „Der Reiseverkehr ist im Moment für uns die wichtigste Frage. Die Frage aller Fragen. Jeder, der will, soll reisen können. Die Bundesrepublik muß aber auch wissen, daß der deutsch-deutsche Reiseverkehr in der Welt einmalig ist. Vergleiche mit anderen Ländern hinken allein wegen des Umfangs. Bei dem zu erwartenden Reiseverkehr hängt viel davon ab, wie wir ihn finanzieren."

Ich „denke laut": Möglich ist es, den Mindestumtausch für Bürger aus der BRD aufzuheben. Beide Staaten könnten einen Reisemittelfonds bilden. Wir gehen davon aus, daß jeder, der in die BRD fährt, einmal jährlich mindestens 300 DM umtauschen kann. Der Erwerb von DM ist durch den Umtausch von Mark der DDR zu einem Kurs von 1:4,40 möglich. Die Größenordnung des Reisefonds liegt nach unseren Berechnungen bei 3,5 bis 4 Milliarden DM. Die Valutamittel soll die BRD bereitstellen. Die Markbeträge der DDR (ca. 16 bis 20 Milliarden) können für gemeinsame Projekte verwendet werden, auch für die Öffnung neuer Grenzübergänge.

Mischnick interessiert sich für den Gang der Wende.

„Ich bin für eine Wende in der DDR, ich bin aber kein Abenteurer", sage ich.

Als wir nach eineinhalb Stunden mein Arbeitszimmer verlassen, wollen die Journalisten wissen, wie Mischnick seinen Gesprächspartner charakterisieren würde.

Er antwortet: „Herr Krenz ist ein Gesprächspartner, bei dem es möglich war, in kürzester Frist zu einem sehr offenen Gespräch zu kommen, der auch anspricht, was er für notwendig hält. Mein Eindruck ist, Egon Krenz vertritt mit seiner Überzeugung seine Sache, die in vielen Dingen natürlich unterschiedlich zu meiner Sache ist. Es besteht die Bereitschaft, nicht nur zuzuhören, sondern aus Anregungen, Hinweisen, kritischen Bemerkungen Konsequenzen zu ziehen."*

Ein Spaßvogel unter den Journalisten will von Mischnick wissen, ob ich auch Skat spielen kann. Mischnick antwortet: „Wer Skat spielen kann, kann auf jeden Fall bis drei zählen, kann beim Reizen ins Unendliche gehen, ist in der Lage, aus einem schlechten Blatt noch etwas Gutes zu machen."

Mit einem Augenzwinkern pflichte ich ihm bei und füge hinzu: „Ich jogge lieber. Dabei komme ich in Bewegung und in Form. Und die Politik braucht bekanntlich viel Bewegung."

Diese kleine Plauderei veranlaßt den dpa-Korrespondenten Bernd Kubisch zu einer Korrespondenz über den „neuen Stil des Egon Krenz". Er schreibt: „Als das Pressegespräch nach einer halben Stunde zu Ende war, geleitete Krenz Mischnick aus dem Saal. Dabei wurde er erneut von einigen Journalisten umlagert, ein bißchen zum Leidwesen der Protokolleute ... Es wurde kurz geplaudert, der SED-Chef beantwortete auch noch ein paar Fragen ... Viele der Westkorrespondenten wünschen sich auf dem Nachhauseweg, sie hätten nun in der DDR immer so angenehme Arbeitsmöglichkeiten wie an diesem Vormittag im Staatsratsgebäude."**

Am Abend findet in Berlin eine Podiumsdiskussion statt, an der Vertreter des Neuen Forum und auch der langjährige Mielke-Stellvertreter Markus Wolf teilnehmen. Wolf sagt dort: „Wenn es in Leipzig am 9. Oktober nicht zu Schlimmerem gekommen ist, dann hat dafür Egon Krenz gesorgt. Das weiß ich."***

Beim abendlichen Aktenstudium lese ich einen Brief der Pfarrer Friedrich Schorlemmer und Rainer Eppelmann von gestern. Sie beschweren sich bei mir, daß eine Parteiinformation in Umlauf gesetzt worden sei: „Darin wurden die neu entstandenen demokratischen Gruppierungen, die auch um eine Erneuerung der Gesellschaft bemüht sind, sozialfeindlich, konterrevolutionär und das Geschäft der Feinde des Sozialismus betreibend, bezeichnet ... Wir bitten Sie sehr herzlich und dringend zu veranlassen, daß diese Information

* Siehe Neues Deutschland vom 26. Oktober 1989
** dpa-Korrespondent Bernd Kubisch: „Der neue Stil des Egon Krenz", Archiv des Autors
*** Frankfurter Allgemeine Zeitung vom 27. Oktober 1989

zurückgezogen wird, damit der beginnende Dialog in unserer Gesellschaft, zu dem Sie nun aufgerufen haben, nicht weiter auf dem Wege belastet wird. Wir stellen uns dem offenen und partnerschaftlichen Dialog auf allen Ebenen. Uns geht es um die Entwicklung von Demokratie und Sozialismus in unserem Land."*

Die Überzeugung der beiden, daß es um Demokratie und Sozialismus in unserem Land geht, ist auch meine. Das habe ich während des Pressegesprächs mit Mischnick unter anderem mit den Worten ausgedrückt: „... jeder Gedanke ist gefragt und beim Gedankenaustausch ist niemand ausgegrenzt."**

26. Oktober

Gestern ließ Helmut Kohl anfragen, ob er mich heute zwischen 8.00 und 10.00 Uhr anrufen könne. Ich bestätigte den Termin. Die Art und Weise, wie solche Gespräche laufen, kenne ich aus der Vergangenheit. Wenn Kohl und Honecker miteinander telefonierten, hat Honecker mich manchmal hinzugezogen. Ihm ging es darum, daß ich seine Antworten an Kohl direkt mithörte. Dabei fiel mir jedesmal auf, daß Kohl im persönlichen Gespräch lockerer ist als im Fernsehen. Wenn er sich nicht von der Öffentlichkeit kontrolliert fühlt, läßt er sich schon mal in kontroverse Diskussionen ein, bei denen er auch klein beigibt. So jedenfalls war es bisher. Wie wird er sich in der neuen Situation verhalten?

Um 8.30 Uhr klingelt das Telefon.

„Ja, hier Kohl."

In der Leitung sind mehrere Stimmen. Es geht durcheinander. Um keine Mißverständnisse aufkommen zu lassen, sage ich: „Hier ist Krenz. Ich freue mich, Sie zu hören, zu so früher Stunde."

Nach dem gegenseitigen „Guten Morgen", kommt Kohl sofort auf sein Anliegen: „Das ist unser erstes Gespräch, und ich hoffe, daß diesem Gespräch viele gute Gespräche folgen werden. Das erste, was ich sagen will, Herr Staatsratsvorsitzender, ich wünsche Ihnen für diese wichtige und sehr, sehr schwierige Aufgabe, in etwa kann ich mir vorstellen, was Ihnen alles bevorsteht, was Sie zu tun haben,

---

* Brief von Friedrich Schorlemmmer und Rainer Eppelmann an Egon Krenz vom 24. Oktober 1989, im Archiv des Autors

** Neues Deutschland vom 26. Oktober 1989

7. Juni
Auf dem Flughafen in Saarbrücken empfängt Oskar Lafontaine, Ministerpräsident des Saarlands, Stellvertreter des SPD-Vorsitzenden, Egon Krenz. In seiner Begleitung Generaloberst Fritz Streletz (l) und Generalmajor Prof. Dr. Rolf Lehmann (2. v. l.)

7. Juli
Tagung des Politisch-Beratenden Ausschusses der Teilnehmerstaaten des Warschauer Vertrages in Bukarest
Die DDR-Delegation: Günter Mittag, Heinz Keßler, Willi Stoph, Erich Honecker, Hermann Axen, Egon Krenz, Oskar Fischer (v.l.)

20. September
In der Akademie der Künste findet eine Begegnung zwischen Egon Krenz und Miep Gies nach einer Lesung aus ihrem Buch „Meine Zeit mit Anne Frank“ statt.

26. September
Der Generalsekretär des ZK der KP Chinas, Jiang Zemin, begrüßt Egon Krenz vor ihrem offiziellen Gespräch in Peking.

6. OKTOBER
Blick auf die Tribüne beim Fackelzug der FDJ zum 40. Jahrestag der DDR
1 Reihe: Michail Gorbatschow, Erich Honecker, Eberhard Aurich, Willi Stoph, eine FDJlerin, Horst Sindermann, Egon Krenz. (v. l.)

17. APRIL 1986
Erich Honecker verliest auf dem XI. Parteitag der SED den Rechenschaftsbericht des ZK. Dahinter im Gespräch Egon Krenz, Willi Stoph, Michail Gorbatschow (siehe dazu Text auf Seite 65)

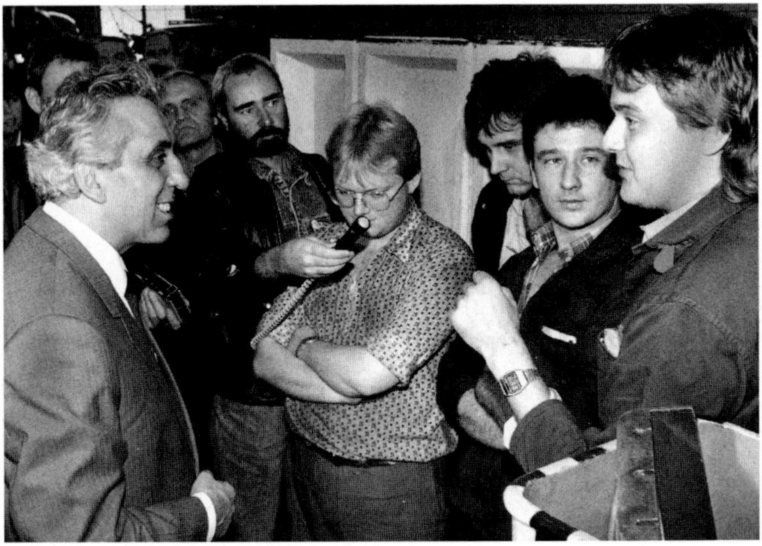

19. Oktober
Gespräche am Arbeitsplatz während des Besuchs von Egon Krenz im Kombinat „7. Oktober" in Berlin

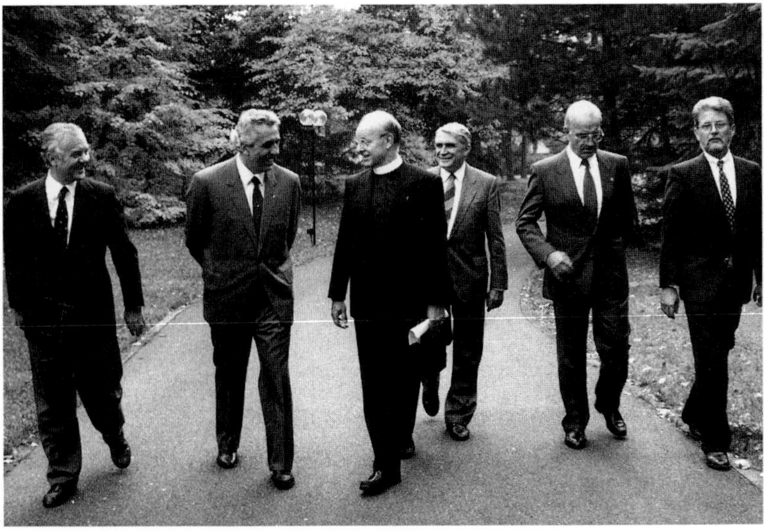

19. Oktober
Treffen von Vertretern der Konferenz der Evangelischen Kirchenleitungen in der DDR im Jagdschloß Hubertusstock mit Egon Krenz: Konsistorialpräsident Dr. Manfred Stolpe, Egon Krenz, Landesbischof Dr. Werner Leich, Oberkirchenrat Martin Ziegler, Werner Jarowinsky, Mitglied des Politbüros des ZK der SED, Bischof Dr. Christoph Demke (v. l.)

23. Oktober
Der Generalsekretär des ZK der Kommunistischen Partei Vietnams, Nguyen Van Linh beantwortet nach seinem Gespräch mit Egon Krenz Fragen der Journalisten.

24. Oktober
Von einer Ehrenformation der NVA wird Egon Krenz bei seiner Amtseinführung vor dem Amtssitz des Staatsrates der DDR begrüßt.

24. Oktober
Nach seiner Wahl zum Vorsitzenden des Staatsrates und des Nationalen Verteidigungsrates der DDR spricht Egon Krenz zu den Abgeordneten.

25. Oktober
Der Vorsitzende der FDP-Fraktion im Deutschen Bundestag, Wolfgang Mischnick, und Egon Krenz beantworten nach ihrem Gespräch Fragen der Journalisten.

31. Oktober
Im Amtssitz des Staatsrates empfängt Egon Krenz Absolventen der NVA der Militärakademien der UdSSR, der ČSSR, der VR Polen und der DDR.

1. November
Begegnung zwischen Michail Gorbatschow und Egon Krenz in Moskau

eine glückliche Hand und Erfolg. In unserem Interesse, im Interesse der Bundesregierung und vor allem auch in meinem Interesse ist nicht, daß sich die Entwicklung in der DDR in einer Weise darstellt, daß eine ruhige, vernünftige Entwicklung unmöglich gemacht wird."

Er sagt es ruhig, ohne Pathos. Es klingt vernünftig. Das ist ein anderer Bundeskanzler als ich ihn aus öffentlichen Erklärungen kenne, denke ich. Erst gestern hatte er vor dem Deutschen Industrie- und Handelstag in Bonn gesagt, mit ihm werde es keine Gespräche geben, solange sich die DDR nicht grundsätzlich verändert. Nun habe ich den Eindruck, er will ein gutes Klima schaffen für die offiziellen Beziehungen, aber auch für einen engen persönlichen Kontakt zwischen uns.

„Also, mein erster Wunsch ist, um das gleich vorweg zu sagen, daß wir schon regelmäßig miteinander telefonieren ... wenn wir glauben, es sei vernünftig, zum Telefonhörer zu greifen und einfach miteinander reden."

Ich antworte: „Miteinander reden ist immer besser, als übereinander reden."

Kohl bezieht sich auf seine Telefongespräche mit Gorbatschow. Ich kenne sie. Gorbatschow selbst hatte mir den Wortlaut seines letzten Gesprächs mit dem Bundeskanzler übermittelt.

Kohl sagt heute: „Es ist inzwischen möglich, daß ich ... zum Telefonhörer greife und den Generalsekretär in Moskau anrufe und umgekehrt. Und das wünsche ich mir auch, daß das zwischen uns in dieser Weise geschieht."

Ich bin damit einverstanden. Mir liegt daran, dem Kanzler ein konkretes Wort zu den Vorschlägen zu entlocken, die Schalck vorgestern in Bonn vorgetragen hat, vor allem zum Reiseverkehr. Daher sage ich: „Wir werden dann sicher Wege finden, um das, was wir im Gespräch andeuten, durch unsere Beauftragten noch näher beraten lassen."

Kohl darauf: „Also, das ist das Thema Kontakte. Zu dem Punkt, glaube ich, ist es auch ganz nützlich, wenn der Bundesminister Seiters etwa gegen Ende November, zweite Novemberhälfte, einen Termin vereinbart und zu Ihnen kommt."

Ich verstehe. Die Bonner wollen Zeit gewinnen. Sie wollen abwarten. Sie wollen sich nicht festlegen. Der Termin ist reichlich spät. Ich will wissen, woran wir mit unserem westlichen Nachbarn sind, ob er bereit ist, sich an den ökonomischen Lasten für den Reiseverkehr zu beteiligen. Ich erinnere meinen Gesprächspartner daran, daß mein Beauftragter Vorschläge übermittelt hat. Da ich an einer schnellen Reaktion aus Bonn interessiert bin, frage ich: „Sind Sie informiert?“ Als der Kanzler bejaht, sage ich: „Es wäre wünschenswert, baldmöglichst dazu die Position der Bundesregierung zu erfahren.“

Wieder antwortet er ausweichend. Der Bundeskanzler hält es für wichtig, daß ich Seiters empfange. Dann sagt er: „Ich habe mit großem Interesse natürlich Ihre Reden gelesen und ich brauche Ihnen nicht zu sagen, daß sich jetzt viele Hoffnungen an das alles knüpfen. Ich will paar Beispiele nennen“, sagt Kohl. Dann folgt ein Katalog von Wünschen: „Das ist das Thema zur Neuregelung der Reisefreiheit. Das ist natürlich ein ganz erheblicher Punkt. Das ist das Thema der in Aussicht genommenen Amnestie für Leute, die wegen illegalen Grenzübertritts und Republikflucht verurteilt wurden. Das ist das Thema wegen der weiteren Verfolgung von Leuten, die bei Ausschreitungen, bei Demonstrationen festgenommen wurden. Und dann ein ganz, ganz wichtiger Punkt aus unserer Sicht – das werden Sie wohl verstehen –, daß von Ihrer Seite die Bereitschaft besteht, eine positive Lösung für die sogenannten Botschaftsflüchtlinge – die Leute brauchen ja dann ihre Urkunden, die Frage von Umzugsgut und vergleichbare Sachen, Zeugnisse.“

Ich höre zu, ohne ihn zu unterbrechen. Ich hätte auch sagen können: „Herr Bundeskanzler, all diese Fragen wurden gestern in meiner Rede vor der Volkskammer und in einer Sitzung des Staatsrates schon behandelt und positiv entschieden.“ Ich will ihm aber nicht bedeuten, daß er meine Rede vor der Volkskammer wohl doch nicht gelesen hat.

Er wendet sich persönlich an mich: „Wenn man hier, und das sage ich Ihnen ganz offen, mit Ihrem Namen einen großzügigen Schritt verbinden kann, ich sage bewußt auch mit Ihrem Namen, einen großzügigen Schritt verbinden kann, wird es eine erhebliche Wirkung nicht nur hier haben, sondern ich bin sicher, auch in der DDR.“

Ich teile dem Bundeskanzler mit, daß ich bewußt von einer „Wende“ und nicht von einem „Umbruch“ in der DDR gesprochen habe. „Ich nehme an, Sie stimmen mit mir überein, daß eine sozialistische DDR auch im Interesse der Stabilität in Europa ist.“

Kohl geht daraufhin auf den Zusammenhang zwischen der deutschen und europäischen Frage sowie der Weltprobleme ein. „Wir werden eine vernünftige Entwicklung der Abrüstung und Entspannung nur bekommen, wenn wir regionale Spannungen nicht verstärken, sondern versuchen, zu minimieren. Und in diesem Sinne will ich schon sagen, daß das, was Sie angekündigt haben, von ganz großer Bedeutung ist, und daß wir auch in diesem Sinne – glaube ich - eine vernünftige Lösung finden müssen, wenn Probleme auftreten."

Ich spreche noch einmal das Problem an, das mich in diesen Tagen am meisten beschäftigt, das Reisen: „Wir werden ein entsprechendes Gesetz ausarbeiten. Ich verhehle nicht, daß es uns nicht ganz leichtfallen wird ... Wir wollen noch vor Weihnachten dieses Gesetz in Kraft setzen." Dann mache ich eine kurze Pause und sage prononciert: „Allerdings hat die neue Regelung für die DDR erhebliche zusätzliche ökonomische Belastungen. Seitens der DDR muß nachgedacht werden, aber vielleicht kann auch seitens der BRD nachgedacht werden, ob nicht zumindest einige praktische Fragen zukünftig so gehandhabt werden, daß die Respektierung der Staatsbürgerschaft der DDR deutlicher wird. Ich formuliere absichtlich nur ‚deutlicher wird'. Denn wenn wir ein großzügiges Reisegesetz haben, gibt es ein paar praktische Maßnahmen*, über die man durchaus nachdenken kann, Herr Bundeskanzler."

Damit habe ich den Bundeskanzler offensichtlich verärgert.

Er sagt: „Es gibt in unseren Beziehungen eine Reihe von Grundfragen, wo wir aus prinzipiellen Gründen nicht einig sind und nicht einig werden."

So war es immer: Wenn die Bundesrepublik etwas von der DDR wollte, hielt sie es für selbstverständlich, Forderungskataloge aufzustellen. Wenn die DDR Entgegenkommen erwartete, führte meistens kein Weg zur Einigung. Wenn es ernsthaft um freies Reisen ging, waren der Bundesregierung politische Grundsätze immer wichtiger als praktische Politik. So ist es auch heute. Die Reisefrage und ihre ökonomischen Folgen bleiben an der DDR hängen.

Kohl und ich einigen uns, unser Gespräch öffentlich zu machen.

Er schränkt aber ein: „Jetzt nicht Details, da halte ich gar nichts davon, denn da werden nur Erwartungen erweckt und ein Druck erweckt, die uns beiden gar nicht helfen." Kohl will lediglich mitteilen lassen, daß wir die Gespräche fortsetzen. Und als hätte ich ihn falsch auslegen können, unterstreicht er noch einmal: „Je mehr Details wir bekanntgeben, um so mehr Druck erzeugen wir, weil wir dann jeden Tag gefragt werden, was habt ihr getan."

Mir wird die Frage: Was hast du getan? jeden Tag gestellt. Das weiß Kohl auch. Ich habe den Sinn seiner Worte so verstanden: Bonn will mit uns im Gespräch bleiben. Man wisse ja nicht, wie sich die Dinge noch entwickeln könnten. Auf keinen Fall will Kohl, daß wir mit der SPD Gespräche aufnehmen. Die waren ihm immer ein

* Es ging z. B. um die Respektierung des Personalausweises der DDR.

Dorn im Auge. Praktisches tun aber will die Bundesregierung nicht. Den Schwarzen Peter, vor allem bei den zusätzlichen Kosten für den Reiseverkehr, soll die DDR behalten.

Auf mich warten inzwischen neue Entscheidungen. Die Schulferien stehen bevor. Siegfried Lorenz ruft mich aus Karl-Marx-Stadt an. „Wir müssen die Grenze zur ČSSR* öffnen. Die Menschen sind aufgebracht, daß sie nun nicht mehr dorthin reisen können.“ Auch Herger wirkt in dieser Weise auf mich ein. Ich brauche nicht überzeugt zu werden. Ich bin dafür. Das Problem ist nur, solange wir kein Reisegesetz haben, werden wieder viele Bürger versuchen, über die ČSSR in die Bundesrepublik zu gelangen. In welche Situation bringen wir damit unsere Genossen in Prag? Sie befürchten eine Verbindung der Ausreisenden aus der DDR mit der inneren Opposition in ihrer Heimat. „Eure Flüchtlinge destabilisieren unser Land“, war von der tschechoslowakischen Führung zu hören. Wir vereinbaren dennoch, daß zum 1. November 1989 der paß- und visafreie Reiseverkehr wieder aufgenommen wird. Über dem liegt allerdings die Befürchtung auf beiden Seiten, die Ereignisse von Ende September/Anfang Oktober könnten sich wiederholen.

Die Lage in einigen Städten der DDR beruhigt sich nicht. Die Demonstrationen nehmen zu. In Dresden sind an diesem Abend etwa 100 000 Menschen auf den Beinen. Ursprünglich war nur eine Versammlung für einige Hundert im Hygienemuseum geplant.

Physisch sind wir alle an der Grenze unserer Möglichkeiten. Ich brauche Zeit zum Nachdenken, um an Konzepten arbeiten zu können. Ich habe sie nicht. Nur in den Nachtstunden, wenn die Telefone seltener klingeln, kann ich mich auf die nächste ZK-Tagung vorbereiten.

Heute beschäftige ich mich mit den Vorschlägen der Rechtsanwälte für den Ausbau der Rechtsordnung der DDR. Sie beziehen sich auf das Wahlgesetz, das Strafrecht, die Strafprozeßordnung, das materielle Verwaltungsrecht, das Gesetz über die Volkspolizei und das Steuerrecht. Bei der Anwendung des § 213 des Strafgesetzbuches (Ungesetzlicher Grenzübertritt) habe es in letzter Zeit eine Verletzung der Gleichheit der Bürger vor dem Gesetz gegeben. Mit Begriffen wie sozialistische Demokratie und sozialistischer Rechtsstaat, so schrei-

* Anfang Oktober war der paß- und visafreie Reiseverkehr mit der CSSR ausgesetzt worden.

ben die Anwälte, sei vielfach selbstzufrieden umgegangen worden. Das Eigenschaftswort „sozialistisch“ dürfe nicht länger als Einschränkung, sondern müsse als Erweiterung vor dem Hauptwort verstanden und empfunden werden. Der sogenannte PM 12, ein vorläufiger Personalausweis, solle nur noch bei Verlust des Personalausweises ausgegeben werden, nicht mehr zur Einschränkung der Rechte der Bürger. Unterschrieben sind die Vorschläge vom Vorsitzenden des Rechtsanwaltskollegiums Berlin, Gregor Gysi.

27. Oktober

Der Staatsrat der DDR beschließt die Amnestie, die ich in meiner Erklärung vor der Volkskammer vorgeschlagen habe. Sie betrifft Personen, die vor dem 27. Oktober Straftaten des ungesetzlichen Grenzübertritts sowie Straftaten begangen haben, um die Ausreise aus der DDR widerrechtlich durchzusetzen. Amnestiert werden auch Personen, die vor dem 27. Oktober 1989 Straftaten gegen die staatliche und öffentliche Ordnung im Zusammenhang mit demonstrativen Ansammlungen begangen haben. Die Amnestie ist ein Zeichen, daß es uns ernst um den Grundsatz ist: Alle Bürger sind vor dem Gesetz gleich. Die Amnestie löst den Widerspruch auf, daß Bürger der DDR wegen ungesetzlich erfolgten oder versuchten Grenzübertritts strafrechtlich verfolgt wurden, während andere über Drittländer straffrei ausreisten. Mit der Amnestie und dem geplanten Reisegesetz entsteht auch die Notwendigkeit, den § 213 des Strafgesetzbuches zu ändern, der den Tatbestand des ungesetzlichen Grenzübertritts betrifft. Ein Spaßvogel aus der CSU, der Abgeordnete des Bundestages Dr. Klaus Rose, schlägt in einer Zeitung als Reaktion auf mein Telefongespräch mit Kohl vor, „Egon Krenz soll zusätzlich unter Kanzler Kohl das Amt des Vizekanzlers erhalten“. Was er tatsächlich will, drückt er so aus: Krenz müsse die DDR einbringen, die Mauer abreißen und bundesdeutsche Betriebe in der DDR zulassen. Solche Gedanken haben nur ein Ziel, das Mißtrauen der Sowjetunion gegenüber der DDR zu befördern. Die Sorge unseres Verbündeten, die DDR könne hinter ihrem Rücken mit der Bundesrepublik eigene Wege gehen, ist außerordentlich stark.

Die Medien der DDR haben innerhalb kurzer Zeit ihr Gesicht gründlich verändert. Sie widerspiegeln die widersprüchliche Lage im Land.

Vom Präsidium des PEN-Zentrums der DDR erhalte ich eine Erklärung, in der Pressefreiheit, Versammlungsfreiheit, Recht auf Vereinigung und die Unantastbarkeit der Persönlichkeit angemahnt werden. Die Präsidiumsmitglieder des PEN-Zentrums der DDR schreiben: „Sozialismus ist nicht denkbar ohne eine Vielzahl politischer Meinungen und Organisationsformen, deren Koordinaten kein obrigkeitliches Monopol sein darf, sondern sich als demokratischer Prozeß herstellen muß ..."

Gleichzeitig halten sich Gerüchte, die uns verunsichern sollen. So wird verbreitet, daß der Vorsitzende der LDPD zu mir in Opposition steht. DER MORGEN, die Zeitung der LDPD, veröffentlicht dazu einen Artikel von Dieter Raspe, einem Stellvertreter von Manfred Gerlach. Darin heißt es: „Über andere Vorstellungen zur Wahl des Staatsratsvorsitzenden haben wir uns in der Fraktion vor der Abstimmung gründlich beraten ... Unserer Aussprache lag auch der Entwurf der Erklärung von Egon Krenz vor der Volkskammer zugrunde. Egon Krenz hatte ihn - in der Geschichte der Volkskammer nach meiner Meinung erstmalig - zuvor den Vorsitzenden der befreundeten Parteien mit der Bitte übermittelt, Änderungen und Ergänzungen vorzuschlagen. Sie sind auch berücksichtigt worden. Im übrigen war es Egon Krenz selbst, der mit Nachdruck auf wichtige Vorhaben zum Ausbau des Rechtsstaates, zur Ausgestaltung der Arbeit der Volkskammer und des Staatsrates, auf verfassungsrechtliche Konsequenzen und auf neue Anforderungen an seine Amtsführung aufmerksam machte. Dabei sah sich die LDPD bestätigt, die Tür zur unvermeidlichen Wende in der Regierungspolitik ist durch Egon Krenz aufgestoßen worden ..."*

Ich treffe mich mit den 1. Sekretären der SED-Bezirksleitungen. Sie und ihre Genossen in den Kreisen stehen unter Dauerstreß. Sie müssen für alles herhalten, was der Partei an Negativem angelastet wird. Wir wollen über die Vorbereitung eines Aktionsprogramms der SED sprechen. In meinen einleitenden Worten hebe ich hervor, daß mir bewußt ist, daß die Autorität des Politbüros weiter gesunken ist. Es gebe viele ungelöste Fragen, auch solche, auf die das Politbüro keine Antwort geben kann. Wenn unsere Partei aus der Krise kommen will, dann geht dies nur, wenn das Politbüro und die 1. Bezirkssekretäre gemeinsam wirken. Was sich an Problemen angesammelt hat, ist nicht erst durch die Krankheit Honeckers oder durch die Schuld

---

* Siehe Artikel von Hans-Dieter Raspe in: NEUES DEUTSCHLAND vom 28./29. Oktober 1989

von Herrmann und Mittag entstanden. Wir bekommen heute die Quittung für eine jahrzehntelange Politik, an der wir alle mitgewirkt haben. Das Land wird sich nur erneuern können, wenn sich unsere Partei erneuert, wenn sich jeder von uns ändert.

Als erster spricht Helmut Hackenberg aus Leipzig. Die Diskussion der Bevölkerung, so berichtet er, spitzt sich immer stärker auf drei Hauptfragen zu: Wo liegen die Ursachen für die gegenwärtige Lage? Wer wird zur Verantwortung gezogen? Welche Garantien gibt es, daß sich die Entwicklung der letzten Jahre nicht wiederholen kann? Eigentlich geht es schon um die Frage: Was wird aus dem Sozialismus? Kann sich unsere Partei wieder fangen? Hackenberg mahnt die Zulassung des Neuen Forum an.

Hans Modrow berichtet in seinem Beitrag von einer Aktivtagung mit 2500 Genossen. Sie haben ihre Unterstützung für den neuen Generalsekretär ausgedrückt. Viele Parteimitglieder verhalten sich aber abwartend. Wir verlieren bereits erheblich an Mitgliedern. 40 Jahre DDR sind wichtig. Sie sind aber nur das Fundament für die Zukunft. Er hat Gespräche mit Vertretern des Neuen Forum gehabt. Sie sagten, daß sie für den Sozialismus sind und auch dafür, daß die Menschen in der DDR bleiben. Wenn die SED wieder ihre Funktion in der Gesellschaft wahrnimmt, würde sich das Neue Forum zurückziehen. Er berichtet, daß es heftige Angriffe gegen den FDGB-Vorsitzenden Harry Tisch gibt. Dieser habe erklärt, es sei Schuld der Vertrauensleute der Gewerkschaften gewesen, alles so gemacht zu haben, wie es die Partei vorgegeben habe. Das werde so interpretiert, daß Tisch seine Verantwortung „nach unten" abwälzt.

Der 1. Sekretär der SED-Bezirksleitung Rostock, Ernst Timm, bekräftigt das: „Die Äußerung von Harry Tisch hat zu einer Revolte in den Gewerkschaften geführt."

Acht Bezirkssekretäre ergreifen das Wort. In der Tendenz gibt es keine Unterschiede: Den Menschen geht der Erneuerungsprozeß zu langsam voran. Die SED ist auf diesen gesellschaftlichen Umbruch nicht vorbereitet. Die führende Rolle der SED wird in Frage gestellt. Es gibt Zweifel an der Aufrichtigkeit und Fähigkeit der SED zur Wende, am Zentralkomitee und an der Legitimation der Volksvertreter. Gefordert wird die Abschaffung aller Formen geistiger Bevormundung.

Das Ausmaß der aufgedeckten oder vermeintlichen Verfehlungen des ehemaligen Politbüros habe zu Protest, aber auch zur Resignation geführt. Viele fragen: Was hat uns das Politbüro nur eingebrockt? Es werden Vorschläge unterbreitet, mehr Alternativlösungen für politische Entscheidungen einzubringen. Wir einigen uns, in diesem Sinne die 10. Tagung des ZK der SED vorzubereiten.

Nach der Beratung treffen sich Lorenz, Herger und ich in meinem Arbeitszimmer. Es geht um die Besetzung wichtiger Funktionen im Politbüro. Daß Herger als Mitglied des Politbüros vorgeschlagen wird und meine frühere Funktion als Sekretär des Zentralkomitees übernimmt, war für mich schon lange klar. Ich freue mich, daß er einverstanden ist. Mit Lorenz hatte ich schon vor Monaten darüber gesprochen, als Honeckers Absetzung noch nicht vollzogen war, ob er, falls dies notwendig werden würde, für die Funktion des Ministerpräsidenten zur Verfügung steht. Er fühlt sich der Aufgabe nicht gewachsen. Ich respektiere das und bitte ihn nunmehr, daß er als Sekretär des Zentralkomitees, verantwortlich für Parteifragen, nach Berlin kommt. Damit ist er einverstanden. Wir vereinbaren, daß ich mit Schabowski darüber rede, daß er ab Montag seine Arbeit als Sekretär des ZK für Agitation und Propaganda aufnimmt. Die Funktion des Wirtschaftssekretärs ist damit immer noch nicht besetzt. Für diese Funktion haben Schalck und Junker in meinen Überlegungen eine Rolle gespielt. Ich hatte beide ursprünglich auch in die engere Wahl für die Funktion des Ministerpräsidenten gezogen. Auf ihre Kompetenz werde ich nun verzichten müssen. Sie werden in der Öffentlichkeit, zu Unrecht zwar, sehr stark mit der Politik Mittags verbunden.

Meine Sekretärin bringt mir während unserer Besprechung einen Brief, der gerade eingegangen ist.

Ich lese ihn später mit innerer Bewegung. Absender ist Margot Honecker. Wir haben fast zwei Jahrzehnte freundschaftlich zusammengearbeitet. Ich schätze sie. Aber unsere Beziehungen sind getrübt, seit sie die FDJ für viele Mängel in den Schulen verantwortlich macht, die eigentlich Sache der Gesellschaft oder der Volksbildung sind. Ihr Versuch, mit dem Pädagogischen Kongreß im Juni eine Art Parteitag für die Volksbildung durchzuführen, hat keine Besserung der politischen Atmosphäre gebracht. Im Gegenteil. Manche haben ihn wie eine Vergatterung der Pädagogen verstanden. Jetzt lese ich:

„Ich bitte das Politbüro des Zentralkomitees, mich von meiner Funktion als Minister für Volksbildung zu entbinden.

Owohl ich immer davon ausgegangen bin, daß meine Tätigkeit und Verantwortung nicht von meiner Ehe mit dem ehemaligen Generalsekretär abhängig war und ist, so weiß ich natürlich, daß hier ein Zusammenhang hergestellt wird.

Als die Funktion des Generalsekretärs mit der des Vorsitzenden des Staatsrates vereinigt wurde, habe ich Genossen Hager schriftlich um Entbindung von meiner Funktion gebeten, weil ich

1. gegen die Zusammenlegung dieser Funktion war,
2. weil ich ein Problem darin sah, als Frau des Staatsoberhauptes meine Funktion als Minister souverän ausüben zu können.

Genosse Hager hat mich persönlich gebeten, dieses Ersuchen an das Politbüro zurückzunehmen und sich entsprechend meinem Wunsch dafür einzusetzen bei Genossen Honecker, daß ich die ‚Funktion' einer Gattin des Staatschefs nur bedingt wahrnehmen müsse.

Dazu habe ich mein Einverständnis gegeben und mich auch entsprechend verhalten.

Meine Bitte jetzt geht davon aus, daß auch das Bildungswesen massiv angegriffen wird. Das wird nach meiner Überzeugung zunehmen, nicht zuletzt auch deshalb, weil es mit meinem Namen verbunden ist.

Ich bin jeder Kritik stets aufgeschlossen und bin selbst immer kritisch an meine praktische Arbeit herangegangen und habe, so auch auf dem IX. Pädagogischen Kongreß, eine offene, kritische Haltung zu Problemen des Bildungswesens eingenommen, natürlich immer verbunden mit einer Konzeption des Veränderns.

In den Jahrzehnten meiner Parteizugehörigkeit und als Mitglied des Zentralkomitees bin ich nie vor Schwierigkeiten zurückgewichen und werde das auch künftig nicht tun. Da aber im Zusammenhang mit der eingetretenen Lage, die sicher noch einer sehr umfassenden komplexen Analyse bedarf, Personalfragen gestellt werden, nicht zuletzt auch an die Adresse derer, die die Jugend erzogen haben oder erziehen - ob das richtig ist oder nicht, will ich hier dahingestellt sein lassen - ersuche ich das Politbüro, meine Bitte zu prüfen.

Ich möchte betonen, ich gehöre nicht zu denen, die bereit sind, Positionen aufzugeben oder die Flucht nach vorn anzutreten um der Funktion willen. Ich weiß, was in dieser Situation an fester Position und an Flexibilität verlangt wird. Dieser Verantwortung sehe ich mich gewachsen, aber ich will nicht, daß das Volksbildungsaktiv, das fest zur Politik der Partei steht, einem Druck ausgesetzt wird, weil dieses Ministerium für Volksbildung von mir geleitet wird ...“*

Sodann unterbreitet Margot Honecker Vorschläge für ihren Nachfolger.

Ich übersehe nicht, daß der Brief weder eine Anrede noch eine

---

* Brief im Archiv des Autor

Grußformel enthält. Mir liegt daran, eine so lange freundschaftliche Zusammenarbeit nicht schriftlich aufzukündigen. Am Tag meiner Amtsübernahme erklärte ich vor den Mitarbeitern des Zentralkomitees, mich nicht auf Kosten meines Vorgängers zu profilieren. Das gilt auch für Margot Honecker. Meine engsten Freunde haben mir danach gesagt, mein Standpunkt mag moralisch berechtigt sein, aber die Situation verträgt keine Sentimentalität. Wenn ich mich nicht rigoros von den Alten trenne, so der Rat, werde ich Schiffbruch erleiden. Jetzt spüre ich selbst, wie schwer es ist, Politik und Moral unter einen Hut zu bringen. Ich habe immer noch die Illusion, daß ich mit der alten Art der Amtsenthebung von Kadern brechen kann: Solange jemand in der Funktion ist, gilt er als unangreifbar. Hat er die Funktion verloren, ist er ein Nichts. So will ich mit Weggefährten nicht umgehen, auch nicht mit der Frau Honeckers.

Obwohl schon nach 21.00 Uhr, greife ich zum Telefonhörer und wähle: 482 80 20. Es ist die private Telefonnummer von Margot Honecker. Ich sage: „Margot, ich möchte mit dir über deinen Brief sprechen. Können wir uns morgen gegen 11.00 Uhr zu einem kleinen Spaziergang in Wandlitz vereinbaren?“

„Ja“, sagt sie.

Allein in dieser Woche habe ich Briefe von sieben Abteilungsleitern des ZK mit ähnlichem Inhalt wie von Margot Honecker erhalten. Sie wollen aus der Funktion ausscheiden. Ist das bei ihnen Flucht aus der Verantwortung? Alle versichern mir, es sei nur die ehrliche Absicht, Jüngeren den Weg frei zu machen. Einige hatten ihre Entlastungswünsche schon vor Jahren vorgebracht. Doch niemand, der jünger als Honecker war, wagte, seine Entlastung zu beantragen. So war in Schlüsselstellungen auch die zweite Reihe im Zentralkomitee schon überaltert. Was, wenn die Bewegung der Flucht aus der Funktion so weitergeht? Es gibt nur einen Ausweg: Auch im Apparat des ZK radikal verjüngen. Das Problem ist nur, daß wir unzählige Probleme auf einmal anzupacken haben. Und wie es Art mancher Menschen in Konfliktsituationen ist, sie warten ab, woher der Wind weht, wer die Segel setzt und wer am Ruder steht. Viele wollen nicht in die Unsicherheit. Wer jetzt eine Funktion übernimmt, der macht es sicher nicht aus Karrieregründen.

28. und 29. Oktober

Meine Mitarbeiter haben mir für das Wochenende einen großen Koffer mit Akten nach Hause geschickt. Es sind Materialien für die nächste Sitzung des Politbüros, vor allem aber Briefe von Bürgern. Ich versuche, so viele wie möglich zu lesen. Die meisten wünschen mir in der Regel Erfolg für die Wende. Sie verbinden dies mit konkreten Vorschlägen für Veränderungen in der DDR. Es geht um die führende Rolle der SED, um die Kommunalwahlen und die Fälschung ihrer Ergebnisse, um ungerechtfertigte Privilegien, um Rechtsstaatlichkeit, die Übergriffe der Sicherheitsorgane am 7. und 8. Oktober, das Demonstrationsrecht, die Pressefreiheit, die neuen Reiseregelungen, die Volksbildung und vieles mehr. Die Briefe sind mir für die Vorbereitung der nächsten ZK-Tagung wichtig.

Der fast 85jährige Manfred von Brauchitsch, berühmter Autorennfahrer, der in den fünfziger Jahren aus der Bundesrepublik in die DDR übersiedelte und hier Präsident der Gesellschaft zur Förderung des olympischen Gedankens wurde, gibt mir einen freundschaftlichen Rat: „Napoleon entschied bald nach seiner Inthronisierung die Ablösung etlicher betagter Generäle, um für ehrgeizige, begabte junge Offiziere, ohne Rücksicht auf ihren noch niedrigen Rang, die sofortige Beförderung zum Truppenführer mit roten Biesen auszusprechen. Sie dankten es ihm mit Treue und voller Bereitschaft."*

Professor Dr. sc. med. Franke, Chefarzt der Chirurgischen Klinik im Krankenhaus Berlin-Pankow greift das gleiche Thema mit anderen Argumenten auf: „Der biologische Prozeß des Alterns geht auch an Politikern nicht vorbei ... Wir haben das beim Genossen Breshnew erschreckend gesehen und bei den letzten beiden Generalsekretären unserer Partei leider ebenfalls erleben müssen. Da Hochschullehrer in unserem Land spätestens ein Jahr nach ihrem 65. Geburtstag emeritiert werden und selbst bei voller Leistungsfähigkeit ihr Amt aufgeben müssen, erscheint mir eine identische Regelung für Partei- und Staatsfunktionäre medizinisch, moralisch und politisch erforderlich ..."**

Beiden Briefschreibern geht es um die Alten im Politbüro. Ich habe in den vergangenen zwei Wochen viel Zeit aufbringen müssen, um mit ihnen wegen ihres Rücktritts aus ihren Funktionen zu disku-

---

* Brief von Manfred von Brauchitsch an Egon Krenz vom 22. Oktober 1989

** Brief von Professor Franke an Egon Krenz vom 24. Oktober 1989, im Archiv des Autors

tieren. „Ich weiche nur einem Parteitag", hatte Horst Sindermann mir gesagt. Kurt Hager löste über das Thema ungewollt eine scharfe öffentliche Debatte aus. Er hatte vor dem Komitee für Unterhaltungskunst sinngemäß geäußert: Wir haben in den letzten Jahren verschiedene Formen des Personenkults zugelassen. Zum Beispiel mit Stalin und Chruschtschow. Bei allen Verdiensten Erich Honeckers in seiner jahrzehntelangen Tätigkeit ist es dann auch zu Erscheinungen gekommen, die ihm ausschließlich das Verdienst für alles zugemessen haben. So gesehen, hat es auch bei uns Elemente des Personenkults gegeben. So recht er hat, aber aus dem Mund von Hager stößt diese Erklärung auf Unverständnis.

Inzwischen ist es 11.00 Uhr. Ich treffe mich mit Margot Honecker. Sie nimmt kein Wort ihres Briefes zurück. Ich sage ihr, daß sie den Brief an die falsche Adresse geschickt hat. „Dein Chef ist der Vorsitzende des Ministerrates. Du mußt Willi Stoph um deine Entlassung bitten. Ich will, daß die Regierung wieder ihre Vollmachten zurückerhält, die ihr laut Gesetz zustehen. Das Politbüro wird keine ‚Oberregierung' mehr sein."

Bevor ich mich von Margot Honecker verabschiede, treffen wir ihren Mann, der ebenfalls spazierengeht. Es ist unsere erste Begegnung nach seinem Sturz. Er verhält sich mir gegenüber äußerst reserviert.

Margot Honecker sagt dazu fast entschuldigend: „Das mußt du verstehen. Er wird nie begreifen, warum ausgerechnet du dich mißbrauchen lassen hast." Ich kann das nachfühlen. Leider geht er immer noch davon aus, daß Gorbatschow mich zu seinem Sturz angestiftet hat. Welchen Sinn macht es noch, ihm das auszureden?

Die Zeitungen berichten über Amtsmißbrauch, Korruption und Privilegien. Ob Wahrheit, Dichtung oder gar Rufmord, das ist nicht in jedem Fall auszumachen. Aus den Informationsberichten entnehme ich, daß über mich erzählt wird, ich wolle auf einer Insel im Prüßnicksee residieren. Ich weiß nicht einmal, wo diese Insel liegt. Außerdem lese ich, daß das Kinderheim „Anne Frank" am Werbellinsee geräumt werden soll, damit ich dort einziehen kann. So einen Unsinn habe ich nie vorgehabt.

Ich bemühe mich um Aufklärung der Vorwürfe an Parteifunktionäre. Ich will keine Vorverurteilungen. Amtsmißbrauch zur persönlichen Bereicherung, das ist auch meine Meinung, muß schnell aufgeklärt und verfolgt werden. Ich formuliere meinen Standpunkt: Ungerechtfertigte Privilegien müssen abgeschafft werden. Ich unterscheide aber: Für politische Fehler darf jemand nur politisch zur Verantwortung gezogen werden. Für Ermittlungen gegen Personen, die sich gegen Gesetze der DDR vergangen haben, ist die Staatsanwaltschaft zuständig. Ich wende mich dagegen, politisches Handeln zu kriminalisieren.

Für Sonntagabend lade ich zu einer Sitzung des Politbüros nach Wandlitz ein. Ort und Zeit sind ungewöhnlich. Aus mehreren Bezirken kommen Informationen, daß es Streiks geben werde, wenn Harry Tisch nicht als Vorsitzender des FDBG-Bundesvorstandes zurücktritt. Morgen ist Vorstandssitzung. Ich gebe Tisch das Wort.

Tisch erwägt, morgen die Vertrauensfrage zu stellen. Er schätzt ein, daß sich der Hauptstoß gegen die Partei richtet. Jedes Nachgeben würde weitere Forderungen nach sich ziehen. Die Gewerkschaften fordern mehr Eigenständigkeit. Der Hauptvorwurf gegen ihn besteht darin, daß er seine Verantwortung nicht erkennt, sondern sie an die Basis delegiert.

Nach seinen Ausführungen beginnt im Politbüro eine erregte Aussprache über die Lage in der DDR. Nach langem Für und Wider versuche ich gegen 23.00 Uhr das Ergebnis der Diskussion zusammenzufassen. Ich gebe Tisch den Rat: Stelle die Vertrauensfrage. Kämpfe, daß du sie gewinnst. Das Politbüro kann und will die Abstimmung nicht beeinflussen. Die Zeit ist vorbei, daß die Parteiführung bestimmt, wie in den Gewerkschaften abgestimmt wird.

Er tut mir leid. Wir kennen uns seit über 30 Jahren. Er war in Rostock Bezirkssekretär der SED, als ich dort die FDJ leitete. Er gehört zu denen, die bei der Absetzung Honeckers eine sehr aktive Rolle gespielt und viel riskiert haben. Noch vor knapp zwei Wochen war er bei Gorbatschow, um über unsere Pläne für die Absetzung des Generalsekretärs zu informieren. Jetzt trifft es ihn selbst. So gnadenlos ist Politik.

Ich schlage vor, das Aktionsprogramm der SED auszuarbeiten, das der 10. Tagung des Zentralkomitees vorgelegt werden soll. Als Stichworte nenne ich: Demokratisierung des öffentlichen Lebens, Dialog als ständiger Begleiter unserer politischen Kultur, Ausbau der Rechtsstaatlichkeit, neues Verständnis für die Volkskammer und die örtlichen Organe der Staatsmacht, grundlegende Wirtschaftsreform, Konsumgüterprogramm, Wahrheit und Klarheit in der Informationspolitik, zeitliche Begrenzung der Wählbarkeit von Funktionären von den Grundorganisationen bis zum ZK.

Das Aktionsprogramm, so einigen wir uns, soll Antwort auf die Frage geben, was die SED will und welche konkreten Vorhaben sie unterbreitet. Es soll das Reformprogramm der SED werden.

30. Oktober

Gleich nach meiner Wahl zum Generalsekretär schlug ich vor, dem Politbüro „ein ungeschminktes Bild der ökonomischen Lage der DDR mit Schlußfolgerungen vorzulegen"*. Nun habe ich die Analyse** auf meinem Schreibtisch. Planungschef Gerhard Schürer und Staatssekretär Alexander Schalck überreichten sie mir, als ich heute früh in mein Büro kam. Sie haben sie gemeinsam mit Außenhandelsminister Gerhard Beil, Finanzminister Ernst Höfner und dem Leiter der Staatlichen Zentralverwaltung für Statistik, Arno Donda, in nur vier Tagen ausgearbeitet. Inhaltliche Vorgaben habe ich nicht gegeben. Ich wollte ihnen freie Hand lassen. Ihr bisheriger Chef Mittag konnte sie nicht mehr beeinflussen. Sie sollten nun aus ihrem Wissen heraus die Situation einschätzen und aus Tatsachen die notwendigen Schlußfolgerungen ziehen.

24 Seiten sind es geworden. Sie stecken voller Probleme. Ich arbeite Abschnitt für Abschnitt durch. Vieles lese ich mehrmals. Nachdem ich im besten Sinn des Wortes alles studiert habe, frage ich mich: Warum sind die fünf Autoren in der Lage, innerhalb so kurzer Zeit ein völlig anderes, ein realistisches Bild über die Volkswirtschaft zu geben als sie es dem gesamten Politbüro bisher vorgelegt haben? Natürlich kann ich mir die Antwort selbst geben: Von den für die Wirtschaft Verantwortlichen, die die wahre Lage kannten, wurde ein positiv geschöntes Bild verlangt, für die Führung und für die Öffentlichkeit. Und die Autoren folgten der Vorgabe.

Es berührt mich, daß sie eine Selbstverständlichkeit als Neuerung formulieren. Es heißt zum Beispiel: „Der Wahrheitsgehalt der Statistik und Information ist auf allen Gebieten zu gewährleisten." Sie wissen nur zu gut, daß die Erfolgspropaganda gerade in der Ökonomie eine Scheinwelt schuf. Es gab im Politbüro wenig Entschlossenheit, den tatsächlichen ökonomischen Zusammenhängen auf den Grund zu gehen. Die hundertprozentige Planerfüllung war Gesetz. Die wirklichen Ursachen dafür, warum der Plan oft nicht erfüllt wurde, kamen im Politbüro nur selten zur Sprache. Zahlen wurden in falsche Zusammenhänge gestellt oder auch frisiert. Die Mängel in der Leitung der Volkswirtschaft wurden auf die Disziplin der Leiter reduziert. In diesem Kontext entstand in den letzten Jahren

---

* Siehe Protokoll der Sitzung des Politbüros vom 24. Oktober 1989

** Analyse der ökonomischen Lage der DDR mit Schlußfolgerungen. Vorlage für das Politbüro für die Sitzung am 31. Oktober 1989

ein prahlerisches Ritual: Im Zusammenhang mit der Leipziger Messe fanden regelmäßig Seminare des Zentralkomitees mit den Direktoren der Kombinate statt. Die Wirtschaftsfunktionäre aller Ebenen unterschrieben zweimal jährlich Briefe an Honecker, die zuvor in der Regie der für Wirtschaftsfragen Zuständigen im Apparat des Zentralkomitees vorbereitet wurden. Sie enthielten zusätzliche Verpflichtungen zur Planerfüllung. Es wurden Zahlen über Leistungen in der Volkswirtschaft genannt, die mit der Realität nicht übereinstimmten, oft weit von ihr entfernt waren. Es gab Versuche von Mitgliedern des Politbüros und Abteilungsleitern des Zentralkomitees, diese Schönfärberei zu beenden. Das Argument von Mittag war dann: Wer die Verpflichtungen der Kombinate geringschätze, verzichtet auf ökonomischen Fortschritt. Und wer wollte das schon? Verhängnisvoll an dieser Praxis war vor allem, daß Honecker diesen Briefen mehr glaubte als den kritischen Berichten aus den Parteiorganisationen.

Jetzt müssen wir mit den realen Fakten rechnen, jedes Wunschdenken ablegen und die notwendigen Konsequenzen ziehen, die für viele schmerzlich sind. Ich kenne die kritischen Ansichten der Einreicher der Vorlage seit langem. Ich weiß, daß auch sie mit dem Widerspruch lebten, über die ökonomische Situation anders zu denken als sie es bisher dem Politbüro offenbarten. Was sie wußten und was sie darüber dachten, diskutierten sie bisher in kleinen Zirkeln. Mit diesem Selbstbetrug, darin sind wir uns einig, muß endgültig Schluß sein. Die für Ökonomie Kompetenten dürfen nicht weiter mit dem engen geistigen Korsett leben, das ihnen das frühere Politbüro angelegt hat.

Ihre Analyse enthält ausgewogen die unbestreitbaren Leistungen der Volkswirtschaft und zugleich die seit langem angehäuften Schwierigkeiten. Seit 17 Jahren gelingt es der DDR, das Nationaleinkommen* jährlich durchschnittlich um 4 Prozent zu steigern. In den letzten Jahren allerdings verlangsamte sich das Wachstum. Eine entscheidende Ursache: Die produktive Akkumulation** ist rückläufig. Während 1970 die Akkumulationsrate*** noch 29 Prozent betrug, sank sie bis 1989 auf 21 Prozent, im produktiven Bereich von 16,1 auf 9,9 Prozent.

---

* Das Nationaleinkommen war eine zentrale Kategorie der sozialistischen Wirtschaft. Es verkörpert die Summe des innerhalb eines bestimmten Zeitraums (in der Regel pro Jahr) in der materiellen Produktion durch produktive Arbeit neu geschaffenen Wertes. Das Nationaleinkommen ist in Akkumulations- und Konsumtionsfonds aufgeteilt.

** Produktive Akkumulation ist die Verwendung eines Teils des Nationaleinkommens für die Erweiterung und Intensivierung der Produktion.

*** Akkumulationsrate ist der prozentuale Anteil des akkumulierten Teils des Nationaleinkommens am gesamten Nationaleinkommen. Die Höhe der Akkumulationsrate und ihre rationelle Verwertung bestimmen maßgeblich das Wachstum und die Effektivität der Volkswirtschaft.

Die DDR gehört einerseits zu den wenigen Ländern der Welt, die die Entwicklung und Produktion mikroelektronischer Bauelemente, einschließlich eines wesentlichen Teils der dazu erforderlichen speziellen Produktionsausrüstungen für hochintegrierte Schaltkreise meistert. Andererseits muß sie wegen des Embargos des Westens und der mangelnden Arbeitsteilung zwischen den sozialistischen Ländern ein breites Sortiment an mikroelektronischen Erzeugnissen selbst entwickeln und produzieren. Die Kosten dafür betragen ein Mehrfaches des internationalen Standards. Sie müssen gegenwärtig mit drei Milliarden Mark pro Jahr vom Staat gestützt werden.

Die Elektrifizierung der Eisenbahn geht zwar gut voran, aber der Ausbau des Straßenwesens wird dagegen erheblich vernachlässigt. Der Verschleißgrad des Autobahn- und Straßennetzes ist erschreckend.

Die Nettogeldeinnahmen der Bevölkerung sind mit jährlich 4,3 Prozent schneller gewachsen als das Warenangebot mit 4 Prozent.

Die Spareinlagen der Bevölkerung betragen 175 Milliarden Mark. Allein die Zinszahlungen an die Bevölkerung sind 1989 auf 5 Milliarden Mark angewachsen. Das ist mehr als der Zuwachs des jährlichen Warenfonds. Dies führte zu einem permanenten Kaufkraftüberhang. Der Wunsch der Bevölkerung, langlebige und hochwertige Konsumgüter wie Pkw, HiFi-Anlagen u. ä. zu kaufen, wird immer fordernder und lauter.

Über drei Millionen Wohnungen wurden seit 1971 neu gebaut bzw. rekonstruiert. Mehr als die Hälfte der Bevölkerung erhielt so neue oder renovierte Wohnungen. Dagegen wurden notwendige Reparaturmaßnahmen in Städten wie Leipzig, Dresden, vor allem aber in den Klein- und Mittelstädten, vernachlässigt. Teile dieser Städte verfallen.

In der Mikroelektronik, im Werkzeug- und Verarbeitungsmaschinenbau und auf Teilgebieten der Leichtindustrie, der Möbelindustrie sowie im Bereich Glas- und Keramikindustrie sind modernste Ausrüstungen vorhanden. Hingegen ist der Verschleißgrad der Ausrüstungen in der Schwerindustrie, im Bauwesen, im Verkehrswesen und in der Land- und Nahrungsgüterwirtschaft übergroß.

Gemessen an den anderen sozialistischen Staaten verfügt die DDR über eine gut funktionierende Volkswirtschaft und einen hohen Lebensstandard. Im internationalen Vergleich liegen wir in der Arbeitsproduktivität* aber 40 Prozent hinter der BRD zurück.

Das größte Problem der Analyse ist für mich die Verschuldung der

---

* Arbeitsproduktivität ist der Wirkungsgrad, der Nutzeffekt der auf Erzeugung von materiellen Gütern und Leistungen gerichteten Arbeit. Sie ist das Verhältnis der produzierten Menge an Gebrauchswerten zur aufgewandten gesellschaftlichen Arbeit. Nach Lenin ist die Arbeitsproduktivität das Ausschlaggebende für den Sieg der neuen Gesellschaft.

DDR im kapitalistischen Ausland. Betrug sie 1970 2 Milliarden, so steht sie 1989 mit 49 Milliarden* Valutamark in der Kreide. Das sind zum aktuellen Umrechnungskurs 26,5 Milliarden Dollar. Damit wird zum erstenmal im Politbüro ausgesprochen, was bisher nur ein kleiner Kreis von Verantwortungsträgern kannte: Die Sozialpolitik seit dem VIII. Parteitag beruht nicht im vollen Umfang auf eigenen Leistungen. Sie ist zwar nicht der einzige, aber ein wesentlicher Grund für die wachsende Verschuldung der DDR im kapitalistischen Ausland. Die Autoren teilen dem Politbüro mit: „Allein ein Stoppen der Verschuldung würde im Jahre 1990 eine Senkung des Lebensstandards um 25 bis 30 Prozent erfordern und die DDR unregierbar machen."**

Ist das der Staatsbankrott? Keineswegs. Ein Staat geht nicht pleite, weil er Schulden hat. Sonst müßte die Mehrzahl der Länder der Welt untergehen oder längst untergegangen sein. Das Problem der DDR ist, daß sie Schulden beim politischen Gegner hat, der auf die Liquidierung der DDR hinarbeitet. Darin liegt die eigentliche Gefahr.

Die DDR hat bisher jede Rechnung, jede Verbindlichkeit pünktlich beglichen. Die Autoren der Vorlage unterstreichen mit ihrer Warnung von der „Unregierbarkeit der DDR", wie existentiell notwendig für die DDR eine grundlegende Änderung ihrer Wirtschaftspolitik ist. Das Konzept darf nicht nur auf ein Stoppen der Verschuldung ausgerichtet sein. Sie formulieren ihre These im Konjunktiv. Sie betonen, daß es ihnen darum geht, das Diktat des Internationalen Währungsfonds für die DDR auszuschließen.

Ich stelle mir beim Lesen der Vorlage die Frage: Welche subjektiven und welche objektiven Gründe gibt es für die ökonomische Fehlentwicklung? Manches ist subjektiv bedingt. Dies muß mit Namen und Adresse benannt werden. Nur so kann garantiert werden, daß sich subjektive Fehler nicht wiederholen.

Es wäre aber ein Selbstbetrug ganz anderer Art, den 40prozentigen Rückstand in der Arbeitsproduktivität gegenüber der BRD nur

---

* Im Oktober 1989 ging die DDR von 49 Milliarden Valutamark aus. Nach Informationen von Schalck war mir bekannt, daß der Bereich Kommerzielle Koordinierung über Devisenreserven verfügt. Dadurch reduzierte sich die Verschuldung der DDR auf 38 Milliarden VM. Das sind 20,6 Milliarden US-Dollar. Im März 1990 wurde eine erneute Inventur aller Forderungen und Verbindlichkeiten per 31. Dezember 1989 erarbeitet. Sie wies eine Nettoverschuldung der DDR in Höhe von 29,6 Milliarden VM aus. Das sind 16 Milliarden Dollar. Im Monatsbericht der Deutschen Bank vom Juli 1990 wurde zum Stichtag der Währungsunion eine Nettoverschuldung der DDR von 24,7 Milliarden VM oder 14,8 Milliarden US-Dollar ausgewiesen. Fast die Hälfte weniger als uns im Oktober 1989 mitgeteilt worden war! Die Verschuldung der DDR wurde im Herbst 1989 stark dramatisiert. Die DDR stand damals keineswegs unmittelbar vor der Zahlungsunfähigkeit.

** Siehe Vorlage an das Politbüro „Analyse der ökonomischen Lage der DDR ..."

dem sozialistischen System und einer falschen Wirtschaftspolitik von Honecker und Mittag anzulasten. Ist es nicht vielmehr so, daß der Osten Deutschlands von Anfang an einen Substanzverlust hatte, der objektiv nicht aufzuholen war? Ganz Deutschland hatte den faschistischen Krieg geführt. Die Wiedergutmachung aber mußte ein Drittel Deutschlands, die Sowjetische Besatzungszone und später die DDR, allein tragen.

Bis 1953 waren Reparationsleistungen der DDR mit 15 Milliarden Dollar 25 mal größer als die Westdeutschlands. Auf dem Gebiet der DDR wurden mehr als 2000 Betriebe demontiert. Das war immerhin die Hälfte der industriellen Kapazität der Vorkriegszeit. Die zweiten Gleise auf Hauptstrecken der Eisenbahn wurden fast vollständig abgebaut, insgesamt 11 800 km.

Die DDR begann mit einer Akkumulationsrate von nur 7 Prozent an der Seite der vom Krieg zerstörten Sowjetunion, während die Bundesrepublik mit einer Akkumulationsrate von 22 Prozent an der Seite der aus dem Krieg gestärkt hervorgegangenen USA startete. Der Osten Deutschlands war 1945 keine Zone blühender Wirtschaft. Während die Nachkriegsgeneration der DDR unter Null anfing, erhielt Westdeutschland mit dem Marshallplan eine Starthilfe, die die DDR auch durch Fleiß und Einsatzwillen der Bevölkerung nicht ausgleichen konnte. Der Kalte Krieg brachte die DDR um viele Früchte der schweren Arbeit der Nachkriegsgeneration. Ich muß oft daran denken, wie ich als Student miterlebte, wie offizielle Stellen in Westberlin und Westdeutschland uns schon während der Ausbildung Einstellungsverträge anboten. Die DDR bezahlte die Ausbildung der Studenten, die BRD übernahm kostenlos das Wissen der Absolventen. Solche „Arbeitsteilung" vergrößerte den Substanzverlust der DDR.

Und war es nicht die Bundesrepublik, die ein Jahr vor dem Mauerbau, am 30. September 1960, das 1951 mit der DDR abgeschlossene Handelsabkommen kündigte? Damit wurde zwangsläufig unsere Bindung an die Wirtschaft des RGW fester verankert. Außerdem waren 10 Prozent unseres Ex- und Imports in Frage gestellt. Für zahlreiche lebenswichtige Importprodukte wie Sonderstähle, Normteile, spezifische Chemikalien, Präzisionsmaschinen u. ä. gab es keinen Ersatz.

Ist das Wettrüsten unsere Erfindung? Mitnichten. Es kostet uns aber Milliarden an Volksvermögen. Professor Arno Peters* aus Bremen hat-

* Professor Arno Peters, Bremen, kam im November 1989 nach Berechnungen mit Zins und Zinseszins auf eine Gesamtsumme von 727 Milliarden, die die BRD der DDR schulde.

te schon 1964 darauf verwiesen, daß die Bundesrepublik verpflichtet wäre, der DDR einen Lastenausgleich in dreistelliger Milliardenhöhe für die von uns für ganz Deutschland an die UdSSR geleisteten Reparationen zu zahlen.

Zusätzlich zur Analyse schickt mir Schürer einen Brief über die Schulden der DDR. Er war als Geheime Kommandosache (GKS) gekennzeichnet. Darin teilt er mir mit, daß die DDR jährlich zwischen acht und zehn Milliarden Valutamark Kredite aufnimmt. Diese Summe muß bei 400 Banken mobilisiert werden. Die weitere Beschaffung der Kredite hängt davon ab, wie unsere wichtigsten Kreditgeber Japan und die BRD politisch dazu bereit sind. Wichtig ist die wirtschaftliche Entwicklung der DDR und die Beibehaltung relativ hoher Anlagen bei ausländischen Banken, die als Guthaben der DDR in Erscheinung treten, auch wenn es sich um Depositen und bereits mobilisierte, aber nicht eingesetzte Kredite handelt. Schürer fordert mich auf, diese Fakten im Interesse der Kreditwürdigkeit der DDR absolut geheimzuhalten.

Die Analyse enthält bereits einige Grundgedanken der Wirtschaftsreform, die auf der nächsten ZK-Tagung vertieft werden müssen. Als erster Schritt ist vorgesehen, die vorhandene bürokratische Zentralisierung in der Leitung und Planung der Volkswirtschaft abzuschaffen und die Eigenverantwortung der Kombinate und Betriebe wesentlich zu erhöhen. Der durch subjektive Entscheidungen entstandene übermäßige Planungs- und Verwaltungsaufwand muß verringert werden. Die Klein- und Mittelbetriebe sollen aus der zentralen Bilanzierung wieder ausgegliedert werden. Die Steuergesetzgebung ist sofort zugunsten von Handwerk und Gewerbe zu überarbeiten. Geld muß wieder Maßstab für Leistung und wirtschaftlichen Erfolg werden. Die Erhöhung der Einnahmen ist direkt an höhere Leistungen zu binden. Die Verfasser sprechen von einer an den Marktbedingungen orientierten sozialistischen Planwirtschaft. Leistung und Verbrauch müssen übereinstimmen. Jede ökonomische Frage soll dort entschieden werden, wo die dafür notwendige Kompetenz vorhanden ist. Das bedeutet eine klare Absage an die bisherige Praxis, daß die Entscheidungen der ökonomischen Aufgaben im Politbüro erfolgen. Dafür soll die Regierung mit ihren Fachministerien zuständig sein.

Die Autoren der Vorlage machen darauf aufmerksam, daß eine Wirtschaftsreform eine neue Stufe der Zusammenarbeit mit der UdSSR erfordert. Sie verlangen eine Gemeinschaftsarbeit ohne Vorbehalte und die Beseitigung des zwiespältigen Verhaltens zur Umgestaltung in der Sowjetunion.

Gleichzeitig halten sie ein konstruktives Konzept der Zusammenarbeit mit der BRD und mit Ländern wie Frankreich, Österreich und Japan für notwendig. Sie gehen davon aus, daß grundlegende Änderungen unserer Gesellschaftskonzeption notwendig sind, aber eben nur auf der Basis des Sozialismus. Wörtlich: „Dabei schließt die DDR jede Idee von Wiedervereinigung mit der BRD oder der Schaffung einer Konföderation aus."*

Die Analyse ist mit weitreichenden politischen Schlußfolgerungen verbunden. So heißt es: „Um der BRD den ernsten Willen der DDR zu unseren Vorschlägen bewußt zu machen, ist zu erklären, daß durch diese und weitergehende Maßnahmen der ökonomischen und wissenschaftlich-technischen Zusammenarbeit DDR-BRD noch in diesem Jahrhundert solche Bedingungen geschaffen werden, die heute existierende Form der Grenze zwischen beiden deutschen Staaten überflüssig zu machen ... Als Zeichen der Hoffnung und der Perspektive ist die DDR bereit, zu prüfen, ob sich die Hauptstadt der DDR und Berlin (West) um die gemeinsame Durchführung der Olympischen Spiele im Jahre 2004 bewerben sollen."**

Beide Vorschläge betreffen grundlegende Statusfragen in Deutschland und in Berlin. Realisierbar wären sie nur nach Absprache mit der Sowjetunion.

Ich stimme dennoch zu, daß die Vorlage so wie sie ist, ohne Veränderungen, morgen im Politbüro behandelt wird. Ich weiß wohl, daß mir damit in vielem die Hände gebunden sind. Das enge Korsett, das ich den Ökonomen nehmen will, lege ich jetzt der Politik und mir persönlich um. Wenn es uns nicht gelingt, die notwendige ökonomische Kooperation mit der Sowjetunion auf ein neues Niveau zu heben, wird die Erneuerung unserer Gesellschaft ein Traum bleiben.

Das Mißtrauen der Bürger in unsere Politik wächst. Das kommt auch heute wieder in der Montagsdemonstration in Leipzig und anderen Orten zum Ausdruck. Um so notwendiger sind wirkliche, tiefgreifende, ehrliche und öffentlich diskutierte Veränderungen. Ich weiß, daß die ökonomische Analyse nur ein Anfang sein kann. Ich hoffe aber, daß wir mit ihr einen Schritt in Richtung Wirtschaftsreform gehen. Ich packe die Vorlage zu meinen Unterlagen „Gorbatschow-Besuch". Sie wird ein entscheidender Punkt meiner Gespräche in Moskau sein.

---

* Vorlage an das Politbüro „Analyse der ökonomischen Lage der DDR ..."
** Ebenda

31. Oktober

10.00 Uhr. Sitzung des Politbüros. Einige Mitglieder und Kandidaten scheinen mokiert darüber zu sein, daß ich gestern den Empfang für die Absolventen der Militärakademien genutzt habe, um öffentlich und in freier Rede über die Verantwortung des Politbüros für die gegenwärtige Lage zu sprechen. Die Offiziere, die im Bankettsaal des Amtssitzes des Staatsrates versammelt waren, sind in ihren Truppenteilen täglich mit den vielen Fragen der Soldaten konfrontiert. Ich ermuntere sie, keine Tabus zu dulden. Auf jede politische Frage läßt sich eine überzeugende Antwort finden, wenn das Gespräch zwischen Vorgesetzten und Untergebenen offen und vertrauensvoll ist. In diesem Zusammenhang kritisiere ich, daß durch die Schuld des Politbüros Kritik und Selbstkritik in der Gesellschaft verlorengegangen sind. Das Politbüro habe selbst gegen das Parteistatut verstoßen, indem es zu wenig auf die Genossen in den Grundorganisationen, in den Kreisen und Bezirken gehört habe. Das bringt mir zu Beginn der heutigen Sitzung die Frage ein, ob es denn unbedingt notwendig gewesen wäre, ausgerechnet vor den Offizieren der Armee das Politbüro zu kritisieren? Ich verteidige meine Position. Wenn es uns nicht gelingt, sage ich, über unsere Angelegenheiten offen zu sprechen, werden wir die angestrebte Erneuerung nie erreichen.

Ich denke dabei auch an die vielen Meinungsäußerungen aus den Grundorganisationen der Partei. Fast täglich erhalte ich Briefe von ihnen. „Wir sind in großer Sorge um das Schicksal der DDR, des Sozialismus und der Partei. Egon, du mußt deine Zögerlichkeit aufgeben“, so ist die Tendenz der Schreiben.

Herger zeigte mir dieser Tage den Brief eines gemeinsamen Freundes aus Leipzig. Darin steht: „Sollte die Partei nicht lernen und reformfähig sein oder sich im taktischen Machtgeplänkel verlieren, liquidiert sie sich rasch selbst. Dann werden andere Kräfte das Notwendige einleiten. Oder es kommen Kräfte an die Macht, die einen nichtsozialistischen Weg einschlagen und dem Volk wiederum Unterdrückungsverhältnisse und Dogmen aufzwingen oder das Land an andere verkaufen.“

Auch mich bedrücken diese Sorgen. Doch wie soll ich das schier Unmögliche möglich machen? Wie soll ich erwartete Sofortmaßnahmen, Schuldbekenntnisse, Zurückweisung ungerechtfertigter Vorwürfe und Diskussionen über die Gesellschaftsstrategie, die Zeit benötigen, unter einen Hut bringen?

Ich fühle mich nicht nur wie ein von den Ereignissen Getriebener, ich bin es. Ich habe keine 100 Tage Schonzeit, wie sie unter normalen Bedingungen Regierungen zugestanden werden. Seit dreizehn Tagen bin ich erst Generalsekretär, eine knappe Woche Staatsratsvorsitzender. Alles verändert sich in einem bisher unvorstellbaren Tempo. Mein seit der Kindheit gewachsenes und gepflegtes Weltbild gerät aus den Fugen. Was mir im Leben wichtig und unumstößlich schien, wird plötzlich in Frage gestellt. Seit ich politisch denken kann, bin ich festen Glaubens, mit meinen sozialistischen Idealen der Gerechtigkeit, dem Frieden und einer besseren Zukunft der Menschen zu dienen.

Doch nun steht das Volk auf! Gegen wen? Gegen Honecker und mich? Gegen das Politbüro, gegen die SED? Gegen unsere Selbstzufriedenheit, fehlende Freizügigkeit, ökonomische Stagnation und zunehmende Versorgungsmängel? Für mehr Offenheit in den Medien? Fragen über Fragen. Versuche, sie zu beantworten, stürzen mich in tiefe Widersprüche. In diesen Tagen verhehle ich nicht, daß ich sowohl ein Teil des Problems, aber vor allem ein Teil der Lösung bin. Und dieser Aufgabe stelle ich mich, obwohl ich auf vieles keine Antwort weiß. Es gibt mehr Fragen als wir Antworten haben. Natürlich weiß ich, daß niemand für eine Sache kämpfen kann, ohne sich Gegner zu schaffen. Wichtig ist mir, daß die Enttäuschung und der Zorn über die entstandene Situation nicht auf dem Rücken der Genossen in den Grundorganisationen ausgetragen werden. Sie haben uns vertraut, geglaubt, ihrer Pflicht nachzukommen und nach bestem Wissen und Gewissen zu handeln. Die Verantwortung für die Krise in der Gesellschaft, soweit es sich um innenpolitische Entwicklungen handelt, tragen das Politbüro und die Regierung.

Mit diesen Gedanken eröffne ich die heutige Sitzung des Politbüros. Dann folgt der Satz, der zur weiteren Klärung beitragen soll: „Wir müssen heute eine Mitteilung für die Medien über Kaderfragen machen." Ich will, daß die Alten selbst ihren Rücktritt erklären. Sie haben ihre Verdienste. Bei denen ich kann, hebe ich es hervor. Sie verteidigen sich jetzt damit, was sie früher alles schon wußten oder gesagt haben.

Kurt Hager entgegnet mir: „Ich habe schon auf der Sitzung des Politbüros am Sonntag meinen Rücktritt angeboten. Ich bin aber der Meinung, daß ich vom Gegner abgeschossen werde. Wenn es der Partei dient, trete ich selbstverständlich zurück." Der Mann, der 1933 als Jungkommunist in Süddeutschland die Radioübertragung einer Rede Hitlers verhinderte, indem er unter Lebensgefahr ein Kabel durchtrennte, ist in den zurückliegenden Jahren tatsächlich immer wieder vom Westen verunglimpft worden. Ich habe ihn im Politbüro oft als streitbaren Politiker erlebt, der wegen seiner kritischen Fragen bei Honecker und auch anderen als Nörgler galt. Er hatte selbst nach dem unangebrachten „Tapetenvergleich"* so viel Parteidisziplin, daß er nicht öffentlich sagte, daß Honecker ihm diese Metapher ins Manuskript geschrieben hatte. Ich setze mich nicht weiter mit Hagers Auffassung auseinander, daß es nur der Gegner sei, der ihn weghaben will. Er weiß selbst, daß die Forderung nach Rücktritt massenweise aus der Partei kommt.

Ich informiere das Politbüro, daß inzwischen auch Axen, Mielke, Mückenberger und Neumann ihren Rücktritt angeboten haben. Das reiche allerdings noch nicht. Ich fordere daher dazu auf, daß weitere Genossen über ihren Rücktritt nachdenken, der auf der 10. Tagung des ZK erfolgen soll.

Horst Sindermann verweist darauf, daß gegenwärtig nicht nur der Dialog geführt wird. „Wir haben harten Klassenkampf", sagt er. So sehr er recht hat, so bleibt mir das gewählte Beispiel dafür unverständlich. Er greift die FDJ-Fraktion der Volkskammer an. Mit ihrer Forderung nach einer sofortigen Sitzung der Volkskammer habe sie dazu beigetragen, die Staatsmacht der DDR zu unterhöhlen.

Ich muß genau abwägen. Mit wem lege ich mich an? Mit den Alten, die noch die Mehrheit im Politbüro haben, oder mit der FDJ-Führung, die schneller die Wende vollziehen will? Wer sich zwischen die Stühle setzt, hat schon oft verloren. Ich versuche auszugleichen. Es gelingt nur scheinbar.

Wie oft habe ich in meiner FDJ-Funktion gesagt, daß es im Sozialismus keine Generationsprobleme gibt. Jetzt brechen sie selbst im Politbüro auf. Es rächt sich, daß es seit Jahrzehnten keinen Generationswechsel in der Führung gegeben hat. Ich hoffe auf das Verständnis der Freunde vom Zentralrat. Ich fordere sie auf, vor Sindermann mehr Respekt zu haben. Schließlich habe er fast zwölf Jahre im faschistischen Konzentrationslager gesessen. Damit bringe ich die anwesenden Vertreter des Zentralrats nun endgültig gegen mich auf. Sie erkennen die Verdienste der Genossen in der Vergangenheit voll an. Sie wollen nur nicht, daß sie damit legitimiert sind, bis zum Lebensende in der Funktion zu bleiben. Es geht ihnen um die Lösung der entstandenen Krise. Und dafür, so schlußfolgern sie, ist auch der Rücktritt von Horst Sindermann notwendig.

---

* In einem Interview mit dem STERN hatte Hager 1987 auf eine Frage zur Perestroika in der Sowjetunion sinngemäß gesagt: Würden Sie Ihre Wohnung neu tapezieren, nur, weil der Nachbar auch seine Wohnung tapeziert?

Bei Sindermanns Ausführungen erinnere ich mich unwillkürlich an einen Text, den mir der Leiter des Verlages Neues Leben, Rudolf Chowanetz, mit Gedanken und weitreichenden Vorschlägen schon im September übergeben hat. Er stammt von dem jungen Autor Martin Miersch aus Berlin und sollte im Literaturalmanach TEMPERAMENTE erscheinen, war sogar schon ausgedruckt, vom Verleger also genehmigt, aber ohne mein Wissen und Zutun wieder aus dem Heft genommen worden. Der Text stimmt mit meiner Intention der Lage voll überein:

VERANTWORTUNG

Es könnte sein, ihr habt noch immer Sorgen,
wie es nach eurem Tode weitergeht.
Wir waren nicht im Lager, und wir haben
uns niemals eingepißt im Schützengraben,
wir kennen nicht die Illegalität.

Es könnte sein, wir werden uns verändern
und weisen Fehler nach, die euch geschehn.
Was ihr als Lebenswerk verteidigt, halten
wir in Ehren, doch es wird veralten
auch wenn es wehtut, was wir schon verstehn.

Es könnte sein auf eure alten Tage,
daß ihr das alles selber noch erlebt.
Wir hofften viel zu lange nur im leisen,
wir könnten es euch selber noch beweisen,
daß ihr den Stab in gute Hände gebt.

Es könnte sein, wir können darüber reden,
auch wenn ihr uns vielleicht respektlos nennt.

Wir müssen wieder lernen, uns zu streiten,
gerade jetzt in so bewegten Zeiten,
und weil man für die gleiche Sache brennt.

Ich sage an die Adresse der Alten: „Ja, es geht um die Existenz der Arbeiter- und Bauernmacht. Doch es muß endlich ausgesprochen werden, daß wir uns selbst in diese Lage gebracht haben. Ich erinnere nur an das SPUTNIK-Verbot. Niemand von uns ist dagegen aufgetreten, obwohl wir alle wußten, daß es falsch war. Viele Genossen wurden aus der Partei ausgeschlossen, weil sie für die Freundschaft mit der Sowjetunion unter Gorbatschow sind. Das konnte nicht gutgehen. Noch besteht die organisatorische Einheit der Partei; eine politisch-ideologische Einheit gibt es schon lange nicht mehr. Das Politbüro ist daran nicht unschuldig. Das muß auf der nächsten ZK-Tagung klar formuliert werden."

Es gibt heftige Auseinandersetzungen. Offensichtlich holen einige ihre in Jahren versäumte Redezeit nach. Bei Honecker dauerten die Sitzungen höchstens zwei bis drei Stunden. Heute geht die Sitzung fast über den ganzen Tag. Die Diskussion zieht sich hin. Sie ist mit Emotionen überladen. Ich kann die Sitzung unmöglich aus zeitlichen Gründen abbrechen. Ich verschiebe daher meinen Abflug nach Moskau um über eine Stunde.

Vieles wird zerredet. Zwischenrufe, Einwürfe, Vorwürfe und sich gegenseitig Ins-Wort-Fallen bringen immer neue Verzögerungen zu längst getroffenen Entscheidungen. Es ist schwer, die Debatte auf das Wesentliche zu lenken: nächste ZK-Tagung, Aktionsprogramm, Reisegesetz, ökonomische Analyse.

Kontrovers wird unsere Haltung zu der Kundgebung vom 4. November auf dem Alexanderplatz diskutiert. Honecker trat noch im Oktober für eine Bannmeile im Stadtzentrum von Berlin ein. So etwas gäbe es auch vor dem Bundestag in Bonn, hatte er argumentiert. Nun muß die Frage entschieden werden: Wird die Demonstration geduldet oder offiziell genehmigt? Das Politbüro spricht sich gegen eine Bannmeile aus. Ausdrücklich halten wir im Protokoll fest: „Die Demonstration wird als durch die zuständigen Staatsorgane genehmigte Veranstaltung durchgeführt."*

Gegen 16.00 Uhr muß ich die Sitzung doch abbrechen. Mit Blaulicht muß ich durch die Stadt zum Flugplatz fahren. Um 16.20 Uhr fliege ich nach Moskau ab.

Eisiger Wind treibt mir den ersten Schnee dieses Winters ins Gesicht, als ich am Abend mit einer Sondermaschine der Interflug in Moskau lande. Ich habe wieder festen Boden unter den Füßen. Wieviel bedeutet mir dieses Land; wie oft hatte ich Moskau besucht. Die Sowjetunion ist meine zweite Heimat. Ich fühle mich hier wohl. Diesmal spüre ich das Besondere des Augenblicks. Es stehen Gespräche bevor, die für die weitere Entwicklung der DDR lebenswichtig sind.

---

* Bundesarchiv, Bestand der Parteien und Massenorganisationen der DDR, DY 30/JIV 2/2/2356

Ich habe Mühe, durch die große Ansammlung von Journalisten die SIL-Limousine zu erreichen, die mich in die Residenz auf den Lenin-Bergen bringen soll. Das KPdSU-Politbüromitglied Jakowlew begleitet mich. Er gilt als Architekt der Perestroika und von Glasnost. Er hat in vierzig Jahren hauptamtlicher Parteiarbeit Erfahrung mit sechs KPdSU-Generalsekretären gesammelt. Er diente von Stalin bis Gorbatschow.

Nach unserer Ankunft in der Residenz schalte ich das zentrale sowjetische Fernsehen ein. Was ich sehe und höre, ist nicht mehr die Sowjetunion, die ich von früheren Besuchen kenne. Es sind die gleichen Menschen, die gleichen Vokabeln, teilweise die gleichen Redner, aber es ist ein anderes Land. Die Perestroika ist ins Stocken geraten. Mitarbeiter des ZK sagen offen, die Sowjetunion werde zu einer drittklassigen Macht, wenn Gorbatschows Umgestaltung außer Kontrolle gerät. An diesem Abend verstehe ich, daß ich in einigen Stunden einen KPdSU-Generalsekretär treffen werde, dessen Sorgen noch größer als die meinen sind.

Ich telefoniere mit Freunden in Moskau, um aus erster Hand etwas über die Stimmung in der Sowjetunion zu erfahren. Im eigenen Land gilt der Prophet bekanntlich wenig. Das trifft auch auf Gorbatschow zu. Die Achtung, die er in der Welt genießt, versagt ihm die eigene Bevölkerung. Viele sind der Meinung, daß der Lebensstandard unter Breshnew besser war. Die Versorgungsmängel werden Gorbatschow angelastet. Meine Dozentin für russische Sprache aus Moskauer Studienzeiten sagt am Telefon: „Bei uns wird viel geredet und wenig gearbeitet."

Ein Bekannter kommt zu später Stunde in mein Zimmer. Ich habe ihn 1985 kennengelernt, als er mit einer hochrangigen KGB-Delegation zu Gast beim Ministerium für Staatssicherheit der DDR war. Er spricht gut deutsch. Welche Funktion er ausübt, weiß ich nicht. Er lädt mich zu einem nächtlichen Spaziergang ein. Wir gehen in den kleinen Park der Residenz.

„Ihre Freunde, Genosse Krenz, möchten sie davor bewahren, morgen ins offene Messer zu laufen."

Diese Warnung trifft mich überraschend und völlig unerwartet. „In welches offene Messer sollte ich laufen?" frage ich.

Aus der Umgebung des Generalsekretärs ist bekannt, daß Gorbatschow seit seinen Gesprächen mit Kohl im Juni in Bonn ein besonders gutes Verhältnis zur Bundesrepublik pflegt. Dies hat seine frühere Einstellung zur DDR ungünstig verändert. Gorbatschow hat nach seiner Rückkehr von den Feierlichkeiten zum DDR-Jubiläum mit dem Bundeskanzler telefoniert. Was dort besprochen worden ist, weiß nicht einmal das Politbüro der KPdSU.

Ich widerspreche dem. Botschafter Kotschemassow habe uns den genauen Wortlaut des Telefongesprächs zwischen Gorbatschow und Kohl vom 11. Oktober übermittelt. Er enthalte nichts Ehrenrühriges gegenüber der DDR.

„Dennoch", sagt mein Besucher, „die Sowjetunion erlebt die schwierigste Lage seit der Oktoberrevolution. Um wieder auf die Beine zu kommen, brauchen wir reiche Freunde. Wenn man nicht weiß, wohin man geht, führt kein Weg zum Erfolg. Genosse Krenz, seien Sie wachsam. Die Gefahren für die DDR sind groß."

Diese Worte erinnern mich an mein Gespräch mit einem Genossen aus der Begleitung von Schewardnadse in Bukarest. Solche Botschaften hinter dem Rücken des Generalsekretärs wären noch vor einem Jahr undenkbar gewesen. Deuten sich hier Auflösungserscheinungen an oder sieht so die neue Offenheit aus? Ich weiß es nicht.

Ich verabschiede mich von meinem Gesprächspartner.

Dann rufe ich in Berlin an. Die Nachricht: Tisch hat die Vertrauensabstimmung verloren. Er ist nicht mehr Vorsitzender des Bundesvorstandes des FDGB. Einige reiben sich die Hände, meinen, daß die Unentschlossenheit des Politbüros dazu beigetragen hat, daß diese Frage nicht früher gelöst wurde. Entscheidungen, so ihre Meinung, müßten dem Politbüro immer erst abgerungen werden.

Schlafen kann ich in dieser Nacht kaum. Meine Gedanken bewegen sich um die Frage, was ich heute, inzwischen ist es schon 3.00 Uhr, mit Gorbatschow besprechen will.

Vom Moskauer Treffen bis zur Grenzöffnung

1. bis 10. November 1989

1. November

10.00 Uhr Moskauer Zeit. Gorbatschow ist in seinem Arbeitszimmer von Journalisten umringt. Er befreit sich aus dem Pulk, kommt auf mich zu, umarmt und begrüßt mich mit Bruderkuß. Einige aus meiner Begleitung meinen noch am selben Tag, dies war der Judaskuß. Mißtrauen oder Weitsicht? Ich weiß es nicht. Vielleicht wissen die Experten mehr über Gorbatschows Strategie. Auch mir ist bewußt, daß seine Politik widersprüchlich ist. Ökonomisch ist sie unrealistisch, teilweise laienhaft. Das Leben der sowjetischen Menschen ist schwieriger geworden. Die Diskussion über „weiße Flecken“ in der Geschichte wird nicht sachlich geführt, sondern emotional. Sie nimmt vielen Menschen ihre sozialistischen Ideale. Wenn sich Gorbatschow über den Westen äußert, glaubt man, er ist ein Träumer. Er hofft vergebens, die NATO sei im Verhältnis zu den sozialistischen Ländern zu neuem Denken fähig.

Das alles ist mir in dieser Zeit nicht die Hauptsache. Die DDR muß trotz der Schwächen der Perestroika den engen Schulterschluß mit der Sowjetunion halten. Ohne ihn ist die DDR mit oder ohne Perestroika verloren.

Meine erste Auslandsreise in den neuen Funktionen ist für mich daher das Zusammentreffen mit dem wichtigsten Bündnispartner der DDR, der letztlich über Sein oder Nichtsein der DDR entscheidet.

Ursprünglich sollte das Gespräch im Kreml stattfinden. Kurzfristig wurde es in das Gebäude des ZK der KPdSU verlegt. Gorbatschow will damit zeigen, daß wir uns als Generalsekretäre der führenden Parteien treffen. Die Führung des Staates durch die Arbeiterklasse und ihre Partei ist in der DDR genauso wie in der Sowjetunion Verfassungsgrundsatz. Gorbatschow läßt daran nicht rütteln.

Journalisten aus Berlin und Moskau improvisieren eine kurze Pressekonferenz. Gorbatschow umreißt seine Grundposition: Die Umgestaltung sei eine „Revolution in der Revolution". Seit der Oktoberrevolution 1917 habe das Land einen Weg zurückgelegt, auf dem die Sowjetunion zur Großmacht geworden ist. „Wir bleiben den Idealen Lenins treu. Wir wollen, daß die arbeitenden Menschen die Herren des Landes sind. Das gilt für alle sozialistischen Länder, auch für die DDR", sagt der KPdSU-Generalsekretär.

Ich ergänze: Unsere Gegner haben die Losung: Sozialisten aller Länder, entzweit euch! Wir müssen dagegen halten: Bruderländer, vereint euch!

Gorbatschow nickt.

Das Pressegespräch schafft eine lockere Atmosphäre. Bevor wir uns an den langen Verhandlungstisch setzen, reden wir über persönliches: Familie, Enkel und Gesundheit.

Gorbatschow drückt seine Solidarität mit der DDR aus. „Alle Welt sieht", sagt er, „daß die SED einen Kurs auf rasche Veränderungen eingeschlagen hat. Ein Dialog mit der Gesellschaft ist im Gange. Anders kann eine führende Partei nicht handeln. Die Sowjetunion wird natürlich in diesem Prozeß an der Seite der Genossen in der DDR stehen. Dies war niemals in Frage gestellt, auch nicht, als Probleme auftauchten, die eigentlich hätten offen beraten werden müssen. Es hat für die Sowjetunion und die KPdSU niemals einen Zweifel darüber gegeben, daß die Deutsche Demokratische Republik ihr engster Freund und Verbündeter ist. Nach dem Volk der DDR ist das sowjetische Volk wahrscheinlich dasjenige, das der DDR bei ihren Vorhaben am meisten Erfolg wünscht."*

„Deine Worte: ‚Wer zu spät kommt, den bestraft das Leben', haben uns zum Handeln angeregt", sage ich.

Gorbatschow unterbricht mich: „Ich habe diese Worte nicht auf die DDR bezogen. Ich habe mich selbst gemeint. Wir haben die Umgestaltung viel zu spät begonnen. In der Gesellschaft war schon ein Knäuel von Problemen entstanden, das schwer zu entwirren ist. Wir dürfen uns aber von den komplizierten Problemen keinen Schrekken einjagen lassen. Manche Genossen sind zuweilen niedergedrückt, weil die Sowjetunion nach mehreren Jahren Umgestaltung noch so große Probleme zu lösen hat. Ich sage ihnen dann immer wieder,

---

* Notizen von Egon Krenz über das Gespräch mit M. S. Gorbatschow am 1. November 1989 in Moskau, im Archiv des Autors

daß die Partei selbst die Umgestaltung gewollt hat. Sie hat die Volksmassen in die Politik einbezogen. Wenn jetzt manche Prozesse nicht so laufen, wie man sich das vorgestellt hat, wenn es stürmische Auseinandersetzungen gibt, dann muß man damit fertig werden und darf keine Angst vor dem Volk haben. Noch ist die Perestroika nicht gepackt. Das Pferd ist zwar gesattelt, aber der Ritt noch nicht vollendet. Man kann immer noch abgeworfen werden."

Er stoppt seinen Redefluß, schaut mich nachdenklich an. Dann rät er mir: „Laß dir von den komplizierten Problemen keinen Schrekken einjagen."

Ich antworte ihm: „Uns hat die Bevölkerung übelgenommen, daß wir uns eine Scheinwelt geschaffen haben, die mit ihren praktischen Erfahrungen im Alltagsleben nicht übereinstimmt. Es gibt einen schweren Vertrauensbruch zwischen Partei und Volk. Das ist das schlimmste, was unserer Partei passieren konnte."

Gorbatschow erkundigt sich nach den Ursachen.

Ich erwidere: „Manche sagen, es hängt mit den letzten drei Monaten zusammen. Die Sprachlosigkeit und Handlungsunfähigkeit des Politbüros sei schuld daran, daß uns so viele Menschen verlassen haben. Das ist aber nur ein Teil der Wahrheit. Ich habe im Politbüro gesagt: Die politische Krise ist viel früher entstanden. Schon der XI. Parteitag 1986 war in seinem Ansatz falsch. Er beruhte nicht auf einer realen Einschätzung der Lage der DDR. In der Ökonomie siegten subjektive Vorstellungen über ökonomische Gesetze. Aus internationalen Entwicklungen, auch aus denen in der Sowjetunion, wurden keine Schlußfolgerungen gezogen. Die Bürger der DDR sind hoch gebildet und politisch interessiert. Sie sehen, daß Wort und Tat in unserer Politik nicht übereinstimmen."

Gorbatschow wirft ein, daß die Menschen in der DDR auch Informationen aus der Sowjetunion und aus dem Westen erhalten.

„So ist es", antworte ich, „wir haben die Interpretation der Umgestaltung in der Sowjetunion dem Westen überlassen. Als dann das Verbot des SPUTNIK kam, sagten selbst viele Parteimitglieder:, Ihr erklärt uns für unmündig! Wir sehen jeden Abend die Sendungen des Westfernsehens, aber eine sowjetische Zeitschrift dürfen wir nicht lesen. Das war ein tiefer Einschnitt in das politischen Denken der DDR-Bürger."

Ich erläutere Gorbatschow den schwierigen Weg zur 9. Tagung des ZK. Es sei vor allem mein Fehler gewesen, daß ich zu lange glaubte, Erich Honecker für Reformen in der DDR gewinnen zu können.

Mein Gesprächspartner greift diesen Gedanken auf: „Politisch ist mir dies alles klar. Menschlich betrachte ich diese Entwicklung jedoch als ein großes persönliches Drama des Genossen Honecker. Ich habe stets versucht, zu ihm gute menschliche Beziehungen zu unterhalten. In den letzten Jahren habe ich bei Genossen Honecker mit Erstaunen bestimmte Veränderungen festgestellt. Wenn er vor zwei oder drei Jahren auf eigene Initiative grundlegende Korrekturen an der Politik eingebracht hätte, wären solche Schwierigkeiten wie die gegenwärtigen nicht notwendig gewesen. Genosse Honecker hat sich offensichtlich für die Nummer Eins im Sozialismus gehalten. Er hat nicht mehr real gesehen, was wirklich vorgeht."

Ich sage, daß mich dies persönlich stark beschäftigt. Mein Lebensweg war über viele Jahre eng mit dem Wirken Honeckers verbunden.

Gorbatschow entgegnet: „Dies hat im Westen auch bestimmte Spekulationen hervorgerufen. Ich rate dir, habe davor keine Furcht. Wir sind alle die politischen Kinder unserer Vorgänger."

Ich informiere Gorbatschow über die ökonomische Analyse, die wir gestern im Politbüro behandelt haben: „Bei der Diskussion ist mir zum ersten Mal klar geworden, daß das an sich richtige Prinzip der Einheit und Geschlossenheit der Partei und ihrer Führung auch zum Hemmnis der Entwicklung werden kann. Es hat dazu beigetragen, daß wir uns so extrem diszipliniert haben, daß die tatsächlichen Probleme nicht mehr offen und ehrlich beim Namen genannt wurden."

Gorbatschow erwidert: „Als ich Generalsekretär wurde, kannte ich nicht einmal den Staatshaushalt. Zur Amtszeit des Genossen Andropow hatte ich den Auftrag, die Lage in der Volkswirtschaft zu untersuchen. Als ich zusammen mit Genossen Ryshkow die volle Wahrheit herausfinden wollte, wurden wir zurückbeordert. Der Staatshaushalt existierte damals schon nicht mehr. Die Folgen davon habe ich noch heute zu tragen."

Gorbatschow spricht einen Gedanken aus, der mich hellhörig macht: „Wir sind über eure ökonomische Lage auch durch unsere Beziehungen zur BRD informiert." Wird hinter unserem Rücken mit der BRD über die innere Situation der DDR gesprochen? Ich entnehme es seinen Worten.

Gorbatschow fährt fort: „Wir haben stets verstanden, daß die DDR ohne die Sowjetunion nicht funktionieren kann. Unsere Unterstützung für euch ist unsere internationalistische Pflicht. Ich habe mich jedoch gleichzeitig gefragt, warum wird die Sowjetunion ständig in so aufdringlicher Weise mit den Erfolgen der DDR traktiert. Das war besonders schwer zu ertragen, weil wir die wirkliche Lage der DDR kannten. Einmal habe ich versucht, mit Genossen Honecker über die Verschuldung der DDR zu sprechen. Er hat dies schroff zurückgewiesen. Genosse Honecker hat sich als Retter des Vaterlands gefühlt. Ich bin überzeugt, wenn er nicht so blind gewesen wäre und sich nicht nur auf Genossen Mittag gestützt, sondern sich auch mit dir und mit Willi Stoph beraten hätte, dann hätte es eine andere Entwicklung geben können. Besonders Willi hat mir leid getan, weil er in den letzten Jahren von Genossen Honecker sehr erniedrigt worden ist. Wir haben gesehen, wie Genosse Honecker das Politbüro immer mehr erweiterte, um in diesem großen Gremium einen Genossen gegen den anderen ausspielen zu können."

Gorbatschow macht eine kurze Pause. Ich spüre, wie er versucht, sich an irgend etwas zu erinnern. Dann formuliert er: „Negativ bin ich auch berührt gewesen, wie mit Genossen Modrow umgesprungen wurde."

Diese Äußerung hat folgenden Hintergrund: 1987 hatte die Parteiorganisation am Staatsschauspiel Dresden an Kurt Hager einen kritischen Brief über die Haltung der SED zur Perestroika geschrieben. Die Grundorganisation übergab Modrow das offene Schreiben mit der Bitte, es an das ZK zu übergeben. Modrow tat es, ohne dazu seine Meinung zu äußern. Honecker erfuhr von diesem Vorgang aus einer bundesdeutschen Illustrierten. Er rief mich aus dem Urlaub an: „Wie denkt Hans über den Brief? Er ist doch der 1. Bezirkssekretär und kein Briefträger." Nun war ich weder für die Zusammenarbeit mit der Bezirksleitung Dresden noch für die Anleitung der Parteiorganisationen in den Bezirken zuständig. Ungeachtet dessen beauftragte Honecker mich: „Fahre nach Dresden zur Bezirksleitung und führe die Auseinandersetzung, wenn notwendig auch bis zur Absetzung des Genossen Modrow."

Dies war zwei Monate nachdem ich zusammen mit Jochen Willerding und Hartmut König eine Analyse zur Perestroika erarbeitet hatte, die Honecker mißfiel.

Als der sowjetische Botschafter von meinem Auftrag erfuhr, nach Dresden fahren zu müssen, riet er mir: „Genosse Krenz, seien Sie wachsam. Es geht nicht um Dresden. Genosse Honecker will Ihre Einstellung zur Perestroika prüfen."

Ich fuhr auftragsgemäß nach Dresden. Vor der Sitzung sprachen Hans Modrow und ich offen darüber, wie wir gemeinsam politischen Schaden vermeiden können. Wir besprachen, wie wir auf der Sitzung des Sekretariats der Bezirksleitung vorgehen wollen: Ich kritisiere Modrow, und Modrow übt Selbstkritik. Nach Berlin zurückgekehrt, teilte ich Honecker mit, daß „Hans stark betroffen war.

Er bat, dir zu sagen, daß er alles tun werde, damit klare Kampfpositionen bezogen werden."*

Damit war die Sache für mich erledigt. Nun glaubt Gorbatschow zwei Jahre danach offensichtlich immer noch, ich hätte Modrow vor der Absetzung in Dresden gerettet. Das aber war nicht notwendig. Im Politbüro wurde diese Frage niemals erörtert, weder 1987 noch 1989.

Mehr als die damaligen Ereignisse interessiert mich das Heute. Ich will vor allem zurück zum Thema Ökonomie. Es ist für mich das alles entscheidende. „Auch wenn du unsere Lage kennst", sage ich zu Gorbatschow, „möchte ich noch einmal auf unsere ökonomische Situation zurückkommen. Wir haben eine sehr gut ausgebildete Arbeiterklasse, die bereit ist, Leistungen zu vollbringen und Besorgnis äußert, daß das Leistungsprinzip verletzt wird."

Gorbatschow unterbricht mich: „Westdeutsche Vertreter wie Otto Wolff von Amerongen raten uns, wir sollen das System der Berufsausbildung der DDR übernehmen. Für die Sowjetunion wäre es einfacher, dieses System aus einem Land mit gleicher Gesellschaftsordnung zu übernehmen als Erfahrungen aus der BRD."

Trotz seiner kritischen Äußerungen zur DDR betrachtet Gorbatschow sie dennoch als einen Staat, der es im Verhältnis zu den anderen sozialistischen Ländern am weitesten gebracht hat. Er wäre froh gewesen, wenn die Sowjetunion mit der Perestroika annähernd so gute ökonomische Ergebnisse erreicht hätte wie die DDR. Die DDR ist für ihn so etwas wie der „sozialistische Westen". Als er 1986 am XI. Parteitag der SED in Berlin teilnahm, führte er zwei Notizbücher. In das eine schrieb er den Verlauf des Parteitages, in das andere Erfahrungen der DDR, die er für die UdSSR übernehmen will. Kurz vor seinem Abflug sagte er mir damals: „Das Notizbuch mit den guten Erfahrungen der SED ist gefüllt."

Ich spreche über unsere Zahlungsbilanz: „Ende 1989 haben wir Einnahmen in konvertierbaren Devisen von 5,9 Milliarden US-Dollar und Ausgaben von 18 Milliarden US-Dollar. Das Defizit beträgt 12,1 Milliarden."

Er fragt: „Sind die Zahlen exakt? So prekär habe ich mir die Lage nicht vorgestellt."

Wie soll ich das verstehen? Eben noch hat er gesagt, er kennt die Situation der DDR, und jetzt stellt er sich unwissend. Das ist scheinheilig. Botschafter Kotschemassow hatte alle Informationen über uns, auch die zur Zahlungsbilanz. Ich wußte, daß Berichte des Bot-

* Brief von Egon Krenz an Erich Honecker vom 17. Juli 1987, im Archiv des Autors

schafters aus Berlin immer auf dem Tisch von Gorbatschow landen. Ich überhöre deshalb absichtlich Gorbatschows Frage. Er weiß alles über uns. Mir kommt es auf die Feststellung an: „Unsere Aufgabe besteht darin, die Zahlungsfähigkeit der DDR zu erhalten. Wenn der Internationale Währungsfonds bei uns ein Mitspracherecht bekommt, dann steht es schlecht um uns."

Darauf sagt er: „Eine wichtige Sicherung für die Volkswirtschaft der DDR sind die Rohstofflieferungen aus der UdSSR. Sie sind schon für den nächsten Fünfjahrplan abgestimmt worden. Die Sowjetunion wird alles tun, um ihre Verpflichtungen zu erfüllen."

Dies ist ein Versprechen, das mir viel wert ist, auch weil Gorbatschow es mit dem Hinweis verbindet: „Es muß vermieden werden, daß die BRD über die bekannten Mechanismen Druck auf die DDR ausüben kann. Die DDR muß so handeln, daß die Entscheidungen in Berlin und nicht in Bonn gefällt werden."

Nun bin ich bei der Gretchenfrage, die ich stellen will: Wie hältst du es mit der DDR?

Ich frage Gorbatschow: „Michail Sergejewitsch, welchen Platz räumt die Sowjetunion beiden deutschen Staaten im gesamteuropäischen Haus ein? Die DDR ist ein Kind der Sowjetunion. Es ist für uns wichtig zu wissen, ob ihr zu eurer Vaterschaft steht."

Als übersetzt wird, beobachte ich mein Gegenüber. Er ist nachdenklich. Er spricht leise einen Satz vor sich hin, so, als würde er mit sich selbst reden. Ich glaube, es ist ein russisches Sprichwort, das sinngemäß heißt: Wie lang sich die Schnur auch windet, es kommt doch ein Ende. In meinen Notizen steht dahinter ein Fragezeichen.

Gorbatschow macht auf mich den Eindruck, als habe er meine Frage nicht verstanden. Ich ergänze daher: „Zwischen der DDR und den anderen sozialistischen Ländern besteht ein wichtiger Unterschied. Die DDR ist ein unmittelbares Ergebnis des Zweiten Weltkriegs. Sie ist Teil eines früheren Ganzen. Es gibt Spekulationen darüber, ob für die DDR im gesamteuropäischen Haus noch Platz ist."

Ich vermeide die Frage: Was sagst du zu den westlichen Vermutungen, die Sowjetunion sei für die deutsche Einheit? Ich will ihn nicht reizen. Mir geht es nicht um ein einfaches „Ja" oder „Nein". Ich will eine klare Antwort, wissen, woran die DDR ist, will mich nicht an Spekulationen orientieren. Ich muß aus erster Hand erfahren, was die Sowjetunion mit der DDR vorhat. Seit meiner Wahl zum Generalsekretär habe ich das Thema der Einheit Deutschlands wegen der westlichen Spekulationen nicht berührt. Ich will erst die Antwort von Gorbatschow.

Er reagiert überrascht: „Wo denkst du hin?" fragt er. „Genosse

Jakowlew hat kürzlich mit Zbignew Brzezinski gesprochen. Sie erörterten auch, ob die USA sich eine Wiedervereinigung Deutschlands vorstellen können. Brzezinski hat gesagt, für ihn wäre das der Zusammenbruch."

Interessant, denke ich, sie reden mit den USA über die deutsche Einheit, nicht aber mit der DDR. Mir fällt das sogenannte Palmerston-Prinzip* ein: „Britannien hat weder ständige Freunde noch ständige Feinde, es hat nur ständige Interessen." Die Interessen der Sowjetunion an der DDR waren in den zurückliegenden 40 Jahren unterschiedlich stark ausgeprägt. Sie waren immer Teil ihrer globalen Strategie. Wenn notwendig, war die DDR auch Verhandlungsobjekt in den Beziehungen zu den USA.

Als ahne Gorbatschow mein Mißtrauen, sagt er: „Ich begrüße, daß du die Frage nach der Existenz der beiden deutschen Staaten aufgeworfen hast. Bisher haben die sozialistischen Staaten eine richtige Linie verfolgt. Das hat schließlich zur internationalen Anerkennung der DDR geführt, bis hin zur Konferenz von Helsinki. Auch in meinen jüngsten Gesprächen mit Margaret Thatcher, François Mitterrand, aber auch mit Jaruzelski und Andreotti ist klar geworden, daß sie von der Bewahrung der Realitäten der Nachkriegszeit, einschließlich der Existenz zweier deutscher Staaten, ausgehen. Die Fragestellung nach der Einheit Deutschlands wird von allen als äußerst explosiv betrachtet. Sie wollen auch nicht, daß der Warschauer Vertrag und die NATO aufgelöst werden. Sie sind für ein Verbleiben Polens und Ungarns im Warschauer Vertrag. Das Gleichgewicht in Europa darf nicht gestört werden, weil niemand weiß, welche Folgen das hat. Auch die USA beziehen bisher eine ähnliche Haltung." Gorbatschow schlußfolgert: „Nach meiner Meinung besteht die beste Politik darin, die bisherige Linie der sozialistischen Länder in der deutschen Frage weiterzuführen."

So als bräuchte er für diese Aussage einen Autoritätsbeweis, beruft er sich auf den Ehrenvorsitzenden der SPD: „Auch Willy Brandt ist dieser Meinung. Er hat uns erklärt, daß ein Verschwinden der DDR eine eklatante Niederlage der Sozialdemokratie wäre. Die SPD betrachtet die DDR als eine Errungenschaft des Sozialismus. Brandt hat sich zwar scharf von den Kommunisten abgegrenzt, aber er betrachtet die Sozialdemokratie als einen Zweig der Arbeiterbewegung und hält an der sozialistischen Idee fest."

Um mich zu vergewissern, ob ich richtig verstanden habe, frage ich nach: „Hat Brandt dies wirklich so gesagt?"

---

* Palmerston-Prinzip, benannt nach H. T. Palmerston (1784–1865), britischer Politiker

„Ja", sagt Gorbatschow.

Ich erinnere mich, etwas ähnliches schon einmal gehört zu haben. 1987 hatte Brandt Erich Honecker gefragt, ob man bei dem Trennungsstrich zwischen Sozialdemokraten und Kommunisten von 1918 stehenbleiben müsse. Brandt gab damals zu überlegen, ob nicht auch zwischen Sozialdemokraten und Kommunisten über die Friedensfrage hinaus Gemeinsamkeiten festzustellen seien, die es hervorzuheben gelte. Er, Brandt, habe feststellen können, daß es bei Gorbatschow ähnliche Gedanken gibt.*

Der erste Mann im Kreml unterstreicht: „Es ist für die sozialistischen Länder am besten, zu betonen, daß die gegenwärtige Lage ein Ergebnis der geschichtlichen Entwicklung ist. Niemand kommt jedoch darum herum, daß es zwischen beiden deutschen Staaten mannigfaltige menschliche Kontakte gibt. Es kommt aber darauf an, sie unter Kontrolle zu halten und zu steuern. Die sowjetische Seite ist bereit, sich mit der DDR über einige politische Korrekturen abzustimmen, die sich daraus ergeben."

Über das Ziel dieser Abstimmung läßt Gorbatschow keinen Zweifel: „Unsere Beziehungen müssen im Dreieck DDR-BRD-UdSSR besser koordiniert werden. Die Sowjetunion wußte aus anderen Quellen, wie sich die Beziehungen zwischen der BRD und der DDR entwickeln. Heute ist die Lage so, daß jeder von jedem alles weiß. Wenn im Nationalen Sicherheitsrat der USA über uns gesprochen wird, wissen wir das gleich danach. Auch deshalb ist es völlig unnötig, unter engen Bündnispartnern voreinander Geheimnisse zu haben."

Gorbatschow scheint immer noch verärgert zu sein, daß Honecker in die BRD und in die VR China ohne seine Zustimmung gefahren ist. Nicht Gorbatschow, sondern Honecker war der erste, der zu offiziellen Visiten in beiden Ländern war.

Auch ich bin der Meinung: Es muß Schluß sein mit dem gegenseitigen Mißtrauen hinsichtlich der Beziehungen unserer Länder zur BRD. Wir brauchen eine gemeinsame Strategie.

Gorbatschow sagt dazu: „Vor Jahren hat es ein gemeinsames Büro UdSSR/DDR gegeben, das unsere Beziehungen zur BRD koordinierte. Es hat leider seine Tätigkeit stillschweigend eingestellt. Es muß wiederbelebt werden."

Er signalisiert mir damit: Alles, was die DDR mit der BRD macht, muß mit der Sowjetunion abgestimmt sein. Er rennt bei mir damit offene Türen ein.

---

* Vermerk über das Gespräch Honecker/Brandt am 8. September 1987, im Archiv des Autors

Gorbatschow informiert mich, „daß die Sowjetunion die BRD enger an sich binden will". Dies werde, so meint er, auch der DDR helfen. Zugleich dürfen wir nicht übersehen, daß die USA nicht erfreut sind, daß es zu einer Annäherung zwischen Bonn und Moskau auf ökonomischem und politischem Gebiet kommt. Für die DDR sei Vorsicht geboten, damit der ideologische Gegner keine Position erhält, die er gegen uns ausnutzen könnte. „Die DDR", so Gorbatschow, „muß bei ihren Beziehungen zur BRD darauf achten, nicht in die Umarmung dieses Staates zu geraten. Es gibt keinen Grund, Vermutungen anzustellen, wie sich die deutsche Frage einmal lösen wird. Die Einheit Deutschlands steht nicht auf der Tagesordnung der aktuellen Politik. Darüber hat sich die Sowjetunion mit ihren früheren Partnern aus der Zeit der Anti-Hitler-Koalition geeinigt. Genosse Krenz, übermittle dies bitte den Genossen des SED-Politbüros", faßt Gorbatschow seinen Standpunkt zusammen.

Trotz dieser Eindeutigkeit bleibe ich beim Thema: „Du sprichst viel über die allgemeinen menschlichen Werte, über die Entideologisierung der Außenpolitik. Wie aber sieht dies zwischen beiden deutschen Staaten aus? Fragen wie die Mauer und das Grenzregime des Warschauer Vertrages zum Westen werden neu aufgeworfen. Die DDR befindet sich in der komplizierten Situation, diese Dinge verteidigen zu müssen, obwohl sie nicht mehr in die Zeit passen."

Gorbatschow meint, die Zeit sei reif, dies alles neu zu durchdenken. „Wenn die DDR nicht die Formel dafür findet", fährt er fort, „die es ermöglicht, daß die Menschen ihre Verwandten besuchen können, dann ist das für die Gesellschaft der DDR ein sehr unbefriedigender Zustand. Die DDR wird neue Ultimaten gestellt bekommen. Sie muß jedoch die Initiative selbst in der Hand haben. Wir in der Sowjetunion sind bereit, mit euch gemeinsam solche Fragen zu beraten. Es ist aber an der Zeit, auf Kanzler Kohl stärkeren Druck auszuüben. In den Regierungsparteien gibt es Leute, die Kohl loswerden wollen. Er hat jedoch auf das Pferd des Nationalismus gesetzt. In der BRD wird mit diesem Thema wild spekuliert."

Ich informiere über mein Telefongespräch mit Helmut Kohl.

Gorbatschow darauf: „Kohl ist keine intellektuelle Leuchte, sondern ein Kleinbürger. Diese Schichten verstehen ihn am besten. Dennoch ist er ein geschickter und hartnäckiger Politiker. Schließlich ist auch Reagan populär gewesen und hat sich relativ lange gehalten. Das trifft auch auf Kohl zu."

Ich berichte Gorbatschow über unsere Pläne zum freien Reiseverkehr. Wir wollen ein Reisegesetz beschließen, das jedem Bürger gestattet, ins Ausland zu reisen. Ich sage aber auch, daß unsere finanziellen Möglichkeiten beschränkt sind, die Bürger mit den notwendigen Devisen auszustatten.

Er schlägt vor, die Mark der DDR konvertierbar zu machen. „Dies", so sagt er, „ist ein Anreiz für die Werktätigen, besser zu arbeiten, eine höhere Arbeitsproduktivität und Qualität anzustreben ..."

Ich weiß natürlich, wie unrealistisch solche Gedanken sind. Die Bürger wollen jetzt reisen. Sie wollen nicht bis zu einem unbestimmten Zeitpunkt warten, bis unsere Währung vielleicht einmal konvertierbar ist.

Ausführlich lege ich unsere Konzeption für die nächste Tagung des ZK dar. Vorgesehen ist, ein Aktionsprogramm der SED zu beraten. Es werden die Grundelemente einer Wirtschaftsreform besprochen. Klar sei, daß wir unsere Antworten auf sozialistischer Grundlage suchen und nicht in der freien Marktwirtschaft. Was die sozialistische Demokratie betrifft, so geht es um Fragen der Verfassung, der Versammlungs- und Pressefreiheit, um das Wahlsystem und darum, wie unter den neuen Bedingungen die Partei ihre Position neu erobert. Auch Kaderfragen werden behandelt. Die Forderungen aus den Grundorganisationen nach Rücktritt von Genossen des Politbüros gehen wesentlich weiter als manche Mitglieder des Politbüros dazu bereit sind.

Zur aktuellen Situation bemerke ich: „Die Demonstrationen gehen weiter. Wir sind entschlossen, politische Probleme nur mit politischen Mitteln zu lösen. Es wird keinen Polizeieinsatz gegen Demonstrationen geben. Am Wochenende erwarten wir eine halbe Million Demonstranten in Berlin. Wir haben die Berliner Mitglieder der SED zur Teilnahme aufgerufen. Unter den 17 Rednern werden auch Genosse Schabowski und weitere Parteimitglieder sein. So bleibt die Opposition nicht unter sich. Sorge bereitet mir die Information eurer Genossen vom KGB, daß es Kräfte geben soll, die einen Massendurchbruch durch die Mauer versuchen. Dann wäre ein Polizeieinsatz notwendig, den wir auf jeden Fall verhindern wollen. Die Losungen der Demonstration sind uns bekannt: Rücktritt des Politbüros und der Regierung, Reisemöglichkeiten, neues Wahlrecht, Pressefreiheit, Abschaffung der Privilegien, Zulassung der Opposition."

Gorbatschow unterstützt meine Position. Er entgegnet: „Antisozialistische und kriminelle Elemente sind die eine Seite. Aber insgesamt kann man das Volk nicht als Feind betrachten. Wenn es sich gegen die Politik auflehnt, muß man überlegen, wie man die Politik so ändert, damit sie dem Sozialismus entspricht."

Ich spüre die Sorge des KPdSU-Generalsekretärs, die Situation in der DDR könne außer Kontrolle geraten. Er weiß, daß die DDR der

Vorposten des Warschauer Bündnisses ist. Was hier passiert, hat Auswirkungen auf die Stabilität der Sowjetunion.

„Egon, ich teile deine Meinung. Für die SED ist es wichtig, nicht die Initiative zu verlieren. Wenn die Prozesse an Spontaneität gewinnen oder die politische Orientierung verlieren, dann wäre das ein großes Unglück. Dann wäre es möglich, daß falsche Losungen die Lage bestimmen und die Situation von anderen Kräften genutzt wird."

Gorbatschow rät mir, daß das 10. Plenum nur eine allgemeine Konzeption beraten soll. Er begründet dies: „Einen detaillierten Plan solltest du nicht vorlegen. Das könnte dich als Generalsekretär überheblich erscheinen lassen. Man könnte dir vorwerfen, daß du dir keine Zeit nimmst, um Vorschläge und Empfehlungen von allen Seiten gründlich zu studieren und zu überdenken."

Wie recht er hat, denke ich, was die Zeit betrifft. Wir haben sie leider nicht. Wir haben sie seit Jahren verschenkt. Sie läßt sich nicht zurückholen. Jetzt komme ich nur nachts dazu, Schriften, Analysen, Vorschläge u. a. zu lesen und an meiner Rede für die ZK-Tagung zu arbeiten. Mit Allgemeinheiten läßt sich niemand mehr abspeisen.

Es ist wohl auch Gorbatschows Problem, daß er viele Fragen aufwirft, aber nur wenige Antworten gibt. Er mahnt mich, bei der Veränderung der Politik „keine Negation der Vergangenheit zuzulassen. Das wäre eine Mißachtung des Volkes, das die Errungenschaften der DDR geschaffen hat. Dies betrifft auch die soziale Orientierung der Wirtschaft, die stets eine starke Seite der DDR war."

In diesem Zusammenhang kommt Gorbatschow noch einmal auf die Kaderpolitik zu sprechen. Er lobt das Verhalten Erich Mielkes, „der mit seinem Rücktrittsgesuch als alter Kommunist anderen ein Beispiel" geben will. Damit habe er mir ermöglicht, die Kaderfragen von den inhaltlichen Fragen der Erneuerung zu trennen. Gorbatschow hat ein gutes persönliches Verhältnis zu Mielke. Zu seinem 80. Geburtstag war Mielke durch die Sowjetunion zum fünften Mal mit dem Lenin-Orden ausgezeichnet worden. Gorbatschow empfing den DDR-Staatssicherheitsminister im Sommer 1988 zu einer geheimen Visite im Kreml. Honecker war darüber nicht informiert.

Über ein anderes Mitglied des SED-Politbüros sagt Gorbatschow: „Ich schätze Genossen Stoph hoch ein. Er war in den letzten Jahren in einer schwierigen Situation. Er hat seine Würde auch bewahrt, als er durch Genossen Mittag förmlich an die Wand gespielt wurde. Er hat in entscheidenden Situationen eine sehr prinzipielle Position bezogen. Man darf nicht alle alten Genossen in einen Topf werfen."

Gorbatschow rät mir, Stoph im Politbüro zu belassen. Mir ist diese Position verständlich. War es doch Stoph, der den sowjetischen Genossen schon vor dem Parteitag 1986 eine fundierte Analyse über die ökonomische Situation in der DDR mit der Empfehlung übergeben hatte, mit Honecker über seinen Rückzug von der Funktion des Generalsekretärs zu sprechen. Gorbatschow sagt: „Sicherlich kann man nicht die Frage des kollektiven Rücktritts des Politbüros oder der Regierung stellen, aber tiefgreifende Kaderveränderungen sind zweifellos notwendig."

Offensichtlich hat Gorbatschow über unseren politischen Spielraum noch Illusionen. Wir werden nicht umhinkönnen, daß das Politbüro und die Regierung ohne Ausnahme die volle Verantwortung für die entstandene Lage übernehmen und zurücktreten.

Als ich auf die Uhr sehe, ist es kurz vor 14.00 Uhr.

Vier Stunden haben wir miteinander gesprochen.

Ich merke, daß Gorbatschow zum Schluß kommen will. Er spricht vom „schöpferischen Marxismus, vom humanen und demokratischen Sozialismus, in dem der Mensch wirklich spürt, daß dies seine Gesellschaft ist". Darüber gibt es in der Sowjetunion kontroverse Debatten. „Manche fordern die Wiedereinführung des Privateigentums an Produktionsmitteln und die Nutzung kapitalistischer Methoden in der Wirtschaft. Andere sind für die Zulassung weiterer politischer Parteien. Es wird darüber gestritten, ob die Sowjetunion sich als Föderation oder als Konföderation weiterentwickeln soll. Es gibt Leute", sagt er, „die der KPdSU kapitalistische Rezepte aufzwingen wollen. Die Arbeiterklasse hat das erkannt und reagiert darauf mit Aufrufen, die Diktatur des Proletariats zu verstärken. Die Auseinandersetzungen zeigen deutlich, daß es sich bei der Perestroika um eine Revolution handelt. Wir wollen beweisen, daß der Sozialismus in der Lage ist, sich weiterzuentwickeln, sich zu vervollkommnen und sein Potential voll zu entfalten."

Gorbatschows Optimismus ist ungebrochen. Ich frage mich, wie will er diesen Kampf gewinnen? In manchen Gebieten der Sowjetunion sprechen schon die Waffen.

Gorbatschow kommt noch einmal auf unsere bilateralen Beziehungen zurück: „Dein Besuch, Genosse Krenz, so kurz nach deiner Wahl ist außerordentlich wichtig für die gegenseitige Abstimmung am Beginn einer neuen Etappe unserer Zusammenarbeit. Es geht darum, gemeinsam zu demonstrieren, daß wir zusammenstehen, daß die Entwicklung in der Sowjetunion der DDR sehr nahe ist und umgekehrt. Dies ist wichtig auch für die anderen sozialistischen Länder und für die ganze Welt. Auch in der Bundesrepublik

Deutschland wird man sich dafür interessieren, worüber sich Gorbatschow und Krenz abgestimmt haben."

Ich danke für das Gespräch.

Gorbatschow sagt: „Bis bald! Im Kreml werden wir zu Mittag essen."

Wir brauchen nur wenige Minuten vom Sitz des ZK der KPdSU bis zum Amtssitz des Staatsoberhauptes, den Moskauer Kreml.

Unterwegs fragen mich meine Mitarbeiter: „Wie war's?"

„Sehr gut", antworte ich. Durch den Kopf geht mir aber: Wird eine neuer Anfang möglich sein? Die Lage in der Sowjetunion ist noch komplizierter als in der DDR. Kann Gorbatschow seine Zusagen einhalten, daß die Rohstofflieferungen auch bei uns eintreffen? Was passiert, wenn der Sowjetunion das Wasser bis zum Hals steht? Mir will nicht aus dem Kopf, was er zu Polen und Ungarn gesagt hat: „Es ist absurd, anzunehmen, die Sowjetunion könne 40 Millionen Polen aushalten. Die Ursachen liegen bereits bei Gierek, der Kredite in Höhe von 48 Milliarden Dollar aufnahm. Nunmehr haben die polnischen Genossen bereits 52 Milliarden zurückgezahlt und immer noch 49 Milliarden Schulden. – Im Januar 1987 erhielt Genosse Kadar ein Ultimatum vom Internationalen Währungsfonds, in dem zahlreiche Forderungen gestellt wurden, bei deren Nichterfüllung mit der Einstellung der Kredite gedroht wurde." Ich verstehe ihn so: Mit zusätzlicher ökonomischer Hilfe aus der Sowjetunion könnt ihr nicht rechnen. Laßt euch aber auf keinen Fall einfallen, dem Internationalen Währungsfonds beizutreten. Helft euch selbst, so gut ihr könnt!

Was, wenn sich die Interessen der Sowjetunion gegenüber der DDR ändern? Das bleibt die Frage aller Fragen. Ich glaube an den Gleichklang unserer Interessen, bin überzeugt, gemeinsam stehen wir die Krise durch.

Inzwischen sind wir im Kreml angekommen. Gorbatschow, Außenminister Schewardnadse, die Mitglieder des Politbüros Jakowlew und Medwedjew, KGB-Chef Krutschkow und Genossen aus dem Parteiapparat sind schon da.

Die Atmosphäre beim Essen ist herzlich. Trotz des Beschlusses gegen den Wodka-Verbrauch werden Trinksprüche ausgebracht, wie ich es von früheren Besuchen in der Sowjetunion kenne. Ich habe die Überzeugung, am Tisch von Freunden zu sitzen, auf die Verlaß ist.

Als wir uns verabschieden, gibt mir Gorbatschow auf den Weg: „Egon, denke daran, die Erneuerung des Sozialismus ist ein historischer Prozeß, der bis ins nächste Jahrhundert reicht. Was wir heute tun, tun wir schon für unsere Enkel."

Ich hoffe, die Zeit gibt uns die Möglichkeit, das zu beweisen.

2. November

Ein Tag der Ost-West-Begegnungen. Bevor ich am späten Vormittag in die Volksrepublik Polen fliege, empfange ich im Staatsrat den Vizepräsidenten der Kommission der Europäischen Gemeinschaft, Martin Bangemann. Mir liegt daran, neben der verstärkten Arbeitsteilung zwischen den sozialistischen Ländern eine enge Kooperation mit den Staaten der Europäischen Gemeinschaft zu erreichen. Beide Säulen sind für unsere Wirtschaftsreform wichtig.

80 Prozent unseres Außenhandels mit nichtsozialistischen Staaten vollziehen sich im EG-Raum. Von unserer außenwirtschaftlichen Stabilität wird das Gesamtgefüge ökonomischer und sozialer Politik unseres Landes entscheidend bestimmt. Martin Bangemann sagt mir, daß die Europäische Gemeinschaft sich bis 1992 zu einem Binnenmarkt entwickeln werde. Das bietet der DDR mit ihrer leistungsfähigen Volkswirtschaft, so der Europapolitiker, eine große Chance. Es geht um die Perspektive. Gegenstand unseres Gesprächs ist, daß ohne Zeitverzug Verhandlungen über den Abschluß eines Handelsabkommens zwischen der EWG und der DDR aufgenommen werden.

Auf einer anschließenden Pressekonferenz kommt es zu einem heftigen Wortwechsel zwischen dem Vertreter einer bundesdeutschen Rundfunkstation und mir. Der Westreporter behauptet, die Menschen in der DDR würden zu wenig arbeiten. Ich weise das zurück und entgegne, daß der Fleiß und der Arbeitswille der DDR-Bürger keineswegs geringer sind als der Fleiß und der Arbeitswille der Bürger in der Bundesrepublik.

Vom Amtssitz des Staatsrates fahre ich zum Flugplatz. Abflug nach Warschau.

Unsere Beziehungen zur Volksrepublik Polen sind ein zentraler Punkt für die Reformierung der DDR. Staatspräsident Jaruzelski hat mir unmittelbar nach meiner Wahl zum Staatsratsvorsitzenden mitgeteilt, daß Bundeskanzler Kohl am 9. November zu einem Besuch nach Polen kommen wird. Jaruzelski bat mich, daß ich noch vor der Kanzler-Visite Polen besuche. So könnten wir die Positionen unserer beiden Länder zur BRD abstimmen.

Nach mir vorliegenden Informationen machen sich viele Polen Sorgen um die Oder-Neiße-Grenze. Umbrüche gibt es in der Sowjetunion, in Polen und in der DDR. Ansprüche an Polen werden in der Bundesrepublik immer wieder geäußert. Welche Garantien haben die Polen, daß die Oder-Neiße-Grenze die endgültige und völkerrechtlich anerkannte Westgrenze Polens bleibt? Dies wird ein wichtiges Thema unserer Verhandlungen sein.

Im Vorfeld meines Besuches wird in den polnischen Medien das Verhältnis der Polen zu den Deutschen und der Deutschen zu den Polen offen diskutiert. Es ist auch noch im 50. Jahr nach dem Überfall Hitler-Deutschlands auf Polen geschichtlich belastet. Die Polen sind auch unzufrieden, daß die DDR wegen der angespannten Versorgungslage von Zeit zu Zeit Einschränkungen im Reiseverkehr zwischen beiden Staaten verordnet hat.

Als ich im Flugzeug sitze und die Oder überfliege, denke ich auch daran, daß ich östlich der Oder, in Kolberg geboren wurde. Diese schöne Stadt an der Ostseeküste gehört heute für mich wie selbstverständlich zu Polen. Ich habe deshalb ohne rückwärts gerichtete Gefühle sachlich daran mitgearbeitet, daß 1988 offene Grenzfragen zwischen Polen und der DDR in der Ostsee zur Zufriedenheit unseres polnischen Nachbarn geklärt wurden. Dies war nicht einfach. Unter den betreffenden Seegebieten sind Kabel verlegt, die die sowjetischen Militärs nutzen. Wir gingen davon aus, daß offene Grenzfragen schnell zu Konflikten führen können. Solche, so meine Überzeugung, darf es zwischen Deutschen und Polen nie wieder geben. Ich denke zurück, wie ich als Schuljunge 1950 für die Oder-Neiße-Grenze gestritten habe, damals, als die DDR sie als endgültige deutsche Ostgrenze anerkannte. Wie wurde die DDR damals von der BRD attakkiert! Was immer auch in unseren bilateralen Beziehungen noch unvollkommen ist, geschichtlich hat die DDR für ein gutes Verhältnis zu Polen mehr getan als Deutsche jemals zuvor. Zum Beispiel ist der Umfang des Jugendaustauschs zwischen beiden Staaten von mehr als 300 000 Jugendlichen jährlich einmalig in Europa.

Auf dem Warschauer Flugplatz empfangen mich gute Freunde: Präsident Wojciech Jaruzelski und Parteichef Mieczyslaw Rakowski. Gekommen ist aber auch Tadeusz Masowiecki, der Ministerpräsident von der politischen Opposition. Eine neue Situation für Polen, aber auch für mich.

Jaruzelski und ich fahren ins Schloß Belvedere. Dort haben wir ein Gespräch unter vier Augen. „Unsere Beziehungen haben keinen Saisoncharakter, sondern strategischen Charakter", sagt mir das polnische Staatsoberhaupt. Er unterstreicht: „Die Umwandlungen und Veränderungen in unseren Ländern bergen Gefahren in sich. Ihre Überwindung macht mehr denn je unsere Freundschaft und Zusammenarbeit erforderlich. Das freundschaftliche Verhältnis zur DDR ist für Polen eine Frage von Leben oder Tod."

Jaruzelski informiert über die zurückliegenden Gespräche am Runden Tisch. Die Niederlage der PVAP bei den Wahlen sei das Ergebnis einer Fehleinschätzung durch die Partei gewesen. „Die führende Rolle der Partei", betont er, „muß in den Herzen verankert sein und darf nicht an Sessel gebunden werden." Als wolle er sich rechtfertigen, fügt er hinzu: „Es blieb uns keine andere Wahl, als Panzer auf die Straße zu bringen oder die heutige Lösung zu akzeptieren."

Mich beeindruckt, wie der Präsident das sagt. Er, der General, hat sich aus Überzeugung gegen die Panzer entschieden. Ich beglückwünsche ihn dazu.

Auch Jaruzelski setzt auf den Erfolg der Perestroika. Von den Fortschritten in der Sowjetunion hängt der Erfolg der Reformen in Polen wie in der DDR ab. „Wir sehen uns als Experimentierfeld für die Sowjetunion", sagt er. Über unsere gemeinsame Situation stellt er fest: „Es ist ein Seiltanz über einem Minenfeld. Es kommt darauf an, sich nicht vom Gegner überholen zu lassen, sondern ihm stets voraus zu sein."*

Das klingt gut, denke ich. Doch überholt worden sind wir schon. Das Schlimme ist, daß der Gegner sich die Forderungen von Teilen des Volkes zu eigen machen kann, weil wir sie nicht rechtzeitig verstanden haben, nicht erfüllen wollten oder konnten.

„Es ist wichtig, daß Ihr Besuch vor dem Besuch von Bundeskanzler Kohl erfolgt", wiederholt der polnische Präsident. Er unterstreicht: „Ohne euch unternehmen wir keine Aktivitäten gegenüber der BRD. Was die Frage der Wiedervereinigung betrifft, so ist bekannt, daß die westeuropäischen Staaten denselben Standpunkt vertreten wie wir. In meinen Gesprächen mit Cossiga, Andreotti, Mitterrand und Thatcher sagten sie auch, daß die Vereinigung überhaupt nicht möglich sei. Frau Thatcher erklärte in einem Vier-Augen-Gespräch, eine Wiedervereinigung sei absolut unannehmbar. Man dürfe keinen Anschluß zulassen, sonst würde die BRD auch noch Öster-

---

* Niederschrift des Gesprächs zwischen Egon Krenz und Wojciech Jaruzelski im Archiv des Autors

reich schlucken. Das wäre eine reale Kriegsgefahr. Öffentlich geben sie das natürlich nicht zu, aber sie sind sich bewußt, was das bedeuten würde."*

Polen legt Wert auf eine stabile DDR. Parteichef Mieczyslaw Rakowski sagt mir: „Den Polen ... kann es nicht gleichgültig sein, wer jenseits der Oder-Neiße-Grenze regiert. Die Götter haben dem polnischen Volk in seiner Geschichte zwei Geschenke dargebracht: Das erste war der Sieg über den Kreuzritterorden bei Grunwald. Dieses Geschenk wurde nicht genutzt. Das zweite Geschenk für das polnische Volk war dann die Gründung der DDR. Unabhängig von den tagespolitischen Ereignissen darf man nicht leichtfertig übersehen, daß die Saat des Sozialismus in den deutschen Boden eingebracht wurde. Dies ist von bleibendem Wert."** Er fügt hinzu, er habe Angst gehabt hinsichtlich der Berliner Mauer. Er befürchte, „daß eine der nächsten Demonstrationen die Mauer ansteuert*** und große Menschenmassen ... damit beginnen, die Grenze zu demontieren."****

Auch der Oppositionsführer, Professor Geremek, der Vorsitzende der Parlamentsfraktion der Solidarnosc, sagte mir in einem Gespräch: „Die Existenz der DDR liegt im Interesse Polens. Im Irrtum sei, wer da glaubt, daß irgendeine maßgebliche politische Kraft in Polen diese Tatsache in Frage stellt. Trotz aller politischen Differenzen sind sich in dieser Frage alle Kräfte einig."*****

Kurz vor meinem Abflug bitte ich Präsident Jaruzelski noch einmal um ein Vier-Augen-Gespräch. Die Flugzeugmotoren der Regierungsmaschine, die mich nach Berlin zurückbringt, laufen schon. Jaruzelski und ich machen auf dem Flugplatz einen kleinen Spaziergang. In der DDR ist noch nicht über die Zulassung des Neuen Forum entschieden worden. Ich bitte Jaruzelski um Rat: „Nach Ihren Erfahrungen mit der Solidarnosc, würden Sie das Neue Forum zulassen?"

Er wechselt vom förmlichen „Sie" auf das für unser persönliches Verhältnis passende „Du". Als Freund wolle er raten, aber nicht be-

---

* Ebenda

** Gespräch Egon Krenz mit Mieczyslaw Rakowski am 2. November 1989, Gesprächsvermerk im Archiv des Autors

*** Gestern haben mir, wie schon berichtet, leitende Genossen in Moskau gesagt, das KGB verfügt über Informationen, daß Extremisten versuchen könnten, die geplante Demonstration am 4. November 1989 auf dem Alexanderplatz in Berlin zu nutzen, um „das Brandenburger Tor zu stürmen". Das würde eine gefährliche Situation heraufbeschwören. Ich sehe die Befürchtung des polnischen Parteiführers in diesem Zusammenhang.

**** Gespräch Egon Krenz mit Mieczyslaw Rakowski am 2. November 1989, Gesprächsvermerk im Archiv des Autors

**** Gespräch Krenz/Geremek, Gesprächsnotiz im Archiv des Autors

vormunden. Er sagt: „Wir Polen haben den Fehler gemacht, Solidarnosc lange Zeit als illegal zu betrachten. Wiederhole du in der DDR diesen Fehler nicht in Bezug auf das Neue Forum*."

Wir umarmen und verabschieden uns.

In mir sind widersprüchliche Gefühle. Die Situation ist verworren. Die frühere führende Partei, unsere Bruderpartei, hat die Wahlen verloren. Die Regierung wird von der Opposition geführt. Staatsoberhaupt ist ein Kommunist. Jaruzelski hatte das so charakterisiert: „Wir haben das Unternehmen zwar abgegeben, haben uns aber ein Kontrollpaket Aktien gesichert. Das sind die Beteiligung an der Regierung, die Sicherheitsorgane und die Armee und das Amt des Präsidenten. Aber das wichtigste bei der Zusammenarbeit in der Koalition ist die Gemeinsamkeit hinsichtlich der Staatsinteressen. Auf dieser Ebene finde ich auch eine gemeinsame Ebene mit Ministerpräsident Masowiecki."

Was aber sind hier die Staatsinteressen? Was immer in Polen reformiert wird, der Staat bleibt Polen. Was aber, wenn die SED verliert? Ohne sie wird es keine DDR geben. Otto Reinhold hat kürzlich gesagt, für zwei kapitalistische deutsche Staaten gibt es keine Existenzberechtigung. Die Existenz der DDR ist an einen sozialistischen deutschen Staat gebunden. Das ist auch meine Meinung. Noch hatte niemand in Polen von der Einheit Deutschlands als Tagesaufgabe gesprochen.

Masowiecki und Geremek haben sie im Prozeß der europäischen Einigung auch nicht ausdrücklich ausgeschlossen. Polen ist auf dem Weg in eine bürgerliche Republik. Ich bin überzeugt, das ist kein Weg für uns, wenn die DDR als souveräner Staat bestehen bleiben soll.

Vom „Seiltanz über einem Minenfeld" hatte Jaruzelski gesprochen. Diesen Seiltanz machen inzwischen die UdSSR und alle europäischen sozialistischen Staaten. Die Gefahr, daß alle verlieren, ist real. Ich denke aber auch daran, was mir Rakowski gesagt hat: „Unter der ständigen Anklage, nicht demokratisch genug zu handeln, entwickelte sich bei den Mitgliedern unserer Partei ein Komplex. Die Kommunisten traten als ‚Gentlemen' auf, während die andere Seite uns brutal attackierte. So ging die PVAP zum Beispiel mit dem Aufruf in den Wahlkampf, ihn gegenseitig nicht konfrontativ zu führen und den Gegner jederzeit als Partner zu achten. Als Antwort wurde ihr jedoch die Faust gezeigt. Wäre man nicht so naiv und demokratisch gutgläubig gewesen, hätte es zum Teil andere Wahlergebnisse gegeben."

* Im September 1989 war noch unter Erich Honecker die Zulassung des Neuen Forum untersagt worden. Jetzt hatten die DDR-Organe zu prüfen, ob diese Entscheidung revidiert werden kann.

Naiv und gutgläubig? Sind wir es nicht auch? Wie sich der Westen gegenwärtig in die inneren Angelegenheiten der sozialistischen Länder, besonders der DDR, offen und unverhüllt einmischt, hat schon nichts mehr mit Reformen zu tun. Es ist sein bisher größter Versuch, den Sozialismus global zu beseitigen.

3. November

Meine Frau und ich versuchen, auch in dieser bewegten Zeit einzuhalten, was seit dem ersten Tag unserer Ehe gilt: Wenn es irgendwie möglich ist, frühstücken wir gemeinsam. Das ist oft unsere einzige Möglichkeit, Familienangelegenheiten zu besprechen. An diesem Morgen werden wir uns einig, aus der Waldsiedlung Wandlitz auszuziehen. Wir wollen eine Wohnung in Berlin nehmen. Mir liegt daran, auch auf diesem Gebiet ein Stück Normalität zu schaffen. Meine Frau wird sich um unseren Umzug kümmern.

Gegen 8.00 Uhr treffe ich mich mit Generaloberst Fritz Streletz, Sekretär des Nationalen Verteidigungsrates der DDR. Es geht um die Sicherheitslage der Republik. Bisher ist es uns gelungen, bürgerkriegsähnliche Auseinandersetzungen zu verhindern. Was aber, wenn die Informationen stimmen sollten, die ich in Moskau, Warschau und auch vom Ministerium für Staatssicherheit erhalten habe, daß morgen eine größere Menschenmenge am Brandenburger Tor die Mauer durchbrechen will? Nicht auszudenken, wenn uns dies auch noch unvorbereitet treffen würde. Ich bin überzeugt, daß ein Mauerdurchbruch nicht im Interesse der Teilnehmer an der morgigen Demonstration im Zentrum Berlins liegt. Doch was, wenn es Extremisten gibt, die provozieren? Wenn jene Leute, die schon heute rufen, „Kommunisten an den Galgen", testen wollen, wie weit sie gehen können? In dieser explosiven Zeit kann schon der kleinste Anlaß zu einer Katastrophe führen, kann ein Schuß ein Blutbad von unvorstellbarem Ausmaß auslösen. Das darf auf keinen Fall passieren.

Streletz und ich sind uns der Verantwortung bewußt, die die DDR in diesen Tagen auch für Europa und die Welt trägt. Es wäre naiv, anzunehmen, daß es nicht auch Kräfte gibt, die die Staatsmacht auf die Probe stellen wollen. Streletz und ich besprechen die Maßnahmen, die wir am Brandenburger Tor für alle Eventualitäten treffen. Ich unterschreibe den Befehl Nr. 11/89 des Vorsitzenden des Nationalen Verteidigungsrates über „Maßnahmen zur Gewährleistung der Sicherheit und Ordnung in den Bezirken der Deutschen Demokratischen Republik".

Darin heißt es: Es sind die erforderlichen Maßnahmen zu treffen, „damit Demonstranten nicht in das Grenzgebiet eindringen. Im Fall eines solchen Eindringens sind die Demonstranten durch Anwendung körperlicher Gewalt und geeigneter Mittel daran zu hindern, daß es zu Grenzdurchbrüchen kommt"*. Der entscheidende Punkt lautet: „Die Anwendung der Schußwaffe im Zusammenhang mit möglichen Demonstrationen ist grundsätzlich verboten."**

Streletz und ich sind uns bewußt, daß wir damit unsere Kompetenzen überschritten haben. Faktisch wird durch meinen Befehl die gesetzliche Anwendung der Schußwaffe im Grenzgebiet der DDR außer Kraft gesetzt. Dazu ist nur die Volkskammer berechtigt, die 1982 das Grenzgesetz beschlossen hat. Die Zeit erlaubt es nicht mehr, die Volkskammer einzuberufen. Ich betrachte meine Erklärung vom 24. Oktober vor der Volkskammer als Direktive für mein praktisches Handeln: Politische Probleme sind auch nur politisch zu lösen.

Das Politbüro kommt zu einer außerplanmäßigen Sitzung zusammen. Ich trage den Befehl vor. Mein Vorgehen wird bestätigt.

Entgegengenommen wird im Politbüro ein Bericht über die morgige Demonstration. Die Rednerliste ist noch nicht abgeschlossen. Es wird die Frage gestellt, ob ich anstelle von Günter Schabowski reden solle. Ich bin bereit, auch wenn mich die Demonstranten nicht zu Wort kommen lassen würden. Niemand hält diese Idee für gut, es bleibt bei Schabowski.

Die Berliner Parteiorganisation hat ihre Genossen aufgerufen, an der Kundgebung teilzunehmen. Diese Orientierung löst Widerspruch aus. Während viele Genossen dazu bereit sind, gibt es bei anderen Resignation. Sie sehen keinen Sinn in ihrer Teilnahme oder haben auch Angst vor Zuspitzungen.

Die Informationen aus den Bezirken schildern die Lage dramatisch. Vom ZK wird verlangt, endlich mit Halbheiten Schluß zu machen. Immer häufiger wird davon gesprochen, daß die Konterrevolution im Vormarsch sei. Köpfe werden gefordert. Genossen an der Basis, die für die Fehler ihrer Führung nicht verantwortlich sind, werden diffamiert. Ich erinnere mich an die Worte von Michael Brie in sei-

---

* Befehl Nr. 11/89 des Vorsitzenden des Nationalen Verteidigungsrates der DDR, Egon Krenz, vom 3. November 1989
** Ebenda

nen Thesen, wonach in der DDR die politischen und massenpsychologischen Voraussetzungen bestehen, „die es den imperialistischen Kreisen in der BRD ermöglichen, massenhafte Unzufriedenheit, Veränderungswillen, Formen des zivilen Widerstands zu manipulieren und einer politischen Krise konterrevolutionäre Ausrichtung zu verleihen".

Das Politbüro beschließt, daß ich mich am Abend mit einer Rede an alle Bürgerinnen und Bürger der DDR wende. Beabsichtigt ist, sie im voraus über die Grundzüge des Aktionsprogramms der SED zu informieren, das in der nächsten Woche beschlossen werden soll.

Nach der Sitzung treffen sich Lorenz, Herger und ich in meinem Arbeitszimmer. Ich informiere sie, daß mit Willi Stoph Einigkeit besteht, daß die Regierung am Montag zurücktritt. Stoph bleibt im Amt, bis eine neue Regierung gebildet ist. Wir brauchen dringend einen neuen Ministerpräsidenten.

Schalck und Junker kommen dafür nicht mehr in Frage.

Hans Modrow hat mir zweimal einen Korb für Parteifunktionen gegeben. Er will weder für die Wirtschaft noch für Agitation verantwortlich sein. Ich versuche es jetzt ein drittes Mal, ihn nach Berlin zu holen. Ich sage zu Herger und Lorenz: „Er gehört ins Politbüro oder er muß in Rente gehen. Ich werde ihm vorschlagen, als Ministerpräsident zu kandidieren." Beide sind mit meinem Vorschlag einverstanden.

Während Schabowski, Lorenz und Herger an meiner Rede für den Abend arbeiten, empfange ich im Amtssitz des Staatsrates das Diplomatische Korps. Es ist eine Gratulationscour anläßlich meiner Wahl zum Staatsratsvorsitzenden. Ich wollte sie vermeiden – Empfänge passen nicht in die Zeit. Die Diplomaten bestanden aber darauf. Es ist für die meisten eine der wenigen Möglichkeiten, mit mir direkt ins Gespräch zu kommen und unsere weiteren Vorhaben zu erkunden. Ich wechsle mit allen Missionschefs einige Sätze. Sie wünschen uns Erfolg, sind aber auch besorgt, daß die Umgestaltungsprozesse in der DDR außer Kontrolle geraten könnten. Sie befürchten, daß die Stabilität, die im Nachkriegseuropa entstanden ist, brüchig wird.

Den sowjetischen Botschafter Kotschemassow informiere ich über den bevorstehenden Rücktritt der Regierung.

„Willi hat schon mit mir gesprochen", sagt er.

„Ich werde dem ZK vorschlagen, Hans Modrow als Kandidat für den neuen Ministerpräsidenten zu nominieren."

Kotschemassow fragt: „Haben Sie sich das gut überlegt?"
Meine Antwort: „Ja. Wir müssen zusammenfinden. Die Sache erfordert es."

Nach dem Empfang arbeite ich an meiner Rede an die Bürgerinnen und Bürger der DDR*. Mein Ausgangspunkt ist, daß das Ziel der Erneuerung darin besteht, den Sozialismus für jeden Bürger lebenswerter zu gestalten. Der Dialog darüber bringt mehr Fragen, als Antworten gegeben werden können. Ich teile die Sorge vieler, daß die sozialistischen Grundlagen und die Perspektive der DDR in Gefahr sind und benenne, was bei der Erneuerung bereits erreicht wurde: das neue Reisegesetz wird in Kürze veröffentlicht, der § 213 des Strafgesetzbuches wurde präzisiert, eine staatliche Kommission arbeitet ein neues Mediengesetz aus, eine Verordnung zur Veröffentlichung von Umweltdaten und eine Amnestie wurden erlassen. Ich spreche von der Souveränität des Volkes der DDR. Im Mittelpunkt der Reform des politischen Systems steht der mündige Bürger mit seinem Anspruch auf freie Entfaltung und auf demokratische Teilnahme bei allen Angelegenheiten von Gesellschaft und Staat. Ich schlage die Einrichtung eines Verfassungsgerichtshofes vor, der über die Einhaltung der Verfassung wacht. Ich spreche mich für eine umfassende und wahrheitsgetreue Information, für Meinungsvielfalt und Meinungsstreit aus. Ausdrücklich hebe ich die Toleranz gegenüber Andersdenkenden und ein ehrliches Ringen um gemeinsame Lösungen hervor.

Ich rege eine Verwaltungsreform und die Ausarbeitung eines neuen Vereinsgesetzes an. Ich unterstütze die Kritik vieler Bürger an übertriebener Repräsentation und Inanspruchnahme von Sonderrechten, die weder unserer sozialistischen Moral noch dem Leistungsprinzip entsprechen.

Ich biete eine Neudefinition für die führende Rolle der SED an: „Führung durch die Partei heißt, politische Konzepte - wie dieses Aktionsprogramm - zu entwickeln und die Mitglieder der Partei in den Volksvertretungen, in der Regierung, in den Räten und anderen Organen des Staates und der Wirtschaft zu deren Verwirklichung zu befähigen." Führung durch die Partei verstehe ich nicht als administrativen, sondern als politischen Akt. Ich teile mit, daß fünf weitere Mitglieder des Politbüros bereit sind, zurückzutreten, um jüngeren Kräften Platz zu machen. Die nächste Tagung der Volkskammer

---

* Fernseh- und Rundfunkansprache von Egon Krenz an die Bürger der DDR, NEUES DEUTSCHLAND vom 4./5. November 1989

wird über einen neuen Parlamentspräsidenten und den Rücktritt der Regierung entscheiden. Demonstrativ stelle ich mich hinter die Schutz- und Sicherheitsorgane. Ich weiß, daß dies nicht populär ist. Mir mißfällt, daß sie für vieles verantwortlich gemacht werden, was Unruhe und Unzufriedenheit im Land hervorgebracht haben. Daß ihre bisherige Tätigkeit nicht genügend transparent war, liegt nicht an den Volkspolizisten oder Mitarbeitern des Ministeriums für Staatssicherheit, sondern an der politischen Führung: „Die Schutz- und Sicherheitsorgane braucht unser Volk, um sein Aufbauwerk zu garantieren. Das schließt die Forderung nach ihrem gesetzestreuen Verhalten in jeder Hinsicht ein." Ich spreche auch die Ungeduld an, die uns überall begegnet und hebe hervor: „In wenigen Wochen oder gar in ein paar Tagen - seit dem letzten ZK-Plenum sind 17 Tage vergangen - können nicht Entwicklungen korrigiert werden, die sich über Jahre zu einem Bündel ernster Widersprüche und Krisenerscheinungen angehäuft haben. Unüberlegtes und überhastetes Vorgehen würde letztlich mehr Schaden als Nutzen bringen." Mir liegt daran, auch auf die Gefahren aufmerksam zu machen, die unserem Reformwerk drohen. Ich erwähne daher, daß es auch falsche Töne gibt. Sie kommen aus der BRD. Es sind demagogische Ratschläge, die den Prozeß der Erneuerung nicht fördern, ja ihn schon in seinen Anfängen hemmen, verfälschen oder zunichte machen wollen.

Als ich zu später Stunde noch ins ZK fahre, liegen erste Reaktionen aus den Bezirksleitungen zu meiner Rede vor. Es wird informiert, daß „viele Bürger an meiner Rede bemängeln, daß ich für die SED in Anspruch nehme, die Wende eingeleitet zu haben". Ich hatte in der Eile mißverständlich formuliert: „Die politische Wende, die wir eingeleitet haben, erfaßt inzwischen alle Bereiche unserer Gesellschaft." Sagen wollte ich eigentlich, daß wir in der Partei eine Wende eingeleitet haben. Nur ein Lapsus? In dieser Zeit nicht. Die Formulierung wird mir grundsätzlich angekreidet. Manche haben das so verstanden: Krenz ist der Meinung, die Wende durch das Volk hat es nicht gegeben. Die Wende habe allein die Partei „ganz oben" gemacht. Diese Ansicht ist mir fern. Ich habe den Begriff der Wende für die Oktoberereignisse zum ersten Mal in meiner Rede auf der 9. ZK-Tagung verwendet. Schon damals habe ich den engen Zusammenhang zwischen der Volksbewegung von „Unten" und den Entscheidungen von „Oben" gesehen. Es ist wie mit der Sicherheitspartnerschaft: „Oben" liegt das Machtmonopol. Ob Gewalt angewendet wird oder nicht, wird letztlich von den zuständigen Organen entschieden. Die Befehle dazu müßte ich erteilen. Die Staatsmacht hält sich zurück. Die Demonstranten geben keinen Anlaß zum Eingreifen. So wird der friedliche Charakter der Wende gesichert. Genauso ist auch die Wende ein dialektisches Verhältnis zwischen „Druck von unten" und „Reaktion von oben."

4. November

Um die für heute geplante Kundgebung in Berlin gab es im Vorfeld viel Aufregung. Als Gewerkschaftsvertrauensleute der Berliner Theater ihr Vorhaben ankündigten, war Honecker noch im Amt. Er hatte angeregt, im Berliner Stadtzentrum eine Bannmeile einzurichten, ähnlich wie sie im Regierungsviertel in Bonn besteht. Damit sollte klar werden, daß das Stadtzentrum für Kundgebungen nur zur Verfügung steht, wenn sie vorher staatlich genehmigt sind. Die Verfassung der DDR sieht einen Ausnahmezustand im Sinne des Artikels 48 der Weimarer Verfassung bzw. der Notstandsgesetzgebung der BRD nicht vor.

Nach dem 18. Oktober hat das Politbüro die staatliche Genehmigung der Kundgebung empfohlen. Statt einer Bannmeile soll eine Sicherheitspartnerschaft zwischen den Organisatoren und der Volkspolizei vereinbart werden. Es soll jeder Anlaß ausgeschlossen werden, der zu einer Radikalisierung der Situation führen könnte.

Gegen 8.00 Uhr fahre ich nach Berlin; heute nicht in das Haus des Zentralkomitees. Dort sind Siegfried Lorenz und Wolfgang Herger Diensthabende. Ich bin im Arbeitszimmer des Innenministers. Hier arbeitet unter meiner Leitung ein Stab, der befugt ist, auch für außergewöhnliche Zwischenfälle sofortige Entscheidungen zu treffen. Es sind Ministerpräsident Stoph, Verteidigungsminister Keßler, Staatssicherheitsminister Mielke und Innenminister Dickel. Nichts in Sachen Sicherheit darf dem Zufall überlassen bleiben. Heute entscheidet sich wesentlich, wie tragfähig das Konzept der Sicherheitspartnerschaft ist.

Meine Nervosität kann ich nur schwer unterdrücken. Für uns alle ist die Sicherheitspartnerschaft in diesem Ausmaß bisher einmalig. Meine Sorge gilt weniger der Kundgebung. Ich vertraue den Organisatoren. Unruhig bin ich wegen der Lage am Brandenburger Tor. Ein organisierter Grenzdurchbruch wäre eine Katastrophe. Für alle Fälle ist eine Telefonverbindung zum Oberkommando der Westgruppe der Sowjetischen Streitkräfte in Wünsdorf und eine zum Chef der Berliner KGB-Vertretung in Berlin-Karlshorst geschaltet worden. Mit der WTsch-Zentrale ist vereinbart, daß ich innerhalb kürzester Zeit eine Verbindung zu Gorbatschow erhalte. Für alle, die in irgendeiner Weise Befehlsgewalt über die Schutz- und Sicherheitsorgane haben, stehen Sondertelefonleitungen zur Verfügung. Unser Stab ist für sie direkt erreichbar. Wir haben Fernsehleitungen zu wichtigen Punkten im Stadtzentrum und zum Brandenburger Tor geschaltet.

Kurz vor halb zehn setzt sich der Demonstrationszug in Bewegung. An der Spitze ein Transparent mit der Aufschrift: „Protestdemonstration". Berliner Künstler tragen grüne Schärpen mit der Aufschrift „Keine Gewalt".

Mein Telefonapparat klingelt. Es meldet sich Heinz Geggel, Leiter der Abteilung Agitation des ZK. „Wir haben uns eingerichtet, die Kundgebung live zu übertragen. Wie denkst du darüber?" fragt er.

„Übertragt", sage ich „die Weststationen werden ohnehin senden." Zu meiner Verwunderung informiert er:

„Nein. Sie sind nicht mit Übertragungstechnik vor Ort. Sie haben auch keine Genehmigung beantragt."

Ich denke, sonnabends haben die wohl frei. Sage dann aber: „Um so besser. So erfährt die Bevölkerung zuerst über unser Fernsehen, was hier los ist."

Wenige Minuten später kann jeder die Demonstration und die Kundgebung am Fernsehapparat verfolgen. Gegenüber dem Westfernsehen haben wir so einen Vorteil.

Ich notiere mir alle Phasen der Demonstration und der anschließenden Kundgebung. Eine Sekretärin stenografiert wichtige Passagen der Reden mit. Ich will sie für die bevorstehende ZK-Tagung auswerten.

Die Losungen, die zu sehen sind, drücken Hoffnung und Mißtrauen, Nachdenklichkeit und Sarkasmus, Kritik und Aufmunterung, Bitterkeit und Witz aus. Sie reichen von: „Es lebe die Oktoberrevolution 1989", „SED allein - darf nicht sein" und „Alle Macht dem Volke" über „Honi war jut, Egon ist jut - alles wird jut", „Kein Artenschutz für Wendehälse" und „Privilegien für alle" bis hin zu „Unbekrenzte Macht den Räten", „Eure Politik war und ist zum Davonlaufen", „Macht die Volkskammer zum Krenzkontrollpunkt" und „Die Armee wird reduziert, wann folgen die Krenztruppen?" Obwohl ich persönlich auch mit beißendem Spott angegriffen werde, versuche ich, dies nicht nur persönlich zu nehmen. Es wäre wohl auch so, wenn ein anderer Generalsekretär geworden wäre. Die Leute machen sich Luft. Über Jahre kochte es im Topf. Jetzt wurde der Deckel geöffnet. Das Politbüro und die Regierung, und ich in Person, haben nun die Last für alle Fehlentwicklungen der letzten Jahre zu tragen. Die SED hat sich als führende Partei für alles verantwortlich gefühlt. Jetzt – in der Krise – müssen wir auch die Verantwortung für alle Fehler übernehmen, wir alle, nicht nur ausgewählte „Sündenböcke".

Als der Demonstrationszug den Alexanderplatz erreicht, die Kundgebung aber noch nicht beginnt, ziehe ich mich mit Stoph in einen anderen Raum zurück. „Willi", sage ich, „es geht um dich und deinen Nachfolger. Ich will zuerst mit dir darüber sprechen, weil du entscheidend dazu beigetragen hast, daß wir im Politbüro die Auseinandersetzung mit unserer fehlerhaften Politik beginnen konnten. Ohne dich wäre Erichs Ablösung noch nicht gelungen. Nun trittst du als Regierungschef zurück. Ich möchte, daß du mit deinen reichen Erfahrungen im Politbüro bleibst. Dies ist übrigens auch die Meinung von Gorbatschow. Ich schlage dir vor, entweder Politbüromitglied ohne Geschäftsbereich oder Vorsitzender der Zentralen Parteikontrollkommission zu werden."

„Danke", sagt Stoph. „Ich werde es mir überlegen."

Ich bitte ihn, mir seine Entscheidung bis zur nächsten Sitzung des Politbüros mitzuteilen. Dann informiere ich ihn: „Als neuen Ministerpräsidenten schlage ich Hans Modrow vor."

Stoph schweigt. Wir sitzen uns wortlos gegenüber. Er fragt, wie gestern Kotschemassow: „Hast du dir das richtig überlegt?"

„Ja", sage ich. „Modrow ist seit 1958 im ZK. Er hat in dieser Zeit ohne Schwankungen die Linie der Partei vertreten. Er hat reiche politische Erfahrungen, auf ökonomischem Gebiet promoviert und viele außenpolitische Aufträge erfüllt. Wir kennen uns noch aus der FDJ-Zeit. Er ist manchmal ein bißchen hölzern, läßt nicht in sich hineinschauen, dennoch glaube ich, daß er für die Funktion geeignet ist."

Stoph bleibt zurückhaltend. Er formuliert langsam, so, als ginge es um eine druckreife Rede: „Du hast recht. Er ist aber sehr ehrgeizig. Ich glaube, er wollte eigentlich Generalsekretär werden. Er wird sich mit der Funktion des Ministerpräsidenten nicht begnügen."

Ich freue mich über die Offenheit von Stoph. Er ist seit fast 40 Jahren im Politbüro. Sieht er vielleicht die menschlichen Stärken und Schwächen von Menschen klarer als ich? Kennt er Modrow besser als ich? Mag sein, daß ich zu gutgläubig bin.

Ich reagiere dennoch entschlossen: „Jeder von uns wird in dieser Zeit mögliche persönliche Rivalitäten zurückstellen. Ich bitte dich, deinen Einfluß auf die Mitglieder des Zentralkomitees auszuüben, die zugleich in der Regierung sind, daß sie im ZK meinen Vorschlag unterstützen, Hans Modrow für die Funktion des Vorsitzenden des Ministerrates zu nominieren."

Stoph verspricht es mir.

Wir gehen zurück zu den anderen des Arbeitsstabs und sehen uns weiter den Verlauf der Kundgebung auf dem Alexanderplatz an. Zitiert wird gerade aus dem Vorschlag für eine Verfassung der Französichen Republik von 1793. Danach werden Artikel 27 (freie Meinungsäußerung und Freiheit der Presse, des Rundfunks und des Fernsehens) sowie Artikel 28 (Versammlungsfreiheit) der Verfassung der DDR verlesen.

Die Schauspielerin Johanna Schall fordert, diese Rechte uneingeschränkt einzuhalten. Sie will, daß aus dem Strafgesetzbuch der DDR alle Bestimmungen gestrichen werden, die dem entgegenstehen. Sie fordert, Artikel 1 der Verfassung der DDR zu ändern, der die „Führung der Arbeiterklasse und ihrer marxistisch-leninistischen Partei"* enthält. Sie sagt: „Jeder Führungsanspruch muß erarbeitet werden. Auch politische Parteien unterliegen dem Leistungsprinzip."

Rechtsanwalt Gregor Gysi fordert ein neues Strafrecht. Er erhält lautstarke Unterstützung, als er ausruft: „Die beste Staatssicherheit ist immer noch die Rechtssicherheit." Er wünscht allen Bedürftigen ein Telefon und der Gesellschaft, daß ein Alltagssatz gegenstandslos werde: „Das möchte ich dir lieber nicht am Telefon sagen."

Marianne Birthler vom Stadtjugendpfarramt fordert, die Übergriffe der Polizei auf Demonstranten am 7. und 8. Oktober in Berlin restlos aufzuklären.

Markus Wolf, der ehemalige Mielke-Stellvertreter, hat es nicht leicht, sich durchzusetzen. Er war 33 Jahre im Ministerium für Staatssicherheit tätig, zuletzt als Generaloberst. Mutig wendet er sich dagegen, die Mitarbeiter des Ministeriums für Staatssicherheit zu Prügelknaben der Nation zu machen. Aus geschichtlichem Rückblick resümiert er: „Immer, wenn es in den sozialistischen Ländern in der Vergangenheit nach dem Krieg einen Kurs- oder Führungswechsel gegeben hat und die Menschen emotionsgeladen mit ihren Forderungen auf die Straßen und Plätze gegangen sind, gab es eine Eskalation, ist Blut geflossen, und gab es Tote, oft viele Tote. Man kann vor der Besonnenheit der Menschen hier auf dem Platz nur den Hut ziehen. Seit dem 9. Oktober ist kein Blut mehr geflossen, und

* Siehe Verfassung der DDR, Artikel 1, Absatz 1

wir wollen es dabei belassen. Nutzen wir die einmalige Chance, Sozialismus mit Demokratie zu verbinden." Wolf schlägt eine Parteikonferenz der SED vor. Er sagt, das Zentralkomitee soll „entsprechend Artikel 47 des Statuts der Partei unverzüglich eine Parteikonferenz einberufen".

„Wahlen, die diesen Namen verdienen", fordert Professor Jens Reich vom Neuen Forum.

Manfred Gerlach, Vorsitzender der LDPD und mein Stellvertreter im Amt des Staatsratsvorsitzenden, verlangt, daß die Volkskammer in aller Offenheit zur Lage im Land Stellung nimmt. Er erwartet den Rücktritt der Regierung.

Günter Schabowski hat es wohl am schwersten, sich überhaupt Gehör zu verschaffen. Er macht es engagiert und bringt das Anliegen unsere Politik auf den Punkt: „Wir wollen eine DDR, von der jeder sagen kann: ‚Das ist mein Land!' Unser Aufbruch zum Neuen", ruft er ins Mikrofon, „läßt sterilen politischen Nachlaßverwaltern keine Chance. Aber ich mag auch nicht die schnellen Scheiterhaufen, auf denen manche alles brennen sehen wollen, was an unbestreitbaren Leistungen in den vergangenen Jahren vom Volk vollbracht wurde."

Stefan Heym wird als „Nestor unserer Bewegung" angekündigt. Er sagt, daß wir in den letzten Wochen unsere Sprachschwierigkeit überwunden haben und jetzt dabei sind, den aufrechten Gang zu erlernen. „Der Sozialismus, nicht der stalinsche, der richtige, den wir endlich aufbauen wollen, ist nicht denkbar ohne Demokratie. Demokratie aber, ein griechisches Wort, heißt Herrschaft des Volkes. Üben wir sie aus, diese Herrschaft des Volkes", fordert Heym.

Pfarrer Friedrich Schorlemmer setzt sich für eine Perspektive der DDR-Bürger ein. „Hier lohnt es sich jetzt, hier wird es spannend, bleibt doch hier!" sagt er. Und er setzt hinzu: „Wir brauchen jetzt Toleranz und kritische Solidarität miteinander. Fehler müssen als Fehler zugegeben werden. Aber ... reißen wir nun nicht neue Gräben auf. Trauen wir jedem eine Wende zu, auch wenn nicht jeder in seiner alten Position verbleiben darf. Und zu uns in der neuen demokratischen Bewegung möchte ich sagen, setzen wir an die Stelle der alten Intoleranz nicht eine neue Intoleranz."

Die Schriftstellerin Christa Wolf kleidet den Zwiespalt, in dem sich die Gesellschaft befindet in die Worte: „Revolutionen gehen von unten aus, unten und oben wechseln ihre Plätze in dem Wertesystem, und dieser Wechsel stellt die sozialistische Gesellschaft vom Kopf auf die Füße. Große soziale Bewegungen kommen in Gang. Soviel wie in diesen Wochen ist in unserem Land noch nie geredet worden, miteinander geredet worden, noch nie mit dieser Leidenschaft, mit soviel Zorn und Trauer, aber auch mit soviel Hoffnung ... Wir schlafen nicht oder wenig. Wir befreunden uns mit Menschen, die wir vorher nicht kannten, und wir zerstreiten uns schmerzhaft mit anderen, die wir zu kennen glaubten. Das nennt sich nun ‚Dialog'. Wir haben ihn gefordert. Nun können wir das Wort fast nicht mehr hören. Und haben doch nicht wirklich gelernt, was es ausdrücken will. Mißtrauisch starren wir auf manche plötzlich ausgestreckte Hand, in manches vorher so starre Gesicht. Mißtrauen ist gut, Kontrolle noch besser. Wir drehen alte Losungen um, die uns gedrückt und verletzt haben, und geben sie postwendend zurück. Wir fürchten, benutzt zu werden. Und wir fürchten, ein ehrlich gemeintes Angebot auszuschlagen. In diesem Zwiespalt befindet sich nun unser ganzes Land. Wir wissen, wir müssen die Kunst üben, den Zwiespalt nicht in Konfrontation ausarten zu lassen ..."

Professor Lothar Bisky von der Filmhochschule in Babelsberg fordert, politische Diskussionen ohne Angst und Tabus zu führen. Wenn Studenten in ihren Filmen Widersprüche des Lebens aufzeigen, darf nicht der Überbringer schlechter Nachrichten, der Verursacher der Zustände muß zur Verantwortung gezogen werden.

Der Schriftsteller Christoph Hein sagt: „Ich möchte uns alle an einen alten Mann und wahrscheinlich jetzt sehr einsamen Mann erinnern. Ich spreche von Erich Honecker. Dieser Mann hatte einen Traum. Und er war bereit, für diesen Traum ins Zuchthaus zu gehen. Dann bekam er die Chance, seinen Traum zu verwirklichen. Es war keine gute Chance, denn der besiegte Faschismus und der übermächtige Stalinismus waren dabei die Geburtshelfer. Es entstand eine Gesellschaft, die wenig mit Sozialismus zu tun hatte ... Und ich glaube, auch für diesen alten Mann ist unsere Gesellschaft keineswegs die Erfüllung seiner Träume ... Ich erinnere an diesen alten Mann nur deshalb, um uns zu warnen, daß nicht auch wir jetzt Strukturen schaffen, denen wir eines Tages hilflos ausgeliefert sind. Schaffen wir eine demokratische Gesellschaft ... Einen Sozialismus, der dieses Wort nicht zur Karikatur macht. Eine Gesellschaft, die dem Menschen angemessen ist und ihn nicht der Struktur unterordnet."

29 Politiker, Schriftsteller, Künstler, Vertreter der Kirche, Journalisten, Juristen, Hochschullehrer und Studenten haben gesprochen. Manchmal läuft es mir kalt über den Rücken. Ich glaubte immer, im Grundsatz sei unsere Politik richtig. Ihre Entstellungen könnten wir wiedergutmachen. Die heutige Kritik ist so grundsätzlich, daß sich die

Frage stellt: Ist unsere Konzeption vom Sozialismus überhaupt noch zu verwirklichen? Hätten Konterrevolutionäre gesprochen, wäre die Antwort auf diese Frage einfach. Es sind aber engagierte DDR-Bürger. Viele von ihnen kenne ich persönlich. Einige gehören der SED an. Unterstützung erhalten sie nicht von irgendwelchen Randalierern, nicht von einer Anti-DDR-Liga. Es sind 500 000 DDR-Bürger, darunter auch viele SED-Mitglieder, die ihnen Beifall spenden.

Das sagt alles. Die angestauten Probleme haben tiefere Wurzeln als ich dies bisher gesehen habe. Sie liegen nicht nur in der Tagespolitik. Sie sind auch in unserer Geschichte begründet. Mehr und mehr ging die marxistische Erkenntnis verloren, daß der Mensch als höchster aller Werte das Ziel, nicht das Mittel der Politik ist. Es rächt sich jetzt, daß der Marxismus-Leninismus viele Jahrzehnte in starkem Maß stalinistisch geprägt und simplifiziert wurde.

Habe nicht auch ich zugelassen, daß unsere Theorie auf willkürlich ausgewählte Zitate, Begriffe und Kategorien reduziert wurde? Hat das Politbüro die Gesellschaftswissenschaften auf diese Weise nicht zur Magd der Politik zu degradieren versucht? Was auf dieser Kundgebung über die SED gesagt wird, stellt die Theorie von der Partei neuen Typus, wie sie Lenin begründet hat, in Frage. Bedeutet das nicht neues Nachdenken?

Einige Gedanken, die ausgesprochen wurden, teile ich. Manches kann auch ich unterschreiben. Die Offenheit, mit der es gesagt wurde, ist ein Stück neuer politischer Kultur, die auch ich will. Doch die Kundgebung verletzt leider auch. Ich sehe, wie sich eine neue Intoleranz aufbaut, wie Erwartungen geweckt werden, die niemand erfüllen kann. Ich wundere mich, daß keiner auf die Gefährdungen aufmerksam macht, die, aus der BRD kommend, auf uns lauern, daß auf die Ängste unserer Bündnispartner in den sozialistischen Ländern keine Rücksicht mehr genommen wird.

Ich darf und will in meiner Arbeit nicht unberücksichtigt lassen, daß die NATO auf ihrem Brüsseler Gipfeltreffen ihr Konzept zur Beseitigung des Sozialismus eindeutig definiert hat: „Überwindung der Spaltung Europas auf der Grundlage westlicher Werte." Mein Zögern in diesen Tagen, die geäußerten Gedanken aufzugreifen, resultiert auch daraus, daß ich keine DDR nach westlichem Muster und keine Beseitigung des Sozialismus in der DDR will. Diese Gedanken finden jedoch wenig Gehör. Es regiert die Hochstimmung jener Bürger, die die internationalen Zwänge der DDR nicht sehen. Viele unserer Fehler, nicht alle, sind entstanden, weil die Westmächte und besonders die BRD von Anfang an einen Kampf gegen die DDR geführt haben, bei dem es um Sein oder Nichtsein ging.

In dieser Gefühlslage und in diesem gedanklichen Widerspruch rufe ich gegen 15.00 Uhr die in Berlin anwesenden Genossen des Politbüros zusammen. Jeder gibt seine Eindrücke von der Protestkundgebung wieder. Übereinstimmend wird hervorgehoben: Dominierend auf der Kundgebung ist der Protest gegen Fehlentwicklungen in der DDR. Kein Redner aber hat sich für die Restaurierung des Kapitalismus hierzulande ausgesprochen. Das ist das entscheidende. Die Genossen beauftragen mich, die Diskussion in meinem Referat auf der 10. ZK-Tagung auszuwerten und den 1. Sekretären der Bezirksleitungen in einem Fernschreiben mitzuteilen.

Das Fernschreiben wird unmittelbar nach der Sitzung des Politbüros abgeschickt. Es heißt darin: „Es gab zu dieser Kundgebung keine Alternative, wenn wir dem Grundsatz der 9. Tagung des ZK treubleiben, daß in unserem Land vor sich gehende Prozesse nur mit politischen Mitteln weiterzuführen sind. Deshalb kam es zu einer Zusammenarbeit der Organisatoren der Demonstration mit der Volkspolizei. Dadurch wurden gewaltsame Konflikte vermieden und ein friedlicher Ausgang der Kundgebung gesichert. Das ist für die Atmosphäre im Land bedeutsam."* Ich wiederhole, was ich schon gestern in meiner Fernsehrede betonte, daß es auch falsche Töne gibt. Negiert wird vor allem die Tatsache, daß wir das Neue nur auf dem Fundament des in 40 Jahren Geschaffenen erbauen können.

5. November

Aus Moskau erhalte ich einen Beschluß des Politbüros des ZK der KPdSU. Die sowjetischen Genossen haben die Ergebnisse meines Treffens mit Gorbatschow erörtert. Ihre Hauptfeststellung: Die Existenz einer stabilen und souveränen DDR ist ein wichtiger Faktor für den Frieden und die Sicherheit in Europa. Es wird unterstrichen, daß das Gleichgewicht in der Welt erhalten werden muß. Froh bin ich auch über die Einschätzung, daß die KPdSU mit der SED über alle Fragen der Erneuerung des Sozialismus übereinstimmt. Das Politbüro der KPdSU, so heißt es in dem Beschluß, hat bestätigt, worüber Michail Gorbatschow und Egon Krenz am Mittwoch in Moskau beraten haben.

* Fernschreiben von Egon Krenz vom 4. November 1989, im Archiv des Autors

Ein wichtiger Punkt unserer Erneuerungskonzeption wird so erfolgreich verwirklicht: der Schulterschluß mit Moskau ist wiederhergestellt.

In den Medien der BRD und Westberlins wird offen empfohlen, der DDR keine Ruhepause zu gönnen. Ohne permanenten Druck auf die SED werde man keines der Ziele erreichen, das gestern auf dem Alexanderplatz proklamiert worden sei, heißt es. Diese Medien stellen inzwischen die Machtfrage in der DDR.

Seit einigen Tagen treffen sie die Partei- und Staatsführung an einer empfindlichen Stelle: Korruption und Amtsmißbrauch. Diese Veröffentlichungen fallen bei den DDR-Bürgern, auch bei SED-Mitgliedern, auf fruchtbaren Boden. Sozialistische Moral schließt absolut solche Erscheinungen aus. Generationen wurden in diesem Sinne geprägt. Nun wird durch „Enthüllungen", inzwischen auch in den DDR-Medien, suggeriert: die Herrschenden predigen uns Wasser und trinken selbst Wein. Verdächtigt werden nicht nur leitende Funktionäre. Der Zorn der Basis richtet sich auch gegen Funktionäre in den Betrieben, Kreisen und Bezirken. Es wird nicht mehr unterschieden zwischen Schmarotzern und den vielen Funktionären und Leitern, die sich ohne Privilegien für die DDR einsetzen. Alle werden jetzt über einen Kamm geschoren.

Es erscheinen Berichte über die Wohnsiedlung des Politbüros in Wandlitz, über Freizeitobjekte von Mitgliedern des Politbüros und der Regierung, über Jagdgebiete, über Häuser, die Funktionäre für ihre Kinder bauen ließen, über Sonderläden und Sonderversorgung. Täglich werden neue Fakten, manchmal auch nur Gerüchte verbreitet.

Kaum jemand glaubt, daß ich von den publizierten Verfehlungen der genannten Genossen nichts weiß. Es hilft mir auch wenig, daß ich selbst den Rücken relativ frei habe. Sicher: Auch ich wohne in der Waldsiedlung Wandlitz, kaufe in einem Sonderladen ein, verbringe meinen Urlaub in einem Ferienheim der Regierung. Das entspricht Regelungen, die irgendwann in den Nachkriegsjahren, später aus Sicherheitserwägungen eingeführt wurden. Aber ich besitze keine Datsche, habe kein Jagdgebiet und für meine Söhne auch keine Häuser bauen lassen. Nun wird von mir erwartet, endlich die ganze Wahrheit der Korruption auf den Tisch zu legen. Doch, wer kennt sie? Worin besteht sie? Auf keinen Fall in der Meldung einer westdeutschen Zeitung, daß „SED-Bonzen" im Westen bis zu 100 Milliarden DM angehäuft haben. Auch nicht, daß die Mitglieder des Politbüros ein Freizügigkeitskonto haben. Jeder von uns bekommt ein Gehalt. Ich erhalte 5000 Mark der DDR brutto im Monat.

Mich bedrückt, daß jede Meldung über Amtsmißbrauch und Korruption in der Öffentlichkeit ungeprüft als Tatsache aufgenommen wird. Das hat verheerende Folgen. Die publizierten Beispiele erschüttern das Vertrauen der Parteimitglieder in ihre Führung von Grund auf. Zu Hunderten treten sie aus der Partei aus, jeden Tag werden es mehr. Ein Wort greift um sich, selbst bei jungen Leuten: „Wir sind 40 Jahre betrogen worden."

An mich wird immer häufiger die Frage gestellt: Wie stehst du zur juristischen Haftbarkeit bei politischem Fehlverhalten? Ich will alte Fehler nicht durch neue ersetzen. Wollen wir ein sozialistischer Rechtsstaat sein, müssen die Anschuldigungen geprüft werden. Jeder muß ein Recht haben, Falsches richtigzustellen. Ist er schuldig, muß ihn die Härte des Gesetzes treffen. Dies um so mehr, da Amtsmißbrauch und Korruption sozialistische Visionen, Hoffnungen und Erwartungen vieler Bürger zerstören. Sie sind mit sozialistischer Haltung nicht zu vereinbaren. Mir geht zudem durch den Kopf: Das Recht, bestimmte Heime zu besuchen, Häuser zu bewohnen, in eine besondere Altersversorgung einzutreten, Dienstwagen zu benutzen u. a. beruht auf Regelungen, Beschlüssen und auch Gesetzen. Will man diese Privilegien beseitigen, muß man die Regelungen außer Kraft setzen.

Für politische Fehler sind die Betroffenen politisch, nicht aber juristisch zur Verantwortung zu ziehen. Mit Ausnahme von Kriegsverbrechen ist noch niemand in der Welt gerichtlich für eine falsche Politik bestraft worden. Für mich sind die Ausnutzung einer Funktion und die Überschreitung von Gesetzen zum persönlichen Vorteil nicht zu akzeptieren. Das gehört in die Hände der Justiz und nicht der Partei. Für Rachsucht ist in meinen Überlegungen kein Platz. Diese Sicht wird mir als Schwäche ausgelegt. Immer öfter höre ich den Vorwurf, mit dieser Taktik wolle ich „die Alten" schonen. In einem Brief an mich steht: „Wir haben den Eindruck, Sie gehen sehr schonungsvoll mit Ihrem Vorgänger um, der seine Verdienste hat, der aber die Republik an den Rand des Abgrunds brachte. Ist Honecker, der noch am 6. Oktober auf dem Flughafen Schönefeld fröhlich herumtanzte und allen erklärte, die Totgeglaubten leben nun einmal länger, wirklich so krank, daß er zu keiner abschließenden Erklärung seines Diktats mehr fähig ist? Machen Sie Schluß mit Ihren Halbheiten und Halbherzigkeiten!"

Trotz dieser und vieler anderer Ermahnungen widerstehe ich aus innerer Überzeugung dem Versuch, die Justiz anzuregen, massiv gegen Funktionsträger vorzugehen. Mir liegt viel mehr daran, die Fragen zu beantworten: Was ist wahr? Woher kommt der Mißbrauch? Wie können wir ihm künftig vorbeugen? Mir geht es um die Einhaltung der Gesetze der DDR und des SED-Statuts.

Heute muß ich meine Rede für die 10. Tagung des Zentralkomitees fertigstellen, die am Mittwoch eröffnet werden soll. Mir liegen zwei Fassungen vor: Ein Entwurf von einer Arbeitsgruppe des ZK und ein anderer von Wissenschaftlern der Humboldt Universität. Ich stehe unter einem so großem Zeitdruck, daß es unmöglich ist, das beste aus beiden Entwürfen zu vereinen. Das Material der Wissenschaftler ist mir für eine Tagung des Zentralkomitees zudem zu theoretisch. Ich möchte politische Schritte begründen, die die SED-Mitglieder und darüber hinaus viele Bürger jetzt nachvollziehen können. Ich arbeite aus diesem Grund an dem Entwurf, der von meinen Mitarbeitern vorbereitet wurde. Gegen 4.00 Uhr morgens ist er fertig. Ich übergebe ihn allen Mitgliedern und Kandidaten des Politbüros.

Ich fahre nur noch zum Duschen und zum Frühstück nach Hause.

6. November

Als ich kurz vor 7.00 Uhr im Auto die Nachrichten höre, kommt die Spitzenmeldung, daß heute der Entwurf des Gesetzes über Reisen ins Ausland veröffentlicht wurde. Der Nachrichtensprecher fordert die Bürger der DDR zur öffentlichen Diskussion auf. Sie sollen ihre Vorschläge und Meinungen sowie ihre Veränderungsvorschläge zum Gesetzentwurf bis zum 30. November an die Regierung der DDR richten. Noch vor Weihnachten soll das Gesetz unter Berücksichtigung der Veränderungsvorschläge der Bürger von der Volkskammer verabschiedet werden. Die Regierung bittet um Verständnis, daß sie sich noch nicht zur Finanzierung der Reisen äußern kann. Bei dieser Meldung denke ich daran, daß Schalck heute wieder nach Bonn fliegt. Er soll erkunden, ob es inzwischen Entscheidungen der Bundesregierung zur Mitfinanzierung des geplanten umfangreichen Reiseverkehrs gibt. Ich hoffe, daß unsere heutige Veröffentlichung über die ungeklärte Finanzierung des Reiseverkehrs Druck auf Bonn ausübt, sich endlich zu äußern.

Der Gesetzentwurf sieht vor: „Die Bürger der Deutschen Demokratischen Republik haben das Recht, in das Ausland zu reisen.“* Das ist für mich der entscheidende Satz. Hätten wir dieses Recht früher

---

* Entwurf des Gesetzes über Reisen von Bürgern der Deutschen Demokratischen Republik in das Ausland, Neues Deutschland vom 6. November 1989

garantieren können, geht mir durch den Kopf, wären uns viele politische Probleme erspart geblieben: illegale Grenzübertritte, Botschaftsflüchtlinge, die Bilder von der ungarisch-österreichischen Grenze und aus der bundesrepublikanischen Botschaft in Prag. Freies Reisen ist ein entscheidender Punkt unseres Erneuerungsprogramms.

Rechtsanwalt Gysi hatte am Sonnabend gegenüber Schabowski gewarnt, den vorliegenden Entwurf des Reisegesetzes zu veröffentlichen. Er enthalte zu viele bürokratische Hindernisse und Reiseeinschränkungen. Sie müßten verschwinden. Erst dann könne das Gesetz veröffentlicht werden. Schabowski informierte mich darüber.

Ich antwortete: „Ich habe das Gesetz schon Freitag öffentlich angekündigt. Jedes Hinausschieben bringt weitere Unruhe. Es ist ein Entwurf, der diskutiert werden soll. Gysi kann ja seine Vorschläge als Diskussionsbeitrag öffentlich unterbreiten. Mir liegt daran, daß nach der Kundgebung auf dem Alex unser Vorschlag veröffentlicht wird."

Unvollkommenheiten des Entwurfs – so denke ich – können durch die öffentliche Diskussion benannt und bei der Verabschiedung des Gesetzes in der Volkskammer beseitigt werden.

Beim Hören der Nachrichten stelle ich mir die Frage: Sollte Gysi doch recht behalten? Schon die ersten Umfragen im Rundfunk zeigen, daß viele Menschen wie er denken. Sie wollen niemanden mehr fragen, ob sie reisen dürfen. Sie wollen reisen, nicht als Geschenk oder Gnadenakt des Staates, sondern als verwirklichtes Bürgerrecht. Als ich im Laufe des Tages die Informationsberichte der Bezirksleitungen und die eingehenden Fernschreiben und Telegramme von Bürgern lese, halten sich zustimmende und ablehnende Äußerungen zum Gesetzentwurf die Waage. Je älter der Tag wird, um so mehr nehmen die Ablehnungen zu. Auf der Leipziger Montagsdemonstration wird ein Reisegesetz ohne Einschränkungen gefordert. Es zeichnet sich ab, daß der Entwurf des Gesetzes von sehr vielen nicht mehr angenommen wird. Was vor einem halben Jahr noch ein großer Fortschritt gewesen wäre, ist jetzt schon am Tag der Veröffentlichung Makulatur.

Wieder traben wir den Ereignissen hinterher. Ich bin über mich selbst ärgerlich. Wir hatten es in der Hand, einen besseren Entwurf vorzulegen. Wir haben uns von der Zeit treiben lassen. Die Glaubwürdigkeit unserer Politik leidet weiter.

Am Abend findet in der Botschaft der UdSSR der Empfang zum 72. Jahrestag der Oktoberrevolution statt. Feiertagsstimmung, wie sonst an diesem historischen Tag, will in mir nicht aufkommen. Ich unterhalte mich fast nur mit dem sowjetischen Botschafter, sage ihm, wie negativ der Entwurf des Reisegesetzes aufgenommen wird. Ich informiere ihn, daß ich auf der morgigen Sitzung des Politbüros vorschlagen werde, wesentliche Punkte des Reisegesetzes durch eine Verordnung des Ministerrates vorwegzunehmen. Eine solche Regelung habe den Vorteil, daß sie sofort in Kraft gesetzt werden kann. Ich kündige ihm an, daß Außenminister Fischer am Dienstag die Details mit dem Botschafter besprechen wird.

Unsere Unterhaltung wird unterbrochen, als eine Gruppe sowjetischer Generäle einen Toast ausbringen will. Seit Jahren gibt es den Brauch, daß sie sich während des Empfangs versammeln, um mit dem SED-Generalsekretär ins Gespräch zu kommen und auch mit ihm anzustoßen. Armeegeneral Snetkow hält eine kurze Rede: „Die Westgruppe der Sowjetischen Streitkräfte", sagt er, „wird unter allen Bedingungen ihre internationalistischen Aufgaben in der DDR erfüllen."

Ich freue mich über die Verbundenheit der sowjetischen Freunde mit der DDR, hoffe jedoch, daß weder ihr noch unser militärischer Einsatz notwendig wird.

Als ich mich vor der sowjetischen Botschaft verabschiede, liegen Berge von Akten in meinem Auto. Ich lese sie zu Hause. Unter den Papieren ist auch der Bericht von Alexander Schalck über sein Gespräch mit dem Chef des Bonner Kanzleramts, Seiters, und dessen Vorgänger, Schäuble.

Bonn nimmt die Kundgebung auf dem Alexanderplatz zum Vorwand, sich in der Frage der Finanzierung des Reiseverkehrs weiter zurückzuhalten. Man mache in Bonn „keinen Hehl daraus, daß es nach der ‚Sonnabend-Veranstaltung'* große Zurückhaltung seitens der verantwortlichen Politiker der Regierungskoalition gebe"**.

Die Strategie der Bonner ist heuchlerisch. Auf der Kundgebung am Sonnabend wurde Reisefreiheit gefordert. Ausgerechnet die BRD-Regierung, die immer wieder deklariert, daß Reisefragen Priorität haben, nimmt jetzt die öffentlichen Forderungen zum Anlaß, sich vor der finanziellen Verantwortung zu drücken. Schalck hatte noch einmal unsere Vorschläge vorgetragen: Jedem DDR-Bürger soll einmal jährlich die Möglichkeit gegeben werden, 300 DM Reisedevi-

---

* Gemeint ist die Protestdemonstration vom 4. November auf dem Berliner Alexanderplatz.

** Vermerk über ein informelles Gespräch von Alexander Schalck mit dem Bundesminister und Chef des Kanzleramts der BRD, Rudolf Seiters, und dem Mitglied des Vorstands der CDU, Wolfgang Schäuble am 6. November 1989, im Archiv des Autors

sen zu erwerben. Für diese Summe soll ein Umtauschsatz von Mark der DDR festgesetzt werden. Die DDR ist in diesem Fall bereit, auf die Einnahmen aus dem Mindestumtausch für Bundesbürger und Westberliner zu verzichten. Wir rechnen mit 12 bis 13 Millionen Reisenden jährlich.

Statt einer verbindlichen Reaktion werden politische Bedingungen gestellt. Schäuble hat in Abstimmung mit dem Bundeskanzler dargelegt, das Grundproblem für die Bundesrepublik ist die Änderung der DDR-Verfassung. Auch neue Personen müßten in der DDR-Führung Verantwortung übernehmen. Der letzte Absatz der Information lautet: „Schäuble empfahl abschließend nochmals dringend, daß der Generalsekretär Egon Krenz in seiner Rede die geäußerten Gedanken aufgreift. Andererseits wäre Bundeskanzler Kohl nicht in der Lage, vor dem Bundestag finanzielle Hilfen aus den Steuergeldern der BRD zu begründen."*

Das ist Erpressung, denke ich. Es widerspricht auch der Geschäftsgrundlage, die Kohl und Gorbatschow in ihrem Telefongespräch am 11. Oktober vereinbarten. Kohl hat dem KPdSU-Generalsekretär versprochen, an einer Destabilisierung der DDR nicht interessiert zu sein.

7. November

Gestern rief mich der tschechoslowakische Parteichef Jakeš an. Die ČSSR, sagte er verbindlich, kann nicht die innenpolitischen Probleme der DDR lösen. Es geht nicht an, daß DDR-Bürger nach Prag kommen, um von hier in die Bundesrepublik auszureisen. Wenn die DDR keinen Weg findet, dies zu ändern, muß die ČSSR überlegen, ob sie ihre Grenze zur DDR schließt. Ich kann diesen Standpunkt verstehen, sagte ich und fügte hinzu: „Die Grenze zu schließen, ist für mich unvorstellbar. Das würde bedeuten, wir hätten jetzt auch eine geschlossene Grenze zu unserem südlichen Nachbarn."

Der Anruf aus Prag veranlaßte mich, auf die Tagesordnung für die heutige Sitzung des Politbüros den Punkt „Information über die Situation bei der Ausreise von DDR-Bürgern über die ČSSR" zu setzen. Unter diesem Tagesordnungspunkt wird aber die gesam-

---

* Unterlagen Büro Krenz, ehemaliges Zentrales Parteiarchiv, jetzt Bundesarchiv Berlin-Lichterfelde

te Reiseproblematik behandelt, einschließlich die kritische Reaktion der Bevölkerung auf das veröffentlichte Reisegesetz.

Die Diskussion verläuft konträr. Sie reicht vom Vorschlag, die Grenze zur ČSSR zu schließen bis hin zur Ausarbeitung einer neuen Reiseverordnung des Ministerrates, die ab sofort in Kraft treten könnte. Nach längerer Aussprache legen wir fest, daß der Ministerrat noch vor dem Beschluß der Volkskammer über ein Reisegesetz eine vorgezogene Reiseverordnung erläßt. Eine Reiseverordnung hat den Vorteil, daß sie sofort in Kraft gesetzt werden kann, während ein Gesetz den längeren Weg über die Volkskammer nehmen muß.

Die Entscheidung verursacht einige Kompetenzstreitigkeiten. Das hängt unter anderem damit zusammen, daß die Regierung inzwischen zurückgetreten ist. Obwohl sie noch solange im Amt bleibt, bis eine neue gewählt ist, entsteht die Frage: Wer ist verantwortlich für die Ausarbeitung der Verordnung des Ministerrates? Wolfgang Herger spricht noch während der Sitzung des Politbüros mit Innenminister Dickel, daß die Reiseverordnung umgehend unter dessen Federführung ausgearbeitet wird. Herger erläutert ihm die Absicht des Politbüros, auf diese Weise auf die Kritiken der Bevölkerung am Entwurf des Reisegesetzes zu reagieren und sofortige Regelungen der Regierung für Reisen und ständige Ausreisen aus der DDR in das Ausland zu schaffen. Außenminister Fischer wird im Politbüro gebeten, den Entwurf der Reiseverordnung mit der sowjetischen Seite abzustimmen.

Heute wird die seit dem 24. Oktober geführte Diskussion abgeschlossen, welche Vorschläge wir der 10. Tagung des ZK für die Zusammensetzung des neuen Politbüros unterbreiten

Inzwischen ist klar, daß Axen, Hager, Krolikowski, Mielke, Mükkenberger, Neumann und Tisch ausscheiden. Ausgeschlossen wurden bereits Honecker, Mittag und Herrmann.

Sindermann will nicht zurücktreten. Er macht geltend: „Ich bin vom Parteitag gewählt. Ich werde auch nur dem Beschluß eines Parteitages weichen."

In dieser Situation greift Stoph ein. Er wendet sich mit den Worten an Sindermann: „Horst, wenn du nicht zurücktreten willst, weil ich im Politbüro bleiben soll, dann erkläre ich hiermit, daß ich nicht kandidieren werde. Ich gehe in Pension. Egon muß auf der morgigen Sitzung freie Hand haben, ein neues Politbüro vorzuschlagen."

Nach diesem ausdrücklichen Appell ändert auch Sindermann seine Haltung. Er erklärt seine Bereitschaft, zurückzutreten. Damit scheidet über die Hälfte aller Mitglieder des alten Politbüros aus. Es reicht noch nicht. Aber schon das bisher Erreichte hat mich viel

Kraft und Zeit gekostet. Ich hätte sie lieber für das inhaltliche Konzept der Wende, für die Ausarbeitung meiner Rede für die ZK-Tagung eingesetzt.

Nachdem nun klar ist, wer ausscheidet, schlage ich als neue Mitglieder und Kandidaten des Politbüros vor: Wolfgang Herger, Hans Modrow, Wolfgang Rauchfuß, Günter Sieber und Jochen Willerding.

Entsprechend dem Statut der SED kann nur ins Politbüro gewählt werden, wer auch dem ZK angehört. Das engt meinen Spielraum ein. Da aus den Reihen des ZK kein geeigneter Kandidat für die Nachfolge von Kurt Hager zur Verfügung steht, muß ich auf anderem Weg geeignete Persönlichkeiten in die Führung holen. Ich schlage vor, eine Kulturkommission des Politbüros zu bilden. Klaus Höpcke soll sie leiten. Nach gleichem Muster soll eine Kommission für Fragen der Wissenschaft und Bildung entstehen, von Gregor Schirmer geleitet. Die Vorsitzenden der beiden Kommissionen werden künftig an den Sitzungen des Politbüros und des Sekretariats teilnehmen, obwohl sie nicht dem Zentralkomitee angehören.

Noch vor der Absetzung von Erich Honecker im Oktober hatte ich die Idee, das Politbüro wesentlich stärker zu verjüngen. Ich wollte neu in das Gremium aufnehmen: Wolfgang Herger, Günther Jahn, Hartmut König, Helga Labs, Hans Modrow, Erich Postler, Wilfried Poßner, Gunter Rettner, Jochen Willerding und Eberhard Aurich. Sie alle sind gewählte Mitglieder oder Kandidaten des ZK. Als ich Stoph meine Vorschlagsliste zeigte, riet er ab. Er sei zwar bereit, die Absetzung Honeckers vorzuschlagen. Er sei aber dagegen, wie er sich ausdrückte, „das Politbüro durch die FDJ-Führung zu ersetzen“. Kameradschaftlich fügte er hinzu: „Du wirst mit diesem Politbüro nicht glücklich. Sowohl in der Partei wie auch im Westen wird man dir vorwerfen, deine persönliche Hausmacht zu installieren. Das wäre ein schlechter Start für dich.“ Diesem Argument wollte ich mich nicht verschließen. Ich hätte möglicherweise riskiert, daß Stoph am 17. Oktober nicht bereit gewesen wäre, die Absetzung Honeckers zu fordern.

Als ich dem Politbüro vorschlage, Hans Modrow als Kandidat der SED für das Amt des Ministerpräsidenten zu nominieren, meldet Gerhard Schürer Einspruch an. Er schlägt Siegfried Lorenz für diese Funktion vor. Lorenz hatte mir aber schon vor der Wende gesagt, daß er für dieses Amt nicht zur Verfügung steht. Wie wird er heute reagieren? Er würde im Politbüro und sicher auch im ZK die Mehrheit bekommen. Er bleibt bei seiner Ablehnung. Mein Vorschlag, dem Zentralkomitee zu empfehlen, Modrow als Kandidat der SED für das Amt des Ministerpräsidenten zu nominieren, wird vom Politbüro bestätigt.

Nach der Sitzung gehe ich in mein Büro. Schalck wartet auf mich. Er hat gerade mit Seiters telefoniert. Schäuble und Seiters hätten mit dem Bundeskanzler gesprochen. Der Kanzler ließe mir ausrichten, daß nach der gestrigen Demonstration in Leipzig und dem Anhalten der Ausreisewelle aus der DDR finanzielle Regelungen zum Reiseverkehr nur möglich seien, wenn ich öffentlich und verbindlich zusagen würde, daß die DDR in zu erklärenden Zeiträumen bereit ist, die „Zulassung der oppositionellen Gruppen und die Durchführung von freien Wahlen zu gewährleisten"*.

Im Klartext ist das die Anmaßung, über die DDR bestimmen zu wollen. Die Beteiligung der Bundesrepublik an den zusätzlichen Kosten für den Reiseverkehr werde es nur gegen weitgehende politische Zugeständnisse der DDR geben. Das ist Erpressung. Es ist ein grober Versuch, sich in die inneren Angelegenheiten der DDR einzumischen. Gorbatschow hatte mich rechtzeitig gewarnt: Laß dich nicht von Kohl unter Druck setzen. Der sowjetische Außenminister riet uns darüber hinaus: „Wenn man, sagen wir, dem Kanzler vertraulich mitteilen würde, daß im Fall der Fortsetzung der entfachten Anti-DDR-Kampagne und der Aufnahme von Flüchtlingen durch die Botschaften der BRD die Behörden der DDR gezwungen sein würden, die Zahl der Übersiedler in diesem und im nächsten Jahr spürbar zu verringern, würde dies eine solche Warnung vor den Bundestagswahlen, die, wie es scheint, Bonn zumindest zum Überlegen zwinge."**

Ich stehe nun zwischen den Fronten: Bonn erwartet von uns politische Zugeständnisse, Moskau regt uns an, Druck auf den Bundeskanzler auszuüben, und viele Bürger in der DDR erwarten schnelle Lösungen beim freien Reisen. Es ist eine prekäre Situation, in der morgen die 10. Tagung des ZK stattfindet.

Wieder einmal zeigt sich, wie eng meine politische Bewegungsfreiheit ist. Letztlich hängt alles von den ökonomischen Bedingungen ab. Bonn verweigert uns weiter seine Beteiligung an den Lasten, die mit dem zusätzlichen Reiseverkehr auf die DDR zukommen.

---

* Notiz von Alexander Schalck an Egon Krenz vom 7. November 1989, im Archiv des Autors

** Brief von Eduard Schewardnadse an Oskar Fischer, im Archiv des Autors

8. November

Vom Sonnabend, 4. November, bis zum Montag, 6. November, haben 23 000 DDR-Bürger allein über die ČSSR die DDR verlassen. Zeitweilig waren es über 300 Personen, welche die Grenze stündlich passierten. Allein in der Nacht zum heutigen 8. November reisten 8000 DDR-Bürger in die Bundesrepublik aus. Das ist nach wie vor ein vernichtendes Urteil über die DDR, eine unhaltbare Situation. Sie kann grundsätzlich nur verändert werden, wenn allen DDR-Bürgern wieder eine Perspektive im eigenen Land gegeben wird. Dazu gehören auch die neuen Reiseregelungen.

Nach dem Lesen der alarmierenden Nachrichten greife ich zum Telefonhörer. Ich rufe Stoph an. „Willi, kannst du bitte veranlassen, daß die Reiseverordnung schnell fertiggestellt wird?“ Meine Frage begründe ich mit den Worten: „Wir müssen unseren Bürgern die Sicherheit geben, daß sie reisen können. Sie dürfen nicht unter dem Druck leben, daß die Grenze zur ČSSR auch noch geschlossen werden könnte. Wenn sie reisen können, werden die meisten wahrscheinlich zurückkommen.“

„Ich werde versuchen, daß du die Verordnung bis morgen nachmittag bekommst“, antwortet mir der Ministerpräsident.

„Das wäre gut“, beende ich unser Gespräch.

Um 10.00 Uhr beginnt die 10. Tagung des Zentralkomitees.

Das Politbüro übernimmt die volle Verantwortung für die politische Krise im Land.

Ich erkläre, daß das Politbüro geschlossen zurücktritt. So etwas hat es in der Geschichte der SED noch nicht gegeben. Die Wahl eines neuen Politbüros wird schwierig. Das ZK verlangt, über jeden von mir vorgeschlagenen Kandidaten einzeln zu votieren. Früher war es Brauch, im Block abzustimmen.

Zunächst wählt das ZK den Generalsekretär. Zum zweiten Mal innerhalb von nur knapp drei Wochen werde ich einstimmig in dieser Funktion bestätigt.

Danach dauert es fast drei Stunden, um ein neues Politbüro zu wählen. Noch vor Wochen undenkbar. Wahlakte wurden früher eher formal abgehandeltl. Jetzt ändert sich auch das.

Modrow beantragt, daß sein Kollege aus Halle, Hans-Joachim Böhme, im Zusammenhang mit einer Demonstration gegen ihn etwas über sich persönlich sagt. Modrow begründet dies: „Keiner von uns, der als 1. Bezirkssekretär gegenwärtig arbeitet, ist gefeit vor einer Situation wie sie der Genosse Ziegner zum Beispiel hinter sich hat."*

Damit spricht er eine wichtige Erkenntnis aus. Die Ereignisse in Dresden könnten auch ihn treffen. Es geht schon lange nicht mehr nur um Personen. Alle, die im Zentralkomitee sind, haben bis zum 18. Oktober ohne Ausnahme die Politik Honeckers vertreten. Keiner von uns kann sich da ausnehmen. Ich stimme Modrow ausdrücklich zu, als er berichtet, wie er den Vertretern vom Neuen Forum in Dresden in einem persönlichen Gespräch klargemacht hat: „Ihr sagt, wir haben die Wendehälse, und wenn wir nicht aufpassen, habt ihr die Schreihälse." Modrow schlußfolgert daraus: „Wir treffen keine Kaderentscheidung unabhängig von dem, was draußen vor sich geht ..."

So richtig dies ist, so bleibt auch wahr: Wer in eine Parteileitung gewählt wird, entscheidet noch immer die entsprechende Leitung der SED. Da mitzubestimmen, kann nicht Sache anderer Parteien oder Bewegungen sein.

Die 1. Bezirkssekretäre unterscheiden sich voneinander wesentlich: im Charakter, im Können, in der Ausstrahlung, in der Einsatzbereitschaft. Einigend war bisher immer, daß sie de facto die Vertreter des Zentralkomitees in ihrer Bezirksparteiorganisation sind: Jahn in Potsdam, Lorenz in Karl- Marx-Stadt, Böhme in Halle, Modrow in Dresden ... Alle haben bis zu Honeckers Sturz die gleiche Politik vertreten. Niemand hat vor dem ZK Reformgedanken geäußert. Deshalb können die einen jetzt nicht als „Konservative" und die anderen als „Reformer" eingestuft werden. Ich fürchte, daß wir bei diesem Herangehen keinen 1. Bezirkssekretär mehr ins Politbüro bekommen. Das veranlaßt mich zu der Feststellung: Die Verantwortung für die Krise liegt nicht bei den Bezirkssekretären, sondern in erster Linie bei den Sekretären des ZK.

Es beginnt eine äußerst widersprüchliche Diskussion über die Zusammensetzung des Politbüros. Das neue Selbstbewußtsein der Mitglieder des Zentralkomitees zeigt sich auch daran, daß H. Dohlus, G. Kleiber und G. Müller bei der Wahl durchfallen. Sie erhalten nicht das Vertrauen des ZK. Jetzt rächt sich meine Inkonsequenz in Kaderfragen. Angesichts der Kritik an diesen Genossen hätte ich diese Entscheidung des ZK voraussehen müssen. Doch ich kann mich bei meinen Vorschlägen nur auf Genossen aus dem gewählten ZK stützen. Ins Politbüro gewählt werden außer mir: Hans-

---

* Heinz Ziegner, 1. Sekretär der SED-Bezirksleitung Schwerin, wurde kurz zuvor von seiner Funktion entbunden.

Joachim Böhme (66 Gegenstimmen), Werner Eberlein (einstimmig), Wolfgang Herger (einstimmig), Werner Jarowinsky (drei Gegenstimmen), Heinz Keßler (zwei Gegenstimmen), Siegfried Lorenz (einstimmig), Hans Modrow (eine Gegenstimme), Wolfgang Rauchfuß (vier Gegenstimmen), Günter Schabowski (einstimmig), Gerhard Schürer (vier Stimmenthaltungen), Johannes Chemnitzer (zehn Gegenstimmen und acht Stimmenthaltungen), Inge Lange (zehn Gegenstimmen), Margarete Müller (einstimmig), Günter Sieber (einstimmig), Werner Walde (fünf Gegenstimmen), Hans-Joachim Willerding (einstimmig).

Zu Leitern der Kommissionen für Kultur bzw. für Wissenschaft und Bildung werden Klaus Höpcke (einstimmig) und Gregor Schirmer (einstimmig) berufen.

Kaum ist die Nachricht über die Wahl des Politbüros verbreitet, hagelt es Proteste. Dem einen ist das Politbüro nicht jung genug. Das Durchschnittsalter liegt jetzt knapp über 59 Jahre. Anderen fehlen die Frauen. Viele meinen, diejenigen, die früher im Politbüro waren, gehören jetzt nicht mehr hinein. Nach ihrer Meinung fehlen Reformer. Jemand schreibt: „Rauchfuß als ehemaliger Minister für Materialwirtschaft ist ungeeignet, eine Wirtschaftsreform einzuleiten." Jede unserer Entscheidungen wird angefochten. Ich stehe unter starkem Druck. Viele Genossen meinen: Gib dem Druck nicht nach! Andere sehen mich als Mann der Halbheiten. Das ZK ist verunsichert. Es ist in dieser Situation überfordert.

Die Interessen verschiedener politischer Gruppierungen werden innerhalb und außerhalb der Partei ausgetragen. Das alles läßt die Wellen auf der Tagung des Zentralkomitees hochschlagen.

Unter diesem ungünstigen Eindruck beginne ich meine Rede. Ich warne vor den Gefahren, die vor dem Land und der Partei stehen: „Es geht um nichts Geringeres als um die Zukunft dieses Landes als sozialistischer Staat im Herzen Europas."* Diese Tatsache wird von vielen unterschätzt. Manche tun so, als hätten wir in der Welt nur Freunde. Noch im Oktober haben wir unsere eigenen Fehler verkleinert und die Einflüsse von außen auf die DDR überschätzt. Jetzt wird unterschätzt, daß die Existenz der DDR gefährdet ist, nicht nur von innen, sondern auch von außen.

Ich versuche, die Frage zu beantworten, wer die Wende ausgelöst

* Rede von Egon Krenz auf der 10. Tagung des ZK der SED am 8. November 1989, im Archiv des Autors

hat. Es gibt eine Aufbruchstimmung im Land. Sie hat sich zuerst an der Basis, mitten im Volk, unter den Bürgern, auch in den Grundorganisationen der Partei, gezeigt. Es ist eine Volksbewegung entstanden. Sie zeigt sich in vielen Formen: In selbstbewußten Demonstrationen wie im vielstimmigen Dialog. Die Volksbewegung hat den Prozeß der Überprüfung und der Veränderung ausgelöst. Nachdem ich mich von der Bewertung der Volksbewegung als konterrevolutionär abgegrenzt habe, formuliere ich: „Es gibt auch illusionäre Vorstellungen und ... antisozialistische Auffassungen." Unter die Volksbewegung mischen sich sozialismusfeindliche, auf Konfrontation und Konflikt bedachte Kräfte. Nach dieser differenzierten Bewertung unterstreiche ich: „Unsere Bündnispartner im Warschauer Vertrag und im RGW schauen und bauen auf uns." Jeder Schritt in der DDR hat auch außenpolitische Wirkung. Kommt die DDR ins Wanken, dann hat dies Folgen für die sozialistischen Staaten Europas.

Ich fordere die gründliche Überarbeitung des Entwurfs des Reisegesetzes. Das Gesetz muß den Bürgern mehr Erleichterungen bringen. Das Zentralkomitee muß aber auch wissen, sage ich, daß es große Schwierigkeiten bei der Finanzierung der Reisen gibt. Den Weggang von bisher 200 000 DDR-Bürgern führe ich auf den inneren Zustand unserer Gesellschaft zurück. Dazu sage ich: „Ohne den Einfluß des Gegners, seine Absichten und Kampagnen gegen den Sozialismus in der DDR zu unterschätzen, müssen wir uns doch eingestehen, daß die eigentlichen Ursachen dieser für unsere Gesellschaft schmerzhaften Abwanderung in unserem Land selbst zu suchen sind. Viele Menschen haben den Glauben an die Veränderbarkeit der gesellschaftlichen Zustände in der DDR verloren." Bei den Bürgern, die die DDR verlassen, handelt es sich, bis auf Ausnahmen, weder um Gegner des Sozialismus noch um Kriminelle. Wörtlich sage ich: „Es sind Bürger, die keine oder nur eingegrenzte Möglichkeiten für die Befriedigung ihrer individuellen Bedürfnisse und Interessen bei uns sahen, und natürlich ist auch Egoismus im Spiel. Es sind überwiegend Menschen, die in unserer Gesellschaft großgeworden sind und deren Weggang wir bedauern. Er hat große Lücken in unsere Gesellschaft und in unsere Volkswirtschaft gerissen."* ...

„Was hat zum gegenwärtigen Zustand der Gesellschaft geführt", frage ich und stelle kritisch fest, daß die Partei ihren Führungsanspruch administrativ durchzusetzen versuchte. Ich gehe dabei auch auf den VIII. Parteitag ein, dessen Beschlüsse auf keiner realen ökonomischen Analyse beruhten, spreche von Wunschvorstellungen des Politbüros,

*Ebenda

die keine Basis in der Realität hatten. Wichtig ist mir der Gedanke: „Die Mißachtung der Individualität und Kompetenz in der beruflichen und in der gesellschaftlichen Tätigkeit führte oft zu Ignoranz gegenüber geistigem Volksvermögen und ließ Schöpfertum verkümmern."*

Es folgt die Information über die tatsächliche ökonomische Situation der DDR.

Schließlich nenne ich die Stationen der nervenaufreibenden Auseinandersetzungen im Politbüro, die dazu führten, Erich Honecker abzulösen.

Eine zentrale These meiner Rede ist: Mehr Sozialismus heißt mehr Demokratie.

Den staatlichen Organen empfehle ich, das Neue Forum und andere neue politische Gruppierungen zuzulassen, wenn sie auf der Grundlage der Verfassung der DDR arbeiten. Kritisch weise ich darauf hin, daß bei uns die Demokratie wesentlich auf das Prinzip des demokratischen Zentralismus reduziert wurde. Das alles ist reparabel, durch Reformen zu verändern. Daran müssen alle gemeinsam arbeiten. Dazu benötigen wir aber Zeit. Ausführlich gehe ich auf die neue Rolle der Regierung ein. Die Partei muß ihre Aufgaben klar von denen der Regierung abgrenzen. Die Regierung ist eine Koalitionsregierung. In diesem Zusammenhang ist es notwendig, die „Entflechtung von Partei und Staat" zu beginnen.

Erforderlich sind neue Gesetze, so ein Gesetz über die Vereinigungsfreiheit, ein Mediengesetz, ein neues Wahlgesetz, die Veränderung der Strafprozeßordnung, ein Gesetz über die staatliche Sicherheit, die Überarbeitung des Gesetzes über die Volkspolizei und eine neue Wehrgesetzgebung.

Wenn man bedenkt, daß seit dem 18. Oktober erst drei Wochen vergangen sind, wehre ich mich gegen den Vorwurf, wir seien konzeptionslos. Unser Problem ist, daß im Unterschied zur Sowjetunion die Umgestaltung nicht von „oben", sondern von einer breiten Volksbewegung ausgelöst wurde. Alles konzentriert sich schließlich auf die zwei Fragen: Einerseits bleibt keine Zeit, unsere Politik zu verwirklichen. Zum anderen gehen die Forderungen bei den Demonstrationen weiter als ich bereit bin, sie aufzugreifen. Für mich habe ich die Grenze für Reformen klar gezogen: Lösungen, die gegen den Sozialismus stehen, will ich nicht.

Während meiner Rede im Plenum versammeln sich vor dem Haus des ZK Tausende Mitglieder der SED. Gegen Abend wächst ihre Zahl.

* Ebenda

In einer kurzen Pause der ZK-Tagung gehe ich vor die Tür. Ich höre Rufe und lese Plakate wie „SED – in die Offensive"; „Sozialismus ist Wende ohne Umkehr"; „SED = Sozialismus, Ehrlichkeit, Demokratie", „Parteikonferenz – wir stehen zu Egon Krenz" und andere Losungen. Ich weiß nicht, wer bisher gesprochen hat und was im einzelnen gesagt wurde. Mir wird mitgeteilt, einige Redner hätten sich bitter beklagt, daß das alte Politbüro sich von der Basis entfernt, Schönfärberei und Dogmatismus gefördert und eine Mauer gegen die Umgestaltungspläne in der Sowjetunion aufgebaut habe. Sprechchöre rufen mich ans Mikrofon. Zwischenrufer fordern mich auf, für eine unverzügliche Einberufung einer Parteikonferenz einzutreten. Ich sage ihnen, daß ich mich im Zentralkomitee für eine solche Parteikonferenz eingesetzt habe, will aber der Entscheidung des Plenums nicht vorgreifen. Auf die Frage, welcher Sozialismus mir vorschwebt, antworte ich: „Wir wollen einen Sozialismus, der wirtschaftlich effektiv, politisch demokratisch, moralisch sauber und in allem den Menschen zugewandt ist. Wie das im einzelnen aussehen soll, wird im Aktionsprogramm der SED stehen, das auf der ZK-Tagung beschlossen werden wird."

Ich gehe von der Kundgebung aufgewühlt weg. Sie ist eine große Parteiversammlung für die Erneuerung der SED.

Als ich wieder im Saal bin, erfahre ich, daß die SED-Bezirksleitungen Halle und Neubrandenburg fordern, ihre 1. Sekretäre Böhme und Chemnitzer wieder von den Funktionen als Mitglieder des Politbüros abzuberufen, in die sie am Vormittag gewählt wurden. Ich bin dagegen, kampflos das Feld zu räumen. Niemand von uns hat das Recht, die Flinte einfach ins Korn zu werfen. Ich schlage vor, daß beide sich noch heute abend ihren Bezirksleitungen stellen.

Chemnitzer ruft dazwischen: „Das wird eine Zerreißprobe, Egon. Das wird eine Zerreißprobe, sage ich dir!"

Ich antworte: „Versucht zu kämpfen."

Ich gebe mich optimistisch. Mir ist in diesem Moment aber auch klar, daß sich hier Auflösungserscheinungen der SED zeigen. Wenn wir nicht dagegensteuern, setzen wir uns alle gegenseitig ab, und unsere Gegner lachen sich ins Fäustchen. Ich trete dafür ein, persönliche Vorbehalte zu verdrängen. Wichtig ist, daß alle für unser Land zusammenstehen. Deshalb fordere ich alle Mitglieder des ZK auf: „Wir kämpfen um jeden einzelnen."

9. November

Wie gewöhnlich stehe ich um 5.00 Uhr auf. Zwanzig Minuten später bin ich auf meiner Laufstrecke. Beim Joggen geht mir jedesmal der bevorstehende Tag durch den Kopf. Vieles läßt sich auch heute voraussehen. Wir werden endlich die Reiseverordnung beschließen, die ab morgen jedem DDR-Bürger ermöglicht, ins Ausland zu reisen.

Als ich gegen 7.45 Uhr in meinem Arbeitszimmer bin, liegen auf dem Schreibtisch Hunderte Briefe und Telegramme von Bürgern und Informationsberichte über die aktuelle Situation. Auf der Titelseite des NEUEN DEUTSCHLAND lese ich einen Aufruf der Schriftstellerin Christa Wolf, den sie am Vorabend im DDR-Fernsehen verlesen hatte: „Wir alle sind tief beunruhigt. Wir sehen die Tausende, die täglich unser Land verlassen. Wir wissen, daß eine verfehlte Politik bis in die letzten Tage hinein ihr Mißtrauen in die Erneuerung dieses Gemeinwesens bestärkt hat. Wir sind uns der Ohnmacht der Worte gegenüber Massenbewegungen bewußt, aber wir haben kein anderes Mittel als unsere Worte. Die jetzt noch weggehen, mindern unsere Hoffnung. Wir bitten Sie, bleiben Sie doch in Ihrer Heimat, bleiben Sie bei uns! Was können wir Ihnen versprechen? Kein leichtes, aber ein nützliches und interessantes Leben. Keinen schnellen Wohlstand, aber Mitwirkung an großen Veränderungen. Wir wollen einstehen für Demokratisierung, freie Wahlen, Rechtssicherheit und Freizügigkeit. Unübersehbar ist: Jahrzehnte Verkrustungen sind in Wochen aufgebrochen worden. Wir stehen erst am Anfang des grundlegenden Wandels in unserem Lande. Helfen Sie uns, eine wahrhaft demokratische Gesellschaft zu gestalten, die auch die Vision eines demokratischen Sozialismus bewahrt. Kein Traum, wenn Sie mit uns verhindern, daß er wieder im Keim erstickt wird. Wir brauchen Sie. Fassen Sie zu sich und uns, die wir hierbleiben wollen, Vertrauen."*

Unterschrieben haben diesen Aufruf für das Neue Forum Bärbel Bohley, für den Demokratischen Aufbruch Erhard Neubert, für die Sozialdemokratische Partei Uta Forsthauer, für Demokratie jetzt Hans-Jürgen Fischbeck, für die Initiative Frieden und Menschenrechte Gerhard Poppe sowie neben Christa Wolf so bekannte Künstler wie Volker Braun, Ruth Berghaus, Christoph Hein, Stefan Heym, Kurt Masur und Ulrich Plenzdorf.

---

* NEUES DEUTSCHLAND vom 9. November 1989

Es sind Menschen mit sehr unterschiedlichen politischen Anschauungen, die für die Vision eines demokratischen Sozialismus eintreten. Die Rede ist von „unserem Land“, von der „Heimat“, vom „Hierbleiben“ und von „Vertrauen“. Der Aufruf bestärkt mich in meiner Hoffnung, daß wir die DDR als souveränen sozialistischen Staat erhalten können.

Natürlich weiß ich, daß manche der Unterzeichner als kritische Geister nicht die besten Erfahrungen mit der Macht in der DDR haben. Dennoch wenden sie sich in einer Stunde tiefster Unsicherheit an die Bürger und sagen: Bleiben Sie bei uns! Fassen Sie Vertrauen!

Mich berührt dies zutiefst. Wieso, frage ich mich, haben wir über Jahre keine gemeinsame Sprache mit Kritikern unserer Gesellschaft gefunden, die keine Feinde der DDR sind? Es ist wohl eine Kombination aus Unsicherheit und Arroganz, die von unserer Seite das Zugehen auf Andersdenkende erschwerte.

Um 9.30 Uhr gehe ich in den Tagungssaal des Zentralkomitees. Noch einmal frage ich Willi Stoph: „Was macht die Reiseverordnung?“

„Wie ich dir sagte“, antwortet er, „du erhältst sie am Nachmittag.“

Von Wolfgang Herger weiß ich, daß er mit dem Innenminister direkten Kontakt hat. Unter seiner Leitung wird die Reiseverordnung erarbeitet.*

Zu Beginn des zweiten Sitzungstages nehme ich zur Berichterstattung über das Plenum in unseren Medien Stellung. In der DDR ist in diesen Tagen wohl die freieste Presse auf deutschem Boden. Sie ist weder irgendwelchen Geldgebern verpflichtet noch unterliegt sie einer Zensur. Sie wird zu einer selbständigen Macht. Über alles wird so berichtet, wie es die Redakteure für richtig halten. Mir mißfällt dennoch, daß über unser Plenum zum Teil falsch informiert wird. Meine Kritik fasse ich in dem Satz zusammen: „Wir brauchen den Aufbruch der Partei, nicht ihren Zusammenbruch!“

Im Plenum geht es auch um die Parteikonferenz. Ich habe gestern die Anregung von Markus Wolf von der Kundgebung am 4. November aufgegriffen und vorgeschlagen, eine Parteikonferenz der SED durchzuführen. Die II. Parteikonferenz hatte 1952 den Aufbau der Grundlagen des Sozialismus in der DDR beschlossen. Warum, so meine Überlegung, soll die IV. Parteikonferenz nicht über

* Wochen später wird die Legende verbreitet, Mitarbeiter des Ministeriums des Innern hätten die Parteiführung überlistet. Tatsache ist, daß das Innenministerium ausgearbeitet hat, was vorher im Politbüro beschlossen wurde.

die Konzeption des modernen Sozialismus beraten? Eine Parteikonferenz, so eine weitere Überlegung, hat zudem den Vorteil, daß wir nicht den langen und zeitraubenden Weg über die Kreis- und Bezirksdelegiertenkonferenzen gehen müssen. Wir sind in der Lage, die Parteikonferenz ohne Zwischenstationen schnell vorzubereiten. Auch das Zentralkomitee kann dort verändert werden. Niemand hat auf der ZK-Tagung gegen eine Parteikonferenz gesprochen.

In seinem Diskussionsbeitrag unterstreicht Hans Modrow: „Wenn diese Tagung abgeschlossen ist, müssen wir die Voraussetzungen geschaffen haben, um eine Parteikonferenz wirklich so vorzubereiten, die unsere Partei zusammenführt und ihre Existenz gewährleistet."*

Die Debatte im Plenum hat sich verschärft. Kaum ein Thema, das nicht angesprochen wird. Zwischenrufe, sonst die Ausnahme, schwirren durch den Raum. Der Präsident des DDR-Schriftstellerverbandes, Hermann Kant, nimmt zu einer Aussage Honeckers zur Mauer Stellung. Er sagt: „... oder die fatale Aussage zur Mauer! Diese Anlage, die nach meiner Überzeugung mit ihren Entstehungsbedingungen verschwinden könnte, diese Anlage ist nun wirklich nicht populär zu machen. Es wird sich herausstellen, daß wir aus der Vorkrise in die Krise geraten sind, wenn wir das einmal untersuchen, es wird sich herausstellen, daß wir in die Krise geraten sind, als man den Bewohnern unseres Landes etwas von weiteren hundert Jahren** sagte. Der Konditionalsatz, Genossen, der noch dranhing, ging doch in einem Stöhnen unter."***

Gegen 12.00 Uhr ist Pause. Die Genossen des neugewählten Politbüros verlassen schlagartig ihren Platz im Präsidium. Einige kann ich noch daran hindern. Wolfgang Herger hatte mir kurz zuvor von seinem Platz aus den Entwurf der Reiseverordnung zugeschoben, der auch den Regierungsmitgliedern zur Bestätigung im Umlauf übergeben worden ist. Ich will prüfen, ob darin alle notwendigen Entscheidungen enthalten sind und lese den im Präsidium noch anwesenden Genossen des Politbüros den Entwurf vor. Es gibt einige kleine stilistische

---

* Diskussionsbeitrag von Hans Modrow am 9. November 1989 auf der 10. Tagung des Zentralkomitees der SED, im Roten Protokoll der Tagung.

** Erich Honecker hatte am 18. Januar 1989 in einer Rede auf der Tagung des Thomas-Müntzer-Komitees in Berlin gesagt, die Mauer „wird in 50 und auch in hundert Jahren noch bestehen, wenn die dazu vorhandenen Gründe noch nicht beseitigt sind". Diese Passage war nicht in der vom Politbüro bestätigten Redefassung Honeckers enthalten.

*** Hermann Kant, Diskussionsbeitrag auf der 10. Tagung des ZK der SED, vollständiger Text im Archiv des Autors

Korrekturen. Ich sage Wolfgang Herger: „Ruf' bitte Willi Stoph an, damit wir nicht zwei unterschiedliche Fassungen haben."

Nach einer halbstündigen Pause geht die ZK-Tagung bis 14.00 Uhr weiter. Ich dränge auf eine rechtzeitige Unterbrechung. Bis 15.30 Uhr ist Mittagspause. Ich bin für diese Zeit mit Johannes Rau, dem Stellvertreter des Vorsitzenden der SPD und Ministerpräsident von Nordrhein-Westfalen verabredet. Er ist extra für diese Begegnung nach Berlin gekommen. Am Abend will er in Leipzig die schon lang geplante „Präsentation Kunst und Kultur aus Nordrhein-Westfalen" eröffnen. So ergibt sich diese Gesprächsmöglichkeit. Ich nehme sie gern wahr. Bundeskanzler Kohl soll wissen, daß die von der CDU geführte Bundesregierung auch in dieser schwierigen Zeit nicht unser einziger Gesprächspartner ist. Unsere Beziehungen zur SPD sind seit der gemeinsamen Erklärung „Der Streit der Ideologien und die gemeinsame Sicherheit" aus dem Jahr 1987 gewachsen.

Johannes Rau und ich treffen uns kurz nach 14.00 Uhr in meinem Arbeitszimmer im Amtssitz des Staatsrates. Mit dabei sind der Chef von Raus Staatskanzlei, Wolfgang Clement, und der Vorsitzende der SPD-Fraktion im Landtag von Nordrhein-Westfalen. Zugegen ist auch DDR-Kulturminister Hans-Joachim Hoffmann, der die Gäste aus der BRD begleitet.

Die begrenzte Zeit zwingt uns zur Kürze. Johannes Rau stellt mir vier Fragen:

Wie sieht Egon Krenz die Chancen, daß die Veränderungen in der DDR gelingen?

Welche politischen und wirtschaftlichen Änderungen wird es in der DDR geben?

Wie sehen die Reisemöglichkeiten aus?

Wird es freie Wahlen geben?

Wolfgang Clement fragt nach den Möglichkeiten der Kooperation zwischen der DDR und Nordrhein-Westfalen. Er regt einen Zeitschriftenaustausch zwischen beiden deutschen Staaten an.

Bevor ich auf die Fragen eingehen kann, sagt Rau noch: Früher hat er den Eindruck gehabt, in der Sowjetunion, in Polen und Ungarn gibt es rasante Veränderungen, nur die DDR, die ČSSR, Bulgarien und Rumänien sträubten sich gegen Reformen. Jetzt hat er sehen und erfahren müssen: In der DDR geht alles schneller als sie es eigentlich vertragen kann.

Ja, denke ich, er spricht aus, was bei uns noch vielen unklar ist: Was eigentlich verträgt die DDR an Wandlungen?

Ich erläutere den Gästen: Unsere Vision ist die deutsche Perestroika. Die Sowjetunion ist das Beispiel. Unsere Perestroika vollzieht sich unter konkreten Bedingungen der DDR, an der Grenze zu einem uns nicht freundlich gesonnenen Nachbarn und einem uns feindlich gegenüberstehenden Militärblock, der NATO. Unsere Umgestaltung ist deshalb mit erheblichen Risiken verbunden. In alles, was wir tun, mischt sich die andere Seite ein. Ich bin als Generalsekretär angetreten, um die Erneuerung des Sozialismus in der DDR voranzutreiben. Für meine Politik gibt es zwei Prämissen. Erstens: Die DDR bleibt ein souveräner Staat. Zweitens: Die DDR bleibt ein sozialistischer Staat.

Johannes Rau will genauer wissen, ob das Reisegesetz überarbeitet wird. Dies ist für mich der schwierigste Moment des Gesprächs. Die Atmosphäre der Zusammenkunft ist offen und vertrauenerwekkend. Soll ich ihm aber sagen, frage ich mich, daß wir in der Nachmittagssitzung des Zentralkomitees über eine Reiseverordnung sprechen werden? Soll ich ihm mitteilen, daß morgen die Grenzübergänge für den Reiseverkehr geöffnet werden? Meine bisherigen Erfahrungen mit Gesprächspartnern aus dem Westen sprechen dagegen. Ich befürchte, daß er nach dieser vertraulichen Information sofort seinen Parteivorsitzenden in Bonn anrufen wird. Was würde es wieder für Eifersüchteleien bei Kohl geben, wenn die SPD früher Bescheid weiß als die regierende CDU? Ich erinnere mich, wie Kanzler Kohl 1987 beleidigt war, als Katharina Witt nach einer Vereinbarung zwischen Lafontaine und mir im Saarland auf einer Veranstaltung ihre Künste auf dem Eis vorführte. Kohl betrachtete das als Wahlkampfunterstützung der SED für die SPD. Er hatte sich darüber bei Günter Mittag mit den Worten beschwert: „Außenpolitik wird in Bonn und nicht in Saarbrücken gemacht."

Außerdem befürchte ich, daß, wenn Rau als erster informiert wird, die Nachricht über den Reiseverkehr als Erstnachricht aus dem Westen in die DDR kommt. Ausgeschlossen. Die Erstnachricht muß von uns selbst kommen. Und vor allem: Noch war die Reiseverordnung nicht beschlossen! Ich kann und will dem ZK und der Regierung nicht vorgreifen.

Ich informiere Rau deshalb allgemein. Der Reiseverkehr zwischen beiden deutschen Staaten sei nicht vergleichbar mit anderen Ländern in der Welt. Selbst 1988, als die Reisemöglichkeiten noch eingeschränkt waren, hatte es 6 Millionen Reisen aus der DDR in die BRD und nach Berlin (West) gegeben. Jetzt werden wir das Reisegesetz grundlegend überarbeiten. Wir rechnen mit 12 bis 13 Millionen Reisenden von Ost nach West. Das koste Milliarden DM, die die DDR allein nicht aufbringen kann.

Herr Rau fragt, ob er mich unter vier Augen sprechen könne. Bei diesem Gespräch sagt er, er werde oft gefragt: Was ist Egon Krenz für ein Mann? Ein Mann, der am 9. Oktober in Leipzig mögliche schreckliche Ereignisse verhindert hat? Oder ein Mann, der die Kommunalwahlen zu verantworten hatte?

Über mich selbst zu sprechen, antworte ich, ist mir unangenehm. Vielleicht akzeptiere Herr Rau das Urteil von US-Präsident Bush über mich. Der amerikanische Präsident sei vor zwei Tagen auf einer Pressekonferenz nach seiner Meinung über mich gefragt worden. Er hat geantwortet: Was Krenz zu politischen Reformen gesagt hat, ist recht ermutigend und steht früheren Einschätzungen entgegen, er sei ein Hardliner.*

Ich bin, sage ich, für eine grundlegende Wende in der DDR, bin aber kein Abenteurer. Meine politischen Ziele werden in einem Aktionsprogramm der SED zum Ausdruck kommen, das von der gerade stattfindenden Tagung des SED-Zentralkomitees morgen beschlossen werden wird. Herr Rau, so sage ich, möge mich anhand dieser Politik und nicht nach alten Klischees beurteilen.

Nach dem Gespräch stellen sich mein Gast und ich der in- und ausländischen Presse. Johannes Rau wird u. a. gefragt, ob über das Reisegesetz gesprochen worden ist. „Selbstverständlich", antwortet der Ministerpräsident.

Ich bin gefragt worden, ob der Reisegesetzentwurf unvollkommen sei. Ich habe geantwortet: „Wenn ich der Auffassung wäre, daß er vollkommen ist, hätten wir ihn nicht zur Diskussion zu stellen brauchen. Ich würde sagen, die Bevölkerung wird ihn vollkommen machen."**

Nachdem ich mich von Rau verabschiedet habe, gehe ich zusammen mit Kulturminister Hoffmann vom Staatsrat ins Haus des Zentralkomitees. Wir müssen uns beeilen, um noch rechtzeitig zur Nachmittagssitzung des ZK zu kommen. Sie beginnt um 15.30 Uhr. Hoffmann hat die Reiseverordnung bereits als Vorlage für die Regierung erhalten. Er hat, so sagt er mir, „große Bauchschmerzen, der Vorlage zuzustimmen".

„Warum?" frage ich. Er antwortet, es ist nur eine „zeitweilige Verordnung". Wir werden statt Ruhe wiederum nur Unruhe erzeugen, weil die Leute glauben werden, wir machen nur zeitweilige Zugeständnisse. Ich ermuntere ihn, diese Frage auf der Tagung des Zentralkomitees aufzuwerfen.

Noch bevor ich die Nachmittagssitzung eröffne, übergibt Stoph

---

* Neues Deutschland vom 8. November 1998

** Neues Deutschland vom 10. November 1989

mir den Entwurf der Reiseverordnung. Das Exemplar, das ich von Stoph erhalte, ist identisch mit der Umlaufvorlage, die den Mitgliedern des Ministerrates zur Bestätigung übergeben wurde. Während Rudolf Winter, Direktor eines Kombinats in Karl-Marx-Stadt, seinen Diskussionsbeitrag hält, lese ich die Verordnung noch einmal Satz für Satz. Mir ist bewußt, daß wir uns eine Last komplizierter politischer und wirtschaftlicher Probleme aufladen. Jede Entscheidung birgt in diesen Tagen die Gefahr von Fehlern in sich. Die bevorstehende Reiseentscheidung ist mit außergewöhnlichen politischen Risiken verbunden. Würden wir zu dieser Entscheidung nicht bereit und fähig sein, würde die Politik der Erneuerung scheitern. Bei der Regierung und im Zentralkomitee sind inzwischen über 16 000 Briefe zum Entwurf des Reisegesetzes eingegangen. Es wird nun endlich Zeit, das Reiseproblem im Interesse der Bürger zu regeln. Ich will eine souveräne Entscheidung der DDR und keine von Kohl erzwungene. International würden wir damit auch voll auf dem Boden der Schlußakte von Helsinki stehen. Wegen der politischen Tragweite der vorliegenden Reiseregelung des Ministerrates will ich unbedingt das Zentralkomitee über den Regierungsbeschluß informieren und es so in die Entscheidung einbeziehen. Gegen 16.00 Uhr stehe ich von meinem Platz auf, richte das Mikrofon so, daß mich jeder gut verstehen kann und sage langsam, damit die Sitzungsteilnehmer die Bedeutung jedes Satzes aufnehmen können:

„... ich (muß) noch einmal von der Tagesordnung abweichen. Euch ist ja bekannt, daß es ein Problem gibt, das uns alle belastet: die Fragen der Ausreisen. Die tschechoslowakischen Genossen empfinden das allmählich für sich als eine Belastung, wie früher auch die ungarischen. Und: Was wir auch machen in dieser Situation, wir machen einen falschen Schritt. Schließen wir die Grenzen zur ČSSR, bestrafen wir im Grunde genommen die anständigen Bürger der DDR, die dann nicht reisen können ... Selbst das würde aber nicht dazu führen, daß wir das Problem in die Hand bekommen; denn die Ständige Vertretung der BRD hat schon mitgeteilt, daß sie ihre Renovierungsarbeiten* abgeschlossen hat. Das heißt, sie wird öffnen, und wir würden auch dann wieder vor diesem Problem stehen.

* Die Ständige Vertretung hatte am 8. August 1989 unter dem Vorwand der „Renovierung" ihr Gebäude für den Besucherverkehr geschlossen. Zu dieser Zeit befanden sich zwischen 100 und 140 ausreisewillige DDR-Bürger in der Vertretung. Für die Bundesregierung war dieser Schritt die interne Mitteilung an die DDR, die Beziehungen zwischen beiden deutschen Staaten nicht belasten zu wollen und andererseits mit der „Renovierung" ihr Gesicht zu wahren. So konnte sie technische und nicht politische Gründe dafür anführen, daß sie keine weiteren fluchtwilligen DDR-Bürger in die Vertretung läßt. Im November 1989 glaubte Bonn, sich nicht mehr an die Vereinbarung mit der DDR halten zu müssen. Sie kündigte die Öffnung der Vertretung an.

Der Genosse Stoph hat als amtierender Vorsitzender des Ministerrates eine Verordnung vorgeschlagen, die ich jetzt verlesen möchte, weil sie zwar vom Politbüro bestätigt worden ist, aber doch solche Wirkung hat, daß ich das Zentralkomitee nicht ohne Konsultation lassen möchte."

Dann lese ich vor:

„Beschluß zur Veränderung der Situation der ständigen Ausreise von DDR-Bürgern nach der BRD über die ČSSR.*"

Es wird festgelegt:

1. Die Verordnung vom 30. November 1988 über Reisen von Bürgern der DDR in das Ausland findet bis zur Inkraftsetzung des neuen Reisegesetzes keine Anwendung mehr.**

2. Ab sofort treten folgende zeitweilige Übergangsregelungen für Reisen und ständige Ausreisen [Hervorhebung von E. Krenz] aus der DDR in das Ausland in Kraft:

a) Privatreisen nach dem Ausland können ohne Vorliegen von Voraussetzungen (Reiseanlässe und Verwandtschaftsverhältnisse) beantragt werden. Die Genehmigungen werden kurzfristig erteilt. Versagungsgründe werden nur in besonderen Ausnahmefällen angewandt.

b) Die zuständigen Abteilungen Paß- und Meldewesen der Volkspolizeikreisämter in der DDR sind angewiesen, Visa zur ständigen Ausreise unverzüglich zu erteilen, ohne daß dafür noch geltende Voraussetzungen für eine ständige Ausreise vorliegen müssen. Die Antragstellung auf ständige Ausreise ist wie bisher bei den Abteilungen Innere Angelegenheiten möglich.

Ständige Ausreisen können über alle Grenzübergangsstellen der DDR zur BRD bzw. zu Berlin (West) erfolgen.

c) Damit entfällt die vorübergehend erfolgte Erteilung von entsprechenden Genehmigungen in Auslandsvertretungen der DDR bzw. die ständige Ausreise mit dem Personalausweis der DDR in Drittstaaten.

3. Über die zeitweiligen Übergangsregelungen ist die beigefügte

---

* Der Beschlußtitel wird heute von einigen Zeithistorikern benutzt, um zu suggerieren, es sei der SED-Führung nicht um Reisen, sondern lediglich um ständige Ausreisen gegangen. Der Titel des Tagesordnungspunktes ergab sich, weil die entstandene Situation, über die ČSSR zu reisen, verändert werden sollte. Die Maßnahmen waren das entscheidende. Sie erfassen - wie der Verordnungstext zeigt - sowohl Reisen als auch ständige Ausreisen.

** Damit wurden die bisherigen Reisebestimmungen per Regierungsverordnung außer Kraft gesetzt.

Pressemitteilung am 10. November [dieses Datum sollte eine besondere Bedeutung erhalten, E. Krenz] zu veröffentlichen."*

Ferner verlese ich den Entwurf einer beigefügten Pressemitteilung, die am 10. November in den Printmedien veröffentlicht werden soll.**

Dann wiederhole ich: „Ich sagte: Wie wir es machen, machen wir es verkehrt. Aber das ist die einzige Lösung, die uns die Probleme erspart, alles über Drittstaaten zu machen, was dem internationalen Ansehen der DDR nicht förderlich ist."***

Sofort meldet sich Kulturminister Hoffmann. Er sagt: „Könnten wir nicht das Wort ‚zeitweilig' streichen? Das erzeugt ständig den Druck, als hätten die Leute keine Zeit und müßten sofort und unverzüglich den Antrag stellen. Können wir das nicht vermeiden oder umschreiben?"

Darauf ich: „Da muß man schreiben: ‚Bis zur gesetzlichen Regelung durch die Volkskammer folgende Übergangsregelung' und ‚zeitweilig' streichen. Übergangsregelung ist ja eine zeitweilige. Oder wir schreiben: ‚Bis zum Inkrafttreten des Reisegesetzes gelten folgende Regelungen.'"

Ich wende mich an den Innenminister und frage: „Genosse Dickel, siehst du da Schwierigkeiten?"

Dickel: „Nein. Was die Veröffentlichung angeht, vielleicht wäre es zweckmäßig, daß nicht das Ministerium des Innern, obwohl wir die praktische Durchführung machen, sondern das Presseamt des Ministerrates das veröffentlicht, denn es ist ja eine Mitteilung des Vorsitzenden des Ministerrates."

Ich antworte: „Ich würde vorschlagen, daß das der Regierungssprecher <u>gleich</u>**** macht. Wir vermeiden also sowohl <u>zeitweilig</u> als auch

* Siehe: Parteiinternes Material Nummer 292; Protokoll der 10. Tagung des SED-Zentralkomitees, Band III, im Archiv des Autors

** Es gehörte zur Praxis des SED-Politbüros, bei wichtigen Beschlüssen gleichzeitig die entsprechenden Pressemitteilungen zu beschließen. Sie wurden in der Regel abends im Fernsehen und am darauffolgenden Tag in den Printmedien veröffentlicht. In der von mir am Nachmittag des 9. November 1989 vor dem ZK verlesenen Pressemitteilung, die am 10. November in der Presse veröffentlicht werden sollte, steht, daß die Reiseregelung <u>„ab sofort"</u>, das bedeutet ab 10. November, in Kraft tritt.

*** Siehe Protokoll der 10. ZK-Tagung, ebenda

**** Nachträgliche Betrachter, die weder an der Sitzung teilnahmen noch die Praxis des Politbüros bei der Herausgabe von Pressemitteilungen kennen, unterstellen mir, „nicht richtig gelesen" zu haben, „weil ja in dem Dokument eine Sperrfrist enthalten war". Eben diese wurde vom ZK durch meinen Vorschlag aufgehoben, „daß der Regierungssprecher das gleich" macht. Die Verantwortlichen für die Medienarbeit – zu dieser Zeit war es Günter Schabowski oder ein von ihm Beauftragter – hätten jetzt in der Pressemitteilung den letzten Satz ändern müssen. Statt „ab sofort" hätten sie schreiben müssen: „ab morgen" oder „ab 10. November". Niemand im ZK konnte ahnen, daß sie dies unterließen.

Übergangsregelung und sagen: bis zum Inkrafttreten des Reisegesetzes, das von der Volkskammer zu beschließen ist, wird das und das angeordnet. – Einverstanden? – Danke schön."*

Noch während der Sitzung weise ich an, daß die neue Reiseregelung sofort den Bezirks- und Kreisleitungen der SED übergeben wird. Kurz nach 17.00 Uhr wird ihnen das Fernschreiben übermittelt.

Die Diskussion im Plenum läuft weiter. Es sprechen noch Günther Jahn, Günter Sieber und Wilfried Poßner.

Gegen 17.15 Uhr kommt Günter Schabowski zu mir. Er meldet sich für den Rest der Tagung ab. Um 18.00 Uhr findet eine internationale Pressekonferenz statt. Schabowski soll über den Verlauf der ZK-Tagung informieren. Er fragt mich, ob ich noch Hinweise für ihn habe.

Ich sage: „Du mußt unbedingt über den Reisebeschluß informieren. Das ist die Weltnachricht!" Da er nicht die authentische Ministerratsverordnung über die neue Reiseregelung hat, übergebe ich ihm mein Exemplar**, aus dem ich im ZK vorgelesen habe. Schabowski bedankt sich und fährt zum Internationalen Pressezentrum in die Mohrenstraße.

Hier löst er durch einen kleinen Irrtum große Folgen aus.

18.53 Uhr wird er von einem Journalisten nach dem Stand der Ausarbeitung einer neuen Reiseregelung für DDR-Bürger gefragt. Er antwortet: „Mir ist eben mitgeteilt worden, der Ministerrat hat beschlossen ..."

Er hält sich an den Text der Verordnung und der offiziellen Pressemitteilung. Aber dann der Irrtum:

Die Grenzöffnung soll am Morgen des 10. November erfolgen. Für diesen Zeitpunkt sind die Befehle für die Grenztruppen, das Ministerium für Staatssicherheit und die Volkspolizei vorbereitet. Günter Schabowski antwortet jedoch auf eine Frage nach dem Zeitpunkt offensichtlich irritiert: „Wenn ich richtig informiert bin, nach meiner Kenntnis unverzüglich."***

Niemand von uns, der noch auf der Tagung des SED-Zentralko-

* Protokoll der 10. Tagung des ZK, im Archiv des Autors

** Darüber gibt es vielfältige Spekulationen, u. a. Schabowski habe auf der Pressekonferenz einen Zettel vom KGB erhalten, auf dem der Text für die Grenzöffnung gestanden habe. Das ist Unsinn. Schabowski las am 9. November 1989 um 18.53 Uhr – um die Frage eines Journalisten, wann die neue Reiseregelung in Kraft tritt, zu beantworten: „Sofort, unverzüglich." – aus meinem Exemplar der Vorlage, die ich auf der Tagung des ZK verlesen hatte. Er hatte „sofort" aus der Mitteilung für die Presse vorgelesen, die erst am 10. November veröffentlicht werden sollte. Hier hätte er korrekt sagen müssen: ab morgen!

*** Zu diesem Zeitpunkt nehmen alle Mitglieder und Kandidaten des ZK noch an der Tagung des Zentralkomitees teil. Die Übertragung der Pressekonferenz hat niemand von uns gesehen. Was Schabowski tatsächlich gesagt hat, erfahren wir erst Stunden später.

mitees sitzt, hat dies gehört oder während der Sitzung davon erfahren. Wir beraten weiter, während die Journalisten die Mitteilung Schabowskis verbreiten. Die Welt nimmt als sofortige Maßnahme zur Kenntnis, was eigentlich erst am 10. November vollzogen werden soll. Binnen kurzer Zeit geschieht etwas, was niemand voraussehen konnte. Berlinerinnen und Berliner machen sich auf den Weg zur Mauer. Auch auf den Autobahnen strömt bald größer werdender Verkehr in Westrichtung. Die angestaute Reiselust, die so viele Jahre lang kein Tor gefunden hatte, entlädt sich noch in dieser Nacht.

Ursprünglich sollte die ZK-Tagung um 18.00 Uhr beendet sein. Wegen der vielen Wortmeldungen wird sie bis 20.30 Uhr verlängert. Tatsächlich ist sie erst gegen 20.45 Uhr zu Ende. Ich schließe sie mit dem Satz ab: „Wir müssen wirklich einen Neuanfang wagen. Wir müssen neu anfangen und das Vertrauen zurückgewinnen."*

Kurz vor 21.00 Uhr ruft mich Erich Mielke** an. Ich befinde mich zu diesem Zeitpunkt noch in einem Nebenraum des Plenarsaals. Wolfgang Herger nimmt den Hörer des WTsch-Apparats ab und übergibt ihn mir. Mielke informiert, daß er gerade erfahren hat, daß sich in Berlin-Mitte viele Menschen in Richtung Grenze bewegen. Schabowski habe irgend etwas auf einer Pressekonferenz gesagt. Er weiß noch nicht genau, was los ist, wird sich aber sofort sachkundig machen und mich wieder anrufen. Wir vereinbaren, was auch passiert, es darf zu keiner Konfrontation zwischen Staatsmacht und Bevölkerung kommen. Ich gehe sofort in mein Arbeitszimmer im ZK. Nach wenigen Minuten ruft Mielke wieder an. Diesmal wird er konkreter: Tausende sind in Richtung Grenzübergangsstellen unterwegs, teils zu Fuß, teils mit Pkw.

„Was sollen wir machen?" fragt er mich.

Ich sage, daß ich gleich zurückrufe. Ich will mich vorher mit Verteidigungsminister Keßler verständigen, dem die Grenztruppen der DDR unterstehen. Er ist noch nicht von der ZK-Tagung zurück. Sein Amtssitz befindet sich in Strausberg.*** Als ich den Hörer auflege, meldet sich erneut Mielke: „Wenn wir nicht sofort entscheiden, was zu tun ist, dann verlieren wir die Kontrolle", sagt er.

Ich kann meine Nervosität nur schwer verbergen. Wir befinden uns in einer außerordentlich gefahrvollen Situation. Eine falsche

* Protokoll der 10. Tagung des SED-Zentralkomitees, Band III, Seite 133.
** Er benötigte vom Haus des ZK bis zum Sitz des Ministeriums für Staatssicherheit ca. 10 Minuten Autofahrt.
*** Der Sitz des Verteidigungsministers war in Strausberg, ca. 40 Minuten Autofahrt vom Zentrum Berlins entfernt.

Entscheidung kann Blutvergießen bedeuten. Mein Entscheidungsspielraum ist in diesen Minuten sehr eng. Praktisch geht es um die Frage: Lassen wir den Dingen freien Lauf oder setzen wir die bewaffnete Macht zur Sicherung der Staatsgrenze ein? Letzteres wäre ein Spiel mit dem Feuer.

Ich frage Mielke: „Was schlägst du vor?"

Er antwortet: „Generalsekretär bist du."

Ich verstehe. Das Ministerium für Staatssicherheit wird sich den politischen Entscheidungen fügen. Das ist außerordentlich wichtig. Meine Entscheidung: „Wir werden wegen ein paar Stunden, morgen sollten die Grenzübergangsstellen ohnehin geöffnet werden, nicht eine Konfrontation mit der Bevölkerung riskieren. Also, hoch mit den Schlagbäumen!"

Wolfgang Herger und meine persönlichen Mitarbeiter bestärken mich in dieser Entscheidung. Mielke ist fast 30 Jahre älter als ich. Leise, sehr nachdenklich, sagt er:

„Hast recht, mein Jung'."

Danach rufe ich Verteidigungsminister Keßler an, der auch erst jetzt in seinem Ministerium von Schabowskis Mitteilung erfahren hat, an. Ich informiere ihn über die Absprache mit Mielke. Keßler teilt meinen Standpunkt. Die Situation ist für uns alle dennoch beispiellos angespannt: Eine spontane Grenzöffnung ohne entsprechende Befehle für die Sicherheitsorgane an den Grenzübergängen, das kann äußerst kritisch werden. Wird es ein Chaos? Ich sorge mich, daß eine Panik ausbrechen könnte. Mir ist bewußt, daß in dieser nächtlichen Öffnung beängstigende Gefahren liegen. Eine Grenze, die 1961 durch Beschluß aller Staaten des Warschauer Vertrages befestigt worden war. Eine Grenze, die nicht nur zwei deutsche Staaten bzw. Berlin trennt. Eine Grenze zwischen zwei Weltsystemen, zwei Militärblöcken, zwei Wirtschaftsblöcken. Eine Grenze in Berlin, die unmittelbar die Interessen der Alliierten betrifft.*

Mich bewegt: Was, wenn es in dieser Nacht auch nur einen Toten gibt? Ich denke nicht einmal daran, daß ein Grenzsoldat schießen könnte. Es gibt ja meinen Befehl vom 3. November 1989, der die Anwendung der Schußwaffe verbietet, wenn Demonstranten ins Grenzgebiet eindringen. Was aber, wenn irgend jemand provoziert? Ange-

* „Haben Sie nicht gesehen, daß der Fall der Mauer zwangsläufig zum Zusammenbruch der DDR führt?" wurde ich später unzählige Male gefragt. Politiker, Journalisten und auch Wissenschaftler geben ihre nachträglichen Interpretationen, wundern sich über die Spontaneität an den Grenzübergängen. Mich bewegte damals keine Philosophie, sondern praktische Fragen, vor allem, daß es nicht dazu kommt, daß der 9. November 1989 mit Schüssen an der Grenze endet.

kündigt war es in den vergangenen Tagen oft genug. Was, wenn Panik einsetzt und sich Menschen tottrampeln? Auf der ZK-Tagung war kurz zuvor die Rede davon, daß es „um Sicherheit mit Vernunft"* geht. Diese Vernunft ist jetzt gefragt. Niemand von uns war je zuvor in einer so ungewöhnlichen und großen Verantwortung. Die Entscheidung: Schlagbäume hoch oder Gewalt? Das ist eine weltpolitische Entscheidung, aber auch eine Gewissensentscheidung. Wir müssen auch an diesem Abend bei unserem Grundsatz bleiben: Es darf keine Gewalt geben.

Schalck ruft mich an. Er schlägt vor, daß ich noch in der Nacht nach Warschau fliege. Dort könnte morgen früh eine gemeinsame Pressekonferenz mit dem in Warschau weilenden Bundeskanzler der BRD, Helmut Kohl, stattfinden. Die Öffnung der Grenze könnte als gemeinsame Entscheidung der Regierungen beider deutscher Staaten begründet werden. Für den Fall, daß ich damit einverstanden bin, würde er sofort mit seinem Gesprächspartner in Bonn Kontakt aufnehmen, um die Haltung des Bundeskanzlers in dieser Frage zu erkunden.

Mir fällt sofort die telefonische Anfrage von gestern ein. Schalck hatte Seiters mitgeteilt: „Ich wäre Ihnen dankbar, Ihre Meinung kennenzulernen, ob es politisch richtig, der Sache dienend und technisch für möglich gehalten wird, daß der Bundeskanzler eventuell auf dem Rückflug vom Besuch in Polen zu einem mehrstündigen Arbeitsgespräch einen Zwischenaufenthalt in der DDR nehmen könnte."** Nun geht Schalck wegen der außergewöhnlichen Situation einen Schritt weiter. Er sieht eine Chance, daß ich mit dem Bundeskanzler in Warschau zur Entspannung der entstandenen Situation beitragen könnte.

Ich überlege einen Moment. Dann sage ich: „Nein."

Die Entscheidung über die Öffnung der Grenze ist eine souveräne DDR-Angelegenheit. Außerdem denke ich an die Mahnung Gorbatschows vom 1. November, alles, was die BRD und die DDR betrifft, mit der UdSSR abzustimmen. Mein nächtlicher Besuch in Warschau und die morgendliche Pressekonferenz würden nicht nur die polnischen Verbündeten irritieren, sondern müßten auch bei Gorbatschow den Eindruck verstärken, wir spielen gemeinsam mit der BRD gegen ihn die deutsche Karte.

Ich versuche, Gorbatschow in Moskau anzurufen. Dort ist es in-

---

* Wolfgang Herger, Diskussionsbeitrag auf der 10. Tagung des ZK der SED am 9. November 1989. Siehe Protokoll der 10. Tagung, Band III

** Notiz im Archiv des Autors

zwischen Mitternacht. Die WTsch-Zentrale in der sowjetischen Hauptstadt will wegen der späten Stunde die Verbindung zum sowjetischen Staatsoberhaupt nicht mehr herstellen. Ich bestehe nicht darauf. Jede Dramatisierung der Lage könnte zu falschen Schlüssen führen. Das liegt mir fern.

Wolfgang Herger unterbreitet mir den Vorschlag, eine „Operative Führungsgruppe" des Nationalen Verteidigungsrates zu bilden. Ich bitte ihn, mit dem Sekretär des Verteidigungsrates, Fritz Streletz, die notwendigen Entscheidungen vorzubereiten. Streletz hält inzwischen den ständigen Kontakt mit dem Oberkommandierenden der Vereinten Streitkräfte des Warschauer Vertrages und der Westgruppe der sowjetischen Streitkräfte. Er weiß, daß unsere sowjetischen Verbündeten auf dem Territorium der DDR in „Erhöhter Gefechtsbereitschaft"* und die Führungsorgane in „Voller Gefechtsbereitschaft" sind. Ich bin überzeugt, seine militärische Befähigung und seine politische Überzeugung sind die beste Gewähr, daß die Gruppe unter seiner Leitung der Aufgabe gerecht wird, die Fragen, die im Zusammenhang mit der Grenzöffnung stehen, zu koordinieren.

Auf dieser Grundlage werden das Politbüro und ich als Vorsitzender des Nationalen Verteidigungsrates unsere Entscheidungen treffen.

Gegen 0.30 Uhr ruft mich Rudi Mittig an. Er teilt mit, daß alle Grenzübergangsstellen zu Westberlin geöffnet sind.

Ich gebe Weisung, mich über alle wichtigen Vorkommnisse direkt zu informieren. Erst jetzt fahre ich in meine Wohnung.

Unterwegs erinnere ich mich, wie es am 13. August 1961 beim Mauerbau oder im August 1968 beim Einmarsch der Truppen des Warschauer Vertrages in die ČSSR war. Als ich damals im Radio von den Ereignissen erfuhr, meldete ich mich sofort unaufgefordert bei meinen jeweiligen Chefs. Es war ein ungeschriebenes Gesetz und auferlegte Parteidisziplin: Wenn etwas Außergewöhnliches passiert, habe ich dort zu sein, wo die Entscheidungen fallen. Herger und Lorenz haben heute so gehandelt. Sie arbeiten im Haus des Zentralkomitees. Keßler und Mielke, der schon nicht mehr dem Politbüro angehört, befinden sich in ihren Arbeitszimmern. Wir stehen in telefonischer Verbindung. Die anderen Mitglieder des neuen Politbüros haben bei mir nicht nachgefragt, was sie in dieser Situation tun können.

---

* Die Gefechtsbereitschaft in den Armeen der Staaten des Warschauer Vertrages hatte drei Stufen: die ständige Gefechtsbereitschaft, die erhöhte Gefechtsbereitschaft und die volle Gefechtsbereitschaft.

Vielleicht haben sie einen persönlichen Anruf erwartet. Dazu fehlt mir an diesem spannungsgeladenen Abend die Zeit. Ich habe von jedem Eigeninitiative erwartet.

Als ich zu Hause ankomme, klingelt das Telefon. Günter Schabowski berichtet, was sich an der Grenze abspielt. Er will sofort von Wandlitz nach Berlin fahren, woher ich gerade gekommen bin. Kein Wort von der Pressekonferenz und von dem dort verkündeten Öffnungstermin der Grenze. Ich werfe ihm den Irrtum nicht vor. Niemand kann sagen, wie sich die Bevölkerung verhalten hätte, wenn die Grenzöffnung wie geplant am Morgen des 10. November erfolgt wäre. Allerdings, und das ist wesentlich, am Morgen des 10. November wären die vorbereiteten Befehle vor Ort gewesen. Die Schutz- und Sicherheitsorgane hätten gewußt, was zu tun ist.

Stündlich erhalte ich vom Diensthabenden des SED-Zentralkomitees Lageberichte. Zusätzlich verfolge ich die Nachrichten in Funk und Fernsehen. Während in Bonn die Bundestagsabgeordneten das Deutschlandlied singen, ich höre es mit sehr gemischten Gefühlen, spazieren an den Grenzübergängen viele Hauptstädter in Richtung Westen. In dieser Nacht strömt Sekt. Daß kein Blut fließt, grenzt angesichts der noch herrschenden Feindbilder zwischen den beiden Weltsystemen fast an ein Wunder. Es gibt unter den Regierenden in der DDR niemand, der wie der Sozialdemokrat Noske 1918/19 ein „Bluthund sein"* will.

Die Hauptlast in der neuen und ungewöhnlichen Situation liegt auf den Schultern der Grenztruppen der DDR. Ich empfinde vor ihnen Hochachtung, als ich die Bilder von der Grenze sehe. Sie beweisen, daß die Angehörigen der Grenztruppen unseren Grundsatz verinnerlicht haben: Von deutschem Boden darf nie wieder Krieg ausgehen. Und dort, wo die mündlichen Befehle nicht rechtzeitig angekommen sind, haben die Angehörigen der Grenztruppen nach ihrem Gewissen und richtig entschieden.

Der 9. November 1989 wird eher zufällig ein Datum deutscher und internationaler Zeitgeschichte. Die Grenzöffnung aber, die für den 10. November vorgesehen war, liegt in der Logik der Politik der Erneuerung. Die DDR-Bürger brauchen nun nicht mehr den Weg in die weite Welt über Ungarn, die ČSSR oder bundesdeutsche Auslandsvertretungen zu gehen.

---

* Gustav Noske: Von Kiel bis Kapp, Berlin 1920

10. November

In Berlin gab es bis zum 19. Oktober für die Mitglieder des Politbüros eine Protokollstrecke. Wir hatten dort freie Fahrt. Die Ampeln an den Kreuzungen wurden auf Grün geschaltet. Für viele Berliner war das ein Ärgernis, weil für sie zusätzliche Wartezeiten entstanden. Nach meiner Wahl zum Generalsekretär habe ich die freie Fahrt für Autos der Mitglieder des Politbüros aufheben lassen. Heute werde ich mehrmals durch Rot gestoppt. Ich muß an drei Kreuzungen anhalten. Viele Bürger erkennen mich. Sie rufen: „Bravo für die Öffnung!“ Ich drehe das Fenster meines Dienstwagens herunter und erfahre, daß die meisten von ihnen gerade erst aus dem Westteil Berlins zurückkommen. Es herrscht eine unbeschreibliche Euphorie. Ich freue mich über die Stimmung.

Verwunderlich für mich ist aber, wie Politiker aus dem Westen in ihren Äußerungen nur die eine Seite hervorheben: Diese Nacht habe im Westen Berlins ein großes Volksfest stattgefunden. Das ist sicher so. Doch sie verharmlosen das Geschehene. Die Last der Verantwortung für alle politischen, diplomatischen und militärischen Folgen der Grenzöffnung liegt einzig auf den Schultern der DDR. Wie leicht hätte diese Nacht durch eine Unachtsamkeit oder eine falsche Entscheidung zu einer Tragödie werden können.

Gegen 7.00 Uhr treffe ich mich mit Wolfgang Herger und Generaloberst Streletz in meinem Arbeitszimmer. Wir besprechen, wie alle zivilen und militärischen Maßnahmen koordiniert werden, um auf jeden Fall auch in dieser extremen Situation gewaltsame Auseinandersetzungen zu verhindern. Es gibt nämlich an diesem Morgen viele schlechte Nachrichten. Mir macht Sorge, daß Westberliner oder ihre Gäste versuchen, vom Brandenburger Tor über die Mauer auf das Territorium der DDR zu gelangen. Schaffen sie es in größeren Gruppen, wäre dies eine gewaltsame Verletzung der Staatsgrenze der DDR von westlicher Seite. Es würde eine völlig neue Situation entstehen. Für solche Fälle liegen die militärischen Einsatzpläne auch in den Panzerschränken des Oberkommandos der Westgruppe der sowjetischen Streitkräfte in Wünsdorf. Ich will mir nicht vorstellen, was passieren könnte, wenn ein gewaltsamer Mauerdurchbruch von Westberlin aus organisiert wird. Wir sind seit gestern abend einem militärischen Einsatz näher, als dies manche wahrhaben wollen. Die politische und militärische Führung der DDR unternimmt alles Menschenmögliche, um das gemeinsam mit den sowjetischen Verbündeten auszuschließen.

Innenpolitisch gibt es neue Schwierigkeiten. Gerüchte sind im Umlauf: Werktätige erscheinen nicht zur Arbeit, um in Westberlin bummeln zu gehen. Vor den Banken, so wird berichtet, bilden sich Schlangen. Die Leute holen ihr Geld ab, um es in den Wechselstuben Westberlins umzutauschen. In den Paß- und Meldestellen der Volkspolizei kommt es zu Menschenansammlungen. Die Arbeitsfähigkeit der Volkspolizei ist nicht mehr gewährleistet. Was ist Wahrheit, was Dichtung? Genau läßt sich das nicht sagen. Die Lage ist widersprüchlich. Zuverlässig scheint aber zu sein, daß die meisten DDR-Bürger aus Westberlin zurückkehren.

Auch international gibt es Aufsehen und Erregung. Die Alliierten fühlen sich brüskiert. Die Botschafter der USA, Großbritanniens und Frankreichs wenden sich an das DDR-Außenministerium. Sie wollen genaue Auskunft, was in der Nacht passiert ist. Probleme über Probleme, die nicht auf die übliche Art gelöst werden können.

Unter diesen Ausnahmebedingungen arbeitet Fritz Streletz den Befehl Nr. 12/89 des Vorsitzenden des Nationalen Verteidigungsrates „Über die Bildung einer operativen Führungsgruppe des Nationalen Verteidigungsrates der Deutschen Demokratischen Republik" aus. Die Führungsgruppe soll Entscheidungen vorbereiten, sie aber selbst nicht treffen. Sie ist kein politischer Krisenstab, sondern ein Hilfsorgan für den Vorsitzenden des Nationalen Verteidigungsrates. Sie untersteht mir direkt. Ihr gehören auch drei Mitglieder des Zentralkomitees an.

Die Führungsgruppe hat die Aufgabe, Informationen über die Gesamtlage auf dem Territorium der DDR zu sammeln und zu analysieren, ständig die Lage des Gegners im Westen einzuschätzen sowie Schlußfolgerungen bzw. Vorschläge für Führungsentscheidungen vorzubereiten. Sie tagt in meinem Arbeitszimmer im Zentralkomitee. Über schwerwiegende Vorkommnisse werde ich sofort informiert.*

Auf der Grundlage des vorbereiteten Befehls weise ich die Mitglieder der Gruppe in ihre Arbeit ein. Ich lege besonderen Wert darauf, daß die Führungsgruppe keine Befehlsgewalt hat.

Eine Schließung der geöffneten Grenze kommt nicht in Frage. Auch ein Ausnahmezustand ist nicht geplant. Jeder von uns weiß, daß ein Ausnahmezustand in der Verfassung der DDR nicht vorgesehen ist, folglich verfassungswidrig wäre.

Wir sprechen nicht über militärische oder andere Aktionen zur

* Befehl Nr. 12/89 des Vorsitzenden des Nationalen Verteidigungsrates der DDR vom 10. November 1989, im Archiv des Autors

Schließung der gerade geöffneten Grenze. Alle Alarmpläne sollen nur einem Ziel dienen, bereit zu sein, wenn die Grenztruppen der DDR bei der Öffnung neuer Grenzübergänge unterstützt werden müssen. Zum Einsatz der Armee gegen das Volk gibt es weder Absichten noch Pläne.

Noch während ich mit der Führungsgruppe spreche, klingelt mein Telefon. Der sowjetische Botschafter Kotschemassow ruft an. Er kommt ohne Vorrede auf die nächtlichen Ereignisse zu sprechen: „Genosse Krenz, in Moskau ist man beunruhigt über die Lage an der Berliner Mauer, wie sie sich heute Nacht entwickelt hat."

„Das wundert mich", erwidere ich. „Im Prinzip wurde doch nur um Stunden vorgezogen, was heute ohnehin vorgesehen war. Unser Außenminister hat die Reiseverordnung mit Ihnen abgestimmt."

Kotschemassow: „Ja, aber das stimmt nur zum Teil. Es handelt sich nur um die Öffnung von Grenzübergängen zur BRD. Die Öffnung der Grenze in Berlin berührt die Interessen der Alliierten."

Kotschemassow konfrontiert mich in diesem Moment mit einer Frage, die in den Beziehungen zwischen der UdSSR und der DDR in den letzten Jahren keine Rolle gespielt hat. Aus sowjetischer Sicht galt bislang das Vierseitige Abkommen nur für Westberlin, nicht für die Hauptstadt der DDR. Nun wird der Vier-Mächte-Status ins Spiel gebracht.

Ich sage: „So habe ich die Sache nicht verstanden. Doch dies ist jetzt nur noch eine theoretische Frage. Das Leben hat sie heute nacht beantwortet. Die Grenzöffnung wäre nur durch militärische Mittel zu verhindern gewesen. Das hätte ein schlimmes Blutbad gegeben."

Kotschemassow schweigt. Ich kenne ihn als besonnenen, aufrichtigen und freundschaftlichen Gesprächspartner. Auch in dieser extremen Situation verhält er sich wie ein Freund.

Er entgegnet: „Sie haben Recht. So sehe ich das auch."

Ich ärgere mich dennoch über den Inhalt des Gesprächs. Mir liegt viel daran, daß wir mit den sowjetischen Partnern auf einer Wellenlänge liegen. Noch gestern hat mir Stoph bestätigt, daß der Entwurf der Reiseverordnung mit Moskau abgestimmt ist. Jetzt will die sowjetische Seite nichts mehr davon wissen. Ich frage mich: Wer spielt mit falschen Karten?

Kotschemassow erkundigt sich noch nach Einzelheiten der Grenzöffnung. Obwohl ich nicht schlecht russisch spreche, übergebe ich den Hörer an Generaloberst Streletz. Er informiert militärisch exakt den sowjetischen Botschafter über alle Details, die uns bis zu dieser Stunde bekannt sind.

Nachdem ich die operative Führungsgruppe über ihre Aufgaben informiert habe, findet im Raum neben dem Plenarsaal eine kurze Sitzung des Politbüros statt. Es wird die Linie bekräftigt: Keine Eskalation zulassen; jeden militärischen Einsatz ausschließen und neue Grenzübergänge öffnen!

Ich gehe wieder in den Plenarsaal. Die 10. Tagung des Zentralkomitees wird fortgesetzt. Noch bevor ich überhaupt etwas sagen kann, meldet sich Frank Fichte zur Geschäftsordnung. Er ist Parteiorganisator in einem Industriekombinat und berichtet von der Unzufriedenheit seiner Genossen mit dem Verlauf der ZK-Tagung. Sie wollen wissen, wer die Verantwortlichen für die entstandene Lage in der DDR sind. Sie fordern deren harte Bestrafung. Er selbst erwartet Rechenschaft von Günter Mittag und den Rücktritt der Alten aus dem Zentralkomitee.

Während dieser Diskussion wird mir ein Zettel gereicht. Ich lese: „Genosse Kotschemassow möchte dich dringend sprechen.“ Ich kann bei der Heftigkeit der Diskussion unmöglich den Saal verlassen. Das würde aussehen, als wolle ich mich der kritischen Debatte entziehen. Ich schreibe auf den Zettel: „Ich rufe zurück.“

Nach Abschluß der Diskussion über die Geschäftsordnung gebe ich Gerhard Schürer das Wort. Während er über die Wirtschafts- und Finanzsituation der DDR informiert, gehe ich in den Nachbarraum des Sitzungssaals und rufe Kotschemasow an. Seine Stimmung hat sich grundlegend geändert.

„Genosse Krenz“, sagt er mit freudiger Stimme, „im Namen von Michail Gorbatschow, im Namen der sowjetischen Führung beglückwünsche ich Sie und alle deutschen Freunde zu ihrem mutigen Schritt, daß sie die Berliner Mauer geöffnet haben.“

Ich antworte: „Ich danke Ihnen. Ich bitte Sie, Michail Sergejewitsch für diese Solidarität zu danken. Übermitteln Sie ihm, daß wir uns über die Übereinstimmung unserer Ansichten freuen.“

Mir geht danach durch den Kopf: Was ist in Moskau passiert? Innerhalb weniger Stunden zwei grundsätzlich verschiedene Standpunkte. Welche Auseinandersetzungen hat es hinter den Kulissen zwischen dem Zentralkomitee der KPdSU und dem sowjetischen Außenministerium gegeben? Oder waren es gar verschiedene Ansichten im Politbüro? Gab es Kontakte mit den Allierten?

Als ich wieder in den Sitzungsraum komme, spricht noch immer Schürer. Er muß viele Fragen beantworten. Jetzt, nachdem Gorbatschow der Grenzöffnung gelobt hat, weiche ich wieder einmal von der Tagesordnung ab und teile dem ZK mit:

„Ich weiß nicht, ob wir alle oder ob viele den Ernst der Lage erkannt haben. Der Druck, der bis gestern auf die tschechoslowakische Grenze gerichtet war, ist seit heute nacht auf unsere Grenze gerichtet."* Es bestehe eine große Gefahr, daß uns viele Menschen verlassen. Es ist ein positives Zeichen, daß von denen, die heute nacht nach Westberlin gegangen sind, die meisten zurückkommen. Ich betone: „... der Druck war nicht zu halten, es hätte nur eine militärische Lösung gegeben. Genossen, damit wir uns einig sind, durch das besonnene Verhalten unserer Grenzsoldaten, unserer Genossen vom MdI, vom MfS ist die Sache mit großer Ruhe bewältigt worden." Der Druck nimmt aber weiter zu.**

Während ich die Diskussion leite, legt Streletz mir ein Telegramm an Gorbatschow vor.

Darin heißt es, daß in der vergangenen Nacht ca. 60 000 Bürger der DDR die Grenzübergangsstellen nach Berlin (West) passiert haben. Von ihnen kehrten bis in die Morgenstunden 45 000 wieder in die DDR zurück. „Seit 6.00 Uhr können nur Personen nach Berlin (West) ausreisen, die über das entsprechende Visum der DDR verfügen. Das gleiche gilt auch für ständige Ausreisen aus der DDR." Es ist mir besonders wichtig, zu unterstreichen: Durch die Genehmigung der Ausreisen sind die Grundsätze des Vierseitigen Abkommens über Berlin (West) nicht berührt. Ich betone, daß eine Nichtzulassung der Ausreisen zu „schwerwiegenden politischen Folgen geführt" hätte, „deren Ausmaße nicht überschaubar gewesen wären".

Ich schließe das Telegramm mit dem Satz: „Ich bitte Sie, lieber Genosse Michail Sergejewitsch Gorbatschow, den Botschafter der UdSSR in der DDR zu beauftragen, unverzüglich mit den Vertretern der Westmächte in Berlin (West) Verbindung aufzunehmen, um zu gewährleisten, daß sie die normale Ordnung in der Stadt aufrechterhalten und Provokationen an der Staatsgrenze seitens Berlin (West) verhindern."***

Ich erhalte Informationen, daß die Grenzprovokationen von westlicher Seite bedrohliche Ausmaße annehmen. Zeitweilig sind über 1000 Menschen auf der Mauer am Brandenburger Tor. Einige sprin-

---

* In Publikationen nach der Wende wird bemängelt, daß ich erst so spät im Zentralkomitee auf die Grenzöffnung zu sprechen kam. Die Tatsachen waren ja bekannt und die Reiseverordnung vom ZK gebilligt. Ich wollte aber verhindern, daß die Situation dramatisiert wird. Was hätte ich dem ZK vor der Mitteilung Gorbatschows sagen sollen? Daß Moskau verärgert ist? Das hätte die Gefahr erhöht, noch hektischer zu reagieren. Deshalb wartete ich mit meiner Mitteilung, bis Gorbatschow selbst reagiert hatte.
** Egon Krenz, 10. Tagung des ZK, Protokoll, Band III, Protokoll im Archiv des Autors
*** Text des Telegramms im Archiv des Autors

gen ins DDR-Grenzgebiet. Das ist eine sichtbare Verletzung der Grenze der DDR vom Westen her. Wenn es Sinn macht, von gefährlich die höchste Steigerungsform zu bilden, dann ist diese Situation am Brandenburger Tor die bisher gefährlichste. Sie kann jederzeit militärische Eingriffe auslösen.

Nach meinem Telegramm an Gorbatschow beginnt eine rege diplomatische Tätigkeit der Sowjetunion. Das sowjetische Staatsoberhaupt schickt eine dringende mündliche Botschaft an Bundeskanzler Kohl. Sie hat folgenden Wortlaut:

„Wie Ihnen natürlich bekannt ist, hat die Führung der DDR einen Beschluß gefaßt, der den Bürgern dieses Landes die Möglichkeit der freien Ausreise über die Grenzen zur BRD und Berlin (West) ermöglicht. Es ist verständlich, daß dieser Beschluß der neuen Führung der DDR durchaus nicht leichtgefallen ist. Zugleich bestätigt er aufs neue, daß gegenwärtig in der DDR tiefe und bedeutende Veränderungen vor sich gehen. Die Führung der Republik handelt zielstrebig und dynamisch im Interesse des Volkes, sie entfaltet einen breiten Dialog mit verschiedenen Gruppen und Schichten der Gesellschaft. Erklärungen aus der BRD, die vor diesem politischen und psychologischen Hintergrund abgegeben werden, die unter Losungen der Unversöhnlichkeit gegenüber der realen Existenz zweier deutscher Staaten Emotionen und Leidenschaften anheizen sollen, können kein anderes Ziel verfolgen, als die Lage in der DDR zu destabilisieren und die sich dort entwickelnden Prozesse der Demokratisierung und Erneuerung aller Bereiche des gesellschaftlichen Lebens zu untergraben. Wir haben die Mitteilung erhalten, daß heute in Berlin (West) ein Meeting stattfinden wird, an dem offizielle Vertreter aus der BRD und Berlin (West) teilnehmen werden. Zur gleichen Zeit ist auch ein Meeting in der Hauptstadt der DDR geplant. Bei den gegenwärtig faktisch offenen Grenzen und den gewaltigen Menschenströmen in beiden Richtungen kann eine chaotische Situation mit unübersehbaren Folgen entstehen. Angesichts der Kürze der Zeit und der zugespitzten Situation habe ich es für notwendig erachtet, Sie im Geiste der Offenheit und des Realismus zu ersuchen, Ihrerseits die notwendigen und äußerst dringlichen Maßnahmen zu treffen, damit eine Komplizierung und Destabilisierung der Situation nicht zugelassen wird.“*

In Botschaften an US-Präsident Bush, an Frankreichs Präsident Mitter-

---

* Mündliche Botschaft von Michail Gorbatschow an Helmut Kohl vom 10. November 1989, Text im Archiv des Autors

2. November
Bei seinem Besuch in Polen wird Egon Krenz in Warschau von Präsident Wojciech Jaruzelski begrüßt.

2. November
Gespräch zwischen dem Ministerpräsidenten Polens, Tadeusz Masowiecki, und Egon Krenz bei seinem Besuch in Warschau

3. NOVEMBER
Das Diplomatische Korps gratuliert dem Vorsitzenden des Staatsrates Egon Krenz zu seiner Wahl.

3. NOVEMBER
Gespräch zwischen dem Botschafter der UdSSR in der DDR, Wjatscheslaw Kotschemassow, und Egon Krenz während des Diplomatenempfangs

4. NOVEMBER
Demonstranten auf dem Weg zur Protestkundgebung auf dem Berliner Alexanderplatz

9. November
Im Amtssitz des Staatsrates der DDR wird der Ministerpräsident von Nordrhein-Westfalen und Stellvertreter des SPD-Vorsitzenden, Johannes Rau, von Egon Krenz zu einem Gespräch begrüßt.

9. NOVEMBER
Maueröffnung in der Berliner Invalidenstraße

10. NOVEMBER
Kundgebung der SED im Berliner Lustgarten mit der Forderung nach einer Erneuerung der Partei

20. NOVEMBER
Der Chef des Bundeskanzleramtes der BRD, Minister Rudolf Seiters, nach dem Gespräch mit Egon Krenz und Hans Modrow.
(Franz Bertele, Rudolf Seiters, Egon Krenz, Hans Modrow 1. Reihe v. l.).

22. NOVEMBER
Egon Krenz besucht den Berliner Betrieb Bergmann-Borsig.

23. NOVEMBER
Im Berliner Filmtheater „International“ gibt es die Wiederaufführung des Films „Die Spur der Steine“. Begegnung zwischen Egon Krenz und Manfred Krug, dem Hauptdarsteller des Films.

25. NOVEMBER
Bei seinem Besuch in Leipzig führt Egon Krenz Gespräche mit Passanten; hier mit einem Studenten der Karl-Marx-Universität.

2. Dezember
Protest vor dem Haus des ZK der SED in Berlin. Egon Krenz spricht zu den Kundgebungsteilnehmern.

8. Dezember
Außerordentlicher Parteitag der SED. Gespräch unter Delegierten

rand und an die britische Premierministerin Margaret Thatcher* informiert Gorbatschow über seine Warnung an Kohl. Zugleich bittet er die Repräsentanten der drei Westmächte, ihren Vertretern in Westberlin Weisungen zu erteilen, „damit die Ereignisse nicht einen Verlauf nehmen, der nicht wünschenswert wäre. Insgesamt möchte ich hervorheben, daß gegenwärtig in der DDR tiefe und bedeutende Veränderungen vor sich gehen. Wenn aber in der BRD Erklärungen laut werden, die auf ein Anheizen der Emotionen im Geiste der Unversöhnlichkeit gegenüber den Nachkriegsrealitäten, d. h. der Existenz zweier deutscher Staaten, abzielen, dann können solche Erscheinungen des politischen Extremismus nicht anders eingeschätzt werden denn als Versuche, die sich jetzt in der DDR dynamisch entwickelnden Prozesse der Demokratisierung und Erneuerung aller Bereiche des gesellschaftlichen Lebens zu untergraben. Mit Blick auf die Zukunft kann dies eine Destabilisierung der Lage nicht nur im Zentrum Europas, sondern auch darüber hinaus nach sich ziehen."**

Gorbatschow weist großdeutsche Ambitionen der Bundesrepublik Deutschland zurück. Er sieht in ihnen die Gefahr, daß nicht nur Europa, sondern die ganze Welt in ein Abenteuer gestürzt werden kann.

Trotz der komplizierten innen- und außenpolitischen Ereignisse wird die 10. Tagung des ZK fortgesetzt. Wir brauchen dringend ein Aktionsprogramm der SED, das die nächsten Schritte zur Erneuerung in der Gesellschaft und in der Partei festlegt.

In den Pausen der ZK-Sitzung finden permanent Beratungen des Politbüros statt. Angesichts der dramatischen Situation bittet die Bundesregierung, sofort eine Standleitung zwischen dem Bundeskanzleramt und einer Vermittlungsstelle in Berlin zu schalten. Wir stimmen dem zu. Nun kann der telefonische Kontakt zwischen Kohl und mir direkt hergestellt werden.

Alexander Schalck wird beauftragt, die Bundesregierung über die von der DDR getroffenen Maßnahmen zu Verwirklichung der Reiseverordnung des Ministerrates zu informieren. Er soll mit dem Bundeskanzleramt über ein baldiges Spitzengespräch Krenz–Kohl reden. Außerdem wird er bevollmächtigt, mit der Bundesregierung und dem Senat von Berlin (West) über die Öffnung neuer Grenzüber-

* Text der Botschaften im Archiv des Autors
** Mündliche Botschaft Michail Gorbatschows an Präsident François Mitterrand, Premierministerin Margarte Thatcher und Präsident George Bush, Text im Archiv des Autors

gangsstellen zu verhandeln. Innerhalb kurzer Zeit werden 50 neue Grenzübergangsstellen geschaffen. Das kostet die DDR zwischen 700 und 800 Millionen Mark. Wir beschließen, auch das Grenzregime an der gesamten Westgrenze zu verändern. Die Sperrzone wird aufgehoben. Zu den schon bestehenden 20 Grenzübergangsstellen werden zusätzlich 11 neue geschaffen. Die Seegrenze wird in ihrer gesamten Breite von 12 Seemeilen für den Sportbootverkehr zugelassen.*

Nach meiner Meinung sind die Grenztruppen der DDR überfordert, diese Aufgaben zusätzlich zu erfüllen. Ich vereinbare daher mit Verteidigungsminister Keßler, daß sich Einheiten der Nationalen Volksarmee in Bereitschaft halten, um bei Notwendigkeit die Grenztruppen zu unterstützen. In der Nationalen Volksarmee wird aus diesem Grunde für einige Einheiten die „Erhöhte Gefechtsbereitschaft" befohlen. Parallel dazu gibt es Absprachen mit der Westberliner Schutzpolizei. Auch der Oberkommandierende der Westgruppe der sowjetischen Streitkräfte trifft mit den Alliierten Maßnahmen zur Sicherheit in der Stadt. Nachdem auf Grund dieser internationalen Maßnahmen die Grenztruppen ihre außergewöhnlichen Aufgaben allein lösen können, wird die „Erhöhte Gefechtsbereitschaft" für einige Einheiten der Nationalen Volksarmee wieder aufgehoben.**

Innenminister Dickel erläutert im Fernsehen die Reiseverordnung des Ministerrates. Er hebt hervor: Die Reiseregelungen sind keine befristete Maßnahme. Sie sind von Dauer. Die Volkspolizei entscheidet sofort sowohl über Privatreisen als auch über ständige Ausreisen. Zudem seien grundsätzliche Veränderungen des Grenzregimes vorgesehen.*** Niemand denkt daran, die beschlossenen Maßnahmen für den Reiseverkehr wieder rückgängig zu machen.

Die 10. Tagung des Zentralkomitees wird gegen 13.00 Uhr wegen der außergewöhnlichen Situation vorzeitig beendet.

In vielen Parteiorganisationen gibt es Unverständnis über die Grenzöffnung. Besonders ältere Bürger, die die Situation vor dem 13. August 1961 kennen, haben Angst vor dem Ausverkauf der DDR. Die Mitglieder des Zentralkomitees müssen deshalb so schnell es geht zurück an die Basis. Modrow und Schabowski werden beauftragt, die Vorsitzenden der CDU, der DBD, LDPD und der NDPD

---

* Fernschreiben von Egon Krenz an die 1. Sekretäre der Bezirksleitungen der SED von Schwerin, Magdeburg, Erfurt, Suhl, Gera, Karl-Marx-Stadt, im Archiv des Autors

** In Publikationen nach der Wende wird behauptet: „Keßler stand kurz vor der Entscheidung, ein Blutbad mit unübersehbaren Folgen zu riskieren." Das ist eine völlig aus der Luft gegriffene Erfindung der Publizisten.

*** Siehe Neues Deutschland vom 11./12. November 1989. Eine öffentliche Erklärung des Innenministers mit diesem Inhalt hätte es nie gegeben, wenn Absichten zur Schließung der Grenze oder zu einer militärischen Lösung geplant gewesen wären.

sowie der Massenorganisationen FDGB, FDJ, DFD und des Kulturbundes über die 10. Tagung zu informieren. Mit ihnen sollen auch Möglichkeiten besprochen werden, daß Hans Modrow so bald wie möglich zum Ministerpräsidenten gewählt und eine Koalitionsregierung gebildet werden kann.

Am Abend finden in Berlin zwei Kundgebungen statt. Im Berliner Lustgarten spreche ich vor 150 000 Berlinerinnen und Berlinern. Ich bezeichne die neuen Regelungen für den Reiseverkehr als Ausdruck dafür, daß wir es mit der Politik der Erneuerung ernst meinen*. Ich teile mit, daß die ZK-Tagung beschlossen hat, die Verfehlungen und Verstöße von führenden Genossen gegen das Parteistatut zu untersuchen und die Schuldigen für die Krise in der DDR zur Verantwortung zu ziehen.

Wieder höre ich Rufe nach einem Sonderparteitag. Das kann doch nicht wahr sein, denke ich. Gerade haben wir eine Parteikonferenz beschlossen. Nun wird erneut ein Sonderparteitag gefordert. Ich gehe auf dieses Thema ein: „Gemeinsam wollen wir vorwärts kommen, gemeinsam wollen wir die Erneuerung des Sozialismus, gemeinsam wollen wir, daß uns niemand mehr nach rückwärts zieht. Wenn wir uns klar darüber sind, daß in der Einheit unsere Stärke liegt, dann laßt uns den Streit begraben: Parteikonferenz oder Parteitag."

Ich erhalte für diese Äußerung Zustimmung, aber wohl stärkeres Mißfallen. Wieder laufen wir der Parteibasis hinterher.

Ich gehe auch auf Vorschläge ein, die die ökonomische Situation betreffen. Ich sage: „Jetzt ist nicht die Zeit von Versprechungen. 90 von 100 Vorschlägen kosten Geld und vielleicht zehn von 100 bringen Geld. Wer will uns da verargen, daß wir das Verhältnis gerne umdrehen würden? Ungedeckte Schecks wird es mit mir nicht geben."

Als die Kundgebung zu Ende ist, wird mir die Bitte von Helmut Kohl übermittelt, daß er mich am 11. November 1989 gegen 9.00 Uhr telefonisch sprechen möchte. Ich sage zu.

Ich erhalte eine Information über Hintergründe und Ablauf der Kundgebung in Westberlin. Walter Momper, so heißt es darin, habe den Zeitpunkt der Kundgebung so festgelegt, daß Kohl und Genscher, die sich in Warschau befinden, daran nicht teilnehmen können. Die Kundgebung sollte die Stunde von Willy Brandt werden, der beim Bau der Mauer Regierender Bürgermeister von Berlin (West) war und dessen Politik zur Entspannung beitrug. Er hatte in der

---

* Neues Deutschland vom 11./12.November 1989

gestrigen Nacht prophezeit: Jetzt wächst zusammen, was zusammen gehört.

Kohl unterbricht jedoch seinen Besuch in Polen. Es ärgert den Historiker, daß er zur historischen Stunde nicht am Platz historischer Ereignisse ist. Als Kohl zwischen 16.00 und 17.00 Uhr unerwartet vor dem Schöneberger Rathaus eintrifft, wird er mit einem Pfeifkonzert empfangen. Auch seine Rede, in der er die Grenzöffnung als „Fanal zur Wiedervereinigung" preist, wird mit Pfiffen begleitet.

Die Sympathie der Teilnehmer der Kundgebung gehört Willy Brandt. Er wirkt beruhigend auf die 20 000 Berlinerinnen und Berliner ein. Auf Transparenten sind Losungen zu lesen wie: „Hände weg von der DDR" und „Kein Großdeutschland".

Vom Lustgarten fahre ich zu einem Gespräch mit Kotschemassow in die sowjetische Botschaft. Er empfängt mich in seinen Privaträumen. Wir sprechen offen über die Ereignisse der letzten Nacht. Wir wägen die Vor- und Nachteile der Grenzöffnung ab. Kotschemassow rät mir, die Öffnung der Grenzen, die Gorbatschow gutheißt, als Beleg dafür zu nehmen, daß nunmehr der Reiseverkehr in der DDR gehandhabt wird wie in einem der freiesten Länder der Welt.

Ich sage ihm: „Rufen Sie morgen bitte Genossen Gorbatschow an. Ich bitte darum, daß sein persönlicher Beauftragter zu Gesprächen mit mir in die DDR kommt. Wir müssen die neue Situation nach der Öffnung der Grenzen direkt erörtern. Es geht um die deutschlandpolitischen und internationalen Konsequenzen."

Kotschemassow verspricht es. Als wir uns beide verabschieden, sagt der Botschafter auf dem Flur: „Beachten Sie, Genosse Krenz, daß nicht alle Genossen des Politbüros, denen Sie vertrauen, auch Ihnen vertrauen. Ich versuche, einige Hitzköpfe zu beruhigen. Bedenken Sie aber bitte auch, daß ich zwar der sowjetische Botschafter bin, es gibt aber noch andere sowjetische Institutionen in der DDR."

Ich nehme die Information zur Kenntnis, ohne mir darüber weiter Gedanken zu machen. Ich bin seit 30 Jahren in der Politik aktiv. Es ist mir nicht neu, daß es Intriganten gibt. Das ist keine Besonderheit der DDR. Ich muß damit leben.

Auf der Fahrt in meine Wohnung lese ich im Auto Agenturmeldungen des Tages. Die internationalen Reaktionen auf die Grenzöffnung sind positiv.

Genadij Gerassimow, Pressesprecher des sowjetischen Außenministeriums, erklärt, daß die Grenzöffnung eine „souveräne Entscheidung der DDR ist, die von Partei- und Staatschef Krenz ausgegangen ist". Er erinnert an meine Äußerung, die Grenze sei aber deshalb nicht verschwunden. Die DDR bleibe der strategische Verbündete der UdSSR. „Uns gegenüber steht die BRD, eine riesige Gruppierung, die Bundeswehr, eine mächtige Armee, und amerikanische, englische, französische und kanadische Streitkräfte. An die Grenzfrage muß man im Rahmen der Abrüstung in Europa herangehen." Scharf kritisiert Gerassimow die Bundesrepublik. Kanzlerberater Teltschik habe öffentlich gesagt, die BRD halte sich zwar an die gegenwärtige polnische Grenze. Das müsse jedoch nicht für ein wiedervereinigtes Deutschland gelten. Gerassimow erklärt dazu: „So klar hat noch niemand den Revanchismus formuliert. Was soll dabei herauskommen, wenn man von Wiedervereinigung und gleichzeitig von der Veränderung der Grenzen mit Polen spricht?"

Für Mitterrand ist die Grenzöffnung ein „freudiges Ereignis". Er bestätigt seine Absicht, „bald die DDR zu besuchen und mit Krenz zusammenzutreffen".

US-Präsident Bush begrüßt die neue Reiseregelung. „Wenn die DDR das verwirklicht", sagt er, „dann wird die 1961 gebaute Mauer von geringerer Bedeutung sein."

Bundespräsident Richard von Weizsäcker spricht von „einem tiefen historischen Einschnitt in der Nachkriegsgeschichte".

Kurz vor Mitternacht bin ich zu Hause. Ich komme rechtzeitig, um meiner Frau zu gratulieren. Sie hat am 11. November ihren 50. Geburtstag. Fast 30 Jahre sind wir glücklich verheiratet.

Um Mitternacht stoßen wir auf sie an. Ich erkläre meiner Frau, daß ich in einigen Stunden wieder ins Zentralkomitee fahre. Bundeskanzler Kohl wolle mit mir telefonieren. Sie hat Verständnis, daß ich an ihrem 50. Geburtstag nicht zu Hause bin.

Verlorene Illusionen

11. November bis 6. Dezember 1989

11. November

Bundeskanzler Kohl hat angekündigt, mich erst um 9.00 Uhr anzurufen. So bleibt mir Zeit für ein Geburtstagsfrühstück mit meiner Frau. Auf der Fahrt ins Zentralkomitee bedenke ich noch einmal, was ich Helmut Kohl mitteilen will.

Nach den mir vorliegenden Agenturmeldungen hat Walter Momper, der Regierende Bürgermeister von Berlin (West), dem Bundeskanzler vorgeworfen, er habe nicht begriffen, was sich in der DDR abspiele. Die Menschen in der DDR interessiere nicht die Wiedervereinigung. Die neugewonnene Identität des DDR-Volkes möge Kohl zwar nicht passen, sie sei aber Realität. Momper ist der Ansicht, ein Treffen von Kohl mit mir sei dringend erforderlich.

Ähnlich äußert sich der Ministerpräsident von Baden-Württemberg, Lothar Späth. Laut Stuttgarter Nachrichten ist er überzeugt, daß die Mehrheit der DDR-Bürger einen Anschluß an die BRD nicht wünscht.

Kohl verhält sich gegenüber der DDR widersprüchlich. Einerseits stellt er immer neue Forderungen an die DDR. Andererseits spricht er davon, er wolle die DDR nicht destabilisieren. Im direkten Kontakt zu mir wirkt er jovial.

Als ich im Haus des Zentralkomitees ankomme, wartet Schalck auf mich. Er wird beim Telefonat mit dem Bundeskanzler zugegen sein. Wir reden über die bisherigen Ergebnisse seiner Gespräche mit dem Chef des Bundeskanzleramts. Wir sind uns einig, daß die Meinung einiger DDR-Funktionäre, für eine länger geplante Öffnung der Grenze hätte die Bonner Regierung noch Milliarden DM an die DDR gezahlt, illusionär ist. Bonn weiß um die Lage der DDR. Jede Kundgebung, jeder Protest gegen die DDR-Führung läßt dort die Hoffnung reifen, eines Tages die DDR umsonst einzukassiereen.

Inzwischen ist es schon 10.00 Uhr geworden. Hat der Kanzler keine Verbindung nach Berlin bekommen? Wir haben eine Standleitung zwischen dem Bundeskanzleramt und meinem Arbeitszimmer geschaltet. Dennoch klappt es nicht. Schalck fragt in Bonn nach. Es scheint ein technisches Problem zu geben. Wir scherzen: Es geht dem Bundeskanzler wie Millionen Deutschen. Die deutsch-deutschen Telefonleitungen sind überlastet. Kohl nimmt inzwischen an einer Sondersitzung des Bundeskabinetts teil. Seine Mitarbeiter bitten ihn ans Telefon. Um 10.13 Uhr beginnt unser Gespräch.*

Der Bundeskanzler begrüßt die Öffnung der Grenzen. Sie sei angetan, die Beziehungen zwischen beiden deutschen Staaten weiterzuentwickeln. Sein Ziel sei nicht, „daß möglichst viele Leute aus der DDR rausgehen. Unsere gemeinsame Politik müsse sein, daß die Leute zufrieden sind und in ihrer eigenen Heimat bleiben, aber daß sie 'rüber und 'nüber gehen können, sich besuchen, miteinander sprechen, ist ganz wichtig. Ich glaube, wir stehen jetzt in einem ganz wichtigen Zeitabschnitt, ein Zeitabschnitt, in dem sehr viel Vernunft und gar keine Aufgeregtheit am Platze ist, sondern eine ruhige Gelassenheit, um die richtigen Entscheidungen zu treffen."

Kohl, so geht mir durch den Kopf, hat wahrscheinlich die gestrige Warnung von Gorbatschow richtig verstanden. Er vermeidet jede Polemik. Er ist auf Verständigung eingestellt.

Er spricht auch nicht vom „Fall der Mauer". Die allgemeine Tendenz der Berichterstattung im Westen ist auch: Die Mauer ist nicht gefallen. Sie ist durchlässiger geworden. Sie ist aber noch nicht von West nach Ost offen. Kohl weiß, daß die Regelungen für den Besucherverkehr aus der Bundesrepublik und Berlin (West) in die DDR nicht geändert sind. Er scheint dennoch in Hochstimmung. Für ein sachliches Gespräch ist dies nicht sehr vorteilhaft. Er spricht in Schlangensätzen und vollendet kaum einen Satz richtig.

Kohl sagt: "... ich habe den dringenden Wunsch, daß ich in einer sehr nahen Zukunft mit Ihnen zusammentreffe ... wobei ich Ihnen gleich sage, ich komme auf keinen Fall nach Ostberlin ..." Er wolle mit mir intensiv reden, das tun, was die „Diplomaten eine ‚Tour d'horizon' nennen. Wir beide sind keine Diplomaten, sondern in einem offenen und direktem Gespräch einmal überlegen, was geht und was nicht geht." Er schlägt vor, daß Minister Seiters zu mir nach Berlin kommt, um unser Gespräch vorzubereiten. Kohl will mit mir schon den konkreten Termin des Besuchs von Seiters besprechen. Das auszumachen, ist eigentlich Sache unserer Unterhändler.

* Wörtliche Niederschrift des Telefongesprächs im Archiv des Autors

Bevor ich mich auf ein Termingespräch einlasse, komme ich auf das aktuelle Grundproblem zurück. Ich danke Helmut Kohl, daß er die Grenzöffnung so hoch bewertet. Sachlichkeit, Berechenbarkeit und guter Wille, sage ich, müßten auf beiden Seiten vorhanden sein. Ich äußere daher: „Ich wäre sehr dafür, Herr Bundeskanzler, wenn wir vor allem bestimmte Emotionen ausräumen, bei Leuten, die nun am liebsten alles über Nacht beseitigen möchten. Die Grenze durchlässiger zu machen, bedeutet ja noch nicht, die Grenze abzubauen. Ich wäre ihnen dankbar, wenn sie in dieser Beziehung beruhigend einwirken könnten."

Ich denke dabei auch an die neuen Ausschreitungen am Brandenburger Tor. Einige Leute gehen von der Westseite mit Vorschlaghammer und Meißel gegen die Mauer vor. Das birgt eine große Gefahr in sich. Nur Dank der Besonnenheit der Grenzsoldaten wird Gewalt vermieden, als mehrere Hundert Westberliner die Mauer überklettern.

Ich denke aber auch an die Mahnung des sowjetischen Außenministers an Genscher. Beide haben gerade telefoniert. Ich wurde aus Moskau darüber informiert. Schewardnadse hat zu Genscher gesagt: „Leider waren in der Rede von Helmut Kohl auf dem gestrigen Meeting Thesen enthalten, die zu Besorgnis Anlaß geben."

Kohl reagiert auf meinen Hinweis etwas verlegen: „Na ja, ich hab ja gestern mehrmals mit Berlin gesprochen. Und ich habe immer wieder darauf hingewiesen, ... daß jede Form von Radikalisierung gefährlich ist."

Ich stimme ihm zu, jede Form von Radikalisierung ist gefährlich.

Kohl erläutert seinen Standpunkt: „Wir werden uns nicht zu unterhalten brauchen, was für Gefahren das sein könnten. Das kann sich jeder leicht ausrechnen."

Es ist gut, denke ich, daß sich die Bundesregierung der Gefahr bewußt ist, die diese außergewöhnliche Situation mit sich bringt. Leider macht sie das in der Öffentlichkeit nicht deutlich.

Ich gehe darauf ein, daß „die Wiedervereinigung Deutschlands nicht auf der Tagesordnung steht".

Kohl meint dazu, daß er auf die Verfassung der Bundesrepublik vereidigt sei und in der stehe das Selbstbestimmungsrecht der Deutschen. Er macht aber die Einschränkung: „Das ist jetzt nicht das Thema, das uns im Augenblick am meisten beschäftigt. Sondern im Moment muß uns am meisten beschäftigen, daß wir zu vernünftigen Beziehungen zueinander kommen. Und das die Menschen dies auch akzeptieren."

Nach diesen Worten blättert der Kanzler wohl in seinem Terminkalender. Wir suchen nun gemeinsam nach einem Termin für den Besuch von Seiters in der DDR. Wir vereinbaren den 20. November.

Kohl schlägt zudem vor: „Und wenn noch irgendwas ist, Herr Krenz, um das klar zu sagen jetzt, das ist ja eine Situation, die leicht dramatisch werden könnte, dann greifen sie zum Telefon und ich umgekehrt."

Das nennt man in den Medien wohl: Das Rote Telefon ist geschaltet.

Der Kanzler informiert mich noch, daß er nach Polen zurückfliegt, um seinen gestern unterbrochenen Staatsbesuch fortzusetzen.

Wir vereinbaren eine Mitteilung über unser Gespräch an die Presse. Der Hauptgedanke soll sein: Wir haben intensive Gespräche geführt.

Kurz vor dem Telefongespräch mit dem Bundeskanzler wurde am Brandenburger Tor eine gefährliche Situation entschärft. Ich habe gestern zugestimmt, daß der Stabschef des Grenzkommandos Mitte mit dem Polizeipräsidenten von Berlin (West) über gemeinsame Sicherungsmaßnahmen spricht. Im Ergebnis wurde heute gegen 9.00 Uhr die Besetzung der Grenzmauer durch etwa 1000 Westberliner ohne besondere Zwischenfälle unterbunden. Mir fällt ein Stein vom Herzen. Wieder ist ein Gefahrenherd beseitigt.

Nach dem Telefongespräch fahre ich zum Gebäude des Nationalrates der Nationalen Front*. Es liegt in Berlin-Mitte, am Ernst-Thälmann-Platz, nur einen Steinwurf weit von der Staatsgrenze entfernt. In diesem Haus findet eine Tagung des Demokratischen Blocks** statt.

Zum ersten Mal dabei ist auch Dr. Lothar de Maizière. Er wurde gestern zum neuen Vorsitzender der CDU gewählt. Ich versuche, mit ihm ins Gespräch zu kommen. Ob seine Reserviertheit politischer Natur ist oder daraus resultiert, daß er zum ersten Mal an einer Blocksitzung teilnimmt, kann ich nicht beurteilen. Die Blockparteien in ihrer Gesamtheit haben sich in den beiden letzten Wochen sehr verändert. Viele ihrer Funktionäre drehen sich auf dem Absatz um. Waren sie noch bis Oktober darauf bedacht, treue Weggefährten der SED zu sein, tun einige jetzt so, als stünden sie schon Jahre zur SED in Opposition.

Ungeachtet dessen informiere ich die Vertreter der Blockparteien und der Massenorganisationen über das Aktionsprogramm der SED. Ich leite dies mit der Bemerkung ein:

---

* Die Nationale Front der DDR ging 1949 aus der Volkskongreßbewegung für Einheit und gerechten Frieden hervor. Sie verstand sich als breite Volksbewegung aller gesellschaftlichen Kräfte in der DDR.

** Der Demokratischer Block entstand 1945. In ihm waren bis 1989 die Parteien und Massenorganisationen der DDR zusammengeschlossen.

„Wir sind auf der 10. Tagung sehr kritisch mit uns umgegangen. Es gibt aber Leute, die wollen uns nicht ändern, die wollen uns weghaben. Wir sind bereit, uns zu ändern. Aber wir werden uns nicht aus der Verantwortung stehlen. Unser Aktionsprogramm ist der Beweis dafür. Es ist das bisher weitestgehende Reformprogramm der SED. Wer mehr will, will keine andere SED. Der will überhaupt keine SED. Der will den Sozialismus nicht reformieren. Er will ihn abschaffen."

Dann erläutere ich die Eckpunkte unseres Aktionsprogramms.

Unser Ziel ist, dem Sozialismus in der DDR mit mehr Demokratie neue Dynamik zu geben. Wir stehen für eine Reform des politischen Systems. Dazu gehört ein Wahlrecht, das freie, allgemeine, demokratische und geheime Wahlen gewährleistet und in jedem Stadium der Wahl die öffentliche Kontrolle garantiert. Wir sind für eine demokratische Koalitionsregierung. Wir machen Vorschläge für eine kommunale Selbstverwaltung. Wir stehen für den sozialistischen Rechtsstaat, der von den Grund- und Menschenrechten ausgeht. Recht und Gesetz sind das Maß des politischen Handelns der SED. Für dringlich halten wir ein Gesetz über die Vereinigungsfreiheit, über die Versammlungsfreiheit, ein Wahlgesetz, ein Mediengesetz und eine Veränderung des Strafrechts. Gewahrt werden soll die Unabhängigkeit des Richters. Wir schlagen eine Verwaltungsreform vor. Sondervergünstigungen und Sonderregelungen, die nicht durch Leistung gerechtfertigt sind, werden sofort außer Kraft gesetzt. Wir sind für eine neue Militärdoktrin der DDR. Die Verteidigungsausgaben sollen gesenkt und ein Zivildienst eingeführt werden, der an Stelle des Wehrdienstes geleistet werden kann. Das Zentralkomitee spricht sich für einen tiefgehenden Wandel unserer Informationspolitik aus.

Kern unseres Reformprogramms ist eine umfassende Wirtschaftsreform. Es geht um eine an den Marktbedingungen orientierte sozialistische Planwirtschaft, die allen am Wirtschaftsprozeß Beteiligten Anreize für ökonomische Initiativen und hohe Leistungen bietet. Wir sind dafür, Hemmnisse zu beseitigen, die der Leistungsentwicklung von Handwerk und Gewerbe entgegenstehen. Bevormundung und Gängelei, administrative Eingriffe und Zensur sind auch im Kultur- und Kunstleben auszuschließen. Die staatliche Genehmigungspflicht für das Erscheinen von Büchern und für die Aufführung von Theaterstücken soll abgeschafft werden. Auch im Bildungswesen sind grundlegende Veränderungen geplant. Es geht um die Umgestaltung des Staatsbürgerkunde-, Geschichts- und Deutschunterrichts. Abgeschafft werden soll der Wehrunterricht. Schließlich geht es um die Erneuerung der Partei. Entscheidend ist, Partei und Staat zu entflechten. Wir beanspruchen kein Monopol auf Wahrheit und fördern Meinungsvielfalt, Toleranz und ehrliches Ringen um die besten Lösungen.

Ich bin überzeugt, sage ich, daß unser Aktionsprogramm gemeinsam mit den Vorstellungen der Blockparteien die Arbeit der Koalitionsregierung Modrow bestimmen wird.

Bei allen noch vorhandenen Unvollkommenheiten: Seit dem 18. Oktober sind erst 25 Tage vergangen. Was die 10. Tagung beschloß, kann sich sehen lassen. Leider geht das Aktionsprogramm bei vielen unter, weil sie die neuen Reisefreiheiten genießen. Das überlagert heute alles.

Im Block sprechen wir auch über die Vorbereitung der nächsten Tagung der Volkskammer. Obwohl die SED in den letzten Jahren das Amt des Präsidenten der Volkskammer besetzt hatte, verzichten wir darauf, einen eigenen Kandidaten vorzuschlagen. Dieses Amt soll wieder eine andere Partei übernehmen, so wie es bis 1976 war. Ich schlage vor, als Präsidenten für die Volkskammer Manfred Gerlach zu nominieren. Ich denke dabei nicht nur daran, daß der langjährige Volkskammerpräsident Johannes Dieckmann wie Gerlach aus der LDPD kam. Ich schlage den Vorsitzenden der LDPD vor, weil er sich in der Vergangenheit aktiv für Veränderungen in der DDR eingesetzt hat. Es gelingt jedoch nicht mehr, daß sich der Block auf einen gemeinsamen Kandidaten für die am Montag bevorstehende Wahl des Präsidenten der Volkskammer einigt. Mit Ausnahme der SED stellen die anderen Parteien ihren eigenen Kandidaten auf.

12. November

Sonntag. Seit 5.00 Uhr lese ich an mich gerichtete Briefe. Darunter sind viele Schreiben von Mitgliedern der SED. Auch Helmut Müller, ein Freund aus FDJ-Zeiten, seit langem ZK-Mitglied und 2. Sekretär der SED-Bezirksleitung Berlin, hat mir geschrieben. Um seinem Brief ein noch größeres politisches Gewicht zu geben, haben weitere Mitglieder des ZK unterschrieben. Es geht schon wieder um die Gretchenfrage: Sag, wie hältst du es mit einem Außerordentlichen Parteitag?

Ich denke an die Kundgebung im Lustgarten am 10. November zurück. Die vorher so klare und eindeutige Manifestation für die Erneuerung der SED spaltete die Teilnehmer in Anhänger einer Parteikonferenz und in Befürworter eines Außerordentlichen Parteitages. Es geht jedoch nicht nur um die Form. Viele Genossen befürchten, daß die Parteikonferenz kein neues Zentralkomitee wählen kann. Sie meinen, die Erneuerung sei nur glaubhaft, wenn ein Außerordentlicher Parteitag ein völlig neues Zentralkomitee wählt. Ein Zentralkomitee, dem keine Mitglieder aus dem jetzigen ZK angehören. Ich fürchte, daß sich die Partei an dieser Frage zerreiben könnte. Soweit darf es nicht kommen. Ich berufe daher ad hoc eine nicht planmäßige Sitzung des Politbüros ein und unterbreite einen Vorschlag zur Umwandlung der für Mitte Dezember geplanten Parteikonferenz in einen Außerordentlichen Parteitag. Das Politbüro beruft auf meinen Vorschlag hin für Montag abend die 11. Tagung des Zentralkomitees ein, die über den Außerordentlichen Parteitag zu befinden hat. Ich greife dieser Entscheidung insofern vor, als ich vor Journalisten erkläre, die Einberufung eines Parteitages empfohlen zu haben. So verbinde ich den Beschluß des ZK über die Einberufung eines Außerordentlichen Parteitages faktisch mit meinem politischen Schicksal. Folgt mir das Zentralkomitee nicht, müßte ich zurücktreten.

Mir wird mitgeteilt, daß Bundespräsident Richard von Weizsäcker morgen den Grenzübergang Potsdamer Platz besuchen wird. Zudem melden die Medien, daß er mich noch vor Weihnachten treffen möchte. Mir wird vorgeschlagen, den Bundespräsidenten am Montag am Grenzübergang offiziell zu begrüßen. Ich lehne es ab. Nicht nur, weil er nach unserer Rechtsauffassung als Bundespräsident in Westberlin keine offiziellen Amtsakte ausführen darf. Ich will in diesen Tagen keine demonstrativen Handlungen in Richtung Westen. Ich will, daß der Reiseverkehr als die normalste Sache angesehen wird. In dieser kritischen Zeit will ich nichts tun, was von den sowjetischen Verbündeten als deutsch-deutscher Alleingang gewertet werden könnte.

Am Abend ruft mich Botschafter Kotschemassow an: „Ich hatte heute eine Begegnung mit dem Botschafter der USA in der BRD, Vernon Walters. Er kam als Chef der amerikanischen Administration in Berlin (West) zu mir“, informiert der sowjetische Botschafter. „Sie erhalten selbstverständlich eine schriftliche Information* darüber. Walters hat signalisiert, daß die Amerikaner die Öffnung des Brandenburger Tors wünschen“, fährt Kotschemassow fort. Das Tor sei nach seiner Meinung immer noch ein Spannungsherd. Das Problem könne gelöst werden, wenn am Brandenburger Tor ein Grenzübergang eingerichtet wird. „Ich“, so Kotschemassow, „bin dagegen. Das

* Text im Archiv des Autors

Brandenburger Tor liegt zu nahe an der sowjetischen Botschaft. Ich will mich aber mit Moskau konsultieren."

Ich antworte: „Bedenken sie dabei bitte auch, daß es Bundespräsident von Weizsäcker war, der einmal sagte: ‚Die deutsche Frage bleibt solange offen, wie das Brandenburger Tor geschlossen ist.'"

Verteidigungsminister Keßler nimmt im DDR-Fernsehen zu Einsatzbefehlen für die Grenztruppen Stellung. Er sagt unter anderem: „Der konkrete Befehl lautet: Alles zu tun und mitzuhelfen, daß der nunmehr eingeleitete Reiseverkehr ordentlich und reibungslos verläuft. ... Und das alles ohne Gebrauch oder Einsatz der Schußwaffen."

Der Tagesbericht, den ich erhalte, weist aus, daß an diesem Wochenende eine knappe Million DDR-Bürger die Bundesrepublik und Berlin-West besuchten. Die Zahl derer, die dort bleiben wollen, geht rapide zurück.

13. November

Um die Einberufung zur heutigen Tagung der Volkskammer hatte es im Vorfeld Konflikte zwischen der FDJ-Fraktion und dem Präsidenten der Volkskammer, Horst Sindermann, gegeben. Während die FDJ-Fraktion seit Wochen fordert, daß die oberste Volksvertretung über die Lage im Land diskutiert, hat der Präsident erst die Tagung des Zentralkomitees der SED abgewartet. Auch ich habe unterschätzt, daß das frühere Ritual, zuerst tagt das Zentralkomitee und dann stimmt das Parlament dessen Beschlüssen zu, nicht mehr funktioniert. Nun tritt die Volkskammer heute ohne Bevormundung zusammen, nimmt ihre Rechte und Pflichten als einziges verfassungs- und gesetzgebendes Organ, als souveränes Machtorgan der DDR, wahr.

Hans Jendretzky, ein Mann der ersten Stunde und mit 92 Jahren nun der zweitälteste Abgeordnete, eröffnet die Sitzung der Volkskammer. Er teilt mit, daß Präsident Horst Sindermann, sein Stellvertreter Gerald Götting sowie alle Mitglieder des Präsidiums zurückgetreten sind. Er informiert, daß die Wahl des neuen Präsidenten in geheimer Abstimmung erfolgt. Es bewerben sich fünf Abgeordnete. Dies ist einmalig in der Geschichte der DDR. Bisher hatten sich die Parteien und Massenorganisationen vorher über einen gemeinsamen Kandidaten geeinigt, der in der Regel einstimmig gewählt wurde.

Im ersten Wahlgang erhält keiner der Kandidaten die erforderliche absolute Mehrheit. Es wird eine Stichwahl notwendig zwischen dem Vorsitzenden der LDPD, Manfred Gerlach, und dem Vorsitzenden der DBD, Günther Maleuda.

In einer Pause beraten die Fraktionen über ihr Abstimmungsverhalten. Ich kenne beide Kandidaten aus gemeinsamer Arbeit. Sie sind für das hohe Amt geeignet. Ich setze mich für Gerlach ein und versuche, auch die Mitglieder der SED in der Volkskammer für ihn zu gewinnen. Wir üben keinen Fraktionszwang aus. Der zweite Wahlgang ergibt: Maleuda wird mit 246 von 477 Stimmen zum Präsidenten der Volkskammer gewählt. Gerlach erhält 230 Stimmen. Eine Stimme ist ungültig.

Es folgt die Aussprache zur politischen Lage im Land, an der sich alle Fraktionen beteiligen. Die Abgeordneten stellen Fragen. Ministerpräsident Stoph erklärt, die Regierung habe ihre politische Verantwortung gemäß der Verfassung der DDR nicht wahrgenommen. Seine eigenen Handlungsmöglichkeiten seien wesentlich eingeschränkt gewesen. Er habe versäumt, der Volkskammer die Probleme vorzutragen und Lösungen zu unterbreiten. Als Vorsitzender des Ministerrates übernehme er die volle Verantwortung dafür.

Eine Abgeordnete der FDJ-Fraktion will wissen, wer seine Kompetenzen eingeschränkt hat. Stoph antwortet: „Die planmäßig proportionale Entwicklung der Volkswirtschaft ist eingeschränkt gewesen. Von Investitionsvorhaben wie zur Mikroelektronik oder zum Düngemittelwerk in Rostock hat der Ministerrat nachträglich erfahren. Sie sind auch nachträglich in den Plan geschoben worden. Die Verantwortung dafür tragen der ehemalige Generalsekretär und Vorsitzende des Staatsrates und Günter Mittag."

Mir ist unwohl bei dieser Erklärung. Ein gestandener Mann wie Stoph schiebt die Fehlentwicklungen auf zwei Personen. Das ist die einfachste Art, die Ursachen unserer Krise zu erklären. Jeder muß sich fragen: Wieso haben wir das mitgemacht? Niemand aus dem ZK hat je gegen diese praktizierte Politik protestiert. Als Schürer 1988 sehr zurückhaltende Vorschläge zur Veränderung unserer ökonomischen Politik an Honecker schickte, sorgte Mittag dafür, daß der Vorsitzende der Plankommission als Abweichler von der Parteilinie kritisiert wurde.

Die meisten ZK-Mitglieder wußten davon. Keiner hat protestiert. Stoph ist seit 1953 im Politbüro. Er hat in den schwierigen Jahren des Aufbaus hohe Verantwortung getragen. Seine Antwort, die, wie die gesamte Tagung, live im Fernsehen übertragen wird, wirft die Frage auf: Wie hast du deine persönliche Verantwortung wahrgenommen? Ich beziehe dies auch auf mich. Manche sagen, es sei der

Stalinismus, der uns allen anhänge. Das ist mir jedoch zu allgemein. Dieser Begriff ist unscharf. Gilt er als Synonym für Verbrechen, dann kann ich ihn für mein politisches Verhalten in der DDR auf keinen Fall akzeptieren. Gilt er als Ausdruck für bestimmte Strukturen in der Gesellschaft und für Denkweisen der Führung, dann muß man diese beim konkreten Namen nennen. Sonst wird der Begriff zum Schlagwort, das persönliche Verantwortung verdeckt. Das Politbüro hat zum Beispiel über Jahre hinweg die wahre Wirtschaftslage ignoriert. Es gab Voreingenommenheit und politisches Mißtrauen gegen alles, was neu oder anders als in der DDR war. Wir waren nicht daran gewöhnt, in politischen Alternativen zu denken. Es war nicht nur zu wenig Demokratie, die die DDR in die heutige Lage brachte. Es ist vor allem die Negierung von ökonomischen Gesetzen in der Wirtschaftsführung. Existentielle ökonomische Entscheidungen wurden auch deshalb in einem kleinen Kreis getroffen, weil Honecker und Mittag Auseinandersetzungen mit Fachleuten und Wissenschaftlern fürchteten. Hinzu kommt, daß manche Genossen im Politbüro wenig für ihre Weiterbildung und ihr Kulturniveau taten. Sieht man von Jarowinsky und Schürer ab, war kein kompetenter Wirtschaftsfachmann im Politbüro. Kleiber wollte es sein, ihm fehlte nur das Profil dazu. Es gab im Apparat und in den wissenschaftlichen Instituten hochbegabte Talente. Auf sie haben wir uns zuwenig gestützt.

Mir kommt das Wort von Stephan Zweig in den Sinn: Wenn Revolutionäre an die Macht kommen, sind sie keine Revolutionäre mehr. Unser Verhalten wurde mehr und mehr kleinbürgerlich denn revolutionärer. Aus meinen Überlegungen zu den Ausführungen des scheidenden Ministerpräsidenten werde ich gerissen, als in der Diskussion auch mein Name fällt.

Ein Abgeordneter will im Zusammenhang mit den neuen Reiseregelungen von mir wissen, welche Rechtssicherheit DDR-Bürger in der BRD genießen. Noch, so fügt er hinzu, verweigert die Bundesrepublik den DDR-Bürgern die Anerkennung der DDR-Staatsbürgerschaft.

Ich weiß, daß die Grenzöffnung auch ihre Kritiker hat. Vertreter der politischen Opposition betrachten sie als „Staatsstreich", als „Rache der SED". Sie meinen, so solle der Weg zu einer reformierten DDR verbaut werden. Andere sehen sie als „Ausdruck der Kopflosigkeit der SED-Führung". Mir sind solche Gedanken durchaus geläufig. Ich versuche, immer wieder klar zu machen, daß meine Alternative am 9. November war: Öffnung oder Gewalt! Inzwischen ist die Zahl der Kritiker gewachsen, die mir vorwerfen, die Öffnung der Mauer ökonomisch verschenkt zu haben. Bei richtiger Verhandlungsführung mit der Bundesregierung, so meinen auch Kandidaten für die neue Regierung, hätte die DDR noch Milliarden DM bekommen können. Mit Wissen dieser Vorwürfe gehe ich ans Rednerpult.

Ich bekräftige, daß der Anspruch der Bundesrepublik auf die Obhutspflicht für alle Deutschen nach wie vor völkerrechtswidrig ist. Ich erinnere an den jüngsten Beschluß des Bundesvorstandes der Grünen, der die BRD-Regierung auffordert, die Existenz der DDR und damit „die Zweistaatlichkeit als Folge des von Deutschland entfesselten Zweiten Weltkrieges" völkerrechtlich anzuerkennen. Damit müsse, so die Grünen, die Anerkennung der Staatsbürgerschaft verbunden sein. Auch Willy Brandt hat gestern gefordert, zwischen beiden deutschen Staaten „vernünftige Beziehungen" herzustellen. Ich weiß aber auch, daß die Rechnung Reiseverkehr gegen finanzielle Zugeständnisse der Bundesrepublik nicht mehr aufgehen kann. Vielleicht wäre dies noch 1987 möglich gewesen. 1989 hätte Bonn keinen Heller mehr für die Öffnung der Grenze gezahlt. Die Bundesregierung weiß, daß die Vorgänge in der DDR früher oder später die Öffnung erzwungen hätten. Wer mir vorwirft, die Mauer aufgemacht zu haben, ohne vorher ökonomische Bedingungen an Bonn zu stellen, hat Illusionen über die Absichten der bundesdeutschen Regierung über die DDR und auch über die inzwischen eingetretene Veränderung des internationalen Kräfteverhältnisses.

Die Themen der Debatte wechseln. Die Minister stehen Rede und Antwort. Einige argumentieren sachkundig, andere versagen. Als Erich Mielke die Abgeordneten mit „liebe Genossen" anspricht, rufen einige Abgeordnete von den Blockparteien: „Wir sind keine Genossen." Mielke kann sich offensichtlich nicht mehr genau orientieren, ob er vor dem ZK oder der Volkskammer steht. Er antwortet: „Ich liebe euch doch alle!" Zweifellos peinlich, nicht nur für ihn, zumal die Zuschauer an den Bildschirmen nicht erfahren, daß der Satz von Mielke eine Reaktion auf einen Zwischenruf ist. Vor Wochen noch wäre manchem der Zwischenrufer vor Freude der Kamm geschwollen, wenn Mielke sie als Genosse angeredet hätte. Aber so sind Menschen in Wendezeiten, denke ich.

Nach der Diskussion beschließt die Volkskammer, einen zeitweiligen Ausschuß zu bilden, der sich mit der Überprüfung von Amtsmißbrauch und Korruption, ungerechtfertigter persönlicher Bereicherung und anderen gesetzwidrigen Handlungen befaßt, bei denen der Verdacht der Verletzung der Gesetze der DDR besteht.

Zum Abschluß der Tagung bestätigt die Volkskammer den Rücktritt der Regierung Stoph. Sie wählt Hans Modrow zum Ministerpräsidenten und beauftragt ihn, eine neue Regierung zu bilden. Damit ist mein Vorschlag, den ich der Tagung des ZK unterbreitet habe, auch von der Volkskammer bestätigt. Mit Modrow wird ein Mann Regierungschef, der beträchtliche politische Erfahrungen hat. Um nur einige Stationen zu nennen: Unter Honeckers Leitung saß er bis 1955 und dann bis 1961 im Sekretariat des FDJ-Zentralrates. Seit 1958 gehört er dem Zentralkomitee der SED an, war 1. Kreissekretär, dann in der Berliner Bezirksleitung und später Abteilungsleiter für Agitation im ZK und leitete mehr als 15 Jahre die Parteiorganisation des Bezirks Dresden. Ich hatte auf der Tagung des Zentralkomitees die Bildung einer Koalitionsregierung vorgeschlagen. Dabei hatte ich auch begründet, daß künftig die Regierung unter Modrow ihre verfassungsmäßigen Rechte und Pflichten ohne Bevormundung durch das Politbüro wahrnimmt. Auf dieser Grundlage soll sich nun die Arbeit des Politbüros und der Regierung vollziehen.

Seit 18.00 Uhr sitze ich sehr ungeduldig auf meinem Platz als Staatsoberhaupt. Um diese Zeit soll eigentlich die 11. Tagung des ZK eröffnet werden. Beides ist beispiellos: ZK-Mitglieder warten im Sitzungssaal des ZK auf den Beginn des Plenums. Die Volkskammer tagt ohne Rücksicht auf die geplante ZK-Tagung. Ich könnte aufstehen und gehen. Doch das käme einer Brüskierung der Volkskammer gleich. Es hat sich bereits eine neue politische Kultur in der obersten Volksvertretung entwickelt.

Gegen 20.30 Uhr kann endlich die Tagung des Zentralkomitees beginnen. Einziger Tagesordnungspunkt ist die Einberufung des Außerordentlichen Parteitages. Ich begründe meinen Vorschlag damit, daß die Einheit der SED in Gefahr ist. In diesem Zusammenhang führe ich aus: „Der Ernst der Lage gebietet es, nicht eine Partei zu haben, die eine Parteikonferenz will, und einen anderen Teil der Partei, der einen Parteitag will ... Die Hauptfrage des Sonderparteitages ist ohnehin die ... Wahl eines neuen Zentralkomitees ..." Damit deute ich auch an, daß sich jeder, der jetzt noch dem ZK angehört, im klaren sein muß, daß er möglicherweise nicht wiedergewählt wird.

Die Diskussion über meinen Vorschlag wird hitzig, ja leidenschaftlich geführt.

Hermann Kant geht es um die Frage der Verantwortung. „Wir müssen bei der Vorbereitung dieses vorgezogenen Parteitages auch die Erwartung der Partei erfüllen, daß wir ein Politbüro bekommen und natürlich einen Generalsekretär, die der Kontrolle durch die Partei anders unterworfen sind als es bislang der Fall war." Er trifft damit eine verbreitete Stimmung: Wir brauchen eine Garantie, eine

Kontrolle der Parteiführung durch die Partei, damit wir nie wieder in eine solche Lage kommen.

Heinz Keßler greift das Problem auf. Seine Genossen fragen ihn: Wenn du als Mitglied des alten Politbüros die Verantwortung für die gegenwärtige Lage mit übernommen hast, wo ist dann die Garantie, daß du dich in Zukunft anders verhältst als früher? Er zieht daraus die Schlußfolgerung: Wenn ich der Erneuerung, zu der ich meine volle Bereitschaft erklärt habe, im Wege stehe, bin ich bereit, von meiner Funktion zurückzutreten.

Wie weit soll das noch gehen? denke ich. Das Politbüro ist zurückgetreten, die Regierung hat abgedankt, Kreis- und Bezirkssekretäre werden ausgewechselt, gegen Parteifunktionäre an der Basis gibt es zum Teil Psychoterror im wahrsten Sinne des Wortes. Nun wird die Forderung gestellt, daß weitere Mitglieder des ZK zurücktreten. Heute sollen es Hager und Neumann sein und morgen vielleicht Schabowski, Modrow und Krenz? Ich frage mich erneut: Inwieweit kann man überhaupt in einem Zentralkomitee differenzieren, in dem bis Oktober niemand den Mund für Reformen aufgemacht hat? Natürlich ist die Verantwortung von Honecker höher als die anderer ZK-Mitglieder. Das ist keine Frage. Zählen muß der Einsatz für eine neue Politik. Und da hat sich bis Oktober niemand hervorgetan. Sollten wir uns nicht ohne Ausnahme dem Außerordentlichen Parteitag stellen, statt einen Rücktritt nach dem anderen bekanntzugeben? Was ich als konsequent bezeichne, bewerten andere als Halbheiten.

Ein Redner schlägt vor, nach dem Beispiel der KPdSU eine Liste auszulegen, in die sich jeder eintragen kann, der aus dem ZK ausscheiden will.

Nun greift Hans Modrow ein. Er bringt es auf den Punkt: Es kann nicht darum gehen, sagt er, „daß wir in eine Situation hineingehen, wo wir uns sozusagen gemeinsam verabschieden wollen und möchten dann das kleine Politbüro in seiner Zahl übriglassen, und dann soll sich das dem Parteitag stellen ... Wie sollen wir dann einen Parteitag machen, der eine Rechenschaft des Zentralkomitees zu fordern hat ...“ Modrow spricht sich dagegen aus, „daß wir sozusagen hier eine Auflösung des Zentralkomitees betreiben, das in Verantwortung und zur Rechenschaftslegung auf diesem Sonderparteitag ansteht“.

Ich schlage eine Pause vor, um mich mit den anwesenden Bezirkssekretären zu beraten. Während dieser Zeit entwirft Kurt Hager diesen Text: „Im Namen der Erneuerung der Partei und ihrer Führung sowie der Vorbereitung des Außerordentlichen Parteitages bitten wir darum, uns von der Funktion eines Mitglieds des Zentralkomitees zu entbinden."

Es unterschreiben: Kurt Hager, Herrmann Axen, Werner Krolikowski, Erich Mückenberger, Inge Lange, Harry Tisch, Hans-Joachim Böhme, Erich Mielke, Gerhard Müller, Werner Walde, Horst Dohlus, Günther Kleiber, Willi Stoph und Horst Sindermann.*

Die Konsultation mit den Bezirkssekretären ergibt, daß jetzt das Entscheidende die Vorbereitung des Außerordentlichen Parteitages ist. Ich lasse über diesen Antrag abstimmen. Das Rücktrittsgesuch einiger ZK-Mitglieder wird verworfen. Angenommen wird der Beschluß, den Außerordentlichen Parteitag für die Zeit vom 15. bis 17. Dezember nach Berlin einzuberufen.

Gegen 22.35 Uhr ist die 11. ZK-Tagung zu Ende.

14. November

Das Politbüro berät den Entwurf der Regierungserklärung und die Vorschläge von Hans Modrow zur Zusammensetzung der Koalitionsregierung. Beides entspricht dem Aktionsprogramm der SED.

Meine Vorschläge zur Regierungserklärung habe ich gestern abend formuliert. Ich gebe sie während der Sitzung des Politbüros an Hans Modrow mit der Bemerkung: „Schau sie dir an. Nimm, was du für richtig hältst und verwirf, was du nicht brauchst." Ich mache damit vor dem Politbüro deutlich, daß ich als Generalsekretär den Ministerpräsidenten nicht bevormunden werde. Was wir durchsetzen wollen, müssen wir in kameradschaftlicher und sachbezogener Diskussion erarbeiten.

Das Politbüro bevollmächtigt Modrow, mit den anderen Parteien Gespräche über die Regierungsbildung zu führen. Obwohl der Ministerpräsident von der SED nominiert, also der Vertreter der SED ist, beginnen die Koalitionsgespräche in meiner Anwesenheit im Amtssitz des Vorsitzenden des Staatsrates.

Sie sind offen und kollegial, auch wenn jede Partei vehement versucht, ihre eigenen Interessen durchzusetzen. Zustimmung findet der Vorschlag der SED, den Ministerrat von bisher 45 auf 28 Mitglieder zu verkleinern. Dies soll ein erster Schritt zur Reorganisation der

* Das handschriftliche Schreiben befindet sich im Archiv des Autors.

Regierungsarbeit sein. Während bisher vier Vertreter der befreundeten Parteien der Regierung angehörten, sollen diese Parteien künftig 11 Minister stellen. Im Koalitionsgespräch wird auch diskutiert, wie die Kirche in die Regierung einbezogen werden kann. Im Gespräch ist Manfred Stolpe. Später höre ich, daß er abgelehnt hat.

Dem Politbüro liegt heute eine fast 40seitige Vorlage von Minister Walter Halbritter vor. Er ist Leiter des Amtes für Preise. In der Vergangenheit hat er fast jährlich an Erich Honecker Vorschläge unterbreitet, um im Interesse sozialer Gerechtigkeit Subventionen abzubauen. Honecker war stets strikt dagegen. Er sah darin einen Verstoß gegen die Einheit von Wirtschafts- und Sozialpolitik. Einmal sagte Erich Honecker mir, der 17. Juni 1953 habe mit der Erhöhung der Marmeladenpreise begonnen. Die damaligen Versuche, höhere Preise für Artikel festzulegen, die zum Grundbedarf der Arbeiter gehören, hätten ihm eine Lektion für das Leben gegeben. Doch inzwischen hat sich die Situation geändert. Viele DDR-Bürger verstehen unsere Preis- und Tarifpolitik nicht mehr. Dennoch weigerte sich Honecker, Änderungen überhaupt zu diskutieren. Er befürchtete die Verschlechterung des Lebensstandards der einfachen Leute. Anfang des Jahres bat Honecker den bekannten Wirtschaftswissenschaftler Professor Jürgen Kuczynski, seine Ansichten über die Subventionen in einem grundsätzlichen Artikel zu veröffentlichen. Kuczynski tat es gern. Er begründete, daß die DDR an ihrer Preisstabilität festhalten müsse. Dies sei eine großartige Leistung des Sozialismus. Unter keinen Umständen dürfe die DDR das Risiko einer Preisreform eingehen. Für Erich Honecker war damit das Problem endgültig erledigt. Das hielt Professor Otto Reinhold nicht ab, in einem Artikel im NEUEN DEUTSCHLAND die Sache differenzierter als sein Wissenschaftskollege zu erörtern. Zu seinem Artikel erhielt der Autor ca. 200 Leserbriefe. Als ich damals die Analyse dieser Briefe las, fielen mir zwei Schreiben besonders auf. Ein Herr Beyer schrieb: „Leistung spielt keine Rolle bei uns. Es klingt sicher bitter, was ich jetzt schreibe, aber es sind meine langjährigen Erfahrungen. Ob jemand klug oder dumm, faul oder fleißig ist, spielt keine Rolle; der Sozialismus gibt allen annähernd das Gleiche ... So wird niemand zu Spitzenleistungen getrieben."

Ein Herr oder eine Frau Klose schrieb: „Vor der Bäckerei unseres Dorfes mußte ich an einem feuchtnebligen Herbsttag 1988 ein paar Minuten warten. Plötzlich kam eine junge Frau mit ihrem achtjährigen Sohn aus dem Laden, beide auf den Armen aufgetürmte warme Brote. Beide kippten die Brote in den Hänger des vor dem Laden parkenden Pkw. Der Junge rannte noch einmal in den Laden und holte noch ein paar Brote heraus, warf sie mit Schwung in den Hänger und sprang zur Mutter ins Auto. Beide waren fröhlich und fuhren mit 10 bis 15 frischen Broten davon. Ich kenne die Familie, sie züchtet Biber. Diese Beobachtung kann man in verschiedener Form täglich und vielfach machen. Andere holen das Brot für Kaninchen, Hühner oder Schweine ..."

Ich nahm damals die Analyse und ging damit zu Honecker. Sein Kommentar: Der erfahrene Jürgen Kuczynski weiß es besser. Damit war für ihn das Problem vom Tisch. Nicht so für Walter Halbritter. Er schickte seine Vorschläge erneut an den Generalsekretär, diesmal am 10. Oktober 1989. Er übermittelte auch mir ein Exemplar. Er würdigt in seiner Denkschrift, daß sich seit 1971 die Wohnbedingungen für mehr als die Hälfte aller DDR-Bürger verbessert haben. Seit 40 Jahren gibt es stabile Mieten. Im Durchschnitt werden nur 3 Prozent vom Haushaltsnettoeinkommen für Miete aufgewendet. Die DDR-Bürger zahlen für Fleisch, Butter, Brot, Milch und andere Grundnahrungsmittel, ebenso für Heizung, Elektroenergie, Verkehrsleistungen, Post und viele Industriewaren 1989 dieselben Preise wie in den fünfziger Jahren. Die Zuwendungen für die Bevölkerung aus dem Staatshaushalt für sozialpolitische Aufgaben sind von 26,2 Mrd. Mark 1971 auf 110,5 Mrd. Mark 1988 gestiegen. Es sei eine bedeutende Leistung, schreibt Halbritter, daß in einer Zeit drastisch gestiegener Preise für Rohstoffe und Energieträger auf den Weltmärkten die Verbraucherpreise für Waren des Grundbedarfs sowie für Mieten, Tarife und Dienstleistungen unverändert blieben. Dann kommt der erfahrene Ökonom zu den Nachteilen dieser Politik. Er macht darauf aufmerksam, daß die Bevölkerung nur 57 Prozent ihres Einkommens leistungsabhängig direkt in Form von Lohn und Gehalt erhält. Dagegen werden 43 Prozent der Einkommen unabhängig von der Leistung des Einzelnen verteilt. Die Verteilung von Nationaleinkommen über Preise sei aber sozial undifferenziert und leistungsunabhängig. Damit werde das Leistungsprinzip verletzt. Halbritter schlägt vor, Subventionen sozial gerecht abzubauen, ohne daß sich das Lebensniveau der Bevölkerung verschlechtert. Dazu unterbreitet er einen umfangreichen Katalog von Preismaßnahmen, die einer grundlegenden Reform der Verbraucherpreise gleichkommen. Während die Subventionen abgebaut werden, sollen sich der Durchschnittslohn und das Einkommen der Bürger der DDR um rd. 460 Mark monatlich erhöhen.

Wir wissen im Politbüro, wie delikat in dieser schwierigen Zeit Preisfragen sind. Wir müssen das Problem aber lösen. Wir bestätigen die Vorlage als interne Arbeitsgrundlage. Hätten wir dieses Problem vor fünf oder zehn Jahren angepackt, wir stünden mit unserer Wirtschaft wesentlich besser da.

Das Politbüro hebt heute einen Beschluß vom 22. November 1988 auf, der in bestimmter Hinsicht auch mit dem Problem der Subventionen zusammenhängt. Im Herbst 1988 hatte sich ein Kollektiv aus dem Kernkraftwerk Greifswald an den Staatsrat gewandt. Die Arbeiter und Ingenieure kritisierten unter anderem die Verletzung des Leistungsprinzips, die Schönfärberei in den Medien und die Subventionspolitik. Dies wurde von einer Arbeitsgruppe, die Günter Mittag eingesetzt hatte, als Forderung zur „Korrektur des bewährten Kurses der Einheit von Wirtschafts- und Sozialpolitik, die sich gegen die Generallinie der Partei richtet und einer Plattform gleichkommt", bezeichnet. Indem wir diese falsche und ungerechte Einschätzung aufheben, wollen wir deutlich machen, daß das neue Politbüro die Diskussion in der Partei um Alternativen in unserer Politik fördert und nicht einschränkt.

Als ich am Abend die Post lese, bereitet mir eine Mitteilung besondere Sorgen. Generaloberst Mittig informiert, daß auf der gestrigen Montagsdemonstration in Leipzig, der ersten nach der Grenzöffnung, vereinzelt Reichskriegsflaggen der deutschen Wehrmacht gesehen wurden. Zudem skandierten kleine Gruppen von Jugendlichen: „Wir sind ein Volk". Es sei beobachtet worden, daß westdeutsche Touristenbusse diese Leute nach Leipzig beförderten. Die Leipziger Demonstration soll offensichtlich umfunktioniert werden. Sie entstand, als Tausende über Ungarn in die Bundesrepublik gingen. Damals riefen die Demonstranten: „Wir bleiben hier!" Nachdem die Sprachlosigkeit des Politbüros unerträglich geworden war, riefen sie: „Wir sind das Volk". Die neue Losung schwappt vom Westen herüber. Vernünftige Leute sprechen sich dagegen aus. Der Vorsitzende des Zentralrates der Juden in Deutschland, Heinz Galinski, sagt: „Ich warne davor, daß jetzt Elemente glauben, ihre Zeit sei gekommen, um Thesen der Vergangenheit zu verbreiten." Walter Momper warnt vor einer „Okkupationsmentalität". Willy Brandt erwartet von seinen Landsleuten in der Bundesrepublik, „auf unerbetene Ratschläge an die DDR zu verzichten".

Die sowjetische Nachrichtenagentur TASS erklärt: „Besorgniserregend sind die Versuche bestimmter Kreise in der BRD, die die Wiedervereinigung auf der Tagesordnung sehen möchten." Eine Blitzumfrage, die Soziologen durchführen, zeigt, daß es bei DDR-Bürgern keine Mehrheit für eine Vereinigung der beiden deutschen Staaten gibt. Auch die FRANKFURTER ALLGEMEINE ZEITUNG stellt fest, das

Regime in der DDR könne sich in einem Punkt sicher sein: „Die Forderung nach Beseitigung der Zweistaatlichkeit braucht es nicht zu fürchten." Auch Frau Bohley äußert sich in diesem Sinne. In einem Interview mit der französischen Zeitung FIGARO antwortet sie auf eine Frage zur Wiedervereinigung: „Nein. Das ist ein Thema für Wahlkampagnen in Westdeutschland. Nach vierzig Jahren gibt es zwei verschiedene Gesellschaften. Die westdeutsche Lebensweise ist uns ganz und gar fremd ... Was die BRD will, ist eine Vereinigung, bei der sie ihr Modell durchsetzt. Die Ostdeutschen wollen sich aber nicht 40 Jahre ihrer Geschichte entledigen."

15. November

1987 forderte US-Präsident Ronald Reagan vor dem Brandenburger Tor: „Herr Gorbatschow, öffnen Sie das Tor!"

Obwohl inzwischen die Grenze zwischen beiden deutschen Staaten offen ist, bleibt das Tor geschlossen. Unerwartet gibt es auch ein „Nein" des Bundeskanzlers zur Öffnung des geschichtsträchtigen Tores. Das hat folgende Vorgeschichte: Am Sonntag hatte der amerikanische Botschafter in einem Gespräch mit seinem sowjetischen Kollegen die Öffnung des Brandenburger Tores gefordert. Die sowjetische Seite blockte ab. Kotschemassow meinte, die Grenze liege zu nahe an der sowjetischen Botschaft. Einen Tag später, am Montag, bestürmen westliche Journalisten in den Pausen der Sitzung der Volkskammer Modrow und mich mit der Frage: Wann wird das Tor geöffnet? Ich werde nach wie vor keine demonstrativen Akte vollziehen. Die könnten auch im Ausland falsch verstanden werden. Die kulturhistorische und architektonische Geschichte dieses Tores, nun fast genau 200 Jahre in dieser Form alt mit der Schadowschen Quadriga-Idee „Triumph des Friedens" ist mir wohl bekannt. Aber anderes geht mir durch den Sinn: Für mich ist das Brandenburger Tor auch ein Symbol für düstere Kapitel deutscher Geschichte: für militärische Siegesparaden und den Fackelzug der faschistischen SA- und SS-Kolonnen am 30. Januar 1933 zur Machtergreifung Hitlers. Nach dem Zweiten Weltkrieg wurde das Tor ein Wahrzeichen der Trennung der Welt in zwei entgegengesetzte Systeme. Noch vor einem Jahr hatte Willy Brandt gesagt, durch den Mauerbau sei die seinerzeit befürchtete Kriegsgefahr abgewendet worden. Die Öffnung dieses Tores würde nach meiner Meinung der Weltöffentlichkeit eine Normalität vorspielen, die es in Deutschland nicht gibt. In Medien der Bundesrepublik wird zudem die vermeintliche Öffnung des Brandenburger Tores schon als erster Schritt der deutschen Einheit gefeiert. Neben den politischen gibt es auch rein praktische Erwägungen, die gegen die Öffnung sprechen. In nur 500 m Entfernung, am Potsdamer Platz, wurde ein neuer Grenzübergang eröffnet, der seinen Zweck voll erfüllt. Auf die Fragen der Journalisten antworte ich stereotyp: „Grenzübergänge haben wir genug. Für symbolische Akte ist nicht die Zeit."

Am 13. November fragte ein Reporter der BILD-Zeitung Hans Modrow: Wann öffnen Sie das Tor? Modrow antwortete: Wir werden darüber reden. Seitdem gibt es täglich Spekulationen. Tag und Nacht stehen die Kameras der Fernsehstationen aus aller Welt in Bereitschaft, um dabei zu sein, wenn das Tor geöffnet wird. Unter diesen Bedingungen schlage ich am 14. November dem Politbüro vor, „die Möglichkeit der Öffnung des Brandenburger Tores für Fußgänger mit der sowjetischen Seite zu konsultieren"*.

Obwohl dies bei weitem kein Plan zur Öffnung ist, muß jemand der Presse gesteckt haben, was wir mit der sowjetischen Seite besprechen wollen. Die Agenturen melden, das Tor wird geöffnet. Als diese Meldung über den Fernschreiber geht, bin ich in einer Sitzung des Sekretariats des ZK. Aufgeregt kommt eine Mitarbeiterin in den Sitzungssaal und sagt: „Du wirst dringend aus Bonn verlangt." Aus Bonn?

„Das kann möglicherweise der Bundeskanzler sein", sage ich den anderen Mitgliedern des Sekretariats als Entschuldigung für das Verlassen der Sekretariatssitzung. Ich gehe in mein Arbeitszimmer, nehme den Hörer und sage: „Ja, hier Krenz."

In Bonn meldet sich nicht Kohl, sondern Schalck. Er ist seit heute früh dort, um mein Treffen mit dem Bundeskanzler vorzubereiten. „Ich spreche hier aus dem Bundeskanzleramt", sagt er. So macht er mich darauf aufmerksam, daß er nicht allein im Raum ist. Er teilt mir mit: „Soeben hat der Bundeskanzler die Meldung bekommen, daß das Brandenburger Tor geöffnet wird. Sollte diese Meldung zutreffen, werden nach Meinung des Bundeskanzlers die Verhandlungen zwischen der DDR und der BRD sofort abgebrochen."

Ich bin erstaunt, sage aber nur: „Wir stehen in Konsultation mit der sowjetischen Seite. Wenn Kohl die Öffnung nicht will; mir kann es nur recht sein. Ich brauche sie nicht. Bestelle dem Bundeskanzler, daß das Brandenburger Tor erst geöffnet wird, wenn sich beide Seiten einig sind."

---

* Protokoll der Sitzung des Politbüros vom 14. November 1989, im Bundesarchiv

Mich wundert längst nicht mehr, welchen Rang Bundeskanzler Kohl der Öffnung des Brandenburger Tores einräumt. Des Tores wegen aber will er die Verhandlungen zwischen beiden deutschen Staaten platzen lassen? Das kann ich mir nur schwer vorstellen. Verglichen mit der aktuellen Situation und meiner Lage denke ich: Der hat Sorgen. Ihm geht es ganz offensichtlich um Präsentation und Selbstdarstellung.

Darüber spreche ich am Abend mit Schalck. Er berichtet mir von der Hektik, die in dieser Frage in der Umgebung Kohls herrscht. Die Verhandlungen mit der BRD gestalten sich weiterhin sehr schwer und zäh. Bonn stellt immer neue Bedingungen. Selbst das, was wir auf der 10. Tagung des Zentralkomitees an tiefgreifenden Reformen angekündigt haben, genügt Bonn nicht. Jede neue Demonstration und jede kritische Äußerung gegen die Partei- und Staatsführung der DDR greift Kohl als Bestätigung für seine Politik auf. Er tut so, als würden die Demonstrationen in der DDR für ihn stattfinden.

Schalck berichtet mir, daß Seiters ihn für eine halbe Stunde in sein Arbeitszimmer gebeten habe. Unter vier Augen habe der Minister gesagt, der Bundeskanzler habe gerade eine Agenturmeldung über die Öffnung des Brandenburger Tores erhalten. Er sei außer sich. Es gehe nach Meinung des Kanzlers nicht an, daß andere Jubelfeiern machen, während die Bundesregierung arbeitet und dafür Geld geben soll. Die DDR solle keine Verhandlungen mit Politikern aus der Bundesrepublik führen, die nicht kompetent sind. Der Bundeskanzler würde sich persönlich brüskiert fühlen, wenn die Öffnung des Brandenburger Tores ohne vorherige Kenntnis der Bundesregierung erfolgt. Sollten die Agenturmeldungen zutreffen, dann würden die laufenden Verhandlungen mit der DDR abgebrochen.

Ist das politische Erpressung? Natürlich. Nur, ich bin von der Öffnung auch nicht begeistert, aus anderen Gründen zwar als Kohl.

Er war am 9. November nicht am Platz des Geschehens. Er wurde am 10. November vor dem Schöneberger Rathaus ausgepfiffen. Er will, daß die Öffnung des Brandenburger Tores seine Stunde wird. Soll er seinen Willen haben. Ich würde allerdings gern wissen: Welche bundesdeutschen Politikern meint der Kanzler, die nicht kompetent seien? Meint er Genscher, der am 16. November mit seinem britischen Amtskollegen in Westberlin ist? Meint er den Bundespräsidenten, der am Potsdamer Platz war und einen Besuch in der DDR angekündigt hat? Meint er den Regierenden Bürgermeister von Berlin (West)? Momper hat gestern auf einer Pressekonferenz gesagt, die DDR habe ein Patronat nicht nötig. Zugleich kritisierte er die gönnerhafte Haltung der Bundesrepublik gegenüber den Bürgern der DDR.

Wen Kohl auch meint, er verhindert im November 1989 die Öffnung des Brandenburger Tores.

In der abendlichen Post finde ich eine Mitteilung, daß die Fraktion der LDPD eine Gesetzesvorlage zur Änderung der gültigen Verfassung der DDR einbringen will. Anliegen der LDPD sei es, den Führungsanspruch einer Klasse oder Partei im Staat zu beseitigen. Ich halte es nicht für richtig, übereilt einzelne Passagen aus der Verfassung zu streichen. Die gültige Verfassung wurde 1968 in einem Volksentscheid angenommen. Ich schlage den anderen Parteien vor, eine Kommission zur Änderung der Verfassung zu bilden. Mir ist wichtig, daß Verfassungsänderungen im Zusammenhang diskutiert werden. Die SED will grundlegende Änderungen der Verfassung im Sinne ihres Aktionsprogramms. Die Veränderungen betreffen nicht nur die führende Rolle der SED. Es geht auch um die Stellung der Nationalen Front, die Formen des sozialistischen Eigentums, um Meinungs- und Medien-, Versammlungs- und Vereinigungsfreiheit, um Gesetzlichkeit, Rechtsstaatlichkeit und Verfassungsgerichtsbarkeit. Ich setze mich für eine öffentliche Diskussion von Verfassungsänderungen ein. Mir wird auf Versammlungen vorgeworfen, dies sei ein Versuch, die Streichung von Artikel eins der Verfassung zu verhindern. Richtig daran ist, daß ich dem Außerordentlichen Parteitag nicht vorgreifen will. Mir liegt daran, daß die Parteiführung, legitimiert durch ihren Parteitag, selbst vorschlägt, den Platz der SED in der Gesellschaft nicht per Verfassung festzulegen, sondern im politischen Kampf zu bestätigen oder zu erringen.

16. November

In der Sitzung des Politbüros geht es ein weiteres Mal um die Kommunalwahlen vom 7. Mai 1989. Der Sekretär der Zentralen Wahlkommission schlägt vor, daß die Volkskammer eine Erklärung zu diesem Thema veröffentlicht. Er argumentiert, es sei unerträglich, daß ich als Staatsoberhaupt mit dem Vorwurf leben müsse, Hauptverantwortlicher für die Wahlfälschung zu sein. Er weiß, daß dies unwahr ist. Er kennt meinen Brief an Erich Honecker vom 15. April 1989. Darin habe ich mich für eine korrekte Einhaltung aller wahlrechtlichen Bestimmungen eingesetzt. Es heißt darin, daß wir um ein Wahlergebnis kämpfen müssen, „das real ist und nicht von Wettbewerbsüberlegungen zwischen Kreisen und Bezirken und falschem

Übereifer diktiert wird"*. Hans Modrow ist zu diesem Zeitpunkt gegen eine Erklärung** der Volkskammer. Zu Recht, wie ich meine. Er begründet seinen Standpunkt damit, daß wir nicht die Schuld für Wahlfälschungen nach unten delegieren dürfen. Die Rechtmäßigkeit der Volksvertretungen in den Gemeinden, Städten und Kreisen darf nicht in Frage gestellt werden. Das hätte schlimme Folgen für das Funktionieren des Alltagslebens. Ich muß also weiter mit dem Etikett „Wahlfälscher" – ob zu recht oder unrecht – leben.

In meiner Postmappe liegt ein Brief Erich Honeckers vom 15. November. Er schreibt:

„Werter Genosse Krenz!
Ich bin mir durchaus der Verantwortung für die Ereignisse bewußt, die unser Land gegenwärtig durchlebt. Das spüre ich heute stärker als zu dem Zeitpunkt, als ich im Ergebnis einer Beratung des Politbüros des Zentralkomitees bat, mich von der Funktion des Generalsekretärs, als Vorsitzender des Staatsrates und Nationalen Verteidigungsrates der Deutschen Demokratischen Republik zu entbinden, da es mir an Kraft und Energie fehlte, die die Geschicke unserer Republik und des Volkes heute und künftig verlangen. Das Zentralkomitee hat meiner Bitte entsprochen.

Seitdem ist die Entwicklung weitergegangen. Es genügten nicht mehr die Erklärungen, die damals von mir und Genossen Egon Krenz abgegeben wurden. Es kam auf dem 10. Plenum zum Rücktritt des bisherigen Politbüros, das für die entstandene Lage die volle Verantwortung übernommen hat.

Ich schließe mich davon nicht aus. Meine Verantwortung fällt unter diesem Gesichtspunkt noch stärker ins Gewicht, da ich drei Funktionen hatte. Gleichzeitig möchte ich zum Ausdruck bringen, daß ich die Beschlüsse der 10. Tagung mittrage und meine Bereitschaft zum Ausdruck brachte, an ihrer Verwirklichung in dieser oder jener Weise mitzuwirken.

Im Rahmen dieser Erklärung würde es zu weit führen, auf alle Fragen der Politik unserer Partei und Regierung einzugehen, auf die ich eingehen müßte. Das hat gegenwärtig keinen Zweck in einer Situation, in der das Zentralkomitee bestrebt ist, in Anwendung der Dia-

---

* Brief von Egon Krenz an Erich Honecker vom 15. April 1989 über die Vorbereitung der Kommunalwahlen am 7. Mai 1989, im Archiv des Autors

** Am 16. Februar 1990 gab ich auf Bitten von Hans Modrow in einer Fernsehsendung mit Pfarrer Eppelmann eine persönliche Erklärung zu den Kommunalwahlen ab, siehe Seite 361.

lektik von Kontinuität und Erneuerung den Schwerpunkt auf Erneuerung zu legen, wobei man davon ausgeht, daß ernste Fehler des abgelösten Generalsekretärs und des abgelösten Politbüros Partei und Gesellschaft in eine tiefe Krise geführt haben.

Ich trage die Hoffnung mit allen, daß es gelingt, auf dem eingeschlagenen Weg aus der Krise herauszufinden, in der sich Partei und Volk befinden.

Ich teile mit allen die Sorge um die Existenz der Partei und der Republik.

Zu einer Frage kann und darf ich jedoch nicht schweigen. Das ist der jetzt aufgeworfene Vorwurf des Amtsmißbrauches. Ich werde immer – wo dies auch sei – diesen Vorwurf bei allen Fehlern, die ich begangen habe, zurückweisen. In keiner Phase meines Lebens habe ich in meiner Tätigkeit etwas mit Amtsmißbrauch zu tun. Dies sage ich in voller Verantwortung für begangene Fehlentscheidungen sowohl im Interesse unserer Partei als auch des Volkes der DDR. Das liegt auch im Interesse derer, die im Kampf für die weitere sozialistische Entwicklung unserer Republik, der Festigung der Freundschaft mit der Sowjetunion und zu allen sozialistischen Ländern nicht enttäuscht werden dürfen.
Mit sozialistischen Grüßen
Erich Honecker
Berlin, den 15.11.89"*

Ich verlese den Brief im Politbüro und schlage vor, ihn im NEUEN DEUTSCHLAND zu veröffentlichen. Die Mitglieder des Politbüros sprechen sich dagegen aus. Honecker, so die übereinstimmende Meinung, habe immer noch nicht verstanden, daß es um Sein oder Nichtsein der DDR gehe. Er tue immer noch so, als sei er freiwillig zurückgetreten. Er verdränge, daß er erst nach harten Auseinandersetzungen im Politbüro zum Rücktritt gezwungen wurde. Seine Aussagen zum Amtsmißbrauch seien irreführend. Er trage Verantwortung, daß die DDR in Gefahr ist. Die Veröffentlichung seiner Stellungnahme würde mehr Verwirrung als Klärung bringen. Ich erwidere: Wir haben kein Recht, der Öffentlichkeit Honeckers Brief zu verschweigen. Es sei denn, Honecker selbst will keine Veröffentlichung.

Obwohl ich wichtigeres zu tun habe, fahre ich zu Honecker, um mit ihm darüber zu sprechen. Ich bin zum ersten Mal im Arbeitszimmer seiner Privatwohnung. Es ist bescheiden eingerichtet. Kein Prunk,

---

* Brief von Erich Honecker an Egon Krenz vom 15. November 1989, im Archiv des Autors

kein Luxus. Nichts weist darauf hin, daß dies das Zimmer eines Mannes ist, der noch vor drei Wochen Staatsoberhaupt war. Hier sind wahrlich keine Reichtümer angehäuft.

Ich sitze Honecker gegenüber. Er wirkt apathisch und ist andererseits doch gespannt, weshalb ich komme. Ich sage: „Erich, wir haben im Politbüro über dein Schreiben an mich diskutiert. Wir schlagen dir vor, daß du darauf verzichtest, es zu veröffentlichen. Die Bürger wollen von dir keine Rechtfertigung. Sie wollen wissen, wodurch es zu dieser Krise gekommen ist. Jeder von uns hat seine Verantwortung. Ich muß mich jeden Tag unangenehmen Fragen stellen, obwohl ich nicht einmal sechs Jahre Mitglied des Politbüros bin, während du es nun fast 40 Jahre lang warst. Die Leute wollen von dir genau wissen: Welche Verantwortung trägst du persönlich für die Krise? Warum hast du die Partei und die Gesellschaft im unklaren über unsere tatsächliche politische und ökonomische Situation gelassen? Wenn du darauf keine Antwort gibst, wird die Erklärung die Situation eher verschärfen als entspannen."

Honecker sagt: „Ich bin gesundheitlich nicht in der Lage, mehr zu schreiben als in dieser Erklärung steht."

Ich erwidere: „Das verstehe ich. Die Journalisten fragen mich oft, wann du zu den Vorwürfen, die dir gemacht werden, Stellung nimmst. Ich sage ihnen immer, daß du aus gesundheitlichen Gründen nicht Stellung nehmen kannst. Mit deinem Brief fällst du uns in den Rükken. Die Genossen des Politbüros finden es nicht richtig, daß du so tust, als wärest du freiwillig zurückgetreten. Du weißt, daß das nicht stimmt."

Honecker schweigt. Dann sagt er leise: „Du hast recht. Wenn es der Partei schadet, darf der Brief nicht veröffentlicht werden. Betrachte ihn nur als ein an dich gerichtetes Schreiben. Du kannst den Brief veröffentlichen, wenn wir wieder normale Zeiten haben."

Mich berührt dieses Gespräch. Der 77jährige, der den Zusammenbruch seines Lebenswerkes fühlt, unterwirft sich, wie eh und je, der Parteidisziplin: „Wenn es der Partei schadet, darf mein Brief nicht veröffentlicht werden."

In dieser Situation fällt es mir schwer, ihm zu sagen, daß wir heute eine Sitzung der SED-Fraktion der Volkskammer hatten, auf der vorgeschlagen wurde, daß 27 Abgeordnete der SED-Fraktion ihr Mandat niederlegen und durch Nachfolgekandidaten ersetzt werden. Ich lege meine Bedenken ab. Sentimentalität in der Politik, noch dazu in dieser Zeit, ist kein guter Ratgeber. Ich sage: „Erich, wir schlagen morgen der Volkskammer vor, daß du dein Mandat verlierst. Während der Sitzung der Fraktion hat der 1. Sekretär der SED-Bezirksleitung Rostock, Ernst Timm, gesagt, er werde sein Mandat niederlegen. Er verwahre sich aber dagegen, in einem Atemzug mit jenen genannt zu werden, die im abgelösten Politbüro Partei und Republik in eine tiefe Krise geführt haben. Die Frage nach deiner persönlichen Verantwortung wird von Tag zu Tag härter gestellt."

Wortlos steht er auf, geht an seinen Schreibtisch, nimmt ein weißes Blatt Papier und unterschreibt es blanko mit seinem Namenszug, bei dem das E seines Vornamens und das H seines Nachnamens ineinander übergehen. Dann ruft er meine Sekretärin in Berlin an. Er diktiert ihr in meiner Gegenwart:

„Werter Genosse Egon Krenz!
Im Zusammenhang mit der bevorstehenden Tagung der Volkskammer am 17. November 1989 lege ich mein Mandat als Abgeordneter der Volkskammer nieder.

Ich bitte, diese Entscheidung der Fraktion der Sozialistischen Einheitspartei Deutschlands mitzuteilen.
Mit sozialistischem Gruß
E. Honecker
Donnerstag, 16. November 1989"*

Er fügt hinzu: „Egon bringt den Briefbogen mit. Schreib' bitte den eben diktierten Text auf diesen Bogen als offiziellen Brief an den Generalsekretär des Zentralkomitees der Sozialistischen Einheitspartei Deutschlands und Vorsitzenden des Staatsrates der DDR, Genossen Egon Krenz."

Nach diesem Telefongespräch verabschieden wir uns. Als ich schon in der Tür stehe, fragt er mich: „Weißt du eigentlich, daß ich der Volkskammer seit ihrer Gründung angehöre?"

„Ja", sage ich. „Ich verstehe deine Stimmung".

Von Honeckers Wohnung fahre ich zurück ins Zentralkomitee. Ich bin mit dem sowjetischen Armeegeneral Pjotr Lushew verabredet. Er ist erst seit einigen Monaten Oberkommandierender der Vereinten Streitkräfte der Teilnehmerstaaten des Warschauer Vertrages. Mitte der achtziger Jahre war er noch Oberkommandierender der Gruppe der Sowjetischen Streitkräfte in Deutschland. Seit damals sind wir befreundet. Aus dieser Zeit kenne ich auch die operative Übersichtskarte, die im Dienstzimmer des Oberkommandierenden hängt. Sie ist als Geheime Kommandosache für den Besucher hinter einem grünen Vorhang verborgen. Als er für mich den Vorhang einmal zur

* Brief von Erich Honecker an Egon Krenz vom 16. November 1989, im Archiv des Autors

Seite schob, sah ich die Standortverteilung der Truppen des Warschauer Vertrages und der NATO auf deutschem Boden. Ich erfuhr von möglichen Handlungsrichtungen der NATO und den geplanten Antwortschlägen der Truppen des Warschauer Vertrages im Fall einer Aggression durch die NATO. Zum ersten Mal sah ich die Zielorte für Raketenschläge auf beiden Seiten.

„Geb's Gott", sagte damals Lushew, „daß diese Planungen nie Wirklichkeit werden. Sie könnten die Zerstörung der Welt bedeuten." Der oberste Militär des Bündnisses ist nun in diesen kritischen Novembertagen in Berlin. Er will von mir aus erster Hand eine Lageeinschätzung nach der Öffnung der Grenze. Er legt Wert auf die Feststellung, „daß die sich in der DDR vollziehenden Prozesse der Umgestaltung und der Erneuerung des politischen Systems weder die Verpflichtungen der DDR als Teil der Militärdoktrin des Warschauer Vertrages noch die Funktion der Westgruppe der sowjetischen Streitkräfte berühren"*. Ich informiere ihn über Spekulationen in westlichen Medien, daß Moskau für die sowjetischen Militärs einen Befehl erlassen habe, im Falle von „gewaltsamen Auseinandersetzungen in der DDR in den Kasernen zu bleiben".

Er antwortet mir: „Weder der Oberkommandierende der Westgruppe noch ich kennen einen solchen Befehl. Er würde auch unseren Bündnisverpflichtungen widersprechen."

Als wir unser Gespräch beenden, wünschen wir uns gegenseitig, daß niemals mehr die Waffen sprechen müssen.

Spätabends sehe ich die Postmappe durch, darin ist auch eine Botschaft des französischen Staatspräsidenten François Mitterrand an mich. Er sichert mir das Verständnis Frankreichs für den in der DDR eingeleiteten tiefgreifenden Wandel zu. Er verbindet dies mit dem Wunsch, die Zusammenarbeit zwischen unseren Ländern zu verstärken. Er erinnert an seinen bevorstehenden Besuch in der DDR, bei dem es um die bilateralen Beziehungen im gegenseitigen Interesse und zum Vorteil ganz Europas geht.

Bundeskanzler Kohl hat in einer Regierungserklärung vor dem deutschen Bundestag unterstrichen, er und Egon Krenz seien sich einig, daß ein wichtiger Zeitabschnitt vor uns liege, der auf beiden Seiten Besonnenheit und Augenmaß erfordere.

Von Präsident Jaruzelski erhalte ich eine Mitteilung, daß in Polen Besorgnis und Furcht wachsen, die Entwicklung der Ereignisse in

---

* „Egon Krenz empfing Armeegeneral Pjotr Lushew", NEUES DEUTSCHLAND vom 17 November 1989

der DDR könne außer Kontrolle geraten und die Stabilität in Europa bedrohen.

Dies ist eine unmittelbare Reaktion auf die neu aufgetauchte Losung: „Wir sind ein Volk".

17. November

Die Volkskammer tritt zusammen. Hans Modrow gibt seine Regierungserklärung ab. Er stellt die Regierung vor. Gegenüber früheren Tagungen der Volkskammer ist vieles neu an diesem Freitag. Es beginnt schon beim Betreten der Volkskammer. Der Eingang für Mitglieder des Staatsrates, des Präsidiums der Volkskammer und der Regierung ist nicht besonders abgesichert. Als ich gegen 8.30 Uhr ins Gebäude der Volkskammer gehen will, umringt mich eine große Gruppe von Journalisten. Sie wollen von mir wissen, ob es am 9. Oktober in Leipzig einen „Schießbefehl" gab. Ich verneine. Es hagelt Fragen nach meiner Rolle bei der Verhinderung einer gewaltsamen Eskalation in Leipzig. Ich antworte, daß ich in Leipzig war. An Ort und Stelle habe ich mitgewirkt, daß politische Konflikte nur politisch gelöst werden können. Dies gilt auch für die Zukunft: „Weder in Leipzig noch anderswo dürfen friedliche Demonstrationen behindert werden."

Kaum bin ich in meinem Arbeitszimmer in der Volkskammer, ruft mich der sowjetische Botschafter an. Er habe gehört, daß die LDPD heute den Antrag stellen wolle, im Dezember 1990 freie Wahlen zur Volkskammer durchzuführen. Er wolle nur darauf hinweisen, daß die Sowjetunion als ein Staat, der mit den Westmächten die Verantwortung für ganz Deutschland trage, gegen diesen Termin Einspruch einlegen würde. Es sei für die Sowjetunion unannehmbar, daß im Dezember 1990 gleichzeitig die Wahlen zum Deutschen Bundestag der BRD und zur Volkskammer der DDR stattfinden. Er bitte mich, diese Information vertraulich zu behandeln. Am besten wäre, wenn es nicht zu dem Vorschlag käme, die Wahlen zur Volkskammer zeitgleich mit den Wahlen zum Deutschen Bundestag der BRD durchzuführen.

Mit Spannung wird die Regierungserklärung von Hans Modrow erwartet. Obwohl ich sie im Wortlaut kenne, sie wurde im Politbüro bestätigt, höre ich aufmerksam zu, ohne andere Unterlagen durchzusehen. Ich möchte den Beobachtern der Sitzung, vor allem den

Medienvertretern aus der BRD, auch nicht den kleinsten Anlaß geben, aus einer möglichen Unaufmerksamkeit irgendwelche Schlußfolgerungen zu ziehen, etwa, daß Modrow und ich unterschiedliche Wege gingen. Ich will, daß zwischen Modrow und mir niemand Differenzen konstruieren kann.

In seiner Regierungserklärung macht Modrow deutlich, daß die Koalitionsregierung eine Regierung des Volkes und der Arbeit, eine Regierung des Friedens und des Sozialismus sein wird. Statt der bisher 45 Mitglieder werden der neuen Regierung nur noch 28 Mitglieder angehören.

Der Regierungserklärung folgt die Diskussion. Die Reihenfolge der Redner der Fraktionen wurde vorher ausgelost.

Manfred Gerlach von der LDPD fordert freie und geheime Wahlen ohne Einheitsliste. Es könnten sich aber nur Kandidaten bewerben, die unzweideutig auf dem Boden der Verfassung der DDR stehen. Der Sozialismus stehe für seine Partei nicht zur Disposition.

Von der NDPD spricht Günter Hartmann. Er setzt sich für einen Volksentscheid über die Neugestaltung der Verfassung ein. Sie müsse ein Programm zur demokratischen Erneuerung des Sozialismus sein.

Dr. Karl-Heinz Werner erklärt für die Fraktion der DBD, die Debatte sei kein Auftakt für einen Wahlkampf. Für seine Partei gehe es um einen Sozialismus, den die Menschen wollen und verstehen.

Dr. Wolfgang Herger charakterisiert für die SED-Fraktion unsere Situation als „Befreiung vom alten Denken, von verkrusteten Strukturen. Sie ist die Zeit von Verzweiflung und neuer Hoffnung, von Mißtrauen und vom Ringen um neues Vertrauen." Er betont: „Die SED-Fraktion übernimmt die Verantwortung dafür, daß sich künftig weder das Politbüro noch das Zentralkomitee in die Regierungsarbeit einmischen."

Der Vorsitzende der CDU, Lothar de Maizière, hat das Recht bekommen, vor der Volkskammer zu reden, obwohl er ihr nicht als Abgeordneter angehört. Er sehe in der Mitarbeit seiner Partei in der Regierung erstmals die Chance gleichberechtigter Partnerschaft bei der Gestaltung der Gesellschaft. Das Volk habe die Probleme auf den Straßen genannt, doch zu lösen seien sie nicht dort, sondern im demokratischen Gespräch über Sachfragen. Nicht der Sozialismus sei am Ende, doch seine administrative, diktatorische Verzerrung.

Als die Aussprache nach Stunden bis Sonnabend unterbrochen wird, bin ich über ihren Verlauf zufrieden und freue mich über den Konsens zwischen allen Parteien und gesellschaftlichen Organisationen, die der Volkskammer angehören. Einigkeit besteht mindestens in drei Punkten: Im Willen um eine radikale Erneuerung des

Sozialismus, in der Stärkung der Souveränität des Volkes und seines Staates DDR sowie in der Offenheit der Arbeit des Parlaments und der Regierung. Niemand sprach heute von der Einheit Deutschlands. Alle wollen sie eine veränderte DDR.

Kaum bin ich wieder in meinem Büro, ruft mich Honecker an: „Welches Spiel treibst du eigentlich mit mir?" fragt er ziemlich aggressiv.

„Ich verstehe nicht, was du meinst", antworte ich.

Er reagiert erregt „Ihr wollt mich vor Gericht stellen!"

Meine Frage: „Wer sagt das?"

Honecker: „Markus Wolf."

Ich antworte: „Das müßte ich doch schon gehört haben."

Honecker erwidert: „Eben, deshalb rufe ich dich ja auch an."

Ich sage: „Ich weiß nichts davon."

Honecker darauf: „Ihr habt ja eine feine Arbeitsteilung: du beschwichtigst mich und Wolf fordert, daß ich vor Gericht gestellt werde."

Ich versuche, Honecker zu beruhigen, sage ihm, daß ich prüfen werde, woher das Gerücht kommt.

Ich lasse mir alle Agenturmeldungen des Tages geben. Tatsächlich heißt es in einigen: „Wolf fordert: Honecker vor Gericht!" Was ist in Wolf gefahren, denke ich. Er war seit 1945 in wichtigen Funktionen, hat den zweithöchsten militärischen Rang, den die DDR vergeben kann, hat nicht wenig Privilegien, genoß immer die Achtung Honeckers und fordert nun, wo Weggefährten zusammenhalten sollten, Honecker soll vor Gericht.

Wollen wir die Partei in moralische Kategorien, in „Saubermänner" und „Kriminelle" teilen? Wenn enttäuschte Parteimitglieder auch die juristische Verfolgung von Verantwortlichen fordern, die gegen Recht und Gesetz verstoßen haben, habe ich dafür volles Verständnis. Wolf mit seinen Erfahrungen muß aber wissen, daß politische Fehler nicht kriminalisiert werden dürfen.

Um Mißverständnisse auszuräumen, wähle ich nach dem Gespräch mit Honecker die Nummer von Wolfs R-Apparat*: 2816. Dabei geht mir durch den Kopf: Ich war nicht dabei, als er Honeckers Verhaftung gefordert haben soll. Vielleicht ist es wirklich ein Gerücht. Aber ein Dementi habe ich auch nicht gelesen. Ich will mich bei Wolf natürlich nicht in den Verdacht bringen, einem Gerücht aus der westlichen Boulevardpresse aufgesessen zu sein.

---

* R-Apparat (Regierungsanschluß) gehörte zum Sonderfernsprechnetz des Ministerrates der DDR. Nur besonders Ausgewählte durften es für vertrauliche Dienstgespräche benutzen.

Ich taste mich daher vorsichtig vor. Ich sage, daß seine jüngsten Interviews, das heutige eingeschlossen, für mich nicht gerade erfreulich sind. Er reagiert zurückhaltend, nennt viele Themen von Interviews, den Sonderparteitag, das letzte Plenum; er sagt jedoch nichts zu der vermeintlichen Äußerung über Honecker. Hat er sie gemacht? Oder ist es eine Falschmeldung, wie er behauptet? Ich erfahre es nicht.

Wer auch immer dieses Thema in die Öffentlichkeit gebracht hat, Markus Wolf wird es zugeschrieben. Von nun an müssen wir uns damit auseinandersetzen. Die Forderungen auf der Straße werden stärker, Honecker in Haft zu nehmen. Ich widersetze mich. Man kann altes Unrecht nicht mit neuem beantworten. Das teile ich einen Tag später auch Honecker mit.

18. November

In der Politik haben manchmal kleine Anlässe große Folgen. Gestern hatte Hans Modrow noch Wilfried Poßner zum neuen Minister für Bildung und Jugend vorgeschlagen. In seiner Rede nannte er als Parteizugehörigkeit SED und fügte hinzu: „Die FDJ unterstützt ihn. Das ist ein gutes Zeichen." So sehe ich es auch. Noch im Verlauf des Tages wird allerdings bekannt, daß es in anderen Parteien Widerstand gegen die Nominierung von Poßner geben soll. Modrow bittet mich daraufhin, noch vor der Tagung der Volkskammer eine Sitzung des Politbüros einzuberufen. Dort erklärt er uns die Situation. Das Politbüro stimmt dem Vorschlag des Regierungschefs zu, an Stelle des Genossen Poßner Professor Emons als Minister für Bildung und Jugend vorzuschlagen.* Modrow spricht über seinen Vorschlag nicht mit der FDJ-Fraktion. Die Zurückziehung von Poßner faßt die FDJ-Fraktion als Affront gegen junge Kader und gegen die Rolle der FDJ auf. Zudem ist die Sache für Poßner peinlich: Er besetzt an diesem Morgen noch einen Platz der designierten Minister, den er nun unter den Augen der Öffentlichkeit räumen muß. Modrow macht gegenüber der FDJ die SED für die Entscheidung verantwortlich, obwohl er selbst dem Politbüro angehört und dort persönlich den Vorschlag unterbreitet hat, Poßners Kandidatur zurückzuziehen. Von nun an gibt es Spannungen zwischen der FDJ-Führung und mir. Sie glaubt,

* Siehe Bundesarchiv, DY 301/ J IV 2/2/2363

ich stünde hinter diesem Vorschlag und nehme die FDJ nicht mehr ernst. So wird unnötiges Mißtrauen gesät, das schon in normalen Zeiten schädlich ist. Ich bitte Siegfried Lorenz, mit dem FDJ-Zentralrat zu sprechen und eine andere politische Lösung für Poßner zu finden, der dieses unwürdige Spiel nicht verdient hat.

Die Mitglieder des Ministerrates werden auf der Sitzung der Volkskammer en bloc bei fünf Gegenstimmen und bei sechs Enthaltungen gewählt. Unmittelbar nach der Parlamentssitzung vereidige ich die Mitglieder der neuen Regierung im Amtssitz des Staatsrates auf die Verfassung der DDR.

Am gleichen Tag nimmt die Volkskammer einen Bericht des Generalstaatsanwaltes der DDR über das Vorgehen der Sicherheitsorgane gegen Demonstranten entgegen. Generalstaatsanwalt Wendland bestätigt, daß der Charakter der Demonstrationen am 7. und 8. Oktober falsch eingeschätzt wurde. Es seien 3456 Personen „zugeführt", gegen 630 Beteiligte Ermittlungsverfahren eingeleitet worden. 296 von ihnen seien kurzzeitig inhaftiert worden. Es kam zu Übergriffen der Sicherheitsorgane. Gegen Angehörige der Sicherheitsorgane seien inzwischen 76 Ermittlungsverfahren eingeleitet. In einem Fall sei Anklage erhoben worden.

Mehrere Abgeordnete wenden sich gegen einseitige Schuldzuweisungen. So sagt Ellen Brombacher: „Ich bin entschieden gegen alles, was mit Entwürdigung und Willkür zu tun hat. Niemandem kann das gestattet sein. Mir ist bei einer Demonstration zugerufen worden: ‚Komm runter, du rote Sau!' Einer meiner Genossen ist in der S-Bahn ohne Disput beschimpft worden: ‚Du Kommunistenschwein!' Solche Terminologie, solche Begriffe sind mir nur bekannt von meinem Vater aus Sachsenhausen und Mauthausen und von meiner Mutter als Jüdin und Kommunistin aus dem Sammellager für Auschwitz."

Es ist zu spüren, wie diese Worte die Abgeordneten nachdenklich stimmen. Belebung des Faschismus, des Rechtsextremismus sind nicht zu unterschätzen.

Ich erhalte in diesen Tagen viele Briefe, in denen sich Familienangehörige von Funktionären und Mitarbeitern unserer Sicherheitsorgane beschweren, vorverurteilt und diskriminiert zu werden. Das hat mit Rechtsstaatlichkeit und revolutionärer Volksbewegung nichts mehr zu tun. Wir sind an einem Punkt angelangt, an dem Demonstrationen für eine andere DDR auch mißbraucht werden. Wenn wir nicht aufpassen, kann es leicht zu gewaltsamen Auseinandersetzungen kommen.

In meinem Büro lese ich die eingegangene Post. US-Präsident George Bush hat mir folgendes Schreiben geschickt:

„Verehrter Herr Vorsitzender Krenz!
Sie haben Ihre Pflichten als Vorsitzender des Staatsrates zu einer Zeit übernommen, die äußerst bedeutsam für Ihr eigenes Land, für Europa und für den künftigen Gang der Ost-West-Beziehungen ist. Die Vereinigten Staaten begrüßen Ihre Entscheidung, die Grenzen der DDR für ständig denen zu öffnen, die das Land in Richtung Westen verlassen oder lediglich dorthin reisen möchten. Diese Entscheidung wie auch die Bewegung in Richtung demokratischer Reformen wird zum historischen Prozeß der europäischen Aussöhnung beitragen. Es handelt sich um einen Prozeß, der niemanden bedroht, sondern vielmehr die Sicherheit aller erhöht.
Die Vereinigten Staaten sind für einen Weg friedlichen demokratischen Wandels, der nach unserer Auffassung zu einer stabilen Zukunft im Herzen Europas führen wird. Wie stets in der Vergangenheit werden wir auch künftig bereit sein, für die Vertiefung unserer zweiseitigen Beziehungen zu wirken und zum Aufbau eines ganzheitlichen und freien Europas beizutragen.
Hochachtungsvoll!
George Bush"

Die sowjetische Führung hat zum ersten Mal seit dem 9. November ihre Haltung zur Grenzöffnung in einem Dokument* zusammengefaßt. Darin ist zu lesen:

„Der gegenwärtige Moment scheint überaus günstig dafür zu sein, daß Sie über das Fernsehen sich an alle Bürger der Republik wenden. Ein solcher Aufruf würde nur gewinnen, wenn er dem gegenwärtig brennend aktuellen Thema, der Öffnung der Grenze und der Regelung der Ausreise der DDR-Bürger, gewidmet wäre. Der Moment ist vor allem deswegen so günstig, weil gegenwärtig buchstäblich alle Schichten der Bevölkerung von emotioneller Hochstimmung erfaßt sind, die direkt mit Ihrem Namen verbunden sind. Das offene, vertrauensvolle Gespräch des führenden Repräsentanten mit dem Volk in einer ruhigen und selbstsicheren Weise würde ungeachtet der Schärfe und Kompliziertheit einiger Aspekte des Problems dazu beitra-

* Das Schriftstück ist vom 16. November 1989 datiert und in vier Exemplaren übergeben worden. Es befindet sich jetzt unter anderem im Bundesarchiv und ist dort betitelt: „Aufforderung an E. Krenz. Autor unbk. Vermutl. Vertreter Blockpartei oder Kirchenvertreter." Tatsächlich hat dieses Schriftstück Botschafter Kotschemassow im Namen Gorbatschows übergeben.

gen, unter der Bevölkerung die Vorstellung von Ihnen persönlich als einer Person zu verbreiten, die das Volk eint und auf die man sich in einer schwierigen Situation verlassen kann. Die Zeit eines solchen Aufrufs muß richtig gewählt werden, um nach Möglichkeit jeden Bürger zu erreichen und ungeachtet vieler Alltagssorgen persönlich anzusprechen.

In diesem Aufruf sollte zweckmäßigerweise vor allem auf den humanitären Charakter der Entscheidung der Führung der SED zur Öffnung der Grenzen hingewiesen werden. Es sollte die Bedeutung dieses Schritts hervorgehoben werden, der den Interessen der Menschen, den in Wien und Helsinki im Rahmen des KSZE-Prozesses ausgearbeiteten internationalen Abkommen und auch den Dokumenten der UNO voll und ganz entspricht. Der Beschluß über die Öffnung der Grenze, der noch vor einem halben Jahr undenkbar war, ist eine kühne und bedeutende Aktion, die beweist, daß die Parteiführung die Lage im Land nicht nur klar erkennt und präzise einschätzt, sondern auch entschlossen ist, zur Überwindung der sich abzeichnenden Entfremdung zwischen dem Einzelnen und dem Staat beizutragen. Diese Aktion ist vom Geist des Humanismus und der Achtung der Menschenrechte durchdrungen. Sie wird zweifellos zur Stärkung des internationalen Ansehens der DDR beitragen. Die Richtigkeit dieser Entscheidung wird auch durch jüngste Informationen aus der Sowjetunion bestätigt. Erst kürzlich wurde auf der Tagung des Obersten Sowjets der UdSSR der Gesetzentwurf ‚Über die Ein- und Ausreise der Bürger der Union der Sozialistischen Sowjetrepubliken' erörtert.

Natürlich sollte in dem Aufruf auch erwähnt werden, daß es nicht nur bei der betreffenden Verfügung des Ministerrates der DDR bleibt. Die neue Regelung wird unter Berücksichtigung der Bemerkungen, Wünsche und Erfahrungen der ersten Tage nach ihrer Inkraftsetzung vervollkommnet und danach als ausgearbeiteter Gesetzentwurf der Volkskammer zur Beratung vorgelegt werden.

Wichtig wird sein, die Bevölkerung der Republik davon zu überzeugen, daß die neue Reiseregelung nicht eine erzwungene kurzfristige Aktion zum einmaligen ‚Dampfablassen' darstellt, sondern die prinzipielle Position der Führung der SED in humanitären Fragen widerspiegelt. In den letzten Tagen sind viele Bürger der Republik in die BRD und nach Berlin (West) gereist. Manche sind zum ersten Mal mit den Realitäten des Lebens dort in Berührung gekommen, andere haben ihre Verwandten und Freunde wiedergesehen. Mancher hat das Reisen genutzt, um Lebensmittel oder Industriewaren zu kaufen, neue Bekanntschaften wurden angebahnt. All das ist menschlich sehr verständlich, und die Führung des Landes begrüßt solche Kontakte. Zugleich ist es sehr wichtig, der Bevölkerung zu verstehen zu geben, daß Sie eine bestimmte Verführung und die Gefahr durchaus sehen, daß die Bürger der DDR in unangenehme oder sogar rechtswidrige Situationen im Zusammenhang mit Devisen- und Warenspekulationen hineingezogen werden können. Die Geschäftemacher in der BRD und in Berlin (West), die aus zweifelhaften Machenschaften ihren Vorteil ziehen und Bürger der Republik zu derartigen Handlungen verleiten wollen, sollten wissen, daß sie dadurch die normalen und ehrlichen menschlichen Kontakte stören.

Es wäre in diesem Zusammenhang durchaus angebracht, noch einmal die Entschlossenheit der Führung der Republik zu betonen, die Interessen der Bürger zu schützen und keinen Ausverkauf der volkswirtschaftlichen Werte des Landes zuzulassen. Völlig gerechtfertigt wäre auch Ihr Aufruf an die Bevölkerung, unter diesen neuen, ungewöhnlichen Bedingungen die Würde eines Bürgers der DDR, des Bürgers eines zivilisierten, demokratischen Staates zu wahren.

Was einzelne Stimmen betrifft, die behaupten, daß ‚die Republik ausverkauft wird', so sollte man sicher mit aller Bestimmtheit sagen, daß von einem Ausverkauf keine Rede sein kann, daß die Partei- und Staatsführung dies niemals zulassen wird. Sie seien sich zugleich vollkommen bewußt, daß bestimmte ökonomische Gefahren bestehen, und arbeiten zielgrichtet an den Fragen der finanziellen Absicherung der Reisen und der Vervollkommnung der Zollbestimmungen. Ungeachtet der objektiven Schwierigkeiten, die mit der ökonomischen Gesamtlage des Landes zusammenhängen, werde die Parteiführung ihre Anstrengungen fortsetzen, um so bald wie möglich Lösungen zu finden, die den Interessen der Menschen entsprechen.

Da dieser Aufruf nicht nur von der Bevölkerung der Republik empfangen wird, sondern zweifellos auch eine lebhafte Diskussion im Westen auslösen wird, wäre es durchaus angebracht, dessen Vertreter folgendes zu verstehen zu geben: Wenn sie Ihrer Entscheidung und dem begonnenen Prozeß der Veränderung Beifall spenden, sollten sie sich ruhig und ausgewogen verhalten, jedoch nicht versuchen, die gegenwärtige Situation in der DDR für eine Destabilisierung der Lage auszunutzen. Den westdeutschen Politikern muß aus Ihrer Rede unzweideutig klar werden, daß jeder Versuch, die entstandenen Schwierigkeiten auszunutzen oder Ihnen Forderungen und ‚Ratschläge' im Sinne von Schritten zur Wiedervereinigung Deutschlands oder zur Revision der territorialen Ordnung in Europa aufzudrängen, absolut zum Scheitern verurteilt sind. Es muß von einer Position der Vernunft und des Realismus ausgegangen werden, die die uneingeschränkte Anerkennung der Existenz zweier deutscher Staaten als Faktor der Stabilität in Europa erfordert. Die Hoffnung darauf, daß es in Zukunft gelingen könnte, der DDR Zugeständnis auf Zugeständnis abzuringen und sie sich schließlich einzuverleiben, hat keinerlei reale Grundlage. Sie müssen endlich begreifen, daß die Versuche, die Wiedervereinigung Deutschlands als Frage der aktuellen Politik auf die Tagesordnung zu setzen und die Existenz des souveränen sozialistischen Staates DDR zu negieren, nicht nur die Interessen der Bürger der beiden deutschen Staaten berühren, sondern auch die äußerst sensiblen Sicherheitsinteressen des europäischen Kontinents insgesamt. Auch in diesem Sinne wird die Position der DDR durch die Unterstützung der Sowjetunion und vieler anderer Staaten wesentlich gestärkt.

Zugleich wäre es wichtig zu erklären, daß Sie die Kräfte in der BRD sehen, die die gleichberechtigte gegenseitig vorteilhafte Zusammenarbeit mit der Republik entwickeln wollen. Sie sind bereit, beim Aufbau der wirtschaftlichen Kooperation mit westdeutschen Firmen neue Formen zu erproben und soweit zu gehen, wie es den Interessen der Republik entspricht. Die Vorschläge der BRD, die sicherlich bei ihrem bevorstehenden Treffen mit Kanzleramtsminister Seiters zur Sprache kommen, werden der Öffentlichkeit des Landes zur Kenntnis gegeben."

Soweit die grundsätzliche sowjetische Haltung zur Öffnung der Grenze am 9. November.

Mir ist über unseren Auslandsdienst zu Ohren gekommen, daß Deutschlandpolitiker aus Moskau gegenüber den Verantwortlichen in Bonn andere Töne anschlagen. Dort spreche man schon über eine mögliche Vereinigung beider deutscher Staaten. Machen sie das hinter dem Rücken Gorbatschows? Testen sie die interne Stimmung in der Umgebung von Kohl? Oder spielen Portugalow und Genossen auf verschiedenen Klavieren?

Meine politische Erfahrung sagt mir, daß das sowjetische Schreiben mehr ist als nur eine Aufforderung, mich mit einer Rede an das Volk zu wenden. Im Hinblick auf die Vorbereitung meines Treffens mit dem Bundeskanzler ist es die diplomatische Mahnung aus Moskau, sich von Bonn nicht unter Druck setzen zu lassen.

19. November

Während ich in der vergangenen Woche von Termin zu Termin eilte, hat meine Frau den Umzug von Wandlitz nach Berlin organisiert. Seit gestern wohnen wir im Berliner Stadtbezirk Pankow, Majakowskiweg 9.

Ich stehe auch heute um 5.00 Uhr auf. Ich drehe nun im Schloßpark Pankow meine Runden. Der Park ist ausgezeichnet zum Joggen geeignet. Danach lese ich die neuesten Agenturmeldungen und die Zeitungen. Es beunruhigt mich, daß die Medien im Westen immer stärker das Thema deutsche Einheit in den Vordergrund rükken. Mit Interesse lese ich einen Artikel von Theo Sommer in der Wochenzeitung Die Zeit. Der Hamburger Journalist hatte mich vor fünf Jahren interviewt. Damals schrieb er in den Untertitel seines Berichts über einen achttägigen Besuch in der DDR „Auch Kommunisten sind Deutsche". Er konstatierte, daß niemand in der DDR-Führungsriege an die deutsche Einheit denke. Er, so ließ er damals wissen, auch nicht. Das war wohl jahrelang ein Konsens zwischen Realisten in beiden deutschen Staaten. Wie sieht er dieses Thema fünf Jahre später? Bei der Frage nach der Vereinigung beruft er sich jetzt auf George Kennan, den „Nestor unter Amerikas Diplomaten und Historikern", wie er ihn nennt, also auf eine anerkannte Autorität. Und genau diese Autorität schließt mit Bestimmtheit eine schnelle Vereinigung aus. Mit meiner Haltung zur deutschen Einheit befinde ich mich also in guter Gesellschaft. Interessant auch, wie Sommer fünf Jahre nach seinem Besuch bei mir über mich schreibt: „Reisegesetzentwurf, Rücktritt der Regierung und des Politbüros, Umbesetzung des neuen Politbüros, Einberufung eines Sonderparteitages anstelle einer bloßen Parteikonferenz, urplötzliche Gewährung von Reise- und Ausreisefreiheit – eine Kaskade von Konzessionen ist das Markenzeichen von Egon Krenz geworden. Handelt er aus Schwäche oder aus Stärke? Ist er opportunistisch oder ehrlich? Will er den Wandel oder muß er ihm abgetrotzt werden?" Auf die Idee, daß diese Klischees nicht passen, kommt er nicht. Natürlich will ich den Wandel, hin zu einer reformierten DDR. Die Bedingungen dafür sind nicht gut. Was ich mir abtrotzen lasse – nach seiner Meinung Teile der Wandlung –, tue ich in der Überzeugung, es dient der DDR. Die DDR und nicht Deutschland ist meine Heimat. Alles, was ich in diesen Tagen unternehme, soll beitragen, die DDR so zu verändern, daß die Menschen sich hier wohlfühlen.

Am heutigen Sonntag versammelt sich die Familie um den Frühstückstisch: Meine Frau und ich, unsere beiden Söhne, unsere Schwiegertochter und unsere Enkelin. Zu 11.00 Uhr hat sich das DDR-Fernsehen angesagt. Offenheit auch im Familienleben. Die Reporterin fragt mich nach der Schuld, die die SED auf sich geladen hat. Ich weiß bei meiner Antwort, daß sie mir bei vielen keine Sympathie einbringt. Ich stelle mich vor die über zwei Millionen SED-Mitglieder. Ich sage: Persönliche Enttäuschung und den Zorn über unsere Situation in der DDR auf den Rücken der Parteimitglieder auszutragen, ist mehr als ungerecht. Sie haben ihrer Führung vertraut, geglaubt, ihrer Pflicht nachzukommen. Ihre Enttäuschung ist oft größer als die anderer Bürger. Amtsmißbrauch und Korruption müssen ohne Ansehen der Person geahndet werden. Aber ohne Vorverurteilung! Hunderttausende SED-Mitglieder haben weder das Statut noch die Gesetze der DDR verletzt. Sie müssen, wie es die Gesetze vorschreiben, vor ungerechtfertigten Angriffen geschützt werden. Niemand darf es gestattet sein, Selbstjustiz zu üben und damit die bestehenden Gesetze zu verletzen.

Ob ich es für möglich halte, nach dem Außerordentlichen Parteitag nicht mehr Generalsekretär zu sein, will die Reporterin wissen.

Meine Antwort: „Ich bin nicht Politiker geworden, um am Sessel der Macht zu kleben, sondern weil ich Ideale habe. Meine Funktion beansprucht mich im Moment täglich zwanzig Stunden und mehr. Ich stehe nur für ein Programm der Erneuerung des Sozialismus zur Verfügung. Wenn die Partei einen anderen Generalsekretär will, stehe ich ihr nicht im Wege."

Gefragt werde ich auch nach den Motiven zur Grenzöffnung. Ich mache klar, daß wir die Grenzen geöffnet haben, sie aber nicht in Frage stellen. Die Grenzöffnung ist Teil der Souveränität des Volkes. Zu dieser Souveränität gehört das freie Reisen. Es ist Ausdruck unseres veränderten Denkens über die Einheit aller Menschenrechte.

Ich werde weiter gefragt, warum ich nicht früher opponiert habe. Zweifellos eine Gewissensfrage. Es hängt mit meinem Verständnis von Parteidisziplin zusammen. Ich wollte weder das Politbüro noch das Zentralkomitee spalten. Deshalb habe ich mich auch im August durch Honecker in Urlaub schicken lassen. Ein Fehler, wie ich heute weiß.

Schließlich fragt die Reporterin, warum ich mit meinem Vorgänger so mild umgehe. Das ist für mich ein Stück politischer Kultur. Mir war immer zuwider, daß Politiker, die heute noch hoch gelobt werden, morgen ins politische und soziale Abseits gestellt werden. Honecker hat seine Verdienste. Er gehört noch der SED an. Wenn der Außerordentliche Parteitag eine andere Entscheidung trifft, dann ist dies das Resultat einer Diskussion innerhalb der Partei. Würden politische Fehler strafrechtlich geahndet, müßten wohl die meisten Regierenden in Ost oder West im Gefängnis sitzen.

In diesen Tagen erhalte ich aus Ost und West eine Menge lesenswerter Post. Über zwei Briefe freue ich mich besonders: von Georges Marchais aus Paris und von Rezsö Nyers aus Budapest. Den Generalsekretär der Französischen Kommunistischen Partei habe ich in der Vergangenheit oft getroffen. Aus Diskussionen mit ihm weiß ich, wie eng er mit der DDR verbunden ist. Unsere bisherige Demokratieauffassung* teilt er nicht. Er hält sie für dogmatisch. Nun teilt er mir mit, daß er die Nachricht über die Öffnung der Grenzen mit großer Freude aufgenommen hat. Er schreibt: „Das ist eine historische Entscheidung, die gleichermaßen einen großen Schritt nach vorn in Richtung Freiheit, also Sozialismus, in der DDR wie auch einen gewichtigen Beitrag zu Frieden, Verständigung und Freundschaft zwischen den Völkern unseres Europäischen Kontinents darstellt." Er drückt die Hoffnung aus, daß aus den Veränderungen in der DDR eine moderne sozialistische Gesellschaft hervorgeht, „das heißt eine demokratische und humanistische, in der sich eine jede Persönlichkeit entfalten kann."** Er spricht genau den Punkt an, den wir mit der Wende erreichen wollen, daß Sozialismus gleichgesetzt wird mit Freiheit, Demokratie und Humanismus. Marchais schreibt: „Wir sind uns der Hindernisse bewußt, die einem solchen Unterfangen entgegenstehen und die durch Rückstände, Irrtümer und angehäuftes Mißtrauen vergrößert wurden; aber wir haben die Gewißheit, daß dieser Weg der Erneuerung der einzig mögliche für den Sozialismus ist."***

Ich freue mich, daß eine der größten und traditionsreichsten kommunistischen Parteien Europas mit uns solidarisch ist und unserer Erneuerungspolitik einen so hohen Rang gibt.

Rezsö Nyers, den Vorsitzenden der Ungarischen Sozialistischen Partei, traf ich das letzte Mal im Juli beim Gipfel der Staaten des Warschauer Vertrages in Bukarest. In seinem Brief**** vom 9. Novem-

* Gemeint ist die „sozialistische Demokratie", die sich auf den „demokratischen Zentralismus" berief und „bürokratischen Zentralismus" praktizierte.
** Brief des Generalsekretärs der Französischen Kommunistischen Partei an Egon Krenz, im Archiv des Autors
*** Ebenda
**** Brief des Vorsitzenden der Ungarischen Sozialistischen Partei an Egon Krenz vom 9. November 1989, im Archiv des Autors

ber unterstreicht er die guten Beziehungen zwischen beiden Parteien. Sein Berater Ferenc Grof übergab dem ZK der SED das Schreiben mit einer persönlichen Botschaft des Parteivorsitzenden an mich. Darin äußert Nyers den Wunsch, sich bald mit mir zu treffen. Sein Anliegen sei, daß die SED bei ihrer Erneuerung nicht die gleichen Fehler mache wie ihre ungarische Bruderpartei. Wichtig sei auch, sich nicht in allgemeinen Diskussionen über das politische System der Gesellschaft zu verstricken. Das Entscheidende seien die Wirtschaft und die Werktätigen. Diskussionen unter Intellektuellen lösen kein volkswirtschaftliches Problem. Ein Problem, daß auch bei uns aktuell ist. Oft nehmen nur die Intellektuellen das Wort. Arbeiter, die nicht immer redegewandt sind, haben auf den Kundgebungen und Demonstrationen leider nur selten eine Chance.

Am Abend erhalte ich die Information, daß am Wochenende drei Millionen Bürger der DDR die BRD und Berlin (West) besucht haben.

20. November

Am Morgen treffe ich mich mit Rechtsanwalt Prof. Dr. Wolfgang Vogel. Er kennt den Kalten Krieg aus der Sicht eines Maklers zwischen den Fronten. Sechs Bundesregierungen nahmen seine Dienste in Anspruch. Er hat außerhalb von offiziellen Verhandlungen für die Menschen in beiden deutschen Staaten viel erreicht, was auf Regierungsebene unmöglich gewesen wäre. Über den sogenannten „Freikauf" sind inzwischen Legenden und moralische Vorurteile im Umlauf. Wie immer man über den „Freikauf" denkt, er ist ein Produkt aus der Zeit, in der sich beide deutsche Staaten in härtester Konfrontation feindlich gegenüberstanden. Er wurde von beiden Staaten gewollt und praktiziert. Der „Freikauf" betrifft in erster Linie Häftlinge und Ausreisende, bei denen es um Wiedergutmachung von Schäden bzw. um Erstattung von Ausbildungskosten an die DDR geht. Er wurde seit 1964 von beiden Kirchen in der BRD und in der DDR vorgeschlagen, organisiert und zwischen den Regierungen durch Vermittlung von Rechtsanwälten vereinbart. Kardinal Bengsch und Nachfolger sowie Konsistorialpräsident Dr. Stolpe waren stille Vermittler. Weltbekannt wurden die Dienste Vogels beim Austausch von Inhaftierten wegen nachrichtendienstlicher Tätigkeit. Gary Povers, der amerikanische Pilot, der bei einem Spionageflug über der Sowjetunion abgeschossen und in der UdSSR rechtskräftig verurteilt worden war, wurde 1962 auf der legendär gewordenen Glienicker Brükke gegen Oberst Abel ausgetauscht, einen legendären Aufklärungsmann der UdSSR. Gegen ihn war in den USA die Todesstrafe vorgesehen. Etwa 200 Fälle wurden so im Interesse der UdSSR, Polens, der ČSSR, Ungarns und Bulgariens gelöst. Vogel konnte vielen Menschen helfen. Er hatte dazu das Mandat des Vorsitzenden des Staatsrates Erich Honecker.

Die „Geheimdiplomatie" läßt sich auch jetzt nicht aus der Welt schaffen. Schließlich handelt sich immer noch um zwei unterschiedliche Gesellschaftssysteme. Auf dem Marktplatz lassen sich diskrete Angelegenheiten schwerlich austragen. Ich habe den weltbekannten Anwalt in den Amtssitz des Staatsrates gebeten, weil seine Tätigkeit staatliche Angelegenheit, nicht eine Angelegenheit der Partei ist. Ich bitte ihn, weiterhin als Beauftragter des Vorsitzenden des Staatsrates für humanitäre Angelegenheiten tätig zu sein. Er ist einverstanden. Wir kommen überein, daß er sich gegenüber der Regierung der BRD für eine Generalamnestie für DDR-Bürger bemüht, die wegen der rechtswidrigen Registrierung in der Erfassungsstelle in Salzgitter im Fall der Einreise in die Bundesrepublik mit Strafverfolgung rechnen müssen. Es ist vor allem ein Problem für Hoheitsträger der DDR, die jahrzehntelang gegenüber der DDR ihre verfassungsmäßige Pflicht getan haben und die nun nach Öffnung der Grenze durch die BRD selektiert, diffamiert sowie politisch und juristisch verfolgt werden. Beibehalten werden Vogels anwaltschaftliche Vermittlung beim Austausch von Personen im Zusammenhang mit nachrichtendienstlichen Straftaten sowie die anwaltschaftlichen Vermittlungen in den USA und Israel. Ich erteile Wolfgang Vogel die Vollmacht, aktiv zu werden, damit die Häftlinge mit politisch motivierten Straftaten, die sich noch in Haftanstalten der DDR befinden, das Weihnachtsfest 1989 in Freiheit erleben. Auch über die in der Bundesrepublik inhaftierten Bürger der DDR wegen nachrichtendienstlicher Tätigkeit soll Vogel mit seinen Partnern reden.

Am Nachmittag empfange ich den Bundesminister für besondere Aufgaben und Chef des Bundeskanzleramtes der BRD, Rudolf Seiters. Stünde ich bei Kohl nicht im Wort, ich hätte diesem Besuch nicht ein solches politisches Gewicht gegeben. Modrow und ich, Außenminister Fischer und Staatssekretär Schalck sowie weitere Mitarbeiter – das ist für meine Begriffe zu viel der Ehre für einen Bundesminister. Wir sind jedoch in einer schwierigen Situation. Seit dem 9. November wurden durch die Deutsche Volkspolizei über 10,3 Millionen Visa für Privatreisen und 17 738 Genehmigungen zur ständigen Ausreise aus der DDR erteilt. Seit dem 1. November siedelten ca. 100 000 DDR-Bürger in die Bundesrepublik über. Wenn wir die Lage in der DDR beruhigen wollen, geht dies nur durch ein höheres Niveau der wirtschaftlichen Kooperation mit der BRD.

Doch das interessiert Bonn schon nicht mehr. Seiters kommt mit einem Forderungskatalog. Zunächst spricht er die legitimen Interessen der BRD an. Es gehe nicht nur um den Reiseverkehr von Ost nach West. Der werde in Bonn begrüßt. Es gehe der Regierung in Bonn auch um den Reiseverkehr von West nach Ost, um die Abschaffung des Mindestumtausches und um den Postverkehr. Dann nennt Seiters die eigentlichen Probleme seines Kommens: Der Bundeskanzler wolle aus erster Hand wissen, wie verbindlich der Reformprozeß in der DDR sei, wann freie Wahlen stattfinden, wann neue Parteien zugelassen werden, wie die Wirtschaftsreform aussehen wird und wie und wann die Verfassung der DDR geändert wird.

Am liebsten würde ich undiplomatisch antworten: „Das geht euch gar nichts an. Das ist Sache der DDR." Doch unsere politische und ökonomische Lage läßt mir nur die Wahl, sachlich die Fragen des Bundeskanzlers zu beantworten. Schließlich sind auch wir an seinem Besuch in der DDR interessiert. Modrow und ich hatten uns vor dem Gespräch in meinem Arbeitszimmer verständigt, daß ich in erster Linie auf die politischen Probleme eingehe, während er als Ministerpräsident zu den Sachfragen Stellung nimmt, die in die Kompetenz der Regierung fallen. Die Arbeitsteilung zwischen dem Staatschef einerseits und dem Ministerpräsidenten andererseits wird praktiziert, wie zwischen uns vereinbart.

Ich sage Seiters, daß das Aktionsprogramm der SED, meine Erklärung vom 24. Oktober vor der Volkskammer und die Regierungserklärung von Hans Modrow auf die Fragen des Bundeskanzlers Antwort geben. Ich lasse keinen Zweifel daran, daß es uns weiterhin um den Sozialismus in der DDR, um die Souveränität des Volkes und seinen Staat geht und die Einheit Deutschlands kein Thema ist.

Modrow legt unsere Positionen zu Handels- und Wirtschaftsbeziehungen, zum Umweltschutz, zum Verkehrswesen, zum Post- und Fernmeldewesen, zum nichtkommerziellen Zahlungsverkehr, zur Erweiterung des Tourismus und zur Bekämpfung des Drogenmißbrauchs dar. Er erläutert damit zugleich, wie sich die DDR eine Vertragsgemeinschaft zwischen beiden deutschen Staaten vorstellt.

Nach einigen Diskussionen zwischen den Delegationen läßt Seiters die Katze aus dem Sack: Es könne eine zweite Begegnung in Berlin notwendig werden. Im Klartext bedeutet das, er hat kein Mandat zum Abschluß der Vorgespräche für den Besuch des Kanzlers. Die BRD will Zeit gewinnen, um der DDR neue Bedingungen zu stellen.

Der Kampf um Sein oder Nichtsein der DDR verschärft sich.

Wieder sind Zehntausende bei den Demonstrationen auf den Straßen. Die Losungen, die gerufen werden, sind aggressiver geworden. Es gibt Anzeichen für Ausländerfeindlichkeit. Inzwischen werden auch Reden gegen den Sozialismus gehalten. Losungen für die Vereinigung beider deutscher Staaten tauchen auf. Zwischen diesen Erscheinungen in der Öffentlichkeit und dem Hinausziehen von Ergebnissen bei den deutsch-deutschen Verhandlungen durch die Bundesrepublik gibt es einen engen politischen Zusammenhang.

21. November 1989

Ursprünglich wollte ich heute in Prag sein. Präsident Húsák und Parteichef Jakeš haben mich gleich nach meiner Wahl zu einem Arbeitsbesuch eingeladen. In einem Telefongespräch mit Jakeš haben wir nun vereinbart, wegen der aktuellen Lage in beiden Ländern die Visite zu verschieben. Unsere Partner in der ČSSR sind verstimmt. Sie nehmen an, daß die Flüchtlinge aus der DDR, die die dortige BRD-Botschaft in Prag besetzten bzw. die nach Ungarn weiterreisten, die innere Opposition im Nachbarland mobilisiert haben. Seit Tagen gibt es in der ČSSR Demonstrationen, darunter auch gewaltsame Auseinandersetzungen mit der Staatsmacht. Der Zerfall der sozialistischen Gemeinschaft ist in vollem Gange: Ungarn und Polen sind faktisch schon bürgerliche Republiken. In der Sowjetunion werden nationale Bestrebungen von Republiken immer stärker, aus dem Unionsverbund auszutreten. In Bulgarien wird die Perestroika auf bulgarisch geprobt. In Rumänien brodelt es. Die politische Stabilität in der DDR ist in Gefahr. Während in der DDR der Unmut begann, als unser Abkoppeln von der Entwicklung in der Sowjetunion einsetzte, ist die Lage in der ČSSR anders. Die Kommunistische Partei des Landes ging nicht auf Distanz zu den Umgestaltungen in der UdSSR. 1987 proklamierte sie nach dem Beispiel Gorbatschows die Perestroika auf tschechoslowakisch. Trotzdem steht auch in diesem Land die Existenz des Sozialismus auf dem Spiel.

Alle sozialistischen Länder, auch die DDR, haben die NATO-Strategie der Unterwanderung des Sozialismus unterschätzt. Es wurde ihr nichts Konstruktives entgegengesetzt.

In Prag wird die Forderung laut, daß sich die Warschauer Vertragsstaaten für den Einmarsch ihrer Truppen 1968 entschuldigen. Wir schließen uns dem Standpunkt an, den Eduard Schewardnadse vertritt. In einem Interview sagt er:

„Die Entscheidung von 1968 wurde gemeinsam getroffen. Sie ist nur durch gemeinsame Entscheidungen zu verändern."

Vom Außenministerium erfahre ich, daß BRD-Außenminister Genscher heute von USA-Präsident Bush empfangen wird. Aus vertraulichen Informationen geht hervor, daß er die USA über die Gespräche, die Seiters in der DDR geführt hat, unterrichten werde. Es gehe um eine Abstimmung darüber, welche Probleme die USA im Zusammenhang mit dem bevorstehenden Gipfeltreffen zwischen Gorbatschow und Bush vor Malta zur Entwicklung in der DDR aufwerfen. So wird aus dem ursprünglichen Anliegen der Volksbewegung für eine reformierte DDR ein Verhandlungsobjekt der Großmächte.

Frankreichs Präsident François Mitterrand läßt sich davon nicht beeindrucken. Innerhalb von knapp zwei Wochen schickt er mir die zweite Botschaft. Er schreibt im Namen der Regierungschefs der Europäischen Gemeinschaft, daß der Reformprozeß in der DDR die volle Unterstützung finde. „Ich freue mich darauf", heißt es in seinem Schreiben, „in vier Wochen die Deutsche Demokratische Republik besuchen zu können."

22. November

Die Partei ist in einem desolaten Zustand. Es rächt sich, daß sie viele Mitläufer, aber zuwenig engagierte Mitglieder hat. Zu Tausenden erklären Genossen ihren Parteiaustritt. Sie seien von der korrupten Führung enttäuscht, sagen sie. Oft sind es die sogenannten „200prozentigen", die uns verlassen. Also jene, die sich besonders revolutionär gaben und in den Parteiversammlungen nur ihre Meinungen zuließen. Die Genossen, die kritisch auftraten und deshalb oft auch Probleme bekamen, streiten jetzt in der Regel mutig für die Partei. Sie stehen Rede und Antwort und haben keine Angst vor Beschimpfungen und Drohungen. Es bewahrheitet sich, was mir Freunde, die an der Basis tätig sind, oftmals sagten: Die Führung liebt mehr die Bequemen als die Kritiker. Das Zentralkomitee genießt kein Vertrauen. Selbst aus dem Apparat des ZK erhalte ich Briefe mit dem Ruf: Handle wie Gorbatschow! Trenne dich von den Alten! Sehen diese Genossen nicht den Unterschied zu dem, was bei uns vor sich geht? Die Umgestaltung in der Sowjetunion ist das Werk von „oben". Wir stehen unter mehrfachem Druck, Druck von „unten" und Druck von „außen": Die Demonstrationen auf der Straße, die Enttäuschten in der Partei, das Auseinanderbrechen der sozialistischen Gemeinschaft, das Aufkommen antisozialistischer Kräfte, die Anti-DDR-Politik der Bundesrepublik, das alles beeinflußt die Lage der DDR. Gorbatschow versucht seit knapp fünf Jahren vorwärtszukommen. Die Perestroika stagniert. Gegenkräfte organisieren sich. Ich habe bisher gerade vier Wochen Zeit gehabt. Von mir verlangt man das Unmögliche, die Probleme, die sich seit Jahren angehäuft haben, in Tagen zu lösen.

Im Haus des Zentralkomitees haben wir ein Informations- und Konsultationszentrum eingerichtet. Ich erhalte jeden Tag einen Bericht, mit welchen Fragen sich sowohl Parteimitglieder als auch Parteilose an das Zentralkomitee wenden. Häufig wird ein neues Parteiprogramm und ein neues Parteistatut gefordert. Es gibt Bestrebungen, die Partei aufzulösen und neu zu formieren. Auch Tendenzen der Spaltung der Partei und einer Neugründung der KPD sind erkennbar.

Der häufigste Vorwurf an das neue Politbüro und mich lautet: Ihr trabt den Ereignissen hinterher. Es ist schon wahr: Zeitverlust in dieser Situation ist das wirksamste Gift.

Im Wissen um die Lage der Partei besuche ich die Parteiorganisation des Berliner Betriebes Bergmann-Borsig. Mit Beginn der Frühschicht stehe ich um 6.00 Uhr vor dem Werktor. Ich bringe kein ausgearbeitetes Redemanuskript mit, sondern eine Frage: Was erwartet ihr vom Außerordentlichen Parteitag? Drei Stunden diskutieren wir am Arbeitsplatz und bei einer spontanen Zusammenkunft mit Genossen aus allen Betriebsbereichen. Nach all den Auseinandersetzungen in der Zentrale tut diese Begegnung gut. Die Genossen wünschen sich einen Parteitag der kompromißlosen Offenheit, der den Weg nach vorn weist. Als ein Arbeiter sagt: „Wir müssen hart und ehrlich arbeiten, damit es wieder vorangeht", bekommt er viel Zustimmung. Ich nutze die Zusammenkunft, um eine wichtige Erkenntnis zu formulieren: „Ohne SED", sage ich, „gibt es keinen Sozialismus und ohne Sozialismus keine DDR."

Als ich dies äußere, herrscht eine nachdenkliche Stille. Ich weiß nicht, ob meine Gesprächspartner es auch so sehen. Ich spüre aber, daß der Vertrauensverlust, den die Partei erlitten hat, verhindert, daß so grundsätzliche Positionen in der Konsequenz so begriffen und akzeptiert werden.

Vom Betrieb fahre ich zur Sitzung des Politbüros. Wir beraten über die Vorbereitung des Außerordentlichen Parteitages. Wir beschließen seinen organisatorischen Ablauf, seine Wahl- und Geschäftsordnung. Siegfried Lorenz unterbreitet den Vorschlag, das Aktionsprogramm der SED mit den inzwischen in der Diskussion unterbreiteten Ideen als programmatisches Dokument vorzulegen. Der Parteitag soll ein Parteitag der Arbeit sein, ohne Pomp. Er wird weder inhaltlich noch vom Ablauf her Ähnlichkeiten mit früheren Parteitagen haben.

Im Zusammenhang mit der aktuellen Lage beschließen wir: „Das Politbüro hält es für geboten, den Vorschlag zu unterbreiten, daß sich die in der Koalitionsregierung vereinten politischen Parteien gemeinsam mit anderen politischen Kräften des Landes an einem Runden Tisch zusammenfinden."* Wir schlagen vor, dort das neue Wahlgesetz, die Durchführung von Wahlen und eine Verfassungsreform zu erörtern.

Nach diesem Beschluß verlasse ich für kurze Zeit die Sitzung. Ich telefoniere in meinem Arbeitszimmer mit dem Konsistorialpräsidenten Manfred Stolpe, um ihn und damit die Evangelische Kirche über die Absicht der SED zu informieren, die Probleme unseres Landes an einem Runden Tisch zu diskutieren.

Im weiteren Verlauf der Sitzung unterbreitet das Politbüro dem Ministerpräsidenten Vorschläge der SED zur Leitung und gesellschaftlichen Kontrolle des Allgemeinen Deutschen Nachrichtendienstes (ADN), des Rundfunks und des Fernsehens der DDR. Die Vorschläge zielen auf die Eigenverantwortung der staatlichen Medien und ihrer Leiter bei Wahrung der Informations- und Medienfreiheit der Journalisten. Dem Vorsitzenden des Ministerrates wird empfohlen, Hans Bentzien** zum Generalintendanten des Fernsehens der DDR zu berufen.

---

* Bundesarchiv, DY 30 / JIV 2/2/2364

** Hans Bentzien war von 1961 bis 1966 Minister für Kultur der DDR. Er wurde im Zusammenhang mit dem 11. Plenum des ZK der SED von seinem Amt abgesetzt. Er leitete danach den Verlag Neues Leben und war seit 1975 im Rundfunk und Fernsehen der DDR tätig.

23. November

Das NEUE DEUTSCHLAND berichtet über meinen Besuch bei Bergmann-Borsig. Mir fällt dabei nicht auf, daß auf Seite eins ein Bild veröffentlicht ist, auf dem ich vor einer Wandzeitung stehe, auf der die Losung zu lesen ist: „Besser dem Volke vertrauen als auf die Stasi bauen!" Aufmerksam werde ich darauf erst, als ich kurz nach 8.00 Uhr ein Fernschreiben von einer Kreisdienststelle des Ministeriums für Staatssicherheit erhalte. Die Mitarbeiter protestieren, daß sich der Generalsekretär vor einer Losung fotografieren läßt, die Volk und MfS in einen Gegensatz bringt. Abgesehen davon, daß ich mir abgewöhnt habe, mich in die Berichterstattung der Medien einzumischen, kann ich den Ärger der Mitarbeiter des MfS gut verstehen. Sie können nicht für alles büßen, was in unserem Land falsch gemacht wurde. Das alte Politbüro hat zugelassen, daß die wachsenden Widersprüche in der Gesellschaft mit immer umfangreicheren administrativen Maßnahmen zugedeckt wurden. Es ist nicht gerechtfertigt, dafür die Mitarbeiter des Ministeriums pauschal zu verurteilen. Vielmehr kommt es darauf an, daß die SED und die Regierung Maßnahmen beschließen, daß künftig auch die Sicherheitsorgane unter strenger parlamentarischer Kontrolle arbeiten. Nicht alles läßt sich über Nacht realisieren. Mit der Bildung der neuen Regierung wurde das Ministerium für Staatssicherheit in ein Amt für Nationale Sicherheit umgebildet. Zum Minister wurde Wolfgang Schwanitz berufen, der nicht dem Politbüro angehört. Auch damit wird die neue Rolle der Regierung unterstrichen: Alle Minister, einschließlich die für die bewaffneten Organe zuständigen, unterstehen dem Ministerpräsidenten.

Gegen 10.00 Uhr bin ich mit WDR-Chefredakteur Fritz Pleitgen verabredet. Ich bin bereit, ihm als einzigem Journalisten aus der BRD ein ausführliches Interview über unsere Beweggründe zur Öffnung der Grenze zu geben. Ich kenne ihn aus seiner Tätigkeit als ARD-Korrespondent in der DDR. Er gilt als solider, mit der DDR verbundener und sachlicher Berichterstatter. Wenn er mir gegenüber auch nur einen Bruchteil jener Fairneß zeigt, mit der er jahrelang aus der DDR berichtete, könnte es ein vorurteilsloses Interview werden. Was folgt, ist allerdings kein Interview, sondern ein Verhör, das jedwede Regeln der guten Sitten verletzt. Auf eine bestimmte impertinente Fragestellung kann man eben nicht sachlich antworten. Aber gerade an einem sachlichen Gespräch ist mir gelegen. Mir schießt daher durch den Kopf, du brichst das Interview ab. Du hast es nicht nötig, dich auf diese unglaubliche, verleumderische, freche Art behandeln zu lassen. Doch dann sage ich mir: Du zeigst keine Schwäche, du gibst nicht auf. Allerdings kann ich mir später die Frage nicht verkneifen, ob Pleitgen jemals so den Bundeskanzler der BRD befragt hätte.

Am Abend gehe ich mit meiner Frau ins Kino. Im Kino „International“ in der Berliner Karl-Marx-Allee findet eine Premiere besonderer Art statt. Frank Beyers DEFA-Film „Spur der Steine“, 1966 nach dem gleichnamigen Roman von Erik Neutsch entstanden, erlebt seine Neuaufführung. Er war vor 23 Jahren nach nur drei Tagen infolge der von der 11. Tagung des ZK der SED 1965 ausgehenden Kulturpolitik vom Spielplan verschwunden. Vor der Aufführung treffe ich Manfred Krug, den Hauptdarsteller des Films, der Mitte der siebziger Jahre die DDR verlassen hat. Er nennt meinen Kinobesuch eine hoffnungsvolle Geste. In Bezug auf den damaligen Umgang mit dem Film sagt er: „Ich habe damals den ersten Hieb auf die Birne gekriegt. Es war der erste wirkliche Einbruch mit meiner DDR.“ Jetzt zeigt sich, daß es auch anders geht.

Während der Vorführung, kommt mein Sicherheitsoffizier zu mir. Er flüstert. „Genosse Honecker ist am WTsch-Apparat. Er will dich unbedingt sprechen. Er läßt sich nicht abweisen.“ Ich fürchte, daß etwas Außergewöhnliches passiert ist. Sonst würde Honecker nicht auf das Gespräch drängen. Ich gehe in einen Raum des Kinos, wo für mich ein WTsch-Anschluß geschaltet ist.

Honecker ist außer sich. „Ich habe eben in den Nachrichten gehört, daß ein Parteiverfahren gegen mich eingeleitet wurde. Da du mir gesagt hast, daß gegen mich keine Verfahren laufen, kann dahinter nur Moskau stecken.“

Ich versuche, den alten Mann zu beruhigen. „Moskau hat nichts damit zu tun“, sage ich. „Die Zentrale Parteikontrollkommission hat ein Parteiverfahren gegen dich eröffnet, aber zugleich davon Kenntnis genommen, daß dein Gesundheitszustand keinerlei Aussprachen zuläßt, das heißt, die Sache ruht.“

Honecker ist nicht zu beruhigen. Er wolle zum Parteitag kommen und uns allen die Meinung sagen.

„Erich“, antworte ich „überlege es dir in Ruhe. Ich hindere dich nicht daran, zum Parteitag zu kommen. Doch bedenke, es könnte eine grundlegende Abrechnung mit dir werden. Ich weiß nicht, ob du das gesundheitlich durchstehst.“ Ich biete ihm an, daß ihn am nächsten Tag Werner Eberlein, der Vorsitzende der Zentralen Parteikontrollkommission, besucht und ihm die Beschlüsse zu seinem

Parteiverfahren erklärt. Mürrisch willigt er ein. Ich habe den Eindruck, Honecker fürchtet den Ausschluß aus der Partei mehr als ein Gerichtsverfahren.

Einer meiner Mitarbeiter meint, ob es nicht an der Zeit sei, mit Honecker nicht so nachsichtig umzugehen. Honecker wäre mit mir anders umgegangen, wenn ich am 17. Oktober die Auseinandersetzung verloren hätte. Mag sein. Das ist sicher wahr, dennoch kann ich nachvollziehen, wie einem Mann zumute ist, der nach fast 60jähriger Mitgliedschaft aus der Partei ausgeschlossen werden soll. Daß er sich wehrt, verstehe ich.

24. November

Zum ersten Mal in meinem Leben gehe ich unter fast konspirativen Bedingungen in die sowjetische Botschaft. Hier findet heute ein internes Treffen mit einem persönlichen Vertrauten Gorbatschows statt. Ich hatte am 10. November um diese Begegnung gebeten. Es geht um einen Gedankenaustausch über unsere Politik gegenüber der BRD und Berlin (West) nach der Öffnung der Grenzen. Gorbatschow hat Valentin Falin* mit dieser Mission betraut.

Ich habe Modrow eingeladen, an der Begegnung teilzunehmen. Der Regierungschef soll in diesen wichtigen Kontakt, den ich wahrnehme, einbezogen werden. Er hat jedoch Gespräche mit dem österreichischen Bundeskanzler Vranitzky. Deshalb kommt er erst einige Stunden später in diese Runde.

Ich gebe Falin ein ungeschöntes Bild über die Lage der DDR.** Wenn man überhaupt von Fortschritten seit meinem Treffen mit Gorbatschow reden könne, dann sei das wichtigste: Bürgerkriegsähnliche Auseinandersetzungen wurden vermieden. Sie wären entstanden, wenn die Demonstrationen in Leipzig und anderswo mit Polizeigewalt niedergeschlagen worden wären.

Neu bei diesen Demonstrationen ist jetzt die vereinzelte Forderung nach der „Wiedervereinigung".

Ein gutes Zeichen ist, daß in der DDR eine große Offenheit hergestellt wurde. Die Massenmedien seien interessanter geworden. Die

* Valentin Falin war zu diesem Zeitpunkt Leiter der Internationalen Abteilung des ZK der KPdSU.

** Niederschrift des Gesprächs im Archiv des Autors

DDR-Bürger würden nicht mehr zuerst aus den Westmedien erfahren, was in der Welt und in der DDR los ist, sondern aus den eigenen. Auf diese Weise seien allerdings auch Wahrheiten oder vermeintliche Wahrheiten über Amtsmißbrauch und Korruption bekannt geworden, die sich in der DDR noch vor Wochen niemand hätte vorstellen können. Die Bevölkerung ist enttäuscht, daß die frühere Führung ihr Vertrauen mißbraucht hat.

Positiv ist, daß wir eine Koalitionsregierung haben. Die Blockparteien stehen jetzt mit der SED gemeinsam in der Verantwortung. Sie zeigen aber auch, daß sie die Blockpolitik im alten Stil nicht mehr mitmachen. Wir sind mit einem neuen Selbstbewußtsein dieser Parteien konfrontiert. Es rächt sich, daß die führende Rolle der SED zur administrativen Bevormundung geriet. Die Arbeit der Regierung hat gut begonnen. Die verschiedenen Parteien haben aber schon die kommenden Wahlen im Auge. Darunter leide die konstruktive Arbeit.

In der Volkskammer hat die SED noch Stimmenmehrheit. Es ist aber schon jetzt nicht mehr sicher, daß alle SED-Abgeordneten aus den Fraktionen der Gewerkschaft und der Massenorganisationen für die Positionen der Partei stimmen. Was in der letzten Sitzung der Volkskammer hochgekommen ist, war auch für die Abgeordneten schwer zu verkraften. Jeder Fall von Amtsmißbrauch, der neu bekannt wird, zieht den Austritt vieler Parteimitglieder nach sich.

Wir haben die Grenzen geöffnet. Ein Sturm auf die Mauer war nicht auszuschließen. Die Konsequenzen einer solchen Aktion wären unvorstellbar gewesen. Millionen Bürger reisen jetzt. Die neue Reiseregelung hat uns eine kurzzeitige Atempause verschafft. Doch die Probleme sind nicht geringer geworden. Viele, vor allem Berliner, fürchten eine Rückkehr zu den Zuständen aus der Zeit vor 1961. Für die Bundesregierung sei der Reiseverkehr jetzt nicht mehr wichtig. Sie läßt uns mit den finanziellen Belastungen allein. Bonn setzt uns mit politischen Forderungen unter Druck, die einzig und allein in die Kompetenz der DDR fallen.

Organisatorisch existiert die SED noch als einheitliche Partei. Die ideologische Einheit gibt es schon lange nicht mehr. Bisher sind über 100 000 Mitglieder aus der SED ausgetreten. Es gibt Bestrebungen, die sozialdemokratische Tradition der SED zu beleben. Andere betrachten die Umgestaltung als Revisionismus. Sie wollen eine kommunistische Partei. Schicksalhaft werde der Außerordentlich Parteitag sein. Wichtig sei, daß er nicht ein Parteitag der Emotionen und gegenseitigen Schuldzuweisungen wird. Es besteht die Möglichkeit, daß sich eine neue Führung herausbildet, von der niemand weiß, wohin sie die Partei führt. Es ist beabsichtigt, daß das alte ZK nach der Wahl eines Arbeitspräsidiums zurücktritt.

Es sind neue Parteien und Gruppierungen entstanden. Die SED ist mit ihrem Aufruf für einen Runden Tisch diesen Kräften zuvorgekommen. Noch gibt es mit allen politischen Kräften in der DDR den Konsens, daß die DDR ein sozialistischer Staat bleibt. Die Festschreibung der führenden Rolle der SED in der Verfassung ist nicht mehr länger aufrechtzuerhalten. Es wird eine grundlegende Überarbeitung der Verfassung der DDR geben. Die Einheit Deutschlands sei von den Parteien und politischen Gruppierungen noch nicht aufgeworfen worden. Diskutiert werde allerdings die Frage einer Konföderation beider deutscher Staaten. Ich vertrete dazu weiter die Position, die am 1. November mit Gorbatschow beraten wurde: Weder die Einheit noch die Konföderation stehen auf der Tagesordnung der aktuellen Politik. Wir dürfen diese Begriffe jedoch nicht nur anderen überlassen. Die SED muß dazu Stellung nehmen.

Zur Situation im Politbüro informiere ich: Sie ist äußerst kompliziert. Einige Genossen befassen sich schon mit der Frage, ob sie den Parteitag überstehen. Auch die physische Kraft läßt nach. Es gibt Genossen, die nach vorn prellen und solche, die sich noch in Dekkung halten. Sie wollen für künftige Aufgaben in Reserve stehen.

Falin macht sich während meiner Ausführungen Notizen. Sie dienen ihm jetzt offensichtlich als Disposition für seine Ausführungen. Ein vorbereitetes Manuskript hat er nicht.

Er trennt die Entwicklung in der DDR nicht von der in der UdSSR. „Unter Führung Breshnews", sagt er, „sind die Grundinteressen des Sozialismus aufs Spiel gesetzt worden. Dadurch ist der Handlungsspielraum der Partei wesentlich eingeschränkt. Der politische Gegner hat die Schwierigkeiten des Sozialismus skrupellos ausgenutzt. Dies ist auch hinsichtlich der DDR so. Die Manövrierfähigkeit der DDR ist dadurch eingeschränkt."

Nach einem historischen Ausflug zu Breshnew beginnt er mit der Gegenwart. „Das bevorstehende Treffen zwischen Michail Gorbatschow und George Bush wird sehr hart sein. Der amerikanische Präsident und seine Administration sind offensichtlich der Meinung, jetzt ist die Stunde gekommen, die Schwierigkeiten der sozialistischen Gemeinschaft zu nutzen. Während man öffentlich von der Notwendigkeit der Stabilität spricht, ist man bemüht, sozialistische Positionen in Europa abzubauen. Dies schließt den Abbau grundlegender Errungenschaften und Werte des Sozialismus in der DDR ein."

Falin stimmt mit meiner Einschätzung überein, daß die DDR nach dem 40. Jahrestag eine andere geworden sei. Was auch immer geschehe, die Republik wird in vielen wesentlichen Eigenschaften eine andere Gesellschaft, ein anderer Staat sein als noch vor einem Monat. Die Besonderheit der DDR bestehe darin, daß die hier auftretenden konterrevolutionären Kräfte die Unterstützung mächtiger Kreise nicht nur der BRD, sondern des Westens insgesamt erhalten. Wörtlich: „Denn die Pläne, Absichten und Träume, die man im Westen mit der Perestroika in der DDR verbindet, gehen soweit, das Bild des ganzen Kontinents, das Kräfteverhältnis hier und in gewissem Maße sogar in der Welt insgesamt zu verändern. Wenn man bedenkt, daß die Entstehung der DDR als unabhängiger sozialistischer Staat eine Wende in der Entwicklung Europas war, dann wäre auch ein Infragestellen der Existenz der DDR, eine Abschwächung oder gar das Verschwinden dieses Faktors eine ebensolche Wende."

In meinen Gesprächsnotizen steht am Rand: „Wie wahr!!"

Bei aller berechtigten Kritik unserer Vergangenheit, viele unserer Reformer vergessen, wieweit Reformen in der DDR gehen können, ohne daß die Existenz unseres Staates in Frage gestellt wird. Was mir oft als Zögerlichkeit unterstellt wird, hängt gerade damit zusammen, daß ich den Zusammenhang von Veränderungen in der DDR und den Folgerungen für die Welt sehe.

Insofern stimmt mich ein heute im NEUEN DEUTSCHLAND veröffentlichter Brief der Vertrauensleute des Deutschen Theaters Berlin an Bundeskanzler Kohl hoffnungsvoll. Darin heißt es:

„Mit zunehmender Verärgerung beobachten wir Ihren Einsatz für Demokratie in der DDR, hören Ihren Ruf nach freien Wahlen in unserem Land, von denen Sie die wirtschaftliche Zusammenarbeit abhängig machen wollen. Das Volk der DDR hat seine Reformen selbst erkämpft und wird es auch künftig tun. In dem hart geführten Dialog mit unserer Regierung und der SED benötigen wir keine politische Schützenhilfe von Ihrer Regierung und ihrer Partei ... Wir haben nichts dagegen, wenn Sie, Herr Bundeskanzler, für freie Wahlen auf die Straße gehen, aber wir wollen Sie nicht unter den Trittbrettfahrern unserer Reformbewegung sehen ... Was sollen das außerdem für freie Wahlen sein, die mit dem Geld der Bundesrepublik erkauft werden?"*

Noch ist eine Mehrheit in der DDR gegen die deutsche Einheit. Das zeigen die neuesten soziologischen Umfragen.

Falin erinnert daran, daß im Westen durchaus nicht alle die Veränderungen in Europa wünschen. Frankreich zum Beispiel geht davon aus, daß die Stabilität in Europa unabdingbar mit der weiteren Exi-

* NEUES DEUTSCHLAND vom 24. November 1989

stenz von zwei selbständigen deutschen Staaten verbunden ist. Am 6. Dezember wird Mitterrand zu Gesprächen mit M. S. Gorbatschow nach Kiew kommen. Die Hauptfrage sind die Veränderungen in der DDR, zum Teil in der ČSSR, in Polen und Ungarn. Auch Margaret Thatcher ist entschieden gegen die Erweiterung des Machtbereichs des deutschen Großkapitals in Gestalt der BRD. Italien hegt gleiche Gefühle. Die BRD sei nicht gut beraten, wenn sie jetzt die DDR unter Druck setzt. In internen Gesprächen hat Kohl zugegeben, daß die BRD auf eine Vereinigung nicht vorbereitet ist. Sie verkrafte im Moment nicht einmal alle Folgen der freien Ausreise aus der DDR. Obwohl Seiters in Berlin für die wirtschaftliche Zusammenarbeit mit der DDR politische Bedingungen gestellt hat, weiß er, daß gegenwärtig ein harter Konkurrenzkampf zwischen der SPD und der CDU um die Gunst der DDR im Gange ist. Während die CDU versucht, ihr Ziel durch Druck auf die DDR zu verwirklichen, sei die SPD geneigt, mit der DDR einen Konsens zu finden mit allen Folgen, die dies haben könne. Man ist in den Gremien der Parteien der Meinung, wer die Gunst der DDR gewinnt, wird die kommenden Bundestagswahlen gewinnen.

Falin richtet einen Blick in die Zukunft: „Die Sozialdemokraten der BRD haben gegenwärtig möglicherweise die beste Chance in ihrer Geschichte, die Grundwerte der Sozialdemokratie in der BRD und darüber hinaus in Westeuropa zu verwirklichen. Sie könnten dazu beitragen, daß ganz Europa ein neues, friedlicheres und konstruktiveres Gepräge erhält, daß die militärischen Faktoren hier abgebaut werden. Wenn sie jedoch weiter so handeln, wie sie es gegenwärtig tun, dann werden sie erneut, wie mehrmals in der Vergangenheit, die Chance verpassen. Sie müssen jetzt selbst entscheiden, wer ihre Partner in der DDR und in der Sowjetunion sind. Wenn sie sich dazu entschließen, mit den Sozialdemokraten in der DDR zusammenzuarbeiten, dann werden sie die SED als Partner verlieren. Wenn sie sich mit der SED konfrontieren, dann bedeutet das auch die Konfrontation mit der KPdSU."

Ich freue mich durchaus über diese solidarische Haltung. Sie ist aber auf Illusionen gebaut. Zwar ist die Sozialdemokratische Partei in der DDR noch nicht zugelassen, sie ist aber gegründet. Die SPD kann nicht mehr zurück in Bezug auf die Anerkennung dieser Partei, wenn sie ihr Gesicht nicht verlieren will.

Falin informiert mich über Gespräche, die kürzlich in der Sowjetunion mit Brandt, Rau und Bahr stattgefunden haben. Dabei sei betont worden, daß auch für die SPD die „Wiedervereinigung" keine Frage der praktischen Politik sei. Solange die beiden Blöcke existieren, sei die „Wiedervereinigung“ nicht zu erreichen. Die Sozialdemokraten seien für das Weiterbestehen der NATO und des Warschauer Vertrages als stabilisierende Faktoren in Europa, so lange eine kollektive Sicherheit in dieser Region noch nicht erreicht ist.

Für die DDR sei wichtig, so die Meinung des sowjetischen Deutschlandexperten, daß die CDU im Dezember 1990 bei den Bundestagswahlen nicht die Ernte dessen einbringt, was jetzt in der DDR geschieht.

Falin teilt mit, daß Egon Bahr in Moskau betont habe, die BRD sei bereit, der DDR außerordentlich große Kredite zur Verfügung zu stellen, die in ihrem Umfang mit denen für Polen und Ungarn nicht zu vergleichen seien. Darauf habe Falin gesagt: Die BRD wolle als reicher Onkel die Beziehungen zur DDR entwickeln und dieses Kind nach dem eigenen Vorbild erziehen. Er habe als Alternative an Bahr die Frage gestellt: „Wie steht die BRD dazu, wenn die DDR selbst zur Zusammenarbeit an Großobjekten einladen wird? Die DDR will von der BRD keine Geschenke. Man könnte aber gemeinsame Unternehmen, auch mit Beteiligung der Sowjetunion aufbauen.“

Falin habe vorgeschlagen, man könne für ganz Berlin in Schönefeld einen Flugplatz bauen, der zu einem „zweiten Frankfurt“ werden könnte. Die Schwierigkeiten liegen nicht bei der Sowjetunion, sondern bei den drei Westmächten. Gemeinsame Projekte könnten bei der Produktion von Pkw, Videorecordern u. a. in Angriff genommen werden. In der Sowjetunion sei zum Beispiel ein Kleinwagen „OKA“ entwickelt worden. Wenn man diesen Pkw in einem gemeinsamen Unternehmen DDR-BRD mit sowjetischer Beteiligung in einer Kapazität von einer Million Stück pro Jahr baue, würde der Preis zwei Drittel bis zur Hälfte des gegenwärtig billigsten Autos der BRD betragen. Dieser Wagen könne den „Trabant“ ablösen.

Während Falin diese und andere Gedanken entwickelt, komme ich ins Grübeln. Zwei oder drei Jahre früher, ja, da wären diese Ideen revolutionär gewesen. Gerade die Versorgung mit hochwertigen Konsumgütern steht hoch in der Skala der Wünsche von DDR-Bürgern. Sie wollen jetzt keine Versprechungen mehr für die fernere Zukunft. Sie wollen schnelle Veränderungen. Und das ist unser Problem.

Zum politischen Inhalt unserer Beziehungen zur Bundesrepublik bezieht der Beauftragte Gorbatschows eindeutige Position: „Eins muß klar sein“, betont er, „Fragen der Veränderung der Verfassung der DDR, Reformen in der DDR, das Wahlgesetz, der Wahltermin, die Zulassung neuer Parteien können nicht Gegenstand von Verhandlungen mit der BRD sein, wie sehr diese auch darauf drängt. Die

BRD lehnt ja immer noch ab, die Staatsbürgerschaft der DDR anzuerkennen und beruft sich dabei auf ihre eigene Verfassung. Die Linie Kohls steht im Gegensatz zum Grundlagenvertrag. Er versucht, der DDR vorzuschreiben, was legal oder illegal, was demokratisch oder undemokratisch ist. Darauf kann die DDR nicht eingehen."

Der langjährige Botschafter der UdSSR in der BRD meint, die BRD wird sich langfristig wieder an ihre Grundinteressen erinnern. Die können nicht in der Konfrontation zur DDR liegen. Außerdem sehen die Alliierten den gewaltigen Reisestrom mit großer Skepsis. Sie haben die Bundesrepublik darauf hingewiesen, daß dadurch die Gefahr besteht, „daß die BRD für die USA als Forward-based-System*" nahezu nutzlos werden kann, weil alle Wege, Straßen und Kommunikationslinien durch die Besucher aus der DDR überlastet und verstopft seien".

Im Zusammenhang mit der Verfassungsdiskussion sei für Falin die schwierigste und schicksalhafteste Frage, wie man das Thema der „Wiedervereinigung" behandeln solle. Er meint, dieses Thema wird im Wahlkampf der BRD an erster Stelle stehen. Rühe möchte gern der Generalsekretär der CDU sein, der die nationalistische Trompete bläst. Die DDR könne das Thema „Wiedervereinigung" nicht dem Gegner überlassen. Zunächst solle die DDR die Frage stellen: Wer trägt die Verantwortung für die deutsche Spaltung? Hier hat die DDR gute Karten: Die Politik der Westmächte nach dem Krieg und die Rolle Adenauers bei der Spaltung. Viele Gelegenheiten, die die UdSSR und die DDR zur Einheit gewiesen haben, wurden vom Westen abgelehnt.

Zur Konföderation äußert Falin: „Dazu ist zu sagen, daß Dulles Adenauer seinerzeit überreden wollte, den entsprechenden Vorschlag der DDR zu überdenken. Im Dezember 1958 erschien in der WASHINGTON POST ein Artikel, in dem die Amerikaner ihre Verärgerung über diese Ablehnung Adenauers zum Ausdruck brachten. Sie formulierten damals erstmalig, daß freie Wahlen nicht der einzige Weg zur Wiedervereinigung Deutschlands sind. Heute bestehen keine objektiven Voraussetzungen mehr für eine Konföderation. Die Konföderation hat zwei Grundvoraussetzungen:

1. eine gemeinsame Verteidigungspolitik und
2. eine gemeinsame Außenpolitik.

Fragt die BRD, ob sie bereit ist, eine solche gemeinsame Verteidigungspolitik im Sinne des Friedens und der Respektierung der Positio-

* Vorgeschobene Militärbasis der USA

nen anderer Staaten durchzuführen mit allen Folgen, die das für ihre Verpflichtungen in der NATO hat.“

Die BRD sei an der Spaltung Deutschlands mitverantwortlich. Sie wurde mit dem Marshall-Plan belohnt, weil sie den USA ihr Territorium für deren Pläne zur Verfügung gestellt hat. Dafür waren die USA auch bereit, der BRD zu verzeihen, daß sie das Potsdamer Abkommen und andere Verträge nicht erfüllt hat, darunter auch die Zahlung von Reparationen. „Ich bin gegen den Begriff ‚Wiedervereinigung‘. Man sollte den Begriff ‚Neuvereinigung‘ verwenden. Diese Meinung vertritt auch die SPD. Welche Form diese ‚Neuvereinigung‘ annehmen könnte, darüber ist zu diskutieren. Es muß die Form sein, die zwei souveräne Staaten suchen, um unter Berücksichtigung der Interessen der anderen europäischen Staaten zu mehr Gemeinsamkeiten zu kommen“, konstatiert Falin.

Modrow wirft ein: „Die ‚Wiedervereinigung‘ ist mit der Philosophie der Grenzen von 1937 gekoppelt, deshalb ist diese Vorstellung überhaupt nicht brauchbar.“

Und Falin weiter: „Das Wort ‚Wiedervereinigung‘ erweckt Erinnerungen an das Wort ‚Anschluß‘, das sehr in Verruf geraten ist. Wenn die BRD bereit ist, für ihre Schuld an der Spaltung Deutschlands und den damit verbundenen Lasten für die Bevölkerung der DDR Wiedergutmachung zu leisten, dann könnte man über eine ‚Neuvereinigung‘ nachdenken.“

In diesem Zusammenhang sei es wichtig, daß die DDR die Theorie von den zwei deutschen Nationen irgendwann revidiert. Man sollte in Gesprächen mit Westpolitikern klar sagen: Es hängt vom weiteren Verhalten der BRD ab, ob in Zukunft zwei deutsche Nationen entstehen oder nicht. Wenn die BRD ihre gegenwärtige Politik weiterführt, könne dies durchaus geschehen. Wenn aber die BRD die deutschen Interessen höherstellt als ihre eigenen ideologischen Interessen, dann könne man optimistisch sein. Der gegenwärtige Botschafter der BRD in Moskau, der dem Bundespräsidenten von Weizsäcker nahesteht, habe kürzlich gesagt, daß man die deutsche Frage entideologisieren solle. Wenn dies geschieht, kann die DDR ganz nüchtern sagen: Die Schuld für die deutsche Spaltung darf nicht ihr zugeschoben werden. Dies sei wichtig, um in der nationalen Frage nicht wieder in die Defensive zu geraten. Wenn man sich aber nur auf das Argument beschränkt, die deutsche Frage stehe nicht auf der Tagesordnung, dann werde man in der Defensive bleiben. Wenn die DDR in die Ecke gedrängt werden soll, dann sagt doch: „Ihr seid für ein einheitliches, neutrales demokratisches Deutschland ohne Angriffswaffen.“ Dies würde die Regierungen in allen westlichen Hauptstädten sofort mobilisieren. Man sollte ihnen dies in internen Gesprächen immer wieder sagen, damit sie wissen, daß wir es ernst meinen.

Fast einen ganzen Tag sitzen wir zusammen. Die Diskussion ist spannend. Falin schöpft aus einem großen Fundus historischer Kenntnisse und Erfahrungen. Was er heute zur Theorie von den zwei deutschen Nationen gesagt hat, war ohne Vorwurf an die SED. Er deutete an, daß Gromyko diese Theorie vorantrieb. Anders, als Wolf ihn im Juli verstanden haben will, macht er uns darauf aufmerksam, daß wir die Frage der Einheit nicht aus der Defensive heraus diskutieren dürfen. Vielmehr gehe es dabei um eine linke Option.

Nach Stunden verabschiede ich mich. Ich bitte ihn, Gorbatschow zu grüßen. Modrow bleibt. Er möchte noch über einige Fragen mit Falin sprechen.

Ich fahre zurück ins ZK. In meinem Kopf arbeitet es. So interessant das Gespräch auch war, es gibt dennoch einige Ungereimtheiten. Falins Vorschläge, wie wir in der deutschen Frage in die Offensive kommen sollen, gehen der Sache nach auf die Stalin-Note von 1952 zurück. Sie wurde damals vom Westen ohne Prüfung zurückgewiesen. Glaubt Falin ernsthaft, daß sich 1989 irgendwer in den USA oder der BRD auf ein neutrales Deutschland einläßt? Ist er wirklich der Meinung, daß sich die deutsche Frage entideologisieren läßt? Alle bisherigen Bundesregierungen haben die NATO-Interessen stets höher gestellt als die nationalen Interessen der Deutschen. Zum ersten Mal erlebte ich heute, daß ein maßgeblicher sowjetischer Politiker über die Vereinigung nachdenkt; zwar nicht über die „Wiedervereinigung", aber immerhin über eine „Neuvereinigung". Am 1. November hatte das bei Gorbatschow ganz anders geklungen. Er hatte jede Diskussion über die Vereinigung beider deutscher Staaten als Illusion bezeichnet. Widersprüchlich auch Falins Aussagen zur Konföderation. Einerseits erteilt er dieser Idee eine Absage, weil dafür „keine objektiven Voraussetzungen" bestehen. Andererseits sagt er auf Nachfrage von Modrow: „... daß man im Zusammenhang mit einer deutsch-deutschen Konföderation auch von einer Konföderation Berlin-Berlin sprechen kann." Mehr noch: Man solle Westberlin, die DDR-Hauptstadt Berlin und das Umland in ein „Territorium wie Singapur oder Taiwan" verwandeln. Mit Momper habe er darüber schon gesprochen. Und der habe die Idee für interessant gehalten. Aus Bonn weiß ich, daß die dortige sowjetische Botschaft schon der Meinung ist, die DDR sei nicht mehr zu halten. Weiß die eine Hand nicht mehr, was die andere tut? Einer sagt hü, der andere hott. Was ist Spekulation daran und was ist Wahrheit? Ich weiß es nicht. Ich habe in diesem Herbst zum ersten Mal das eigenartige Gefühl, um die DDR wird gefeilscht. Nabelt sich die Sowjetunion ab? Ich will es nicht glauben, schließe es aber auch nicht mehr aus. Ungeachtet dieses Zwiespalts oder vielleicht gerade deshalb schlage ich dem Politbüro vor:

„Oskar Fischer wird beauftragt, sich mit sowjetischen Genossen über mögliche Konzeptionen zu einer Konföderation zwischen der DDR und der BRD zu verständigen.“*

25. November

Das trübe Wetter dieses Novembertages paßt zu meiner Stimmung. Eigentlich wollte ich heute ausschlafen. Doch kurzfristig entschließe ich mich, nach meinem Aufenthalt am 13. Oktober noch einmal nach Leipzig zu fahren. Seit Wochen ist Leipzig durch die Montagsdemonstrationen im Gespräch. Ich will mit den Leuten vor Ort reden, was sie bewegt, welche Sorgen sie haben und was sie vom Außerordentlichen Parteitag erwarten.

In den Jahren seit ich dem Politbüro angehöre, war ich mindestens zweimal jährlich in Leipzig. Mir ist Leipzig als Messe- und Feststadt bekannt. Jeder meiner Schritte war vorbereitet. Im Politbüro neigten wir dazu, die Wirklichkeit von Tribünen und Präsidiumstischen aus einzuschätzen. So gaben wir uns sehr vielen Täuschungen hin. Heute will ich den Leipziger Alltag kennenlernen. Schon, als ich in der Stadtmitte aus dem Auto steige, heißt es: „Das ist doch der Krenz.“

Schnell bin ich umringt von Leuten, die mit mir diskutieren wollen. „Warum behandelt ihr Leipzig so stiefmütterlich? Sind wir weniger Wert als Berlin?“

Ich komme wegen der „FDJ-Initiative Berlin“ in Bedrängnis. Als ich noch FDJ-Funktionär war, haben wir sie ins Leben gerufen. Es ging um den vorrangigen Aufbau der Hauptstadt. Dazu wurden aus allen Bezirken Arbeitskräfte nach Berlin delegiert, die oftmals große Lücken in den Bezirken hinterließen. Meine Argumente, daß die Hauptstadt Schaufenster der Republik sei, kommen nicht mehr an. Leipzig ist Leipzig und möchte auch so behandelt werden. Wie sensibel die Leute reagieren, merke ich, als ein älterer Mann sagt: „Seit 18 Jahren war Honecker nicht hier.“

* Bundesarchiv, DY 307 JIV/2/72365

„Das stimmt nicht", antworte ich.

„Ja", sagt er, „zur Messe war er. Aber nicht wie der Walter bei den Leipzigern."

Leipzig ist Ulbrichts Geburtsstadt. Ulbicht war oft hier.

Ich gehe ins Centrum-Warenhaus. Vier Wochen vor Weihnachten. In den Etagen drängen sich die Kunden. Ich will wissen, wie das Warenangebot ist. Was man für Weihnachten braucht, bekomme ich zur Antwort, ist da. Es bilden sich größere Diskussionsgruppen. Immer wieder die gleichen Fragen: Wie geht es weiter? Werden die Schuldigen an der gegenwärtigen Lage bestraft? Wann zieht endlich wieder Ruhe ein? Selbst nach der Zukunft der Leipziger Filmwoche werde ich gefragt. Die Leute hören mir zu. Bei vielen Antworten stimmen sie mir auch bei. Es gibt sogar spontane Zurufe: „Egon, mach weiter so!" Das bedeutet in diesen Tagen viel.

Eine Familie bittet mich, am Montag zur Demonstration zu kommen. Ich antworte ausweichend. Ich sage nicht, daß ich diese Absicht schon im Oktober hatte. Jeder, mit dem ich damals darüber sprach, hatte mir abgeraten.

Von der Innenstadt fahre ich ins Kraftwerk „Georgi Dimitroff". Die Lage hier ist äußerst kritisch. Es fehlen Ersatzteile für die Instandsetzung von Dampferzeugern. Wir besprechen an Ort und Stelle, wie den Kraftwerkern geholfen wird, damit sie gut über den Winter kommen.

Dann zeigen mir die Leipziger ihre Altstadt. Wir fahren nach Alt-Connewitz im Süden der Stadt. Erwartet habe ich schlimmes. Was ich hier an vernachlässigter Altbausubstanz sehe, übertrifft meine Vorstellungen. Es sind wohl Hunderte Wohnungen, die nicht mehr bewohnbar sind. Sicher: In der DDR wurden seit 1970 mehr als drei Millionen Wohnungen neugebaut bzw. rekonstruiert. Dadurch haben neun Millionen Bürger, d. h. mehr als die Hälfte der Bevölkerung, bessere Wohnbedingungen erhalten. Infolge der Konzentration der Mittel auf den Neubau wurden zur gleichen Zeit dringende Reparaturen an Altbauten nicht durchgeführt. Das aber überzeugt die Leipziger nicht. Ihre Stadt braucht dringend Hilfe. Ich verspreche, daß ich am Dienstag im Politbüro die Frage stelle, wie die Regierung bei einem besonderen Aufbauprogramm für Leipzig helfen kann.

Am Nachmittag treffe ich mich mit den Stadtbezirkssekretären der SED. Ich habe großen Respekt vor den Genossen, die vor Ort die Partei vertreten. Man sieht es ihren Gesichter an, daß sie fast Tag und Nacht auf den Beinen sind. Wir beraten über die Vorbereitung des Außerordentlichen Parteitages. Sie sagen mir in aller Deutlichkeit: Die Partei, wie sie noch vor drei Monaten bestand, existiert nicht mehr. Es herrschen Resignation und Auflösungserscheinungen. Wir werden uns dennoch einig: Die Erneuerung des Sozialismus erfordert die Erneuerung der Partei von unten nach oben und umgekehrt.

Ich bitte die Genossen, an die Wurzeln unserer Partei zu denken. In der Einheitspartei haben Kommunisten und Sozialdemokraten ihren Platz. Wer auch immer von einer „Zwangsvereinigung" spricht, der will vergessen machen, daß die Einheit im Kampf gegen Krieg und Faschismus geschmiedet wurde. Ich wende mich gegen den Vorschlag, den Namen der Partei zu ändern. Der Händedruck von Wilhelm Pieck und Otto Grotewohl, der die Einheit symbolisiert, entsprach dem Wunsch vieler Kommunisten und Sozialdemokraten, die aus Hitlers Gefängnissen, aus den Konzentrationslagern, der Emigration oder Illegalität kamen. Mit diesem Erbe dürfen wir nicht leichtfertig umgehen. Daß wir 1976 im Parteistatut wie im Parteiprogramm zwischen „Mitglied der SED" und „Kommunist" ein Gleichheitszeichen gesetzt haben, war ein Fehler. Dadurch sind die Traditionen des eigenständigen Beitrags der SPD zur Gründung der SED abgewertet worden. Das läßt sich korrigieren, die Änderung des Namens nicht mehr.

Ich fordere die Genossen auch auf, darauf zu achten, daß nicht nur gute Redner, sondern auch viele Arbeiter, die vielleicht ungeübt im Reden von einer großen Tribüne sind, als Delegierte zum Parteitag gewählt werden. Die Losung: „Arbeiter ins ZK!" kann nur verwirklicht werden, wenn sie auf dem Parteitag vertreten sind.

Als ich wieder im Auto sitze und nach Berlin zurückfahre, höre ich die Nachricht, daß die BRD den Haftbefehl gegen Markus Wolf aufrechterhält. Die Bundesregierung will nicht, daß der bestehende Haftbefehl gegen den früheren Chef der Hauptverwaltung Aufklärung im MfS aufgehoben wird. Bei einer möglichen Einreise in die BRD würde Wolf verhaftet werden. Das ist ihre Antwort auf unsere Reisefreiheit. Was würden sie wohl sagen, wenn die DDR erklären würde: Der Chef des Bundesverfassungsschutzes oder des Bundesnachrichtendienstes wird bei der nächsten Gelegenheit verhaftet. Das wäre aus ihrer Sicht Freiheitsberaubung. Bonn gibt in keiner Frage nach, Bonn will die DDR am Boden sehen.

26. November

Die PRAWDA veröffentlicht einen Artikel von Gorbatschow unter der Überschrift „Die sozialistische Idee und die revolutionäre Umgestaltung". Ich haben ihn vorab vom sowjetischen Botschafter erhalten. Bevor ich an meinem Referat für den Außerordentlichen Parteitag arbeite, lese ich Gorbatschows Einschätzung über die Umgestaltung in der UdSSR. Er charakterisiert die Perestroika als eine längere Etappe auf dem historischen Weg des Sozialismus, in deren Verlauf sich ein wahrhaft demokratischer, selbstverwaltender gesellschaftlicher Organismus herausbildet. Nach seiner Bewertung erhebt die Perestroika die ursprünglichen Prinzipien der sozialistischen Revolution, die in der Vergangenheit zumeist nur verkündet worden seien, in den Rang realer Prinzipien. Die Perestroika, so Gorbatschow, sei ein historischer Prozeß, der bis ins 21. Jahrhundert reicht. Gorbatschow verteidigt die Lehre von Marx, Engels und Lenin. Er bekennt sich zur Geschichte der UdSSR. Der Weg seit der Oktoberrevolution sei schwer, aber nicht falsch gewesen. „Wir verzichten auf den bürokratischen Zentralismus zugunsten des demokratischen Zentralismus", schreibt der KPdSU-Generalsekretär. Er verteidigt die Avantgarde-Rolle der KPdSU.

Ich finde in dem Artikel nichts, was mich zum Widerspruch reizt. Und dennoch: Ich vermisse die Konstruktivität. Man könnte auch sagen: Der Worte sind genug gewechselt, nun laßt uns endlich Taten sehen. Gorbatschow hat seit 1985 richtige Fragen aufgeworfen, aber nur wenige konstruktive Antworten gegeben. Unser gemeinsames Problem ist: Wir wissen, wie es bisher war, geht es nicht weiter. Wir haben aber keine ausreichende Konzeption für die Lösung praktischer Aufgaben der Umgestaltung. Auch Gorbatschow ersetzt konkrete Konzeptionen durch allgemeine Thesen. Ich stelle mir die Frage: Was wäre, wenn alle Staaten der sozialistischen Gemeinschaft 1985 gemeinsam die Perestroika begonnen hätten? Wir wären weiter. Wir haben Menschen vor den Kopf gestoßen, die im Herzen auf unserer Seite stehen.

Ich komme auf diesen Gedanken, weil ich dieser Tage ein Interview mit Wolfgang Ullmann von der Bürgerbewegung Demokratie jetzt gelesen habe.

Er wurde gefragt: „In der Frage der Souveränität zieht die Opposition mit der SED an einem Strang?"

Der Kirchenhistoriker antwortete: „Ja, ich schäme mich nicht, das zu sagen ... Im übrigen gehöre ich zu den Leuten, die gar kein Hehl daraus machen, daß sie sich in Bezug auf die antifaschistische Grundentscheidung immer an der Seite der Kommunisten auch in unserem Land gewußt haben."*

Indem wir zu Gorbatschow auf Distanz gingen, haben wir Verbündete auch in der DDR verloren.

Während ich noch über Gorbatschows Artikel nachdenke, klingelt jemand an der Haustür. Ich nehme an, es ist mein Sohn Carsten. Als ich jedoch die Haustür öffne, stehen Vertreter mehrerer Polizeireviere vor mir. Sie sind aufgeregt. Eigentlich kamen sie nur, um einen Protestbrief abzugeben. Jetzt aber, da sie mir gegenüberstehen, wollen sie mir ihr Anliegen direkt vortragen.

„Natürlich nur", sagt einer, „wenn Sie gestatten."

Ich bitte darum.

„Wir kommen im Namen vieler. Wir protestieren gegen den Prozeß gegen einen unserer Genossen." Sie erklären mir, daß sie es nicht für richtig halten, daß ein Volkspolizist für alle zur Verantwortung gezogen wird. Im übrigen seien sie am 7. und 8. Oktober auch im Dienst gewesen. Bevor überhaupt die Polizei aktiv geworden sei, wurden sie als „Bullen", „Kommunistenschweine" und „Drecksäue" beschimpft. Niemand von den Krakeelern sei bestraft worden. Alles Feuer richte sich nur gegen die Volkspolizei. Wenn das so weiter ginge, würde keiner mehr dienen wollen.

Auf Nachfragen erfahre ich, daß es sich um den Prozeß gegen einen Volkspolizisten vor dem Stadtbezirksgericht Berlin-Prenzlauer Berg handelt. Er soll am 8. Oktober einen schuldlos verhafteten Bürger eine Treppe hinunter gestoßen haben. Das würde nicht stimmen. Die Richter und Staatsanwälte seien nur verunsichert, weil alle fordern, daß die Vorgänge vom 7. und 8. Oktober aufgeklärt werden.

„Dafür sind wir auch", sagt einer, „doch nicht auf unsere Kosten."

Die Volkspolizisten, die da vor mir stehen, sind alle unter dreißig Jahre alt. Situationen, in denen sich Volk und Volkspolizei so gegenüberstanden wie am 7. und 8. Oktober, haben sie noch nie erlebt. Ich spüre, daß sie Angst haben, daß jetzt aller Ärger und Zorn auf dem Rücken der einfachen Volkspolizisten ausgetragen werden soll. Ich sage ihnen: „Gut, daß ihr gekommen seid. In ein Gerichtsverfahren kann auch ich nicht eingreifen. Gebt mir bitte euren Protestbrief. Ich werde den Generalstaatsanwalt bitten, eure Sache zu prüfen. Unrecht darf keinem geschehen, weder einem beteiligten Demonstranten, noch einem Volkspolizisten."

---

* Interview mit Wolfgang Ullmann, taz vom 18. November 1989

Sie gehen. Ob ich sie überzeugt habe, weiß ich nicht. Sie scheinen aber zufrieden, daß sie mich gesprochen haben.

Es ist wahrlich schwer. Die einen fordern zu Recht Aufklärung über Mißhandlungen durch die Polizei. Die Volkspolizisten fühlen sich zu unrecht angeklagt. Ich wünschte mir in dieser Frage mehr Zeit. Doch jeder Hinweis darauf wird mir ausgelegt, als wolle ich die Untersuchungen hintertreiben. Wo Emotionen übermäßig regieren, hat die Sachlichkeit von vornherein verloren.

Mit solchen inneren Widersprüchen setze ich mich an meinen Schreibtisch und arbeite am Referat für den Außerordentlichen Parteitag. Als ich gestern in Leipzig war, erfuhr ich, daß sich an der dortigen Universität Gesellschaftswissenschaftler mit theoretischen Problemen beschäftigen, die auf dem Parteitag erörtert werden sollen. Sie sind bereit, mit mir ihre Thesen zu diskutieren, falls dies gemeinsam mit den Gesellschaftswissenschaftlern der Berliner Humboldt Universität möglich ist, die an ähnlichen Problemen arbeiten. Meine Mitarbeiter versuchen, für morgen beide Gruppen an einen Tisch zu bekommen. Die Mitarbeiter der Berliner Universität lehnen ab. Sie wollen ihre eigene Plattform vertreten. Die Vorbereitung des Parteitages spitzt sich in einem Maße zu, daß ich um den Bestand der Partei fürchte.

27. November

Die leitenden Genossen erhalten täglich mehrmals die wichtigsten Nachrichten aus der DDR und aus aller Welt durch interne ADN-Information. Heute liegt die Meldung auf meinem Schreibtisch, daß der Dresdener Oberbürgermeister, Wolfgang Berghofer, nicht ausschließt, bei der Wahl des SED-Generalsekretärs auf dem Außerordentlichen Parteitag gegen mich zu kandidieren. Dies erfahre ich nicht zuerst aus der Parteizeitung Neues Deutschland, sondern aus einem vorab veröffentlichten Interview für die neueste Ausgabe des Hamburger Magazins Stern. Berghofer und ich kennen uns seit vielen Jahren. Noch vor einigen Tagen haben wir miteinander telefoniert. Er hat mich um Rat gefragt, als es um den Dresdener Dialog mit der Opposition ging. Unser persönliches Verhältnis reicht bis in die Zeit unserer gemeinsamen Arbeit im Zentralrat der FDJ zurück. Seinen Einsatz als Oberbürgermeister habe ich angeregt. Das ist natürlich kein Grund, nicht gegen mich zu kandidieren. In der Politik gibt es wenig persönliche Freundschaften; es dominieren die Interessen. Das Bewerben um eine Funktion ist bei uns etwas Neues. Die Mitteilung, daß Berghofer als Generalsekretär kandidieren will, überrascht mich nur insofern, als ich sie aus BRD-Medien erfahre.

Ich rufe ihn an: „Wolfgang, ich finde nichts Unnormales daran, daß du gegen mich kandidieren willst. Daß du nicht den Mut hast, mir das persönlich zu sagen oder wenigstens über das NEUE DEUTSCHLAND mitzuteilen, gefällt mir allerdings nicht."

Zu meiner Überraschung sagt er. „Ich habe mich zwischen die Stühle gesetzt. Ich bringe das wieder in Ordnung."

Kurze Zeit nach meinem Anruf kommt über den Fernschreiber die Nachricht: „Zu seinem Interview mit dem Hamburger Magazin STERN teilte Dresdens Oberbürgermeister dem ADN mit, daß in der gegenwärtig komplizierten Lage des Landes Personalfragen für ihn von untergeordnetem Interesse seien. Der Außerordentliche Parteitag werde demokratisch einen Generalsekretär wählen. Er habe nicht die Absicht, sich für diese Funktion zu bewerben."

Noch bevor der nächste Verhandlungstermin mit Seiters festgelegt ist, versucht die BRD-Regierung über die Medien ihre Interessen durch öffentlichen Druck durchzusetzen. So wird berichtet, daß in der nächsten Woche der Mindestumtausch und die Visapflicht für BRD-Bürger aufgehoben werden. Wir denken nicht daran. Schließlich liegt es im Interesse der DDR, dies nur im Ergebnis gleichberechtigter Verhandlungen mit der BRD und aufgrund von Gegenleistungen der BRD zu vollziehen. Der gönnerhafte Kurs Kohls stößt bei sehr unterschiedlichen Persönlichkeiten auf Widerstand.

Ich erhalte eine Agenturmeldung, nach der der katholische Bischof von Berlin, Georg Sterzinsky, Bonn aufgefordert hat, gegenüber der DDR „nicht als der große Sponsor aufzutreten". Die DDR dürfe durch die Forderungen der BRD „nicht in politische Abhängigkeit geraten". Der Bischof wird mit den Worten zitiert: „Das Selbstbewußtsein der Menschen in der DDR ist in den vergangenen Jahren deutlich gewachsen", das Volk lasse sich seine Souveränitätsrechte deshalb nicht länger streitig machen, weder durch eine Partei noch durch den Nachbarn im Westen.

In diesem Zusammenhang lese ich mit Interesse eine Hausmitteilung der Arbeitsgruppe Kirchenfragen des SED-Zentralkomitees. Darin heißt es, die Berliner Bischofskonferenz halte einen Antrittsbesuch Sterzinskys beim Vorsitzenden des Staatsrates nach dem Außerordentlichen Parteitag für wünschenswert. Die katholischen Bischöfe hätten bei ihrem Besuch im Vatikan auch die Frage eines Papstbesuches in der DDR besprochen. Es gäbe dazu folgende Meinung: „Wenn es der Stabilität der DDR und auch der Autorität des Staatsratsvorsitzenden dienlich wäre, gäbe es die Bereitschaft, einen Papstbesuch in der DDR, noch vor dem geplanten Besuch in Ungarn und Kuba, also noch 1990 zu organisieren. Man müsse dem Papst nur ein Signal geben ..."*

Ich halte die Idee für gut. Ein Staats- und Pastoralbesuch in dieser Situation wäre auch ein Zeichen gegen die Versuche, die deutsche Zweistaatlichkeit in Frage zu stellen. Ich will diese Idee bei seinem Antrittsbesuch mit Bischof Sterzinsky besprechen.

28. November

Bundeskanzler Kohl gibt heute vor dem Deutschen Bundestag eine Erklärung über die Zusammenarbeit mit der DDR ab. Er stellt unannehmbare Vorbedingungen. Er entwickelt einen Zehn-Punkte-Plan, der in sich widersprüchlich ist. Einerseits begrüßt er den Vorschlag Modrows nach einer Vertragsgemeinschaft. Andererseits unterstreicht er sein Ziel, die Einheit Deutschlands zu erreichen. Als Voraussetzung wirtschaftlicher Zusammenarbeit fordert Kohl den „grundlegenden Wandel des politischen und wirtschaftlichen Systems der DDR". Wirtschaftliche Hilfe für die DDR macht er vom Abbau der Planwirtschaft abhängig. Er spricht von „konföderativen Strukturen" zwischen beiden Staaten in Deutschland. Sie sollen das Ziel haben, eine bundesstaatliche Ordnung in Deutschland zu schaffen. Kaum hat der Kanzler seine Rede beendet, ruft mich Botschafter Kotschemassow an.

„Ich habe soeben mit Michail Sergejewitsch telefoniert und ihn über die Rede von Kanzler Kohl informiert. Er ist über die Ausführungen des Bundeskanzlers empört", sagt Kotschemassow.

„Ich auch", antworte ich, „Kohl erweckt den Eindruck, als seien unsere Vorschläge zur Wirtschaftsreform und zur Veränderung des politischen Systems innerhalb der DDR sein Werk. Er will über die DDR bestimmen. Er stellt immer neue Forderungen. Das ist nicht zu akzeptieren."

Kotschemassow sagt: „Michail Gorbatschow ist der Meinung, das

* Hausmitteilung der Arbeitsgruppe für Kirchenfragen vom 24. November 1989, im Archiv des Autors

Auftreten des Bundeskanzlers widerspricht seiner eigenen Zusage, an einer Destabilisierung der DDR nicht interessiert zu sein. Die Erklärung richte sich direkt gegen den Grundlagenvertrag zwischen beiden deutschen Staaten und das Vierseitige Abkommen über Berlin. Gorbatschow empfiehlt, eine harte Reaktion der DDR auf die Ausführungen."

Wir vereinbaren, daß der Regierungssprecher eine Stellungnahme zur Rede Kohls abgibt. Am Abend nehme auch ich in einem Interview bei der ARD Stellung. Ich sage, daß die DDR Vorbedingungen für Verhandlungen mit der BRD ablehnt. Wenn man den Begriff der Konföderation in der Weise ausgestaltet, daß es sich um die Zusammenarbeit von zwei souveränen Staaten handelt, dann kann man über vieles reden. Die Forderungen des Kanzlers aber nach der deutschen Einheit lehne ich grundsätzlich ab.

Ich stehe mit dieser Einschätzung nicht allein. Auch in der Bundesrepublik wird Kohls Rede widersprüchlich aufgenommen. Der Vorsitzende der SPD-Fraktion im Deutschen Bundestag, Hans-Jochen Vogel, wandte sich in der Bundestagsdebatte gegen „ultimative Forderungen" von BRD-Regierungsvertretern an die DDR „nach Übernahme unserer Wirtschafts- und insbesondere unserer Eigentumsordnung". Er sagt, in der Bundesrepublik würden alle nur über die DDR reden, doch niemand „von den Mängeln und Defiziten unserer gesellschaftlichen Wirklichkeit". Drei Defizite seien in der Bundesrepublik unübersehbar: der Verlust an sozialer Gerechtigkeit, die Wohnungsnot und die fortschreitende Belastung und Bedrohung der Umwelt. Die Abgeordnete der Grünen Jutta Oesterle-Schwerin nennt das deutschlandpolitische Programm des Bundeskanzlers einen Dreistufenplan, mit dem die DDR „heim ins Reich" geholt werden soll.

Auf der heutigen Sitzung des Politbüros geht es um die Konzeption der SED für den Runden Tisch. Es werden Arbeitsgruppen gebildet, die zu den Themen Verfassungsreform, Wirtschaftsreform, Wahlgesetz, Wahltermin und Ausarbeitung weiterer grundlegender Gesetze Analysen und Konzeptionen ausarbeiten sollen.

Nach der Sitzung des Politbüros bin ich mit den Parteien und Massenorganisationen des Demokratischen Blocks vereinbart.

Den turnusmäßigen Vorsitz führt heute die CDU. Ihr Vorsitzender Lothar de Maizìere eröffnet die Sitzung. Er übergibt mir das Wort.

Ich informiere, daß der Bund der Evangelische Kirchen in der DDR zum Runden Tisch eingeladen hat. Die erste Zusammenkunft soll am 7. Dezember im Dietrich-Bonhoeffer-Haus in Berlin stattfinden. Die SED werde diese Einladung annehmen. Die SED wird von mir als Generalsekretär vertreten.

Der Runde Tisch soll nach dem Verständnis des Politbüros der SED eine gleichberechtigte Verständigung zwischen den der Volkskammer angehörenden Parteien und Massenorganisationen und den neu entstandenen Bewegungen auf höchster Ebene ermöglichen. Er kann weder die Volkskammer noch die Regierung ersetzen. Gedanken, die am Runden Tisch geäußert werden, sind Vorschläge, die durch die Fraktionen und Ausschüsse der Volkskammer bzw. die Regierung aufgegriffen werden können. Am Runden Tisch soll in loser Folge getagt werden. Die SED ist der Ansicht, daß es um einen breiten Konsens in Lebensfragen unseres Volkes geht, um die sozialistische Zukunft unseres Landes, um die Souveränität der DDR, um die Neugestaltung der Verfassung, um ein Wahlgesetz, mit dem freie, allgemeine und geheime Wahlen garantiert werden.

Wie wir von der Evangelischen Kirche erfahren, wird sie neben den in der Volkskammer vertretenen Parteien Repräsentanten der katholischen Kirche und der Freikirchen sowie alle neu entstandenen Bewegungen einladen, auch jene, die sich als Parteien konstituieren wollen.

Im Block verständigen wir uns darüber, die evangelische Kirche zu bitten, auch die der Volkskammer angehörenden Massenorganisationen einzubeziehen. Zugleich trete ich dafür ein, das Bündnis der Parteien, also den Demokratischen Block, weiterzuführen, ohne Anspruch einer Partei auf seine Führung. Darüber gibt es unterschiedliche Meinungen. Eine Entscheidung soll später getroffen werden.

Meine Argumentation für den Runden Tisch und mein Eintreten für den Bestand des Demokratischen Blocks sind von der Überzeugung getragen, daß sich alle politischen Kräfte, unabhängig von den sonstigen Meinungsverschiedenheiten, vereinen müssen, um die Einverleibung der DDR durch die Bundesrepublik zu verhindern.

Bemerkenswert ist in diesem Zusammenhang ein Thesenpapier, das ich aus Berlin (West) erhalte. Walter Momper hat in beeindruckender Klarheit auf einer Konferenz des Aspen-Instituts am 27. November „Sieben Thesen zu den aktuellen Entwicklungen in der DDR und Osteuropa und ihren Auswirkungen auf Berlin" vorgelegt. Er fordert vom Westen, daß er das bisherige Blockdenken aufgibt. Entsprechend ist die gesamte Außenpolitik des Westens zu überprüfen, zum Beispiel die Cocom-Liste*. Die Prozesse in Osteuropa und in der DDR seien politisch stabil. Demzufolge liege das einzige effektive Handlungsfeld für den Westen in der Stabilisierung der Ökonomie der Ostblockstaaten. Politische Einmischungen seien hingegen wirkungslos und kontraproduktiv. Die Fähigkeit, den Westen militärisch zu bedrohen, sei dem Osten politisch nicht mehr gegeben. Die Gefahr politischer Instabilität infolge ökonomischen Drucks ist außer in der Sowjetunion am größten in der DDR. Mit der vollen Reisefreiheit habe sich die DDR außerordentlich verwundbar gemacht. Würde das ausgenutzt, so hätte dies negative Konsequenzen nicht nur für den Demokratisierungsprozeß in der DDR und Osteuropa, sondern auch für die politische Stabilität in der Bundesrepublik. „Das Ausbluten der DDR, wie es in der Bundesrepublik von einigen aktiv oder durch Nichtstun betrieben wird, könnte zwar die Bereitschaft zur staatlichen Vereinigung, die zur Zeit in der Bevölkerung der DDR fehlt, herstellen, jedoch wäre dies dann keine Wiedervereinigung, sondern ein ‚Anschluß aus Armut'", schreibt Momper.

Die Thesen Mompers zeigen einen hohen Realitätssinn. Sie beweisen aber auch, daß das Thema Vereinigung inzwischen zu einem politischen Kampfthema der bundesrepublikanischen Parteien geworden ist.

29. November

Seit 6.00 Uhr sitze ich am Schreibtisch in meinem Büro. Bis 8.00 Uhr werden die Telefone weniger klingeln. Ich habe Ruhe, um Post und Informationen zu lesen. Ich beginne mit dem Aufruf „Für unser Land". Ich bin ergriffen, daß Menschen unterschiedlicher Herkunft, unterschiedlichen Glaubens und mit sehr verschiedenen Lebensläufen in der DDR für die Bewahrung der Eigenständigkeit der DDR eintreten. Auf einer Pressekonferenz hat gestern Stefan Heym den Aufruf verlesen:

„Unser Land steckt in einer tiefen Krise. Wie wir bisher gelebt haben, können und wollen wir nicht mehr leben. Die Führung einer Partei hatte sich die Herrschaft über das Volk und seine Vertretungen an-

* Cocom wurde 1951 gebildet. Es organisiert ein gegen die sozialistischen Staaten gerichtetes Ausfuhrkontrollsystem. Mit Hilfe des Cocom wurde in der Zeit des Kalten Krieges durch Embargobestimmungen der Ost-West-Handel behindert.

gemaßt, vom Stalinismus geprägte Strukturen hatten alle Lebensbereiche durchdrungen. Gewaltfrei, durch Massendemonstrationen hat das Volk den Prozeß der revolutionären Erneuerung erzwungen, der sich in atemberaubender Geschwindigkeit vollzieht. Uns bleibt nur wenig Zeit, auf die verschiedenen Möglichkeiten Einfluß zu nehmen, die sich als Auswege aus der Krise anbieten.

ENTWEDER können wir auf der Eigenständigkeit der DDR bestehen und versuchen, mit allen unseren Kräften und in Zusammenarbeit mit denjenigen Staaten und Interessengruppen, die dazu bereit sind, in unserem Land eine solidarische Gesellschaft zu entwickeln, in der Frieden und soziale Gerechtigkeit, Freiheit des einzelnen, Freizügigkeit aller und die Bewahrung der Umwelt gewährleistet sind.

ODER wir müssen dulden, daß, veranlaßt durch starke ökonomische Zwänge und durch unzumutbare Bedingungen, an die einflußreiche Kreise aus Wirtschaft und Politik in der Bundesrepublik ihre Hilfe für die DDR knüpfen, ein Ausverkauf unserer materiellen und moralischen Werte beginnt und über kurz oder lang die Deutsche Demokratische Republik durch die Bundesrepublik vereinnahmt wird.

Laßt uns den ersten Weg gehen. Noch haben wir die Chance, in gleichberechtigter Nachbarschaft zu allen Staaten Europas eine sozialistische Alternative zur Bundesrepublik zu entwickeln. Noch können wir uns besinnen auf die antifaschistischen und humanistischen Ideale, von denen wir einst ausgegangen sind.

Alle Bürgerinnen und Bürger, die unsere Hoffnung und unsere Sorge teilen, rufen wir auf, sich diesem Appell durch ihre Unterschrift anzuschließen."*

Stefan Heym hat dazu gesagt: „Ein solches Bekenntnis ist in diesen Tagen besonders wichtig, da Herr Kohl mit der Ouvertüre zur Vereinnahme begonnen hat." Neben Heym haben Schriftsteller und Künstler wie Christa Wolf, Volker Braun, Jutta Wachowiak, Konrad Weiss, Frank Beyer, Sighard Gille, Tamara Danz unterschrieben; Kirchenvertreter wie Generalsuperintendent Günter Krusche, Bischof Christoph Demke, Pfarrer Friedrich Schorlemmer; Wissenschaftler, Rechtsanwälte, Ärzte, Krankenschwestern, Pädagogen; SED Funktionäre wie Wolfgang Berghofer und Heinz Warzecha; Bürger, die neuen politischen Gruppierungen angehören oder nahestehen, wie Sebastian Pflugbeil und Ulrike Poppe.

---

* Aufruf „Für unser Land", NEUES DEUTSCHLAND vom 29. November 1989

Für mich ist dieser Aufruf das wichtigste Dokument dieses Herbstes über alle Parteigrenzen hinweg. Ich sehe eine Möglichkeit, jetzt die politische Grundfrage dieser Tage zu diskutieren: Wohin geht die DDR? Ich teile die Sorge der Erstunterzeichner, daß die DDR an einem Scheideweg steht. Ich schreibe ihnen, daß ich mich dem Aufruf anschließe.

Kaum hat ADN meinen Brief veröffentlicht, da hagelt es Proteste: Eine Unterschriftenaktion ja, aber bitte keine Unterschriften der SED-Oberen! Dies würde die Initiative „Für unser Land" entwerten. Ich habe diese Haltung nicht vorausgesehen. Ich habe geglaubt, es geht um alle, die für unser Land sind. Hätte ich geahnt, welche Reaktion meine Unterschrift hervorruft, ich hätte darauf verzichtet. Mit der Toleranz ist es eben so eine Sache. Alle reden darüber, sie wird aber nicht allen entgegengebracht. Mit jedem Tag wird klarer, daß ich verlorenes Vertrauen nicht zurückerobern kann. Im Oktober glaubte ich noch, es könne mir gelingen, die Krise zu stoppen. Doch meine jahrelange Zusammenarbeit mit Erich Honecker hat bei vielen den Eindruck erweckt, daß ich zu Reformen nicht fähig bin. Obwohl ich weder Wahlen gefälscht noch dazu angeregt habe, wird mir immer wieder meine Verantwortung als Vorsitzender der Zentralen Wahlkommission vorgehalten. Und schließlich haben westliche Medien meine Äußerungen zu China in Saarbrücken in einem Maße entstellt, daß mein Verweis auf die Wahrheit untergeht.

Auch in den letzten Tagen ist keine politische Beruhigung eingetreten. Neue Nachrichten über Korruption und Amtsmißbrauch erschüttern das letzte Vertrauen, das wir noch besitzen. Es treten weiter viele Genossen aus der Partei aus. Ich werde beschuldigt, meine früheren Kollegen aus dem Politbüro zu decken. Dabei werden Fakten gemeldet, zum Beispiel über ein Freizeitobjekt von Willi Stoph im Bezirk Neubrandenburg. Ich habe es nicht gekannt. Die Meldungen über Verfehlungen von leitenden Genossen, auch wenn es sich nur um Gerüchte handelt, erschüttern die DDR, mehr als die Pläne Kohls, die DDR zu übernehmen.

Ich lese eine Information von der ersten demographischen Konferenz der DDR. Zahlen, die noch vor einigen Wochen geheime Verschlußsache waren, werden jetzt veröffentlicht. Seit 1961 haben über 800 000 Menschen auf verschiedenen Wegen die DDR verlassen. Die Bürger, die zuletzt gegangen sind, gehören zumeist der Altersgruppe bis zu 40 Jahren an. Das wird für Jahrzehnte Auswirkungen auf unser Arbeitsvermögen und die Geburtenziffern haben. Vor allem das Gesundheitswesen, die Industrie und das Bauwesen sowie der Dienstleistungssektor sind betroffen, während die Genossenschaftsbauern bodenständig sind. Es muß uns gelingen, den Bürgern in der DDR wieder eine Perspektive zu geben.

Das Gipfeltreffen zwischen Michail Gorbatschow und George Bush vor Malta steht bevor. In internationalen Medien wird es mit dem Krimtreffen von Jalta* verglichen. Es gibt Kräfte, die meinen, die Ergebnisse von Malta werden unter die Beschlüsse von Jalta einen Schlußstrich setzen. Das kann nur die Veränderung des Status quo bedeuten. Statt Sicherheit würde Unsicherheit einziehen. Ich bin überzeugt, daß das Thema DDR ganz oben auf der Tagesordnung stehen wird.

Ich entschließe mich, im Zusammenhang mit dem Zehn-Punkte-Plan von Kohl einen Brief an den Präsidenten der Vereinigten Staaten von Amerika zu schreiben. Ich teile ihm mit, daß die gesellschaftlichen Veränderungen in der DDR unumkehrbar sind. Ich verweise darauf, daß alle Bürger der DDR inzwischen die uneingeschränkte Reisefreiheit haben. Damit, so betone ich, hat die DDR die Bestimmungen und Vereinbarungen der KSZE umfassend verwirklicht. „Die DDR geht davon aus", schreibe ich, „daß niemand an einer Destabilisierung der Lage in Europa, zumal noch im Zentrum dieses Kontinents, interessiert sein kann. Dementsprechend wird sie handeln und bleibt als sozialistischer, antifaschistischer und demokratischer Staat ein berechenbarer wie auch verläßlicher Partner ... In diesem Verständnis ist auch die Existenz von zwei deutschen Staaten in den bestehenden Grenzen und ihre Bündniszugehörigkeit ebenso ein Grundelement europäischer Sicherheit wie die strikte Einhaltung und Anwendung des Vierseitigen Abkommens. Nationalismus, die Wiederbelebung nazistischer Ideen und das Streben nach einer Revision der Ergebnisse des Sieges der Anti-Hitler-Koalition wären einem gesicherten Frieden in Europa zutiefst abträglich."**

* Die Konferenz von Jalta fand vom 4. bis 11. Februar 1945 statt. Die Regierungschefs der Hauptmächte der Anti-Hitler-Koalition UdSSR,USA und Großbritannien, Stalin, Roosevelt und Churchill, faßten Beschlüsse über das Schicksal Deutschlands nach dem Krieg.
** Schreiben von Egon Krenz an den Präsidenten der USA, George Bush, im Archiv des Autors

30. November

Kein Tag vergeht mehr, ohne daß ich mit der Frage der deutschen Einheit beschäftigt bin. Der Direktor des Instituts für Internationale Politik und Wirtschaft der DDR, Max Schmidt, schlägt eine Volksbefragung zu diesem Thema vor. In einem Brief* an mich legt er folgendes dar:

In den letzten Wochen haben die Forderungen nach „Wiedervereinigung" zugenommen. Das hängt damit zusammen, daß viele einfache Menschen nicht noch jahrelang darauf warten wollen, bis sich die Situation in der DDR verbessert hat. Nach ihrer Meinung sei es günstiger, kein neues Experiment zu wagen, sondern lieber gleich die „Wiedervereinigung" anzustreben. Wenn wir auf diese Frage nicht eingehen, wird die „Wiedervereinigung" zum hauptsächlichsten Thema der Wahlen zur Volkskammer. Zum Wahlkampf ist eine solche Schicksalsfrage der DDR aber nicht geeignet. Noch gibt es den Grundkonsens der SED und der anderen Parteien mit den Führungskräften des Neuen Forum, des Demokratischen Aufbruchs, der Bewegung Demokratie jetzt, der Sozialdemokratischen Partei, der Grünen sowie der beiden großen Kirchen, daß die „Wiedervereinigung" nicht aktuell ist. Auch hinsichtlich der antifaschistischen Traditionen und der sozialistischen Perspektive gibt es noch eine bestimmte Übereinstimmung. Es sei aber zu fragen: Wie lange wird dieser Grundkonsens noch halten? Es könnte auch eine Situation entstehen, in der auch vom Ausland her keine Maßnahmen gegen die „Wiedervereinigung" unternommen werden.

Es wäre daher an der Zeit, in offene Gespräche mit den anderen Parteien, demokratischen Organisationen und den Kirchen zu treten, um dem Konsens über die Nichtaktualität der „Wiedervereinigung" politischen Ausdruck zu geben. Die geeignete Form könnte eine Volksbefragung sein. Die Bevölkerung sollte darüber abstimmen, daß die deutsche Einheit jetzt nicht auf der Tagesordnung steht, sondern daß freie Wahlen für eine neue DDR-Regierung Vorrang haben.

Ich finde die Idee gut und will sie auf der nächsten Sitzung des Politbüros zur Diskussion stellen. Falls wir uns einigen, werde ich auf der ersten Tagung des Runden Tisches** am 7. Dezember den Vorschlag

---

* Wortlaut des Briefes im Archiv des Autors

** Dazu kam es nicht mehr. Ich bin am 3. Dezember 1989 von meiner Funktion als Generalsekretär des ZK der SED zurückgetreten.

machen, in der DDR eine Volksbefragung zur Vereinigung der beiden deutschen Staaten durchzuführen. Die Mehrheit der DDR-Bevölkerung wird sich wahrscheinlich nicht für eine schnelle Vereinigung entscheiden. Dafür spricht auch die erste Reaktion auf den Aufruf „Für unser Land". Das Ergebnis der Volksbefragung, davon bin ich überzeugt, wäre eine Legitimation der DDR-Regierung, ihre Verhandlungen mit der BRD ohne jede Vorbedingung durch Bonn zu führen. Das wäre in dieser Situation ein wichtiger politischer Erfolg für die DDR.

Unter den Dokumenten, die ich für die morgige Tagung der Volkskammer erhalten habe, ist auch der Entwurf einer Erklärung der Volkskammer über die Ereignisse von 1968 in der ČSSR. Die Geschichte hat uns eingeholt. Während Gorbatschow bei seinem Besuch in Italien lediglich sagt: „Die Ereignisse von 1968 müssen vor dem Hintergrund der Feindschaft der Blöcke gesehen werden", steht im Entwurf der Erklärung der Volkskammer auch der Satz, daß die Volkskammer „die Teilnahme von Einheiten der Nationalen Volksarmee der DDR an den militärischen Aktionen von Streitkräften von Staaten des Warschauer Vertrages in der ČSSR im August des Jahres 1968 aufrichtig bedauert und sich dafür namens des Volkes der DDR bei den Völkern der ČSSR entschuldigt". Für Differenzierung gibt es in diesen Tagen keine Möglichkeit.

Ich versuche, die geschichtlichen Tatsachen festzustellen. Die DDR hat 1968 politisch die Aktion des Warschauer Vertrages unterstützt. Dafür ist eine Entschuldigung angebracht. Niemals aber haben Einheiten der NVA an militärischen Aktionen im Nachbarland teilgenommen. Walter Ulbricht hatte in einem Gespräch mit Breshnew erreicht, daß auf Grund der historischen Ereignisse von 1938 DDR-Truppen nicht in die ČSSR einmarschieren. 1938 wurde die ČSR bekanntlich von faschistischen deutschen Truppen annektiert. Nie wieder, so argumentierte Ulbricht, sollen deutsche Truppen das Nachbarland besetzen. Breshnew hatte dafür Verständnis. Um nicht allgemein zu bleiben, bat ich Generaloberst Fritz Streletz, der 1968 Stellvertreter des Chefs des Hauptstabes war, um Auskunft, ob Einheiten der NVA am Einmarsch in die ČSSR beteiligt waren. Er teilte mir in einem Brief vom 29. November mit: „Zu keinem Zeitpunkt befanden sich im Zusammenhang mit den Handlungen der Vereinten Streitkräfte Truppen der Nationalen Volksarmee auf tschechoslowakischem Territorium."* Als ich in einer Sitzung der SED-

* Brief von Generaloberst Fritz Streletz vom 29. November 1989 an Egon Krenz, im Archiv des Autors

Fraktion diesen Brief verlese, wird mir entgegengehalten: Das glaubt uns jetzt doch kein Mensch! Ich wollte in der Erklärung die Wahrheit über die NVA verankert wissen. Offensichtlich kommt es in Zeiten wie den gegenwärtigen mehr darauf an, den Zeitgeist zu befriedigen. Und der heißt: An allem Bösen war die DDR beteiligt. Das glaubt man eher.

In der Post befindet sich auch ein Brief von Roland Claus, der seit einigen Tagen 1. Sekretär der SED-Bezirksleitung in Halle ist. Vor Jahren, als ich noch dem Zentralrat der FDJ vorstand, hatte ich ihn in das Amt des 1. Sekretärs der FDJ im Bezirk Halle eingeführt. Jetzt schreibt er mir: „Nach einiger Zeit des Nachdenkens möchte ich Dir folgende persönliche Überlegungen übermitteln: Du solltest auf dem Sonderparteitag nicht wieder als Generalsekretär kandidieren. Unbestritten werden Deine Verdienste zur Herbeiführung der Wende in der Partei anerkannt, zugleich habe ich in sehr vielen Gesprächen mit Mitgliedern der SED und anderen Bürgern immer wieder gespürt, daß man Dir persönlich nicht das für die Leitung des Erneuerungsprozesses in Partei und Gesellschaft erforderliche Vertrauen entgegenbringt."*

Wenn Claus so etwas formuliert, ist er sich seiner Sache sicher. Er weiß Genossen an seiner Seite, die grundlegende Veränderungen an der Spitze der Partei wollen. Ich muß mit einer starken innerparteilichen Opposition gegen mich rechnen. Ich werde dennoch dem Konflikt nicht ausweichen. Ich stelle mich dem Parteitag, wohl wissend, daß ich ihn nicht überstehen werde. Kampf gehört zu meinem Leben. Ohne Kampf gebe ich auch jetzt nicht auf.

1. Dezember

Willy Brandt hat mir mündlich übermitteln lassen, Honecker nicht zum Sündenbock zu machen. Mit Fehlern, so der SPD-Ehrenvorsitzende, müsse man sich auseinandersetzen, Verstöße gegen die Gesetze der DDR müßten geahndet werden. Honecker habe in der Vergangenheit aber auch Positives geleistet. Das ist auch mein Standpunkt. Er ist nur in diesen Tagen schwer zu vertreten. Ich muß diese Erfahrung erneut auf der heutigen Sitzung der Volkskammer machen. Fast einstimmig entspricht die Volkskammer dem Antrag aller Fraktio-

* Brief von Roland Claus vom 28. November 1989 an Egon Krenz, im Archiv des Autors

nen, den Führungsanspruch „der Arbeiterklasse und ihrer marxistisch-leninistischen Partei“ aus Artikel eins der Verfassung zu streichen. Die CDU will noch weitergehen. Sie will den ersten Absatz von Artikel eins auf die Feststellung reduzieren, daß die DDR ein sozialistischer Staat ist. Dies stößt auf den Widerspruch der Mehrheit der Abgeordneten, die die DDR weiterhin als sozialistischen Staat „der Arbeiter und Bauern“ charakterisieren wollen.

Mir mißfällt diese Diskussion. Nicht, weil ich der Meinung bin, daß die führende Rolle der SED weiterhin in der Verfassung bleiben soll. Die Verfassung verkörpert die Grundordnung eines Staates. Bedeutsam dafür sind unter anderem die Form der Machtausübung und die Rechtsstellung des Bürgers. Ich wünschte mir eine Verfassungsdiskussion, bei der die Menschen, um die es ja geht, das entscheidende Wort gehabt hätten. Ich hoffte, daß wir bei dieser Gelegenheit klar hätten sagen können: Was ist die DDR? Wohin will sie? Welches Ziel steuert sie mit einem demokratischen Sozialismus an? Das alles hätte ohnehin nur Hand in Hand mit einer Wirtschaftsreform gehen können. Wir lösen kein einziges Problem, ohne unsere Wirtschaft in Ordnung zu bringen. Zudem meine ich, daß wir kein Recht haben, die Verfassung schrittweise zu amputieren. Sie wurde 1968 durch einen Volksentscheid angenommen. Ich bin deshalb dafür: Nur durch einen Volksentscheid können wir unsere Verfassung grundlegend ändern. Außerdem wäre es mir lieber, diese Fragen noch auf dem Außerordentlichen Parteitag diskutieren zu können. Mit dem Mandat des Parteitages wäre die SED-Fraktion glaubwürdiger.

Die Sitzung der Volkskammer wird zu einem Tribunal über Funktionäre der SED. Die befreundeten Parteien versuchen, sich von der SED abzukoppeln. Der Untersuchungsausschuß über Korruption und Amtsmißbrauch gibt einen Zwischenbericht. Es kommt viel Schmutz und Unappetitliches hoch. Nicht nur den Abgeordneten, sondern auch Millionen an den Fernseh- und Rundfunkgeräten wird vorgeführt, wie einige aus der früheren Führung ihre Macht mißbraucht oder ausgenutzt haben. Bei einigen Beispielen frage ich mich, wie so etwas möglich war. Bei anderen denke ich, es wäre besser, erst zu prüfen und dann zu beschuldigen. Manchmal sind es eben nur Gerüchte oder falsche Anschuldigungen, die vorgetragen werden. Was aber erst in der Öffentlichkeit ist, setzt sich oft als Tatsache fest, auch wenn es später korrigiert werden muß.

Im Namen der SED-Fraktion spricht Wolfgang Herger. Er sagt klar, daß Amtsmißbrauch und Korruption weder mit den Idealen und Zielen unserer Partei noch mit den Prinzipien sozialistischer Gesetzlichkeit vereinbar sind. Er versucht, das Übel an der Wurzel zu packen: Die Deformierung der innerparteilichen Demokratie und das Fehlen öffentlicher Kontrolle haben solche Erscheinungen begünstigt. Es kommt darauf an, Mechanismen zu schaffen, daß sich diese Deformationen nie wiederholen dürfen. Zugleich ruft Herger dazu auf, das Ansehen und die Würde aller ehrlichen Genossen und Staatsfunktionäre gegen Verleumdungen und üble Nachrede zu verteidigen.

Die letzten Monate haben an der Substanz gezehrt. Ich muß für kurze Zeit den Plenarsaal verlassen. Mein Arzt vermutet, daß ich kurz vor einem körperlichen Zusammenbruch stehe. Er will, daß ich sofort ins Krankenhaus eingeliefert werde. Ich lehne ab. Er schreibt mich krank. Für alles, was mir jetzt gesundheitlich passieren könnte, müßte ich allein die Verantwortung übernehmen. Jetzt krank machen? Jeder würde das als Flucht aus der Verantwortung auffassen. Nein, feige will ich auch in dieser Situation nicht sein.

Nachdem ich mich ca. 20 Minuten erholt habe, gehe ich wieder ins Plenum. Ich verfolge die Diskussion. Als sie zu Ende geht, erhalte ich das Wort: Ich übernehme die politische Verantwortung für alles, was dem alten Politbüro angelastet wird. Auch, wenn ich erst seit 1983 Mitglied des Politbüros bin, stelle ich mich der Kritik. Ich mache aber erneut einen Unterschied zwischen politischen Fehlern, die uns in die Krise gebracht haben, und kriminellen Machenschaften, von denen ich mich scharf distanziere.

Ich schildere den schweren Weg der Auseinandersetzung im alten Politbüro, der schließlich zur Ablösung Honeckers geführt hat und setze mich dafür ein, daß allen ein Lernprozeß zugestanden wird, die lernen und verändern wollen. So wie die Abgeordneten der Volkskammer ihr neues Selbstbewußtsein gewonnen haben, muß man auch anderen zugestehen, aus Fehlern Lehren zu ziehen.

Manche reden heute über Privilegien, als hätten sie nie selbst welche gehabt. Mit Unehrlichkeit und Heuchelei können wir keinen Neuanfang machen. Das Wort der Verurteilung soll gesprochen werden, wenn die Fakten geprüft sind. Es ist mir zuwider, sage ich, Dinge als Fakten auszugeben, die ausschließlich aus westlichen Medien stammen. Dort werden jeden Tag Artikel produziert, die die Reformkräfte in der DDR entzweien sollen. Auf die Frage nach eigenen Privilegien angesprochen, informiere ich, daß ich für meine Kinder keine Häuser habe bauen lassen. Ich selbst besitze kein Freizeitobjekt, kein Jagdgebiet und kein Jagdhaus.

Während ich am Rednerpult stehe, geht mir für Sekunden durch den Kopf, ob ich als Vorsitzender des Staatsrates die Vertrauensfrage stellen sollte. Ich verwerfe den Gedanken, weil ich dies nicht tun will, ohne mich mit der Fraktion der SED in der Volkskammer zu beraten.

In den Pausen der Sitzung der Volkskammer tagt das Politbüro. Es geht um die Vorbereitung des Parteitages und um die Kreisdelegiertenkonferenzen, die an diesem Wochenende stattfinden. Uns ist bekannt geworden, daß die Parteiorganisation des Berliner Werks für Fernsehelektronik zu einem Treffen aller Parteitagsdelegierten in der Berliner Humboldt Universität eingeladen hat. Diskutiert werden soll die „totale Erneuerung der Partei bzw. die Neugründung der Partei". Ich bin überzeugt, daß uns ein Namenswechsel keinen politischen Vorteil bringt. Selbst die Gründung einer KP der DDR würde eher sektiererische Tendenzen fördern. Ein Hinwenden zur SPD würde die Probleme der SED nicht lösen. Dann könne man gleich zum Original SPD übertreten. Der dritte Weg ist schon durch die SPD belegt. In dieser schon fast aussichtslosen Situation schicke ich noch ein Fernschreiben an die Bezirks- und Kreisleitungen.* Darin appelliere ich, trotz aller Meinungsunterschiede und berechtigter Kritik an der gegenwärtigen Parteiführung, „alles, aber auch alles zu tun, um die Einheit der Partei unter allen Umständen zu wahren. Jeder von uns muß sich darüber im klaren sein, ohne eine, bei allen unterschiedlichen Auffassungen, einheitliche SED wird es keine sozialistische DDR geben." Die Diskussion über unterschiedliche Positionen muß auf dem Parteitag geführt werden. Meinungsvielfalt darf uns nicht trennen. Sie ist ein wichtiges Element der innerparteilichen Demokratie.

Nach Beendigung der Volkskammersitzung geht die Beratung des Politbüros bis in die Nachtstunden weiter. Auf der Tagesordnung steht auch ein Bericht von Alexander Schalck über seine heutigen Beratungen mit Seiters in Bonn. Es geht um neue Vollmachten für die Vorbereitung meines und Modrows Treffens mit dem Bundeskanzler.

Bevor wir zur Sache kommen, erlebe ich einen Alexander Schalck, wie ich ihn bisher nie gesehen habe. Bei allen Schwierigkeiten strahlte er stets Optimismus aus. Ihm fiel auch in aussichtslosen Situationen immer eine Lösung ein. Nun sitzt er vor uns, ist verzweifelt und weint. Vor seinem Privathaus finden Demonstrationen statt.

---

* Fernschreiben von Egon Krenz an die 1. Sekretäre der Bezirks- und Kreisleitungen der SED vom 1. Dezember 1989, im Archiv des Autors

Es werden Morddrohungen gerufen. Über seinen Bereich Kommerzielle Koordinierung werden Gerüchte verbreitet. Ein Artikel im Hamburger Magazin DER SPIEGEL wird von Volkskammerabgeordneten so aufgenommen, als stünde darin die Wahrheit über seinen Bereich. Er kann der Volkskammer über alles Auskunft geben. Jeder muß aber wissen, daß dann geheime Staatsangelegenheiten, die es in jedem Staat der Welt gibt, auch im Westen bekannt werden. Er und wir sind in einer aussichtslosen Situation.

Ich bin nach den Schilderungen innerlich aufgewühlt. Ich denke daran, wie unser gemeinsamer Freund Wolfgang Junker schon vor einigen Tagen, als die ersten Drohungen gegen Schalck bekannt wurden, mit der Westgruppe der sowjetischen Streitkräfte besprochen hatte, wenn Gefahr für Leib und Leben von Schalck besteht, soll er sich mit seiner Frau auf dem schnellsten Weg nach Wünsdorf zum Oberkommando der Westgruppe der sowjetischen Streitkräfte begeben. Was ich im Moment für Schalck tun kann, ist nicht viel. Ich versuche, ihn zu beruhigen und gebe Weisung, daß er von den Sicherheitskräften bewacht wird. Lynchjustiz muß unterbunden werden. Schalk übernimmt trotz seiner Situation den Auftrag, morgen erneut zu Verhandlungen in die Bundesrepublik zu fahren.

Während der Sitzung des Politbüros fragt mich jemand: Wo ist Jochen Willerding? Er fehlt. Ich weiß nicht, warum. Er hat sich bei mir nicht entschuldigt.

Nach der Sitzung spreche ich mit einer Delegation aus dem Bezirk Potsdam. Sie wird von Heinz Vietze geführt, der nun statt Günther Jahn 1. Sekretär der SED des Bezirks Potsdam ist. Auch Vietze war unter meiner Leitung als 1. Sekretär der FDJ Jugendfunktionär. Nun kommt auch er und will, daß ich von meiner Funktion zurücktrete. Er schildert mir in Einzelheiten die desolate Lage der Partei und die zornige Stimmung unter Parteimitgliedern. Es werden immer neue Fälle von Wahlfälschung bekannt. Er fordert mich auf, die Verantwortung dafür zu übernehmen. Ich sage, daß ich die politische Verantwortung bereits übernommen habe. Mehr kann ich nicht, weil es die Unwahrheit wäre. Ich habe weder Wahlen gefälscht noch dazu aufgerufen.

Es ist schon weit nach Mitternacht, als ich nach Hause komme. Um 5.00 Uhr früh will ich zur Kreisdelegiertenkonferenz nach Ribnitz-Damgarten fahren. Ich stelle mich dort zur Wahl als Delegierter zum Außerordentlichen Parteitag. Meine Frau erzählt mir noch, daß Jochen Willerding sie besucht habe, während ich die Sitzung des Politbüros leitete. Er hat ihr einen Brief für mich übergeben.

2. Dezember

Noch bevor ich den Brief von Jochen Willerding öffne, höre ich während der Autofahrt nach Barth in den Frühnachrichten des Rundfunks, daß Willerding seinen Rücktritt als Kandidat des Politbüros und Sekretär des Zentralkomitees erklärt.

Er wolle damit ein Zeichen für die revolutionäre Erneuerung der Partei setzen. Gleichzeitig erfahre ich, daß am Abend vor dem Gebäude des ZK eine Kundgebung gegen das Zentralkomitee und sein Politbüro stattfinden wird. Warum, frage ich mich, habe ich nicht erfahren, daß so eine Kundgebung geplant ist? Wieso hinter meinem Rücken? Ich wäre niemals aus Berlin weggefahren, wenn ich davon gewußt hätte. Als ich mich gestern abend von meinen Genossen im Politbüro verabschiedete, müssen es einige schon gewußt haben. In den vier Stunden seit dem kann kaum eine Kundgebung ins Leben gerufen werden.

Ich lese den Brief von Willerding. Wir sind über Jahre befreundet. Ich hatte ihm vertraut und ihn als Jüngsten für das Politbüro vorgeschlagen. Was er mir schreibt, ist nicht einmal weit von meinem Standpunkt entfernt. Nur läßt es sich schwer verwirklichen.

Er formuliert: „Es ist meine feste Meinung, daß die sozialistische Erneuerung nur denkbar ist, wenn die Partei der Kommunisten einheitlich und geschlossen um eine handlungsfähige Führung diesen Weg geht." Richtig! Doch: Sind wir denn noch eine Partei der Kommunisten? Sollen nicht auch wieder die sozialdemokratischen Wurzeln der SED sichtbar werden? Und: Die Einheit und Geschlossenheit der Partei ist über Jahrzehnte verspielt worden, auch wegen einer falschen Auffassung von Parteidisziplin. Jochen Willerding schreibt, die Erneuerung gehe an der Partei vorbei. Auch hier stimme ich ihm zu. Doch: Woran liegt das? Die Enttäuschung über unsere alte Parteiführung ist so groß, daß niemand mehr aus dieser Führung das Vertrauen zurückerobern kann. Willerding fordert, radikale und umfassende Aufdeckung von Amts- und Funktionsmißbrauch, das Zentralkomitee müsse sich an die Spitze der Bewegung stellen, auf dem Sonderparteitag müssen die objektiven Ursachen und subjektiven Fehler der früheren Führung gesondert im ersten Teil des Parteitages behandelt werden. Der Parteitag müsse einen neuen Konsens finden in den Grundpositionen zu den Perspektiven des Sozialismus und zum Selbstverständnis der Partei „als Sozialistische Einheitspartei Deutschlands mit ihren historischen Traditionslinien". Ich kann aus dem Brief nicht erkennen, warum er eigentlich zurücktritt. Wenn er die im Brief genannten Probleme verwirklichen will, kann er dies am besten in der Führung in seiner Funktion tun.

Willerdings Brief ist schneller in der Öffentlichkeit als ich ihn dem Zentralkomitee zur Entscheidung vorlegen kann. Er wird im Rundfunk als Aufforderung an mich kommentiert, zurückzutreten.

Ich entschließe mich, nur für einige Stunden an der Kreisdelegiertenkonferenz teilzunehmen. Ich will abends bei der Kundgebung vor dem ZK dabei sein. Ich weiß, daß es Kräfte in der Partei gibt, die den Außerordentlichen Parteitag schon ohne das amtierende Politbüro durchführen wollen. Das bedeutet, daß ich als Generalsekretär heute oder morgen zurücktreten muß. Aus Überzeugung bin ich dazu nicht bereit. Ich weiß, daß ich den Parteitag in meiner Funktion nicht überstehe. Ich will vorher nicht aufgeben, mich nicht vor dem Rechenschaftsbericht drücken. Gleichzeitig ist mir klar, daß es nicht darum gehen kann, als Person politisch zu überleben. Aus diesem Widerspruch entsteht die Idee, anstelle des Politbüros einen Arbeitsausschuß zu berufen, der gemeinsam mit dem ZK den Außerordentlichen Parteitag vorbereitet.

Die Kreiskonferenz von Ribnitz-Damgarten findet in Barth statt. Als ich am Tagungsort eintreffe, werde ich von den neuen Sekretariatsmitgliedern empfangen. Der frühere erste Kreissekretär, Werner Fähling, den ich seit Jahren gut kenne, wurde inzwischen abgesetzt. Er steht etwas abseits. Ich spüre, daß er hofft, daß ich mit ihm spreche. Als ich auf ihn zugehen will, sagt mir einer der Genossen: „Egon, das wäre nicht gut." Ich muß mich zusammenreißen, um nicht die Beherrschung zu verlieren. Was ist aus unserer Partei geworden? Noch vor Wochen waren es Freunde von Werner, die mich jetzt vor ihm warnen. Ich gehe demonstrativ auf ihn zu, umarme ihn und wünsche ihm für die Zukunft alles Gute. Wir tauschen kurz ein paar persönliche Worte aus. Ich bin innerlich erschrocken über die Wandlung der Menschen. Mag sein, daß Fähling als 1. Kreissekretär Fehler gemacht hat. Das ist doch keine Grund, ihn als Mensch zu demütigen. Was bedeuten heute noch unsere früheren Worte von der Partei, die die Heimat jedes Genossen sein soll, und eine verschworene Gemeinschaft dazu? Wie schnell ist dieser Anspruch vergessen worden. Politische Umbrüche brechen eben auch die Menschen.

Auf der Konferenz muß ich mich harten Fragen stellen. Immer wieder: Warum hast du nicht früher Honecker gestürzt? Ich erkläre es zum x-ten Mal.

Kurz vor der Mittagspause bitte ich um Verständnis, daß ich wegen der geplanten Kundgebung nach Berlin zurückfahre. Vorher rufe ich Lorenz in Berlin an. Ich bitte ihn, den sowjetischen Botschafter zu verständigen, daß der Rücktritt des Politbüros bevorsteht.

Als ich wieder in meinem Büro bin, erfahre ich aus Barth: „Du bist mit nur 19 Gegenstimmen zum Delegierten des Außerordentlichen Parteitages gewählt worden." Eine Nachricht, über die ich mich freue. Lorenz sagt mir, daß Kotschemassow verwundert sei, daß das Politbüro zurücktreten wolle. Ungeachtet dessen gehen wir davon aus, daß das Politbüro morgen zurücktritt und durch einen Arbeitsausschuß ersetzt wird. Lorenz und ich besprechen noch, daß wir morgen früh im Politbüro die Vorschläge für die Zusammensetzung des Arbeitsausschusses vorlegen.

Als sich die Genossen vor dem ZK zur Erneuerungskundgebung versammeln, stelle ich mich auf die Treppe vor dem ZK-Gebäude. Einigen der Organisatoren scheint dies peinlich zu sein. Sie haben nicht mit meiner Teilnahme gerechnet. Ich höre mir die Reden an. Ich melde mich auch zu Wort. Ich habe keine Chance mehr. Mir ist klar: Wir müssen morgen den Weg freimachen. Sonst gibt es mindestens zwei Parteitage. Das aber will ich nicht.

3. Dezember

Es ist gegen 3.00 Uhr morgens, als mich das Klingeln des Telefons aus dem Schlaf reißt. Der Minister für Nationale Sicherheit, General Schwanitz, meldet mir, daß Alexander Schalck die Republik verlassen hat. Ich antworte nur: „Auch das noch." Ich bin überzeugt, sein Leben und das seiner Familie waren in Gefahr. So schnell verliert Schalck nicht die Nerven. Ich gehe davon aus, daß er sich in Wünsdorf bei der Sowjetarmee befindet. So jedenfalls war es für den Notfall besprochen.

Als ich morgens ins ZK komme, höre ich, daß Modrow mit weiteren Genossen die Konsequenzen des Weggangs von Schalck berät. Mich fragt er schon nicht mehr, obwohl Schalck uns gemeinsam untersteht. Dafür sitzt Markus Wolf in der Runde. Warum? Ich weiß es nicht. Im Bereich Kommerzielle Koordinierung wird er sich nicht besonders gut auskennen. Er ist schon einige Jahre Rentner. Während Modrow sich der Angelegenheit Schalck widmet, berät das

Politbüro über die Beschlüsse der bevorstehenden ZK-Tagung. Nach der 13. Tagung der Volkskammer und dem dort erstatteten Bericht über Amtsmißbrauch und Korruption haben sich Haß, Wut und Aggressivität gegen die SED und ihre Funktionäre gesteigert. Die Partei scheint daran zu zerbrechen.

Aus den Informationen über die Kreisdelegiertenkonferenzen geht hervor: Das Politbüro und der Generalsekretär sollen zurücktreten. Wir diskutieren darüber. Eine Mehrheit der Mitglieder des Politbüros spricht sich dafür aus. Ich gebe zu Bedenken, ob es nicht richtiger wäre, bis zum Parteitag zu warten. Wir müssen dem Parteitag auf jeden Fall Rechenschaft geben. Nach Abwägung aller Möglichkeiten beschließen wir, dem Zentralkomitee vorzuschlagen, einen Arbeitsausschuß zur Vorbereitung des Parteitages zu bilden. Wir beschließen seine Zusammensetzung. Ihm soll niemand aus dem Politbüro angehören. Eine Arbeitsgruppe des Zentralkomitees soll einen Rechenschaftsbericht für den Parteitag vorbereiten.

Mit diesen Vorschlägen gehen wir in eine Besprechung mit den 1. Bezirkssekretären der Bezirksleitungen. Ihnen sind die Beschlüsse des Politbüros nicht weitgehend genug, wiederum nur „halbherzig". Sie fürchten: Heute tritt das Politbüro zurück, morgen kommt die Forderung nach Rücktritt des ZK. Ich ergänze: Und übermorgen die Auflösung der Partei. Einige der 1. Bezirkssekretäre fordern den Rücktritt des gesamten Zentralkomitees.

Ich setze mich zur Wehr. Der Rücktritt des ZK wäre das Ende der SED. Es kann nicht sein, sage ich, daß die unvollständige Aufdekkung von Amtsmißbrauch und Korruption einiger führender SED-Funktionäre zum Zusammenbruch der SED führt. Es geht um mehr. Es geht um die Existenz der DDR. Wer dies nicht sieht, macht sich etwas vor. Meine Argumentation überzeugt nicht.

Während wir in einem Nebenraum des Plenarsaals noch heftig diskutieren, versammeln sich schon die Mitglieder und Kandidaten des ZK. Die 12. Tagung des Zentralkomitees muß entscheiden, wie es mit der Partei weitergeht.

Modrow informiert das ZK, wie ich erst später erfahre, über das Verschwinden von Schalck. Er meint, daß das Verhalten von Schalck für seine Regierung ähnliche Konsequenzen haben könne wie seinerzeit die Brandt-Guillaume-Affäre.

Inzwischen haben sich die 1. Sekretäre der Bezirksleitungen durchgesetzt. Gegen meine Stimme soll dem ZK vorgeschlagen werden, als Kollektiv geschlossen zurückzutreten.

Um 13.10 Uhr beginnt die ZK-Tagung. Ich eröffne sie mit den Worten: „Wir sind in einer außergewöhnlichen Zeit zu dieser Tagung zusammengekommen. Die Existenz der Partei steht auf dem Spiel. Die Deutsche Demokratische Republik ist in Gefahr. Unser internationales Ansehen ist geschädigt wie nie zuvor." Ich weiß nicht, wann ich das letzte Mal in meinem Leben geweint habe. Bei diesen Worten stehen mir die Tränen in den Augen und ich habe das Gefühl, meine Stimme versagt. Nicht, weil ich als Generalsekretär zurücktrete. Das ist im Verhältnis zu dem, was heute beschlossen werden soll, das wenigste. Es schmerzt mich, daß ich am Sterbebett der Partei stehe. Ich fürchte, dies ist der erste Schritt auch für das Ende der DDR. Es folgt eine bewegte Sitzung.

Es wird ein Beschlußentwurf beraten, der aus vier Punkten besteht:

1. Elf Genossen, darunter Honecker, Stoph und Sindermann, werden aus dem ZK und der Partei ausgeschlossen.
2. Sechs weitere Genossen sollen aus dem ZK ausgeschlossen werden. Gegen sie werden Parteiverfahren eingeleitet.
3. Das Zentralkomitee in seiner Gesamtheit erklärt seinen Rücktritt.
4. Eine Kommission aus Mitgliedern des Zentralkomitees soll einen Rechenschaftsbericht für den Parteitag vorbereiten.

Danach unterbreitet Roland Wötzel, 1. Sekretär der SED-Bezirksleitung Leipzig, im Namen der 1. Bezirkssekretäre den Vorschlag, einen Arbeitsausschuß zur Vorbereitung des Außerordentlichen Parteitages zu bilden, dem Genossen angehören, die konsequent für eine neue SED sind. Außerdem soll ein Untersuchungsausschuß gebildet werden, „der Machtmißbrauch und Privilegien aufdeckt und die betroffenen Genossen parteimäßig zur Verantwortung zieht".

Werner Eberlein schlägt vor, daß auch die Zentrale Parteikontrollkommission zurücktritt.

Mir geht es darum, die letzten Minuten der Existenz des ZK so würdig wie möglich zu beenden. Das ist schwierig. Einige Genossen, die aus der Partei ausgeschlossen werden sollen, wehren sich dagegen. Ich verstehe das, obwohl mir das persönliche Schicksal einzelner ZK-Mitglieder gegen das Schicksal der gesamten Partei klein vorkommt.

Schließlich wird der Rücktritt des ZK und die Bildung eines Arbeitsausschusses zur Vorbereitung des Außerordentlichen Parteitages beschlossen.

Kurz vor 15.00 Uhr geht die letzte Tagung des Zentralkomitees der Sozialistischen Einheitspartei zu Ende. Ich bin erschüttert. Dieses würdelose Auseinanderlaufen eines vom Parteitag gewählten Gremiums ist der bisher bitterste Punkt in meinem Leben.

Während in der DDR Amtsmißbrauch und Korruption verurteilt werden, verhandeln vor der Küste Maltas die Staatschefs der UdSSR und der USA. Die Entwicklung in der DDR ist für Gorbatschow keine Rückenstärkung. Dies um so mehr, da Malta mit Jalta verglichen wird. In Jalta wurde das Fundament für die Nachkriegsordnung gelegt. Soll Malta der Ausgangspunkt für die Korrektur von Jalta werden?

Jedenfalls bestärken mich diese Überlegungen, Modrow zu bitten, mit mir zusammen zum sowjetischen Botschafter zu fahren. Gorbatschow muß über die letzte Tagung des ZK direkt von uns informiert werden. Der Botschafter wird unsere Information per Eiltelegramm an den KPdSU-Generalsekretär nach Malta weitergeben. Kotschemassow empfängt uns.

Ich informiere, was geschehen ist. Er macht sich Notizen.

Zum Schluß sage ich: „Morgen ist in Moskau die Tagung des Politisch-Beratenden Ausschusses des Warschauer Vertrages geplant. Ursprünglich sollte ich unsere Delegation leiten. Obwohl ich noch Staatsratsvorsitzender bin, werde ich nicht mitfahren."

Kotschemassow nimmt dies zur Kenntnis. Er bittet jedoch um Verständnis, daß er darüber noch einmal mit Gorbatschow telefonieren muß. Schließlich sind die Staatsoberhäupter der sozialistischen Länder als Leiter der Delegationen eingeladen.

Am späten Nachmittag fahre ich zusammen mit Heinz Keßler nach Wandlitz zu Erich Honecker. Bei all unseren Differenzen, er hat nach meiner Meinung ein Recht darauf, nicht nur aus den Medien zu erfahren, daß er aus der Partei ausgeschlossen wurde, die er seit 1971 als erster Mann geleitet hat. Keßler, mit dem Honecker seit 1945 befreundet ist, sieht es wie ich.

Als wir Honecker über die Tagung informieren, nimmt er den Beschluß wortlos zur Kenntnis. Seinem Gesichtsausdruck entnehme ich, er ist fassungslos. Was in seinem Innern vor sich geht, läßt er uns nicht spüren. Als wir uns verabschieden, weiß ich noch nicht, daß dies meine letzte Begegnung mit Honecker ist.

Die Atmosphäre in Wandlitz ist bedrückend. Vor den meisten Häusern von Mitgliedern des alten Politbüros stehen Posten des Wachregiments. Keßler und ich besuchen Stoph, der mit dem Umzug beschäftigt ist. Wir erfahren von ihm, daß die Mehrheit der Mitglieder des alten Politbüros unter Hausarrest steht. Ich bin noch Vorsitzender des Nationalen Verteidigungsrates der DDR. In dieser Eigenschaft gebe ich Befehl, die Posten sofort abzuziehen.

Abends lese ich die Agenturmeldungen über den Rücktritt des ZK. Ich versuche mich abzulenken, indem ich den Rest meiner Akten und die auf dem Schreibtisch liegenden Zeitungen durcharbeite. Dabei lese ich auch einen Artikel von Theo Sommer in der Hamburger Wochenzeitung DIE ZEIT vom 1. Dezember. Zu dem Zeitpunkt, als er den Artikel schrieb, war ich noch Generalsekretär. Er beschreibt die Situation: „Objektiv betrachtet, hat sich unter Egon Krenz in sechs Wochen mehr verändert als unter Gorbatschow in seinen beiden ersten Amtsjahren. Regierung und Politbüro sind zurückgetreten; Rehabilitierungen laufen an, von Janka über ... bis Havemann, Reisen ist erlaubt worden, Surfen auf der Ostsee, Glasnost in den Medien; die Führungsrolle der Partei wird kassiert, die Verfassung dementsprechend geändert; freie Wahlen sind vielfach zugesagt, Wahlgesetz, Vereinigungsgesetz, Investitionsschutzabkommen werden vorbereitet; das Aktionsprogramm der Partei verspricht Wandel allenthalben; die SED trifft sich am Runden Tisch mit den neuen Parteien und Bürgergruppen.

Aber der Eindruck hat sich festgesetzt, daß die Partei bloß allem hinterher läuft ...“*

Bei mir verfestigt sich der Eindruck: Sie alle, die offizielle Gesellschaft der Bundesrepublik, wollen mit wenigen Ausnahmen nicht Reformen, nicht Veränderungen in der DDR, sie wollen die DDR selbst.

Nach 22.00 Uhr ruft mich Kotschemassow an. Er teilt mir mit, daß er mit Gorbatschow telefoniert habe. Michail Sergejewitsch sei der Meinung, daß ich als Staatsoberhaupt nach Moskau eingeladen sei. Kotschemassow: „Genosse Gorbatschow bekräftigt diese Einladung und möchte sie morgen als Leiter der Delegation begrüßen.“

Ich bedanke mich und füge hinzu: „Informieren Sie doch bitte Hans Modrow darüber.“

„Das gelingt mir nicht“, sagt er, „Genosse Modrow wohnt in einem Hotel und ist für mich nicht mehr erreichbar.“

Ich versuche mehrmals, Hans telefonisch zu bekommen. Als ich ihn erreiche, ist es schon ziemlich spät. Ich informiere ihn über das Gespräch mit Kotschemassow. Er nimmt meine Information sachlich zur Kenntnis. Wir vereinbaren, uns auf dem Flugplatz zu treffen.

* DIE ZEIT, Nr. 49 vom 1. Dezember 1989

4. Dezember

Als ich früh auf dem Flugplatz erscheine, spüre ich, wie die Mitarbeiter des Ministerpräsidenten überrascht sind. Ihr Chef hat sie nicht über den Anruf von Kotschemassow informiert. So entsteht der Eindruck, Krenz habe immer noch nicht begriffen, daß ihn keiner mehr will. Während des Flugs sitzen Modrow und ich in der Kabine des Sonderflugzeugs, in der früher Honecker saß.

Modrow erläutert mir seinen Plan für den 19. Dezember in Dresden. Er will als Ministerpräsident allein die Gespräche mit Bundeskanzler Kohl führen. Er schlägt mir vor, daß ich als Staatsoberhaupt den Bundeskanzler im früheren Gästehaus der SED-Bezirksleitung in Dresden zu einem Gespräch empfange.

Will er mich testen? Will er wissen, ob ich freiwillig vom Amt des Staatsratsvorsitzenden zurücktrete und wann? Ich reagiere: Wollen wir doch abwarten, wie sich die Dinge entwickeln. Mir ist klar, daß ich auch von meinen staatlichen Funktionen zurücktreten werde.

In Moskau empfängt uns KPdSU-Politbüromitglied Jakowlew. Er bittet mich als Delegationsleiter in sein Auto. Wir fahren zusammen in den Kreml. Er bestellt Grüße von Gorbatschow, der noch vor der Tagung des Politisch-Beratenden Ausschusses von mir die persönliche Bewertung der neuesten Ereignisse in der DDR hören möchte.

Ich informiere in groben Zügen über die politische Stimmung und den Ablauf der gestrigen ZK-Tagung sowie die Vorbereitung des Außerordentlichen Parteitages. Dann sage ich: „Bitte betrachtet Hans Modrow als Delegationsleiter. Ich werde mich heute von allen verabschieden. Ich werde auch als Vorsitzender des Staatsrates und des Nationalen Verteidigungsrates zurücktreten." Jakowlew verspricht, Gorbatschow zu informieren.

Als wir uns im Kreml versammeln, sind viele nicht mehr dabei, die Jahrzehnte an den Beratungen des Politisch-Beratenden Ausschusses teilnahmen. Honecker, Shiwkow und Jakeš sind inzwischen abgesetzt, die polnische Delegation wird von Jaruzelski geleitet, aber schon nicht mehr als Parteichef, sondern als Präsident. Noch kein halbes Jahr ist seit dem Gipfel von Bukarest vergangen. Die Veränderungen im Bündnis sind atemberaubend, aber nicht nur in personeller Hinsicht. Das Bündnis ist desolat.

Gorbatschow informiert über seinen Besuch in Italien, seine Audienz beim Papst und seine Gespräche mit dem Präsidenten der

USA. Zur aktuellen Situation in den sozialistischen Staaten sagt er: „Nicht nur die Erfahrungen der Umgestaltung in der Sowjetunion, sondern auch in den anderen Länder zeigen, daß man mit politischen Lösungen nicht zu spät kommen darf, weil dies in der Praxis teuer bezahlt werden muß. Man ist dann nicht mehr in der Lage, Lösungen zu finden, sondern es geht nur noch darum, den Wagen unter Kontrolle zu halten und die Zügel nicht aus der Hand zu geben." Er betont, daß die sowjetische Seite alles tun werde, „um alle Verträge einzuhalten, die für sie und ihre Verbündeten lebenswichtig sind"*.

Gorbatschow schätzt seinen Besuch im Vatikan hoch ein. Der Papst sei ein sehr interessanter Gesprächspartner von hoher Bildung und weitem Horizont. Ein zentrales Thema war der Zusammenhang von Politik und Moral. Es ist schon verwunderlich, denke ich, daß der Papst den Generalsekretär der KPdSU fragt, wie dies denn zu vereinbaren sei. Gorbatschow antwortete: „Die Politik muß menschliche Züge annehmen."

Richtig! Und doch stecken in dieser Antwort viele Illusionen. Gorbatschow merkt nicht, daß sein neues Denken von der anderen Seite überhaupt nicht honoriert wird. In der Politik spielt die Moral nicht die erste Geige. Es sind die politischen Interessen. Mein Eindruck verstärkt sich, daß Gorbatschow dies unterschätzt.

Sein Treffen mit Bush habe keine feste Tagesordnung gehabt, informiert Gorbatschow. Er resümiert: Nun verschwindet das Feindbild allmählich. Man habe es eher mit einem Gegner, einem unbequemen Partner oder einem Rivalen zu tun.

Sehr breit spricht Gorbatschow über die Abrüstung. Am Verhalten der Amerikaner zu dieser Frage kann ich nicht erkennen, daß es kein Feindbild mehr gibt. Wie viele Illusionen verträgt ein Land wie die UdSSR?

Gorbatschow hat Bush gefragt, „ob die amerikanischen Aufrufe zur Vereinigung Europas auf der Grundlage westlicher Werte als Streben nach Vernichtung des Sozialismus zu verstehen seien". Bush habe zugestanden: Bei allen Überlegungen über das künftige Schicksal sei es jetzt notwendig, den Warschauer Vertrag und die NATO als Elemente der Stabilität zu erhalten. Auch die deutsche Frage sei mit Bush behandelt worden. Die USA hätten bekräftigt, daß sie an den existierenden Grenzen, an der Existenz zweier deutscher Staaten, an den Realitäten der Nachkriegszeit festhalten. Gleichzeitig

---

* Niederschrift über das Treffen führender Repräsentanten der Teilnehmerstaaten des Warschauer Vertrages in Moskau am 4. Dezember 1989, im Archiv des Autors

hätten sie jedoch hervorgehoben, daß man die emotionale Seite der Sache, den Wunsch der Deutschen nach Wiedervereinigung sehen müsse. Sie hätten jedoch nicht die Absicht, die Ereignisse zu forcieren.

Das sind schon andere Töne, als ich sie am 1. November von Gorbatschow hörte. Er fährt fort, „daß Kohl ja inzwischen von einer Konföderation spricht. Eine Konföderation bedeutet jedoch gemeinsame Verteidigung, gemeinsame Außenpolitik, gemeinsame Streitkräfte." Gorbatschow fragt: Wo werde deren Standort sein? In der NATO oder im Warschauer Vertrag? Oder werde es sich um einen neutralen Staat handeln? Gorbatschow habe den Eindruck, Kohl wolle das Thema vor allem für Wahlspekulationen nutzen. Vielleicht liegt es daran, daß auf mir nicht mehr der Druck liegt, alles für eine spätere Auswertung vor den Führungsgremien der DDR notieren zu müssen. Nach diesen Ausführungen Gorbatschows lehne ich mich zurück und denke: Viel Richtiges, was er sagt. Doch eine scharfe Zurückweisung der Einheitspläne, auch wenn sie nur die emotionale Seite betreffen sollte, gibt es offensichtlich diesmal im Unterschied zu früheren Gesprächen nicht. Ich ahne nichts Gutes. Haben sich die beiden Großen im Prinzip auf die Einheit Deutschlands geeinigt? Sicher, es ist reine Spekulation. Aber eine Spekulation auf dem Fundament einer vorsichtigen verbalen Veränderung der sowjetischen Position zur deutschen Einheit.

Modrow geht auf die deutschlandpolitischen Äußerungen von Gorbatschow ein. Er informiert über sein bevorstehendes Treffen mit Kohl. Modrow spricht sich dafür aus, die Möglichkeiten einer Vertragsgemeinschaft mit der BRD voll auszuschöpfen. Dies sei das konstruktive Angebot der DDR zur weiteren Gestaltung der Beziehungen zur BRD.

Außer Modrow geht nur noch Wojciech Jaruzelski auf das Thema ein. Polen erwarte eine genaue Definition des gebrauchten Wortes „Konföderation". Er regt an, angesichts der Wichtigkeit dieses Problems im Warschauer Vertrag „eine gemeinsame Formel zu erarbeiten, in der die übereinstimmende Position zum Ausdruck kommt"*.

Auf Vorschlag der Sowjetunion wird eine kurze Erklärung der Volksrepublik Bulgarien, der DDR, Polens, der UdSSR und Ungarns angenommen, in der der Einmarsch von Truppen des Warschauer Vertrages 1968 in die ČSSR als Einmischung in die souveränen Angelegenheiten der ČSSR bewertet und verurteilt wird. Wenn es jemals eine „Breshnew-Doktrin" gegeben hat, dann ist sie mit diesem Beschluß aufgehoben worden, keinen Tag früher.

---

* Ebenda

Als die Beratung beendet ist, verabschiede ich mich von allen Delegationen. Ich sage ihnen auf russisch: „Danke für die Zusammenarbeit." Gorbatschow steht an der Tür und verabschiedet alle mit „Auf Wiedersehen." Ich bin der letzte. Ich danke ihm. Wir umarmen uns. Er gibt mir aus seiner Erfahrung auf den Weg: „Egon, weiche nicht zurück!" Was immer das bedeutet, mein politischer Weg ist zu Ende.

5. Dezember

Als ich am Morgen ins ZK fahren will, um meine Sachen zu ordnen, werde ich am Eingangstor zum Hof gestoppt. Ein Angehöriger des Wachregiments sagt mir verlegen: „Genosse Krenz, ich darf sie nicht 'rein lassen." Einen Moment überlege ich. Es hat keinen Sinn, auf den Einlaß zu drängen. Schließlich kann der Genosse nichts dafür, er hat seine Befehle. Doch was berechtigt einen Arbeitsausschuß, der legitimiert ist, den Außerordentlichen Parteitag vorzubereiten, mich daran zu hindern, meine Unterlagen aus dem ZK zu holen? Ich nehme meinen Ausweis als Vorsitzender des Nationalen Verteidigungsrates. Ich frage den diensttuenden Genossen: „Kennen Sie diesen Ausweis?"

„Ja, Genosse Vorsitzender."

„Lassen Sie mich auf diesen Ausweis 'rein?"

Er antwortet: „Natürlich!"

Ich darf passieren. Als ich in der zweiten Etage ankomme und in mein Arbeitszimmer will, ist es versiegelt. Dies, obwohl ich noch Vorsitzender des Staatsrates bin. Ich halte es für verfassungswidrig. Jene, die für das Versiegeln zuständig sind, wissen genau, daß ich in meinem Arbeitszimmer nicht nur meine Parteiunterlagen, sondern auch meine Akten als Vorsitzender des Staatsrates habe. Eile, an diese Akten zu kommen, ist auch geboten, weil ich heute ein Treffen mit dem Vizepräsidenten der Kommission der Europäischen Gemeinschaft und für Außenbeziehungen zuständigen EG-Kommissar habe. Nach meinem Protest wird mir der Zutritt zu meinem Arbeitszimmer gestattet. Unter Aufsicht darf ich zwei Koffer mit Materialien pakken, deren Durchsicht mir erlaubt wird. Ich lasse beide vorübergehend im ZK stehen, da ich mich im Amtssitz des Staatsrates mit Rechtsanwalt Vogel verabredet habe. Wir wollen über einige Fragen der Amnestie sprechen, die morgen im Staatsrat behandelt wird. Ich warte. Der Anwalt kommt nicht. Das ist ungewöhnlich. Er ist sonst die Pünktlichkeit in Person. Später erfahre ich, daß er quasi schon auf dem Wege zu mir verhaftet wurde. Ob es allein das Werk eines Staatsanwalts ist, den international bekannten Anwalt, der einen Termin beim Staatsoberhaupt hat, zu verhaften, daran habe ich starke Zweifel. Die Zweifel werden verstärkt, als ich, zusammen mit meinen beiden Aktenkoffern, zu Hause eintreffe. Einer der Stellvertreter des Generalstaatsanwalts ruft an. „Herr Krenz", sagt er, „Sie wurden beobachtet, daß sie aus dem Haus des Zentralkomitees zwei Koffer mit Akten mitgenommen haben. Ich schicke zwei Herren vorbei, die die Koffer abholen." Ich denke, ich höre nicht richtig. Es ist ja kein einfacher Wachsoldat, der mir das sagt, sondern ein Vertreter des Generalstaatsanwalts. Ich antworte ruhig: „Ich habe die Akten mit Genehmigung des Genossen Gysi mitgenommen." Das macht auf den Mann am anderen Ende der Leitung keinen Eindruck. Er habe Weisung, sagt er, so zu verfahren. Jetzt werde ich prinzipiell: „Nach der Verfassung der DDR ist der Generalstaatsanwalt dem Staatsrat der DDR gegenüber verantwortlich. Sie reden jetzt mit dem Vorsitzenden des Staatsrates, genügt Ihnen das?"

Der amtierende Generalstaatsanwalt entschuldigt sich. Ich behalte die Koffer. Drei Wochen später gebe ich sie, sortiert nach Partei- und Staatsakten, an Gysi bzw. Modrow zurück.

Am Abend berät Hans Modrow mit den Vorsitzenden der CDU, der DBD, der LDPD und der NDPD über den Rücktritt des Vorsitzenden des Staatsrates. Darauf bin ich, wie ich es schon Gorbatschow mitgeteilt hatte, eingestellt. Ich schreibe mein Rücktrittsgesuch.

6. Dezember

Die Sitzung des Staatsrates ist für den Nachmittag angesetzt. Nachdem alle Mitglieder des Staatsrates versammelt sind, erkläre ich meinen Rücktritt und teile mit, daß die Parteien der Regierungskoalition vorschlagen, daß Manfred Gerlach zum amtierenden Vorsitzenden des Staatsrates berufen wird.

Danach verlese ich meine Erklärung an den Präsidenten der Volkskammer der DDR.

Darin heißt es:

„Als mich die Volkskammer am 24. Oktober 1989 zum Vorsitzenden des Staatsrates der DDR wählte, leistete ich den Eid in der festen Absicht, meine ganze Kraft für den Erhalt des Landes als souveräne sozialistische Republik und für das Wohl ihrer Bürger, für ein festes Bündnis mit den sozialistischen Bruderstaaten und die friedliche Zusammenarbeit aller Völker und Staaten einzusetzen. Gemeinsam mit politischen Freunden hatte ich zuvor die Initiative zu einer Umkehr in der Politik in der Führung der SED ergriffen. Motiv unseres Handelns war die über einen längeren Zeitraum gereifte Erkenntnis, daß die alte Führung den Widerspruch zwischen Volkswillen und realitätsferner Politik ständig vertiefte und unser Land in eine tiefe Krise führte.

Meine mehrjährige Mitgliedschaft im Staatsrat und im Politbüro unter Führung Erich Honeckers minderte bei nicht wenigen Bürgern die Glaubwürdigkeit der von mir vertretenen Politik der Erneuerung des Sozialismus.

Vertrauen im Volk aber ist die erste Voraussetzung für die Ausübung der Funktion des Vorsitzenden des Staatsrates. Inzwischen sind Ereignisse eingetreten, die zum Zeitpunkt meiner Wahl zum Vorsitzenden des Staatsrates nicht vorauszusehen waren.

Im Interesse der Stabilität der DDR und der notwendigen revolutionären Erneuerung trete ich als Vorsitzender des Staatsrates und des Nationalen Verteidigungsrates der DDR zurück.

Es ist meine Hoffnung, daß das Volk der DDR den Prozeß der Erneuerung, den es selbst erkämpft hat, unumkehrbar macht. Wir müssen aber auch die Gefahr sehen, die unserer Heimat von antisozialistischen Kräften droht. Jede Revolution birgt die Gefahr der Sammlung von Gegenkräften in sich. Diese antisozialistischen Kräfte wollen den Stolz unseres Volkes brechen und die Arbeit von Generationen zum Ausverkauf anbieten. Dagegen müssen wir uns gemeinsam wehren. In dieser Stunde höchster Gefahr müssen alle, denen dieses Land am Herzen liegt, aus patriotischer Verantwortung zusammenstehen."

Die Zeit danach

Fünfzig Tage liegen zwischen jenem 18. Oktober, an dem ich zum Generalsekretär des ZK der SED gewählt wurde, und dem 6. Dezember, als ich von der Funktion des Vorsitzenden des Staatsrates der DDR zurücktrat. Meinem Land und meiner Partei konnte ich nur das geben, was mir möglich war. Wieviel es gewesen sein mag, kann allein die Zeit beantworten.

Mich werden bis zu meinem Lebensende Fragen nach meiner Verantwortung für den Niedergang der DDR quälen. Warum habe ich das Steuer nicht früher herumgerissen? Waren in diesem Herbst sozialistische Reformen noch möglich? Gab es Alternativen? Es fehlt nicht an Kritikern, die es entweder schon immer gedacht haben oder flugs gelernt haben zu denken, daß die Bewegung zum Sozialismus in eine falsche Richtung gehen mußte, weil es gar keinen Sozialismus gibt. Ich halte an meinen Idealen des Sozialismus auch weiterhin fest, weil ich sein Scheitern nicht darauf zurückführe, daß die Idee falsch ist, sondern darauf, daß ihre Verwirklichung fehlerhaft verlief.

Wendezeit ist auch eine Zeit der Legendenbildung. Selbst unter den Mitgliedern des Zentralkomitees wollen manche schon seit Jahrzehnten mit Honecker im Streit gelegen haben. Sicher, hinter vorgehaltener Hand hat mancher seine kritische Meinung sehr vertraulich mitgeteilt. Als grundlegender sozialistischer Reformer ist jedoch niemand aufgetreten. Ich habe es jedenfalls nicht erlebt. Nun gibt es plötzlich in der einst so einheitlichen und geschlossenen Partei „Konservative“ und „Hardliner“, „Wendehälse“ und „Hoffnungsträger“.

Mir mißfällt diese Etikettierung von Weggefährten. Sie behindert, einen gemeinsamen Nenner für gemeinsames Handeln zu finden. Persönliche Ambitionen müssen nach meiner Meinung in dieser Zeit zurücktreten. Schließlich geht es um Sein oder Nichtsein der DDR. Sooft ich auf diese Schicksalsfrage auch hinweise, sie will keiner mehr hören.

Mir ist zwar verständlich, daß Amtsmißbrauch und Korruption das Land und die Partei tief erschüttert haben. Diese Erscheinungen sind unvereinbar mit den sozialistischen Idealen. Sie dürfen uns aber nicht den Blick dafür nehmen, daß es außerhalb der DDR und auch im Land selbst starke Kräfte gibt, die die DDR nicht von ihren Fehlern, sondern vom Sozialismus befreien wollen.

Mein Leben nach dem Rücktritt verändert sich grundlegend. Man sagt, wer einmal von der Macht gekostet hat, kommt schwer von ihr los. Ich habe über solche Ansichten früher nicht nachgedacht. Ich bin offensichtlich Gefangener meiner seit der Kindheit gewachsenen Illusionen, im Sozialismus gehe es nicht um persönliche Macht, sondern um den Dienst für das Volk. Was mir fehlt, ist jetzt nicht die Macht. Ich brauche eine Aufgabe. Mit 52 Jahren bin ich ohne Arbeit. Mir bleibt die Wahl, mich aufzugeben oder mich unter den neuen Bedingungen zu behaupten. Mit ihrem praktischen Sinn zwingt mich meine Frau, wieder selbst Auto zu fahren. Ich hatte zwar 1971 nach bestandener Prüfung die Fahrerlaubnis erworben. Seit ich 1976 Kandidat des Politbüros war, habe ich nicht mehr am Steuer eines Pkw gesessen. Meine Frau besorgt einen Fahrlehrer. In unserem alten Lada überwinde ich meine anfängliche Unsicherheit, wieder am Straßenverkehr teilzunehmen. Es ist ein kleiner Sieg nach einer großen Niederlage. Meine Familie bleibt mein Hinterland. Meine Frau, meine Söhne und meine Schwiegertochter helfen auf ihre Art, mich ins Alltagsleben zurückzuholen. Der Mittelpunkt meines Lebens werden meine Enkel Catherina und Franzisco.

Parteitag und Parteiausschluss

Der Außerordentliche Parteitag der SED ist vorverlegt. Er wird am 8. Dezember 1989 eröffnet. Ich gehöre zu den gewählten Delegierten.

Freunde raten mir: „Geh' nicht hin! Wenn du da bist, wird auch mit dir abgerechnet!"

Ich entscheide: „Ich bin gewählt, ich stelle mich, gleich, wie die Reaktion ist."

Während des Parteitages sitze ich inmitten der Rostocker Delegation. Von einer der Seitentribünen der Dynamo-Sporthalle verfolge ich jede Nuance des Parteitages. Manches, was in den Referaten dargelegt wird, hätte auch ich in meiner Parteitagsrede gesagt. Vieles, was über die Vergangenheit resümiert wird, ist nicht korrekt, weder belegt noch begründet, kommt aus dem Bauch. Manches, was die Zukunft der Partei betrifft, ist illusionär. Noch ist nicht klar, daß sich ein weltgeschichtlicher Epochewechsel anbahnt.

Mir bleibt nicht viel Zeit, darüber nachzudenken, wie einige der im Präsidium Sitzenden sich über Nacht gewendet haben. Dafür freue ich mich, wie viele Genossen von der Basis um den Erhalt der Partei ringen. In den Pausen diskutiere ich mit Delegierten. Hart sind ihre Fragen, und meine Antworten werden akzeptiert, auch wenn sie nicht immer überzeugend sind. Es werden Meinungen und Gegenmeinungen ausgetauscht.

Als der Parteitag vor der Frage steht: Kann die Partei noch gerettet werden? findet eine geschlossenen Sitzung statt, ohne Gäste, ohne Medien. Hans Modrow kämpft unbeirrt, daß die Partei sich ihrer Verantwortung für die DDR bewußt bleibt. Ohne sie sind auch die Regierung und seine Position als Ministerpräsident geschwächt. Sein Auftreten beeindruckt mich.

Doch dann, ich denke, mich trifft der Schlag. Hans Modrow behauptet: Die 9. Tagung des Zentralkomitees „war in Wirklichkeit eine manipulierte Beratung. Es ging sozusagen vom Herrscher zum Kronprinzen, von einer Hand demonstrativ in die andere."* Es mag solche Meinungen geben, doch die Fakten sind andere. Modrow kennt sie. Dem Sturz Honeckers ging ein harter Kampf im alten Politbüro voraus. Modrow hat sich vor der 9. Tagung an der Absetzung Honeckers nicht beteiligt; auch nicht, als Günther Jahn auf der Beratung der 1. Bezirkssekretäre Honecker zum Rücktritt aufgefordert hat. Warum, so frage ich mich, übernimmt er die Sicht der westlichen Medien? Natürlich weiß ich, daß es am 18. Oktober auch Inkonsequenz gab, aber betrogen habe ich die Partei nicht. Mir geht durch den Kopf, ob ich mich zur Diskussion melden soll, um die Wahrheit zu sagen. Ob ich eine Chance habe, Gehör zu finden? Ich glaube nicht. Schließlich siegt die Vernunft über meine Emotionen. Ich sage mir: Es geht um die Existenz der Partei. Wie kleinlich ist dagegen eine Meinungsverschiedenheit zwischen Hans Modrow und mir.

So bestürzt ich auch bin, es ist nicht mein Stil, mit gleicher Klinge zurückzuschlagen. Die Sache, für die Modrow und ich standen und stehen, hat es nicht verdient, auf dem Altar der Eitelkeit geop-

---

* Außerordentlicher Parteitag der SED-PDS, Berlin Dezember 1989, Dietz Verlag, Berlin 1990

fert zu werden. Diese Sache trägt ja die Hoffnung in sich, daß sie von den Enkeln besser ausgefochten wird.

Inzwischen sind Jahre vergangen. Wunden können heilen. Unsere Gemeinsamkeit gegen die politische Strafverfolgung in Deutschland hat uns wieder näher gebracht. Im Streit der Meinungen über die DDR-Geschichte und unsere Rolle darin gibt es weder Sieger noch Besiegte. Jeder hat seine Sicht. Keiner besitzt ein Monopol auf Wahrheit über die DDR.

Dem Außerordentlichen Parteitag folgt mein Ausschluß aus der SED/PDS, wie sich die Partei inzwischen nennt. Von der neu gebildeten Schiedskommission bekomme ich Anfang Januar 1990 einen Brief mit sieben Fragen über meine Rolle in der alten Parteiführung und die Einhaltung des SED-Statuts.

Ich zeige den Brief meinen Freunden. Ihre Reaktion ist geteilt. Die einen sagen: Du warst in der SED, nicht in der SED/PDS. Was willst du bei der Schiedskommission einer Partei, der du nicht beigetreten bist? Andere, wie Wolfgang Herger, Hartmut König und Gunter Rettner setzen sich bei Mitgliedern des neuen Parteivorstandes für mein Verbleiben in der Partei ein.

Als müsse ich vor einer Kommission erscheinen, von der mein Leben abhängt, beantworte ich die mir gestellten Fragen der Schiedskommission nach bestem Wissen und Gewissen. Fünfzehn Seiten lang ist mein Brief.

An einem Sonnabend, es ist der 20. Januar 1990, will mich die Schiedskommission anhören. Als ich im Gästehaus des SED-Zentralkomitees in Berlin ankomme, sind, mit zwei Ausnahmen, alle Genossen des alten Politbüros anwesend, die noch in der Partei bzw. nicht im Gefängnis sind. Alle werden einzeln aufgerufen und müssen die Fragen der Kommission beantworten.

Siegfried Lorenz gehört zu den ersten. Er wird nicht aus der Partei ausgeschlossen. Das gibt mir Hoffnung. Ich vertraue darauf, daß die Kommission differenziert. Ich werde um meine Parteimitgliedschaft kämpfen.

Von den anderen Genossen kommt einer nach dem anderen aus der Sitzung.

Ich stelle immer die gleiche Frage: „Na, wie war's?"

Die Antwort ist kurz: „Ausgeschlossen!" Darunter sind auch Kurt Hager, Erich Mückenberger und Alfred Neumann, die mutig gegen den Faschismus gekämpft und dabei ihr Leben eingesetzt haben.

Die Partei muß sich erneuern. Das steht auch für mich außer Frage. Doch wie? Die Art und Weise, wie mit den Mitgliedern des Politbüros umgegangen wird, diese Prozedur mutet mich wie ein Inquisitionsgericht an. Ich bin als Vorletzter an der Reihe. Obwohl ich für 16.30 Uhr bestellt bin, werde ich erst gegen Mitternacht befragt. Es ist schon der 21. Januar, als ich nach mehr als 1½stündigem Verhör den Beschluß höre: „Aus der Partei ausgeschlossen."

Als ich den Raum verlassen will, stellt sich mir eine Genossin in den Weg: „Herr Krenz", sagt sie, „Ihr Parteidokument bitte!"

Erst jetzt begreife ich, was mit mir geschehen ist. Ich bin parteilos, aber auch fassungslos. Ich wehre mich: „Ich habe ein Mitgliedsbuch der SED. Darauf hat Ihre Partei kein Anrecht. Ich gebe es nicht ab."

Die Frau bedrängt mich nicht weiter. Ich behalte mein Mitgliedsbuch der SED.

Draußen warten meine Familie und einige Freunde. Obwohl es schon spät ist, verfasse ich eine kurze Presseerklärung. Darin informiere ich, daß ich nach über 35jähriger Zugehörigkeit zur Sozialistischen Einheitspartei Deutschlands aus den Reihen der Partei ausgeschlossen worden bin. Ferner teile ich mit, daß ich gegen die Entscheidung der Schiedskommission Protest eingelegt habe. Ich stelle öffentlich die Frage: „Wohin soll es führen, wenn die Partei, die angetreten ist, Unrecht zu beseitigen, neues Unrecht schafft? Ich hoffe, daß der übereilt herbeigeführten Entscheidung der Schiedskommission der SED/PDS einst ein objektiveres Urteil über meine Rolle in der Partei, über das in komplizierter Zeit Gelungene wie auch über meine Fehler und Irrtümer folgen wird."*

Als ich mit meiner Frau in der dritten Stunde des neuen Tages in unserer Wohnung ankomme, warten Journalisten auf uns, keine aus der DDR, aber aus der BRD. Sie wollen mich zu einer Abrechnung mit der Partei, der ich bis vor zwei Stunden noch angehört habe, verleiten. Sie sind enttäuscht, daß ich mich nicht mißbrauchen lasse. Ich tue es heute nicht, und habe es später auch nicht getan. Der Konflikt geht nur die PDS und mich etwas an.

Einige meiner früheren Genossen sind später irritiert, daß ich mich als Publizist versuche und dabei auch in Zeitungen und Zeitschriften der BRD schreibe, die es mit der DDR nie gut gemeint haben. Ich habe unterschätzt, daß in meinem Fall nicht nur beobachtet wird, was ich schreibe, sondern auch, wo ich publiziere. Abgesehen davon, daß ich größere Fehler gemacht habe als in einer falschen Zeitung zu schreiben, kann ich vor mir jedes dort veröffentlichte Wort verantworten. Ich bin nicht dafür zuständig, was andere über mich geschrieben haben.

---

* Erklärung von Egon Krenz anläßlich seines Ausschlusses aus der SED am 21. Januar 1990, im Archiv des Autors. Eine Antwort auf meinen Einspruch habe ich nicht erhalten.

Im NEUEN DEUTSCHLAND vom 22. Januar 1990 steht als Begründung für meinen Parteiausschluß u. a., daß ich die „Chance zu einer grundlegenden Erneuerung im Herbst letzten Jahres halbherzig vergeben" habe. Die vereinfachte Auffassung, einige Personen seien Schuld am Zusammenbruch des Sozialismus, ist bequem. Sie verhindert, objektiv zu analysieren, welche gesellschaftlichen Ursachen es für den Wechsel der Epoche gibt.

Ich habe nie bestritten, daß meine Mitschuld am Untergang der DDR groß ist. Ich war nicht irgendein Genosse. Ich war Mitglied wichtiger Gremien, die ihre Spielräume hatten. Alternativ griff ich aber erst ein, als die DDR schon in einer tiefen Krise steckte. Wahr ist aber auch: Wir hätten im Herbst 1989 andere, bessere, klügere Genossen in das Politbüro wählen können, vielleicht hätte sich dadurch der Niedergang der DDR verzögert. An der prinzipiellen Situation hätte sich dadurch nichts geändert.

Die Ursachen für den Untergang der DDR liegen wesentlich tiefer. Sie sind mit der Geschichte des Sozialismus und der Weltpolitik, mit dem Erbe Stalins, mit der Art der Entstehung des sozialistischen Weltsystems nach 1945 und der Auseinandersetzung zwischen den Weltmächten USA und UdSSR, mit dem Kalten Krieg und der Feindschaft zwischen der BRD und der DDR, mit der schlechteren ökonomischen Ausgangsposition der DDR und fehlender Gemeinsamkeit der Staaten des Warschauer Vertrages verknüpft und nicht zuletzt damit, daß die Sowjetunion schon seit Anfang der achtziger Jahre auf dem Totenbett lag. Die subjektiven Fehler der DDR-Führung, unsere Uneinsichtigkeit und Unfähigkeit, objektiven Korrekturzwängen nachzugehen, haben das ihre zum Niedergang des Sozialismus beigetragen.

Honecker wirft mir in einer seiner Schriften nach der Wende Verrat am Sozialismus vor. Dem widerspreche ich entschieden. Niemals in meinem Leben habe ich meine sozialistische Gesinnung verraten. Ich habe versucht, leider zu spät, mitzuhelfen, Entstellungen und Fehler des Sozialismus zu beseitigen, niemals jedoch den Sozialismus.

Nach meinem Rücktritt mache ich viele neue Erfahrungen. Heiligabend 1989 zum Beispiel. Zu später Stunde klingelt es an der Haustür. Als ich öffne, steht der Superintendent von Pankow, Pfarrer Werner Krätschell, vor der Tür. In der einen Hand hält er eine rote Kerze, in der anderen die „Grundrechte des deutschen Volkes" aus der Revolution von 1848. Herr Krätschell kommt vom Gottesdienst. Er meint, in meiner Situation würde ein Gespräch guttun. Ich bitte ihn ins Haus. Wir sitzen lange zusammen an diesem Abend, der Geistliche und der Atheist. Jeder hört dem anderen aufmerksam zu, wohl wissend, daß niemand von uns seine Überzeugung aufgibt, was auch nicht Sinn des Gesprächs ist. Wir tauschen unsere Erfahrungen über den Herbst aus. Er spricht über seine von „unten" und ich über meine von „oben". Mich bedrückt das Gespräch. Wieso, denke ich, konnten wir nicht früher so offen miteinander umgehen? Unser Land hätte heute weit weniger Schwierigkeiten, wenn der kameradschaftliche Dialog zwischen Andersdenkenden ohne Verdächtigungen zum täglichen Leben gehört hätte. Wir finden einen menschlichen Draht zueinander, der uns bis in die Gegenwart verbindet.

Die politische Lage beruhigt sich auch im Januar 1990 nicht. Trotz Parteitag und Verhaftung früherer Mitglieder des Politbüros spitzt sich die Auseinandersetzung zu. Die Reformer in der SED/PDS stehen jetzt unter ähnlichem Druck wie zuvor die abgelöste Führung. Ein Konzept für eine grundlegende Änderung der Situation in der DDR ist nicht erkennbar.

Vor dem Runden Tisch

Mich beunruhigt, wie nach der Losung des Herbstes „Stasi in die Produktion" immer mehr Leute skandieren: „Stasi an den Galgen." Das ist eine Ungeheuerlichkeit, die auch die Friedfertigkeit in Frage stellt, die noch am 4. November 1989 auf dem Alexanderplatz herrschte.

In dieser Situation nehmen Wolfgang Herger und ich die Einladung an, am 22. Januar 1990 vor dem Zentralen Runden Tisch über die Verbindung von Partei-, Staats- und Sicherheitsapparat zu informieren. Unser Auftreten soll der Regierung und der SED/PDS den Rücken frei machen, sich um die Gegenwart und die Zukunft des Landes kümmern zu können, statt sich immer und immer wieder für die Fehler der früheren SED-Führung entschuldigen zu müssen. Herger und ich stellen uns einen ganzen Nachmittag den schwierigen Fragen am Runden Tisch. Wir sprechen von einer übertriebenen Sicherheitsdoktrin der Partei- und Staatsführung. Wir machen aber auch deutlich, wie sie vom Kalten Krieg und vom Verhalten der Bundesrepublik beeinflußt wurde. Wir erklären die in 40 Jahren gewachsenen Strukturen des Ministeriums für Staatssicherheit. Wir sagen auch, daß an ihrer Wiege stalinistische Einflüsse standen. Wir kritisieren das Fehlen demokratischer Kontrollen in Ökonomie, Politik, Öffentlichkeit, Justiz und Sicherheitsapparat. Dies erzeugte Subjektivismus, Problemverdrängung, wachsende Unfähigkeit zur Selbstkorrektur und zu notwendigen inneren Reformen. Das zeigte sich im Ministerium für Staatssicherheit auch darin, daß – sieht man von Entscheidungen zum Einsatz von Kadern ab – Vorlagen des Ministers für Staatssicherheit weder im Politbüro noch im Nationalen Verteidigungsrat behandelt wurden.

Wir informieren über die Rolle der Abteilung für Sicherheitsfragen des Zentralkomitees. Wir schildern, daß sie keine Kompetenz hatte, die Minister anzuleiten oder zu kontrollieren. Die Abteilung für Sicherheitsfragen war für die politische Arbeit der Partei in den bewaffneten Organen zuständig. Sie war kein Organ, das zwischen dem Generalsekretär und den Ministern stand.

Wolfgang Herger und mir liegt daran, eindeutig festzustellen, daß die SED-Führung unter meiner Leitung die Verantwortung für die Fehlentwicklungen in der DDR übernommen hat. In unserem einleitenden Beitrag unterstreichen wir daher: „Wir wollen hervorheben, daß dafür weder die Mitglieder der SED noch viele der aufrechten und in bester Absicht tätigen Mitarbeiter der Schutz- und Sicherheitsorgane die Verantwortung tragen."*

Wir setzen uns dafür ein, Gesetzesverletzungen jeder Art zu verfolgen. Doch wer nach Recht und Gesetz gehandelt hat, darf keinen Nachteil haben, nur weil er im Ministerium für Staatssicherheit gearbeitet hat. Manche, die uns befragen, moralisieren. Sie tun so, als hätte nur die DDR einen Sicherheitsapparat.

Sie interessiert nicht, welche Rolle der Bundesverfassungsschutz und der Bundesnachrichtendienst der BRD im Kalten Krieg gegen die DDR gespielt haben. Wir halten es nicht für gerechtfertigt, die Mitarbeiter des Ministeriums für Staatssicherheit pauschal zu Sündenböcken zu machen.

Als Herger und ich den Tagungsort verlassen, treffen wir uns mit Pfarrer Krätschell. Er hat uns von sich aus zur Sitzung des Runden Tisches begleitet. Wir machen zu dritt einen Spaziergang bis zu meiner Wohnung. Als wir uns verabschieden, sagt der Pfarrer: „Ich weiß, daß ich Sie nicht zum lieben Gott bekehren kann. Ich weiß aber nicht, was Ihre roten Brüder noch mit Ihnen vorhaben. Sollten Sie in Haft kommen, ich bin immer für Sie da."

---

* Bericht von Egon Krenz und Wolfgang Herger über die Verflechtung von Partei-, Staats- und Sicherheitsapparat bis Oktober 1989, im Archiv des Autors

Als ich sieben Jahre später von den „schwarzen Brüdern" eingesperrt werde, ist Werner Krätschell einer der ersten, der meine Familie besucht und fragt, was er für uns tun kann. Als ich davon im Gefängnis erfahre, schreibe ich ihm einen Brief und danke für seine menschliche Verbundenheit.

Auch mit Pfarrer Eppelmann habe ich meine Erfahrungen.

Eines Tages im Februar 1990 ruft mich Hans Modrow an. Der Ministerpräsident teilt mir mit, daß immer mehr örtliche Funktionäre wegen der Wahlfälschung juristisch verfolgt werden. Pfarrer Eppelmann sei bereit, sich dafür einzusetzen, daß die Strafverfolgung von Bürgermeistern und anderen Funktionären aus dem kommunalen Bereich eingestellt wird. Voraussetzung sei, daß zuvor die volle Wahrheit über die Wahlen auf den Tisch kommt. Es wäre gut, so die Bitte von Modrow, daß ich noch einmal zu den Kommunalwahlen Stellung nehme. Ich sage: Ich kann nur meine vorbereitete Erklärung, die ich im November '89 nicht abgeben sollte, aktualisieren.

Am 16. Februar 1990 strahlt das DDR-Fernsehen eine Sendung aus, an der ich gemeinsam mit Eppelmann teilnehme. Ich gebe meine Erklärung ab:

„In einem Moment, da immer mehr Beweise für Fälschungen der Wahlergebnisse bei den vergangenen Kommunalwahlen offenbar werden und eine unerträgliche Belastung für das demokratische Denken unseres Volkes entstanden ist, möchte auch ich als damaliger Vorsitzender der Wahlkommission der Republik nochmals zu diesen Vorgängen Stellung nehmen.

Ich kann anhand von Unterlagen vor dem Volk der DDR dafür geradestehen, daß ich in Übereinstimmung mit der Wahlkommission, in der Vertreter der Parteien und Organisationen sowie Einzelpersönlichkeiten mitgewirkt haben, auf eine unbedingt korrekte Wahldurchführung gedrungen habe. Als die aus den Kreisen übermittelten Wahlergebnisse eingingen, wurden sie ordnungsgemäß zusammengefaßt, von der Zentralen Wahlkommission ohne Veränderungen bekanntgegeben und dem Staatsrat mit Unterschrift aller Mitglieder der Wahlkommission zur Bestätigung vorgelegt.

Zugleich kann ich es bei dieser Feststellung nicht bewenden lassen. Die politische Verantwortung für gesellschaftliche Zustände, in denen eine kritische Auseinandersetzung mit der Wirklichkeit immer mehr verlorenging und bei Wahlen eine Welle von undifferenzierter Zustimmung demokratische Willensbekundung ersetzen konnte und dieser Vorgang auch noch mit sozialistischer Demokratie in Verbindung gebracht wurde, diese Verantwortung tragen wir alle, die wir in der damaligen Partei- und Staatsführung auf die Gestaltung politischer Verhältnisse prägenden Einfluß hatten. In dieser Frage wiederhole ich, was ich bereits am Runden Tisch gesagt habe: Ich bekenne mich zu meiner politischen Mitverantwortung an der Politik der damaligen SED-Führung. Ich habe weder heute noch in Zukunft die Absicht, diese Verantwortung auf andere Schultern zu delegieren. Ich habe mit meinen politischen Freunden zu spät versucht, andere Verhältnisse in der SED herbeizuführen. Wir sind daran gescheitert, wohl auch, weil wir nicht den genügenden Mut hatten, rechtzeitig mit einer Politik zu brechen, die den Sozialismus deformierte und auch mit Scheinwahlen unser Land in den Augen der Welt diskreditierte.

Die Ursachen für die festgestellte Wahlmanipulation liegen nach meiner Meinung weniger im Fehlverhalten Einzelner, als in dem seit 40 Jahren herausgebildeten Wahlsystem, das eine wirkliche demokratische Entscheidung nicht zuließ. Der Verlust an Realitätssinn der Partei- und Staatsführung war verbunden mit dem Glauben, daß eine nahezu 100%ige Zustimmung zur Politik zu erreichen wäre. Dies bildete den Ausgangspunkt für Zahlenhascherei auf allen Gebieten des gesellschaftlichen Lebens, so auch bei Wahlen, wo sich ein regelrechter Wettbewerb um bessere Zahlen entwickelte. Heute wissen wir, daß dies nicht mit der politischen Stimmung im Land übereinstimmte ... Ich hoffe, wir werden vor allem Blicke nach vorn tun. Dies ist um so erforderlicher, weil das kommunale Leben funktionieren und von den Räten geleitet werden muß, die nicht die Erblast der alten Führung zu tragen haben. Ich bin für ein geschichtlich korrektes, menschlich aber auch verzeihendes Zurücklassen unserer Fehler und Schwächen, für eine wirkliche Erneuerung unserer Gesellschaft, für die Werte, die zum guten Erbe der DDR-Geschichte gehören ...“*

Eppelmann sitzt während der Fernsehsendung neben mir. Endlich sei es nun raus, daß die Wahlen gefälscht wurden, stellt er nach meiner Erklärung genüßlich fest. Sein Wort, sich für die Bürgermeister und andere kommunale Funktionäre einzusetzen, die unschuldig an der Wahlmanipulation sind, löst er meines Wissens nicht ein.

* Erklärung von Egon Krenz am 16. Februar 1990 im Fernsehen der DDR, im Archiv des Autors

Anschluss statt Vereinigung

Im Frühjahr 1990 wird immer deutlicher, daß sich eine Anschluß-Version der deutschen Einheit durchsetzen wird. Mir bleibt die Hoffnung, daß möglichst viel Wertvolles aus der DDR erhalten bleibt.

Das Wahlergebnis vom 18. März 1990 hatte ich so nicht erwartet. Viele DDR-Bürger glauben, ein Zusammengehen mit der Bundesrepublik eröffnet die Möglichkeit, die soziale Sicherheit und Geborgenheit der DDR mit der politischen Grundordnung der BRD zu verbinden. Darin steckt eine Fülle von Illusionen. Sie drücken eine Anschlußmentalität aus, wohl als Hoffnung auf eine schnelle einvernehmliche Lösung jener Probleme, die das gescheiterte Sozialismus-Konzept hinterlassen hat. Entgegen den Entscheidungen des Runden Tisches wird ein aggressiver Wahlkampf mit Redner- und Klebekolonnen aus der BRD, ein Stellvertreter-Wahlkampf westdeutscher Parteien auf dem Boden der DDR geführt.

Viele Genossen fragen mich jedoch: Haben wir dem, was jetzt kommt, mit der Wende nicht Vorschub geleistet? Herausgekommen ist keine reformierte DDR, sondern ihr schnelles Ende. Ich widerspreche dennoch. So sehr mich der Gang der Ereignisse bedrückt: Der Anfang des Scheiterns der DDR liegt viel früher. Er liegt in der Unfähigkeit der sozialistischen Staaten Europas, den real existierenden Sozialismus als glaubhafte, überzeugende, wirklich lebenswerte Alternative zum Wesen der kapitalistischen Gesellschaft zu praktizieren.

Die unglaubliche Demagogie „Freiheit statt Sozialismus“ findet vor diesem Hintergrund eine gewisse Akzeptanz. Ich bin überzeugt, es wird eine Akzeptanz mit beträchtlichem Widerruf sein, wenn sich die lauten Wahlversprechungen an den Realitäten reiben, wenn die Bundesbürger den Groschen häufiger wenden müssen als in den Wahlkämpfen versprochen.

Honecker meldet sich später mit der Mitteilung zu Wort: „1987 erhielten wir Informationen aus Washington, die besagten, daß die DDR der ‚Preis‘ für das Haus Europa sein würde.“* Ich habe solche Informationen nicht erhalten. Mir ist auch nicht klar, welche politischen Interessen die UdSSR schon 1987 gehabt haben könnte, die DDR abzustoßen. Wenn Honecker dies tatsächlich wußte, hat er es versäumt, das Politbüro und das ZK zu informieren. Er hätte dar-

* Erich Honecker zu dramatischen Ereignissen, W. Ruge Verlag, Hamburg

über auch offen im Politisch-Beratenden Ausschuß des Warschauer Vertrages sprechen müssen.

Das wichtigste wäre gewesen, die Politik der DDR gegenüber der Bundesrepublik Deutschland zu verändern. Honecker hätte mit einer völlig anderen Konzeption zum Staatsbesuch nach Bonn fliegen müssen. Ich stelle mir vor, in welche politischen Schwierigkeiten Kohl gekommen wäre, wenn Honecker ihm gesagt hätte: Der Kalte Krieg geht zu Ende. Lassen Sie uns über eine Konföderation beider deutscher Staaten mit dem Ziel einer Vereinigung nachdenken! Die DDR hätte die deutschlandpolitische Initiative in der Hand gehabt. Die Einheit wäre nicht unter Druck zustande gekommen. Beide deutsche Staaten wären gleichberechtigt in die Ehe gegangen. Die Einheit wäre langfristig vorbereitet worden, politisch und sozial gerechter und für viele DDR-Bürger nicht so demütigend wie geschehen. Vorausgesetzt, Honecker hätte 1987 tatsächlich gewußt, was er nachträglich behauptet, dann ist es einer seiner größten Fehler, dies nicht offen im Politbüro diskutiert zu haben. Die Geschichte kennt keinen Konjunktiv. Der Wert der deutschen Einheit besteht für mich darin, daß mit ihr die Gefahr gebannt ist, daß zwei deutsche Staaten gegeneinander Krieg führen könnten.

Im Siegesrausch über die staatliche Vereinigung werden die meisten Politiker der alten Bundesrepublik Opfer ihrer eigenen Propaganda. Sie verwechseln die Unzufriedenheit der DDR-Bürger im Herbst 1989 mit der Bejahung der politischen Verhältnisse in der alten Bundesrepublik. Sie setzen auf den Antikommunismus.

Es beginnt eine Umwertung aller Werte, nicht nur der politischen, sondern der ganzen Wertekultur. Die ideellen Werte verlieren an Gewicht. Der materielle Pragmatismus dominiert. Soziale Unsicherheit, Arbeitslosigkeit wie steigende Kriminalität, Brutalität im Umgang und Ausländerfeindlichkeit rufen Ängste hervor. Alle wichtigen Entscheidungen werden von Westdeutschen gefällt. Viele Ostdeutsche befinden sich in einer seelischen Krise. Resignation, Hoffnungslosigkeit, politische Apathie, Enttäuschung, Rückzug aufs eigene Ich wachsen. Die kollektive Schuldzuweisung, Verketzerung und Diskreditierung von SED-Mitgliedern säen Feindseligkeit und Zwietracht. Schon nach wenigen Monaten wurde aus dem Ruf „Wir sind ein Volk" die Teilung in „Ossis" und „Wessis".

Der Auftrag zur Delegitimierung

In einer Nacht- und Nebelaktion werden 1991 Mitglieder der Staatsführung der DDR verhaftet und ohne Prozeß in Untersuchungshaft genommen, einige über Jahre. Auf dem 15. Deutschen Richtertag am 23. September 1991 in Köln fordert Justizminister Klaus Kinkel im Namen der Bundesregierung: „Sie, meine Damen und Herren, haben als Richter und Staatsanwälte bei dem, was noch auf uns zukommt, eine ganz besondere Aufgabe ... Ich weiß wohl, daß die Gerichte nicht allein leisten können, was aufzuarbeiten ist. Aber einen wesentlichen Teil müssen sie leisten, alternativlos. Ich baue auf die deutsche Justiz. Es muß gelingen, das SED-System zu delegitimieren ...“* Von nun an wird aus dem früheren UNO-Staat DDR nachträglich der „Unrechtsstaat DDR“. Unter dieser staatlich vorgegebenen Richtlinie begeht die Bundesrepublik Deutschland massenweise Unrecht an Bürgern der DDR.

Ich erinnere mich jetzt an die Worte von Bundeskanzler Kohl aus einem unserer Telefongespräche im Herbst 1989. Er hatte gesagt, wenn ich einmal ein Problem hätte, solle ich zum Telefonhörer greifen. Ich weiß natürlich, daß sich für den Bundeskanzler sein Verhältnis nicht nur zu mir grundsätzlich geändert hat. Ich begnüge mich daher mit einem Brief. Ich bitte ihn, seinen Einfluß geltend zu machen, daß nicht Millionen DDR-Bürger als Opfer der deutschen Einheit auf der Strecke bleiben, aus der Gesellschaft ausgegrenzt oder aus politischen Gründen diskriminiert werden. Ich will keine Mißverständnisse aufkommen lassen. Daher formuliere ich: „Mir geht es nicht um die politisch Verantwortlichen in der DDR. Mir geht es um jene SED-Mitglieder und Mitarbeiter staatlicher Organe, die im besten Glauben an die Gerechtigkeit der politischen und staatlichen Ordnung der DDR an der Basis ihre Kraft und ihre Überzeugung für ihren Staat einsetzten.“** Wenn es denn unbedingt Rache für die Existenz der DDR geben soll, ist meine Überlegung, dann soll man doch das Politbüro zur Verantwortung ziehen; nicht aber die vielen Bürger, die auf der Grundlage der Verfassung und der Gesetze der DDR gehandelt haben. Ich stelle mich meiner Verantwortung.

Das paßt den Herrschenden nicht in ihr Konzept. Sie wollen erst die Grenzsoldaten, die sogenannten „Kleinen“ verurteilen. So kön-

---

* Deutsche Richterzeitung, 1992
** Brief von Egon Krenz an Bundeskanzler Dr. Helmut Kohl, im Archiv des Autor

nen sie in der Gesellschaft eine für sie günstige Atmosphäre unter dem Motto schaffen: „Die Kleinen hängt man, die Großen läßt man laufen." Auf diese Weise schürt man Haß und schafft sich eine vermeintliche Rechtsgrundlage für eine Serie von politischen Prozessen gegen DDR-Hoheitsträger.

In diesem Zusammenhang schreibe ich dem Bundeskanzler weiter:

Die DDR „war völkerrechtlich anerkannt, gehörte der UNO an, war Mitglied des Warschauer Vertrages, enger Bündnispartner der UdSSR, und die Repräsentanten der DDR waren auch von Ihnen geschätzte Gesprächspartner. Anstelle einer notwendigen objektiven Aufarbeitung der jüngsten Geschichte Deutschlands, d. h. für mich der beiden deutschen Staaten, wird jetzt die Politik der DDR kriminalisiert, werden Prozesse gegen Personen angestrebt, die Verpflichtungen erfüllten, die sich aus dem Warschauer Vertrag ergaben, verlieren ehemalige Mitarbeiter staatlicher Organe wegen ihrer politischen Tätigkeit, die mit den Gesetzen der DDR in Übereinstimmung stand, ihre Arbeit und große Gruppen ihre soziale Absicherung im Alter. Durch Arbeitslosigkeit und Rentenbegrenzung werden nicht wenige ehemalige DDR-Bürger in materielle Not gestürzt."*

Es sind erst einige Monate seit der Vereinigung vergangen. Ich versuche, bei der Darstellung der Verhältnisse in meinem Brief so sachlich wie möglich zu bleiben. Ich will kein ideologisches Schreiben aufsetzen, sondern Tatsachen benennen, die im Prozeß der Einheit korrigiert werden können. Deshalb formuliere ich: „Soll die deutsche Einheit gelingen, muß die Atmosphäre entgiftet werden. Wenn in Deutschland innerer Frieden herrschen soll, darf es keine politische Rache geben, darf die Politik der SED nicht in die Nähe des Faschismus gerückt werden, darf die Geschichte der DDR nicht verteufelt werden."**

Natürlich weiß ich, daß der Kanzler mir nicht antworten wird. Was soll er auch schreiben? Soll er zugeben, daß es die Politik seiner Regierung ist, mit der DDR abzurechnen?

Briefe und Artikel zu schreiben, ist jetzt aber die einzige Möglichkeit, meine politische Erfahrung einzubringen und die Geschichte der DDR so darzustellen, wie ich sie erlebt habe.

In den folgenden Jahren wende ich mich mit meinen Anliegen an einige Politiker der Bundesrepublik und des Auslands, darunter auch an die Bundespräsidenten von Weizsäcker und Herzog. Eine

---

* Ebenda
** Ebenda

nachdenkliche Antwort auf meine Erfahrungen und Sorgen im Einigungsprozeß läßt mir 1992 Bundespräsident Dr. Richard von Weizsäcker übermitteln. Anders ist die Reaktion von Bundespräsident Herzog. Als mir 1995 der frühere Präsident der UdSSR Gorbatschow, der langjährige Botschafter der UdSSR in der DDR, Abrassimow, und die früheren Oberkommandierenden der Vereinten Streitkräfte des Warschauer Vertrages, Marschall Kulikow und Armeegeneral Lushew, ihr Wissen über die Grenze zwischen der BRD und der DDR mitteilen, denke ich: Diese Zeitdokumente muß der Bundespräsident unbedingt kennen, bevor sie veröffentlicht werden. Ich schickte sie dem Bundespräsidenten zur Information. Ich habe Herzog nicht um seine Meinung gebeten oder darum, etwas für mich oder andere Angeklagte zu tun. Ich kenne die Schutzbehauptung der Politiker, die Justiz sei selbständig, sie können auf Prozesse keinen Einfluß nehmen. Sie verschweigen nur, daß die Politik den Auftrag für die Prozesse gegeben hat. In meinem Anschreiben an Herzog vermerke ich lediglich, daß Gorbatschows Schreiben beweist, daß sich die DDR nicht als „Unrechtsstaat", sondern mit großer Verantwortung für den Frieden aus der Geschichte verabschiedet hat. Das muß die Herren im Präsidialamt in Rage gebracht haben.

Am 8. Januar 1996 antwortet mir ein Mitarbeiter dieser Behörde. Was ich da lese, kann ich kaum fassen. Aus meiner ursprünglichen Absicht, den Bundespräsidenten über die Gedanken von Gorbatschow zur politischen Strafverfolgung in Deutschland zu informieren, wurde nicht nur eine Anklage gegen mich, sondern gegen die SED-Mitglieder. So heißt es: „Sie weisen darauf hin, daß sich die DDR nicht als Unrechtsstaat verabschiedet habe. Diese Tatsache kann allerdings nicht darüber hinwegtäuschen, daß die DDR über Jahrzehnte ihren Bürgern demokratische Grundwerte verweigerte, die Presse gängelt, Kritiker bespitzelt, verfolgt und inhaftiert und die gesamte Bevölkerung hinter Stacheldraht und Minenfelder eingesperrt hat. Die politische Verantwortung für dieses Unrecht und für die Menschenrechtsverletzungen tragen vor allem die SED und ihre führenden Repräsentanten."*

Die SED, das waren immerhin über 2,3 Millionen Mitglieder.

Es kann doch nicht sein, denke ich, daß der Bundespräsident sie alle zu Kriminellen machen will. Seine öffentlichen Reden jedenfalls sagen etwas anderes aus. Mit diesem einäugigen Bild über die DDR einigt man Deutschland nie.

Wie tief derartige Klischees aus der Zeit des Kalten Krieges noch

* Bundespräsidialamt, Bonn, 8. Januar 1996, Ministerialdirigent Dr. Gernold Fritz

sitzen, zeigt auch mein Briefwechsel mit der Klasse 8b des Simon-Marius-Gymnasiums in Gunzenhausen/Bayern.

Er hat folgenden Hintergrund: Im Februar 1986 hatten Schüler des Gymnasiums Erich Honecker um Vermittlung gebeten. Es sollte ein Schüleraustausch zwischen ihnen und einer FDJ-Gruppe aus Meißen bzw. Weimar stattfinden. Ihr Brief landete damals auf meinem Schreibtisch. Ich sprach mit dem 1. Sekretär der FDJ, Eberhard Aurich. Das Reisebüro der FDJ organisierte die gegenseitigen Besuche. Alle waren zufrieden, die westdeutschen Schüler und auch die FDJ-Mitglieder aus Meißen. Ich kann mich an den Vorgang auch deshalb genau erinnern, weil der Jugendaustausch zwischen der DDR und der BRD damals fast geplatzt wäre. Der Bundesverfassungsschutz, nicht das MfS, hatte in seinen Jahresberichten den Jugendaustausch als verfassungsfeindlich eingestuft.

Acht Jahre später will die neue achte Klasse des Gymnasiums, deren Schüler 1986 noch im Kindergartenalter waren, erfahren, wie die Besuche zustande kamen. Sie nehmen an einem Schülerwettbewerb „Deutsche Geschichte" teil und ringen um einen Preis des Bundespräsidenten. Ich antworte den Schülern ausführlich. Sie fragen mehrmals bei mir nach. In einem ihrer Schreiben offenbaren sie sich: „Wir fragen deshalb wahrscheinlich etwas ‚blöd', weil wir im Westen das Bild vermittelt bekommen haben, in der DDR lief nichts ohne die Stasi." Dieses Bild ist natürlich noch von einem Amt in Meißen und von der Gauck-Behörde bestätigt worden. Dorthin hatten die Schüler auch geschrieben, um noch mehr zu erfahren, wie die Sache damals wirklich gelaufen ist. In diesen Institutionen gibt es zwar keine Unterlagen über den Brief der Gymnasiasten von 1986. Man weiß dort auch nichts Konkretes über den Schüleraustausch. Das macht gar nichts. Wozu muß man Konkretes über die DDR wissen, wenn negative Urteile schon feststehen. Wenn es gegen die DDR geht, gibt es nur das Urteil: „Nichts ging in der DDR ohne ‚Stasi'."

Trotzdem freue ich mich, daß die Schüler in ihrem Wettbewerb einen zweiten Platz gewinnen und der Bundespräsident sie empfängt. Gleichzeitig frage ich mich: Was wird einst in den Geschichtsbüchern über die DDR stehen? Mir ist nicht wohl bei dieser Frage. Von den Schülern einer achten Klasse bis zum Bundespräsidenten existiert ein DDR-Bild, das weit weg ist von der Wirklichkeit in der DDR.

Das geteilte Deutschland im geteilten Europa wird heute einseitig wahrgenommen. Die DDR ist von vornherein suspekt, weil sie anders beschaffen war als die alte BRD. Selbst die Sprache ist gleichgeschaltet. Die DDR ist immer und überall ein „Unrechtsstaat". Sie ist „totalitär". Wer sie nicht verdammt, ist ein „Betonkopf". Wer sich ihrer im Guten erinnert, ist ein Nostalgiker. Die Geschichte der DDR, sieht man von Ausnahmen ab, wird fast nur von Altbundesbürgern geschrieben. Selbst Bürgerrechtler spielen nur eine marginale Rolle. Was in den Medien erscheint, geht in der Regel durch die Brille oder über den Tisch eines westdeutschen Chefredakteurs. Die geschichtliche Wahrheit hat unter diesen Bedingungen eine geringe Chance.

Ich schreibe dies nicht aus Verbitterung. Ich hatte in meinem Leben nie Illusionen, wie die alte Bundesrepublik mit der DDR umgehen würde, wenn sie Zugriff auf sie hat. Mit Fairneß gegenüber der DDR habe ich nie gerechnet. Ich habe mich darin nicht getäuscht.

Erfahrungen mit dem Rechtsstaat

Oft werde ich gefragt, ob ich angekommen bin im einheitlichen Deutschland. Das Ankommen wird mir erschwert. Meine Bürgerrechte sind eingeschränkt. Ich habe keinen Personalausweis. Muß ich mich bei der Bank ausweisen oder bei der Post einen Einschreibebrief abholen, will ich mich in einem Hotel anmelden oder zur Wahl gehen, ich kann nur eine Bescheinigung vorlegen, daß ich ein Krimineller bin. An meine regelmäßigen Meldungen bei der Polizei habe ich mich gewöhnt. Ich habe in der Bundesrepublik Erfahrungen sammeln müssen, die nicht für den Rechtsstaat sprechen.

Es begann mit dem Anschluß der DDR an die Bundesrepublik. Kurze Zeit danach wurde über mich ein Operativer Vorgang bei der politischen Polizei in Berlin unter dem Aktenzeichen Dir. VB B I, angelegt, unterschrieben von U. Schmidt. Darin wird mir unterstellt, an der Verschiebung von Millionenbeträgen aus „SED-Geldern" beteiligt gewesen zu sein. Ein ungeheuerlicher Vorwurf, der völlig aus der Luft gegriffen ist. Mir wird dieser Vorgang auf mysteriöse Weise von einem Pressemann zugespielt. Wahrscheinlich, um mich unter psychischen Druck zu setzen. Ich soll mürbe gemacht werden.

Als ich mich beschwere, wandert mein Schreiben vom Justizsenator zum Innensenator in Berlin. Keiner will so recht zuständig sein. Peinlich, da es angeblich operative Vorgänge nur beim Ministerium für Staatssicherheit gegeben haben soll.

Die Staatsanwaltschaft beim Landgericht Berlin leitet formal ein Ermittlungsverfahren gegen Unbekannt wegen Verletzung des Dienstgeheimnisses ein. Es interessiert mich wenig, wer bei der Polizei das Dienstgeheimnis verletzt hat. Mich interessiert, mit welchem Recht über mich ein operativer Vorgang mit Lügen und Verleumdungen angelegt wurde, der mich zum Gelddieb machen soll.

Wohin ich in den ersten Jahren nach der Vereinigung mit meinem Auto auch fahre, immer werde ich „begleitet". Dies geschieht so offensichtlich, daß es mir nicht verborgen bleiben kann. Ich schreibe dem Berliner Polizeipräsidenten, daß ich observiert werde. Im Antwortschreiben steht lakonisch: „Es konnte nicht festgestellt werden, daß sich polizeiliche Observationsmaßnahmen gegen Sie gerichtet haben." Seitdem bemerke ich tatsächlich keine Beobachtungen mehr.

Dafür werden größere Geschosse aufgefahren: Der Vorwurf des mehrfachen Totschlages, der Freiheitsberaubung und Rechtsbeugung, des Meineids und der Falschaussage. Ermittelt wird auch unter dem Aktenzeichen 50 Js 42401/88 wegen des Absturzes der PAN-AM Boeing 747 über Lockerbie in Schottland. Aus Frankfurt am Main erscheinen Beamte des Bundeskriminalamtes und der Staatsanwaltschaft beim Landgericht Frankfurt am Main, um mich zu vernehmen. Der junge Staatsanwalt, der von der DDR nicht mehr zu wissen scheint als daß es sie gegeben hat, genießt es, daß er den letzten Staatsratsvorsitzenden der DDR in seinen Fängen glaubt. Der Vorwurf, daß die DDR oder ich für den Flugzeugabsturz verantwortlich sind, ist so absurd, daß ich mich weigere, überhaupt dazu Stellung zu nehmen.

Kein Monat in dieser Zeit vergeht, ohne daß ich zu Vernehmungen, Zeugenaussagen, Gerichtsverhandlungen oder zu Untersuchungsausschüssen bestellt werde. Mir bleibt wenig Zeit, um die Frage zu beantworten, ob ich in einer Bundesrepublik angekommen bin, deren Beamte, Richter und Staatsanwälte mich in die Knie zwingen wollen. Hinzu kommt, daß meine Frau, eine Lehrerin mit über 30 Jahren Berufserfahrung, seit 1991 Berufsverbot für den öffentlichen Dienst hat. Ich habe gelernt, mit den Schikanen und Widrigkeiten zu leben. Ich lasse mich davon nicht beeindrucken.

1992 kommt Gorbatschow nach Berlin. Er soll Ehrenbürger der Stadt werden. Ich schreibe ihm einen längeren Brief. Darin erinnere ich ihn, daß er mir noch am 1. November 1989 gesagt hat, daß die Einheit Deutschlands nicht auf der Tagesordnung steht. Ich frage ihn: „Läßt Du Dich nicht für etwas feiern, was Du – jedenfalls in

Deinen Äußerungen gegenüber Deinen Genossen in der DDR – gar nicht gewollt hast?"

Früher haben ihn viele liebevoll „Gorbi" genannt. Jetzt höre ich oft den Vorwurf, er habe die DDR verraten. Ich schließe mich dieser Ansicht nicht an. Ich glaube nicht, daß sich gesellschaftliche Prozesse in der Welt so vollziehen. Würde der Verratsvorwurf dominieren, würde uns das behindern, die objektiven Ursachen für das Versagen des Sozialismus in Europa aufzudecken. Es gibt unterschiedliche Formen von Verrat. Verrat aus Berechnung im Dienst einer ausländischen Macht schließe ich aus. Es gibt aber auch Verrat aus Schwäche, aus Eitelkeit. Das Resultat ist für die Betroffenen schließlich das gleiche. Ob ein solcher Verrat bei Gorbatschow gegeben ist, werden wohl erst unsere Enkel erfahren, wenn die Akten der USA und der UdSSR offenliegen. Spekulationen will ich darüber nicht anstellen.

Ich schreibe in meinem Brief an Gorbatschow, daß es für alle Linken eine Tragödie ist, daß die von ihm vertretene Politik der Perestroika gescheitert ist. Ich erinnere ihn an seine Absicht, Ehrlichkeit und Politik miteinander zu verbinden.

Weiter schreibe ich: „Gerade deshalb macht mich Deine Auszeichnung als Ehrenbürger Berlins nachdenklich. Es beschämt mich, daß erst kürzlich verdienstvolle sowjetische Heerführer, die für die Befreiung Berlins ihr Leben einsetzten, aber auch namhafte deutsche Antifaschisten von der Liste der Ehrenbürger gestrichen wurden, auf die Du nun gesetzt bist. Es macht mich betroffen, daß der ehemalige Angehörige der Roten Armee Heinz Keßler, der am Kampf gegen den Faschismus teilnahm und später Verteidigungsminister der DDR wurde, nun wegen seiner politischen Ämter in der DDR in der gleichen Stadt im Gefängnis sitzt, in der Du Ehrenbürger werden sollst. Es macht mich wütend, daß der gleiche Senat, der Dich ehrt, selbst Müllfahrer aus dem öffentlichen Dienst entläßt, weil sie Angehörige des von Dir einst hoch geschätzten Ministeriums für Staatssicherheit waren. Man mag zu Erich Honecker stehen, wie man will: Trotz aller politischen Gegensätze hast auch Du ihn Deinen ‚Freund Erich' genannt. Während Du in Berlin geehrt werden sollst, kämpft der alte, kranke Mann in einem Berliner Gefängnis, in dem er schon in der Nazizeit saß, mit dem Tod. Während Du anläßlich des 9. November Ehrenbürger wirst, stehen viele von denen, die vor drei Jahren das Blutvergießen verhinderten, ohne Arbeit da oder werden gar von der deutschen Justiz verfolgt. Es soll die Wahrheit getilgt werden, daß es DDR-Bürger, darunter SED-Mitglieder, waren, die dafür sorgten, daß in den dramatischen Stunden der Grenzöffnung kein Schuß fiel und so ein Bürgerkrieg verhindert wurde.

Ich bitte Dich, lieber Michail Sergejewitsch, nicht zuzulassen, daß mit Deinem Namen die Namen anderer überschrieben werden, die den Grundstein für die Lebensfähigkeit dieser Stadt legten. Die Öffentlichkeit hält sicher viel Aufmerksamkeit für Dich bereit, Deine früheren Freunde aber erhoffen sich von Dir ein Signal, das der ehrlichen Aufarbeitung unserer gemeinsamen Nachkriegsgeschichte dient."*

Dieses Signal kommt einige Jahre später; es kommt so widersprüchlich wie Gorbatschow selbst ist. Während er einerseits gegen die politische Strafverfolgung von DDR-Bürgern eintritt, hat er andererseits ein schlechtes Gedächtnis im Zusammenhang mit der Rechtskraft der Bodenreform.

Seit 1995 hat Gorbatschow sich in drei grundsätzlichen Erklärungen gegen die politische Strafverfolgung von DDR-Bürgern eingesetzt. Er spricht von einer „Hexenjagd" in Deutschland. Am 22. September 1995 informiert er das Berliner Landgericht, daß er zusammen mit Kohl, Bush, Thatcher und Mitterrand den Kalten Krieg beendet hat. Er schreibt: „Es ist meine Pflicht, in diesem Zusammenhang hervorzuheben, daß die politische Führung der DDR mit Egon Krenz an der Spitze diese Anstrengungen ebenfalls unterstützte."** Er schließt seinen Brief mit den Worten: „Was den Versuch anbelangt, den ehemaligen Generalsekretär der SED Egon Krenz für die Lage an der Grenze verantwortlich zu machen, so entsteht der Eindruck, daß dieser Versuch eine politische Abrechnung und in jedem Fall ein Rückfall in die Praktiken des Kalten Krieges ist."***

Wendezeiten haben es an sich, daß sich Menschen in einem Maße verändern, das man vorher nie für möglich gehalten hätte. Ich denke dabei oft an einen Sinnspruch von Wilhelm Busch: Das sind die Helden dieser Welt, die über Nacht sich umgestellt, die sich zu jedem Staat bekennen, man könnte sie auch Lumpen nennen. Auch ich bin solchen Menschen begegnet, leider auch aus den Reihen des SED-Politbüros. Sie gaben für einen kleinen Posten oder etwas weniger juristische Verfolgung ihre Gesinnung auf. Ihre Stärke bestand früher in der Anpassung. Sie spielen ihre Rolle wie früher, nur auf einer anderen Hochzeit.

---

* Voller Text des Briefes von Egon Krenz an M. S. Gorbatschow, im Archiv des Autors

** Brief von M. S. Gorbatschow vom 22. September 1995 an Egon Krenz, der unmittelbar an das Gericht weitergeleitet wurde.

*** Ebenda

Ich habe aber auch spüren können, daß vielen Menschen Freundschaft und Solidarität Herzenssache sind. 1990 untersagte die Regierung, daß frühere Mitglieder des Politbüros und ihre Familienangehörigen im Regierungskrankenhaus in der Scharnhorststraße in Berlin behandelt werden dürfen. Dort war meine Frau seit einigen Wochen in einer Spezialbehandlung, die nicht unterbrochen werden durfte. Ihr wurde dennoch der Zutritt zum Krankenhaus verweigert. In dieser Situation sprang Dr. med. sc. Heinz Wuschech ein. In einer Zeit, da mir frühere Genossen lieber auswichen, entstand zwischen unseren Familien, die sich bis 1990 nicht kannten, eine Freundschaft, die uns viel bedeutet.

Von der Ostseeküste erhielten meine Frau und ich von der Familie Wunderlich eine Einladung, in ihrem zu DDR-Zeiten in Eigenleistung erbauten Wochenendhaus in einer Bungalowsiedlung unseren Urlaub zu verbringen. Das war zu einer Zeit, als Familie Wunderlich gewarnt wurde, doch lieber den Kontakt zu mir abzubrechen. Es könne ja nicht ausgeschlossen werden, daß es meinetwegen Anschläge auf das Häuschen gebe. Für Familie Wunderlich, die wir seit den fünfziger Jahren aus Damgarten kennen, war unsere Freundschaft stärker als ihre Angst vor Vandalismus.

Viele Westdeutsche und Westberliner drückten mir ihre Verbundenheit aus. Unter ihnen auch der Justizbeamte Werner Heinlein. Mit dem Sozialdemokraten aus München habe ich bis heute engen Kontakt.

Aus dem Ausland erhielt ich Sympathiebekundungen. Demonstrativ lud der frühere Regierungsrat der Regierung Palme, Kjell Wase, meine Frau und mich nach Schweden ein. Dort war ich Trauzeuge einer Hochzeit zwischen einer früheren DDR-Bürgerin und einem Schweden.

1991 besuchte mich Wolfgang Harich. Wegen Boykotthetze war er 1957 in der DDR zu zehn Jahren Zuchthaus verurteilt worden. Acht Jahre seines Lebens verbrachte er hinter Gefängnismauern. Ungeachtet seiner Verfolgung und seiner langjährigen Haftstrafe blieb er seinen kommunistischen Idealen treu. Als ich Generalsekretär der SED war, habe ich seine Rehabilitierung angeregt. 1991 wollte er wissen, wieso ich für seine Rehabilitierung eingetreten bin. Wir diskutierten viele Stunden. Er war beseelt von der Idee, die DDR-Geschichte nicht ihren Hassern zu überlassen. Harich war Vorsitzender der Alternativen Enquêtekommission Deutsche Zeitgeschichte, die im Unterschied zu der des Deutschen Bundestages deutsche Nachkriegsgeschichte nicht nach ideologischen Vorgaben, sondern auf der Grundlage geschichtswissenschaftlicher Methodik aufarbeitet. Auf seinen Vorschlag hin wurde ich 1994 in den Vorstand dieser Kommission berufen. Faktisch holte mich

Harich in die politische Tätigkeit zurück. Er hätte mich als seinen politischen Gegner betrachten können. Ich war Funktionär in der Partei gewesen, die ihn 1956 fallenließ. Er erwies sich mir gegenüber bis zu seinem Tode als väterlicher Berater. Es heißt, Freundschaften bewähren sich in schwierigen Zeiten. Meine Freunde vor der Wende blieben auch meine Freunde nach der Wende. Das trifft vor allem auf jene zu, mit denen ich viele Jahre in der FDJ verbunden war. Neue Freunde sind hinzugekommen. Wenn es stimmt, das reich ist, wer gute Freunde hat, dann bin ich in diesem Sinne sehr reich.

Der Prozess und das Urteil

Fast zwei Jahre stand ich vor einem Gericht der Bundesrepublik Deutschland. Verurteilt bin ich für meine Funktionen in der DDR; genauer: im Politbüro und im Nationalen Verteidigungsrat. Die Anklageschrift ist 1555 Seiten lang – drei dicke Aktenordner. Ausgearbeitet wurde sie von Staatsanwälten aus dem Westen, die die DDR nur aus ihrer Sicht des Kalten Krieges kennen. Als das Gericht am 25. August 1997 das Urteil verkündet, schließt Richter Hoch seinen Vortrag mit den Worten: „Herr Krenz, Sie sind verhaftet." Daß ich zunächst nur 18 Tage in Haft war, verdanke ich meinen Anwälten Herrn Unger und Herrn Dr. Wissgott.

Zehn Jahre nach dem Herbst '89 bin ich „... wegen Totschlags sowie wegen tateinheitlich begangenen dreifachen Totschlags zu einer Gesamtfreiheitsstrafe von 6 (sechs) Jahren und 6 (sechs) Monaten verurteilt"*. Drei junge Richter sprechen mich schuldig. „Im Namen des Volkes" sagen sie. Welches Volk meinen sie? Das der früheren DDR oder das der alten Bundesrepublik? Ich war auf die Verfassung der DDR, nicht auf das Grundgesetz der Bundesrepublik Deutschland vereidigt.

Ich habe Revision eingelegt. Die Staatsanwaltschaft auch. Sie will mich elf Jahre hinter Schloß und Riegel bringen. Der Generalbundesanwalt hat die Begründung dafür verschärft. Er wirft dem Berliner Landgericht vor, sich „den Blick auf den tatsächlichen Umfang der Schuld dieses Angeklagten [gemeint bin ich - E. Krenz] verstellt"** zu haben. In meiner Verantwortung, so meint der oberste Ankläger der Bundes-

---

* Landgericht Berlin, (527) 25/2 Js 20/92 Ks (1/95)
** Der Generalbundesanwalt, Dienststelle Leipzig, 5 STR 632/98

republik, sei ich „ab 1983 etwa auf einer Stufe mit Erich Honecker" gewesen. Ich sei „Täter hinter dem Täter auf höchster Ebene"*, argumentiert er. Sachkenntnis beweist er dabei nicht. Darauf kommt es ja auch nicht an.

Der Generalbundesanwalt steht im Dienst der Politik. Und die will das letzte von der Volkskammer gewählte Staatsoberhaupt der DDR ins Gefängnis bringen. An jedem Prozeßtag habe ich es gespürt oder zu spüren bekommen: Am Ende meines Verfahrens soll die Erkenntnis stehen, daß die politische Führung der DDR aus einer Riege von Totschlägern bestand. Die sich daraus zwangsläufig ergebene rigorose moralische Verdammung des ganzen Systems, das aus nichts anderem als 40 Jahre Verbrechen bestanden haben soll, diskreditiert alles, was die DDR geschaffen hat. Wer auch immer Kritik am bestehenden bundesdeutschen System unter Hinweis auf Leistungen der DDR äußern wird, dem wird das Politbüro-Urteil entgegengehalten werden. Sozialistische Alternativen, gleich welcher Form, sollen künftig verhindert werden.

Natürlich bin ich nicht frei von Schuld, was mein politisches Leben betrifft. Vom Standpunkt meiner Weltanschauung und meiner Moral als Sozialist gibt es keine Rechtfertigung für Tote und Verletzte an der Grenze. Jeder Tote war einer zuviel. Das trifft auf alle Toten an der Grenze zu, auch auf die DDR-Grenzsoldaten, die aus westlichem Hinterhalt oder von Fliehenden hinterrücks erschossen wurden. Das Leben ist der kostbarste Besitz des Menschen. Das war und ist für mich kein leeres Wort. So dachte ich als DDR-Bürger und so denke ich heute. Es gehört zu den größten Niederlagen meines Lebens, daß ich die menschliche Tragik, das nicht wieder gutzumachende Leid, das von den tödlichen Schüssen an der Grenze für zumeist junge Menschen, für ihre Familien und Freunde ausging, nicht verhindern konnte. Das Problem ist nur: Wir lebten bis 1990 in einer Welt, die bis an die Zähne bewaffnet war. Auf deutschem Boden standen sich zwei feindliche Gesellschaftssysteme gegenüber. Jedes hatte sein Militärbündnis. Zwischen ihnen galten nicht die Regeln der Moral. Entscheidend waren die politischen Interessen. Das war auf beiden Seiten der Front des Kalten Krieges so. Schuld darf nicht allein auf die DDR abgewälzt werden. Mir wird unterstellt, ich mache die politischen Umstände für mein Handeln in der DDR verantwortlich. Nicht der Kalte Krieg, sondern Menschen hätten an der Grenze geschossen. Natürlich handelt niemand jenseits von historischen Umständen und Realitäten.

---

* Ebenda

In der Geschichte handeln immer Menschen mit Namen und Adresse. Sie treffen ihre Entscheidung unter konkreten, von ihnen vorgefundenen oder geschaffenen Bedingungen. Die Qualität des Handelns kann sehr verschiedener Natur sein. Ich habe bewußt gehandelt, war nie ein Trittbrettfahrer und stand mit am Steuer. Ich habe mich auch rückwirkend nicht zum kleinen Licht gemacht. Auch heute will ich kein Chamäleon sein. Ich bin weder Fatalist, noch war ich jemals eine Marionette. Ich war und bin Sozialist. Natürlich gab es auch für die DDR und damit für mich Zwänge aus unserer Mitgliedschaft im Warschauer Vertrag. Politische und ökonomische Zwänge gibt es auch für die Bundesrepublik aus ihrer Zugehörigkeit zur NATO. Sie veranlaßten die Regierenden, Rußland in Tschetschenien gewähren zu lassen, die Türkei nicht wegen ihrer Menschenrechtsverletzungen anzuklagen, Chirac nicht wegen der Atombombenversuche zu kritisieren, deutsche Tornados nach Jugoslawien zu schicken ... Wofür ich bestraft werden soll, dessen bin ich nicht schuldig. Wofür ich schuldig bin, dafür wird mich kein deutsches Gericht bestrafen wollen und können.

Das Urteil der 27. Großen Strafkammer des Berliner Landgerichts umfaßt knapp 300 Seiten. Einige davon enthalten Aussagen zu meinem politischen Verhalten 1989. Sie sind nun - wie es unter Juristen heißt - gerichtsbekannt.

Ich zitiere Auszüge aus dem schriftlichen Urteil:

„Anfang April 1989 war es der Angeklagte Krenz, der eine Veränderung der Schußwaffenanwendungspraxis herbeiführte, als er Erich Honecker in dessen Abwesenheit als Generalsekretär vertrat ... Die Initiative des Angeklagten Krenz fügte sich in sein bisheriges Verhalten ein. Auch wenn er stets die Unüberwindlichkeit der Grenzsperranlagen anstrebte und zu diesem Zweck auch die Tötung von Flüchtlingen als vorübergehend unvermeidbar in Kauf nahm, war es ihm von Beginn seiner Tätigkeit als Sekretär des Zentralkomitees und Mitglied des Nationalen Verteidigungsrates und des Politbüros ein Anliegen, die Grenzsicherungsanlagen so zu gestalten, daß es möglichst nicht zur Anwendung der Schußwaffe gegenüber Flüchtlingen kommen brauchte ... Im Herbst 1989 trug der Angeklagte maßgeblich zur Deeskalation der damaligen Situation bei, die ohne weiteres zu einem Bürgerkrieg mit unabsehbaren Folgen hätte führen können ... Der Angeklagte Krenz sorgte sowohl in den Oktobertagen des Jahres 1989 mit den zahlreichen Großdemonstrationen in verschiedenen Großstädten der DDR als auch im November 1989 nach Öffnung der Mauer aktiv und initiativreich dafür, daß es zu keinem Blutvergießen kam. Die Kammer hat insoweit als wahr unterstellt, daß er im Zusammenhang mit der am 9. Oktober 1989 geplanten Großdemonstration in Leipzig dem Zeugen Prof. Dr. Friedrich, Direktor des Instituts für Jugendforschung der DDR, versicherte, er werde alles in seiner Macht stehende tun, um ein Blutvergießen zu verhindern. Über dieses Gespräch informierte er den Zeugen Dr. Herger, Leiter der Abteilung Sicherheitsfragen des Zentralkomitees, und ordnete an, durch die Abteilung für Sicherheitsfragen des Zentralkomitees der SED alle Möglichkeiten auszuschöpfen, um die Gewaltanwendung durch Sicherheitskräfte in Leipzig zu verhindern ... Am 13. Oktober 1989 reiste er wegen einer für den 16. Oktober 1989 angekündigten Großdemonstration nach Leipzig und legte in Gesprächen mit der Bezirkseinsatzleitung in Leipzig im Beisein der Zeugen Dr. Herger, Streletz, Karl-Heinz Wagner - Stellvertreter des Ministers des Innern und Chef des Hauptstabes - und Rudi Mittig - Stellvertreter des Ministers für Staatssicherheit - fest, daß gegen Demonstranten grundsätzlich keine Gewalt angewendet werden dürfe, es sei denn, daß Sicherheitskräfte unmittelbar angegriffen würden und sich nicht anders verteidigen könnten ... Am 13. Oktober 1989 formulierte er gemeinsam mit dem Zeugen Streletz ... den Befehl Nr. 9/89 des Vorsitzenden des Nationalen Verteidigungsrates, der auszugsweise wie folgt lautete: ‚Zur Gewährleistung der Sicherheit und Ordnung in Leipzig und zur Verhinderung von Provokationen unterschiedlicher Art befehle ich:

... Der aktive Einsatz polizeilicher Kräfte und Mittel erfolgt nur bei Gewaltanwendung der Demonstranten gegenüber Objekten auf Befehl des Vorsitzenden der Bezirkseinsatzleitung Leipzig. Der Einsatz der Schußwaffe im Zusammenhang mit möglichen Demonstrationen ist grundsätzlich verboten.‘ ... Anschließend informierte der Angeklagte Krenz den Botschafter der UdSSR in der DDR Kotschemassow über die Lage in Leipzig und den Befehl Nr. 9/89, um zu verhindern, daß durch ein Verhalten sowjetischer Militärs der Eindruck entstehen konnte, die Gruppe der Sowjetischen Streitkräfte in Deutschland (GSSD) werden gegen Demonstranten eingesetzt werden. Er bat ferner den Zeugen Streletz, den Zeugen Armeegeneral Snetkow, den Oberkommandierenden der GSSD, gleichermaßen zu informieren und zu bitten, daß die sowjetischen Streitkräfte in und um Leipzig, Halle, Magdeburg und Berlin in den Kasernen verbleiben, um mögliche Eskalationen sicher zu vermeiden. Am 19. Oktober 1989 äußerte der Angeklagte Krenz gegenüber dem Vorsitzenden der Konferenz der evangelischen Kirchenleitung der DDR

Landesbischof Dr. Leich, dem Vorsitzenden der Konferenz der Evangelischen Kirchenleitung Bischof Dr. Demke [er war Stellvertreter des Vorsitzenden - Anmerkung E. Krenz], dem Konsistorialpräsidenten Manfred Stolpe und dem Leiter des Sekretariats des Bundes der evangelischen Kirche der DDR, Oberkirchenrat Martin Ziegler, politische Fragen würden nur politisch gelöst werden. Das Anliegen der neuen Partei- und Staatsführung sei es, daß es zu keiner Konfrontation komme. Am 24. Oktober 1989 erklärte der Angeklagte Krenz in seiner Rede vor der Volkskammer der DDR, daß umgehend rechtliche Regelungen zu schaffen seien, um die weitere Verfolgung von DDR-Bürgern, die ungesetzlich die DDR verlassen wollten, zu beenden. Auf Initiative des Angeklagten Krenz faßte der Staatsrat der DDR am 27. Oktober 1989 einen Beschluß über eine Amnestie von Personen, die vor dem 27. Oktober 1989 Straftaten begangen hatten, die darauf gerichtet waren, die Ausreise aus der DDR widerrechtlich durchzusetzen ... Am 31. Oktober 1989 flog der Angeklagte Krenz nach Moskau und erläuterte ... Michail Gorbatschow einen Befehlsentwurf, der die Anwendung der Schußwaffe im Zusammenhang mit Demonstrationen auch im Grenzgebiet strikt verbot, dahingehend: ‚Die DDR wird versuchen, jeden Schußwaffengebrauch an der Grenze zu verhindern ... Es wird nur geschossen, wenn akute Gefahr für das Leben und die Gesundheit der Grenzsoldaten besteht.' Hiermit erklärte sich Gorbatschow nach längeren Beratungen einverstanden. Der Angeklagte Krenz erließ daraufhin den Befehl Nr. 11/89 des Vorsitzenden des Nationalen Verteidigungsrates der Deutschen Demokratischen Republik vom 3. November 1989 ... Dieser Befehl sollte sicher stellen, daß bei einer für den 4. November 1989 angekündigten Demonstration in Berlin, bezüglich derer der Angeklagte Krenz erfahren hatte, daß eine größere Gruppe von Demonstranten die Grenzsicherungsanlagen um das Brandenburger Tor stürmen wollte, die Schußwaffe nicht zum Einsatz kommen würde. Nachdem der Angeklagte Schabowski in den frühen Abendstunden des 9. November 1989 auf einer auch im Fernsehen der DDR direkt übertragenen Pressekonferenz bekanntgegeben hatte, daß Privatreisen ins Ausland ab sofort ohne Vorliegen von Voraussetzungen beantragt werden könnten ..., kam es in der Nacht zum 10. November 1989 zu einem Massenansturm von Bürgern der DDR auf die Grenzübergangsstellen zum Westteil Berlins. Die von dem Angeklagten Krenz als Vorsitzenden des Nationalen Verteidigungsrates vorgegebene Grundrichtung, keine Gewalt anzuwenden, führte dazu, daß diese Nacht einen unblutigen Verlauf nahm. Auf Grund des Befehls 11/89 waren die Sicherheitskräfte auch in der Nacht vom 9. zum 10. November 1989 bis zur Verkündung eines anders lautenden Befehles auf die Nichtanwendung der Schußwaffe verpflichtet. Die unter Führung des Angeklagten Krenz vom Politbüro eingeschlagene Linie, nur eine politische, nicht aber eine militärische oder polizeiliche Lösung in Betracht zu ziehen, verfolgte der Angeklagte auch in der Folgezeit weiter und unterrichtete hiervon am 10. November 1989 Michail Gorbatschow. Er bat ihn, den Botschafter Kotschemassow zu beauftragen, unverzüglich mit den Vertretern der Westmächte im Westteil Berlins Verbindung aufzunehmen, um zu gewährleisten, daß sie die normale Ordnung in der Stadt aufrechterhalten und westliche Provokationen an der Grenze verhindern."*

Soweit aus dem schriftlichen Urteil.

Mir wird bescheinigt, im Rahmen meiner Möglichkeiten auf ein möglichst gewaltloses Vorgehen an der Grenze hingewirkt zu haben, und zwar nicht nur im Herbst 1989. Dennoch werde ich direkt aus dem Gerichtssaal abgeführt. Es ist der 25. August 1997.

Zwei Briefe und zwei Sichten

Im Gefängnis lese ich, wie Pfarrer Schorlemmer über meine Verurteilung denkt. Die Medien melden, er habe gesagt, ich solle froh sein, in Moabit und nicht in Bautzen zu sitzen. Solche Vereinfachung hatte ich am wenigsten von einem Mann erwartet, der für sein differenziertes Denken bekannt ist. Ich setze mich in der Zelle an meinen kleinen Tisch und schreibe Pfarrer Schorlemmer einen Brief. Darin schildere ich, daß ich rechtswidrig verurteilt wurde. Ich könne aber mit diesem Urteil leben. Ich habe mich vor Gericht nicht verbogen. „Wenn ich als letzter Repräsentant der DDR für die DDR geradestehen soll, dann bin ich aus Überzeugung dazu bereit. Doch, daß man mich deshalb zum Totschläger macht, ist weder juristisch gerechtfertigt noch politisch akzeptabel", schreibe ich.

Herr Schorlemmer antwortet mir. Der Brief ist bitter für mich. Er enthält die Sicht eines Mannes aus der DDR-Bürgerbewegung über mein politisches Leben, die ich so nicht teile. Bei aller Härte seiner Argumente bedauere ich, daß ein solcher Dialog erst nach dem Un-

* Landgericht Berlin, (527) 25/2 Js 20/92 Ks (1/95), Seite 80 bis 84

tergang der DDR stattfindet. Wieder frage ich mich, warum wir nicht mit kritischen Geistern wie ihm einen gemeinsamen Weg gefunden haben? Er war ein Andersdenkender, aber das wäre für einen Dialog das Herausfordernde gewesen. Wir hätten erkennen müssen, daß Menschen wie er nicht zu den Gegnern der DDR gehörten, sondern neues Denken zur Belebung des Sozialismus einbringen wollten.

Herr Schorlemmer schreibt mir am 11. September 1997 in das Gefängnis Alt Moabit 12 a:

„Lieber Herr Krenz,

es war schon ein merkwürdiges Gefühl, in den ersten Septembertagen 1997 von Ihnen aus dem Gefängnis Moabit einen Brief zu bekommen.

Vor zehn Jahren trafen sich nicht nur Honecker und Kohl, sondern es wurde auch das gemeinsame Papier zwischen SED und SPD veröffentlicht, das in der globalen Verantwortung für den Frieden und für den Erhalt unserer natürlichen Lebensgrundlagen die Gemeinsamkeiten aufzuspüren versuchte und – im Gefolge der Gorbatschowschen Perestroika- und Glasnost-Politik – davon ausging, daß dafür das Engagement aller Gesellschaften und aller einzelnen wichtig sei und man sich gegenseitig Reformfähigkeit zugestand: aus einer Verantwortung für eine bedrohte Zukunft. Ich habe mich damals auch öffentlich für einen kooperativen Stil im Umgang im Inneren unseres Landes eingesetzt, obwohl schon im September einige meinten, das sei doch nur ein taktisches Spiel. Und sie sollten leider recht haben, wie sich dann schon im Oktober mit der Rede Hagers zeigte.

Diese DDR, das ganze Politbüro und auch Sie sind dafür verantwortlich, daß statt Reform nur noch Zusammenbruch kam. Hätte denn eine reformfreudige DDR nicht die Menschen für sich gewinnen können und Gorbatschow eine bessere Unterstützung geben müssen, als die, die er dann ganz und gar bei Helmut Kohl und beim „Verkauf" der DDR am Kaukasus suchte?

Und ich habe mich in den Jahrzehnten immer wieder gefragt, warum nicht einzelne von Ihnen im Politbüro den Mut gefunden haben, aus dieser Korporation mit beschränktem Geist und ideologischer Verblendung auszutreten. Sie waren, wie es immer hieß, für Sicherheitsfragen verantwortlich und galten als Kronprinz Honeckers, und das erfüllte uns alle nicht mit besonderer Hoffnung. Die enge Liaison zwischen Verteidigungsministerium, Sicherheitsministerium und Bildungsministerium trug nicht dazu bei, die emanzipatorischen Ideen des Sozialismus wirklich beflügelnd werden zu lassen.

Und „unsere Staats-Grenze" war nicht nur gefährlich, sondern auch eine Schmach und Schande für jeden, der in diesem Lande lebte. Ich habe nicht nur Angst vor dieser Grenze gehabt, ich habe mich dafür auch geschämt.

Als ich 1989 zum Kirchentag nach Westberlin fahren durfte, habe ich auch gesagt, dies sei eine schwärende Wunde, die auch unserem Land schadet. Und schon Anfang der siebziger Jahre war mir klar, daß die DDR ihr Grenzreglement nicht ändern könnte, bevor sie sich selber ändern würde, weil ihr sonst die Leute – nicht zuletzt aus ökonomischen Gründen – weglaufen würden. Warum hat man denn nach dem Mauerbau nicht mehr versucht, die Menschen für sich zu gewinnen, statt sie weiter einzusperren? Die Mauer wurde im wörtlichen und übertragenen Sinne immer höher statt niedriger, immer nötiger statt unnötiger.

Und als dann 1975 die KSZE-Schlußakte verabschiedet wurde und der KORB 3 von uns so freudig begrüßt wurde, da arbeiteten dann die Mitarbeiter Mielkes die besonderen Zersetzungsprogramme aus, denen ich bis zum Oktober 1989 ausgesetzt war.

Herr Krenz, noch am 15. September 1989 hat man ein vielseitiges Zersetzungsprogramm gegen mich beschlossen, das man am 15. Dezember 1989 „abrufen" wollte. Das betraf alle Lebensbereiche und das ganze familiäre und freundschaftliche Umfeld. Und was wurde mit den Menschen, die wir an die Grenze geschickt haben, mit den Hunden, den Streifen und der Abt. 2000? Ich denke jetzt auch an die Grenzer und ihr Feindbild, diese verschrobene ideologische Konstruktion, man wolle die DDR nach außen schützen, dabei schoß man auf Menschen, die dieses Land verlassen wollten ...

Und andererseits haben Sie recht: Wir waren Teil einer weltpolitischen Konfrontation an einer hochgefährlichen Schnittstelle der Systeme. Aber als die Öffnungssignale aus Moskau kamen, hat ausgerechnet die DDR sich weitgehend und noch mehr verschlossen. Und auch daran haben Sie mitgewirkt, tätig, schweigend, duldend und mit Ihren unmißverständlichen Aussagen zu dem Massaker auf dem Platz des Himmlischen Friedens. Andererseits vergesse ich nicht, daß Sie am 9. Oktober 1989 und am 9. November 1989 mit dafür verantwortlich sind, daß es nicht eine Wiederholung des 17. Juni gab und daß es nicht zu einem Massaker gekommen ist.

Und als ich Sie kurz vor meinem sehr schwierigen Gespräch mit

Hermann Kant 1992 in Pankow traf und auch nach unserem Gespräch in der Fernsehsendung mit Fritz Pleitgen, wurde mir deutlich, daß Sie noch ein anderer Mensch sind, als uns die DDR-Presse es vermittelte und als Sie sich selber uns allen vermittelten. Schließlich ging ja auch der friedliche Verlauf des 4. November und die Veröffentlichung – live! – dieses großen Ereignisses auf dem Alexanderplatz auf Sie zurück, weil die Zeiten ja noch so waren, daß *einer* bestimmen konnte und mußte, was das DDR-Fernsehen live bringen durfte. So haben Sie (wie ich im „Freitag" geschrieben habe) die in Sie gesetzten Befürchtungen nicht erfüllt.

Ich habe nun aufmerksam den Prozeß verfolgt und auch Ihre Einlassungen im „Neuen Deutschland" gelesen und sage gegenüber meinen Freunden, die da „ungnädiger" sind und sehr viel Wut noch in sich haben, wie sehr Sie auch befreit worden sind durch die Demokratie, nämlich zu eigenem Denken und Formulieren. Soviel Fähigkeit zum differenzierten Denken hat man in all den Jahren bis 1990 nirgendwann aus Ihren Äußerungen und Reden entnehmen können. Was war das nur für eine Welt, in die Sie sich eingesperrt hatten?

Und natürlich kann ich verstehen, daß die Hinterbliebenen und die lebenslang Geschädigten an der Mauer Gerechtigkeit wollen und daß Schuldige gefunden, benannt und abgestraft werden. Daß dabei Sie persönlich gewissermaßen als ein Totschläger bezeichnet werden, ist weder persönlich noch juristisch gerechtfertigt. Aber ich vermisse bei Ihnen einen deutlichen Hinweis auf die politische und moralische Mitschuld, die Sie daran tragen, sowohl an diesen einzelnen schlimmen Opfern, wie an diesem Gesamtsystem, das nur existieren konnte, solange es eine Mauer gab.

Dies wollte ich Ihnen zuvor in aller Deutlichkeit sagen.

Zum anderen habe ich mich in allen Fällen, im Fall Honecker und sogar im Fall Mielke dafür eingesetzt, daß wir die strafrechtliche Verfolgung aus humanitären Gründen aussetzen und bezweifle auch die juristische Grundlage, die man gegen Sie ins Feld geführt hat, zumal es fatal ist, wenn der Staatsanwalt, der das Plädoyer gegen Sie gesprochen hat, einer ist, der erst 1979 (fast erfolglos) damit beginnen konnte, Untersuchungen gegen die Richter am Freislerschen Volksgerichtshof zu unternehmen. Nur bitte ich Sie, nicht zu vergessen, daß Sie einen rechtsstaatlichen fairen Prozeß bekommen haben, daß es öffentliche Berichterstattung gab, daß Sie gute Verteidigungsmöglichkeiten und ausgewiesen gute Anwälte hatten und daß Sie jetzt nicht in Bautzen sitzen, sondern in Moabit ... und daß Sie *mir* gar einen Brief schreiben können. Stellen Sie sich bitte einen politischen Häftling in der DDR vor – in der ganzen DDR-Zeit – der einem Menschen außerhalb einen Brief schreiben konnte. Ich durfte nicht einmal Trinkern schreiben, die ins Gefängnis gekommen waren, um sie wenigstens persönlich zu begleiten. Das will ich wenigstens erwähnt haben, weil ich es in den Auslassungen überhaupt nicht vorfinde und Sie sich jetzt ganz und gar auf die rechtsstaatlichen Bedingungen in der Demokratie berufen und *das* einklagen, was dieser Rechtsstaat von sich selbst fordert. Das ist Ihr gutes Recht und das gestehe ich Ihnen auch zu. Nur vermisse ich, daß Sie deutlich machen, daß auch dies ein Teil Ihrer, ja auch Ihrer Befreiung ist.

Vorhin las ich gerade einen Leserbrief in der „Süddeutschen Zeitung" von einem Münchner Mitbürger, der natürlich auch danach fragt, ob man die Radbruchsche Formel in Ihrem und dem Fall der anderen beiden Politbüromitglieder wirklich anwenden kann, und ob die 98 % Mitdrippler nicht allzugern jemand brauchen, an dem sie alles abladen können und nun darauf verzichten, auf sich selber zu sehen.

Dies ist auch mein Anliegen, daß wir fragen: wie werden wir den auch redlichen Motiven von Sozialisten und Kommunisten gerecht und fangen nicht an, die DDR völlig schwarz zu malen, weil dies nur in eine fatale Nostalgie führte und außerdem auch nicht gerecht. Zudem ist das eine Art Selbstentlastung gegenüber den schon unvergleichlichen Vergehen und Verbrechen, die im deutschen Namen bis 1945 geschehen sind. An dieser Unterscheidung halte ich auch bei aller öffentlichen Anfeindung fest.

Aber was sind das da für Freunde, die Sie da vor den Toren des Gerichtsgebäudes begrüßen und beklatschen? Vor denen habe ich Angst. Die DDR möchte ich nicht zurück und dachte eigentlich auch, daß Sie in diese DDR nicht zurück möchten. Das ganze Verfahren insgesamt als „Siegerjustiz" zu bezeichnen, finde ich nicht richtig, aber es ist richtig – aus meiner Sicht – daß dies ein Teil der völligen Delegitimierung der DDR ist und Sie jetzt eines der Signale dafür darstellen.

Um es noch einmal klarzustellen: Sie sind nicht persönlich ein Totschläger. Dafür können Sie auch nicht verurteilt werden. Aber Sie sind moralisch und politisch einer der Hauptverantwortlichen für dieses System und auch an dem Zusammenbruch dieses Systems durch eine chronische Wirklichkeitsallergie und durch eine Art der Machtausübung schuld, die den linken emanzipatorischen Gedanken einen dauerhaften Schaden zugefügt hat und die Kräfte, die im Menschen stecken, zum großen Teil geknebelt hat, statt sie produktiver herauszulocken.

Der Bundesjustizminister hat erklärt, daß sich in der Gesellschaft kein Konsens für Vergebung einstelle und deshalb das Reden von Amnestie nicht an der Zeit sei. Ich werde mich dennoch sooft und so gut ich kann, dafür einsetzen, daß wir zum 9. Oktober 1999 zu einem juristischen Schlußstrich kommen und eine Amnestie für alle Straftaten aussprechen, die mit dem politischen System der DDR zu tun hatten. Das entbindet uns nicht, sondern fordert geradezu dazu heraus, einer redlichen Prüfung dessen nachzugehen, was gewesen ist, und das gilt dann eben auch für die Bundesrepublik.

Ich bin da in guter Gesellschaft mit einigen wirklich guten Freunden, die sich auch ihrer Meinung von gestern erinnern und die früher für die Entspannung waren und dies weiterhin tun, wie Peter Bender, Gräfin Dönhoff und Egon Bahr.

Am 9. Oktober 1989 ist es eben nicht zu dem befürchteten Blutbad gekommen, und dafür sind Sie angesichts des handlungsunfähigen Honecker schon - positiv ausgedrückt! - mitverantwortlich. Was auch immer Ihre Motive gewesen sein mögen und welche Selbstrettungsversuche das halbherzig erneuerte Politbüro auch gemacht hat und welche enttäuschende Rede Sie am 18. Oktober gehalten haben - Sie haben den Löffel der Macht friedlich abgegeben und nicht das Messer gezückt, um es in einem Bild auszudrücken. Und die Demonstranten waren weise genug, die noch vorhandenen Machtinstrumente und Personen nicht zu provozieren. Sie hatten insgesamt Glück und Sie haben den Übergang in diesen turbulenten Wochen auf eine Weise mitzuverantworten, die uns nicht dazu berechtigt, Sie nachträglich zum Sündenbock für all das zu machen, was Chris Geffroy und all den anderen geschehen ist.

Für Ihren sachlichen und für mich insgesamt einfühlbaren Brief danke ich Ihnen. Dies hat auch keine selbtrechtfertigenden Anteile und wäre so ein Beitrag für ein besseres Verstehen auch für die, die in Ihnen immer noch den Einpeitscher der FDJ und den Sicherheitsverantwortlichen des Politbüros sehen.

Ich möchte Sie einfach nur menschlich bitten, mit bestimmten pauschalisierenden Begriffen, wie „Siegerjustiz" nicht umzugehen und sich selber davor zu bewahren, daß Sie Freunde haben, die in ihrem Denken keinen Schritt weitergekommen sind.

Ich habe in den beiden Begegnungen mit Ihnen gespürt, daß Sie in Ihrem Denken Schritte weitergegangen sind, ohne daß Sie sich verleugnen, sich drehen oder winseln; aber dieser Prozeß und auch das Urteil gegen Sie eignet sich schlecht für einen Mythos, den andere gern daraus machen möchten.

In der Hoffnung, daß es uns gelingt, so zivilisiert wie möglich und menschlich so klar wie nötig, moralisch so wenig selbstgerecht wie nur irgend möglich und politisch so weitsichtig wie für die Zukunft erforderlich mit der gegebenen Situation im geeinten Deutschland umgehen, das noch lang, lang von den Folgen der Teilung bestimmt sein wird, auch von den Folgen der Teilung in der Einheit.

Da ich Ihnen deutlich sagen konnte, was ich denke, kann ich Sie auch freundlich grüßen und Ihnen wünschen, daß die Haftbedingungen so sind, daß Sie darin nicht verbittern und daß ein Gespräch mit Ihnen über das, was war, außerhalb von Moabit bald möglich wird.

Mit einem freundlichen Gruß
Friedrich Schorlemmer"

Ich lese den Brief mehrmals. Jedes Mal finde ich neue Gedanken, mit denen ich mich auseinandersetze.

Etwas selbstgerecht ist dieser Brief schon, denke ich. Zudem fehlt mir ein entscheidender Gedanke: Sind nicht viele Ideale der Bürgerrechtler von 1989 unerfüllt geblieben? Warum sind ihre Vorstellungen eigentlich nicht aufgegangen?

Sie waren 1989 „Für unser Land" auf die Straße gegangen, sie wollten eine DDR-Alternative zu unseren Fehlern, nicht aber den Anschluß an die Bundesrepublik.

Nach Tagen des Nachdenkens schreibe ich Friedrich Schorlemmer:

„Lieber Herr Schorlemmer,

haben Sie aufrichtigen Dank für Ihren Brief vom 11. September. Er wurde mir nach erfolgter Zensur und geöffnet nachgeschickt.

Natürlich bin ich froh, Ihnen nicht aus Moabit antworten zu müssen. Die Erlebnisse dort sind ein Thema für sich. Die Haftbedingungen mag man unterschiedlich bewerten. Bautzen oder Moabit? Ich habe mir abgewöhnt, solche Fragen ideologisch zu bewerten. Mögen jene es beurteilen, die beides kennen. Ich habe in Moabit sehr banale Dinge erfahren, die das Alltagsleben hinter Gittern entscheidend beeinflussen können. Ich habe kaum zu vermittelnde behördliche Willkür genauso kennengelernt, wie völlig unerwartete Hilfe und Solidarität – darunter den Beistand eines Gefängnisseelsorgers.

Das Erlebte verfolgt mich, zumal ich mich – Ihre Amnestieüberlegungen in Ehren – geistig auf 6 ½ Jahre einzustellen habe. Sie sollen wissen, daß ich für mich keine Amnestie will. Es wäre die nachträgliche Legalisierung der These vom ‚DDR-Unrechtsstaat'. Gleichwohl verstehe ich, daß es vielen Verfolgten egal ist, ob Amnestie oder Schlußgesetz. Die Hauptsache ist: Weg von den unsinnigen Prozessen und der damit verbundenen finanziellen Belastung, die in den sozialen Ruin treibt. Als Betroffener frage ich zuerst nach der Richtigkeit eines Gerichtsurteils. Ich weiß nicht, ob es eher Verzweiflung oder Trotz oder Mischung aus beidem ist, was mich angesichts des Urteils ergreift. Es stellt gerade nicht auf individuelle Schuld ab, sondern auf die Eingebundenheit in politische Strukturen eines untergegangenen Staates.

Fair war dieser Prozeß nicht. Meine Beweisanträge wurden ohne Ausnahme abgelehnt. Entlastendes wurde unterschlagen. Ein Zeitzeuge wie Egon Bahr kam nur durch einen juristischen Kunstgriff meiner Verteidiger zu Wort. Geschichtliche Zusammenhänge waren nicht gewünscht. Wenn sie dennoch zur Sprache kamen, wurden sie zum Teil entstellt. Ein Schreiben Gorbatschows an das Gericht wurde nicht einmal übersetzt. Selbst Tatsachen wurden verfälscht. DDR-Recht, wonach eigentlich zu verhandeln war, wurde nicht beachtet. An seine Stelle wurde überpositives Recht gesetzt. Nicht umsonst legen Juristen auf den Grundsatz ‚nulla poena sine lege'* so großen Wert. Das Rückwirkungsverbot ist eine ‚heilige Kuh'. Die wurde bis hin zum Bundesverfassungsgericht geschlachtet – um ehemalige DDR-Funktionäre zu verurteilen. Mögen Sie einwenden, die Rechtssicherheit ist heute größer als in der DDR. Mögen Sie einwenden, es bestehe ein gesellschaftliches Bedürfnis, uns ins Gefängnis zu bringen. Sie und ich werden in solchen Punkten sicher unsere Differenzen haben. Aber der Rechtsstaat Bundesrepublik hat seine Regeln. Ich bin unfreiwillig Bürger dieses Landes geworden. Niemand kann es mir ernsthaft verübeln, wenn ich mich auf die Regeln des Rechtsstaates berufe. Und niemand kann es mir verübeln, wenn ich dagegen kämpfe, daß der Rechtsstaat in meinem Fall seine eigenen Regeln bricht.

Sicher, der Prozeß war öffentlich. Doch was hat die Öffentlichkeit erfahren? Der Tenor in der Presse war immer: Egon Krenz ist ein Totschläger – ein Unbelehrbarer, der nichts gelernt hat. Und weil ich das nicht hinnehmen wollte, wurde ich zum Betonkopf abgestempelt. Meine Erklärungen zur Sache wurden unterschlagen. Ich war verurteilt, bevor der Prozeß begann. Es stimmt, ich hatte außerordentlich gute Anwälte, auch wenn es Pflichtverteidiger wa-

* Keine Strafe ohne Gesetz

ren. Andere hätte ich mir nicht leisten können. Ein Verfahren wie das meine ist im Rechtsstaat sehr teuer.

Entgegen vieler Behauptungen rede ich nicht von Siegerjustiz. Ich weiß auch nicht, wie die Presse auf die Idee kam, mich mit diesem Wort zu zitieren. In meinen Erklärungen finden Sie es nur einmal. Ich benutzte es zu Beginn des Prozesses, um zu sagen, was nach meiner Meinung notwendig wäre, um von dem Verdacht wegzukommen, Siegerjustiz zu sein. Von Siegerjustiz kann man schon deshalb nicht sprechen, weil das Scheitern der DDR keineswegs auch ein historischer Sieg der BRD und ihres politischen Systems ist. Wenn politische und materielle Gewinnler sich in der Siegerpose gefallen, ist das etwas Anderes. Natürlich halte ich die heutige ‚Arbeitsteilung' für ungerecht: der Osten stellt die Angeklagten, der Westen die Richter. Die Geschichte der DDR wird verdammt, die der alten BRD geschönt. Ich lasse mich nicht auf die Formel ein: Im Osten herrschten die Verbrecher und im Westen lupenreine Demokraten. So kann man nicht aufarbeiten, was seit 1945 auf deutschem Boden geschah! Aus Erfahrung und auch aus meinen Begegnungen mit BRD-Politikern weiß ich: welches Kapitel der DDR-Geschichte wir auch aufschlagen, es hat einen bundesdeutschen Kontext. Was auch immer an Konflikten in Deutschland, auch an der gemeinsamen Grenze, zu beklagen ist, nichts davon ist nur von einer Seite zu verantworten.

Im Gefängnis und danach habe ich viel Post aus dem In- und Ausland bekommen. Überwiegend waren es aufmunternde, solidarische Briefe und keineswegs nur von mir nahestehenden älteren Genossen oder ehemaligen Funktionären. Viele, die mir schreiben, möchten mit mir ins Gespräch kommen, interessieren sich auch für meine Sicht auf die jüngere deutsche Geschichte.

Vielleicht hören Sie es gar nicht so gern, wenn ich Ihnen sage, daß mir Ihr Brief gut getan hat. Ich konnte nicht erwarten, daß unsere Übereinstimmungen größer sein würden als unser Dissens. Es ist offensichtlich auch zu spät, sich im Interesse einer ‚vom Eise befreiten' DDR besser zuzuhören. Ganz sicher ist es nicht zu spät, gemeinsam zu lernen, wie man neudeutsches Eis zu einem hinlänglich solidarischen und sozial gerechten Miteinander auftauen könnte. Hatten wir in der DDR eine Tauwetterperiode gebraucht, um unsere Ideale von jenen Vereisungen zu befreien, deren Existenz ich als Politbüromitglied mit verschuldete, so braucht diese Gesellschaft eine unvergleichlich größere Menge an Wärme. Wie könnte sie sich sonst von der großen Kälte befreien, in die sie auch im Bewußtsein einer immer größeren Schar von Menschen in Ost und West geraten ist? Daß die Bundesrepublik danach noch die alte sein kann und sein wird, bezweifle ich.

Sie fragen, ob eine reformfreudige DDR nicht die Menschen für sich hätte gewinnen können und Gorbatschow eine bessere Unterstützung hätte geben müssen. Ich hätte es mir gewünscht. Mein ... Verhältnis zu Gorbatschow beruht auch mit darauf, daß er um meine Versuche weiß, den Widerstand der Honecker-Gruppe im Politbüro gegen seine Politik aufzubrechen. Was 1989/90 passiert ist, hat Gorbatschow so nicht gewollt. Man darf auch nicht übersehen, daß Ideen erst dann zur materiellen Realität werden, wenn sie von den Menschen gewollt und von den ökonomischen Verhältnissen ermöglicht werden. Die Erfahrungen aus dem Untergang der Sowjetunion zeigen, daß Utopien ohne eine solide materielle Basis in eine gefährliche und teilweise chaotische Situation führen können. Im Falle Rußlands entsteht aus dieser Situation eine Bedrohung für die ganze Welt – denn auf stabilen Füßen steht Jelzins Präsidialregime ganz sicher nicht.

Für meine Generation war die von den Bürgern so ersehnte Gewährung der Reisefreiheit schon keine primär politische Frage mehr, sondern eine ökonomische. Wie überhaupt viele – wahrlich nicht alle – Beschränkungen von persönlichen Freiheiten auf ökonomischen Zwängen basierten. In diese Abhängigkeit waren wir nicht zuletzt infolge eines nicht verkraftbaren ökonomischen Krieges gegen uns geraten. Dessen Urheber fürchteten nichts mehr, als daß sich die ‚emanzipatorischen Ideen des Sozialismus' entfaltet hätten. Dieser Krieg wurde durch den Westen international und mit einer politischen Einigkeit geführt, die es eben nur bei der Bekämpfung einer Systemalternative gibt. Politische Anmaßungen wie die Hallsteindoktrin waren auf die Stärkung jener Kräfte gerichtet, die einer Verständigung aus Tradition abgeneigt waren.

In der DDR scheiterte ein Sozialismusversuch, der denkbar schlechte historische Voraussetzungen hatte. Er wurde in seiner wechselvollen Geschichte oft geschwächt und durch ungleiche Kriegslasten und ökonomische Blockaden zum Ausbluten freigegeben. Durch übertriebene Sicherheitsdoktrinen kam es zu Mißtrauen nach innen und außen. Defizite in der demokratischen Ausgestaltung ließen den Sozialismus in der DDR für viele fragwürdig werden. Weil dieser Sozialismusversuch scheiterte, ging auch die DDR unter.

Sie fragen, warum sich eine Gruppe im Politbüro nicht entschieden auf die Seite eines demokratischen Sozialismus gestellt hat. Das ist in der Tat die Gewissensfrage. Es war wohl eine verhängnisvolle

Mischung von Pflichtauffassung, falsch verstandener Parteidisziplin, ungenügendem Wissen um wissenschaftlich-technische und geistige Umwälzungen in der Welt, ehrlicher Überzeugung, Irrtum, Opportunismus und der Sorge, Streit würde als Schwäche ausgelegt. Hinzu kommt die hausgemachte Mittelmäßigkeit eines Teils unseres Führungspersonals, ein vereinfachtes Politikverständnis und die daraus resultierende Auffassung, eine Gesellschaft ließe sich per Beschlüsse regieren. Die Mitschuld am Scheitern der DDR belastet mich sehr, vielmehr als ich dies einem bundesdeutschen Gericht und einem Staatsanwalt zu offenbaren bereit bin, der Nazis laufen ließ und DDR-Bürger regelrecht jagt. Ich achte daher sehr darauf, wer den Stein in Richtung Politbüro wirft. Es gibt Politiker unseres größer gewordenen Deutschlands, die ohne Mühe ihren Platz am Politbürotisch einnehmen könnten – die Erlernung gewisser Sprachregelungen und die Hinnahme geringerer Diäten vorausgesetzt. Wo Politik zur Ideologie verkommt, da wirkt sie zerstörerisch, unabhängig vom Gesellschaftssystem.

Ich möchte Ihnen auch auf Ihre Frage antworten, was das für Freunde seien, die mich vor den Toren des Gerichtsgebäudes begrüßten und beklatschten. Sie schrieben, sie hätten vor jenen Menschen Angst. Ich versichere Ihnen, diese Angst ist unbegründet. Denken Sie sich an meine Stelle. Sie gehen zur Verhandlung. Sie werden von einigen Menschen mit Gebrüll empfangen: ‚Krenz – Massenmörder', ‚Krenz an die nächste Laterne'. Fragen Sie meinen jüngeren Sohn! Er war dabei. In einer solchen Situation sind Sie dankbar, wenn Leute da sind, die zu einem stehen. Einige von jenen kenne ich seit Jahrzehnten. Ihre antifaschistische Gesinnung ist nicht selten deshalb hell wach, weil ihre Eltern und Familienangehörigen im KZ umkamen. Vielleicht verstehen Sie, warum diese Menschen angesichts der Mordaufrufe ein vielleicht etwas zu euphorisches ‚Bravo, Krenz' hervorbringen. Ich gebe Ihnen mein Wort, daß sie alle Ihnen zur Seite stehen würden, wenn Sie einen Ausländer, einen Autonomen, einen Kommunisten, Juden oder Christen vor Neonazis verteidigen müssen. Viele der Menschen, die mir vor dem Gerichtsgebäude und im Gerichtssaal Beistand leisteten, kenne ich gar nicht, sind weder alte Genossen noch Funktionäre gewesen. Die Achtung dieser Menschen habe ich mir weniger in der DDR verdient. Sie unterstützen mich, weil ich nicht zu jenen gehöre, die heute am liebsten vergessen würden, daß sie in der DDR eine Funktion und damit auch Verantwortung hatten. Lassen Sie uns unsere gemeinsame Furcht auf die wirklichen Zerstörer eines demokratischen Zusammenlebens richten. Glauben Sie mir bitte, daß ich mit meiner eigenen Vergangenheit durchaus kritisch umgehe, auch wenn ich meine Freunde ganz ‚undifferenziert' verteidige.

Natürlich gibt es ehemalige politische Weggefährten, die ihre frühere Gesinnung für ein bißchen Macht oder ein bißchen weniger Verfolgung verhökern. Diese meine ich nicht. Doch es gibt mir eine Vorstellung, wohin Ihre Angst vor falschem Beifall geht. Wir mögen in vielem unterschiedlicher Meinung sein. Ich glaube aber nicht, daß Sie sich opportunistisch verbiegen oder sich mit Leuten umgeben würden, die ihren christlichen Gerechtigkeitssinn in die Opferschale politischer Räson werfen.

Sind da nicht Pfarrer, die rote Socken anprangern? Die fragen, wo man hinkommt, wenn Abgeordnete ihrem Gewissen folgen? Die auf Bestellung zeit- und themengerecht MfS-Dossiers liefern? Die einen sächsischen Arzt durch falsche Gehirnwäsche-Vorwürfe in den Ruin treiben? Die DDR-Diplomaten mit fabelhaften Landeskenntnissen ungeprüft für politisch untauglich erklären? Die mit ‚Freiheit ist immer auch die Freiheit der Andersdenkenden' zum Grab von Karl Liebknecht und Rosa Luxemburg marschierten und diesen Marsch nie wieder auf sich nahmen, als sie diese Freiheit als erreicht ansahen?

Würden Sie mir zustimmen, daß hier christliche Ethik den Kniefall vor der herrschenden Politik machte? Ich glaube, daß Sie beneidenswert anders sind. Ich hätte diesen Dialog lieber vor 1989 mit Ihnen geführt. Und ich wünschte, ich könnte die Repressalien ungeschehen machen, die Ihnen damals wegen Ihrer Haltung widerfahren sind. Die jene verbittert gemacht haben, die ihrerseits durch Intoleranz neue Verbitterung hervorrufen.

Es würde mich freuen, auch die anderen Fragen Ihres Briefes mit Ihnen zu besprechen. Sollten Sie einmal in Berlin sein, sind Sie herzlich eingeladen.

Mit freundlichen Grüßen
Egon Krenz"

Das letzte Wort über die DDR ist noch nicht gesprochen

Meine Antwort an Pfarrer Schorlemmer hängt auch mit meinen Erfahrungen der letzten Jahre zusammen. Ich mußte viele Fragen beantworten. Richter und Staatsanwälte fragten und fragen, von denen ich nicht unbedingt Verständnis erwartete; eigene Genossen, das war oft sehr bitter für mich. Nachdenkliche und Neugierige fragen, Landsleute aus Ost und West und Menschen aus anderen Ländern.

Ich bemühe mich, aufrichtig zu antworten und versuche, besonders behutsam zu sein, wenn mir Fragen gestellt werden, auf die ich selbst noch Antworten suche.

Eines weiß ich genau: Solange ich lebe, wird mich auch die Frage bedrängen, warum die DDR letzlich scheiterte und welche Verantwortung mir dabei zukommt. Ich frage mich das nicht, weil es mir damals besser ging, sondern weil ich aus Überzeugung für den Sozialismus gearbeitet habe. Demzufolge wird niemand von mir eine Distanzierung von der DDR erwarten können. Prinzipielle Kritik an unseren Mängeln und Defiziten – ja! Schmerzhafte Selbstkritik – ich fühle mich dazu verpflichtet.

Aber denunzieren werde ich nichts und niemanden. Die DDR war mein Land.

Als sie gegründet wurde, war ich Klassensprecher einer 4. Klasse der Grundschule in Damgarten. Wir nannten es Vorsitzender des Gruppenrates der Jungen Pioniere*. Ein Jahr bevor sich die DDR aus der Geschichte verabschiedete, stand ich dem Staatsrat** der Republik vor. Dazwischen liegen 40 bewegte und sinnvolle Jahre, die ich nicht missen möchte.

Dabei wäre fast alles anders in meinem Leben gekommen. Der Zweite Weltkrieg hatte unsere Familie getrennt. Meine Schwester hatte es von Kolberg aus dem heutigen Polen nach Westerland auf Sylt verschlagen. Ihr Mann diente in der Kriegsmarine. Später arbeitete er bei den britischen Besatzungstruppen. Meine Mutter und

* Am 13. Dezember 1948 wurde in Berlin eine Kinderorganisation gegründet, die sich den Namen Pionierorganisation gab. In jeder Schulklasse existierte eine Pioniergruppe. Sie wurde von einem Gruppenrat, der aus fünf bis sieben Schülern der Klasse bestand, geleitet. Der Vorsitzende des Gruppenrates nahm in der Regel die Rolle des Klassensprechers wahr.

** Der Vorsitzende des Staatsrates wurde von der Volkskammer der DDR, dem obersten staatlichen Machtorgan, gewählt. Er war das Staatsoberhaupt der DDR.

ich kamen von Hinterpommern nach Damgarten, dem kleinen verträumten Ort an der Recknitz, die Vorpommern von Mecklenburg trennt.

Dort erlebten wir das Kriegsende. Kurz bevor die Rote Armee kam trieben Deutsche in Uniform die Insassen des Konzentrationslagers Barth durch meine neue Heimatstadt wie Vieh vor sich her. Ich war acht Jahre.

Dieses Bild prägte mich. Es war später immer präsent, wenn ich hörte, daß Leute wie Oberländer, Globke, Lübke, Filbinger, Kiesinger* und andere Diener des Nazireichs im Westen Karriere machen konnten.

Als die Russen kamen, verbreitete sich Angst, besonders unter den jungen Frauen. Ich weiß, daß es andere Erfahrungen gibt. Ich jedenfalls hatte Glück. Ein Russe rettete mir das Leben, gab mir Fallschirmseide für Hemden und Kastenbrot für den größten Hunger. Auf denkwürdige Weise ersetzte er mir den im Krieg vermißten Vater, wohl deshalb, weil auch er tausend Kilometer entfernt einen Sohn hatte. Keine Indoktrination, sondern Kindheitserinnerungen trieben mich den Russen in die Arme und weckten später die Neugier auf die Sowjetunion. Für mich wurden die Soldaten mit dem Roten Stern an ihren Käppis Freunde. Das Wort Freunde wurde für mich gleichbedeutend für den russischen Menschen. Gelegentlich gebrauche ich es noch heute in diesem Sinne, obwohl ich heute weiß, daß mein früherer Genosse Jelzin, der länger der KPdSU diente als ich der SED, zum Duzfreund von Bundeskanzler Kohl wurde, weil er der Politik Kohls dienlich ist. Die geschichtliche Leistung der UdSSR zur Befreiung des deutschen Volkes vom Faschismus wird dadurch nicht verkleinert. 20 Millionen sowjetische Menschen gaben ihr Leben auch für unsere Freiheit.

1947 glaubte meine Mutter, uns beide nicht mehr ernähren zu können. Als Invalidin erhielt sie 45 Reichsmark Rente. Sie packte

---

* **Theodor Oberländer** war im Kabinett Adenauer bis 1960 Bundesvertriebenenminister. Er war im polnischen Lemberg während der deutschen Besatzungszeit im Jahre 1941 an der Erschießung von Juden beteiligt. Er wurde 1960 von einem Gericht in Berlin(Ost) in Abwesenheit wegen Mordes und Kriegsverbrechen verurteilt. – **Hans Globke** war Staatssekretär im Bundeskanzleramt unter Konrad Adenauer. Von 1938 bis 1945 war er Ministerialrat im Reichsinnenministerium und hat die Kommentare zu den Nürnberger Rassengesetzen von 1936 mit verfaßt. – **Heinrich Lübke** war von 1959 bis 1969 Bundespräsident. Er konnte nie den Vorwurf entkräften, von 1939 bis 1945 als Stellvertreter des Leiters eines Architektenbüros tätig gewesen zu sein, das Pläne zum Bau für Hitlers Konzentrationslager entwarf. – **Hans Filbinger** war von 1966 bis 1978 Ministerpräsident von Baden-Würtemberg. 1978 wurde bekannt, daß er als Marinerichter noch kurz vor Ende des Zweiten Weltkrieges Todesurteile gegen Soldaten gefällt hatte, die vollstreckt wurden. – **Kurt-Georg Kiesinger** war Bundeskanzler von 1966 bis 1969. Vor 1945 war er Mitglied der NSDAP und arbeitete im Reichspropagandaministerium

das nötigste zusammen. Eines Nachts ging sie mit mir schwarz über die grüne Grenze, von Deutschland nach Deutschland, von der sowjetischen in die britische Zone. Die letzten Ersparnisse bekam der Grenzführer. Meine Mutter wollte auf ihre Art die Familie zusammenführen. Sechs Wochen blieben wir im Westen. Dann gab sie meinem Drängen nach, wieder nach Damgarten zurückzufahren. Dort hatte ich meine Freunde, dort fühlte ich mich wohl. Ich trat dem Kinderland bei, einer Kindervereinigung, die Wanderungen und Faschingsfeste organisierte, in der auf einfache Weise über Politik gesprochen wurde. Wir spielten Theater und halfen älteren Leuten. Obwohl die Mittel zum Leben noch kärglich waren, ich fühlte mich hier zu Hause.

Es war der Krieg, der meine Schwester in den Westen und mich in den Osten verschlagen hatte. Ich war meiner Mutter für ihre Entscheidung, im Osten zu bleiben, dankbar. 1957 war es meine Schwester, die den Kontakt zu mir abbrach. Eine Postkarte, die ich ihr von einer Touristenreise aus Moskau geschrieben hatte, war der Grund. Sie fürchtete um die Arbeitsstelle ihres Mannes. Kontaktsperre – ein Wort, das es für bestimmte Personen im Westen früher als in der DDR gab.

1952, ich war inzwischen Vorsitzender des Freundschaftsrates* der Jungen Pioniere, mischte ich mich zum ersten Mal in die große Politik ein. Es ging um ein Thema, das bis auf den heutigen Tag strittig ist. Am 10. März hatte die sowjetische Regierung in einer Note an die drei Westmächte den Entwurf eines Friedensvertrages mit Deutschland vorgeschlagen. Ich machte mir über dieses Dokument, das als Stalin-Note in die Geschichte einging, Notizen. Darin standen solche Stichworte wie: Wiederherstellung Deutschlands als einheitlicher Staat, Abzug aller Besatzungstruppen, keine Beschränkungen für die deutsche Friedenswirtschaft, Festlegung der deutschen Grenzen auf der Grundlage des Potsdamer Abkommens. Es sollte eine gesamtdeutsche Regierung entstehen, die aus freien Wahlen hervorgeht.

Als ich zwei Wochen später davon hörte, daß Adenauer ohne gründliche Prüfung die Note abgelehnt hatte, schrieb ich einen Protestbrief. Zur Bekräftigung sammelte ich Unterschriften für die sowjetischen Vorschläge. Ich schickte den Brief an die Pionierzeitung nach Berlin, die ihn an die Regierung weitergab.

---

* Vorsitzender des Freundschaftsrates war die höchste Funktion in der Kinderorganisation an einer Schule. Dem Freundschaftsrat gehörte in der Regel aus jeder Klasse ein Vertreter an. Der Freundschaftsrat war eine Art Schülerselbstverwaltung.

Als ich eines Tages von der Schule nach Hause kam, hielt meine Mutter aufgeregt einen Brief für mich in ihrer Hand. Es war ein Briefumschlag aus Büttenpapier mit dem Absender: „Regierung der Deutschen Demokratischen Republik. Der Ministerpräsident“.

Otto Grotewohl* schrieb mir u. a.: „Du hast richtig erkannt, daß die Note der Sowjetregierung an die drei Westmächte für das deutsche Volk, für die Welt, eine gewaltige Bedeutung hat. Trete weiter so für den Frieden ein und denke immer daran, daß alles, was der Festigung unserer Deutschen Demokratischen Republik dient, dazu führt, den Frieden zu erhalten, und die Einheit Deutschlands zu verwirklichen.“**

Das blieb viele Jahre ein wichtiges Motiv meines politischen Handelns. Es stärkte meine Überzeugung, daß die alte Bundesrepublik viel Schuld bei der Spaltung Deutschlands auf sich geladen hatte. Oft habe ich mich gefragt, wie hätte sich Deutschland entwickelt, wenn es 1952 zur Einheit gekommen wäre? Nach allem, was ich heute weiß, auch aus meiner jahrzehntelangen Tätigkeit in Partei und Staat, hat Stalin seine Vorschläge keineswegs aus taktischen Gründen gemacht. Sie waren ernst gemeint. Was hätte der Welt und Deutschland erspart werden können, wenn die nationalen Interessen der Deutschen berücksichtigt worden wären? Statt dessen galt Adenauers Leitsatz „Lieber das halbe Deutschland ganz, als das ganze Deutschland halb“.

Wie die Jahre vergingen, lebte ich ein normales Leben in einem Land, das mir trotz der bescheidenen Verhältnisse, aus denen ich kam, eine gute Bildungs- und Entwicklungschance bot. Bevor ich in den „inneren Machtzirkel“ kam, wie das SED-Politbüro neudeutsch genannt wird, schloß ich meine Lehrerausbildung in Putbus/Rügen ab, arbeitete kurze Zeit in einer kleinen Dorfschule in Kückenshagen bei Damgarten, diente zwei Jahre freiwillig in der Nationalen Volksarmee der DDR in Prora/Rügen, übernahm Funktionen in der Kinder- und Jugendorganisation in Bergen/Rügen, Rostock und Berlin, studierte Philosophie, Ökonomie und wissenschaftlichen Kommunismus in Moskau, wurde Chef der Pionierorganisation und dann der FDJ, 1983 wurde ich Mitglied des SED-Politbüros. Ich blieb bis 1989 der Jüngste in der Honecker-Führungsmannschaft.

---

* Otto Grotewohl war von 1949 bis zu seinem Tode 1964 Ministerpräsident der DDR. Nach 1945 war er Vorsitzender des Zentralausschusses der SPD. Zusammen mit dem KPD-Vorsitzenden Wilhelm Pieck setzte er sich für die Vereinigung beider Arbeiterparteien ein. Nach Gründung der SED waren beide paritätische Vorsitzende der vereinten Partei.

** Brief des Ministerpräsidenten der DDR, Otto Grotewohl, an den Jungen Pionier Egon Krenz, Zeitung DER JUNGE PIONIER vom 14. Juni 1952

Ich habe aufrichtig eine sozialistische Gesellschaftsordnung gewollt. Ich sah das bessere Deutschland in der DDR. Wo ich unsere Fehler erkannte, wußte ich keine Alternativen. Und eine Systemalternative wollte ich nicht. Wir lebten nicht unter einer Käseglocke. Jeder unserer Fehler wurde von unserem westlichen Nachbarn erbarmungslos ausgenutzt. Ich trage meine Mitverantwortung für den Niedergang der DDR. Ich trage daran schwer. Ich habe geduldet, daß sozialistische Ideale entstellt wurden, daß persönliche Freiheiten in Abhängigkeit der ökonomischen und – das hängt zusammen – politischen Beschränkungen gebracht wurden.

In einem Punkt widerspreche ich meinen Kritikern prinzipiell. Vor allem jenen, die meinen, es sei Ausdruck der Angst der SED-Führung gewesen, daß sie im Herbst 1989 keine Gewalt angewendet hat. Mein Befehl zur Gewaltlosigkeit war nicht aus der Situation geboren. Er ist ein Gebot meiner sozialistischen Weltanschauung. Während in der DDR die Gewaltlosigkeit siegte, gab es im Land der Perestroika militärische Auseinandersetzungen. Dies auch zur Erinnerung an jene, die heute glauben, daß wir Gewaltlosigkeit nur übten, weil die sowjetischen Verbündeten angeblich in den Kasernen bleiben wollten. Es gab in der DDR-Führung niemanden, der Gewalt gegen das eigene Volk angewendet hat.

Keiner ist weiter von der Wahrheit entfernt, als derjenige, der alle Antworten weiß. Auch mich bewegen noch viele Fragen, auf die ich keine Antwort finde. Das letzte Wort über Entstehung, Leben, Untergang und Vermächtnis der DDR ist noch nicht gesprochen, zumal sich die Geschichte der DDR nicht auf ihr Scheitern reduzieren läßt.

Nachdenken über Deutschland

Seit zehn Jahren beantworte ich Fragen zur DDR. Nun bin ich wohl berechtigt, auch selbst Fragen zu stellen. Besonders an jene, die immer wieder und sehr prinzipiell von mir fordern, ich solle nun doch endlich begreifen, daß meine Meinug über die DDR auf den Müllhaufen der Geschichte gehört und ich ins Gefängnis.

Ich möchte Nachdenklichkeit über Deutschland einfordern. Wo heute über die deutsche Nachkriegsgeschichte gesprochen wird, ist das Denken über Deutschland nur auf die DDR reduziert. Nachzudenken darüber, wie die DDR war, ohne gleichzeitig in Erwägung zu ziehen, wie Deutschland ohne sie ist, bleibt geteilte Nachdenklichkeit. Aber: Ist geteilte Nachdenklichkeit überhaupt eine? Ist partielle Nachdenklichkeit nicht eine jenseits von Zusammenhängen? Und kann zusammenhangloses Denken mehr erbringen als isolierte Teilurteile? Und, wie weit sind die entfernt von Vorurteilen? Das mag in Tagesfragen nicht weiter problematisch sein. Geht es aber um den Zusammenbruch des Sozialismus im Europa dieses Jahrhunderts, um seine Bewertung und die Ergründung der Ursachen seiner Niederlage, so ist komplexes Nachdenken gefragt.

Jetzt, da ich diese Zeilen schreibe, steht Deutschland im Krieg. Zum ersten Mal nach dem 8. Mai 1945 fallen wieder Bomben in Europa. Die Folgen des Geschehens sind mittel- und langfristig unabsehbar. Wäre die deutsche Beteiligung an diesem Krieg vor dem Untergang der DDR denkbar gewesen?

Ist Deutschland, ist Europa politisch stabiler, solider, friedliebender und sozialer geworden, seit die Sowjetunion und ihre Verbündeten von der historischen Bühne abgetreten sind?

Ist es angesichts dieser Entwicklung nicht an der Zeit, zu fragen, ob sich viele voreilige Urteile über die DDR und auch Einschätzungen über den Herbst '89 und seine Folgen noch uneingeschränkt aufrechterhalten lassen? Mir geht es nicht darum, die DDR schönzureden, ihre Fehler und Gebrechen zu relativieren, Defizite zu verkleinern. Mir geht es um nicht mehr und nicht weniger als um eine objektivierte Geschichtsdiskussion, die die positiven Wirkungen der DDR und ihre Rolle als Friedensfaktor in Europa nicht einfach unberücksichtigt läßt.

Ich bin für einen Schlußstrich unter die rechtswidrige politische und juristische Verfolgung von DDR-Bürgern wegen ihres Handelns auf der Grundlage der Verfassung ihres Staates. Ich bin aber entschieden gegen einen Schlußstrich unter die Diskussion über die deutsche Nachkriegsgeschichte. Sie hat noch nicht einmal richtig begonnen. Die Geschichte der alten Bundesrepublik wird bedauerlicherweise ausgeklammert. Wenn Deutschland aber eins sein soll, müssen die Deutschen ihre Geschichte nach 1945 kennen.

Das bewegt mich am Vorabend der Revisionsverhandlung des Bundesgerichtshofes in meiner Angelegenheit. Wenn es nach Recht und Gesetz geht, kann der Bundesgerichtshof mich nicht verurteilen. Bei einer Verurteilung würde er gegen das Völkerrecht und das Grundgesetz der Bundesrepublik Deutschland verstoßen. Ich will nicht darüber spekulieren, ob er sich dafür hergibt. Ich werde sehen.

Sollte es aber beschlossene Sache sein, daß ich zur Jahrtausendwende im Gefängnis sitze, dann wird es eben dieser Ort sein, an dem ich meine Hoffnung nicht begraben werde, die Hoffnung auf ein faires Urteil über die Geschichte der DDR, über mich, über meine Ankläger und über meine Richter.

Personenverzeichnis

BEMERKUNG: Die Angaben zu den 1989 lebenden Personen nehmen vorwiegend Funktionen und Aktivitäten dieses Jahres auf.

Inhalt